Baedeker

Allianz Reiseführer

USA

Vereinigte Staaten von Amerika

www.baedeker.com

Verlag Karl Baedeker

TOP-REISEZIELE ★★

Die Vereinigten Staaten von Amerika: von New York an der Ostküste bis nach Los Angeles an der Westküste, von Chicago im Norden bis hinab nach New Orleans, nicht zu vergessen Alaska und die Inseln Hawaiis. Die USA sind riesig und beherbergen viele Schätze – von der Natur, aber auch vom Menschen geschaffen. Um alles zu sehen, reicht wohl ein Leben nicht aus. Darum verraten wir Ihnen, was Sie im »Land der unbegrenzten Möglichkeiten« auf keinen Fall verpassen sollten.

1 ★★ **Olympic National Park**
Faszinierender Regenwald ► **Seite 488**

2 ★★ **Yellowstone National Park · Grand Teton National Park**
Zwei äußerst unterschiedliche Naturparks direkt nebeneinander ► **Seite 648**

3 ★★ **Redwood Highway**
Eine beeindruckende Strecke vorbei an den Riesen des Waldes ► **Seite 529**

4 ★★ **Boston**
Wiege der Unabhängigkeit ► **Seite 217**

5 ★★ **Niagara Falls**
Eindrucksvolles Naturwunder ► **Seite 470**

6 ★★ **Black Hills**
Die »Schwarzen Berge« sind nicht nur wegen Mt. Rushmore mit den vier Präsidentenköpfen eine Reise wert. ► **Seite 214**

7 ★★ **New York City**
Metropole der Superlative ► **Seite 449**

8 ★★ **Chicago**
Alles andere als eine »stinkende Zwiebel« ► **Seite 247**

9 ★★ **Lake Tahoe**
Der »schönste See der Welt« ► **Seite 231**

10 ★★ **Rocky Mountain National Park**
Gigantische Bergwelt ► **Seite 539**

11 ★★ **Philadelphia**
Die Wiege der Nation ► **Seite 511**

12 ★★ **Washington, D.C.**
Weltpolitisches Zentrum ► **Seite 623**

13 ★★ **San Francisco**
Summer of Love, Hippies, Flower Power: »Frisco« ist was Besonderes. ► **Seite 563**

14 ★★ **Yosemite National Park**
Nicht nur jeder US-Bürger sollte einmal im Leben hier gewesen sein. ► **Seite 655**

15 ★★ **Arches National Park**
Die über 2000 Sandsteinbögen im Park sind weltbekannt. ► **Seite 197**

16 ★★ **Canyonlands National Park**
Die großartige Schluchtenlandschaft ist nicht nur für Wildwasserfahrer ein Paradies. ► **Seite 232**

17 ★★ **Bryce Canyon National Park**
Nirgendwo sonst kann man so viele »Hoodoos« (Gesteinssäulen) sehen wie in diesem Park. ► **Seite 226**

18 ★★ **Big Sur**
Grandiose Steilküsten und idyllische Strände ► **Seite 228**

19 ★★ **Zion National Park**
Ein Höhepunkt jeder Reise durch den Südwesten der USA ► **Seite 659**

20 ★★ Mesa Verde National Park
Der kulturhistorisch bedeutendste Nationalpark der USA ► **Seite 380**

21 ★★ Death Valley National Park
Im Tal des Todes sollte man genügend Wasser und ausreichend Vertrauen in sein Fahrzeug haben. ► **Seite 271**

22 ★★ Las Vegas
Welthauptstadt des nicht jugendfreien Vergnügens ► **Seite 340**

23 ★★ Monument Valley
Die Heimat des berühmten rauchenden Cowboys ► **Seite 406**

24 ★★ Grand Canyon National Park
Die Schlucht der Schluchten ist der am meisten besuchte Nationalpark der USA. ► **Seite 292**

25 ★★ Los Angeles
Die »Stadt der Engel« besteht nicht nur aus Hollywood. ► **Seite 349**

26 ★★ Charleston
Gäbe es diese Stadt nicht, müsste man sie schnell gründen. ► **Seite 242**

27 ★★ Carlsbad Caverns National Park
Eines der größten Höhlensysteme der Welt präsentiert mit den »bat flights« ein Naturschauspiel. ► **Seite 240**

28 ★★ New Orleans
»The Big Easy« ist wieder auf dem Weg zu altem Glanz. ► **Seite 432**

29 ★★ Cape Canaveral
Den gigantischen Weltraumbahnhof muss man gesehen haben! ► **Seite 233**

30 ★★ Orlando
Welthauptstadt des Vergnügens ► **Seite 493**

31 ★★ Miami · Miami Beach
Partys, Promis, Pensionäre: Miami trifft jeden Geschmack. ► **Seite 382**

32 ★★ Everglades National Park
Ein »Fluss aus Gras« mit einer artenreichen Tierwelt ► **Seite 280**

33 ★★ Key West
Völlig zurecht nennen die Einwohner ihre Insel »paradise«. ► **Seite 330**

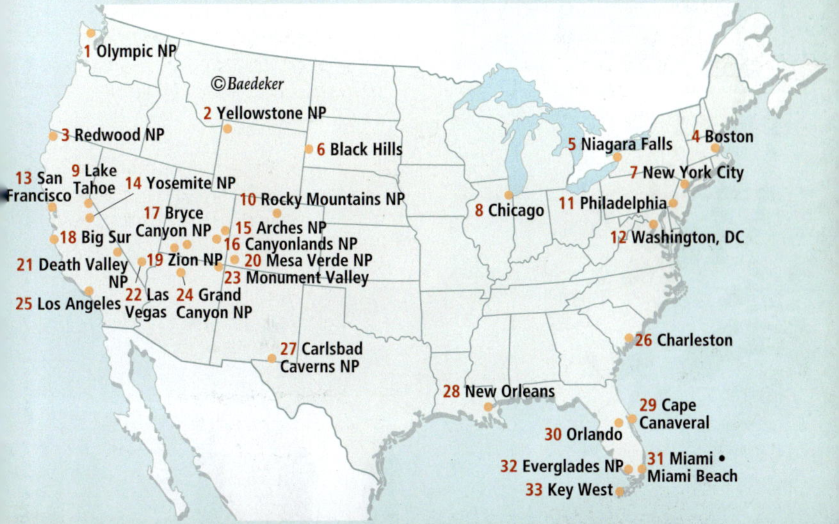

DIE BESTEN BAEDEKER-TIPPS

Von allen Baedeker-Tipps in diesem Buch haben wir hier die interessantesten für Sie zusammengestellt. Erleben und genießen Sie die Vereinigten Staaten von ihrer schönsten Seite!

! Air-Pass
Weit und günstig reisen lässt es sich mit dem Air-Pass. ▸ **Seite 96**

! Spring Training der Baseball Teams
Die Megastars der uramerikanischen Sportart kann man im Frühling hautnah beobachten. ▸ **Seite 145**

! Riverboat Discovery
Einen herrlichen Überblick über die Wildnis Alaskas erhält man auf einer Fahrt mit dem Schauffelraddampfer »Discovery III«. ▸ **Seite 190**

In freier Natur ...
... kann man Alligatoren und Krokodilen in den Everglades gefährlich nahe kommen.

! Cocoa Beach
Perfekter Urlaubsort für Floridareisende, die nicht unbedingt nach Miami wollen.
▸ **Seite 236**

! Alligatoren aus der Nähe
kann man in den Everglades beobachten. ▸ **Seite 284**

! Colorado River für Schwindelfreie
In knapp 1200 m Höhe über dem Fluss stehen? Wie und wo das möglich ist, steht auf ▸ **Seite 298**

! Blick ins Jenseits
Was den Wienern ihr Bestattungsmuseum, ist den Einwohnern Houstons ihr National Museum of Funeral History.
▸ **Seite 307**

3... 2... 1... Zündung!
Der Start eines Space Shuttle von Cape Canaveral ist ein beeindruckendes Erlebnis.

Wiege der Easy Rider
Wer sich für die legendären Motorräder von Harley-Davidson interessiert, ist in Kansas City richtig. ► Seite 324

Besuch im Auge des Hurrikans
Alles über die Wirbelstürme vermittelt das National Hurricane Center. ► Seite 386

Sklavenbefreier
Abraham Lincoln wurde in Washington ein imposantes Denkmal gesetzt.

Gib mir den Blues
Blues in Clarksdale: live und richtig gut! ► Seite 400

Mit Cowboys Halleluja singen
Besuchen Sie in Nashville einen Gottesdienst der etwas anderen Art. ► Seite 412

Der helle Wahnsinn!
Oder wie sollte man Mardi Gras sonst nennen? ► Seite 432

In den Stiefeln von John Wayne
Typische Westernoutfits findet man in Oklahoma City. Wo es die besten gibt, verraten wir auf ► Seite 488

Wo Rocky Schweiß vergoss
Das »Blue Horizon« in »Philly« brachte die Boxlegende Joe Frazier hervor und diente als Kulisse des – bislang – letzten »Rocky«-Films. ► Seite 515

Publikumsmagnet Alcatraz
Wie man am besten auf die ehemalige Knastinsel kommt, lesen Sie auf ► Seite 569

Mit Haien tauchen
In Tampa lässt sich dieser besondere Urlaubskick verwirklichen, wenn man im Besitz eines Tauchscheins ist. ► Seite 591

Drinks mit Aussicht
Wollen Sie bei einem kühlen Bier hinabschauen auf die Machtzentren von Washington, D.C.? Wo das möglich ist, verraten wir auf ► Seite 629

Grand Canyon
Die gewaltige Schluchtenlandschaft gehört zu den spektakulärsten Naturwundern der Welt.

Im Arches National Park

HINTERGRUND

12 **America the beautiful**
16 **Fakten**
17 Natur
25 Bevölkerung · Politik · Wirtschaft
30 ***3D: United States Capitol***
36 **Geschichte**
37 Die Entdeckungen
37 Wettlauf um Nordamerika
39 Die Pilgerväter
40 Der Weg zur Unabhängigkeit
42 Nationbuilding
44 Der Bürgerkrieg
46 ***Special: Entscheidung in Pennsylvania***
48 »Reconstruction«
50 Aufstieg zur Weltmacht
51 Zweiter Weltkrieg und Nachkriegszeit
55 Turbulente Jahre
58 Eine neue Weltordnung
62 **Kunst und Kultur**
63 Malerei
65 Architektur
68 ***Special: By the time I got to Woodstock ...***
72 Literatur
76 **Berühmte Persönlichkeiten**

Preiskategorien

► **Hotels**
Luxus: über 200 $ DZ
Komfortabel: 120 – 200 $ DZ
Günstig: unter 120 $ DZ

► **Restaurants**
Fein & teuer: über 24 $
Erschwinglich: 15 – 24 $
Preiswert: unter 15 $
(jeweils für ein Hauptgericht)

PRAKTISCHE INFORMATIONEN

96 Anreise · Reiseplanung
100 Auskunft
102 Badeurlaub
103 Mit Behinderung unterwegs
104 Elektrizität
104 Essen und Trinken
106 ***Special: Mach mal Pause ...***
111 Feiertage · Feste · Events
115 Geld
117 Gesundheit
117 Mit Kindern unterwegs
122 Knigge
123 Literaturempfehlungen
124 Maße · Gewichte · Temperaturen
125 Medien
126 Nationalparks und Schutzgebiete
127 Notrufe
127 Post · Telekommunikation
129 Preise · Vergünstigungen
130 Reisezeit
131 Shopping

Wie im Science-Fiction-Film: die Skyline von Dallas

133 Sicherheit
134 Sprache
141 Übernachten
144 Urlaub aktiv
150 Verkehr
155 Zeit

TOUREN

158 Touren im Überblick
160 Unterwegs in den USA
162 Tour 1: Mythos Route 66
165 Tour 2: Unterwegs im Nordosten
166 Tour 3: Canyon Country
168 Tour 4: Durch den Süden Floridas
171 Tour 5: Highway No. 1 – traumhaftes Küstenpanorama
173 Tour 6: Music, Coke and more
175 Tour 7: Der Nordwesten

REISEZIELE VON A BIS Z

180 Alabama
182 *Special: »I have a dream!«*
186 Alaska
194 Albuquerque
197 Arches National Park
199 Arizona
203 Arkansas
205 Atlanta
209 Badlands National Park
210 Baltimore
213 Big Bend National Park
214 Black Hills
217 Boston
226 Bryce Canyon National Park
227 California
232 Canyonlands National Park
233 Cape Canaveral · John F. Kennedy Space Center
234 *3 D: Start eines Space Shuttles*
237 Cape Cod
240 Carlsbad Caverns National Park
241 Chaco Culture National Historical Park
242 Charleston
247 Chicago
254 *Special: Hauptstadt des Blues*
256 Cincinnati
258 Cleveland
261 Colorado
264 Connecticut
266 Crater Lake National Park
267 Dallas
271 Death Valley National Park
273 Delaware
276 Denver
278 Detroit
280 Everglades National Park
284 Florida
290 Georgia
292 Grand Canyon National Park
296 *3 D: Grand Canyon*
300 Great Smoky Mountains National Park

Pfederfarm in Lancaster County

301 Hawaii
305 Houston
308 Idaho
310 Illinois
312 Indiana
314 Indianapolis
317 Iowa
319 Jacksonville
322 Kansas
324 Kansas City
326 Kentucky
330 Key West
334 *Special: Der beste Fleck der Erde*
336 Lancaster County
338 *Special: Gottesfurcht und Ackerbau*
340 Las Vegas
345 *Special: Las Vegas for ever*
349 Los Angeles
356 *Special: Der Mythos Hollywood und die Oscars*
362 Louisiana
365 Maine
367 Maryland
370 Massachusetts
372 *3 D: Mayflower*
376 Memphis
380 Mesa Verde National Park
382 Miami · Miami Beach
388 Michigan
392 Milwaukee
394 Minneapolis · St. Paul
397 Minnesota
399 Mississippi
402 Missouri
404 Montana
406 Monument Valley
408 Mount Rainier National Park
410 Napa Valley · Sonoma Valley
412 Nashville
415 Navajo Indian Reservation
420 Nebraska
422 Nevada
424 New Hampshire
427 New Jersey
429 New Mexico
432 New Orleans
438 *Special: New Orleans versinkt*
445 New York (Bundesstaat)
449 New York City
458 *3 D: Brooklyn Bridge*
470 Niagara Falls
472 *Special: Nachahmung nicht empfehlenswert!*
476 *3 D: Niagara Falls*
478 North Carolina
480 North Dakota
482 Ohio
484 Oklahoma
488 Olympic National Park
490 Oregon
493 Orlando
501 Outer Banks
503 Palm Beach
505 Palm Springs
507 Pennsylvania
511 Philadelphia

Es gibt sie noch, die echten Cowboys.

519 Phoenix
523 Pittsburgh
527 Portland
529 Redwood Highway
532 ***Special: Im Wald der Giganten***
534 Rhode Island
537 Richmond
539 Rocky Mountain National Park
540 St. Augustine
542 St. Louis
547 St. Petersburg
549 Salt Lake City
553 San Antonio
557 San Diego
563 San Francisco
570 ***3 D: Golden Gate Bridge***
572 Santa Fe
577 Savannah
579 Seattle
583 Sequoia & Kings Canyon National Park
585 Shenandoah National Park
587 South Carolina
589 South Dakota
591 Tampa
593 Tennessee
595 Texas
599 Tucson
603 Utah
607 Vermont
611 Virginia
616 Washington (Bundesstaat)
618 ***Special: Klettertour auf einer Zeitbombe***
623 Washington, D.C.
634 ***3 D: Das Weiße Haus***
638 Waterton-Glacier International Peace Park
640 West Virginia
641 White Sands National Monument
643 Wisconsin
645 Wyoming
648 Yellowstone National Park · Grand Teton National Park
655 Yosemite National Park
659 Zion National Park

662 Register
669 Verzeichnis der Karten und grafischen Darstellungen
671 Bildnachweis
672 atmosfair
673 Impressum

nachdenken • klimabewusst reisen
atmosfair

Hintergrund

WISSENSWERTES ÜBER DIE VIELFÄLTIGE NATUR DER VEREINIGTEN STAATEN, ÜBER GESCHICHTE, WIRTSCHAFT UND KULTUR, ÜBER DIE MENSCHEN DES LANDES UND IHREN ALLTAG UND NATÜRLICH AUCH ÜBER WESTERNHELDEN UND HOLLYWOODSTARS

AMERICA THE BEAUTIFUL

Der seit den Anschlägen vom 11. September 2001 geführte Krieg der Supermacht gegen den Terror hat die Welt polarisiert und die USA wegen ihrer zu Alleingängen neigenden Politik zunehmend der internationalen Kritik ausgesetzt. Nach der Wahl von Barack Obama, des ersten Afro-Amerikaners im Weißen Haus, steigt die Hoffung auf bessere Zusammenarbeit mit dem Rest der Welt. Die kommt immer noch gerne nach Amerika, der Schönen.

Historisch betrachtet war der 11. September 2001 eine Zäsur. Die Terroranschläge machten den Amerikanern schmerzhaft bewusst, dass sie sogar daheim nicht unverwundbar sind. In Washington verschoben sich die politischen Koordinaten. Weil die USA die einzige verbliebene Supermacht sind, mussten die Angriffe im eigenen Land, die ersten seit dem Krieg von 1812, weltweite Folgen haben. Gleich in einer seiner ersten Reden nach den Anschlägen sprach US-Präsident Bush den Satz, der noch heute gilt: »Amerika befindet sich im Krieg.« Touristen werden deshalb auch in absehbarer Zukunft mit verstärkten Kontrollen bei der Einreise rechnen müssen. Dass sie, nach anfänglicher Talfahrt der Besucherzahlen, auch weiterhin kommen werden, steht außer Zweifel. Zu groß ist die Anziehungskraft des »Landes der unbegrenzten Möglichkeiten«.

Vorbild Washington
Das California State Capitol in Sacramento ist ein architektonisches Abbild des Hauptstadtparlaments.

Die Welt in einem Land

Die Vereinigten Staaten von Amerika sind mit einer Fläche von knapp 10 Mio. km² nach Russland und Kanada das drittgrößte Land der Erde. Kein Wunder also, dass hier jede Menge Platz ist für Menschen aus aller Welt, aus allen Kulturen. Für Ein- und Aussteiger, für kühl kalkulierende Geschäftsleute ebenso wie für ausgeflippte Spinner. Die Vereinigten Staaten sind alles für alle. Sie sind konservativ und mitunter erzreaktionär. In einem einzigen Staat sind die Menschen märchenhaft reich und erschreckend arm zugleich. Die USA haben grauenvoll schlechte öffentliche Schulen und die meisten Nobelpreisträger. 170 Millionen Amerikaner surfen regelmäßig im Internet, doch ganze, von christlichen Fundamentalisten bewohnte

← *Grand Teton National Park*

»Altar der US-Demokratie«
Die vier »großen« Präsidenten der US-Geschichte, eingemeißelt in den Fels des Mount Rushmore in den Black Hills von South Dakota: George Washington, Thomas Jefferson, Theodore Roosevelt und Abraham Lincoln

Märchenwelt
Fröhliche Comicfigur bei der täglichen Parade auf der Main Street von Disneyland im kalifornischen Anaheim

Easy-Rider-Feeling ...
... kommt auf beim Trip mit einer Harley-Davidson durch Amerikas Südwesten.

Fantastische Naturszenerien …
… wie der Alabama Hills Arch in Kalifornien gehören zum landschaftlichen Reichtum des Landes. Im Hintergrund erhebt sich der Mt. Whitney, einer der höchsten Berge der Vereinigten Staaten.

Sound of Chicago
Die Millionenmetropole am Lake Michigan ist nach wie vor die Welthauptstadt des Blues.

Indianische Traditionen …
… erleben die Besucher des farbenfrohen »Festival of Native American Arts« in Flagstaff, Arizona.

Landstriche haben nicht einmal Strom. Traum und Trauma, Himmel und Hölle, in den Vereinigten Staaten von Amerika liegen sie dicht beieinander. Dabei scheint die Vielfalt das Land nicht zu lähmen, sondern geradezu nach vorn zu peitschen: Unablässig berichten die Medien von neuen, bahnbrechenden Erkenntnissen in Forschung und Technik, von Rekordergebnissen aus der Wirtschaft, von neuen Trends in der Musik- und Unterhaltungsbranche.

Spannender als jeder Film

Der Besucher darf sich auf ein dichtes Programm freuen. Kosmopolitische Weltstädte, grandiose Naturschauspiele, beides gibt es in Hülle und Fülle. Und das nicht nur in natura, sondern auch noch künstlich, man denke nur an die über das ganze Land verstreuten Themenparks, mit Disneyworld als Mutter aller Mega-Freizeitparks. Endlose Highways, einsame Tankstellen an hitzeflirrenden Straßen, wo es eine eiskalte Coke gibt und die einzige Telefonzelle weit und breit: Der Europäer kennt und liebt diese Bilder aus unzähligen Roadmovies. All dem wird man auf die eine oder andere Weise unterwegs begegnen, und manches Mal wird man sich die Augen reiben und feststellen, dass man nicht im Kinosaal sitzt, sondern mitten durch den amerikanischen Alltag fährt. Die Vereinigten Staaten sind ein Reiseland wie aus dem Bilder-, pardon: Drehbuch. Alles da, was einem den Atem verschlägt, und leicht erreichbar: die endlos langen Gletscher Alaskas im hohen Norden, die gewaltige Schlucht des Grand Canyon im heißen Südwesten, die Bergwelt der Rocky Mountains, die tropischen Sümpfe am Golf von Mexiko, die dunklen Wälder der Appalachen und die Endlosstrände hüben wie drüben. Städte, die Kunstmetropolen und Zeugen dramatischer Schlüsselepisoden in der amerikanischen Geschichte sind, wie Boston, Washington, New York und San Francisco. Und Vergnügungen aller Art natürlich, die Amerikaner sind schließlich Weltmeister des Entertainments: Illusionen in Hollywood und Orlando, Glücksspiel in Las Vegas und Atlantic City. Baden, Schwimmen, Tauchen und Surfen an allen Küsten und Ufern, Skifahren, Klettern und Wandern in den Rockys und den Appalachen. Oder der Besuch bei gastfreundlichen Ureinwohnern wie den Navajo im Südwesten. Oder ein »Roundup« bei den Ranchern in Wyoming. Man hat die Qual der Wahl!

»Surfin' USA«
Mit dem Board unterm Arm geht's zum Ritt auf den Wellen vor der kalifornischen Pazifikküste.

Fakten

Wie sieht das »Land der unbegrenzten Möglichkeiten« aus? Und wie leben die Menschen dort? Die folgenden Seiten informieren über die einzigartigen Naturschönheiten des Landes, seine vielfältige Tier- und Pflanzenwelt und über den immer wieder beschworenen »American Way of Life«.

Natur

Landschaftliche Großräume

In den USA lassen sich **vier übergeordnete Landschaftsformen** unterscheiden: die Küstenebenen am Atlantik, die von Norden nach Süden verlaufenden Appalachen im Osten, das zentrale Flachland in der Mitte und die ebenfalls in Nord-Süd-Richtung ziehenden Kordilleren im Westen. Am fünften Naturraum Nordamerikas, dem Kanadischen Schild, haben die USA mit den Adirondacks im Staat New York und den Granitausläufern des Schilds am Südrand des Lake Superior nur geringen Anteil.

? WUSSTEN SIE SCHON ...?

- ... dass Alaska mit 1,7 Mio. km² der größte und Rhode Island mit 4000 km² der kleinste US-Bundesstaat ist? Und dass in Kalifornien mit 36,5 Mio. Einwohnern die meisten Menschen leben, während Wyoming mit etwa 515 000 Einwohnern am »leersten« ist?

Die **Appalachen**, der östliche der beiden großen amerikanischen Gebirgszüge, ziehen sich parallel zur Atlantikküste von Neuengland in der Nordostecke des Landes bis hinab nach Georgia. Ihre waldreichen, treppenförmig herausgehobenen Bergländer und von Höhenzügen gerahmten Plateaus erinnern ein wenig an deutsche Mittelgebirge. Die wichtigsten Abschnitte sind die Longfellow Mountains in Maine, die White Mountains in New Hampshire, die Green Mountains in Vermont, die Taconic Range in Massachusetts und New York, die Berkshire Hills in Massachusetts, die Allegheny Mountains in Pennsylvania, Maryland und West Virginia und die durch Süd-Pennsylvania bis nach Georgia ziehenden Blue Ridge und Great Smoky Mountains.
Die höchsten Berge sind ihrer fantastischen Rundumblicke wegen beliebte Ausflugsziele: Mt. Washington (1917 m ü.d.M.) in den White Mountains, Clingmans Dome (2025 m ü.d.M.) in den Great Smoky Mountains und der steil aufsteigende Mt. Mitchell (2037 m ü.d.M.) in den Blue Ridge Mountains. Rund 40 weitere Gipfel sind über 1800 m hoch. Unterbrochen werden die Appalachen nur von den Durchbruchstälern der dem Atlantik zustrebenden Flüsse; die größten sind Hudson, Delaware und Potomac.
In den mittleren und südlichen Appalachen werden **vier Landschaftszonen** unterschieden: das wellige Plateau des Piedmont in Virginia, die hoch aufragende Mauer der Blue Ridge Mountains, die Ridge-and-Valley-Zone in Pennsylvania, Maryland, Virginia und West Virginia sowie die im Westen an der Allegheny Front und Cumberland Front markant ansetzenden Appalachenplateaus.

Kordilleren

Im Gegensatz zu den kleinräumigen Appalachen können die Kordilleren im Westen mit zahllosen Superlativen auftrumpfen. Ihre Gipfel sind höher, ihre Täler tiefer und ihre Landschaftszonen so unter-

← *Im Everglades National Park sind viele Alligatoren unterwegs.*

Zahlen und Fakten USA

Geografische Daten
- Fläche: 9 826 630 km² (ca. 25-mal so groß wie Deutschland: 357 020 km²)
- Küstenlänge: 19 924 km
- Größte Ost-West-Ausdehnung: 4520 km
- Größte Nord-Süd-Ausdehnung: 2570 km

Bevölkerung
- Einwohner: 306 Mio. (davon ca. 11,5 % Afroamerikaner, 12 % »Hispanics«)
- Bevölkerungsdichte: 30 Einw./km²

Religionen
- 27,5 % Protestanten (v. a. Baptisten, Methodisten und Presbyterianer)
- 26 % Katholiken
- 3 % Orthodoxe
- 2,6 % Juden
- 2,9 % Moslems
- 38 % ohne Konfession

Staat
- Politische Gliederung: 50 Bundesstaaten, Bundesgebiet District of Columbia um die Hauptstadt Washington, 4 assoziierte Sondergebiete (Puerto Rico, U. S. Virgin Islands, Guam, American Samoa)
- Staatsform: Präsidialrepublik
- Staatsoberhaupt: Präsident
- Hauptstadt: Washington, D.C.
- Staatsflagge: Die Flagge der USA, das Sternenbanner (»Stars and Stripes«), besteht aus sieben roten und sechs weißen Streifen, die die ersten 13 Staaten der Union symbolisieren, sowie einem blauen Sternenfeld in der linken oberen Ecke, dessen Sterne für die 50 Bundesstaaten stehen. Die Farben symbolisieren Tapferkeit (Rot), Reinheit (Weiß) und Wachsamkeit und Gerechtigkeit (Blau).
- Staatswappen ist der blau-weiß-rote Brustschild, den das Wappentier, der Weißkopfseeadler, trägt. In seinem Schnabel hält er ein Band mit dem Motto »E pluribus unum« (»Aus vielen eines«; Abb. S. 29).

Wirtschaft
- Bruttoinlandsprodukt: 13 843 Mrd. $, BIP/Kopf: 45 575 $
- Beschäftigtenstruktur: Dienstleistungen 79 %, Industrie 20 %, Landwirtschaft 1 %
- Haupthandelspartner: China, Deutschland, Großbritannien, Japan, Kanada, Mexiko, Südkorea, Taiwan
- Arbeitslosenquote: 9,7 % (Sommer 2009)
- Tourismus: ca. 58 Mio. ausländische Besucher (2008)

»Stars and Stripes«: die Staatsflagge der USA

schiedlich, dass man hin und wieder glaubt, den Kontinent Richtung Nordpol oder Sahara verlassen zu haben. Die amerikanischen Kordilleren bestehen aus einer Reihe von Höhenzügen, die in Alaska beginnen und in Feuerland an der Südspitze Südamerikas enden. Auch hier werden besonders markante Gebirgsstränge unterschieden: die

Alaska Range und Brooks Range in Alaska, die längs durch den Westen ziehenden Rocky Mountains mit der Sierra Nevada und die parallel zu diesen verlaufenden Coast und Cascade Mountains.
Mit dem Mt. McKinley (6193 m ü.d.M.) in Alaska erreichen die Kordilleren ihre größte Höhe. In den Cascades, der Sierra Nevada, in der Front Range sowie in den Sangre de Cristo Mountains in Süd-Colorado übertreffen sie immer wieder die 4000-Meter-Grenze. Beliebte, für den Tourismus erschlossene Gipfel sind u. a. der **Mt. Evans** (4348 m ü.d.M.) bei Denver und **Pikes Peak** (4301 m ü.d.M.) bei Colorado Springs in der Front Range.

Pazifikküste

Der gesamte Küstensaum am Pazifik ist ein Raum tektonischer Unruhe, dessen Bewegung bis heute anhält und sich in häufigen Erdbeben und Vulkanausbrüchen entlädt. Zu den schönsten Landschaften Nordamerikas zählt die von tiefen Fjorden und vorgelagerten Insellabyrinthen geprägte Nordwestküste zwischen Seattle und Columbia River und die »Panhandle« genannte Küste Süd-Alaskas.
Südlich des Columbia River gibt es bis hinunter zum mexikanischen Baja California nur wenige Naturhäfen, doch dafür umso mehr herrliche, endlos lange Sandstrände. Die im Regenschatten der pazifischen Gebirgszüge liegenden trockenen Landschaften sind durch ihren Wüstencharakter besonders eindrucksvoll.

Wüstenlandschaften

Vielerorts, vor allem jedoch in den Wüsten und Halbwüsten Süd-Kaliforniens, Arizonas und Süd-Utahs, lässt die Vegetationsarmut das in mannigfachen Farben schimmernde Sedimentgestein erkennen. Ein wahres **Schaufenster der Erdgeschichte** ist der Grand Canyon

Bundesstaaten

CT Connecticut
DE Delaware
MA Massachusetts
MD Maryland
NH New Hampshire
NJ New Jersey
RI Rhode Island
VT Vermont
WV West Virginia

Bei »Badwater« im kalifornischen Death Valley liegt mit minus 86 m der tiefste Punkt der westlichen Hemisphäre.

(► S. 292) in Nord-Arizona, eine der größten Schluchten der Welt, die der Colorado River in das nach ihm benannte Hochplateau »gesägt« hat. Die Landschaften zwischen den Gebirgszügen, die »basins« und »ranges«, sind abflusslos und nach Süden immer trockener. Ausgedehnte Becken und zahllose, markant aus der leeren Weite aufragende Inselberge wechseln dort einander ab. Größtes dieser Becken ist das Great Basin mit dem Great Salt Lake an seinem Ostrand und dem im Sommer glühend heißen Death Valley im Südwesten, wo mit minus 86 m der **tiefste Punkt der westlichen Hemisphäre** liegt.

Zentrales Flachland

Zwischen Appalachen und Kordilleren erstreckt sich das zentrale Flachland, **»Great Plains«** genannt. Die schier endlose Prärie, über die einst riesige Büffelherden hinwegzogen, entbehrt trotz der über weite Strecken herrschenden Monotonie nicht der Faszination: Von hügeligen, seenreichen Jungmoränenlandschaften geprägte Regionen wechseln ab mit Gebieten, die so platt sind wie eine holländische Polderlandschaft.

Küstenebenen

Nach Süden hin gehen die Plains in die Golfküstenebene über, die entlang dem Mississippi fast 900 km landeinwärts reicht und in Florida in die atlantische Küstenebene überleitet. Beide Küstenebenen haben in schmale, lang gestreckte Sandinseln und -bänke aufgelöste Nehrungen. Vor der Ostküste Floridas und an der Golfküste nutzt der **»Intracoastal Waterway«** den Schutz der hinter den Nehrungen liegenden Haffs für den Schiffsverkehr. An der Atlantikküste ermöglichen die breiten, trichterförmigen Flussmündungen von Delaware, Potomac und Susquehanna Ozeanschiffen weite Einfahrten in die Delaware Bay und Chesapeake Bay. Die schier endlosen Sandstrände beider Küstenebenen erlauben einen regen, in Florida sogar ganzjährigen Badebetrieb.

Große Seen

Mit den »Great Lakes« – Superior-, Michigan-, Huron-, Erie- und Ontario-See – verfügen die USA über einen bedeutenden Anteil am größten Süßwasserreservoir der Erde. Die veritablen Binnenmeere, für ihre jähen Wetterumschwünge berüchtigt, spielen auch als Schifffahrtsweg eine wichtige Rolle: Als Verlängerung des in den 1950er-Jahren eröffneten, rund 300 km langen »St. Lawrence Seaway« bieten sie Ozeandampfern die Möglichkeit, vom Atlantik aus bis zu den Häfen von Chicago und Duluth im Herzen des Kontinents zu reisen.

Flüsse

Zusammen mit dem in Montana entspringenden, 4032 km langen Missouri entwässert der 3765 km lange, »Ol' Man River« genannte **Mississippi** fast ein Drittel des Staatsgebietes. Er entspringt dem Lake Itasca im Norden Minnesotas und mündet, gespeist von anderen, kaum minder beeindruckenden Strömen wie Arkansas und Tennessee River, in den Golf von Mexiko. Als wichtiger Binnenschifffahrtsweg ist das Mississippi-Missouri-Flusssystem ein wichtiges Bindeglied zwischen den Wirtschaftsräumen der Großen Seen und des Golfs von Mexiko.

Der 2333 km lange **Colorado River** durchquert die Wüsten und Halbwüsten des Südwestens und grub mit dem Grand Canyon eine der größten und tiefsten Schluchten der Welt. Der wasserreiche, 1857 km lange **Columbia River** entspringt in der kanadischen Provinz British Columbia, markiert die Grenze zwischen den Bundesstaaten Oregon und Washington und mündet in den Pazifik.

? WUSSTEN SIE SCHON ...?

- ... dass sich vor der Inselkette der Florida Keys das drittgrößte Korallenriff der Welt erstreckt?

Klima

Gemäßigte Zone

Der größte Teil des Gebiets der Vereinigten Staaten liegt in der gemäßigten Zone. Durchziehende Hoch- und Tiefdruckgebiete sorgen in den meisten Landesteilen für einen überwiegend wechselhaften Witterungscharakter. Davon ausgenommen sind nur das südliche Florida, das mit Sommerregen und einer winterlichen Trockenzeit schon tropische Züge trägt, und die Wüstengebiete im Südwesten unter dem stabilen Schirm des Subtropenhochs. Von Mai bis Oktober machen sich von den Golfstaaten bis zur mittleren Atlantikküste tropische Einflüsse bemerkbar, die im Übergreifen von Wirbelstürmen gipfeln. Das Fehlen einer Gebirgssperre ermöglicht es, dass im Winter im Gegenzug arktische Kaltluft über die Ebenen des Mittelwestens ungehindert bis zur Golfküste und sogar nach Florida vorstoßen

USA Klimastationen

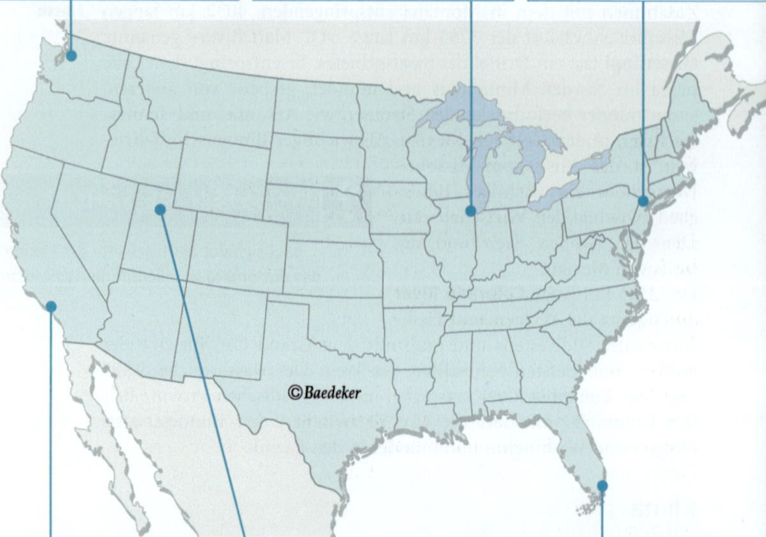

► Seattle

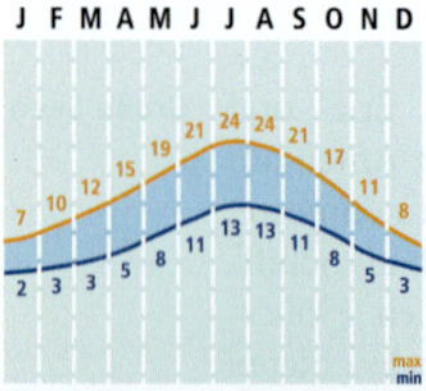

	J	F	M	A	M	J	J	A	S	O	N	D
max in °C	7	10	12	15	19	21	24	24	21	17	11	8
min in °C	2	3	3	5	8	11	13	13	11	8	5	3
T/Mon	16	13	14	11	8	6	3	5	7	10	15	16
Std/Tag	3	4	5	6	8	8	10	8	7	4	3	2
in °C	10	9	9	10	11	13	14	15	14	13	12	11

► Chicago

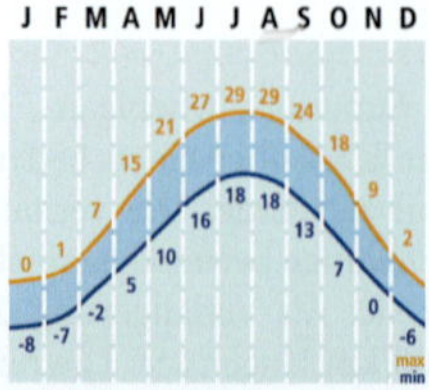

	J	F	M	A	M	J	J	A	S	O	N	D
max in °C	0	1	7	15	21	27	29	29	24	18	9	2
min in °C	-8	-7	-2	5	10	16	18	18	13	7	0	-6
T/Mon	8	7	9	9	8	9	8	8	8	7	8	9
Std/Tag	4	5	6	7	9	10	10	9	8	7	5	4
in °C	3	1	1	2	5	11	16	21	18	12	8	6

► New York

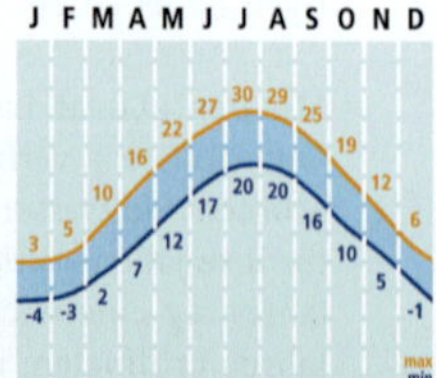

	J	F	M	A	M	J	J	A	S	O	N	D
max in °C	3	5	10	16	22	27	30	29	25	19	12	6
min in °C	-4	-3	2	7	12	17	20	20	16	10	5	-1
T/Mon	8	7	8	8	9	9	9	8	7	6	8	8
Std/Tag	5	6	7	8	8	9	9	9	7	7	5	5
in °C	3	2	4	8	13	18	22	23	21	17	11	6

► Los Angeles

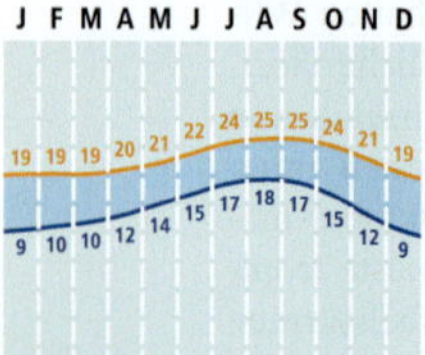

	J	F	M	A	M	J	J	A	S	O	N	D
max in °C	19	19	19	20	21	22	24	25	25	24	21	19
min in °C	9	10	10	12	14	15	17	18	17	15	12	9
T/Mon	5	5	5	3	1	<1	<1	<1	1	1	3	4
Std/Tag	7	8	9	10	9	9	12	11	9	8	7	7
in °C	14	14	15	15	16	18	19	20	19	18	17	15

► Salt Lake City

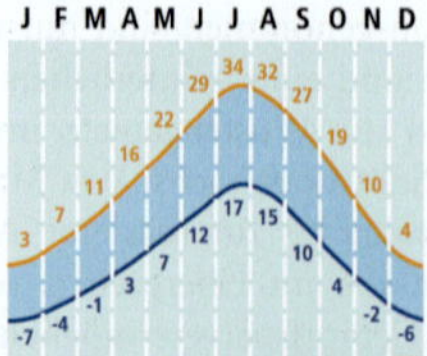

	J	F	M	A	M	J	J	A	S	O	N	D
max in °C	3	7	11	16	22	29	34	32	27	19	10	4
min in °C	-7	-4	-1	3	7	12	17	15	10	4	-2	-6
T/Mon	6	6	8	7	7	4	3	4	4	5	6	6
Std/Tag	4	6	7	9	11	12	12	11	10	8	6	4

► Miami

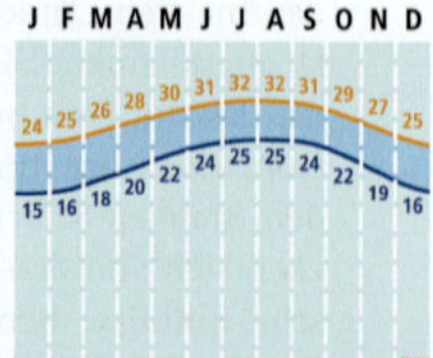

	J	F	M	A	M	J	J	A	S	O	N	D
max in °C	24	25	26	28	30	31	32	32	31	29	27	25
min in °C	15	16	18	20	22	24	25	25	24	22	19	16
T/Mon	5	5	5	5	9	14	13	15	14	11	7	5
Std/Tag	7	8	9	10	10	10	10	9	9	8	7	7
in °C	22	22	23	25	28	30	31	31	30	28	25	23

kann. Im Grenzbereich zu feuchtwarmer Subtropikluft entwickeln sich dann über den Great Plains die gefürchteten Blizzards (Schneestürme) und besonders im Frühjahr schwere Gewitter mit bis zu tennisballgroßen Hagelkörnern und verheerenden Tornados.

Niederschläge

Die meisten Niederschläge fallen im pazifischen Nordwesten mit jährlich 2000 bis 3000 l/m^2. Sehr feucht sind mit 1300 bis 1500 l/m^2 die südöstlichen Küstenregionen. Hieran haben die regenreichen Hurrikane einen wesentlichen Anteil. Ansonsten fallen im östlichen Tiefland durchschnittlich 750 bis 1000 l/m^2, im trockenen Westen vielfach weniger als 250 l/m^2.

Temperaturen

Typisch für das kontinentale Klima der USA sind die großen Temperaturunterschiede. Den heißesten Sommer erlebt man im Südwesten (Death Valley über 50 °C), die größte Winterkälte in North Dakota mit bis zu –51 °C. Den »Sommer im Winter« findet man nur im südlichen Florida mit Durchschnittstemperaturen im Januar von 22 °C und Spitzenwerten von bis zu bis 32 °C.

Wärmebelastung, Wetterrisiken

In Florida beginnt die Belastung durch Hitze und Schwüle bereits im März, erfasst bis Ende April die gesamte Golfregion und greift im Sommer auf das übrige Tiefland bis South Dakota und New York über. Im Juli und August ist die extreme Hitze in den Wüstengebieten von Nevada, Arizona und New Mexico fast unerträglich.
Die größte »Chance«, einen Tornado zu erleben, hat man von April bis Juni in den Ebenen von Texas, Oklahoma und Kansas. **Tornados** entwickeln sich aus schweren Gewittern oder auch im Umfeld von Hurrikanen. **Blizzards** können dem Mittelwesten und dem ganzen Nordosten enorme Neuschneemengen, Eisregen und Temperaturstürze von bis zu 30 °C bringen und das öffentliche Leben in kurzer Zeit lahmlegen. Die nachfolgende Kaltluft beschert dann selbst der Golfküste noch tiefe Minusgrade. **Hurrikane** mit Windspitzen von über 200 km/h, Flutwellen und sintflutartige Regenfälle bedrohen im Sommer und Herbst großräumig die Golf- und Atlantikküste.

Pflanzen und Tiere

Flora

Vor der Ankunft der Weißen waren weite Teile der USA nahezu völlig mit Wald bedeckt. Trotz Nutzbarmachung des meisten Landes sind die ursprünglichen Vegetationsgürtel noch zu erkennen. So reicht der boreale Nadelwald (Fichten, Tannen, Kiefern) nur in den Kordilleren weit in die USA hinein. Das Land zwischen dem 60. und 40. Breitengrad bedeckt ein breiter Nadelbaumstreifen, der nach Osten in Mischwald (Hemlock, Rotkiefer, Rotbuche) übergeht und erst in den White Mountains wieder Nadelbaumarten und sogar subalpine Vegetation aufnimmt. Unterhalb des 40. Breitengrads wachsen schmale Streifen von Sequoiawäldern, an der regenreichen Küste Nordkaliforniens gedeihen die gigantischen **Redwoods**.

Andere Großlandschaften mit charakteristischer Vegetation sind im Südwesten subtropische, mit Salbeibüschen, Yucca und Agaven bedeckte Steppen wie das Great Basin in Nevada und die subtropischen Kiefernwälder zwischen Mississippi-Delta und Florida. Der Süden des Sunshine State wiederum ist größtenteils von Palmettodickicht bedeckt.

Fauna Vor 200 Jahren waren die USA ein Platz für wilde Tiere: Die Büffelherden auf den Prärien waren so groß, dass sie den ersten Besuchern aus Europa tagelang den Weg versperrten. Zu Beginn des dritten Jahrtausends sieht das Bild jedoch anders aus. Zumindest die großen Tierarten finden sich in überschaubare Rückzugsgebiete gedrängt, geschützt in über 60 Nationalparks. Unerbittlich dringt der Mensch auch in die letzten Lebensräume der Tiere vor, so z. B. in die Gebiete der letzten frei umherziehenden Rentierherden am Eismeer.

Der Weißkopfseeadler ist das Wappentier der Vereinigten Staaten.

In den Appalachen leben neben kleineren Arten wie Waschbären und Streifenhörnchen Virginiahirsche, Oppossums und – in Nationalparks und schwer zugänglichen Gebieten wie den White Mountains – **Schwarzbären**. Den Luftraum über der Atlantikküste beherrschen verschiedene Reiher- und Pelikanarten sowie Möwen.

Florida ist berühmt für seine **Alligatoren**, die in den Sümpfen oder auf Alligatorfarmen leben. Dem Aussterben nahe sind das amerikanische Krokodil und die Seekuh, ein harmloses, langsam schwimmendes Geschöpf, das immer wieder in Schiffspropeller gerät.

Die **Bisonherden**, die noch vor 150 Jahren über die Prärien in der Mitte des Landes zogen, sind bis auf wenige Reste verschwunden. Wo Naturschützer die »Meere aus Gras« innerhalb von Nationalparks wiedererstehen lassen, werden kleine Bisongruppen ausgesetzt, die sich ihren beaufsichtigten Lebensraum mit Präriehunden, Dachsen und Gabelantilopen teilen. Andere Arten haben sich dagegen erfolgreich angepasst: Präriefalken und Kojoten finden selbst in hochproduktiven Kulturlandschaften ein Auskommen.

In den Gebirgen der Kordilleren sind neben Schwarzbären auch Berglöwen, Dickhornschafe und Wapitihirsche zu Hause. Nur noch wenige Hundert **Grizzlybären** leben heute in isolierten Gebieten in Idaho, Montana, Wyoming und Washington. Einen Populationszuwachs kann man dagegen beim Wolf und beim **Weißkopfseeadler**, dem amerikanischen Wappentier, verzeichnen.

Entlang der Pazifikküste, vor allem an den von Steilküsten umgebenen Stränden Oregons und Nordkaliforniens, leben Robben, Seeotter, Seelöwen und gewaltige Seeelefanten. Und vor der Küste tummeln sich unter anderem Grauwale.

Natur- und Umweltschutz

Nationalparks

Bereits im 19. Jh. wurden als bedroht erkannte Naturgebiete unter Schutz gestellt, allen voran der Yellowstone National Park im Jahr 1872. Seitdem ist die amerikanische Wirtschaft so rasant gewachsen, dass nun selbst die inzwischen 85 Nationalparks des Schutzes bedürfen: U. a. warten Ölgesellschaften auf Bohrgenehmigungen in den Schutzgebieten am Eismeer. Als »Friends of...« kämpfen Bürgerinitiativen landauf, landab um die Unversehrtheit der letzten grandiosen Naturwunder des Landes – mit wechselndem Erfolg.

Klimaschutz

Das größte Umweltproblem der USA allerdings ist die Luftverschmutzung. Das Land, das fünf Prozent der Weltbevölkerung stellt, produziert 22 Prozent des gesamten Kohlendioxids und 19 Prozent aller Treibhausgase. Doch das 1997 verabschiedete **Kyoto-Protokoll** zur Reduzierung der Emissionen unter das Niveau von 1980 bis 2012 wurde von der US-Regierung nicht ratifiziert mit der Begründung, dies schade der amerikanischen Wirtschaft. Auf der Regierung Obamas ruhen diebezüglich viele Hoffnungen, aber der Präsident muss gegen Meinungsmacher wie die texanische Finanzministerin Combs kämpfen, die Klimaschutz für »ein Monster« hält. Die Wirtschaft hat die Problematik begriffen und geht inzwischen eigene Wege. Viele Unternehmen haben das Verlangen der Konsumenten nach umweltfreundlichen Produkten erkannt: Konzerne wie General Electric stecken Milliarden in die Entwicklung energiesparender Technologien und verkünden, den Ausstoß von Treibhausgasen zu reduzieren. 40 der 50 Bundesstaaten verfolgen eine eigene Klimaschutzpolitik, allen voran Kalifornien mit überaus ehrgeizigen Klimaschutzplänen.

Bevölkerung · Politik · Wirtschaft

Bevölkerung

Bevölkerungsstruktur

In den USA leben 306 Mio. Menschen. Rund 11,5 Prozent sind afroamerikanischer, 3,5 Prozent asiatischer Herkunft; etwa zwölf Prozent stammen aus dem lateinamerikanischen Raum, weniger als ein Prozent bezeichnet sich als Ureinwohner (Indianer, Inuit). Jeder Zehnte wurde im Ausland geboren; die wichtigsten Herkunftsländer sind Mexiko, die Philippinen, China und Kuba. Ca. 15 Prozent aller Amerikaner geben deutsche Vorfahren an, elf Prozent irische und

Einwanderungsland USA ► nur knapp neun Prozent englische. Als erste Europäer fanden im 16./17. Jh. Spanier, Franzosen und v. a. Engländer hier eine neue Heimat. Von Mitte des 18. bis Ende des 19. Jh.s wanderten Deutsche, Iren, Italiener, Skandinavier und Osteuropäer ein.

Die **»African Americans«** sind Nachfahren der bis zum 19. Jh. ins Land gebrachten afrikanischen Sklaven. Sie leben v. a. in den alten Südstaaten, in den Industriestädten des Nordens und in den Ballungszentren Süd-Kaliforniens. Der Großraum Miami und der gesamte Südwesten des Landes werden von Einwanderern lateinamerikanischer Herkunft, **»Hispanics«** genannt, bevorzugt. Sie sind die am schnellsten wachsende Einwanderergruppe. Die aus Asien stammenden Immigranten konzentrieren sich in den »Chinatown« genannten Vierteln der großen Küstenstädte.

i Die größten Städte der USA

- New York (New York): 8,3 Mio. Einw.
- Los Angeles (Kalif.): 3,83 Mio. Einw.
- Chicago (Illinois): 2,85 Mio. Einw.
- Houston (Texas): 2,2 Mio. Einw.
- Philadelphia (Pennsylvania): 1,55 Mio. Einw.
- Phoenix (Ariz.): 1,45 Mio. Einw.
- San Antonio (Texas): 1,29 Mio. Einw.
- San Diego (Kalif.): 1,27 Mio. Einw.
- Dallas (Texas): 1,23 Mio. Einw.
- San José (Kalif.): 989 000 Einw.

Die USA galten lange Zeit als **»Melting Pot«**, der alle Einwanderergruppen mit Hilfe einer gemeinsamen Vision, nämlich dem **»American Dream«**, dem Traum von Freiheit und Glückseligkeit, miteinander verschmolz und zu Amerikanern machte.

Inzwischen ist das Bild vom Schmelztiegel jedoch einer nüchternen Betrachtungweise gewichen: Noch nie zuvor hatten es die USA mit so vielen Neubürgern zu tun, die eine Amerikanisierung bewusst ablehnen. Dies gilt v. a. für die Hispanics. Im Central Valley und in Greater L. A. prägen sie das Bild schon heute so stark, dass man hier lieber von einem **»Ethnic Mosaic«** spricht. Tatsächlich passt auch die zweite Einwanderergeneration die sozialen und kulturellen Werte Amerikas ihren eigenen Bedürfnissen an, und nicht umgekehrt. Dieser Prozess endet leider für viele in den ethnischen Ghettos von East L. A. und anderen Elendsquartieren.

Afroamerikaner Wie schwer sich das sich seiner historischen Schuld durchaus bewusste Amerika mit den Nachfahren der afrikanischen Sklaven tut, zeigt sich bereits in der Unsicherheit, wie man sie nennen sollte. Wurden sie zunächst diskriminierend als »Neger« bezeichnet, firmierten sie später als »Farbige« oder »Schwarze«, bis »Afroamerikaner« zum politisch korrekten Terminus erkoren wurde.

Doch ganz gleich, welche Bezeichnung die schmerzfreieste ist, an der Misere der schwarzen Amerikaner hat sich in den vergangenen Jahrzehnten trotz der Verbesserung ihrer Lebensbedingungen nicht viel geändert: Sie verdienen noch immer weniger Geld als ihre weißen Kollegen, haben eine geringere Lebenserwartung als diese und eine höhere Kriminalitätsrate. Rassentrennung, gesetzlich verboten und

Der »Melting Pot« USA entwickelte sich zu einer multikulturellen Gesellschaft.

gesellschaftlich verpönt, wird oft stillschweigend weiterpraktiziert. Über die Ursachen und möglichen Problemlösungen wird heftig gestritten. Wege aus diesem »alltäglichen Rassismus« sind jedoch nicht in Sicht.

Native Americans

»Rothäute«, »Indianer«, »Native Americans«: Die Ureinwohner der USA haben ähnlich beredte Namenswechsel hinter sich. Von den heute knapp drei Millionen Native Americans lebt etwa ein Drittel in Reservaten. Insgesamt 562 Stämme werden als solche anerkannt und genießen die damit einhergehende Steuerfreiheit und Selbstverwaltung; die größten Stämme sind die **Cherokee** in Georgia und Oklahoma mit ca. 370 000 Mitgliedern und die **Navajo** im Four-Corner-Gebiet – Arizona, Utah, New Mexico und Colorado – mit rund 230 000 Mitgliedern.
Bis zum Ende des 19. Jh.s entwurzelt, enteignet und entrechtet, porträtierte Hollywood sie später als mordende Wilde. Zwei Drittel von ihnen leben unter der Armutsgrenze, ihr Durchschnittseinkommen liegt weit unter dem amerikanischen, die Arbeitslosigkeit ist hoch und Alkoholismus weit verbreitet. Als Washington 1988 das Glücksspiel in den Reservaten legalisierte, hofften viele Stämme auf einen Weg aus der Misere. Fast die Hälfte von ihnen betreibt Kasinos in ihren Reservaten. Erfolgreich sind meist jedoch nur die Spielhöllen relativ kleiner, in der Nähe großer Städte siedelnder Stämme. Die großen, vom Militär einst deportierten Stämme gehen dagegen oft leer aus. Hier soll der Tourismus Abhilfe schaffen. Tatsächlich sind von Indianern organisierte Begegnungs- und Abenteuerreisen besonders gefragt.

In Salt Lake City steht sich das spirituelle Zentrum der Mormonen.

Religion

Die Trennung von Kirche und Staat und das Recht auf freie Religionsausübung verankerten schon die »fathers of constitution« in der Verfassung und schufen damit die Grundlage für die religiös vielfältigste Gesellschaft der Welt.

Freiheitlich und tolerant, war das Land schon immer ein guter Nährboden für neue Religionen. Bekannteste Beispiele sind die von Boston aus weltweit operierende Christian Science Church und die in Salt Lake City beheimatete Mormonen-Kirche. Als **»safe haven«** für verfolgte Glaubensgemeinschaften bot das Land Quäkern, Shakern, Mennoniten und Amischen (► Baedeker Special S. 338) eine neue Heimat. Toleriert werden solche Gemeinschaften jedoch nur, solange sie nicht gegen bestehendes amerikanisches Recht verstoßen.

Christlicher Fundamentalismus

Religiös begründete Vorurteile waren in dieser extrem multiethnischen Gesellschaft einst selten. Im Gegenteil: Treffen und Kooperationen zwischen Vertretern unterschiedlicher Glaubensgemeinschaften gehörten zum Alltag. In den 1980er-Jahren begann jedoch eine Rückentwicklung: Die ursprünglich im tief religiösen Süden beheimatete christliche Rechte hat sich im Kampf gegen die Abtreibung zu einem die Politik mitbestimmenden Faktor und Wählerpool der Republikaner gemausert. Die von ihr ausgelöste Debatte um ihre »Lieblings«-Politikfelder – Abtreibung, Evolution, Waffengesetze, Solidarität mit Israel – hat einen Graben quer durch die amerikanische Gesellschaft aufgerissen, der sich in der (Wieder-)Wahl des »wiedergeborenen Christen« George W. Bush zum US-Präsidenten äußerte und in einer zunehmenden Polarisierung zwischen liberalen und konservativen, christlich-fundamentalistischen Amerikanern.Barack Obama steht hier einer geschlossen agierenden Phalanx gegenüber.

Politik

Politisches System

Die USA sind eine Präsidialrepublik. Der US-Präsident regiert zusammen mit dem aus Repräsentantenhaus (»House of Representatives«, 435 Abgeordnete) und Senat (»Senate«, 100 Mitglieder) bestehenden Kongress. Die Wahl des Präsidenten geschieht indirekt über 538 direkt gewählte Wahlmänner (»Electoral College«). Seine Amtszeit beträgt vier Jahre, wiedergewählt werden kann er nur einmal.

Gegenseitige Kontrolle

Die amerikanische Verfassung von 1787 wurde von der damals revolutionären Idee getragen, nur eine rechtsstaatliche Regierung und nicht persönliche Willkür garantiere die bestmögliche Staatsführung. Das amerikanische demokratische System wird daher von der Gewaltenteilung sowie einem System von Gegengewichten geprägt (»checks and balances«). Um der Gefahr jeglicher Form absoluter Macht zu begegnen, hat in den USA jede der drei Säulen der Staatsgewalt – Exekutive (der Präsident und sein Kabinett), Legislative (Kongress) und Judikative – bestimmte Kontrollfunktionen gegenüber den beiden anderen. Beispielsweise entscheidet der Oberste Gerichtshof (»Supreme Court«) über die Rechtmäßigkeit der im Kongress formulierten Gesetze. Der Präsident besitzt ein Vetorecht gegen Gesetze, die der Kongress verabschiedet, der Senat als Teil des Kongresses wiederum kann Amtsernennungen durch den Präsidenten ablehnen.

Staatswappen

Bundesstaaten

Verglichen mit den Kompetenzen der deutschen Bundesländer reichen die der amerikanischen Bundesstaaten erheblich weiter: Angesichts der Größe des Landes war eine starke lokale Entscheidungsgewalt notwendig, weshalb sich beispielsweise die Rechtsprechung von Staat zu Staat unterscheiden kann.
An der Spitze jedes Bundesstaats steht ein alle vier Jahre zu wählender **Gouverneur**. Ähnlich wie auf Bundesebene gibt es einen Kongress, der aus Senat und Abgeordnetenhaus besteht. Die Stellung des Gouverneurs ist zwar politisch bedeutsam, den Beschlüssen des Kongresses bleibt er jedoch verpflichtet.

Parteien

Die amerikanischen Parteien sind mit den klassischen europäischen Parteien nicht zu vergleichen. Während dort eine organisierte Parteimitgliedschaft, formelle Aufnahmeverfahren und Beitragspflicht untrennbar mit dem Parteigeist verbunden sind, gleichen die **Demokraten** und die **Republikaner**, die beiden einzigen amerikanischen Parteien von Bedeutung, eher Interessengruppen, deren Mitglieder sich lediglich vor Präsidentschaftswahlen zusammenfinden. Programmatische Unterschiede gibt es kaum. Gelegentlich lassen in sozialen und moralisch-ethischen Fragen die eher konservativen Republikaner und die reformfreudigeren Demokraten unterschiedliche Haltungen erkennen.

Wirtschaft

Die amerikanische Wirtschaft, begünstigt durch so unterschiedliche Faktoren wie reiche Rohstofflagerstätten, fast bedeutungslose Ge-

i Pledge of Allegiance

- »Ich schwöre Treue auf die Fahne der Vereinigten Staaten von Amerika und die Republik, für die sie steht, eine Nation unter Gott, unteilbar, mit Freiheit und Gerechtigkeit für jeden.« Der Treueschwur, der meist bei öffentlichen Veranstaltungen und als morgendliches Ritual in Schulen geleistet wird, wurde im Jahr 1892 im »Youth's Companion Magazine« in Boston anlässlich des 400. Jahrestages der Entdeckung Amerikas erstmals veröffentlicht.

UNITED STATES CAPITOL

1793 legte George Washington den Grundstein für den Regierungssitz der noch jungen Nation. Nach etlichen Umbauten und Erweiterungen war der klassizistische Bau 1865 weitgehend fertiggestellt. Heute gehört das Parlamentsgebäude mit jährlich rund 5 Mio. Besuchern zu den beliebtesten Touristenzielen der USA.

Führungen:
Mo.–Sa. 8.30–16.30 Uhr

① Senate
Im Kapitol tagen der Senat und das Repräsentantenhaus, die zusammen den Kongress bilden. Der Senat nimmt den Nordflügel des Kapitols ein, das Repräsentantenhaus den Südteil. Beide Institutionen sind innerhalb des Gebäudes strikt voneinander getrennt.

② Senate Chamber
Hier tagt der Senat. Interessierte Besucher können die Sitzungen von einer Empore aus verfolgen.

③ Dome
Die heutige Kuppel wurde von 1855 bis 1866 anstelle einer hölzernen Konstruktion von 1824 errichtet. Unterhalb der gewaltigen Rotunde befindet sich die Krypta, in der ursprünglich George Washington aufgebahrt werden sollte. Sie dient heute als Ausstellungsraum zur Geschichte des Kapitols. In den Boden der Krypta ist ein Stern eingearbeitet, der das genaue Zentrum der vier Stadtteile Washingtons markiert.

④ Statue of Freedom
Die »Friedensstatue« auf der Kuppel – geschaffen von Thomas Crawford und aufgestellt am 2. Dezember 1863 – zeigt eine Frau mit verschiedenen Utensilien. Sie lässt ihre rechte Hand am Griff eines eingesteckten Schwertes ruhen, ihre Linke hält einen Lorbeerkranz und einen Schild mit 13 Streifen (für die 13 Gründungsstaaten der USA); ihr Helm ist mit Adlerfedern und Sternen verziert.

⑤ House of Representatives
Im südlichen Teil des Kapitols hat das Repräsentantenhaus seine Büro-, Tagungs- und Sitzungssäle. Die Sitzungen des Repräsentantenhauses können ebenfalls besucht werden.

Südseite des Kapitols. Im Vordergrund steht eine Reiterstatue von Ulysses S. Grant, Bürgerkriegsgeneral und 18. Präsident der USA.

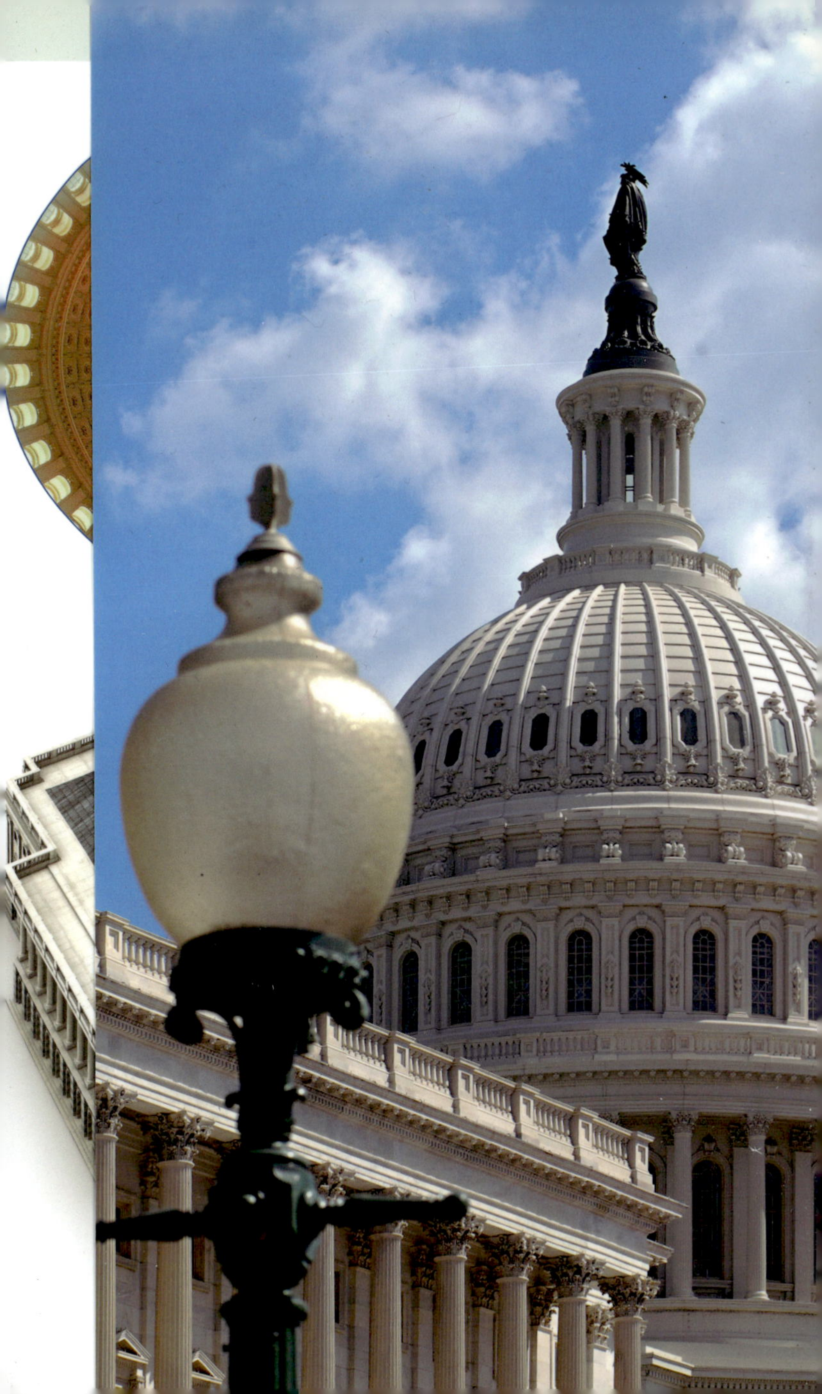

werkschaften, geringe Sozialausgaben und einen kaum regulierten Arbeitsmarkt, erzeugt fast 25 Prozent der Wirtschaftsproduktion weltweit. Kennzeichnend ist ihre strikt marktwirtschaftliche Ausrichtung. Mit Deutschland und Japan zählen die USA zudem zu den Exportweltmeistern.

Der gelegentlich naiv anmutende Glaube an die Kraft des Marktes und des freien Unternehmertums schließt Eingriffe der Regierung allerdings nicht aus. Washington schreitet ein, wenn ein Unternehmen zu viel Macht anhäuft und wie der Software-Konzern Microsoft die Spielregeln des freien Marktes außer Kraft zu setzen droht. Als Reaktion auf die **Finanzkrise** wurde ein rund 200 Mrd. Dollar schweres Bankenhilfsprogramm gestartet, hinzu kommt ein Konjunkturprogramm über 787 Mrd. Dollar.

Motor der amerikanischen Wirtschaft sind die **mittelständischen Unternehmen**, die über die Hälfte aller amerikanischen Arbeitnehmer beschäftigen und fast drei Viertel aller neuen Arbeitsplätze der letzten Jahre schufen. Dominiert wird das Bild jedoch von den großen, meist als Kapitalgesellschaften organisierten Konzernen, die ihren Angestellten weitaus bessere Sozialleistungen bieten und über große finanzielle Mittel für Forschung und Entwicklung verfügen.

Jobwunder USA

Wie die Länder Westeuropas entwickelten sich die USA im 19. Jh. von einer Agrargesellschaft zu einem modernen Industriestaat. Der Rückgang der Landwirtschaft hält bis heute an: Waren 1950 etwa 45 Mio. Menschen in nicht-landwirtschaftlichen Bereichen beschäftigt, waren es zu Beginn des dritten Jahrtausends bereits über 130 Millionen, der größte Teil davon im Dienstleistungssektor. Auch in der Güter produzierenden Industrie stieg seit Ende des Zweiten Weltkriegs die Zahl der Arbeitsplätze von 17 auf 24 Mio. an. Die **niedrige Beschäftigungsschwelle** sorgt zwar dafür, dass das zur Schaffung von Arbeitsplätzen benötigte Bruttosozialprodukt-Wachstum in den USA rein rechnerisch nur 0,2 Prozent beträgt (in Deutschland 2,5 Prozent). Allerdings gingen seit Beginn der **Rezession Ende 2007** über 7 Mio. Arbeitsplätze verloren und die Wirtschaft in den USA erholt sich nur langsam.

»Hire and fire« ►

Arbeitsplätze sind in den USA traditionell unsicher. Wer in Betrieben mit weniger als 100 Mitarbeitern sein Brot verdient, genießt keinen gesetzlichen Kündigungsschutz und kann von heute auf morgen und ohne Begründung entlassen werden. Für den Arbeitgeber hat dies den Vorteil, bei schlechtem Absatz sofort reagieren zu können. Dafür stellt er seine Arbeitnehmer oft umgehend wieder ein, sobald die Firma die Talsohle durchschritten hat.

Wohlstandsschere ►

Unterbezahlung, kaum Sozialleistungen, keine wesentliche Erhöhung des gesetzlichen Mindestlohns seit fast 30 Jahren: Die Einkommensunterschiede zwischen hoch qualifizierten und ungelernten Arbeitnehmern werden zunehmend größer. Während sich immer mehr berufstätige Menschen kein tägliches Essen mehr leisten können (sog. working poor), ist die Zahl der Millionäre stark ge-

Flugzeugbauer haben viel zu tun: Weltweit stammen drei von vier Flugzeugen aus den Vereinigten Staaten.

stiegen. Zugleich schrumpft die Mittelschicht: Empfänger mittlerer Einkommen können ihren Lebensstandard oft nur noch mit mehreren Jobs aufrechterhalten. Der Ruf nach einer stärkeren Beteiligung der Bundesregierung bleibt jedoch aus. Nur knapp 40 Prozent der Bevölkerung sind der Meinung, dass die Regierung eingreifen sollte, um die Einkommensunterschiede zu reduzieren; in Europa sind dies doppelt so viele. Damit erhalten die Amerikaner, traditionell optimistisch und leistungsorientiert, ein System, das durchaus zu ihrer Kultur und Geschichte passt.

Landwirtschaft

Drei Viertel der Fläche der »Lower 48« – der Bundesstaaten ohne Alaska und Hawaii – werden landwirtschaftlich genutzt. Die größten Landwirtschaftsflächen besitzen Montana, Kansas und Texas. Die klassischen Produktionszonen sind der **»Dairy Belt«** (Milchwirtschaft, Futtermittel-, Obst- und Gemüseanbau) im Nordosten und im Einzugsbereich der Großen Seen, der sich südlich anschließende **»Corn Belt«** (Maisanbau, Geflügel-, Rinder- und Schweinezucht) quer durch Ohio, Indiana, Iowa, Missouri und Illinois, der sich durch die Südstaaten erstreckende **»Cotton Belt«** mit Baumwoll-, Tabak-, Soja- und Erdnussanbau und der von Texas bis fast durchgängig nach Kanada reichende **»Wheat Belt«** (Weizenanbau). In den westlich anschließenden Trockenräumen, v. a. in Colorado und Wyoming, wird extensive Rinderweidewirtschaft betrieben. In den riesigen Bewässerungsgebieten des Südwestens (Colorado, New Mexico, Arizona, Utah) und im Einzugsbereich des Pazifiks (Central Valley in Kalifornien) gedeihen Zitrusfrüchte, Zuckerrohr, Reis und Gemüse.

Harte Arbeit, geringer Verdienst: Hummerfang vor der Küste von Maine

Nur in den früher besiedelten Mittelgebirgsräumen im Osten wird noch »mixed farming«, die traditionelle Landwirtschaft mit Ackerbau und Viehhaltung, betrieben.

Forstwirtschaft ▶ Mit einem Waldbestand von 2,5 Mio km² gehören die USA zu den waldreichsten Nationen der Erde. Zwei Drittel dieser Fläche werden forstwirtschaftlich genutzt, wobei der größte Teil der Nutzwälder sich in Privatbesitz befindet, oft in den Händen großer Holzkonzerne.

Fischerei ▶ Vor der Golf- und der Pazifikküste, aber auch im Eismeer und in vielen Binnengewässern besitzen die USA reiche Fischgründe. 1976 richteten sie eine 200-Seemeilen-Zone zum Schutz ihrer Fanggebiete ein. Dennoch vermag die eigene Fischfangflotte kaum die Hälfte des heimischen Bedarfs zu decken.

Bodenschätze

Die USA verfügen über umfangreiche Lagerstätten fast aller nutzbaren Bodenschätze. Bei Kohle, Erdgas, Erdöl, Eisenerz, Kupfer, Zink, Molybdän, Blei, Gold, Silber, Uran, Bauxit, Kali, Phosphat, Schwefel und Salz tragen sie erheblich zur Weltförderung bei. Nur wenig bekannt ist, dass die USA der – nach Saudi-Arabien und den Staaten der ehemaligen Sowjetunion – **drittgrößte Erdölproduzent der Welt** sind mit ergiebigen Ölfeldern in Alaska, Texas und Kalifornien. Auch in ökologisch höchst sensiblen Gegenden wollen manche Firmen das vorhandene Öl fördern, ungeachtet der Folgen für die Umwelt.

Am Gesamtenergieverbrauch der USA sind Öl mit 42, Kohle mit 24, Erdgas mit 20, Atomkraft mit acht sowie Hydro- und Windenergie mit jeweils zwei Prozent beteiligt. Der Bedarf übersteigt jedoch bei Weitem das eigene Angebot: Die Supermacht verbraucht viermal so viel Erdöl, wie sie produziert; der Energieverbrauch pro Kopf ist hier so hoch wie sonst nirgends auf der Welt. Energiesparanreize fehlten bis gegen Ende des 20. Jh.s gänzlich, erst allmählich gewinnt die Erkenntnis an Boden, dass sorgsamer mit der Energie umgegangen werden muss. ◂ Energiebedarf

Führende Industrienation

Obgleich führende Industrienation der Welt, ist die US-Industrie zu gerade noch 15 Prozent am Nationaleinkommen beteiligt. Die Auswirkungen des Strukturwandels lassen sich v. a. im Nordosten beobachten. Der historische Kernraum der US-Industrie im Städtedreieck New York – Chicago – St. Louis, einst als »Manufacturing Belt« der Motor der Nation, gilt heute als **»Rust Belt«**: Die Schwerindustrie stagniert, stillgelegte Industrieanlagen rosten vor sich hin.
Dagegen haben sich in den letzten beiden Jahrzehnten im Süden und Westen neue Industrieregionen entwickelt, die meist im von Georgia über Florida, Texas und Arizona bis nach Kalifornien reichenden »Sun Belt« liegen. Hier haben sich vor allem Betriebe der Luft- und Raumfahrtindustrie, der petrochemischen und pharmazeutischen Industrie und Firmen der Hightech-Branche etabliert.

◂ Bedeutende Industrien

Der **Fahrzeugbau** brach massiv ein. Nach rund 12 Mio. Autos jährlich vor der Wirtschaftskrise liefen 2008 nur noch rund 8,5 Mio. Autos vom Band, trotzdem gehören die USA mit China, Japan und Deutschland noch zu den weltgrößten Autobauern. Mit Abstand die höchsten Wachstumsraten weist die **Hightech-Industrie** auf, trotz der immer härteren Konkurrenz aus Asien und der rückläufigen Ausgaben der US-Bundesstellen für Grundlagenforschung. Die **Luft- und Raumfahrtindustrie**, Technologiemotor der amerikanischen Wirtschaft, produziert drei von vier weltweit konstruierten Flugzeugen.

Außenhandel

Als Verfechter der freien Marktwirtschaft sind die Amerikaner davon überzeugt, dass freier Handel Wirtschaftswachstum, Wohlstand und Rechtsstaatlichkeit fördert. Trotz zunehmender Konkurrenz aus China und Europa nehmen die USA einen **Spitzenplatz als Handelsnation** ein. In den letzten zehn Jahren war der Export für ein Viertel des Wirtschaftswachstums verantwortlich. Für die Ausfuhr produzieren auch über 30 Prozent aller landwirtschaftlichen Betriebe.

Tourismus

Nach wie vor ist die touristische Infrastruktur der USA die beste der Welt: Weltweit führende Airlines verbinden alle wichtigen Städte, die größten Hotel- und Motelketten der Welt kümmern sich um das Wohl der Reisenden. Die meisten Besucher kommen aus Kanada und Mexiko. In Asien sind die USA bei den Japanern am beliebtesten. In Europa leben die meisten USA-Fans in Großbritannien, gefolgt von Deutschland mit rund 1,7 Mio. Amerikareisenden.

Geschichte

1492 entdeckte Kolumbus Amerika. Doch die Neue Welt war nur für die hier siedelnden Europäer neu. Sie kämpften als Kolonisten gegen die Ureinwohner, zogen gegeneinander in den Krieg und schafften es dennoch, die mächtigste Nation der Welt zu schmieden.

DRAFT OF DR MARTIN LUTHER KING JR ADDRESS
MARCH ON WASHINGTON FOR JOBS AND FREEDOM
LINCOLN MEMORIAL
AUGUST 28, 1963

NORMALCY - NEVER AGAIN

(Following acknowledgement of Chairmen and Distinguished Platform Guests)

LADIES AND GENTLEMEN:

I need not pause to say to you that it is an honor to be here today, to stand with you in the symbolic shadow of this poetic tribute in stoone to the memory of the Great Emancipator.

We are here, hoping that our presence today, our dedication of purpose of tomorrow will transform our tribute to Abraham Lincoln, imxthis from the staid silence of stone into the meaningful music of harmony among the people of this nation to whom he gave the last full measure of devotion. We are here, by our presence, saying that we have the will and the determination to do this so that in the one hundredth and one year of the physical freedom of the Negro, we will not be beset by the nagging knowledge that this nation owes an abject apology to Lincoln; an apology for going too slow in granting equal rights to all her citizens; an apology for not pushing hard enough in bringing to reality his hopes and dreams; an apology for invoking the evil alibi that "this is not the time" for the hour of freedom to strike. For we know full well that the any time is the time to do the right thing. timextoxdoxrightxisxanyxtime

We honor our country and ourselves by being here. Contrary tkm to all we have been hearing about the wisdom of our being here, we know that we are her

Die Entdeckungen

45 000 bis 10 000 v. Chr.	Amerikas Ureinwohner wandern über die damals noch bestehende Landbrücke mit Asien ein.
um 1000 n. Chr.	Wikinger gründen in Neufundland eine Siedlung.
1492	Wiederentdeckung des Kontinents durch Christoph Kolumbus

Erste Besiedlung

Von Alaska breiteten sich Jäger und Sammler aus Asien über den gesamten Kontinent aus. Um 11 000 v. Chr. erreichten sie die Region des heutigen Virginia, um 9000 v. Chr. Patagonien.
Bei Ankunft der Europäer im 16. Jh. lebten innerhalb der Grenzen der heutigen USA ca. 11 Mio. Menschen in gut organisierten, mitunter mehrere Tausend Köpfe starken Stammesverbänden. Die mächtigen Grabhügel der sogenannten **»Mountbuilder«** in Süd-Ohio sowie die hängenden Felsendörfer der **Anasazi** im Südwesten deuten auf komplexe Gesellschaftsformen hin.
Der erste verbürgte Kulturkontakt zwischen Amerika und Europa blieb folgenlos: Eine um das Jahr 1000 von Wikingern aus Grönland gegründete Siedlung in Neufundland wurde nach wenigen Jahren wieder aufgegeben. Erst 1492 wurde der Kontinent von **Christoph Kolumbus** wiederentdeckt. 1497 erkundete Giovanni Caboto, ein Italiener in englischen Diensten, die Gewässer um Neufundland und berichtete von reichen Fischgründen. Von da an stachen alljährlich Fischerflotten aus Europa Richtung Westen in See. Zugleich plante Spanien die Eroberung Mexikos und von dort aus Erkundungszüge nach Norden. Als im Jahr 1507 der deutsche Kartograf Martin Waldseemüller für den neuen Kontinent den Namen »America« prägte – nach dem Seefahrer **Amerigo Vespucci** (1541 – 1512) –, war die Europa zugewandte Küste Amerikas bereits in groben Zügen bekannt.

Wettlauf um Nordamerika

16. – 18. Jh.	Spanien kontrolliert den Süden der heutigen USA.
1754 – 1763	Nach dem »French and Indian War« fallen die französischen Gebiete in Nordamerika an die Briten.

Kolonialmacht Spanien

Die Ostküste war bei der Ankunft der Europäer relativ dicht besiedelt. Die »Native Americans« – Bauern, Fischer und Jäger – gehörten

← Martin Luther Kings Rede »I Have A Dream« vom August 1963 war ein Meilenstein in der Geschichte der Bürgerrechtsbewegung.

Palisadengeschützte Indianersiedlung zur Zeit der ersten Europäer

zwei Sprachfamilien an, den Algonquin- und den Iroquois-Sprechern. Im Nordwesten lebten Stämme wie die Pequot und Mohawk. Weiter südlich trafen die Europäer u. a. auf die Powhatan und Cherokee.

Die Spanier – immer auf der Suche nach Gold – konzentrierten sich auf die Golfküste und Kalifornien. 1513 entdeckte **Juan Ponce de Léon** Florida, 1539 bis 1543 erkundete Hernando de Soto die Golfküste bis zum Mississippi und drang bis nach Oklahoma vor. Von 1540 bis 1542 zog **Francisco Vasquez de Coronado** durch den Südwesten bis zum Grand Canyon und 1565 gründete **Pedro Menéndez** an der Atlantikküste die Stadt St. Augustine. Während der nächsten 120 Jahre folgten Stadt- und Missionsgründungen überall im Südwesten. Zu Beginn des 18. Jh.s kontrollierte der spanische Vize-König von Mexiko aus den gesamten Süden der heutigen USA.

Französische und britische Kolonien

Frankreich operierte weiter nördlich. 1608 gründete Samuel de Champlain am St.-Lorenz-Strom die Kolonie Neu-Frankreich mit Quebec als Hauptstadt. Von hier aus tasteten sich die Franzosen in den nächsten 150 Jahren über die Großen Seen nach Westen und auf dem Mississippi bis nach »La Louisiane« vor. Wie die Spanier tolerierten auch sie in ihren Besitzungen nur den katholischen Glauben und praktizierten rigoros das feudalistische Seigneurialsystem – mit ein Grund, warum Neu-Frankreich nur wenige Siedler anzog. Zu Beginn des 18. Jh.s kontrollierten Spanien und Frankreich damit den größten Teil des damals bekannten Nordamerika.

England setzte sich währenddessen mit 13 Kolonien an der Ostküste fest. Deren Expansionen nach Westen suchte Frankreich im Ohio-Tal einen Riegel vorzuschieben. Nachdem es bereits Ende des 17. Jh.s zu Auseinandersetzungen gekommen war, mussten die Franzosen im **Frieden von Utrecht** (1713) Nova Scotia, Neufundland und die Hudsonbayländer an die Engländer abtreten. Nach dem verlorenen **French and Indian War** (1754–1763) übergab Paris auch den Rest Kanadas, die Gebiete östlich des Mississippi und Louisiana den Engländern und verabschiedete sich endgültig aus Nordamerika. 1819 sagte auch Spanien Adios: Florida wurde amerikanisch.

Die Pilgerväter

1620	Die »Pilgrim Fathers« erreichen mit der »Mayflower« Plymouth Rock.
1675/1676	Der King Philip's War besiegelt das Schicksal der Indianer Neuenglands.
1700	In den Kolonien leben 250 000 Siedler.

Aufbruch in die Neue Welt

Die englischen Kolonien waren erfolgreicher: Die den Siedlern dort zugestandene Glaubensfreiheit und größere individuelle Unabhängigkeit waren attraktivere Anreize als die feudalistischen Zustände bei der »Konkurrenz«. 1607 gründete die Virginia Company, ein Zusammenschluss Londoner Kaufleute, Jamestown. Hauptexportprodukt der Siedlung war Tabak.

Das für die USA entscheidende Ereignis fand jedoch weiter nördlich statt. Am 21. Dezember 1620 betraten 102 englische Siedler den Strand von Plymouth Harbor. Die Pilgerväter, orthodoxe Protestanten, die mit dem Königshaus in Konflikt geraten waren, weil sie allen »katholischen Pomp« der von **Heinrich VIII.** gegründeten Church of England ablehnten, wollten in der Neuen Welt ungestört ihre Glaubensgrundsätze leben. Noch auf der »Mayflower« setzten sie ein Schriftstück auf, das heute als erste geschriebene Verfassung Amerikas gilt: Der sogenannte **Mayflower Compact** sah die Bildung einer Selbstverwaltung auf der Grundlage »gerechter und gleicher Gesetze« vor, die Gleichheit galt allerdings nur für Männer.

1630 gründeten sie Boston, die Hauptstadt der Massachusetts Bay Colony. Die Indianer Neuenglands wurden allmählich von den Siedlern verdrängt. 1675/1676 erhoben

? WUSSTEN SIE SCHON ...?

- ... dass Pocahontas kein Fantasiegeschöpf der Disney-Studios ist? Sie lebte wirklich und war die Tochter Wahunsonacocks, des Häuptlings der Powhatans an der Küste Virginias.
  Zu Beginn des 17. Jh.s half sie den Frieden zwischen den Indianern und den Kolonisten von Jamestown zu wahren, indem sie den Siedler John Rolfe heiratete. Ihre Liebe zu John Smith, dem Anführer der Kolonisten, wurde später – zuletzt von Disney – romantisch überzeichnet und ist kaum zu beweisen.

diese sich im brutal geführten **»King Philip's War«** und wurden fast völlig vernichtet. Zu Virginia und Massachusetts gesellten sich in den folgenden Jahrzehnten weitere Kolonien: New Hampshire, Maryland, Connecticut, Rhode Island, New York, New Jersey, Pennsylvania, Delaware, North Carolina, South Carolina und Georgia.
In Neuengland blühten Landwirtschaft, Fischerei und Walfang. In Massachusetts herrschten puritanische Theokraten, bei den Nachbarn tolerantere Quäker und Baptisten. Im ausgehenden 18. Jh. begann im Nordosten die Industrialisierung. New York und Philadelphia wuchsen schnell, wohingegen im Süden große, von afrikanischen Sklaven bewirtschaftete Plantagen dominierten. Auf Tabak, Reis, Baumwolle und Indigo basierende Monokulturen entstanden, Großstädte gab es kaum. Handel treiben durften die Kolonien nur mit dem Mutterland, wovon v. a. die Krone profitierte.

Der Weg zur Unabhängigkeit

16. Dez. 1773	Boston Tea Party
4. Juli 1776	Die 13 britischen Kolonien erklären in Philadelphia ihre Unabhängigkeit.
1776 – 1783	Unabhängigkeitskrieg
3. Sept. 1783	England erkennt im Frieden von Versailles die Unabhängigkeit der Vereinigten Staaten von Amerika an.

Aufstieg der Kolonien

Die Kolonien florierten. Um 1750 war eine vom Mutterland getrennte Identität entstanden, die in der Aufklärung Europas ihr Leitmotiv fand. In Harvard und anderen Hochschulen wuchs eine eigene Elite heran. Männer wie das Allroundgenie **Benjamin Franklin** (►Berühmte Persönlichkeiten) predigten die Macht des gesunden Menschenverstandes.
Der Beschluss Londons, die Kolonien den Schuldenberg aus dem French and Indian War abtragen zu lassen, erregte da fast zwangsläufig Unwillen. Steuergesetze wie der »Sugar Act« (1764) und der »Tea Act« (1773) vereinigten die Kolonisten im Protest: Wenn das Mutterland sie schon schröpfte, dann wollten sie wenigstens im Londoner Parlament mitreden dürfen!
Doch der Ruf nach politischer Mitsprache der Kolonien verhallte ungehört. Am 16. Dezember 1773 zogen als Indianer verkleidete Bostoner mit dem Ruf »No taxation without representation!« durch die Straßen der Stadt, enterten ein englisches Schiff und warfen dessen Teeladung über Bord – ein unerhörter Akt des Ungehorsams! Als Konsequenz auf die **»Boston Tea Party«** ließ König Georg III. an der aufmüpfigen Kolonie ein Exempel statuieren und 1774 vom Parlament die fünf sog. Coercive Acts ratifizieren, die bei den Bostonern jedoch **Intolerable Acts** hießen. Einer verfügte die Schließung des

Hafens, ein anderer beraubte Massachusetts seines Status als Kolonie. Doch die übrigen Kolonien stellten sich hinter Massachusetts: Im September 1774 trafen sich 56 Abgesandte aller Kolonien in Philadelphia zum **ersten Kontinentalkongress**. Sie erklärten die »Coercive Acts« für gesetzeswidrig und beschlossen kurzerhand den Abbruch der Handelsbeziehungen mit dem Mutterland.

Ein ungeheuerlicher Akt: die Boston Tea Party

Massachusetts reagierte mit der Gründung von Milizen, den »Minute Men«. In der Nähe von Boston erlebten die »Minute Men« am 19. April 1775 ihre Feuertaufe: In Lexington und Concord lieferten sie sich mit britischen Truppen heftige Feuergefechte und trieben diese zurück nach Boston. Wenig später zogen sie einen Belagerungsring um die Stadt. Die als Befreiungsschlag gedachte **Schlacht auf dem Bunker Hill** am 17. Juni gewannen zwar die Briten, allerdings mit so hohen Verlusten, dass sich die amerikanischen Milizen als moralische Sieger fühlten.
Nach dieser Schlacht ernannte der Kontinentalkongress **George Washington** (► Berühmte Persönlichkeiten) zum Oberbefehlshaber der in »Kontinentalarmee« umgetauften Milizen und nahm am 4. Juli 1776 in der heutigen Independence Hall in Philadelphia die von einem Kreis um **Thomas Jefferson** (► Berühmte Persönlichkeiten) verfasste Unabhängigkeitserklärung an.

Aus Kolonisten werden Amerikaner

Im ersten Jahr des Unabhängigkeitskrieges gelang es der Kontinentalarmee, die Briten aus Neuengland und dem Süden zu vertreiben. Doch bereits im Dezember 1776 besetzten englische Truppen New York und bald darauf auch Philadelphia, wurden aber in der **Schlacht von Saratoga** im Staat New York am 17. Oktober 1777 von George Washington geschlagen.
Diese Wendung rief Frankreich auf den Plan. Im Jahr darauf verbündete sich der Erzfeind Englands mit den jungen USA und schickte eine Flotte, um Washingtons Armee zu unterstützen, deren Kriegsglück im Süden sich zugunsten der Briten gewendet und die den harten Winter in Valley Forge zu überstehen hatte.
Danach zog der Krieg wieder nach Süden, wo am 19. Oktober 1781 in der entscheidenden **Schlacht von Yorktown** in Virginia die Briten unter General Cornwallis den Amerikanern und Franzosen unterlagen. Im **Frieden von Versailles** vom 3. September 1783 entließ Großbritannien die ehemaligen Kolonien auch formell in die Unabhängigkeit. 1785 wurde New York zur ersten Hauptstadt des neuen Staats erhoben.

Nationbuilding

1803	»Louisiana Purchase«
1848	Goldrausch in Kalifornien
1852	In ihrem Roman »Onkel Toms Hütte« prangert Harriet Beecher-Stowe die Sklaverei an.

Auf nach Westen

Bis Mitte des 19. Jh.s prägten vier Themen das Land: die Ausdehnung nach Westen, die Industrialisierung, die Erschließung durch die Eisenbahn und die Sklaverei. Nachdem Anfang der 1790er-Jahre Vermont, Tennessee und Kentucky der Union beigetreten waren, zählte die Republik 5,3 Mio. Einwohner, von denen die meisten noch im Küstengebiet zwischen Atlantik und Appalachen lebten.

Trapper wie Daniel Boone (1734–1821) hatten bereits Siedler in die Wildnis westlich der Appalachen geführt. Doch richtig Schwung in die Westausdehnung brachte Präsident Thomas Jefferson. 1803 fädelte er den sog. **Louisiana Purchase** ein: Für 15 Mio. Dollar kaufte er Frankreichs Kolonie Louisiana – ein Gebiet westlich des Mississippi, das vom Golf von Mexiko bis nach Kanada reichte und große Teile von New Mexico, Colorado, Wyoming und Montana umfasste. 1804 begann die als »Corps of Discovery« bekannte Expedition – geleitet von Jeffersons Sekretär **Meriwether Lewis** und dem Offizier **William Clark** –, die das Land erforschen und einen Weg zum Pazifik finden sollte. In den nächsten Jahrzehnten rollten Wagentrecks über die Prärien nach Kalifornien und Oregon. Die »frontier« genannten Grenzländer verhießen Millionen von Menschen Freiheit und einen Neuanfang. Insbesondere in Kalifornien: 1848 wurde zu Füßen der Sierra Nevada Gold gefunden und innerhalb von nur einem Jahr strömten über 80 000 Glücksritter dorthin. Auch im Südwesten verschoben sich die Gewichte. 1835 erklärte Texas seine Unabhängigkeit

Territoriale Entfaltung der USA

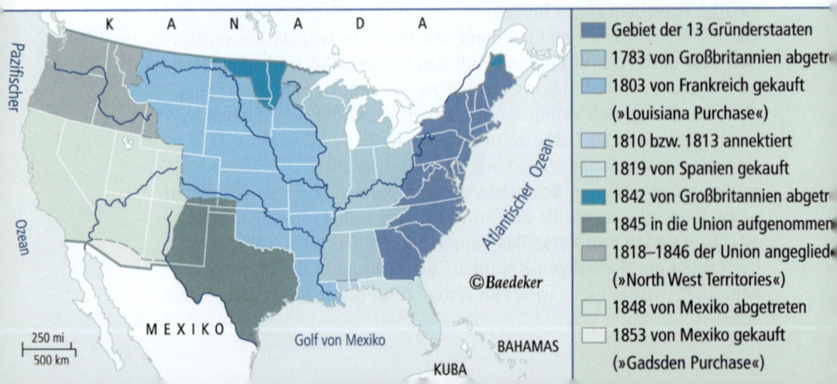

von Mexiko, 1836 besetzten mexikanische Truppen San Antonio und töteten alle amerikanischen Verteidiger der Mission Alamo. Wenig später siegten die Texaner bei San Jacinto über die Mexikaner. 1845 wurde Texas in die USA aufgenommen, bis 1850 folgten Utah, Nevada, New Mexiko, Colorado, Wyoming und Arizona. Kalifornien trat 1850 als 31. Staat der Union bei.

Konflikte mit den Indianern

Damit entstanden jedoch immer mehr Konflikte mit den Indianern. 1830 beschloss Präsident **Andrew Jackson** deshalb die Abschiebung aller größeren Stämme östlich des Mississippis in weit westlich gelegene Gebiete. Den umgesiedelten Indianern wurde ihre neue Heimat vertraglich garantiert, »solange Gras wächst und Wasser fließt«. Viele Stämme wehrten sich – erfolglos. Als Letzte verließen 15 000 Cherokees die Blue Ridge Mountains, ihre Heimat. Auf dem **»Trail of Tears«** ins 2000 Kilometer entfernte Oklahoma kamen 4000 um.

Wirtschaftlicher Aufschwung

Rasant wuchs auch die Wirtschaft der USA, vor allem durch die fortschreitende Automatisierung: Allein zwischen 1790 und 1800 steigerte der Baumwollsektor durch die Erfindung der Entkörnungsmaschine die Produktion von 10 000 auf acht Mio. Pfund pro Jahr. In Neuengland entstanden mechanische Baumwollspinnereien und Manufakturen, der mittlere Westen wurde führender Weizen-, Mais- und Schweinefleischproduzent. Hinzu kam der Ausbau des Verkehrswesens. 1807 schwamm der erste Dampfer auf dem Mississippi, 1838 war die erste Nationalstraße von Maryland nach Illinois gebaut. Mitte des 19. Jh.s war die Bevölkerung auf 23 Mio. angewachsen, Atlantik und Pazifik waren die natürlichen Grenzen und die Analphabetenrate niedriger als in Europa.

i Gutes Geschäft

- Der 1803 von Präsident Thomas Jefferson mit Napoleon ausgehandelte »Louisiana Purchase« verdoppelte das Staatsgebiet der USA. Die für 15 Mio. Dollar gekauften 90 000 Quadratmeilen waren mit 4 Cent pro Acre (1 Acre = ca. 4000 m²) wohl einer der besten Grundstücksdeals aller Zeiten!

Sklavenwirtschaft

Seit 1619 die ersten Sklaven aus Afrika angekommen waren, war ihre Arbeit der Motor der Wirtschaft. In South Carolina gab es mehr Sklaven als Weiße. 1808 verbot die Regierung zwar die Einfuhr von Sklaven, doch setzten Sklavenschiffe ihre Fracht weiterhin an den Südküsten ab. 1860 lebten über vier Mio. Sklaven in den USA. Es hatte zwar nicht an Versuchen gefehlt, die Sklaverei zu verbieten. Seit 1780 brachten in Washington Abgeordnete entsprechende Gesetzesentwürfe ein. Rhode Island hatte die Sklaverei bereits 1774 abgeschafft. Doch 1793 revolutionierte Eli Whitneys Baumwollentkörnungsmaschine die Produktion. Baumwolle wurde so profitabel, dass man sie in Monokultur anbaute und dazu viele Sklaven benötigte.

◄ Faule Kompromisse

Die Expansion nach Westen ließ die Kontroverse wieder aufflackern. Sollten die neu gegründeten Staaten Sklaven besitzen dürfen oder nicht? Washington sah sich zu Kompromissen genötigt, die keine Seite befriedigten: Während die Abolitionisten (Sklavereigegner) wegen eines neuen Gesetzes tobten, das den Nordstaatlern verbot, entflohene Sklaven zu verbergen, befürchteten die Südstaatler eine schleichende Übernahme des Kongresses durch die Sklavereigegner. Im Norden führten populäre Abolutionisten Kampagnen gegen die Sklaverei, darunter die aus Connecticut stammende Schriftstellerin **Harriet Beecher-Stowe** (1811–1896). In ihrem berühmten, erstmals 1852 veröffentlichten Roman »Onkel Toms Hütte« stellte sie das menschenunwürdige Dasein der Sklaven in den 1840er-Jahren dar.

Der Graben zwischen Nord und Süd wurde tiefer: 1860 hatten die USA ca. 30 Mio. Einwohner, die zu etwa gleichen Teilen im Norden und Süden leben. Der Norden war von Handel und Industrie geprägt, der Süden von Landwirtschaft; der Norden war überwiegend weiß, lehnte die Sklaverei ab und befürwortete eine starke Zentralregierung. Der feudale Lebensstil reicher Südstaatler hingegen basierte auf Sklavenarbeit, hier bevorzugte man starke Einzelstaaten.

Der Bürgerkrieg

12. April 1861	Konföderierte Truppen beschießen Fort Sumter in Charleston.
1. Juli 1863	Der Sieg in Gettysburg leitet die Wende zugunsten der Nordstaaten ein.
9. April 1865	Die Südstaaten kapitulieren in Appomatox, Virginia.

Krieg um Sklaverei

Die Wahl des Sklavereigegners **Abraham Lincoln** (► Berühmte Persönlichkeiten) zum US-Präsidenten im November 1860 vertiefte den Gegensatz zwischen Nord- und Südstaaten. Erbost über die Wahl eines »black republican« verließ South Carolina im selben Jahr die Union. Bis Juni 1861 folgten Mississippi, Florida, Alabama, Georgia, Louisiana, Texas, Virginia, Arkansas, North Carolina und Tennessee. In Montgomery, Alabama, konstituierten sie sich als **Confederate States of America** (CSA) und wählten Richmond, Virginia, zur Hauptstadt. Präsident wurde der Pflanzer und Politiker **Jefferson Davis** (1808–1889). Am 12. April 1861 begannen konföderierte Truppen eine 34-stündige Kanonade des strategisch wichtigen Forts Sumter in Charleston, South Carolina, die mit der Kapitulation der Unions-Besatzung endete. Daraufhin rief Lincoln 75 000 Freiwillige zu den Waffen.

Der Süden marschiert ►

Die Chancen der Konföderation, den Krieg zu gewinnen, standen gut. Zwar verfügte der Norden über ein besseres Verkehrsnetz und mehr Geld, dafür hatte der Süden die besten Offiziere der amerikanischen Armee auf seiner Seite. Diese wussten, dass ihre einzige Chance darin bestand, mit schnellen Siegen den Kampfeswillen der Yan-

1993 verfilmte der Regisseur Ronald F. Maxwell mit großem Aufwand die Schlacht von Gettysburg.

kees zu brechen. Tatsächlich eilten die konföderierten Armeen zunächst von Sieg zu Sieg. Am 17. September wurde ihr Vormarsch jedoch bei **Antietam** in Maryland in der blutigsten Schlacht des Bürgerkriegs gestoppt: 23 000 Soldaten wurden an diesem Tag getötet oder verwundet.

Wende in Gettysburg

Antietam war noch nicht der Wendepunkt des Kriegs, doch gab der Sieg der Union Präsident Lincoln im Kongress die benötigte Rückendeckung für die »Emancipation Proclamation«: Am 1. Januar 1863 erklärte er, alle Sklaven seien »forever free«. Damit erhielt der Bürgerkrieg, mit dem Lincoln zunächst v. a. die Union erhalten wollte, auch seine moralische Berechtigung.

Am 1. Juli 1863 wendete sich das Blatt endgültig zugunsten der Nordstaatler. Bei Gettysburg in Virginia errangen die Unionstruppen in einer dreitägigen Schlacht einen entscheidenden Sieg über die Armee von General **Robert E. Lee** (1807 – 1870). Nur wenig später, am 4. Juli, unterlagen die Südstaatler in Vicksburg den Truppen von General **Ulysses S. Grant** (1822 – 1885). Mit dem Fall der Konföderierten-Hochburg am Mississippi waren die CSA geteilt und ihre Nachschublinien zertrennt.

Im März 1864 ernannte Lincoln, der seine Generäle für nicht aggressiv genug hielt, Grant zum Oberbefehlshaber. Grant, von seinen Offizieren »The Butcher« (»Metzger«) genannt, zögerte nicht, die Überlegenheit des Nordens an Soldaten und Material auszuspielen. Gemeinsam mit seinen Generälen **George G. Meade** und **William T. Sherman** drängte er die konföderierten Truppen in einen erbarmungslosen Abnutzungskrieg: Trotz größter Verluste blieben die Unionstruppen den nur noch reagierenden Südstaaten-Armeen dicht

◄ weiter auf S. 48

ENTSCHEIDUNG IN PENNSYLVANIA

Bei Gettysburg kämpften in einer vom 1. bis zum 3. Juli 1863 dauernden Schlacht Unionstruppen unter General Meade die weit in den Norden vorgedrungenen Konföderierten unter General Lee nieder. Diese ersten Tage des Julis 1863 gelten als Wendepunkt im Bürgerkrieg zugunsten der Union, denn nur einen Tag nach der Schlacht von Gettysburg mussten die Konföderierten eine weitere bittere Niederlage hinnehmen.

Am 4. Juli 1863 ging das heiß umkämpfte Vicksburg im Bundesstaat Mississippi für die Konföderation verloren und somit die letzte Bastion am Mississippi, die das Vordringen der Unionstruppen in den Süden verhindern konnte. Damit war General Lees Absicht, in den Norden einzufallen, um eventuell Harrisburg, die Hauptstadt von Pennsylvania, zu besetzen und **den Krieg auf dem Territorium der Nordstaaten zu entscheiden**, endgültig gescheitert. Er wollte an die Siege von Chancellorsville und Fredericksburg vom Mai 1863 anknüpfen und den demoralisierten Zustand der Unionstruppen ausnutzen, die sich unter General Hooker nordwärts zurückzogen.

Ungeplante Schlacht

Am Morgen des 1. Juli 1863 trafen im Raum Gettysburg eher unbeabsichtigt rund 75 000 Soldaten der konföderierten Armee auf das Lager von rund 93 000 Unionssoldaten. Der erfolglose General Hooker war drei Tage zuvor durch General Meade ersetzt worden, der die Unionstruppen neu motivieren konnte. Es entwickelten sich sofort immer heftiger werdende Gefechte. Nachdem die Konföderierten am ersten Tag noch die Oberhand behielten, wendete sich das Blatt am 2. Juli, als Lee es versäumte, strategisch wichtige Positionen einzunehmen.

Über 50 000 Tote

Am 3. Juli hielt die Armee der Union die geschützten Hügellagen der Cemetery Ridge und konnte die über eine nahezu einen Kilometer breite, ungeschützte Ebene anrennenden konföderierten Soldaten unter General Pickett mühelos niedermähen. Dieser von Lee befohlene und von Pickett ausgeführte Angriff, **»Pickett's Charge«** genannt, der innerhalb von fünfzig Minuten 10 000 der 12 000 Südstaatler das Leben kostete, besiegelte die Niederlage der Konföde-

rierten. Am Ende der blutigen Schlacht waren insgesamt ca. 51 000 Opfer zu beklagen, 27 000 auf Seiten des Südens und 24 000 auf Seiten der Union. Schon am 19. November 1863 legte man auf dem Schlachtfeld einen Soldatenfriedhof an.

»Gettysburg Address«

Zur Einweihung hielt Präsident Lincoln eine rund dreiminütige Rede, in der er die Einheit der Vereinigten Staaten beschwor und die als »Gettysburg Address« in die Geschichte der USA einging:

Vor 87 Jahren haben unsere Väter eine neue Nation vorangebracht, die sich als frei versteht und der Vorstellung verpflichtet ist, dass alle Menschen gleich geschaffen sind. Heute führen wir einen großen Bürgerkrieg, der zeigen wird, wie lange diese Nation oder jede andere mit diesem Verständnis etwas Derartiges ertragen kann. Wir sind hierhergekommen, um einen Teil dieses Schlachtfeldes jenen Männern als letzte Ruhestätte zu widmen, die ihr Leben gaben, damit die Nation lebe. Es ist richtig und angemessen, dass wir dies tun. Aber in einem übergeordneten Sinn ist es nicht an uns, diesen Boden jemandem zu widmen noch zu weihen, noch zu heiligen. Die mutigen Männer, die hier gekämpft haben, ob tot oder lebendig, haben diesen Boden bereits geweiht, sodass unsere Macht nicht ausreicht, etwas hinzuzufügen oder gar zu schmälern. Die Welt wird von dem, was wir hier sagen, nur wenig Kenntnis nehmen oder sich gar lange daran erinnern, aber sie kann nie vergessen, was diese Männer hier getan haben. Es liegt vielmehr an uns, den Lebenden, uns dem unvollendeten Werk zu widmen, das diejenigen, die hier gekämpft haben, so edel vorangebracht haben. Es ist an uns, dass wir uns hier der großen, bevorstehenden Aufgabe verpflichten; dass wir uns angesichts dieser ehrenvollen Toten zunehmend der Sache hingeben, für die sie sich bis zuletzt hingegeben haben; dass wir hier fest entschlossen bekennen, dass diese Toten nicht vergeblich gestorben sind, und dass diese Nation in Gott, in Freiheit wiedergeboren werden soll, und dass die Regierung des Volkes, durch das Volk und für das Volk, nicht von dieser Erde getilgt werden wird.

Die Zahl der militärischen Opfer war hoch, und doch: Der amerikanische Bürgerkrieg gilt in der Friedens- und Konfliktforschung als der erste Krieg in der Geschichte, bei dem die Zahl der getöteten Zivilisten die Zahl der getöteten Soldaten überschritt.

auf den Fersen. Von Juni 1864 bis April 1865 belagerten Grants Truppen Petersburg, das Tor zur Hauptstadt der CSA. General Lee war eingekesselt. Am 2. April 1865 ließ Lee das geschundene Richmond evakuieren, zwei Tage später floh CSA-Präsident Jefferson Davis. Unterdessen eroberte eine Unionsarmee unter General Sherman Atlanta und zog dann weiter in Richtung Küste.

Ende und Neubeginn

General Lee führte den Rest seiner Armee nach Süden, Grant und Meade folgten ihm dicht auf. In **Appomatox Courthouse**, Virginia, kapitulierte er am 9. April 1865 bedingungslos, Jefferson Davis wurde am 10. Mai in Georgia verhaftet. Damit war der Bürgerkrieg – in dem 560 000 Menschen starben, davon 180 000 Soldaten – zu Ende.
Jetzt waren die Sklaven – zumindest pro forma – frei, doch der einst stolze Süden lag am Boden und die Spannungen zwischen den beiden Landesteilen blieben noch über Jahrzehnte bestehen. Mit der Annahme der 13. Verfassungsnovelle durch den Kongress am 18. Dezember 1865 wurde die Sklaverei in den USA offiziell abgeschafft.
Lincoln hatte wenig Zeit, sich über den Erhalt der Union zu freuen. Am 14. April 1865 wurde er im Ford's Theatre in Washington von dem fanatischen Südstaatler John Wilkes Booth erschossen.

»Reconstruction«

1867 – 1876	Die von Washington verkündete »Reconstruction« soll im Süden den sozialen Wandel herbeiführen.
25. Juni 1876	Schlacht am Little Big Horn in Montana
29. Dez. 1890	Massaker an unbewaffneten Sioux-Indianern am Wounded Knee Creek in South Dakota

Wiedereingliederung der Südstaaten in die Union

Washington stand vor der gigantischen Aufgabe, die Gesellschaft des Südens grundlegend umzubauen. Die nach dem Bürgerkrieg eingeläutete Phase der »Reconstruction« begann mit Amnestien, die Großgrundbesitzer wurden enteignet und loyale Regierungen eingesetzt. Diese waren jedoch oft von korrupten Kabinettsmitgliedern durchsetzt, die mit Spekulanten und Kriegsgewinnlern gemeinsame Sache machten. Auch schränkten sie die Rechte der freigelassenen Afroamerikaner systematisch wieder ein. Manche Weiße schlossen sich dem nach Kriegsende gegründeten rassistischen Ku-Klux-Klan an, der Greueltaten an Schwarzen und mit ihnen befreundeten Weißen verübte.
Am Ende der »Reconstruction« 1876 war die Entfremdung vom Norden noch größer und der alte Rassismus sogar gesetzmäßig verankert: Die sog. »Jim-Crow«-Gesetze, die u. a. Rassenschranken in öffentlichen Einrichtungen vorsahen, zementierten die Rassentrennung in den Südstaaten bis in die 1950er-Jahre hinein.

Little Big Horn in Montana: Schauplatz des letzten militärischen Sieges von Sioux und Cheyenne über die Truppen von Colonel G. A. Custer im Juni 1876

Indian Wars

Während des Bürgerkriegs hatten viele Amerikaner sehnsuchtsvoll nach Westen geblickt: Jenseits des Mississippi lockte ein neuer Anfang. Schon vor dem Krieg hatten sich Zehntausende Siedlerfamilien dorthin aufgemacht. Zunächst mit Ochsenkarren, dann per Eisenbahn zogen die Pioniere nach Minnesota, Wyoming und Kalifornien. Doch das »gelobte Land« war schon bewohnt. Verträge wurden unterschrieben und gebrochen, in der Regel von den landhungrigen Weißen. Die Weigerung der Indianer, sich in Reservate abschieben zu lassen, führte zu den sogenannten »Indian Wars«. Noch während des Bürgerkriegs kämpften Unionstruppen u. a. auch gegen die Apachen und Shoshonen. 1863 kapitulierten in Arizona die Navajo, im gleichen Jahr die Santee in Minnesota. Am 25. Juni 1876 vernichteten Sioux und Cheyenne unter Häuptling **Sitting Bull** am Little Big Horn in Montana die 7. US-Kavallerie unter Colonel **George A. Custer** – der letzte militärische Sieg der Ureinwohner.

1890 wurde ihr Widerstandsgeist endgültig gebrochen. Am 29. Dezember starben am Wounded Knee Creek in South Dakota 300 unbewaffnete Sioux im Kugelhagel der US-Armee: Washington hatte ihre Geistertanzbewegung – ein Kult, der ihre spirituellen und schamanistischen Traditionen aufgriff – eilfertig als Aufruf zum bewaffneten Widerstand interpretiert.

Wirtschaftsboom im Osten

Während die Siedler das so frei gewordene Land urbar machten und Cowboys riesige Viehherden über die Prärien trieben, erlebte der Osten einen nie da gewesenen Boom. Vom Nordosten des Landes aus trieben Unternehmer wie **Cornelius Vanderbilt** und **John D. Rockefeller** (► Berühmte Persönlichkeiten) die Industrialisierung voran. Einwandererheere aus Europa füllten die Fabriken. 1874 erfand **Alexander Graham Bell** das Telefon, 1879 **Thomas A. Edison** (►Berühmte Persönlichkeiten) die Glühbirne. In Chicago entstanden die ersten Wolkenkratzer und 1903 hoben die Brüder Orville und Wilbur Wright zum ersten Motorflug der Geschichte ab. Doch der steile wirtschaftliche Aufstieg hatte seinen Preis: Die Kluft zwischen Arm und Reich vertiefte sich. Die Superreichen bauten sich in Newport und Palm Beach Paläste und die Großstädte versanken im Schmutz. Die neu entstandenen Gewerkschaften versuchten, die Arbeits- und Lebensbedingungen des riesigen Arbeiterheers zu verbessern. Streiks wie die **»Haymarket Riots«** in Chicago 1886 endeten jedoch nicht selten im Gewehrfeuer der Schutztruppen der Arbeitgeber. Erst zu Beginn des 20. Jh.s wurden die ersten Arbeitsgesetze verabschiedet.

Aufstieg zur Weltmacht

1917	Die USA treten in den Ersten Weltkrieg ein.
25. Okt. 1929	Der Börsenkrach beendet die »Roaring Twenties«.
1932	Mit dem »New Deal« kurbelt Präsident Roosevelt die US-Wirtschaft an.

Ende der »splendid isolation«

Während die europäischen Mächte weltumspannende Kolonialreiche errichteten, erschlossen die USA das eigene Land. Erst 1898 war es vorbei mit der selbst auferlegten Isolation. Angeheizt von Presseberichten über die Misshandlung von Regimegegnern in der spanischen Kolonie Kuba, schickten die USA zur Wahrung amerikanischer Interessen die **»USS Maine«**. Am Ende des Jahres, das Amerikas ersten Schritt zur Weltmacht markiert, hatten die USA nicht nur Kuba den Spaniern entrissen, sondern auch die Philippinen, Guam, Wake Island und Puerto Rico. Hawaii war ebenfalls annektiert. 1915 und 1916 schließlich wurden die von Revolutionen geschüttelten Inseln Haiti und Santo Domingo US-Protektorate.

Erster Weltkrieg

Unterdessen hielt man sich aus den Ereignissen in Europa heraus. Die Versenkung des englischen Passagierschiffes **»Lusitania«** am 7. Mai 1915 durch ein deutsches U-Boot gab den Anlass für einen allmählichen Sinneswandel. Im Frühjahr 1917 traten die USA an der Seite Frankreichs und Englands in den Ersten Weltkrieg ein. Anderthalb Jahre später hatten zwei Mio. US-Soldaten den Krieg für die Alliierten mitgewonnen und die USA als Schutzmacht der Demokratie etabliert.

»Roaring Twenties«

Daheim erlebten rund 100 Mio. überwiegend verstädterte Amerikaner die größte Wachstumsphase ihrer Geschichte. Auto, Kühlschrank und Telefon wurden jedermann zugänglich, Radio und Film trugen den »American Way of Life« in die entlegensten Ecken des Landes. 1920 erhielten die Frauen das Wahlrecht. Die im selben Jahr verhängte **Prohibition** – das Ausschankverbot von Alkohol – beschleunigte den illegalen Verkauf von Whiskey und Schnaps durch die Mafia in versteckten Klubs. Schwarze aus dem Süden spielten dort eine neuartige, das städtische Tempo imitierende Musik namens Jazz. Und an der New Yorker Wall Street wurden Vermögen gewonnen und wieder verloren.

◄ Schwarzer Freitag

Am 25. Oktober 1929 war der Höhenflug zu Ende. An diesem Tag führten die übermäßigen Investitionen und Aktienverkäufe zu einem erdrutschartigen Absturz der Kurse, wobei die gesamten Gewinne des letzten Jahres verloren gingen. Auf den Börsenkrach folgte die Depression, die bald zur **Weltwirtschaftskrise** ausuferte. Rund 16 Mio. Amerikaner wurden arbeitslos, 5000 Banken mussten wegen Zahlungsunfähigkeit schließen. Während sich vor den Suppenküchen der Großstädte lange Schlangen bildeten, wurden die Farmer im Mittleren Westen von Trockenheiten und Sandstürmen heimgesucht. Tausende Familien machten sich auf nach Kalifornien, um dort einen neuen Anfang zu wagen.

◄ »New Deal«

Unter dem aus dem Pokerspiel stammenden Schlagwort »New Deal« führte der 1932 ins Weiße Haus gewählte **Franklin D. Roosevelt** (► Berühmte Persönlichkeiten) radikale Reformen – u. a. Subventionierung der Landwirtschaft, Großbauprojekte, Erklärung des nationalen Notstands – zur Ankurbelung der Wirtschaft durch. 1934 folgte zur Steigerung des Exports die Abwertung des Dollars; im Jahr darauf legte Roosevelt ein Sozialprogramm auf, das amerikanischen Arbeitnehmern erstmals weiterreichende Rechte gab und die Grundlage für ein Rentenversicherungssystem schuf.

Zweiter Weltkrieg und Nachkriegszeit

7. Dez. 1941	Japaner bombardieren den US-Flottenstützpunkt Pearl Harbor auf Hawaii.
6. Juni 1944	D-Day: Landung der Alliierten in der Normandie
1945	Der Zweite Weltkrieg endet mit der Kapitulation Deutschlands am 8. Mai und der Japans am 2. September.
1950 – 1953	Koreakrieg
28. Aug. 1963	Martin Luther King hält in Washington seine berühmte Rede »I have a dream«.

Krieg in Europa und Asien

Als in Europa der Zweite Weltkrieg ausbrach, erklärten die USA zunächst wiederum ihre Neutralität und verhängten eine Ausfuhrsperre für kriegswichtiges Material. Auf dem politischen Parkett wurde die

Weltordnung der Zukunft beschworen, die nach Präsident Roosevelt folgende vier Prinzipien enthält: Redefreiheit, Glaubensfreiheit, Freiheit von Hunger und Not und Freiheit von Furcht. Schließlich erlaubte der **»Lend Lease Act«** vom 11. März 1941, Kriegsgerät an Großbritannien und die Sowjetunion zu liefern. Im Juli landeten amerikanische Truppen auf Grönland und Island.

Dennoch kam **Pearl Harbor** wie ein Schock. Am 7. Dezember 1941 überfielen japanische Trägerflugzeuge den US-Flottenstützpunkt auf Hawaii und versenkten die amerikanische Pazifikflotte. Dies löste den Krieg im Pazifik aus.

Am 11. Dezember erklärten Deutschland und Italien den USA den Krieg. Einen Tag später verfügte Washington die allgemeine Wehrpflicht. Der Krieg einte die Nation – auch gegen die US-Bürger japanischer Abstammung: Anfang 1942 wurden 120 000 Sino-Amerikaner zwangsumgesiedelt bzw. in Camps im Landesinneren interniert.

? WUSSTEN SIE SCHON ...?

- ... dass ein – winziger – Teil der USA während des Zweiten Weltkriegs von Japanern besetzt war? Nach der Schlacht bei Midway hissten japanische Truppen auf den drei westlichsten Aleuten-Inseln Attu, Agattu und Kiska, die zu Alaska gehören, ihre Fahne. Erst im Mai 1943 wurden sie von US-Truppen unter größten Verlusten wieder vertrieben. Die Rückeroberung dieser Eilande am Ende der Welt kostete 2500 japanische Soldaten und 540 amerikanische GIs das Leben.

Krieg im Pazifik

Bereits im Sommer 1942 wendete sich der Krieg im Pazifik zugunsten der Amerikaner, die sich der Taktik des »Inselhüpfens« bedienten: Sie eroberten Insel um Insel in Richtung Japan, wobei zu stark befestigte japanische Stützpunkte übergangen und isoliert wurden. Nach erbitterten Kämpfen nahmen sie im Februar 1943 den japanischen Luftwaffenstützpunkt Guadalcanal im südlichen Pazifik ein.

In Nordafrika bedrängten englische und amerikanische Panzerverbände unterdessen die deutsche Wehrmacht. Von Großbritannien aus wurde der Luftkrieg gegen Deutschland durchgeführt.

Ende November 1943 trafen in Teheran US-Präsident **Franklin D. Roosevelt** und der britische Premierminister **Winston Churchill** erstmals mit dem sowjetischen Staatschef **Josef Stalin** zusammen, um über gemeinsame Strategien und die Zeit nach dem Krieg zu beraten.

Kriegsende

Am 6. Juni 1944, in den USA als »D-Day« bekannt, landeten die Alliierten in der Normandie und eröffneten damit die von der Sowjetunion geforderte zweite Front. Im August wurde Paris befreit, im Oktober folgte Aachen als erste deutsche Großstadt.

Auf der **Jalta-Konferenz** im Februar 1945 steckten Roosevelt, Churchill und Stalin das weitere Vorgehen und die Strategie für die Nachkriegszeit ab. Roosevelt starb unerwartet am 12. April, Vize-Präsident **Harry S. Truman** übernahm die Regierung. Am 25. April begegneten sich bei Torgau an der Elbe zum ersten Mal amerikani-

Nach dem japanischen Angriff auf Pearl Harbor traten die USA in den Zweiten Weltkrieg ein.

sche und russische Soldaten. Am 8. Mai folgte die bedingungslose Kapitulation der deutschen Wehrmacht. Im Pazifik waren die USA in japanische Gewässer vorgedrungen, Iwo Jima war im Februar gefallen, Okinawa im April. Am 6. und 9. August 1945 warfen die USA jeweils eine Atombombe über Hiroshima (ca. 200 000 Opfer) und Nagasaki (ca. 80 000 Opfer) ab, das Land der aufgehenden Sonne kapitulierte am 2. September. Von den insgesamt 16 Mio. US-Soldaten, die im Zweiten Weltkrieg eingesetzt wurden, sind 292 000 gefallen und 671 000 verwundet worden.

Nachkriegszeit

Am 26. Juni 1945 fanden sich in San Francisco 51 Staaten zur **Gründung der Vereinten Nationen** (UNO) zusammen, die den Weltfrieden wahren sollten. Der Gegensatz zwischen den Alliierten und der Sowjetunion spaltete jedoch bald die Welt in ein westlich-kapitalistisches und ein östlich-sozialistisches Lager. 1947 bekannten sich die USA mit dem **Marshall-Plan** zum Wiederaufbau Europas und mit der **Truman-Doktrin** – die von der Sowjetunion bedrängten Nationen im Kampf gegen den Kommunismus Hilfe versprach – zu ihrer Rolle als Hüterin der Demokratie in der Welt.
Im Jahr darauf machte die von der britischen und amerikanischen Luftwaffe errichtete Luftbrücke die sowjetische Blockade der Westsektoren von Berlin unwirksam. Um sich gegen den sich ausdehnenden kommunistischen Machtbereich zu verteidigen, gründeten die USA mit zwölf europäischen Staaten am 4. April 1949 die North Atlantic Treaty Organization (NATO).

Koreakrieg

Nach der Zündung der ersten sowjetischen Atombombe 1949 genehmigte Präsident Truman im Jahr darauf die Entwicklung der Wasser-

Rosinenbomber

- Angesichts der sowjetischen Blockade Westberlins vom 24. Juni 1948 bis zum 12. Mai 1949 befahl US-Präsident Harry S. Truman die Versorgung der eingeschlossenen Einwohner aus der Luft. Mit einer einzigartigen logistischen Leistung gelang es der amerikanischen und britischen Luftwaffe, während der nächsten 321 Tage mit 272 000 Flügen die Versorgung der Stadt v. a. mit Nahrungsmitteln und Kohle zu gewährleisten. Die »Rosinenbomber« änderten das Image der Amerikaner in Deutschland, die von da an nicht mehr als Besatzer, sondern als Freunde angesehen wurden.

stoffbombe. Im Juni 1950 griffen US-Truppen unter General MacArthur im Auftrag der UNO in den Koreakrieg zwischen dem kommunistischen Norden und dem demokratischen Süden ein und drängten die nordkoreanischen und chinesischen Truppen an die chinesische Grenze zurück. Mit einem am 27. Juli 1953 vereinbarten Waffenstillstand und der Teilung des Landes fand der Koreakrieg ein Ende.

Während das Weiße Haus sich dem Kommunismus weltweit entgegenstellte, suchte mancher Amerikaner auch daheim nach Kommunisten. Von 1950 bis 1954 setzte sich der Senator **Joseph R. McCarthy** (1908 – 1957) an die Spitze einer hysterischen Kommunistenhatz, während der viele unbescholtene Bürger kommunistischer Umtriebe »überführt« wurden. Erst als McCarthy die gesamte amerikanische Armee beschuldigte, kommunistisch unterwandert zu sein, setzte Präsident Eisenhower der Hexenjagd ein Ende.

Der lange Marsch der Afroamerikaner

Trotz des atomaren Wettlaufs erlebten die amerikanischen Durchschnittsbürger die 1950er-Jahre als behagliche Wohlstandsära. Doch Eigenheim und Straßenkreuzer, die Symbole des »American Way of Life«, waren meist nur den Weißen zugänglich.

Widerstand gegen die sogar gesetzlich zementierte Rassentrennung regte sich am 1. Dezember 1955, als sich die Afroamerikanerin **Rosa Parks** in Montgomery weigerte, ihren Platz im vorderen, für Weiße reservierten Teil des Busses für einen Weißen zu räumen (►Baedeker Special, S. 182). Parks wurde verhaftet, doch der folgende einjährige Boykott der Busse durch die schwarze Bevölkerung Montgomerys endete mit einer Verfügung des Obersten Gerichtshofes, die die Sitzplatztrennung für gesetzeswidrig erklärte.

Aber der Weg zur Gleichberechtigung war noch lang und gefährlich. Ende August 1963 demonstrierten in Washington, D.C. etwa 200 000 meist schwarze Amerikaner unter der Führung des Bürgerrechtlers **Martin Luther King** (►Berühmte Persönlichkeiten), der hier seine berühmte Rede »I have a dream« hielt.

Zwar wurde 1964 der »Civil Rights Act« erlassen, der jegliche Rassentrennung und -diskriminierung verbot, doch schwere Rassenunruhen und die Ermordung Martin Luther Kings, des unermüdlichen Predigers des gewaltlosen Widerstands, in Memphis am 4. April 1968 machten deutlich, wie weit die Bürgerrechtsbewegung noch von ihrem Ziel entfernt war.

Turbulente Jahre

22. Nov. 1963	Präsident John F. Kennedy fällt in Dallas einem Attentat zum Opfer.
1964	Der Vietnamkrieg beginnt.
27. Jan. 1973	Nach der Unterzeichnung eines Waffenstillstands-Vertrags ziehen sich die USA aus Vietnam zurück.
8. Aug. 1974	Die Watergate-Affäre zwingt Präsident Richard Nixon zum Rücktritt.
4. Nov. 1979	Iranische Revolutionäre stürmen die US-Botschaft in Teheran.
1980	Ronald Reagan wird zum 40. Präsidenten der USA gewählt.

Die Ära Kennedy

Mit dem 43-jährigen Demokraten **John F. Kennedy** (►Berühmte Persönlichkeiten) zog 1961 der jüngste Präsident der US-Geschichte ins Weiße Haus ein. Kennedy, zum Idol einer neuen, vielversprechenden Ära erhoben, rüttelte die Nation mit seiner Vision der »New Frontier« wach: Kampf dem Rassismus, soziale Reformen, bemannte Raumfahrt. Zur »Eindämmung des Kommunismus« entsandte Kennedy sog. »Militärberater« nach Südostasien. Die Bewältigung der Kuba-Krise, ausgelöst durch die Stationierung sowjetischer Truppen und Mittelstreckenraketen auf Kuba im Oktober 1962, und der damit verbundenen Gefahr eines Weltkriegs war Kennedys größter außenpolitischer Erfolg. Am 22. November 1963 fiel John F. Kennedy in Dallas einem Attentat zum Opfer.

Vietnamkrieg

Unter Kennedys Nachfolger **Lyndon B. Johnson** eskalierte die Verwicklung der USA in Vietnam. Am 2. August 1964 meldeten zwei US-Zerstörer, sie seien im Golf von Tongking von nordvietnamesischen Torpedobooten angegriffen worden. Der angebliche Vorfall – erst im Jahr 1971 stellte sich heraus, dass der Angriff nie stattgefunden hatte – gab den USA den Anlass zur direkten Intervention. Der **Vietnamkrieg** begann nun auch offiziell.
Die Verluste der Amerikaner waren enorm. Auf Demonstrationen und Märschen protestierte v. a. die amerikanische Jugend gegen das in ihren Augen sinnlose Schlachten. Auch trug das oft harsche Vorgehen der Polizei gegen die Demonstranten zur wachsenden Unzufriedenheit mit der Regierung bei. Die von San Francisco ausgehende »Flower Power«- oder Hippie-Bewegung und ihr Slogan »Make Love, Not War« wurde populärstes Symptom einer sich im sozialen Umbruch befindenden Gesellschaft, die von den Morden an **Martin Luther King** und Senator **Robert Kennedy** und schweren Rassenunruhen erschüttert wurde. 1968 hatte der Vietnamkrieg Johnsons Popularität so stark erodiert, dass er sich nicht mehr zur Wahl stellte.

Als Reaktion auf den Vietnamkrieg prägte die von San Francisco ausgehende Hippie-Bewegung den Slogan »Make Love, Not War«.

Die Ära Nixon Die Präsidentschaftswahl gewann **Richard M. Nixon** mit dem Versprechen, den Krieg in Vietnam schnellstmöglich zu beenden und daheim für »Law and Order« zu sorgen. Tatsächlich begann im Juli 1968 der Rückzug der amerikanischen Truppen. Zugleich wurde jedoch die Bombardierung Nordvietnams verstärkt. Am 15. November demonstrierten in Washington 250 000 Menschen gegen den Krieg. Ein Tag später wurde das Massaker von **My Lai** bekannt, bei dem GIs mehrere Hundert vietnamesische Zivilisten ermordeten.

Amerika demonstrierte weiter, besonders als Nixon im Frühjahr 1970 die Invasion ins neutrale Kambodscha befahl. Vor allem an den Universitäten regte sich heftiger Widerstand gegen Nixons Politik. Als dabei in Ohio vier Studenten von Soldaten erschossen wurden, erreichten die Zweifel am System und am »American Way of Life« ihren Höhepunkt. Bereits zwei Monate nach ihrem Einmarsch wurden die US-Truppen wieder aus Kambodscha abgezogen und die Antikriegsstimmung beruhigte sich.

Für eine Besserung der Stimmung sorgten auch die amerikanischen Erfolge im Weltraum: Im Juli 1969 erlebte die Nation die **erste Mondlandung** ihrer Astronauten Neil Armstrong und Edwin Aldrin live im Fernsehen mit, und 1973 schwenkte die erste US-Raumstation in die Erdumlaufbahn ein. Die Abrüstungsgespräche mit der Sowjetunion und China sowie die Unterzeichnung des Waffenstillstands in Vietnam am 27. Januar 1973 in Paris gehörten zu den Verdiensten der Nixon-Administration. Doch nachdem im Juni 1972 in das Hauptquartier der Demokraten im Washingtoner Watergate-Komplex eingebrochen worden war, wurde die Verstrickung von Nixons engsten Mitarbeitern in den sog. **Watergate-Skandal** immer deutlicher. Nixon selbst versuchte zunehmend die Aufklärung des

Am 20. Juli 1969 gelang den Astronauten Neil Armstrong und Edwin Aldrin die erste Landung auf dem Mond.

Skandals zu verhindern. Einem bereits eingeleiteten Amtsenthebungsverfahren kam Richard Nixon mit seinem Rücktritt am 8. August 1974 zuvor.

Ölkrise

Das Ölembargo der OPEC im Oktober 1973 – wegen der Unterstützung Israels im Jom-Kippur-Krieg – zerstörte die bislang selbstverständliche Vorstellung von der endlosen Verfügbarkeit billigen Benzins. Plötzlich waren die Amerikaner gezwungen, Energie zu sparen.
Unterdessen war die amerikanische Wirtschaft ins Stocken geraten. Das Schlagwort der 1970er-Jahre war »Stagflation« – Nullwachstum gekoppelt mit Inflation. Zudem erschütterte ein schwerer Unfall im Atomkraftwerk von Three Mile Island bei Harrisburg im März 1979 den Glauben an eine sichere Kerntechnik.
Außenpolitisch erlebten die USA eine Demütigung. Am 4. November 1979 stürmten iranische Revolutionäre die US-Botschaft in Teheran und nahmen 63 Diplomaten als Geiseln, um die Auslieferung des in die USA geflohenen Schahs zu erpressen. Ein Befreiungsversuch durch Spezialeinheiten im April 1980 scheiterte und zerstörte die Glaubwürdigkeit des Präsidenten **Jimmy Carter** als politische Führungsfigur.

Die Ära Reagan

Bei der Präsidentschaftswahl im folgenden November gaben die Bürger ihre Stimme **Ronald Reagan**, der ungetrübten Optimismus ausstrahlte. Der Ex-Schauspieler versprach, den Amerikanern Selbstvertrauen zurückzugeben. Sein Programm sah die Senkung von Steuern und Staatsausgaben sowie die Erhöhung des Verteidigungshaushaltes vor. Am 20. Januar 1981, dem Tag der Amtseinführung Reagans, wurden die Geiseln im Iran freigelassen. Am 12. April startete mit dem Space Shuttle »Columbia« das erste wiederverwendbare Raumschiff. Doch angesichts der massiven Kürzung des Sozialhaushaltes zugunsten eines in astronomische Höhen wachsenden Verteidigungsetats – Washington träumte von einer weltraumgestützten Raketenabwehr – formierte sich die Friedensbewegung, die ein Ende der Aufrüstung forderte: Am 12. Juni 1982 demonstrierte in New York eine halbe Million Menschen für den Frieden.

Während die Regierung sich der drohenden Gefahren durch die Immunschwächekrankheit AIDS nur zögerlich annahm, stellte sie sich dem Kommunismus und der Sowjetunion, Reagans »Reich des Bösen«, umso entschlossener entgegen. Im Oktober 1983 stürzten US-Truppen die sozialistische Regierung der kleinen Karibikinsel Grenada. Und 1987 forderte Reagan vor der Berliner Mauer den sowjetischen Staatschef auf: »Mr. Gorbatschow, reißen Sie diese Mauer ein!« Zwei Jahre später stürzte die Berliner Mauer tatsächlich. Doch ob die USA unter Reagan den Kalten Krieg tatsächlich gewannen oder ob die Sowjetunion, moralisch wie finanziell nach 50-jährigem Rüstungswettlauf bankrott, einfach ausgeblutet war, darüber streiten Historiker bis heute.

Eine neue Weltordnung

1991	Die USA vertreiben irakische Invasionstruppen aus Kuwait.
1992 – 2000	Unter der Regierung Clintons erlebt die Wirtschaft eine beispiellose Hochkonjunktur.
11. Sept. 2001	Nach den Anschlägen auf World Trade Center und Pentagon erklärt Präsident George W. Bush dem internationalen Terror den Krieg.
2003	Im Frühjahr besetzen US-Truppen den Irak.
2008	Mit Barack Obama wird erstamls ein Afro-Amerikaner zum Präsidenten gewählt.

1990er-Jahre Zwei Trends prägten das letzte Jahrzehnt des 20. Jahrhunderts: Von Amerika aus trat das Internet seinen Siegeszug um die Welt an und veränderte Alltag und Berufsleben grundlegend. Das rapide Wachstum der asiatischen und vor allem hispanischen Bevölkerung veränderte die ethnische Zusammensetzung der USA: Die »Hispanics« lösten die Afroamerikaner als größte ethnische Minderheit ab.

Außenpolitisch wuchs das Land in seine Rolle als Weltpolizist. Präsident **George Bush** entsandte Anfang 1991 Truppen zur Befreiung des vom Irak besetzten Kuwait. Die so gewonnene Popularität half ihm bei der Bewältigung der Probleme im Innern – hohe Arbeitslosigkeit, Wirtschaftsrezession und ein riesiges Haushaltsdefizit – aber nur wenig. Im April 1992 kam es in Los Angeles nach dem Freispruch für vier weiße Polizisten, die einen schwarzen Autofahrer misshandelt hatten, zu Rassenunruhen. Bei der im November folgenden Präsidentschaftswahl hievte das weitverbreitete Gefühl, dass es der vorigen Generation besser gegangen sei, den jugendlichen **Bill Clinton** ins Amt.

Der Terroranschlag auf das WTC in New York am 11. September 2001 veränderte die Welt.

Die Clinton-Regierung nahm zunächst eine Gesundheitsreform in Angriff, die jedoch scheiterte. Dem Haushaltsdefizit wurde mit Steuererhöhungen und radikalen Kürzungen in vielen Bereichen entgegengetreten. Unterdessen kristallisierte sich die allgemeine Unzufriedenheit mit der Politik in einer wertkonservativen Bewegung, die traditionelle Werte wie Familie, Recht und Gesetz und Religion einforderte. Auf ihrem Nährboden blühten auch radikale Splittergruppen. So ermordeten Fanatiker aus der sogenannten »Right to Life«-Bewegung Abtreibungen durchführende Ärzte. Im April 1995 sprengten zwei Rechtsradikale ein Regierungsgebäude in Oklahoma City, 168 Menschen verloren dabei ihr Leben. Es war der schwerste Terroranschlag in den USA vor dem 11. September 2001.

◄ Wirtschaftsboom und »Monica-Gate«

Die Wirtschaft lief jedoch auf Hochtouren. Die Arbeitslosenzahl sank, der schwächelnde Dollar stabilisierte sich, die Inflation hielt sich in Grenzen. 1996 segelte Clinton mühelos in eine zweite Amtszeit, doch internationale Krisen – u. a. in Somalia und im Kosovo – stellten den »Weltpolizisten« vor ungewohnte Herausforderungen. Daheim erlebten die Amerikaner einen Präsidenten, an dem Immobilien- und Sexskandale folgenlos abprallten. Selbst ein Amtsenthebungsverfahren, das die Republikaner wegen der Monica-Levinsky-Affäre gegen Clinton anstrengten, musste im Februar 1999 eingestellt werden. Am Ende des Jahres platzte in der gefeierten New Economy die sogenannte **»Dotcom-Blase«**: Die während der 1990er-Jahre gegründeten Internetfirmen hatten die Aktienkurse in schwindelerregende Höhen getrieben und in der Hightech-Branche einen Goldrausch ausgelöst. Nun ließen Investoren ihre Aktien angesichts steigender Kosten und mangelndem Profit fallen. Für Hunderte junger Firmen war 2000 das Jahr des bösen Erwachens.

Erst Monate nach dem Durchzug des Hurrikans »Katrina« im August 2005 konnten die Bewohner von New Orleans ihre zerstörten Häuser in Augenschein nehmen.

Der Tag, der die Welt veränderte

Im gleichen Jahr wählte Amerika George W. Bush ins Präsidentenamt. Der beginnenden Rezession und steigenden Arbeitslosigkeit begegnete er mit umfangreichen Zinssenkungen. Außenpolitsch erregte Bush Anstoß mit seinem Nein zum Kyoto-Protokoll, das weltweit die Verringerung des Ausstoßes von Treibhausgasen festschreibt.

Die Anschläge von Al-Qaida-Terroristen auf das World Trade Center und das Pentagon, die am **11. September 2001** rund 3000 Menschen das Leben kosteten, Industrie und Wirtschaft aber nur vorübergehend lähmten, beantwortete die Bush-Regierung mit der Besetzung Afghanistans: Das Taliban-Regime galt als Unterstützer des international operierenden Al-Qaida-Terrornetzwerkes.

Auch daheim kam Washington »unter Feuer«. Der Zusammenbruch des Energiehandelskonzerns Enron im Dezember 2001 war die bislang größte Unternehmenspleite der US-Geschichte. Während hochrangige Funktionäre hinter Gitter wanderten, blieb die Rolle von Regierungsmitgliedern bis heute ungeklärt.

Krieg im Irak

Während der Kämpfe in Afghanistan nahm die US-Regierung den Irak ins Visier: Das Regime Saddam Husseins wurde beschuldigt, Terroristen zu verstecken und Massenvernichtungswaffen zu besitzen. Am 19. März 2003 befahl Präsident George W. Bush, ohne Rückendeckung der UNO, den **Angriff auf den Irak**. Mitte April hatten US-Truppen alle großen Städte besetzt.

In den USA wurden unterdessen alle für die nationale Sicherheit zuständigen Behörden in dem neuen Mega-Ministerium »Department of Homeland Security« gebündelt. Angesichts des immer größer werdenden Haushaltsdefizits ließ Bush die angekündigten Steuersenkungen teilweise wieder zurücknehmen.

Im Januar 2004 bestätigen US-Waffeninspektoren, dass der Irak nicht im Besitz von Massenvernichtungswaffen gewesen sei. Berichte über

Folterungen in amerikanischen Militärgefängnissen schadeten dem Image von US-Armee und Regierung erheblich. In den USA kam es verstärkt zu Friedensdemonstrationen. Ende Juni wurde in Bagdad eine irakische Interims-Regierung eingesetzt, der es jedoch nicht gelang, das Land zu befrieden. Bei der Präsidentschaftswahl im November errang George W. Bush dennoch einen klaren Sieg gegen seinen Herausforderer John Kerry. Doch auch 2005 und 2006 kam der Irak nicht zur Ruhe. Selbstmordattentäter rissen fast täglich Zivilisten, irakische Polizisten und GIs mit in den Tod.
Die andauernden bürgerkriegsähnlichen Zustände im Irak und die zunehmenden Verluste unter den dort stationierten US-Truppen ließen die Zahl der Kriegsgegner in den USA stetig anwachsen.
Bei den **Kongresswahlen** im November 2006 – zur Wahl standen die 435 Mitglieder des Repräsentantenhauses und 33 von 100 Sitzen im Senat –, die als Referendum für die bisherige Politik des Weißen Hauses galten, hatten die oppositionellen Demokraten die Nase vorn. Mit ihrer Forderung nach baldigem Abzug der US-Armee aus dem Irak schafften sie es, die Mehrheitsverhältnisse in beiden Häusern des Kongresses umzudrehen. Erstes Anzeichen für eine Änderung der Irak-Politik des republikanischen Präsidenten George W. Bush war der Rücktritt des seit 2001 amtierenden Verteidigungsministers Donald Rumsfeld nur einen Tag nach den Kongresswahlen. Eine wesentliche Stabilisierung des Iraks ist bis heute nicht gelungen, doch steht das Land nicht mehr im Fokus des weltweiten Interesses.

Katrina

Ende August 2005 mussten die Menschen im Süden der USA mit einer Naturkatastrophe gigantischen Ausmaßes fertig werden: In New Orleans drückte der **Hurrikan »Katrina«** (► Baedeker Special S. 438) die Wassermassen des Golfs von Mexiko über die Dämme und flutete 80 Prozent des weitgehend unter dem Meeresspiegel liegenden Stadtgebiets, wobei weit über tausend Opfer zu beklagen waren.

Die **Wirtschafts- und Finanzkrise** als Folge einer massiven Immobilienkrise 2008 bereitet inzwischen weltweit große Probleme. Die US-Regierung hofft, mit einem Milliardenprogramm zur Rettung der Banken und zur Förderung der Wirtschaft der Krise Herr zu werden.

Der erste farbige Präsident der USA

Die jüngsten US-Präsidenschaftswahlen im November 2008 beförderten den Hoffnungsträger **Barack Hussein Obama, Jr.** ins höchste Staatsamt. Mit dem Wahlkampfslogan »Yes, we can« traf er den Nerv der sich nach einer Änderung in der Politik sehnenden Bevölkerungsmehrheit. Seine einstige Rivalin um das Amt, **Hillary Rodham Clinton**, ist heute Außenministerin. Ob er allerdings in so wichtigen Bereichen wie der Gesundheitsreform, an der schon Clinton scheiterte, und dem Klimaschutz tatsächlich eine Verbesserung erreichen kann, ist angesichts der Beharrungskräfte im Land fraglich. Hinzu kommen die Wirtschafts- und Finanzkrise, das Engagement in Afghanistan sowie die ungelösten Probleme im Nahen Osten.

Kunst und Kultur

Seit über einem Jahrhundert sind Wolkenkratzer das »Markenzeichen« der amerikanischen Architektur. Als Highlights der US-Kunst etablierten sich Pop Art und Action Painting. Und über die Abenteuer von Tom Sawyer und Huckleberry Finn lachen und staunen Leseratten auch hierzulande.

Malerei

Einmalige künstlerische Vielfalt

Kunst »made in USA« ist mehr als nur Pollock und Warhol. Das amerikanische Kunstschaffen zeichnet sich durch eine Vielfalt aus, wie sie in der Welt wohl einmalig ist. Dabei werden Künstler hierzulande nicht zentral »von oben« gefördert, sondern von Stiftungen und Instituten oder mit privaten Spenden. Letztere betragen jährlich rund zwölf Milliarden Dollar!
Geschichte und soziale Wirklichkeit des erfolgreichsten Einwandererlandes reflektierend, arbeiteten amerikanische Künstler zunächst im Schatten Europas. Erst gegen Ende des 19. Jh.s begann die Lösung von europäischen Vorbildern und die Entwicklung und Erweiterung eigenständiger Kunstformen und -sprachen.

Berühmte Porträtisten

Erste Priorität in den Kolonien war Überleben. Daher kam erst mit der Etablierung festerer Strukturen innerhalb der kolonialen Oberschicht das Bedürfnis nach Selbstdarstellung auf. Die erste Generation amerikanischer Maler, die von ihrer Kunst leben konnten, porträtierte die wohlhabende Kaufmannschaft. **Boston war das kulturelle Zentrum** jener Zeit. Bedeutende Maler waren John Trumbull (1756 bis 1843) und Gilbert Charles Stuart (1755 – 1828), von dem mehrere berühmte Porträts von George Washington stammen – auch das auf der Ein-Dollar-Note. Doch als Vater der amerikanischen Malerei gilt **John Singleton Copley** (1738 – 1815). Viele seiner Bilder, v. a. die von den Führern des Unabhängigkeitskriegs, kennt in den USA jedes Kind. Der kaum weniger bekannte Historienmaler Benjamin West (1738 – 1820) ging bereits 1763 nach England, wo er 1792 Präsident der britischen Royal Academy wurde.

Amerikas erste »Schule«

Nach dem Unabhängigkeitskrieg bemühten sich auch die Künstler des Landes um ihre Unabhängigkeit vom europäischen Vorbild. Das neue, schnell recht populäre Genre der **Landschaftsmalerei** kam dabei dem Bedürfnis nach künstlerischer Eigenständigkeit entgegen. Die unberührte amerikanische Wildnis wurde als eine Art Garten Eden dargestellt, in dem eine ideale Gesellschaft verwirklicht werden könnte. Perfektioniert wurde das Genre von der sog. **Hudson-River-Schule**. Als Pate der Schule gilt der gebürtige Engländer Thomas Cole (1801 – 1848). Mit seinen Bildern vom Hudson River erregte er in New York Aufmerksamkeit und inspirierte zukünftige Malergenerationen. Zum engeren Kreis der Hudson-River-Schule zählten Asher B. Durand (1796 – 1886) und Frederic Edwin Church (1826 – 1900). Eines der bekanntesten Gemälde Durands, »Kindred Spirits« von 1849, zeigt den Maler Cole und den Dichter W. C. Bryant beim Meditieren in einer grandiosen Landschaft. Frederic Edwin Church wurde mit »Mount Kathadin« (1853) berühmt, einem Bild des

← *Moderne Kunst im Hochhausdschungel von Houston*

Albert Bierstadt: »The Last of the Buffalo«

höchsten Berges von Maine. Der gebürtige Deutsche Albert Bierstadt (1830 – 1902) zog als einer der ersten Künstler in den Westen. Der Erfolg seiner heroischen Landschaften brachte ihm auch Aufträge der Regierung in Washington.

Impressionismus und »Ash Can School«

Gegen Ende des 19. Jh.s wandten sich Amerikas Maler den Impressionisten zu. Als Prophet der amerikanischen Abstrakten gilt der ebenso umstrittene wie innovative **James McNeill Whistler** (1834 bis 1903). Erfolgreich war auch der in London lebende John Singer Sargent (1856 – 1925), der u. a. Aufträge von der Ostküstenelite erhielt und für das Boston Museum of Fine Arts malte.
Zu Beginn des 20. Jh.s revoltierte die amerikanische Malerei erstmals gegen alle Traditionen. Sozialkritische Maler um Robert Henri (1865 bis 1929) ließen sich von der Armut in den Slums inspirieren und wurden bald »Müllkübel-Schule« genannt. Diese »Ash Can School« gipfelte etwas später im sogenannten »Harten Realismus« der 1930er-Jahre. Neben dem deutschen Emigranten Max Beckmann gehörten Ben Shan (1898 – 1969) und Jack Levine (geb. 1915) zu dieser Richtung. Einen Realismus eigener Art zeigen die Bilder von Edward Hopper (1882 – 1967), der sich v. a. mit der Vereinsamung des Menschen in der modernen Gesellschaft auseinandersetzte.

Abstrakter Expressionismus

Nach 1945 entstand in New York, beeinflusst von immigrierten Avantgarde-Künstlern aus Europa, der Abstrakte Expressionismus. Weniger eine Stilrichtung als ein Konzept, das Spontaneität befürwortete und herkömmlichen Formen rigoros die Tür wies, betrachteten ihn viele Kritiker als erste wahrhaft amerikanische Formensprache. Zu den bekanntesten Künstlern dieser Richtung gehörten Willem de Kooning (1904 – 1997), Mark Rothko (1903 – 1970) und Robert Rauschenberg (geb. 1925).

Als der bedeutendste Vertreter des Abstrakten Expressionismus gilt jedoch **Jackson Pollock** (1912 – 1956). Mit der von ihm entwickelten Technik des »Action Painting« bzw. »Dripping« – bei der der Künstler die Farbe scheinbar zufällig auf die Leinwand tropft oder schleudert – führte Pollock das Zusammenwirken von Farbe, Maltechnik und Hilfsmitteln zu höchster Perfektion.

Minimal Art und Pop Art

In den 1950er- und 1960er-Jahren wurde der Abstrakte Expressionismus von der »Minimal Art« abgelöst. Diese Kunstform strebte die Reduzierung von Farben, Formen und Materialien auf ein Minimum an. Doch die am meisten diskutierte Richtung sollte die »Pop Art« werden. Deren berühmtester Vertreter war der als Lichtgestalt der Ostküsten-Avantgarde verehrte **Andy Warhol** (► Berühmte Persönlichkeiten). Roy Lichtenstein (1923 – 1997) mit seinen überdimensionalen Comic-Bildern sowie Jasper Johns (geb. 1930) und Claes Oldenburg (geb. 1929) sind ebenfalls dieser Richtung zuzurechnen.
In den 1970er-Jahren entstand als Reaktion auf die künstlerische Freiheit der **»Hyperrealismus«**, eine Malrichtung mit nahezu fotografischer Wirklichkeitswiedergabe. Zu seinen bekanntesten Vertretern zählen Richard Estes (geb. 1936) und Howard Kanovitz (geb. 1929). In der heutigen Szene triumphiert die von Pollock vorgedachte Ansicht der Kunst als von der Welt losgelöste, pure Individualität. Stammplätze in Galerien und Ausstellungen haben u. a. Valerie Demianchuk (geb. 1972), Graham Caldwell (geb. 1973), Jason Falchook (geb. 1976), Lauren Camp (geb. 1966), Will Cotton (geb. 1965) und Benjamin Edwards (geb. 1970).

Architektur

Architektur der urbanen Gesellschaft

Während der zweiten Hälfte des 19. Jh.s entwickelte sich die amerikanische Architektur zum Ausdrucksmittel einer rapide wachsenden, urbanen Gesellschaft. Ein neuer Gebäudetyp für Geschäfts- und Bürohäuser entstand: der Wolkenkratzer.

◄ Wohnhäuser

Dagegen blieb der Bau von Wohnhäusern zunächst europäischen Stilen verpflichtet. Gebaut wurde, was gerade »angesagt« war: Neoklassik oder Neogotik, Beaux Arts oder Georgian Style. Frischer Wind in dieses Genre kam mit **Frank Lloyd Wright** (1867 – 1959). Wright suchte die Einheit von Natur und Architektur, wobei er sich von indianischen Bauweisen inspirieren ließ. Schönstes Beispiel hierfür ist das 1936 in Bear Run, Pennsylvania, gebaute Wohnhaus »Falling Water«. Wright machte vor, was heute selbstverständlich ist: der Einsatz natürlicher Materialien wie Stein und Holz als Stilmittel. Von seiner Architekturauffassung, Form und Funktion seien eins, zeugt auch Wrights berühmtestes Spätwerk, das Mitte des 20. Jh.s entworfene Guggenheim-Museum in New York.

Art déco bis in die Spitze: Chrysler Building in New York

Zum Aushängeschild »typisch amerikanischer« Architektur wurden jedoch die **Wolkenkratzer**. Voraussetzung für deren Errichtung war eine ganze Reihe von technischen Innovationen wie die Stahlskelett-Bauweise, die Verwendung von Stahl und Beton und die Perfektionierung des Personenaufzuges. Die ersten Hochhäuser – mit einer durchschnittlichen Höhe von 70 Metern – entstanden in den 1870er-Jahren; erst in der ersten Hälfte des 20. Jh.s wuchsen die turmartigen Gebäude, z. B. das **Empire State Building** (1931; 381 m Höhe, mit Antennenmast 449 m) und das **Chrysler Building** (1930; 319 m Höhe) in den New Yorker Himmel. Später wich man von der sich nach oben verjügenden Turmform ab und zog rechteckige bzw. scheibenförmige Gebäude hoch. Zu den höchsten Bürohochhäusern der Welt zählt heute der 443 m hohe und 110 Stockwerke umfassende **Sears Tower** in Chicago.

Spielwiese Chicago ►

Zunächst waren Boston und New York die Experimentierlabore der Hochhausarchitekten. Doch nachdem 1871 ein Stadtbrand den Großteil von Chicago vernichtet hatte, avancierte die Boomtown am Lake Michigan zur Spielwiese der amerikanischen Architektenelite, allen voran **Louis Henry Sullivan** (1856 – 1924): Der Architekt, dessen Leitspruch »Form follows function« (»Die Form folgt der Funktion«) Frank Lloyd Wright inspirierte, schuf hier Gebäude, die trotz ihrer Ornamentik noch heute modern wirken.

International Style

Wichtige Impulse erhielt die Baukunst in den Dreißigerjahren des 20. Jahrhunderts. Berühmte Reißbrett-Rebellen wie **Ludwig Mies van der Rohe** (1886 – 1969), **Walter Gropius** (1883 – 1969) und **Richard Joseph Neutra** (1892 – 1970) übersiedelten aus Deutschland bzw. Österreich in die USA und verhalfen dem International Style in den folgenden zwei Jahrzehnten zu einer Monopolstellung in der Szene.
Mies van der Rohe, der seit 1938 in Chicago unterrichtete, entwarf mehrere Hochhäuser in Chicago und New York; seine Entwürfe beeinflussten v. a. jüngere Kollegen wie **Philip Johnson** (1906 – 2005) und Gordon Bunshaft (1909 – 1990). 1958 baute er zusammen mit Johnson das Seagram Building in New York. Johnson machte sich einen Namen mit seinem 1949 errichteten »Glashaus«, einem gläsernen Wohnhaus in New Canaan, Connecticut.

Zu einem der größten Architekturbüros der Nachkriegszeit entwickelte sich Skidmore, Owings & Merrill. Der im Jahr 1936 in New York gegründete »Think Tank« entwarf v. a. komplexe Verwaltungs- und Geschäftsbauten und entwickelte eine besondere Stahlkonstruktion für allerhöchste Wolkenkratzer wie den Sears Tower in Chicago.

? WUSSTEN SIE SCHON ...?

- ... dass die legendäre Radio City Music Hall in New York, im Art-déco-Stil erbaut und heute für Konzerte und Shows genutzt, bei ihrer Eröffnung im Dezember 1932 das größte Kino der Welt war? Es bot rund 6000 Sitzplätze.

In den 1950er-Jahren begann die Suche nach neuen Ausdrucksmöglichkeiten. So bauten von 1966 bis 1973 (1912 – 1986) und Emery Roth & Sons das insgesamt sieben Gebäude um-fassende **World Trade Center** in New York, das am 11. September 2001 durch einen Terroranschlag zerstört wurde. Der sinoamerikanische Architekt **Ieoh Ming Pei** (geb. 1917) konzipierte den Ostflügel der National Gallery in Washington, D.C., einen dank seiner glatten Außenhaut und schlichten Formen eher wie eine Skulptur wirkenden Bau.
Ganz anders dagegen die Gebäude von Paul Rudolph (1918 – 1997): Der Vertreter des »New Brutalism« experimentierte mit Beton als Baumaterial und entwarf trutzige, festungsähnliche Gebäude mit roher Oberfläche.

Postmoderne

Doch die glatten Flächen waren vielen Architekten – und der Öffentlichkeit – bald zu nüchtern. Bereits in den Sechzigerjahren des vergangenen Jahrhunderts plädierte **Robert Venturi** (geb. 1925) für die Trennung von Funktion und Dekoration. Ähnlich wie im Historismus des späten 19. Jahrhunderts bedienten sich auch die Postmodernen traditioneller Formen wie Säulen und Portikus sowie farbiger Materialien. Charakteristisch ist die spielerische, bisweilen sogar ironische Verwendung des Formengutes, das dadurch eine neue Interpretation erfährt. Als erstes bedeutendes Beispiel postmoderner Architektur gilt das 1984 von Philip Johnson errichtete ehemalige **AT & T Building** in New York.

»New York Five«

Stärkste Widersacher der Postmodernen waren während der 1960er- und 1970er-Jahre die »New York Five«. Die Gruppe um **Richard Meier** (geb. 1934) orientierte sich am Rationalismus und Funktionalismus früherer Jahre und entwarf v. a. elegante, ausschließlich in Weiß gehaltene Gebäude aus Glas, Stahl und Beton.
Seit den 1980er-Jahren entwickelt sich die amerikanische Architektenszene zunehmend zu einer internationalen. So revolutionierte der in Deutschland geborene Helmut Jahn (geb. 1940) den Hochhausbau durch die Kombination von Stahlskelettbau und Postmoderne, während amerikanische Stararchitekten wie **Frank Gehry** (geb. 1929), der das Guggenheim-Museum im baskischen Bilbao baute, Städten in aller Welt ihren Stempel aufdrücken.

BY THE TIME I GOT TO WOODSTOCK ...

Joan Baez – Blood, Sweat & Tears – The Paul Butterfield Blues Band – Canned Heat – Joe Cocker – Crosby, Stills & Nash – The Grateful Dead – Arlo Guthrie – Richie Havens – Jimi Hendrix – Jefferson Airplane – Janis Joplin – Santana – Ten Years After – The Who – Neil Young ... Unentschuldigt fehlte The Jeff Beck Group, kurzfristig ausgebootet wurde Iron Butterfly. Dass Bob Dylan auftreten würde, war so selbstverständlich, dass man vergaß, ihn einzuladen.

Woodstock = Peace + Love + Music. Liest man die Protokolle der Zeitzeugen, mag man diese Gleichung nach Sex + Drugs + Rock'n Roll auflösen, denn speziell die zum Mythos erhobene Friedfertigkeit der halben Million Hippies war offenbar der reibungslosen Versorgung mit bewusstseinsvernebelnden Substanzen zu verdanken. Bevor Woodstock das Gegenteil bewies, galt schon die Vorstellung eines Events dieser Größenordnung als völlig absurd. Das Rockfestival in Monterey hatte früher stattgefunden, Watkins Glen 1973 zog noch mehr Besucher an, doch **»The Woodstock Music and Arts Fair«** vom 15. bis 17. August 1969 war und bleibt das mit Abstand berühmteste Ereignis dieser Art. Austragungsort war die Farm von Max Yasgur bei Bethel in den Catskill Mountains, ca. 80 km von Woodstock entfernt. Das Festival war der Höhepunkt der Hippie-Ära und galt einen kurzen Sommer lang als Beweis, dass die »Woodstock-Generation« mit freier Liebe, psychedelischen Drogen und Rock eine friedfertig-soziale »Woodstock-Nation« im Zeichen des Wassermanns hervorbringen könnte.

Ein ungeplanter Mythos

Geplant war all dies so jedoch nicht. Woodstock verdankt seinen legendären Ruf zum Großteil der Tatsache, dass es zunehmend aus dem Ruder lief. Initiiert wurde das Festival von **John Roberts, Joel Rosenman, Artie Kornfeld** und **Michael Lang**. Roberts, steinreicher Erbe einer Zahnpastadynastie, gab mit Rosenman im März 1968 eine Anzeige in der »New York Times« auf: »*Junge Männer mit unbegrenztem Kapital suchen interessante, legale Investitionsmöglichkeiten und Geschäftsvorschläge.*« Unter den Zuschriften fand sich auch die Idee von Kornfeld und Lang, in der ländlichen Idylle von Woodstock ein Aufnahmestudio einzurichten. Außerdem sei der Ort wunderbar geeignet für ein

Festival. **Zwei Hippies und zwei Yuppies** taten sich also zusammen und gründeten die Firma Woodstock Ventures. Im Industriegebiet von Walkill, NY, mieteten sie ein Gelände mit Platz für 50 000 Besucher. Plakate wurden gedruckt, prominente Bands mit fürstlichen Gagen gelockt. Die braven Bürger von Walkill bekamen allmählich eine genauere Vorstellung dessen, was auf sie zukam und gerieten in Panik. Im Eilverfahren untersagte die Gemeinde das Festival. Drei Wochen vor dem Termin wurde dann doch noch die Farm von Milchfarmer **Max Yasgur** gefunden. Bis die Bewohner von Bethel Wind bekamen von Art und Dimension des Festivals, war es schon zu spät. Auch Schilder mit der Aufschrift: **»Kauft keine Milch! Stoppt Max Yasgurs Hippie-Festival!«** konnten nichts verhindern.

Kompletter Fehlstart

Als Michael Lang freitags aufwachte, fiel ihm ein, dass er vergessen hatte, Kartenhäuschen aufzustellen. Von den geplanten 25 konnten noch ganze zwei durch die inzwischen entstandene Zeltstadt transportiert werden. Da der Geländezaun von mehr als 200 000 Musikliebhabern ohne Ticket mittlerweile aber platt gewalzt worden war, machten die Veranstalter gute Miene zum bösen Spiel und deklarierten Woodstock zum Free Festival. Die Polizei kapitulierte vor **15 Meilen Stau**, denn die Nachdrängenden hatten die Straße zum Parkplatz umfunktioniert. Die Zauberlehrlinge von Woodstock Ventures hatten nun ein Problem: Nicht nur 800 000 Sandwiches, auch fast alle Musiker saßen in der Blechlawine fest.

Der Freitag sollte ganz im Zeichen des Folk Rock stehen. **Tim Hardin** war zwar bereits anwesend, aber noch bis in die Haarwurzeln bekifft. So schickte man gegen fünf Uhr nachmittags **Richie Havens** auf die Bühne, der drei Stunden lang improvisierte – sein verzweifelter Schrei nach »Freedom« klang nie wieder so authentisch. Gerettet wurde er ausgerechnet von einem Helikopter der US Army, der Musiknachschub einflog. Nun wurde jeder greifbare Hubschrauber gebucht, um die Massen aus der Luft zu versorgen. Die Musiker traten entgegen jeglicher Dramaturgie in der Reihenfolge ihres Auftauchens vor Ort auf. **Country Joe McDonald** war schon da, seine Band The Fish nicht. Nach ihm wurde **John Sebastian** auf die Bühne komplimentiert, der eigentlich nur als Besucher gekommen war, doch aus dem Publikum zwangsrekrutiert wurde. Nach und nach verlief die Veranstaltung dann in geordneteren Bahnen, Tim Hardin kam wieder zu sich und auch der mit Politparolen durchsetzte Funk von **Sly & The Family Stone** löste nicht die befürchteten Massenkrawalle aus. Gegen Mitternacht, als **Ravi Shankar** seiner Sitar exotische Klänge entlockte, begann es zu tröpfeln, als **Joan Baez** »We shall overcome« sang, öffneten sich die Schleusen des Himmels und verwandelten das Tal in ein einziges Schlammbad. Nach **Melanies** Auftritt legten sich geschätzte 350 000 Menschen in einer gigantischen Fangopackung zur verdienten Ruhe.

Elektrisierende Songs

Raymond Mizak wurde am Samstagmorgen Woodstocks erstes Todesopfer: Er hatte sich den schlammverkrusteten Schlafsack über Kopf und Körper gezogen und wurde von einem Traktor überrollt. Musikalisch war der Tag dem harten, treibenden Rock gewidmet mit **The Who, Jefferson Airplane, Creedence Clearwater Revival, Grateful Dead, Canned Heat, Santana, Mountain und Janis Joplin**. Da man den Eindruck hatte, die immer noch anwachsende Menge durch permanente Action auf der Bühne besser kontrollieren zu können, schaffte man die Nachtruhe ab und bat die Bands, ihre Sets auszudehnen. Das Wetter schlug Kapriolen zwischen Gluthitze und Wolkenbruch: Die Bühne stand unter Wasser und The Grateful Dead buchstäblich unter Strom, als die berühmteste Live-Band Amerikas ihren lausigsten Auftritt ablieferte – schlechte Kabelisolierung führte zu gelegentlichen Stromstößen, so dass Jerry Garcia und Kollegen verständlicherweise nur sehr zögerlich in die Saiten griffen. **Abbie Hoffman**, als Mitbegründer der radikal-anarchistischen Yippie Party einer der prominentesten amerikanischen Freaks, enterte die Bühne, um eine flammende Rede zur Unterstützung eines gewissen John Sinclair zu halten, der wegen des Besitzes zweier Joints zu zehn Jahren Zuchthaus verdonnert worden war. **Pete Townshend**, Gitarrist der Who und unerschrockener Brite, hielt ihn für einen weiteren halluzinierenden Irren und zog ihm sein Instrument über den Schädel – make love, not war.

Frühstück im Bett für 400 000

Den sonntäglichen Sonnenaufgang begrüßte **Jefferson Airplane** mit »White Rabbit«: *»One pill makes you larger, one pill makes you small. The ones that mother gives you don't do anything at all …«* Dann bereiteten die Kommunarden von der Hog Farm »Frühstück im Bett für 400 000« nach folgendem Rezept: Alle verfügbaren Brötchen zu Mus verkochen, Erdnüsse zugeben, bis eine gulaschartige Masse entsteht. Gemüse jeglicher Sorte zerhacken, anbraten und untermischen. Auf Papptellern servieren …

Für die musikalischen Höhepunkte sorgten **Crosby, Stills & Nash**, zu denen **Neil Young** stieß, **The Band, Joe Cocker, Johnny Winter und Ten Years After**, deren Gitarrist Alvin Lee beim Solo in »I'm going home« demonstrierte, dass er schneller spielte als sein Schatten. Die Schwermetaller von **Iron Butterfly** warteten in New York auf einen Hubschrauber, der nie erscheinen sollte: Die nervösen Veranstalter befürchteten inzwischen, dass die hypnotischen Klänge von »In-A-Gadda-Da-Vida« zu Massentumulten führen könnten. Schließlich war es neun Uhr früh am Montag, als **Jimi Hendrix**, der darauf bestanden hatte, als Letzter aufzutreten, mit kreischenden Rückkopplungseffekten die amerikanische Nationalhymne zerpflückte und das Festival beendete.

Bilanz

Nebst einem augenfälligen Müllproblem hatte es Woodstock Ventures Schulden in Höhe von 1,3 Mio. $ eingebracht. Dennoch: Lang und Kornfeld machten ein schlechtes Geschäft, als sie sich bald danach von Rosenman und Roberts für je 31 240 $ ihre Anteile abkaufen ließen. Der von **Dokumentarfilmer Michael Wadleigh** gedrehte Film über das Festival spielte allein an den amerikanischen Kinokassen über 50 Mio. $ ein. Die beiden aufwendig gestalteten Plattenalben gehören zu den Dauerbrennern unter den Bestsellern und finden, mittlerweile als CD und DVD, auch heute noch begeisterte Abnehmer.

Die schöne Illusion vom Aufbruch in eine bessere Welt endete aber im selben Jahr in den **Gewaltexzessen beim Altamont Speedway Festival** und mit den Ritualmorden der **Manson Family**.

Möglicherweise ist es aber gerade die Gewissheit um die Unmöglichkeit einer Wiederholung, die Woodstock zu einem ewig jungen Blütentraum und zum wehmütigen Mythos einer ganzen Generation gemacht hat. Man muss nicht dort gewesen sein, um davon zu schwärmen. Bezeichnenderweise ist der Song »Woodstock« mit der Zeile »*By the time I got to Woodstock, they were half a million strong*«, der für Crosby, Stills, Nash & Young zum Hit geriet und heute als Hymne des Festivals gilt, von **Joni Mitchell** geschrieben worden. Sie war eine der vielen, die die Aquarian Exposition der Woodstock Music & Art Fair nur vom Hörensagen kannten.

Literatur

Erste literarische Zeugnisse

Auch die amerikanische Literatur brauchte lange, um das Vorbild Europa abzuschütteln. Die ersten literarischen Zeugnisse waren zumeist theologische Werke wie das **»Bay Psalm Book«** von 1640, das erste in den britischen Kolonien Nordamerikas veröffentlichte Buch. Doch mit dem Übergreifen der Ideen der Aufklärung auf den amerikanischen Kontinent im 18. Jh. wurden die literarischen Äußerungen zunehmend politischer. **Alexander Hamilton** (1757 – 1804) und v. a. **Thomas Jefferson** (► Berühmte Persönlichkeiten) verfassten Polemiken, die die Unabhängigkeitsbestrebungen unterstützten. **Benjamin Franklin** (► Berühmte Persönlichkeiten), dessen Autobiografie mit ihrer Betonung von Rationalismus und Individualismus zu den bedeutendsten Werken der Revolutionsära gehört, gründete Zeitungen und Magazine und schuf damit ein Publikum für künftige Literaten. Noch vor der Revolution entstanden die ersten Theater in New York, Philadelphia und Charleston, deren Repertoire allerdings zum Großteil aus Werken britischer Autoren bestand.

Erst nach der Revolution konnten einige wenige Autoren von ihrer Kunst leben. Als erster professioneller Schriftsteller der USA gilt **Charles Brockden Brown** (1771 – 1810), dessen überaus erfolgreicher Schauerroman »Wieland« jedoch noch ganz und gar britisch anmutet, wenngleich er in der Neuen Welt angesiedelt ist. Der Frühromantiker **James Fenimore Cooper** (1789 – 1851), der mit seinen »Lederstrumpf«-Romanen Karl May inspirierte, war einer der ersten Amerikaner, die mit ihren Werken auch in Europa Erfolge erzielten.

19. Jahrhundert

Die Voraussetzungen für eine eigenständige amerikanische Literatur schuf der von dem Philosophen und Schriftsteller **Ralph Waldo Emerson** (1803 – 1882) vorgedachte Transzendentalismus. Emerson glaubte an die Omnipräsenz Gottes im Menschen und in der Natur. Weder Religion, Tradition noch Gesellschaft sollten Maß aller Dinge sein, sondern – und dies war zur damaligen Zeit revolutionär – das Individuum. Prominentestes Mitglied der sog. Transzendentalisten war **Henry David Thoreau** (1817 – 1862). Sein Essay »Von der Pflicht zum Ungehorsam gegen den Staat« (1848) erhob Zivilcourage und friedlichen Widerstand zur Bürgerpflicht und inspirierte Mahatma Gandhi und Martin Luther King.

Nathaniel Hawthorne (1804 – 1864) geißelte die Bigotterie der bürgerlichen Ostküstengesellschaft insbesondere in seinem 1850 erschienenen Roman »Der scharlachrote Buchstabe«. Stilistisches Neuland betrat **Edgar Allan Poe** (► Berühmte Persönlichkeiten) mit seinen Kurzgeschichten und Gedichten, in denen er die Tiefen der menschlichen Psyche auslotete. Als größte literarische Leistung dieser Periode gilt der Klassiker »Moby Dick« von **Herman Melville** (1819 bis 1891), der in seinem Werk den Kampf eines Besessenen gegen die Natur porträtierte.

Sowohl ein literarisches Ereignis als auch ein brisantes Politikum war **Harriet Beecher Stowes** (1811 – 1896) Roman »Onkel Toms Hütte«, der der Antisklavereibewegung eine unüberhörbare Stimme gab.
Mark Twain (► Berühmte Persönlichkeiten) schuf mit seinem von Lokalkolorit und regionalem Slang geprägten und humorvollen Stil die ersten durch und durch amerikanischen Romane. Meisterwerke wie »Die Abenteuer des Tom Sawyer« (1876) und die 1884 erschienene Fortsetzung »Die Abenteuer des Huckleberry Finn« gehören heute zu den Klassikern der Weltliteratur.

◄ Lyrik

Auch die amerikanische Lyrik ging in der zweiten Hälfte des 19. Jh.s neue Wege. **Walt Whitman** (1819 – 1892) zeigte in seinem Gedichtband »Leaves of Grass« eine völlig neue Form und Thematik, die aus der Weite des Landes und dem amerikanischen Individualismus entstand. **Emily Dickinson** (1830 – 1886) hingegen, die in der beschützten Abgeschlossenheit des viktorianischen Bürgertums lebte, schuf Gedichte von beispielloser Sensibilität und Intellektualität.

Literatur als Sozialkritik

Industrialisierung, Einwandererströme, Slums: Die mit dem Wirtschaftsboom des ausgehenden 19. Jh.s verbundenen sozialen Probleme gaben der amerikanischen Literatur ein neues Sujet. Die sozialkritischen Romane von **Theodore Dreiser** (1871 – 1945) und **Frank Norris** (1870 – 1902) schilderten die Schattenseiten des amerikanischen Traums. Die satirischen Romane von **Sinclair Lewis** (1885 bis 1951), der 1930 als erster Amerikaner den Literaturnobelpreis erhielt, geißelten die Doppelmoral der Mittelklasse.

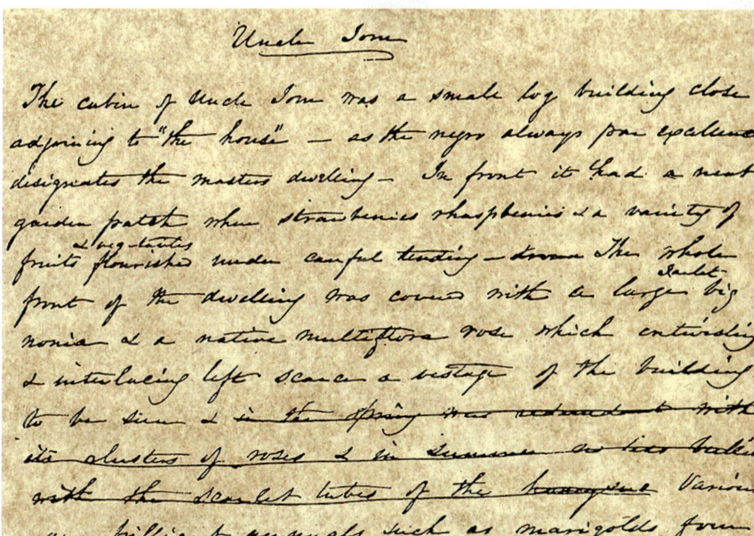
Uncle Tom

The cabin of Uncle Tom was a small log building close adjoining to "the house" — as the negro always par excellence designates the masters dwelling — In front it had a neat garden patch where strawberries raspberries & a variety of fruits & vegetables flourished under careful tending — The whole front of the dwelling was covered with a large scarlet bignonia & a native multiflora rose which entwisting & interlacing left scarce a vestige of the building to be seen & in the spring [illegible] its clusters of roses & in summer [illegible] with the scarlet tubes of the [illegible] Various brilliant annuals such as marigolds [illegible]

Die erste Manuskriptseite von Harriet Beecher Stowes »Onkel Toms Hütte«

Der Erste Weltkrieg erschütterte den Optimismus auch der amerikanischen Intellektuellen. Der Zynismus, der sich besonders durch die Werke **F. Scott Fitzgeralds** (1896 – 1940) und **Ernest Hemingways** (► Berühmte Persönlichkeiten) zieht, war typisch für die sog. »Lost Generation« und ihre Romanhelden.

Das »rote Jahrzehnt«

Politisch und sozial engagiert war man erst wieder in den späten Zwanziger- und Dreißigerjahren. **John Dos Passos** (1896 – 1970) schrieb sozialkritische Romane, darunter die mit sozialistischer Rhetorik unterlegte Trilogie »USA«, ein umfassendes Sittenbild der amerikanischen Gesellschaft in den beiden ersten Jahrzehnten des 20. Jahrhunderts.
William Faulkner (1897 – 1962), der große Chronist des Südens, schilderte in seinem Werk einfühlsam das Leben am Mississippi. **Eudora Welty** (1909 – 2001) und **Carson McCullers** (1917 – 1967) bildeten brillant die grotesken Aspekte des Alltags ab.

Nachkriegszeit

Auch der Zweite Weltkrieg hatte Einfluss auf die amerikanischen Literaten. Die Suche nach Sinn im modernen amerikanischen Leben wurde zum Leitmotiv der Autoren der 1950er- und 1960er-Jahre. 1958 verursachte **Vladimir Nabokov** (1899 bis 1977) mit seinem satirischen Gesellschaftsroman »Lolita« einen Skandal.

Das 36 m lange Manuskipt von Kerouacs Klassiker »Unterwegs«

Am kompromisslosesten brachten die führenden Mitglieder der »Beat Generation« ihr Unbehagen am »American Way of Life« zum Ausdruck: **Jack Kerouac** (1922 – 1969) – dessen 1957 veröffentlichter Roman »On the Road« (»Unterwegs«) Peter Fonda und Dennis Hopper zu dem Kultfilm »Easy Rider« inspirierte – und der Lyriker **Alan Ginsberg** (1926 bis 1997) sahen die einzige Möglichkeit individueller Erfüllung außerhalb gesellschaftlicher Zwänge.

Das schwarze Amerika meldet sich zu Wort

Parallel zur Literatur der weißen Bevölkerung entwickelte sich die Literatur der afroamerikanischen Minderheit zu einem eigenen Genre mit preisgekrönten Autoren. Sklaverei, Rassismus und Gleichberechtigung waren lange die beherrschenden Themen von Schriftstellern und Dichtern wie **W. E. B. DuBois** (1868 – 1963) und **Booker T. Washington** (1856 – 1915).
Den eigentlichen Durchbruch erlebte diese Literatur in den 1920er-Jahren während der sogenannten »Harlem Renaissance« in New York durch begnadete Talente wie **Claude McKay** (1889 – 1948) und **Langston Hughes** (1902 – 1967), dessen Gedichte den Rhythmus von Jazz und Blues widerspiegeln. Zora Neale Hurston (1903 – 1960) hingegen sammelte die Lebensgeschichten ländlicher Afroamerikaner im Süden und setzte sie zu ergreifenden Zeugnissen des schwarzen Alltags im rassistischen Süden zusammen.

Nach dem Zweiten Weltkrieg erlebte die afroamerikanische Literatur dank einer verstärkt sensibilisierten Öffentlichkeit einen weiteren Aufschwung. Seit den Erfolgen von **Alex Haley** (1921 – 1992) mit der Familiensaga »Roots«, **Toni Morrison** (geb. 1931), die 1993 den Literaturnobelpreis für ihr Gesamtwerk erhielt, und **Alice Walker** (geb. 1944) mit »Die Farbe Purpur« sind afroamerikanische Autoren fester Bestandteil der amerikanischen Literatur.

Frauenliteratur

In den Siebzigerjahren des 20. Jh.s beschrieben Schriftstellerinnen erstmals die weibliche Sexualität, teils humorvoll-ironisch, teils politisierend-feministisch. **Erica Jong** (geb. 1943) und **Marilyn French** (1929 – 2009) füllten als prominente Protagonisten der Frauenemanzipation auch Magazine.

New Journalism

Autoren wie **Truman Capote** (1924 – 1984) und **Norman Mailer** (geb. 1923) trieben die Suche nach Authentizität in neue Höhen, indem sie Journalismus und Fiktion auf experimentelle Weise verknüpften. **Tom Wolfe** (geb. 1931), einer der wichtigsten Vertreter des »Neuen Journalismus«, versuchte in seinem 1987 erschienenen Roman »Fegefeuer der Eitelkeiten« eine neue Art des Gesellschaftsromans zu entwerfen.

Zeitgenössische Erzähler

Parallel zu den »nichtfiktionalen« Romanen blühte die Lust am Fabulieren. **John Barth** (geb. 1930) und **Kurt Vonnegut** (1922 – 2007) stellten eine Welt dar, in der Paranoia normal ist, Logik auf dem Kopf steht und nur schwarzer Humor vor dem Verrücktwerden schützt. Schriftsteller wie **John Irving** (geb. 1942) und **T. C. Boyle** (geb. 1948), **Brett Easton Ellis** (geb. 1964), **Michael Chabon** (geb. 1963) und **David Sedaris** (geb. 1956) haben diese von Kritikern auch »Post-Postmodernism« genannte Richtung kunstvoll auf die Spitze getrieben.

Drama

Das amerikanische Drama blieb bis Anfang des 20. Jahrhunderts relativ bedeutungslos. Erst der Erfolg des Stücks »The Great Divide« von **William Vaughn Moody** (1869 – 1910) und die Arbeiten von Dramatikern wie **David Belasco** (1859 – 1931) brachten eine eigenständige Theaterkultur auf den Weg. Eine erste Blütezeit erlebte das amerikanische Drama mit den Stücken von **Thornton Wilder** (1897 bis 1970), **Tennessee Williams** (1911 – 1983) und **Arthur Miller** (1915 – 2005).
Traditionell in ihrer Form, sind auch die neueren Werke thematisch stets auf der Höhe ihrer Zeit: **Harvey Fiersteins** (geb. 1954) »Torch Song Trilogy« stellt das gefährliche Leben eines Transvestiten dar. **Tony Kushners** (geb. 1956) Aids-Stück »Angels in America« verbindet provokante Themen und Handlungen mit einer neuen Form. Als einer der produktivsten und wichtigsten Dramatiker der USA gilt **Sam Shepard** (geb. 1943), der auch als Schauspieler und Drehbuchautor sehr erfolgreich ist.

Berühmte Persönlichkeiten

Hollywoodstars und Entertainer, Westernhelden und Indianerhäuptlinge, Erfinder und Astronauten, Generäle, Politiker und Wirtschaftskapitäne – die folgenden Seiten stellen einige »Ikonen« der Vereinigten Staaten vor.

Woody Allen (geb. 1935)

Regisseur und Schauspieler

Der weltweit bekannteste **»Stadtneurotiker«** lebt in New York: Woody Allen, Regisseur, Schauspieler und Hobbyklarinettist.
Geboren wurde Woody Allen als Allen Stewart Konigsberg am 1. Dezember 1935 im New Yorker Stadtteil Brooklyn. Unter dem Pseudonym Woody Allen verdiente er als Witze-Autor sein erstes Geld, schrieb Gags für Film- und Fernsehshows und trat ab 1961 in Cabarets und Nachtclubs als Entertainer auf. 1965 kam er erstmals mit dem Film in Kontakt, als Autor und Darsteller in der Komödie »Was gibt's Neues, Pussy?«. Spätestens seit dem »Der Stadtneurotiker« (1977), der mit drei Oscars prämiert wurde, gilt Allen als einer der wichtigsten Komiker des neueren amerikanischen Films, als Idol eines intellektuellen Kinopublikums in aller Welt. Auch in Filmen wie »Manhattan« (1978), »Hannah and ihre Schwestern« (1986) und »Geliebte Aphrodite« (1995) setzte er sich mit dem Leben von besser situierten, oft neurotisch-skurrilen New Yorkern.Etliche seiner letzten Filme drehte er in London, den neuesten wieder in New York, und 2008 gab er sein von der Kritik hoch gelobtes Opernregisseurdebüt mit einem Einakter von Puccini.

Louis Armstrong (1900 – 1971)

Jazzmusiker

Der Jazztrompeter und -sänger, geboren am 4. Juli 1900 in New Orleans, erregte schon als Achtzehnjähriger mit neuartigen Soli und seiner rauen Stimme in kleinen Lokalen des Südens Aufsehen; während der frühen 1920er-Jahre spielte er in den Orchestern von »King« Oliver und Fletcher Henderson, später dann als Solist ebenso erfolgreich mit eigenen, kleineren Ensembles. Louis Armstrong, genannt **»Satchmo«**, wurde dank seiner überragenden Virtuosität und mitreißenden Musikalität zu einer zentralen Figur des Jazz, dessen Entwicklung er entscheidend beeinflusste. Louis Armstrong starb zwei Tage nach seinem 71. Geburtstag.

Neil Alden Armstrong (geb. 1930)

Astronaut

Der aus Wapakoneta, Ohio, gebürtige Astronaut betrat im Rahmen der von Cape Canaveral aus gestarteten Apollo-11-Mission am 21. Juli 1969 als erster Mensch den Mond. Armstrong war im Koreakrieg Pilot bei der US-Marine. Später studierte er Flugingenieurwesen und arbeitete danach als Testpilot für die NASA, bevor er 1962 Astronaut wurde. 1966 startete er im Rahmen der Gemini-8-Mission zu seinem ersten Flug ins All. Als Kommandant leitete er das erste Kopplungsmanöver zweier Raumfahrzeuge. Nach seiner Zeit bei der NASA arbeitete er als Dozent für Luft- und Raumfahrttechnik.

← *Bislang konnte noch niemand Elvis Presley von seinem Thron stürzen: Er war und bleibt der »King of Rock 'n' Roll«.*

Al Capone (2. v. links), einer der gefürchtetsten Gangster zur Zeit der Prohibition, wird nach seiner Verurteilung 1931 aus dem Gerichtsgebäude geführt.

Billy the Kid (1859–1881)

Outlaw Angeblich soll Billy the Kid, am 23. November 1859 als William H. Bonney in New York City geboren, schon im Alter von zwölf Jahren seinen ersten Mord begangen haben: Das Opfer hatte seine Mutter beleidigt. 1877 sollen schon elf weitere Mordtaten auf sein Konto gegangen sein. Als 1878 der Rinderkrieg in Lincoln County, New Mexico, ausbrach, übernahm Billy die Führung einer Bande, die nach dem Mord an einem Sheriff gnadenlos gejagt wurde. Der Jäger hieß Pat Garrett und war ein ehemaliger Freund von Billy. Billy wurde gefasst und zum Tode verurteilt, konnte aber fliehen. Doch am 15. Juli 1881, drei Monate nach seiner Flucht, stellte ihn Garrett in Fort Sumner, New Mexico, und erschoss ihn. Billy the Kid soll insgesamt 21 Menschen umgebracht haben; weshalb er dies letztlich tat, konnte auch Pat Garrett nicht erklären, der 1882 die erste Biografie über ihn veröffentlichte.

Al Capone (1899–1947)

Gangster Der Inbegriff des amerikanischen Gangsters, Alfonso »Al« Capone, kam am 17. Januar 1899 in Neapel zur Welt und wuchs in einem New Yorker Slumviertel auf. 1920 ging er nach Chicago, wo er sich – u. a. durch Alkoholschmuggel während der Prohibition – zu einer gefürchteten Unterweltgröße entwickelte. Obwohl er der Mittäterschaft bei zahlreichen Morden und Überfällen verdächtigt wurde, wagte man aus Furcht vor Racheakten seiner Komplizen nicht, ihn deshalb vor Gericht zu stellen. Schließlich wurde er 1931 wegen Steuervergehen zu elf Jahren Gefängnis verurteilt und 1939 aufgrund seines angegriffenen Gesundheitszustandes freigelassen. Al Capone zog sich nach Miami zurück, wo er am 25. Januar 1947 starb.

William Frederick Cody gen. »Buffalo Bill« (1846 – 1917)

Westernheld

Der wohl berühmteste Wildwestheld, am 26. Februar 1846 als William Frederick Cody in Scott County, Iowa, geboren, arbeitete als **»Pony-Express«-Reiter** und als Goldsucher in Colorado. Er kämpfte gegen die Sioux und Cheyenne und nahm in den Diensten von Tennessee und Missouri am Sezessionskrieg teil. Während des Baus der »Kansas-Pacific«-Eisenbahn schoss er zur Versorgung der Bauarbeiter nach eigenen Angaben in 17 Monaten über 4000 Büffel. Codys Leben beschrieb Ned Buntline unter dem Titel »Buffalo Bill« in Groschenheften, die den Helden weltweit bekannt machten und den Westernmythos begründeten. 1883 stellte Cody eine **Wildwestshow** zusammen – in der u. a. die Kunstschützin Annie Oakley und Häuptling Sitting Bull mitwirkten – und reiste mit ihr durch die USA und Europa. Die Stadt Cody in Woyming ist seine Gründung. Er starb am 10. Januar 1917 in Denver/Colorado.

Walt Disney (1901 – 1966)

Trickfilmzeichner und Filmproduzent

Walter Elias Disney wurde am 5. Dezember 1901 in Chicago geboren. Mit 21 Jahren ging er nach Kalifornien und gründete mit seinem Bruder Roy das »Disney Brothers Studio«, das erfolgreich Comicstrips an Zeitungen verkaufte. In dem kurzen Comicfilm »Steamboat Willie« von 1928 hatte eine Maus namens Mickey ihren ersten großen Auftritt. Ein absoluter Kassenschlager wurde der Zeichentrickfilm »Schneewittchen« (1937). Mit weiteren Kinofilmen und TV-Produktionen blieb Walt Disney erfolgreich. Doch ein »magisches Königreich«, einen Vergnügungspark für Kinder und Erwachsene zu bauen, erschien risikoreich. Das 1955 in Anaheim eröffnete »Disneyland« wurde aber ein gigantischer Erfolg. Mit dem Plan, in Florida einen noch größeren Park zu errichten, war Walt Disney zwar noch befasst, doch er erlebte die Eröffnung von »Walt Disney Worlds« in Orlando 1971 nicht mehr; er starb am 15. Dezember 1966.

Donald Duck (geb. 1934)

Berühmter Erpel

Donald Duck kann für sich in Anspruch nehmen, der berühmteste Enterich der Welt zu sein. Sein erster Auftritt ist für das Jahr 1934 in dem Film »The Wise Little Hen« verbürgt. Seitdem hat er, wohnhaft in Entenhausen, nicht nur sein Aussehen zum Besseren verändert, sondern auch eine ganze Reihe von meist erfolglosen Versuchen gestartet, zu Geld und Ansehen zu gelangen: sei es als Hilfsfeuerwehr-

mann, Vertreter oder als Kaiser von Amerika, als Forscher – Donald entdeckte u. a. die viereckige Eier legenden Hühner der inneren Anden – oder als Sheriff von Bullet Valley.
Obwohl als cholerisch verschrien, gilt seine liebende Fürsorge doch seinen Neffen **Tick**, **Trick** und **Track**, hingegen ist das Verhältnis zu seinem schwerreichen Onkel Dagobert von tief greifenden Meinungsverschiedenheiten geprägt, nicht zuletzt aufgrund des sozialen Gefälles. Dennoch hat er es zu einer ungeheuren Popularität gebracht und ist auch Italienern (als Paperino), Spaniern (als Donald Furioso), Brasilianern (als Pato Donald), Schweden (als Kalle Anka), Dänen (als Anders And) und vielen anderen Völkern ein Begriff. Donald Duck ist mittlerweile über 75 Jahre alt und so springlebendig wie eh und je.

Thomas Alva Edison (1847 – 1931)

Erfinder

Als einer der **produktivsten Erfinder überhaupt** gilt der in Milan, Ohio, am 11. Februar 1847 geborene Thomas Alva Edison – und das, obwohl er nur drei Monate lang regulären Schulunterricht genoss. Innerhalb von 50 Jahren meldete Edison rund 1100 Erfindungen zum Patent an, darunter die Kohlenfadenglühlampe, ferner Phonograph und »Ediphone«, ein Diktiergerät, Filmkamera und -projektor, eine Schallplatte und ein Betongussverfahren. Thomas Alva Edison starb am 18. Oktober 1931.

Henry Ford (1863 – 1947)

Unternehmer

Der Automobilfabrikant Henry Ford wurde am 30. Juli 1863 in Dearborn, Michigan, geboren und starb am 7. April 1947. Er arbeitete zunächst als Mechaniker und Ingenieur, bevor er 1892 sein erstes Automobil konstruierte und 1903 in Detroit die »Ford Motor Company« gründete. Dort führte er als erster die Fließbandfertigung ein und revolutionierte damit die Industrieproduktion; die Ford-Werke stiegen innerhalb eines Vierteljahrhunderts zu einem Industriegiganten auf, dessen legendärstes Produkt, das in 15 Mio. Exemplaren gebaute **»Modell T«**, das Straßenbild in den USA der 1920er-Jahre bestimmte. Bis in die 1930er-Jahre führte Ford das Unternehmen als Familienbetrieb. Die 1936 gegründete »Ford Foundation«, heute eine der kapitalkräftigsten amerikanischen Stiftungen, fördert v. a. das amerikanische Bildungswesen sowie technische Hilfsprogramme in den Entwicklungsländern.

Benjamin Franklin (1706 – 1790)

Universalgenie

Benjamin Franklin, als Staatsmann, Wissenschaftler und Publizist wahrlich ein Universalgelehrter, kam am 17. Januar 1706 als 17. Kind eines aus dem englischen Oxfordshire eingewanderten Seifen- und Kerzenmachers in Boston zur Welt. 1732 gründete er die einflussrei-

In Marmor gemeißelt grüßt Benjamin Franklin die Besucher des nach ihm benannten Wissenschaftsmuseums in Philadelphia.

che »Pennsylvania Gazette«, gab von 1732 bis 1757 die Jahresschrift »Poor Richard« heraus und war an der Gründung der ersten Universität Pennsylvanias, des ersten Krankenhauses in Nordamerika und eines wissenschaftlichen Vereins beteiligt, aus dem die »American Philosophical Society« hervorging. Als **Erfinder des Blitzableiters** (1752) ging er in die Wissenschaftsgeschichte ein; das Doppelfernglas ist ihm ebenso zu verdanken wie eine große Zahl von Veröffentlichungen über Bildung und Naturwissenschaften, internationale Beziehungen, Ingenieurwesen, Musik, Medizin und Gesundheitswesen, Religion und Freimaurerei, Landwirtschaft und Botanik.
Auch kämpfte Franklin für die Unabhängigkeit der Kolonien, als deren Gesandter er 1776 bis 1785 in Frankreich so erfolgreich wirkte, dass die französische Unterstützung der Amerikaner als sein Verdienst anzusehen ist. Er war **Mitunterzeichner der Unabhängigkeitserklärung**, der Allianz mit Frankreich gegen England, des Friedensvertrags mit Großbritannien und der Verfassung von 1787.

Clark Gable (1901 – 1960)

Schauspieler

Die Rolle, die ihn als Herzensbrecher unsterblich machte, wollte der am 1. Februar 1901 geborene Clark Gable aus Cadiz, Ohio, anfangs gar nicht annehmen: den »Rhett Butler« im Südstaatenmelodram **»Vom Winde verweht«**. Zu dieser Zeit, 1939, war der charmante Beau mit Bärtchen und laszivem Blick schon eine feste Größe in

Hollywood, hatte er doch 1934 für die Komödie »Es geschah in einer Nacht« den Oscar erhalten. Nach seiner Kriegsteilnahme als Pilot konnte Gable nicht mehr an seine großen Erfolge anknüpfen; nur noch einmal, 1960 in John Hustons »Misfits – nicht gesellschaftsfähig«, bot er an der Seite von Marilyn Monroe und Montgomery Clift eine Glanzleistung – doch zu spät für ein Comeback: Kurz nach Ende der Dreharbeiten starb er am 16. November 1960.

George Gershwin (1898 – 1937)

Komponist

Der am 26. September 1898 in New York geborene George Gershwin, Schöpfer wunderbarer Melodien, wuchs ohne Berührung mit Musik auf, nahm später aber Klavierunterricht und studierte schließlich Musik. Er schrieb zunächst populäre Lieder und Musicals, wandte sich jedoch mit **»Rhapsody in Blue«** (1924) von der reinen Unterhaltungsmusik ab und näherte sich seiner Auffassung von klassischer Musik, in der er Elemente der Gebrauchsmusik der 1920er-Jahre, des Jazz und der Kunstmusik verschmolz: »Klavierkonzert in F« (1925), »An American in Paris« (1928), »Of Thee I Sing« (1931; eine Parodie auf die Präsidentschaftswahlen) und die Oper »Porgy and Bess« (1935). Auf dem Höhepunkt seiner Karriere starb George Gershwin am 11. Juli 1937 im kalifornischen Hollywood.

Ernest Hemingway (1899 – 1961)

Literaturnobelpreisträger

Ernest Miller Hemingway, geboren am 21. Juli 1899 in Oak Park, Illinois, gilt als Hauptvertreter der »verlorenen Generation« (»Lost Generation«) nach dem Ersten Weltkrieg, mit der sich sein erster, 1926 veröffentlichter Roman »The Sun also Rises« (»Fiesta«) auseinandersetzt, zugleich eine Hommage an die Welt des spanischen »machismo«. 1929 erschien sein Liebes- und Kriegsroman »A Farewell to Arms« (»In einem anderen Land«); in »For Whom the Bell Tolls« (1940; »Wem die Stunde schlägt«) thematisiert er den Spanischen Bürgerkrieg aus der Sicht eines Amerikaners, der auf Seiten der Republikaner steht – wie er selbst. Mit der 1952 erschienenen Kurzprosa **»The Old Man and the Sea«** (»Der alte Mann und das Meer«) erzielte Hemingway einen Welterfolg und erhielt 1954 den Nobelpreis für Literatur.

Der »alte Mann« am Meer

Sein Werk ist durch einen lakonisch-nüchternen, vermeintlich »männlichen« Stil charakterisiert. So wie in seinen Romanen willensstarke Männer Herausforderungen entgegentreten, versuchte auch er im Leben zu agieren – mit Stierkämpfen, Großwildjagd und Hochseefischerei. Seine größte Herausforderung – die Auseinandersetzung mit sich selbst und dem Alkohol – meisterte er nicht: Hemingway erschoss sich am 2. Juli 1961.

Michael Jackson (1958–2009)

King of Pop

Michael Jackson war und ist der unbestrittene Megastar der Popkultur und zugleich eine der tragischsten Protagonisten dieses Geschäfts. Er wurde in Gary (Indiana) als achtes von zehn Kindern geboren. Ausgestattet mit einem phantastischen Gesangs- und Tanztalent, aber auch getrieben von einem fanatisch ehrgeizigen Vater, machte der kleine Michael als Leadsänger der Jackson Five seit den späten 1960ern von sich reden. Mit 13 Jahren startete er seine Solokarriere und schaffte 1982 mit dem Album **»Thriller«** und dem dazugehörigen Video nicht nur den Durchbruch, sondern schrieb Musikgeschichte: Das Album ist das bis heute meistverkaufte der Welt und das von John Landis produzierte Musikvideo gilt als wegweisend für das gesamte Genre. Es folgten bis 1995 weitere Alben, die Jackson zum bestverdienenden Musiker weltweit werden ließen.
Seit den frühen 1990er Jahren allerdings machte Jackson, der sein Äußeres durch mehrere kosmetische Operationen völlig verändert hatte, immer weniger mit Musik als durch **bizarre Auftritte und Affären** von sich reden, bis er schließlich in den späten 2000ern fast zum Phantom der Popindustrie geriet. Kurz vor einer für London vorgesehenen Reihe von Abschiedskonzerten starb Michael Jackson am 25. Juni 2009 in Los Angeles an einem Cocktail aus Beruhigungs- und Schlafmitteln, den ihm sein Leibarzt verabreicht hatte.

Thomas Jefferson (1743 – 1826)

Universalgelehrter

Wie Benjamin Franklin kann man auch Thomas Jefferson als Universalgelehrten bezeichnen. Der am 13. April 1743 in Shadwell, Virginia, geborene dritte Präsident der USA (1801 bis 1809) begann seine Karriere als Rechtsanwalt und Politiker in Virginia. Als glänzender Formulierer von Protestdeklarationen trat er 1774 mit der gegen England gerichteten Streitschrift »A Summary View of the Rights of British America« hervor und war Mitverfasser der am 4. Juli 1776 angenommenen Unabhängigkeitserklärung; am Revolutionskrieg nahm er jedoch nicht teil. Als Nachfolger von Benjamin Franklin wirkte er als Botschafter in Frankreich (1784 – 1789), danach bis 1793 als Außenminister unter George Washington. 1801 wurde er schließlich der erste in Washington, D. C., inaugurierte Präsident. Jeffersons größter außenpolitischer Erfolg war der **»Louisiana Purchase«**, der Kauf des Louisiana-Gebiets von Frankreich.

Nach seiner Amtszeit zog er sich 1809 auf seinen von ihm als Mustergut geführten Landsitz Monticello zurück und gründete 1819 in Charlottesville die University of Virginia. Er starb am 4. Juli 1826.

Die Kennedy-Brüder

Amerikas Könige?

Die Familie Kennedy, irischen Ursprungs und im Bostoner Vorort Brookline zu Hause, gehört heute noch zu den »ersten« Familien des Ostküstenadels. Schon der Vater besaß zumindest in Massachusetts einigen Einfluss. Seine Söhne John, Robert und Edward haben es zu großen Namen in der US-Politik gebracht.

John F. Kennedy ▸

John Fitzgerald Kennedy, geboren am 29. Mai 1917, war der erste katholische US-Präsident. Er studierte an den Universitäten von Princeton, Harvard und Stanford, bevor er im Zweiten Weltkrieg als Schnellbootkommandant im Pazifik eingesetzt wurde. 1946 zog er für die Demokraten ins Repräsentantenhaus, 1952 in den Senat ein.

Acht Jahre später setzte er sich knapp gegen Richard M. Nixon durch und wurde zum 35. Präsidenten der USA gewählt. Seine Antrittsrede – »Frage nicht, was dein Land für dich tun kann, sondern was du für dein Land tun kannst« – ließ die Menschen große Hoffnungen in ihn setzen. Umso härter traf die Nation das Attentat, dem John F. Kennedy am 22. November 1963 in Dallas, Texas, zum Opfer fiel. Bis heute wird immer wieder über die Hintergründe des Attentats spekuliert. In der Rückschau erstaunt es, wie sehr sich ein Mythos um den jungen Präsidenten gebildet hat. So war seine Außenpolitik eher von falschen Einschätzungen gekennzeichnet: Er schickte 16 000 Soldaten nach Vietnam, die Invasion in der Schweinebucht misslang und auch sein Hartbleiben in der Kubakrise war um den Preis des Abzugs von US-Raketen aus der Türkei und des Verzichts auf ein Eingreifen in Kuba erkauft; die innenpolitisch treibenden Kräfte in Sachen Reformen und Bürgerrechte waren eher sein Bruder Robert und Vizepräsident Johnson.

◀ Robert und Edward Kennedy

Sein acht Jahre jüngerer Bruder und engster Berater, Robert, Justizminister während seiner Amtszeit, fiel am 8. Juni 1968 während des Präsidentschaftswahlkampfs ebenfalls einem Attentat zum Opfer. Der jüngste Kennedy-Bruder, Edward, verbaute sich die ganz große politische Karriere durch einige Skandale. Dennoch zählte er zu den einflussreichsten Senatoren in Washington. Mit seinem Tod im August 2009 ist eine politische Ära zu Ende gegangen.

Martin Luther King, jr. (1929 – 1968)

Bürgerrechtler

Bis heute ungebrochen ist die Verehrung, die die überwiegende Mehrheit der farbigen Amerikaner dem am 15. Januar 1929 in Atlanta, Georgia, geborenen Theologen und Baptistenprediger Martin Luther King entgegenbringt. Er war einer der Ersten, die es wagten, dem Rassismus in seinem Land entgegenzutreten: 1955 / 1956 organisierte er den Boykott der Farbigen gegen Verkehrsunternehmen in Montgomery, Alabama, in deren Fahrzeugen nach Hautfarbe getrennte Plätze ausgewiesen waren. Durch solche Aktionen und vor allem durch seine Reden und Predigten erreichte der charismatische Bürgerrechtler, dass auch der Allgemeinheit die Rassendiskriminierung bewusst wurde. Höhepunkt seines Wirkens war der friedliche Marsch in die Hauptstadt Washington, D. C., im August 1963, wo er seine berühmte Rede **»I Have A Dream!«** hielt. Im Jahr darauf erhielt er den Friedensnobelpreis. Am 4. April 1968 wurde Martin Luther King in Memphis, Tennessee, von einem Rassisten erschossen.

Martin Luther King mit seiner Frau Coretta im Dezember 1964

Abraham Lincoln (1809 – 1865)

16. Präsident der USA

Abraham Lincoln, am 12. Februar 1809 in einem kleinen Ort in Kentucky geboren, verbrachte seine von harter Arbeit und Bibelstudien geprägte Jugend hauptsächlich in Illinois. Nach seiner Ausbildung zum Rechtsanwalt eröffnete er 1837 eine Kanzlei in Springfield, Illinois. Politisch engagierte er sich in der 1834 gegründeten liberalkonservativen Partei der Whigs. Der Streit zwischen Gegnern und Befürwortern der Sklaverei in den Reihen der Whigs ließen die Partei Anfang der 1850er-Jahre auseinanderbrechen. 1854 gründete Lincoln mit weiteren Sklavereigegnern die Republikanische Partei, von der er im Mai 1860 als Präsidentschaftskandidat nominiert wurde und die Wahl im November auch gewann. Kurz nach seinem Amtsantritt 1861 begann der Sezessionskrieg. Lincoln vertrat von Anfang an den Standpunkt, dass er die Union nicht preisgeben dürfe, stellte eine Bürgerwehr auf und verstärkte die Armee. Nach dem Sieg der Nordstaaten bei Antietam, Maryland, im Jahr 1862 erklärte er die Befreiung aller Sklaven in jenen Staaten, die sich am 1. Januar 1863 noch »in Rebellion« befanden, zum Kriegsziel. Damit wurde der Bürgerkrieg auch zum Befreiungskrieg für die Sklaven. Am 14. April 1865, nur wenige Tage nach der Kapitulation des Südstaatengenerals Robert E. Lee, wurde Lincoln im Washingtoner Ford's Theater von dem Schauspieler John Wilkes Booth erschossen.

Die Ermordung von Abraham Lincoln im April 1865

Charles Lindbergh (1902 – 1974)

Luftfahrtpionier

Charles Lindbergh aus Detroit, geboren am 4. Februar 1902, überquerte am 20. und 21. Mai 1927 als erster Mensch allein im Nonstop-Flug den Atlantik von West nach Ost. Für die Strecke von Long Island, New Jersey, bis Le Bourget bei Paris benötigte er mit seinem Flugzeug »Spirit of St. Louis« 33,5 Stunden. 1932 erregte die Entführung und Ermordung seines 20 Monate alten Sohnes weltweites Aufsehen. Lindbergh, der sich 1941 gegen den Kriegseintritt der USA wandte und erst 1954 rehabilitiert wurde, starb am 26. August 1974 auf der Hawaii-Insel Maui.

Joe Louis (1914 – 1981)

Boxer

Der »Braune Bomber« aus Lafayette, Alabama, geboren am 13. Mai 1914 und gestorben am 12. April 1981, war einer der erfolgreichsten Boxer aller Zeiten: In 71 Profikämpfen zwischen 1934 und 1951 erlitt er nur drei Niederlagen; zwischen 1937 und 1949, als er vom Titel zurücktrat, verteidigte er 25-mal erfolgreich den Weltmeistergürtel. Eine seiner Niederlagen hat in Deutschland Furore gemacht, denn 1936 schlug ihn Max Schmeling, allerdings in einem Nicht-Titelkampf – als es bei ihrer nächsten Begegnung 1938 darauf ankam, hieß der Sieger Joe Louis.

George Lucas (geb. 1944)

Regisseur

George Walton Lucas, einer der erfolgreichsten und bekanntesten Regisseure und Filmproduzenten Hollywoods, wurde am 14. Mai 1944 in Modesto, Kalifornien, geboren. Er studierte Film an der Universität von Südkalifornien in Los Angeles und lernte dort seinen späteren Förderer Francis Ford Coppola (»Der Pate«, »Apocalypse Now«) kennen. 1973 führte er Regie bei dem Episodenfilm »American Graffiti«, der fünf Nominierungen für den Oscar und vier für den Golden Globe erhielt. Der mittlerweile zum Science-Fiction-Klassiker avancierte **»Krieg der Sterne«** (1977), der erste Teil eines bislang sechsteiligen Weltraumepos, wurde mit sieben Oscars prämiert. Zu den von ihm produzierten Filmen gehören auch die »Indiana-Jones«-Streifen mit Harrison Ford, in denen Steven Spielberg Regie führte, Trickfilm-Saurierabenteuer wie »In einem Land vor unserer Zeit« oder Kurosawas Historiendrama »Kagemusha«. Dem auf verschiedenen Feldern erfolgreichen Lucas gehört mit LucasArts auch eine der weltweit erfolgreichsten Computerspiele-Firmen.

Glenn Miller (1904 – 1944)

Legendärer Musiker

»Tuxedo Junction«, »Moonlight Serenade« und vor allem **»In the Mood«** – die Melodien, die der am 1. März 1904 geborene Bandleader Glenn Miller schrieb, sind allesamt Ohrwürmer geworden und lassen noch heute jedes Tanzbein zucken. Nach Jahren als einfaches Orchestermitglied konnte der Posaunist aus Clarinda, Iowa, 1937 seinen Traum verwirklichen und eine eigene Band gründen, die bald zur mit Abstand populärsten Truppe der Big-Band-Ära wurde.
Im Zweiten Weltkrieg leitete er die US Air Force Band in Europa. Bei einem Flug von England nach Paris am 16. Dezember 1944 stürzte das Flugzeug mit Glenn Miller und dem Orchester ab.

Marilyn Monroe (1926 – 1962)

Schauspielerin

Als Norma Jean Baker oder Mortenson am 1. Juni 1926 in Los Angeles geboren, begann Marilyn Monroe ihre steile Laufbahn als Foto-

Die Monroe als »Schaumgeborene« in den 1950er-Jahren

modell, wurde dann in Hollywood als Sexbombe entdeckt und als solche in fast 30 Filmen vermarktet. Nachdem sie von 1948 bis 1952 größtenteils kleinere Rollen gespielt hatte, wurde sie durch den Film »Niagara« über Nacht berühmt. »Der Prinz und die Tänzerin«, »Blondinen bevorzugt« und v.a. »Manche mögen's heiß« in der Regie von Billy Wilder waren ihre bekanntesten Filme. Die begabte Schauspielerin wurde ein tragisches, frustriertes Opfer der Idolfabrik Hollywood. Erwiesen sind ihre Affären mit den Brüdern J.F. und Robert Kennedy. In dritter und letzter Ehe war sie mit dem Schriftsteller Arthur Miller verheiratet. Ihr letzter Film »Misfits – nicht gesellschaftsfähig« (1961) zeigt sie eindrucksvoll an der Seite von Clark Gable. Ihr Tod am 5. August 1962 bleibt unklar. Sicher ist nur, dass ein Mix verschiedener Medikamente zum Herzversagen führte.

Edgar Allan Poe (1809 – 1849)

Mit den 1841/1845 erschienenen »Tales of Ratiocination« hatte Edgar Allan Poe, geboren am 19. Januar 1809 in Boston, erstmals einen größeren schriftstellerischen Erfolg zu verzeichnen. Diese Erzählungen, v. a. »The Murders in the Rue Morgue«, das als erster Kriminalroman der Literaturgeschichte gilt, machten ihn zum **Schöpfer der modernen Detektivgeschichte**. Vollends zum Ruhm gereichten ihm die unter dem Titel »The Raven and Other Poems« 1845 erschienenen Gedichte fantastisch-schrecklichen Inhalts, der sich auch in vielen seiner Erzählungen wiederfand. Als bedeutendster Vertreter der amerikanischen Romantik übte Poe auch auf die europäische Literatur großen Einfluss aus. Zeit seines Lebens blieb er aber mittellos, einsam, dem Alkohol und später auch dem Opium verfallen. Sein Ende könnte einer seiner Geschichten entnommen sein: Man fand ihn bewusstlos in einer Kneipe in Baltimore; woran er am 7. Oktober 1849 starb, ist letztlich nicht geklärt.

Elvis Presley (1935 – 1977)

King of Rock 'n' Roll

Zwischen 1956 und 1958 begann der kometenhafte Aufstieg eines weißen Jungen zum Mega-Star des Rock 'n' Roll: Elvis Aaron Presley, geboren am 8. Januar 1935 in Tupelo, Mississippi, brachte mit seinen lasziven Körperbewegungen (»Elvis the Pelvis« = »Elvis die Hüfte«) und ins Mikrofon gestöhnten Texten, die sich aber meist um unschuldige Teenagererotik drehten, Puritaner und Jugendliche gleichermaßen zum Wallen – die einen aus Entsetzen, die anderen aus Begeisterung; seine Auftritte arteten oft in massenhysterische Großveranstaltungen aus.

Elvis Presley hatte sich für einen Weißen bis dato Unerhörtes getraut: die Musik der Schwarzen zu verinnerlichen und seine eigene Interpretation zu entwickeln. »Heartbreak Hotel«, sein erster Hit, »Love Me Tender«, »In the Ghetto« und viele andere sind bis heute unvergessene Songs des »King«, der im Laufe seiner Karriere 500 Mio. Schallplatten verkaufte und dem bei seiner Satelliten-Fernsehshow »Aloha from Hawaii« am 14. Januar 1973 weltweit eine Milliarde Menschen zusah. Zu diesem Zeitpunkt war er – künstlerisch und auch privat nach einer gescheiterten Ehe ohne Ausblick – schon vom Tablettenmissbrauch gezeichnet, der ihm am 16. August 1977 schließlich einen erbärmlichen Tod in seiner Villa Graceland in Memphis brachte.

Rockefeller-Dynastie

Öl-Magnaten

Wohl kaum eine andere Familie steht so archetypisch für das »Land der unbegrenzten Möglichkeiten«, in dem man vom Tellerwäscher zum Millionär werden kann, wie die Rockefellers.

Ahnherr war der in Rochford im Bundesstaat New York geborene **John Davison Rockefeller** (1839 – 1937), der sein Vermögen in der Öl- und Stahlindustrie machte. Er gründete 1870 die »Standard Oil Company« (heute: Esso) und kontrollierte bereits 1882 praktisch das gesamte US-Mineralölgeschäft; nachdem er sich 1896 aus dem Geschäftsleben zurückgezogen hatte, widmete er sich der »Rockefeller Foundation«, die vornehmlich zur Förderung der Medizin tätig ist. Sein Sohn, **John Davison Rockefeller, jr.** (1874 – 1960), vermachte 1947 den Vereinten Nationen das Gelände am New Yorker East River für ihr Hauptquartier, gründete u. a. 1957 das Museum of Primitive Art in New York und ließ Williamsburg, die einstige Hauptstadt der Kolonie Virginia, rekonstruieren. Zwei Söhne des jüngeren John Davison brachten es – für die republikanische Partei – zu Gouverneuren: **Nelson Aldrich Rockefeller** (1908 bis 1979) im Staat New York und **Winthrop Rockefeller** (1912 – 1973) in Arkansas; Nelson Aldrich war von 1974 bis 1977 gar Vizepräsident unter Gerald Ford. Winthrops Enkel **John Davison Rockefeller IV** war zwischen 1977 und 1985 Gouverneur von West Virginia, allerdings für die Demokraten.

Franklin Delano Roosevelt (1882 – 1945)

32. Präsident der USA

Franklin Delano Roosevelt, der bedeutendste US-Präsident des 20. Jh.s, wurde in Hyde Park im Staat New York geboren. Nach seinem Jurastudium arbeitete er zunächst als Rechtsanwalt. Trotz einer schweren, 1921 durch Kinderlähmung ausgelösten Gehbehinderung war er politisch aktiv und wurde 1932 zum 32. Präsidenten gewählt. Während seiner bis zu seinem Tode ununterbrochenen vier Amtsperioden trug er durch die Reformpolitik des **»New Deal«** zur Überwindung der Wirtschaftskrise bei und führte die USA gut vorbereitet in den Zweiten Weltkrieg, in dem er die Achsenmächte mit großer Entschlossenheit bekämpfte. Maßgeblich beeinflusste er die Atlantik-Charta, die zur Gründung der Vereinten Nationen führte. Sein plötzlicher Tod am 12. April 1945 traf die USA wie ein Schock.

George Herman »Babe« Ruth (1895 – 1948)

Baseball-legende

Was Fritz Walter für den deutschen Fußball war, war der von 1920 bis 1934 aktive »Babe« Ruth für den US-Baseball. Der am 6. Februar 1895 in Baltimore, Maryland, geborene, eher behäbig wirkende Spieler der Yankees aus New York revolutionierte das Spiel, indem er es statt auf Geschwindigkeit auf Schlagkraft ausrichtete: Mit Urgewalt drosch er den Ball über das Spielfeld und oft darüber hinaus, unerreichbar für die Gegner, sodass er in aller Ruhe seine »home runs« abtraben konnte. In der Saison 1927 stellte er mit 60 »home runs« in 154 Spielen einen Rekord auf, der erst 1960 überboten wurde. »Babe« Ruth starb am 16. August 1948.

Frank Sinatra (1915 – 1998)

»The Voice«

Was für eine typisch amerikanische Karriere – vom singenden Oberkellner zum besten Entertainer der Welt, vom Sohn armer italienischer Einwanderer zur Ikone des US-Showbusiness. Frank Sinatra, »The Voice«, am 12. Dezember 1915 in Hoboken, New Jersey, geboren, war in der ersten Hälfte der 1940er-Jahre der Gesangsstar schlechthin, der mit seinem fantastischen Timbre seine Fans, die »Swooners«, hinriss. Krankheit und Alkohol zogen ihn in einen Abgrund, aus dem er sich mit der Nebenrolle des Angelo Maggio in »Verdammt in alle Ewigkeit«, für die er 1952 gleich den Oscar erhielt, wieder emporwühlte. Von nun an blieb er oben und nichts und niemand konnte ihn vom Thron stoßen. Ob er mit seinen Kumpanen aus dem **»Rat Pack«** – Dean Martin, Sammy Davis, jr. und Peter Lawford – die Bars zwischen New York und Las Vegas abräumte, ob er mit dem Mafiaboss Lucky Luciano und anderen Unterweltgrößen durchaus nicht unfreundlichen Umgang pflegte: Was scherte ihn die Kritik daran – »I did it my way«, wird er sich gedacht haben, ganz nach dem Motto seines populärsten Songs. Frank **»Ol' Blue Eyes«** Sinatra starb am 14. Mai 1998 in Los Angeles.

Sitting Bull (1831 – 1890)

Legendärer Häuptling

Sitting Bull, Häuptling und Medizinmann der Hunkpapa-Sioux, war wohl der legendärste Indianerführer. Am Grand River in South Dakota geboren, löste er durch seine Weigerung, mit seinem Volk in die Reservation zu gehen, die größte Niederlage der US Army in den Indianerkriegen aus: die Vernichtung einer Abteilung der 7. US-Kavallerie unter General Custer am 25. Juni 1876 am **Little Big Horn** in Montana. Allerdings nahm er selbst nicht direkt am Kampf teil, denn als Medizinmann musste er sich um die Unterstützung der Krieger durch die Geister kümmern. Der militärische Sieg ist v. a. auf das taktische Geschick von Crazy Horse, dem Anführer der Oglala-Indianer, zurückzuführen.

Häuptling Sitting Bull (um 1885)

Trotz des Erfolges musste Sitting Bull nach Kanada fliehen; erst nach einer Amnestie kehrte er 1881 in die USA in die Standing Rock Reservation zurück.

Schleierhaft bleibt, weshalb er sich dazu bewegen ließ, etwa ein Jahr lang bei Buffalo Bills Wildwestshow aufzutreten.

Als sich 1890 die **Geistertanzbewegung** ausbreitete – ein Kult, der auf die spirituellen und schamanistischen Traditionen der Indianer zurückgriff –, fürchtete die US-Regierung immer noch die Popularität des Häuptlings: Als er am 15. Dezember 1890 verhaftet werden sollte, kam es zu einem Handgemenge, bei dem Sitting Bull und sein Sohn Crow Foot erschossen wurden. Sein Grab befindet sich heute in Mobridge in South Dakota.

Mark Twain (1835 – 1910)

Schriftsteller, Journalist

Der am 30. November 1835 in Florida, Missouri, geborene Samuel Langhorne Clemens ist unter dem Pseudonym Mark Twain in aller Welt mit seinen beiden Hauptwerken »Tom Sawyer« (1876) und »Huckleberry Finn« (1884) bekannt geworden, die als die bedeutendsten Zeugnisse amerikanischer Prosa im ausgehenden 19. Jh. gelten. Er absolvierte eine Ausbildung als Schriftsetzer, verdingte sich dann aber als Lotsengehilfe auf dem Mississippi (daher sein Pseudonym »Mark Twain« = »Tiefe zwei markieren«) und versuchte sich auch – erfolglos – als Goldsucher. Schließlich wurde er Zeitungsreporter und begann seine schriftstellerische Laufbahn mit satirischen, z. T. grotesken Skizzen. Mark Twain starb am 21. April 1910.

Andy Warhol (1928 – 1987)

Pop-Art-Künstler

Der bekannteste Vertreter der Pop-Art wurde am 6. August 1928 als Andrew Warhola in Pittsburgh geboren und war ursprünglich Werbegrafiker. 1949 zog er nach New York City. Zu Beginn der 1960er-Jahre malte er seine ersten Bilder, um sich dann der Siebdrucktechnik zuzuwenden, mit der er verfremdete Fotografien aus Massenmedien reproduzierte. Als Motive wählte er meist Alltagsgegenstände wie Dollar-Noten oder Suppendosen (»200 Campbell's Soup«) und Idole wie Elvis Presley oder Marilyn Monroe. Ziel seiner künstlerischen Tätigkeit war die radikale Integration der Kunst in den mechanischen Arbeitsprozess. In den 1960er-Jahren arbeitete er hauptsächlich als Regisseur und Filmproduzent, erst in den 1970er-Jahren produzierte er wieder Drucke, die im Kollektiv mit seiner New Yorker Wohn- und Arbeitsgemeinschaft, der **»Factory«**, entstanden.

? WUSSTEN SIE SCHON ...?

- Sara Breedlove, 1867 geborene Tochter ehemaliger Sklaven aus Louisiana, wurde mit dem Namen ihres zweiten Mannes berühmt: Als **Madame C. J. Walker** verkaufte sie an der Haustüre Haartinkturen und einen »Hot Comb«, mit dem schwarze Frauen ihr Kraushaar glätten konnten. Schon bald waren Tausende von »Walker Agents« unterwegs. 1919 starb die sozial sehr engagierte erste Self-made-Millionärin der USA in ihrem prächtigen Landhaus bei New York.

George Washington (1732 – 1799)

Die Lichtgestalt der US-amerikanischen Geschichte, George Washington, Revolutionsgeneral und **erster Präsident der Vereinigten Staaten**, kam am 22. Februar 1732 als Sohn englischer Einwanderer auf Pope's Plantation in Virginia zur Welt. Zunächst als Landvermesser tätig, engagierte er sich bald militärisch auf Seiten der Briten gegen die Franzosen im Ohiotal (1753) und zur Sicherung von Virginias Westgrenze (1755). In den Jahren 1774/1775 nahm er als Delegierter am Ersten Kontinentalkongress in Philadelphia teil und wurde mit Ausbruch des amerikanischen Befreiungskriegs Oberkommandierender der »Kontinentalarmee«. Trotz Unterlegenheit und ungenügender Ausrüstung seiner Truppen brachte George Wa-

shington 1781 den Briten bei Yorktown, Virginia, eine Niederlage bei, die den Krieg zugunsten der Amerikaner entschied.
1787 von der »Constitutional Convention« nominiert, wurde er im Jahr **1789 zum ersten Präsidenten der USA ernannt**. Während seiner beiden Amtsperioden widmete er sich vor allem der Exekutive und baute u. a. eine nationale Währung, die Staatsbank, den Postdienst und ein Zoll- und Tarifwesen für Handel und Gewerbe auf. 1796 zog er sich auf seinen Besitz Mount Vernon zurück; dort starb er am 14. Dezember 1799.

John Wayne (1907 – 1979)

Westernheld

Weil dem Regisseur Raoul Walsh der Name seines Schauspielers Marion Michael Morrison, eines am 26. Mai 1907 geborenen Apothekersohns aus Winterset, Iowa, nicht gefiel, verpasste er ihm einen neuen: John Wayne. Mit »Stagecoach« gelang dem Jungschauspieler 1939 der Durchbruch, und unter Regisseuren wie Howard Hawks, John Ford und Henry Hathaway in Filmen wie »Red River«, »El Dorado«, »Rio Grande« oder »Die vier Söhne der Katie Elder« wurde Wayne, genannt **»The Duke«**, zum Inbegriff des Westernhelden schlechthin. Ausflüge ins Nichtwesternfach – etwa als Dschingis Khan, als Polizist »Brannigan« oder als Offizier in dem superpatriotischen Vietnam-Film »The Green Berets« – gelangen ihm weniger; denn ohne Cowboykluft wurde deutlich, dass John Wayne vor allem eines bestens konnte: den Haudrauf, nämlich sich selbst, spielen. John Wayne, der größte Cowboy aller Zeiten, starb am 11. Juni 1979.

SLOPPY
Cocktails
SLOPPY
PINA COLADA'S
JOE'S
ENTERTAINMENT
PINA COLADAS
DRAFT BEER
USA TODAY

Praktische Informationen

WAS FÜR EINEN PASS BRAUCHT MAN ZUR EINREISE IN DIE USA? WAS KOMMT AUF DEN TISCH? KREDITKARTE, BARGELD ODER REISESCHECK? INFORMIEREN SIE SICH – AM BESTEN SCHON VOR DER REISE!

Anreise · Reiseplanung

Mit dem Flugzeug Die wichtigsten Abflughäfen im deutschsprachigen Raum sind Frankfurt am Main, Düsseldorf, München, Hamburg, Berlin, Stuttgart, Zürich und Wien, die verschiedene Ziele in den USA oft täglich im Direktdienst erreichen. Die meisten Transatlantik-Linienflüge gehen nach New York City; weitere wichtige Zielflughäfen für Linienflüge sind Boston, Chicago, Atlanta, Los Angeles, San Francisco, Miami, Philadelphia, Pittsburgh, Dallas/Fort Worth, Washington, D.C. und Las Vegas sowie Orlando, Fort Lauderdale und Tampa im Charterverkehr. Fliegen mit viel Gepäck kann teurer werden: Die erlaubte Kofferanzahl und das zulässige Gewicht sollte man vorab erfragen.

Mit dem Schiff Kostspielig, aber von ganz anderer Qualität ist die Anreise mit dem Schiff. Dazu kann man im regelmäßigen Passagierdienst eine Passage nach New York buchen; ganz exklusiv beispielsweise mit dem Luxusliner »Queen Mary 2«. Auch Frachtschiffe, die in einem bestimmten Turnus US-Häfen anlaufen, sind eine Möglichkeit. Verschiedentlich werden auch Atlantiküberquerungen mit Segeljachten angeboten.

Ein- und Ausreisebestimmungen

Vor der Abreise in die USA Wer eine Reise in die USA plant, sollte vorab die tagesaktuellen Informationen von der US-Botschaft im jeweiligen Heimatland (►Auskunft, Diplomatische Vertretungen) einholen.

Der Flughafen von L.A. mit seiner filigranen Science-Fiction-Architektur

Bereits **vor Reisebeginn** muss die **erste Adresse des USA-Aufenthaltes** am Abfertigungsschalter der Fluggesellschaft bereitgehalten werden mit folgenden Informationen: Straße, Hausnummer, Stadt, Bundesstaat, Zip Code (Postleitzahl). Ferner erhält das US-Ministerium für Heimatschutz bestimmte Reise- und Buchungsdaten übermittelt.

Reisedokumente

Grundsätzlich benötigt man für die Einreise in die USA einen maschinenlesbaren **Reisepass** und ein **Visum**.

◂ Elektronischer Reisepass

Alle ab dem 26. 10. 2006 ausgestellten Reisepässe müssen sog. e-Reisepässe sein mit integriertem Computerchip, der biografische Informationen der Personaldatenseite und das digitale Foto enthält. Ein maschinenlesbarer bordeauxroter deutscher Reisepass, der vor dem 26. 10. 2005 ausgestellt wurde und noch gültig ist, wird vorerst noch für die visumfreie Einreise in die USA akzeptiert. Alle zwischen dem 26. 10. 2005 und dem 25. 10. 2006 ausgestellten Reisepässe müssen entweder ein digitales Foto auf der Personaldatenseite oder einen integrierten Chip mit Informationen der Personaldatenseite enthalten.

◂ Visa Waiver Program

Deutsche, österreichische und schweizerische Staatsangehörige nehmen am Visa Waiver Program (VWP) der USA teil und können als Touristen oder Geschäftsreisende im Regelfall **bis zu einer Dauer von 90 Tagen ohne Visum** einreisen, sofern sie mit einer regulären Fluglinie oder Schifffahrtsgesellschaft ankommen und ein Rückflugticket, gültig für maximal 90 Tage ab der ersten Einreise in die USA, vorweisen können. Bürger anderer Nationen erfragen die für sie gültigen Bestimmungen bei der nächstgelegenen US-Botschaft.

◂ Visumpflicht

In folgenden Fällen ist ein Visum erforderlich: Personen, die eine Ausbildungsstätte besuchen wollen, Teilnehmer an Austauschprogrammen, Personen, die eine (auch nur vorübergehende) Tätigkeit ausüben wollen (auch Journalisten und Au-Pair-Mädchen!); Personen, die eine Forschungsarbeit durchführen; Personen, die in den USA heiraten und anschließend dort wohnen wollen.

◂ Seit Januar 2009: ESTA

Wer unter das Visa Waiver Program fällt, muss sich seit Januar 2009 **außerdem** über das Internet eine **kostenlose elektronische Einreiseerlaubnis** (Electronic System for Travel Authorization, ESTA) besorgen, und zwar unter **https://esta.cbp.dhs.gov** (in Deutsch). Dies muss bis spätestens drei Tage vor Reiseantritt erfolgen. Die Erlaubnis gilt in der Regel für 2 Jahre. Weitere Informationen findet man unter www.us-botschaft.de. Gleichwohl gilt: Auch wer im Besitz aller nötigen Dokumente ist, hat kein automatisches Recht, in die USA einzureisen. Der Grenzbeamte kann Einreisende zurückweisen.

◂ Fingerabdrücke, Digi-Foto

Bei der Einreise werden von jedem Reisenden digitale Abdrucke aller zehn Finger sowie ein digitales Porträtfoto angefertigt.

◂ Aufenthaltsdauer, Finanzmittel

Die tatsächlich erlaubte Aufenthaltsdauer wird individuell festgelegt und soll dem Reisezweck entsprechen. Eine spätere Verlängerung ist nur für Personen möglich, die mit Visum eingereist sind. Der Tag, an dem man spätestens die USA wieder verlassen muss, wird bei der Einreise in den Pass eingestempelt. Bei der Grenzkontrolle müssen genügend finanzielle Mittel nachgewiesen werden, um den Aufenthalt bestreiten bzw. ein Weiter- oder Rückreiseticket besorgen zu können. Dazu genügt in der Regel allerdings, dass man eine Kreditkarte vorweisen kann.

Impfbestimmungen Ein Impfzeugnis wird nur dann verlangt, wenn man aus gefährdeten Gebieten einreist. Es ist ratsam, sich vor Reiseantritt beim zuständigen Konsulat über die neuesten Vorschriften zu erkundigen.

Haustiere Wer seinen Hund mitnehmen will, hat ein tierärztliches Gesundheits- und Tollwutimpfzeugnis vorzulegen, das mindestens einen Monat bzw. maximal zwölf Monate vor der Abreise ausgestellt sein muss. Für alle anderen Haustiere wird ein tierärztliches Gesundheitszeugnis verlangt.

Nationaler Führerschein Wer selbst ein Auto steuern will, muss einen gültigen nationalen Führerschein vorweisen können. Der internationale Führerschein wird nur zusammen mit dem nationalen Führerschein anerkannt.

WICHTIGE ADRESSEN

FLUGGESELLSCHAFTEN

▶ **American Airlines**
Tel. (018 03) 24 23 24 (D)
Tel. (01) 654 52 56 (CH)
Tel. 1-800-433-73 00 (USA)
www.aa.com (auch Inlandflüge)

▶ **Austrian Airlines**
Tel. (05) 17 66 10 01 (A)
Tel. 1-800-843-00 02 (USA)
www.aua.com

▶ **Continental**
Tel. (018 03) 21 26 10 (D)
Tel. (01) 535 37 78 (A)
Tel. (01) 800 92 12 (CH)
Tel. 1-800-231-08 56 (USA)
www.continental.com
(auch Inlandflüge)

▶ **Delta Air Lines**
Tel. (018 03) 33 78 80 (D)
Tel. (01) 795 67 023 (A)
Tel. (08 00) 55 20 36 (CH)
Tel. 1-800-241-41 41 (USA)
www.delta.com (auch Inlandflüge)

▶ **Deutsche Lufthansa**
Tel. (0180) 583 84 26 (D)
Tel. 1-800-399-58 38 (USA)
www.lufthansa.com

▶ **Swiss**
Tel. (08 48) 70 07 00 (CH)
Tel. 1-877-359-79 47 (USA)
www.swiss.com

▶ **United**
Tel. (069) 500 70 33 87 (D)
Tel. (01) 212 47 17 (CH)
Tel. 1-800-538-29 29 (USA)
www.united.com
(auch Inlandflüge)

SCHIFFSREISEN

▶ **Kreuzfahrten**
www.kreuzfahrt.buchung.de

▶ **Frachtschiffreisen**
Hamburg-Süd Reiseagentur
Tel. (040) 37 05 24 91
www.hamburg-sued-reiseagentur.de

Im Luft- und Seeverkehr werden sehr penible Sicherheitskontrollen durchgeführt. Deshalb sollte man vorsichtshalber etwa drei Stunden einplanen, um die Kontrollen rechtzeitig vor der Abreise passieren zu können. Koffer sollten wegen möglicher Kontrollen nicht abgeschlossen sein, sie werden sonst gegebenenfalls gewaltsam geöffnet und Schadensersatz für Beschädigungen gibt es nicht. **Sicherheitskontrollen**

Vor dem Abflug sollten sich Passagiere bei ihren Airlines grundsätzlich über die aktuellen Sicherheitsbestimmungen erkundigen. Seit den vereitelten Terroranschlägen von London im August 2006 dürfen Fluggäste maximal 0,1 l Flüssigkeit mit an Bord nehmen. Es empfiehlt sich, sich an die genannten Beschränkungen zu halten.

Zollbestimmungen

Einreise in die USA

Bei der Einreise sind eine Immigration Card (Einreiseerlaubnis) sowie eine Customs Declaration (Zollerklärung) auszufüllen. Zollfrei eingeführt werden dürfen Gegenstände des persönlichen Bedarfs (u. a. Kleidungsstücke, Toilettenartikel), Foto- und Videokameras, Filme, Fernglas, Sportausrüstung; für über 21-Jährige ein Quart (ca. 1 l) alkoholische Getränke, 200 Zigaretten oder 50 Zigarren oder drei US-Pfund (lbs; ca. 1350 g) Tabak. Zusätzlich können pro Person Geschenke bis zum Gegenwert von 100 US-$ (Alkohol und Zigaretten sind davon ausgenommen) eingeführt werden. **Verboten** ist die Einfuhr praktisch aller Lebensmittel und Pflanzen.

Wiedereinreise in EU-Staaten

Zollfrei sind alle bereits in die USA mitgenommenen persönlichen Gebrauchsgegenstände (siehe oben), ferner Reiseandenken bis zu einem Gesamtwert von **430 Euro**. Darüber hinaus sind zollfrei: für Personen über 17 Jahre 1 l Spirituosen mit mehr als 22 Vol.-% Alkohol oder 2 l Spirituosen mit weniger als 22 Vol.-% Alkohol oder 2 l Schaumwein oder 2 l Wein sowie 200 Zigaretten oder 100 Zigarillos oder 50 Zigarren oder 250 g Rauchtabak.

Wiedereinreise in die Schweiz

Für die Schweiz gelten folgende Freimengengrenzen: 250 g Kaffee, 100 g Tee, 200 Zigaretten oder 50 Zigarren oder 250 g Rauchtabak, 2 l alkoholische Getränke bis 15 Vol.-% und 1 l alkoholische Getränke über 15 Vol.-%. Souvenirs dürfen bis zu einem Wert von 300 CHF zollfrei eingeführt werden.

Reiseversicherungen

Kranken- und Unfallversicherung

Problematisch für Touristen aus Europa können die Kosten für eine medizinische Behandlung werden. Ein Krankenhausaufenthalt kann extrem teuer sein. Behandlungen erfolgen gegen Vorkasse oder direkte Bezahlung. Eine Krankenversicherung unter Einschluss der USA wird ebenso dringend empfohlen wie eine belastbare Kreditkarte.

In vielen Fällen ist es günstiger, nach Hause zurückzufliegen und sich dort behandeln zu lassen. Vor einer USA-Reise sollte man also unbedingt mit seiner Kranken- und Unfallversicherung Rücksprache halten, wie weit sich deren Schutz erstreckt. Es empfiehlt sich der Abschluss einer Reisekranken- und einer Reiseunfallversicherung.

Kfz-Haftpflichtversicherung In den USA besteht Versicherungspflicht. Allerdings wird die heimische Haftpflichtversicherung nicht anerkannt. Man sollte sich also noch vor der Abreise in die USA um eine Risikodeckung durch eine in den USA anerkannte Versicherung kümmern.

Auskunft

Die USA betreiben kein zentrales Fremdenverkehrsbüro in Deutschland. Die Auskunftsadressen der Bundesstaaten vor Ort finden Sie im Kapitel »Reiseziele von A bis Z« unter dem jeweiligen Stichwort.

AUSKUNFTSADRESSEN

DIPLOMATISCHE VERTRETUNGEN

▸ **US-Botschaft in Deutschland**
Neustädtische Kirchstr. 4–5
10117 Berlin, Tel. (030) 830 50
Visaabteilung: Tel. 0900 85 00 55
www.usembassy.de

▸ **US-Botschaft in Österreich**
Boltzmanngasse 16, 1090 Wien
Tel. (01) 31 55 11
Konsularabteilung (Visaerteilung)
Gartenbaupromenade 2
1010 Wien, Tel. (01) 313 390
www.usembassy.at

▸ **US-Botschaft in der Schweiz**
Jubiläumsstr. 93, 3005 Bern
Tel. (031) 357 70 11
http://bern.usembassy.gov

▸ **Deutsche Vertretungen in den USA**
Botschaft der Bundesrepublik Deutschland
(Embassy of the Federal Republic of Germany)
4645 Reservoir Rd. N.W.
Washington, D.C. 20007
Tel. 1-202-298-81 40
www.germany.info

Generalkonsulate:
Marquis Two Tower – Suite 901
285 Peachtree Center Ave. N. E.
Atlanta, GA 30303-1221
Tel. 1-404-659-47 60

3 Copley Place, Suite 500
Boston, MA 02116
Tel. 1-617-369-49 00

676 North Michigan Ave.
Suite 3200, Chicago, IL 60611
Tel. 1-312-202-04 80

1330 Post Oak Blvd., Suite 1850
Houston, TX 77056-3018
Tel. 1-713-627-77 70

6222 Wilshire Blvd., Suite 500
Los Angeles, CA 90048
Tel. 1-323-930-27 03

100 N. Biscayne Blvd., Miami
FL 33132, Tel. 1-305-358-02 90

871 United Nations Plaza
New York, NY 10017
Tel. 1-212-610-97 00

1960 Jackson Street
San Francisco, CA 94109
Tel. 1-415-775-10 61

Honorarkonsulate:
siehe www.auswaertiges-amt.de

▸ **Österreichische Vertretungen in den USA**
Botschaft der Republik Österreich
(Embassy of Austria)
3524 International Court N.W.
Washington, D.C. 20008
Tel. 1-202-895-67 00

Generalkonsulat:
Wrigley Building, Suite 707
400 North Michigan Ave.
Chicago, IL 60611
Tel. 1-312-222-15 15

11859 Wilshire Blvd., Suite 501
Los Angeles, CA 90025
Tel. 1-310-444-93 10

31 E. 96th St., New York
NY 10021, Tel. 1-212-737-64 00

Honorarkonsulate:
siehe www.bmaa.gv.at

▸ **Vertretungen der Schweiz in den USA**
Botschaft der Schweizerischen Eidgenossenschaft
(Embassy of Switzerland)
2900 Cathedral Ave. N.W.,
Washington, D.C. 20008
Tel. 1-202-745-79 00

Generalkonsulat:
1349 W. Peachtree St., Suite 1000
Atlanta, GA 30309
Tel. 1-404-870-20 00

737 North Michigan Ave.
Suite 2301, Chicago, IL 60611
Tel. 1-312-915-00 61

11766 Wilshire Blvd., Suite 1400
Los Angeles, CA 90025
Tel. 1-310-575-11 45

Rolex Bldg., 633 Third Ave.
New York, NY 10017
Tel. 1-212-599-57 00

456 Montgomery St., Suite 1500
San Francisco, CA 94104-1233
Tel. 1-415-788-22 72

Honorarkonsulate:
siehe www.eda.admin.ch

INTERNET

▸ **www.discoveramerica.com**
Offizielle Reise- und Tourismuswebsite der U. S. Travel Association und des Handelsministeriums, vorwiegend auf Englisch, mit vielen nützlichen Links

▸ **www.nps.gov**
Alle Nationalparks detailliert mit Informationen, Bildern, Karten und Reservierungsmöglichkeiten.

▸ **www.usa.de**
Internet-Reiseportal für die gesamten USA.

▸ **www.usacitylink.com**
Infos zu vielen Städten in allen US-Bundesstaaten mit zahlreichen Links zu Sehenswürdigkeiten, Unterkunft, Veranstaltungen etc. Sehr empfehlenswert.

▸ **www.usa-reise.de**
Austauschplattform von USA-Fans für USA-Fans. Mit Reiseberichten, Fotogalerien und vielen »Geheimtipps«.

- **www.usatipps.de**
  Wie der Name schon sagt: Tipps und Infos für einen gelungenen Aufenthalt in den Vereinigten Staaten.

- **www.usembassy.de**
  Seite der US-Botschaft in Deutschland mit Visainformationen und aktuellen Nachrichten.

- **www.us-infos.de**
  Sehr umfangreiches, gut gegliedertes USA-Reiseportal

- **www.wlra.us**
  Megalomanie am Straßenrand: Hier findet man sicher eine der »World's Largest Roadside Attractions« in der Nähe seines Reiseziels. Sehr spaßig.

Badeurlaub

Badestrände Wassersport wird in den USA großgeschrieben. Besten Ruf genießen das kristallklare Wasser sowie die feinsandigen Strände und Buchten um die Halbinsel Florida und an der Golfküste von Alabama (Gulf Islands), Mississippi (u. a. Biloxi), Louisiana und Texas (Texas Gulf Coast, Padre Island National Seashore). Schöne Badestrände gibt es auch auf einigen Inseln vor der Küste Georgias, in South Carolina (u. a. Hilton Head Island, Myrtle Beach), North Carolina (bes. Outer Banks, Cape Hatteras) und an der südkalifornischen Pazifikküste. Wem kühle Wassertemperaturen nichts ausmachen, der kann an der Atlantikküste von Maryland (Assateague Island), New Jersey (u. a. Atlantic City, Long Beach Island, Beach Island State Park), Massachusetts (Cape Cod, Nantucket Island, Martha's Vineyard) und an verschiedenen Stellen der für ihre Hummer berühmten Küste von Maine baden oder sich in die kühlen Fluten des Pazifiks (u. a. Oregon Dunes National Recreation Area) stürzen. Viele Strände sind mit Parkplätzen, Süßwasserduschen und Wachposten ausgestattet. In der Nähe von größeren Siedlungen oder Hotelanlagen kann der Andrang vor allem an Wochenenden größer werden.
Übrigens: Oben ohne ist in den USA absolut nicht erwünscht und selbst kleine Kinder sollten generell Badekleidung tragen.

Wasserski In vielen größeren Touristenzentren und Strandhotels stehen Motorboote und Leihausrüstungen für Wasserski-Begeisterte zur Verfügung.

Schnorcheln An der Atlantikküste im Südosten, im Bereich der Golfküste sowie an der Pazifikküste Südkaliforniens kann man sehr gut schnorcheln. Vielerorts eröffnet sich eine farbenprächtige und artenreiche Unterwasserwelt aus Korallen, Fischen, Weich- und Krustentieren. Wegen Gewässerverunreinigungen und Überfischung ist man im Bereich etlicher Inseln dazu übergegangen, Schutzgebiete auszuweisen, um einer drohenden Verarmung der Unterwasserwelt entgegenzuwirken.

»Baywatch« an Floridas Atlantikküste

Windsurfen und Wellenreiten

Windsurfen wird überall dort ausgeübt, wo man auch baden kann, vor allem in den Gewässern um Florida, vor der Küste Georgias und South Carolinas, entlang des Golfs von Mexiko und in einigen Bereichen an der kalifornischen Pazifikküste sowie um die Hawaii-Inseln. Wo hoher Wellengang herrscht, v. a. also in Kalifornien sowie an einigen Stränden des Hawaii-Archipels, versuchen sich mutige Wellenreiter beim puren Surfen ohne Segel.

FKK

Nacktbaden ist in den prüden USA **verpönt**. Wer von der Polizei erwischt wird, hat mit einer beachtlichen Geldstrafe zu rechnen. Eine gewisse Toleranz herrscht lediglich an einigen Strandabschnitten in Florida und Kalifornien.

Mit Behinderung unterwegs

ADRESSEN

- **Wheelchair Getaways**
  Tel. 1-425-353-82 13
  www.wheelchairgetaways.com
  Die Firma verleiht in den gesamten USA behindertengerecht ausgestattete Fahrzeuge, vor allem auch mit Rollstuhl zugängliche Vans.

- **Bundesverband Selbsthilfe Körperbehinderter e.V.**
  Altkrautheimer Str. 20
  74238 Krautheim
  Tel. (062 94) 428 10
  www.bsk-ev.org
  Vermittlung von Helfern und Organisation von Gruppenreisen

Elektrizität

110 Volt In den Vereinigten Staaten werden 110 Volt Wechselstrom in die Leitungen eingespeist. Mitgebrachte elektrische Geräte nach europäischer Norm (220 Volt Wechselstrom) müssen also auf 110 Volt umschaltbar sein. Zudem braucht man für die Steckdosen einen Adapter, den man am besten schon zu Hause kauft. In den USA sind diese Zwischenstecker in einschlägigen Geschäften (Abteilung »Appliances«) erhältlich. Weiterhin ist zu beachten, dass die Frequenz im Gegensatz zu Deutschland (50 Hz) bei 60 Hertz liegt.

Essen und Trinken

Manches ist anders Die US-amerikanische Küche ist für Mitteleuropäer etwas gewöhnungsbedürftig. Dies fängt beim deftigen Frühstück mit gebratenem Speck, Eiern, Bratkartoffeln und Pfannkuchen an und hört auf beim watteartigen Brot bzw. beim nur schwach gerösteten und dünn gebrühten Kaffee. Dennoch muss man sich von der Vorstellung trennen, dass Hamburger, Ketchup, Hot Dogs und Chips das einzige originelle Element der amerikanischen Küche sind – im Gegenteil: In Restaurants mit einheimischer Küche speist man oft hervorragend, vor allem Fleisch und Fisch. Regionale Spezialitäten wie Virginia-Schinken, Hummer aus Maine, die Creole- und Cajun-Küche des Südens oder die Tex-Mex-Küche im Südwesten gibt es durchaus, und in ordentlichen Bars ist selbst der frisch zubereitete Hamburger eine leckere Angelegenheit. Wer dennoch Probleme mit der US-amerikanischen Küche hat, dem steht eine breite Palette von ethnischen Restaurants offen.

Mahlzeiten

Breakfast Zum Frühstücken geht man am besten in einen Coffeeshop, denn das ist »America at its best«. Zum normalen amerikanischen Frühstück gehören ein Glas Ananas-, Grapefruit- oder Orangensaft, Kaffee, Eier (gekocht, gebraten als Spiegelei/»sunny side up«, Rührei/»scrambled« oder Omelette), gebratene Speckscheiben (»bacon«) oder Bratwürstchen (»sausages«), Bratkartoffeln (»hashed browns«), Grießbrei (»grits«), Pfannkuchen mit Ahornsirup (»pancakes«) und natürlich Toastbrot mit Butter und diversen Konfitüren (»jam«). Auf vielen Frühstücksbuffets findet man Cornflakes und Milch, auch frisch zubereitetes Müsli, frisches Obst und diverse Joghurtsorten.

Brunch An Sonn- und Feiertagen ist der »Brunch« sehr beliebt, wozu meist ab 11.00 Uhr große und vielfältig bestückte Büfetts auf die Hungrigen warten.

Die USA bieten nicht nur »Fast Food« – auch weltberühmte Küchenchefs servieren hier.

Zur Mittagszeit wird gewöhnlich ein leichtes Essen (Lunch) eingenommen, z. B. Salate, Kurzgebratenes und Gemüse. Viele essen aber einfach einen Hamburger.

Lunch

Die tägliche Hauptmahlzeit ist das Abendessen (Dinner). Es kann recht opulent ausfallen: Fleisch- und Fischgerichte mit allerlei Beilagen und Garnituren stehen auf dem Speiseplan. In einigen Lokalen versucht man die Gäste mit »Dinnershows« zu unterhalten.

Dinner

Speisen und Getränke

Sieht man die riesigen Rinderweiden, so wundert es nicht, dass T-Bone-, Porterhouse- und Sirloin-Steak neben dem allgegenwärtigen Hamburger die wichtigsten Fleischgerichte sind. Beliebt sind aber auch Hühnchenfleisch (u. a. Chicken Fingers = gebackene Hühnerbruststücke oder Chicken Wings = Hühnerflügel) und Schweinefleisch (Pork, z. B. als »Prime Rib«). Dazu gibt es fast immer wahlweise eine »baked potato« (Pellkartoffel mit Crème fraîche) oder Pommes frites (»french fries«). Ein Festtagsessen – vor allem am Thanksgiving Day – ist Truthahn (Turkey).

Fleischgerichte

Es gibt nicht nur Fisch und Meeresfrüchte aus dem Atlantik und aus dem Pazifik, sondern auch Süßwasserfische aus den Flüssen und Seen. Besonders lecker sind Krabben, Garnelen (Shrimps), Muscheln, Austern (Oysters), Hummer (Lobster), Äschen, Barsche, Stone Crabs (Steinkrebse) und Conchs (Seemuscheln).

Fischgerichte

Omnipräsent ist Amerikas Nationalgetränk nicht nur in der Werbung.

MACH MAL PAUSE ...

Trink Coca-Cola! Wer kennt ihn nicht, den Werbespruch für die Brause aus Atlanta, die, selbst wenn es sonst nichts gibt, auch im hintersten Winkel der Erde garantiert zu kaufen ist und die wie nichts anderes den American Way of Life symbolisiert: Coca-Cola ist der erfolgreichste Markenartikel der Welt.

Dabei waren die Anfänge recht bescheiden. **John Styth Pemberton** (1833–1888), Apotheker in Atlanta, schlug sich durchs Leben, indem er in seinem Drugstore Haarfärbemittel, Zahnpulver, Fotochemikalien und allerlei andere Dinge verkaufte. Vor allem aber mixte er Elixiere für alle nur denkbaren Zipperlein. Am 8. Mai 1886, so ist seinem Tagebuch zu entnehmen, gelang ihm der große Wurf: Er mischte Extrakte von **Kola-Nuss** und **Coca-Blättern** mit »Zucker und einigen anderen Kräuterextrakten«, verdünnte das Ganze mit Wasser und nannte es »French Wine of Coca«. Es sollte gegen Kopfschmerzen, nervöse Anfälle, Neuralgien, Hysterie und Melancholie helfen, hatte im Gegensatz zu Pembertons bisherigen Erfindungen vor allem aber einen Vorteil – es schmeckte gut.

Für 2000 Dollar verkauft

Es schmeckte mit Soda vermischt sogar so gut und verkaufte sich daher nicht schlecht, dass ein gewisser **Asa Chandler** 1888 das Rezept für etwas mehr als 2000 Dollar kaufte. Doch weder Pemberton noch Chandler gaben der Marke den Namen und den charakteristischen Schriftzug. Dieses Verdienst gebührt Mr. **Frank M. Robinson**, Buchhalter im Pemberton'schen Drugstore. Er hatte die Idee, die Hauptingredienzen der Brause zum Namen zu machen: Coca und Cola, wobei er das »K« der Kola-Nuss durch ein »C« ersetzte. Seine feinsäuberliche Handschrift war es auch, die den Namenszug »Coca-Cola« zum Markenzeichen machte, und er war es, der den Slogan **»Delicious and Refreshing«** ersann.

Einheitliche Flaschen

Asa Chandler vergab Vertriebslizenzen in den ganzen USA, und alle machten sich ans Abfüllen. Als Erster tat dies 1894 Joseph Biedenharn in Vicksburg, Mississippi, doch füllte er wie alle anderen auch die Limo in jede nur greifbare Flasche. Um 1910 kam der Gedanke auf, eine Flasche zu entwerfen, die »eine Person auch im Dunkeln erkennt, wenn sie sie anfasst (...), und die selbst dann noch erkannt wird, wenn sie zerbrochen ist.« Man schrieb also einen Wettbewerb unter Amerikas Glasfabriken aus. Das Rennen machte die **Root Glass Company** in Terre Haute, Indiana. Dort ließ sich Alex Samuelson von der Form der Kola-Nuss anregen, und Glasformer Earl Dean schuf 1915 die Flasche, die heute jedes Kind auf der Welt bei Tag und in der Nacht erkennt, ja, er formte weit mehr als eine Flasche: Ihm gelang eine Ikone des 20. Jahrhunderts.

Siegeszug

Von 1916 an wurde »Coca-Cola« in diese Flaschen abgefüllt. Bereits 1919 hatte **Ernest Woodruff** für einige Millionen Dollar »Coca-Cola« von Asa Chandler gekauft. Sein Sohn Robert legte seinen Ehrgeiz daran, »Coca-Cola« zum Weltgetränk zu machen. Doch trotz mancher Erfolge war »Coca-Cola« bis zum Ausbruch des Zweiten Weltkriegs noch weitgehend eine amerikanische Angelegenheit. (In Deutschland wurde bereits seit 1929 »Coca-Cola« abgefüllt und verkauft. Als zu Beginn die Krieges die Rohstoffe ausgingen, erfand »Coca-Cola«-Deutschland als Ersatz: **»Fanta«**.) Bei Kriegseintritt der USA hatten die »Coca-Cola«-Manager eine aus markenstrategischer Sicht geniale Idee: Sie versprachen, dass jeder GI, egal auf welchem Kriegsschauplatz er sich befinde, für seine 25 Cents eine Flasche »Coca-Cola« bekommen würde. Mit einer logistischen Präzision, die gerüchteweise sogar die der Militärs übertraf, hielt »Coca-Cola« sein Versprechen und die US-Armee trug die Brause in die ganze Welt hinaus.

Werbemaschinerie

Damit allein aber ist der Erfolg von »Coca-Cola« nicht zu erklären. Cola-Getränke gibt es viele, und nicht jeder mag »Coca-Cola«. Das Geheimnis des Erfolgs heißt **Werbung in großem Stil**. Tatsächlich hat es »Coca-Cola« geschafft, überall – d.h. in über 195 Staaten der Erde – mit seinem Schriftzug und seiner Flasche präsent zu sein. Kaum ein Prominenter, der nicht einmal mit einer »Coca-Cola«-Flasche in der Hand fotografiert worden wäre, kein Stadtbild, wo nicht das rote Logo prangt, kaum eine Großveranstaltung, bei der nicht auf irgendeine Weise »Coca-Cola« mitmischt. Nur einmal in der Firmengeschichte hatte »Coca-Cola« das Nachsehen: Als es darum ging, die Sowjetunion colamäßig zu erobern, hatte »Pepsi-Cola« die Nase vorn und eröffnete einen ersten Ausschank in Moskau – für einen patriotischen Südstaatler aber nicht gar so schlimm, denn der große Konkurrent von »Coca-Cola« ist Gott sei Dank kein Yankee: Pepsi wird in New Bern in North Carolina gemixt.

Ethnische Küchen Neben Steaks, Chicken und Chef's Salad kann man auch Köstlichkeiten aller in den USA lebenden Völker probieren. Die Palette reicht von der italienischen über die griechische und die spanisch-kubanische bis zur mexikanischen, karibischen und fernöstlichen Küche mit ihren länderspezifischen Varianten. Selbstverständlich ist auch die koschere Küche bestens vertreten.

Süßspeisen Beliebte Süßspeisen sind der Cheese Cake (eine Art Käsekuchen), Blue Berry Cake sowie der Key Lime Pie, ein Kuchen, bei dessen Zubereitung der Saft heimischer Limetten und Sahne verwendet wird. Allerorten werden Donuts und Muffins angeboten.

Kaffee US-Kaffee ist in der Regel schwach geröstet, oft sehr dünn gebrüht und steht meist auch lange auf der Elektroplatte. Man bekommt ihn überall und reichlich angeboten, einmal bestellt, wird er immer nachgeschenkt. Mittlerweile allerdings setzt sich – zumindest in Großstädten und touristischen Zentren – mehr und mehr der Ruf nach einem kräftigen Espresso durch.

Bier Die großen US-Brauereien wie Coors oder Budweiser (Anheuser-Busch) gehen auf deutsche Gründungen zurück. Bier wird in den USA immer eisgekühlt serviert und enthält deutlich weniger Alkohol

Leckeres »Seafood« bekommt man fast überall in den USA.

(3 – 3,5 Vol.-%) als vergleichbare deutsche Biere; immer beliebter werden »Light«-Biere mit 1 bis 1,5 Vol.-% Alkohol. Bars halten in der Regel mehrere Flaschen- und Fassbiere (»draft«) bereit. Weit verbreitete einheimische Marken sind Budweiser, Busch, Miller, Coors, Michelob und Schlitz. In Neuengland, im Mittelwesten und im Nordwesten gibt es eine ganze Reihe für ihre Erzeugnisse bekannte kleine Brauereien, deren Bier allemal besser ist als das der großen Braustätten. Importiertes europäisches Bier ist ungleich teurer als US-Bier.

Wein

Die USA gehören zu den führenden Weinproduzenten der Erde. Etwa vier Fünftel der Rebfläche liegen in Kalifornien. Spanische Missionare hatten im 18. Jh. die Weinrebe dorthin gebracht. Bekannte kalifornische Anbaugebiete sind Santa Rosa, Napa Valley, Sonoma Valley, Mendocino, Livermore, Santa Clara, Monterey, San Benito und San Joaquín Valley. Eine zweite große Anbauregion erstreckt sich im Bundesstaat New York um die Finger Lakes. Weitere kleinere Weinbaugebiete gibt es in Maryland, Virginia, Florida, Ohio, Missouri, Oregon und Washington.

Ein Cabernet Sauvignon – unter kalifornischer Sonne gereift

Bevorzugte **Spirituosen**, die jedoch nur in bestimmten Geschäften (»liquor stores«) erhältlich sind und in Bars nur zu bestimmten Zeiten ausgeschenkt werden dürfen, sind Whisky (»whiskey«; vor allem der Bourbon aus Kentucky, Scotch, Canadian, Rye, Irish, Blended), Gin, Wodka, Brandy, Rum, Wermut und Liköre (»cordial«).

Strenge Alkoholverordnung!

Die Gesetze und Bestimmungen zum Alkoholkonsum sind Sache der einzelnen Bundesstaaten, in manchen gar der Countys, und variieren daher entsprechend. Generell wird kein Alkohol an Personen unter 21 Jahren verkauft. Wein, Bier und sonstige Getränke mit niedrigem Alkoholgehalt sind in vielen Supermärkten und Lebensmittelgeschäften erhältlich, hochprozentige Spirituosen dagegen bekommt man in der Regel nur in Spezialgeschäften (Liquor stores). Sonntags ist der Verkauf von alkoholischen Getränken je nach Staat stark eingeschränkt bzw. verboten.
In öffentlich zugänglichen Erholungsanlagen (z. B. Badestrände, State Parks) darf kein Alkohol konsumiert werden. Offener Alkoholkon-

sum auf der Straße ist ebenfalls verboten. Autofahren unter Alkoholeinfluss wird streng bestraft: Die Grenze liegt je nach Staat und County zwischen 0,0 und 1 Promille!
Es ist auch untersagt, angebrochene oder leere Flaschen bzw. Dosen mit Alkohol im Innenraum des Autos mitzuführen – sie müssen im Kofferraum verstaut werden.

Säfte, Soft Drinks Überall erhält man Fruchtsäfte aus heimischen Orangen, Grapefruit oder Ananas. Soft Drinks (Cola-Getränke, aromatisierte und mit Kohlensäure versehene Getränke) und Root Beer, ein aus Wasser, Zucker, Farbstoff und verschiedenen Gewürzen zubereitetes Getränk, sind beliebte Durstlöscher; desgleichen geeister Tee.

Wasser Zu jeder Mahlzeit erhält man ein Glas Eiswasser, doch Vorsicht: Es ist Leitungswasser mit gestoßenem Eis. Wer ein Mineralwasser möchte, bestellt ein »spring water«.

Restaurants

In den Vereinigten Staaten gibt es nicht nur eine ungewöhnlich große Zahl von Restaurants, sondern auch eine breite Palette von ethnischen Küchen. Die Preise fallen dabei recht unterschiedlich aus, doch wird man feststellen, dass eine leckere Mahlzeit keine Unsummen kostet. In vielen Bars werden sehr schmackhafte Snacks serviert wie Chili con Carne, Chicken Fingers, Sandwiches und – gute! – Hamburger. Um seinen Geldbeutel zu schonen, muss man nicht unbedingt in eines der zahlreichen Lokale der Restaurantketten (z. B. Taco Bell, Pizza Hut, McDonald's, Burger King, Kentucky Fried Chicken) einkehren, wo man sich zwar relativ billig, aber nicht unbedingt gut ernährt – zu den annehmbaren Ausnahmen zählen Denny's und Friday's. Bessere, zwar nicht zwangsläufig, aber doch mitunter sehr teure Restaurants findet man überall dort, wo viele Touristen verkehren: in den herausgeputzten historischen Stadtzentren, an den Marinas sowie in der Nähe größerer Ferienanlagen bzw. Großhotels.
In den allermeisten Lokalen werden außer Bargeld Kreditkarten und Dollar-Reiseschecks akzeptiert.

i Preiskategorien

- Fein & teuer: über 24 $
- Erschwinglich: 15 – 24 $
- Preiswert: unter 15 $
(jeweils für ein Hauptgericht)

Reservierung Tischbestellungen empfehlen sich in den teureren Lokalen vor allem an verlängerten Wochenenden und in der Hauptreisezeit.

Wait to be seated! In nahezu allen Lokalen wartet man auf eine Platzzuweisung durch das Personal. Sehr oft wird man gefragt, ob man Raucher oder Nichtraucher ist.

Feiertage · Feste · Events

Feiertage

In den USA gibt es relativ wenige offizielle Feiertage (public/legal holidays) und selbst an diesen sind mit Ausnahme von Thanksgiving Day, Ostersonntag, Weihnachten und Neujahr viele Geschäfte geöffnet. Banken, Behörden, Schulen und sogar einige Restaurants bleiben allerdings geschlossen. An hohen christlichen Festen (Ostern, Pfingsten, Weihnachten) gibt es keine zweiten Feiertage.
Die Mehrzahl der offiziellen Feiertage wird alljährlich neu datiert und zur Verlängerung der Wochenenden auf einen Montag vor oder nach dem eigentlichen Feiertag verlegt.

Veranstaltungsprogramme

Die Fremdenverkehrsämter der einzelnen US-Bundesstaaten sowie die Touristeninformationsbüros zahlreicher Countys, Städte und Gemeinden halten Veranstaltungsprogramme bereit. Auch der Tagespresse kann man den regionalen Veranstaltungskalender entnehmen.

VERANSTALTUNGSKALENDER

FEIERTAGE

▸ **New Year**
Neujahr, 1. Januar

▸ **Martin Luther King Jr. Day**
3. Montag im Januar

▸ **President's Day**
3. Montag im Februar

▸ **Good Friday**
Karfreitag (nur regional)

▸ **Memorial Day**
Heldengedenktag, letzter Montag im Mai

▸ **Independence Day**
Unabhängigkeitstag, 4. Juli

▸ **Labor Day**
Tag der Arbeit, 1. Montag im September

▸ **Columbus Day**
Kolumbus-Gedenktag, 2. Montag im Oktober

▸ **Election Day**
Wahltag, 1. Dienstag im November (nur im Wahljahr!)

▸ **Veteran's Day**
Veteranentag 11. November

▸ **Thanksgiving Day**
Friedens- und Erntedankfest, 4. Donnerstag im November

▸ **Christmas Day**
Weihnachten 25. Dezember

VERANSTALTUNGEN IM JANUAR

▸ **Philadelphia (PA)**
Mummer's Parade: prächtige Neujahrsparade

▸ **Tempe (AZ)**
Fiesta Bowl: Endspiel im College-Football am Neujahrstag mit anschließender festlicher Parade

► **Key West (FL)**
Key-West-Literary-Fest (Anfang Januar): Mehrtägiges Literatur-Event mit Fete zu Ehren der Schriftsteller Ernest Hemingway, Thornton Wilder und Tennessee Williams

► **Tarpon Springs (FL)**
Greek Epiphany (6. Januar): Erscheinungsfest der griechischen Einwanderer

FEBRUAR

► **Los Angeles / San Francisco (CA)**
Das chinesische Neujahrsfest (Chinese New Year) wird besonders prächtig in Los Angeles (www.lachinesechamber.org), vor allem aber in San Francisco begangen (www.chineseparade.com), mit Umzügen und einem spektakulären Feuerwerk (Ende Jan. / Anfang Febr.).

► **New Orleans (LA) und Pensacola (FL)**
Mardi Gras: Die amerikanische Form des Karnevals wird mit Umzügen und farbenfrohen Kostümen gefeiert.

MÄRZ

► **Daytona Beach (FL)**
Bike Week: In der 1. und 2. Märzwoche treffen sich hier Motorradfahrer aus den gesamten USA und auch aus Übersee.

► **Boston (MA)**
New England Spring Flower Show und St. Patrick's Day (Monatsmitte).

Explosion von Farbe und Lebensfreude beim Karneval in San Francisco

- **Vielerorts in Vermont**
  Maple Sugar Events: alles rund um Ahornzucker.

- **Charleston (SC)**
  Beim Festival of Houses & Gardens kann man rund 150 historische Häuser und Gärten bewundern.

APRIL

- **Boston (MA)**
  Boston Marathon (3. Mo. im Monat).

- **Concord (NH)**
  Patriot's Day Parade and Paul Revere Reenactment: Erinnerung an die Schlacht von Concord (19. April).

- **Juneau (AK)**
  Alaska Folk Festival mit verschiedenen Künstlern und freiem Eintritt.

MAI

- **Albany (NY)**
  Tulip Festival (am Muttertagswochenende).

- **San Francisco (CA)**
  Am Memorial Day Weekend kommen über eine Million Teilnehmer und Zuschauer in den Mission District von San Francisco zum traditionellen karibischen Karneval (Carnaval) mit Konzerten und einer farbenprächtigen Parade (www.carnavalsf.com).

- **Biloxi (MI)**
  Eine farbenfrohe Bootsprozession auf dem Mississippi und die in den USA obligatorische Miss- und Mister-Wahl gibt es beim Shrimp Festival & Blessing of the Fleet (Ende April / Anfang Mai).

- **Indianapolis (IN)**
  »(Ladies and) Gentlemen, start your engines« heißt es am Memorial-Day-Wochenende bei den Indy 500.

- **Walla Walla (WA)**
  Mitte Mai kann man bei der Hot Air Balloon Stampede rund 40 Heißluftballone bei einem »Wettfahren« beobachten.

JUNI

- **Boulder (CO)**
  Shakespeare-Festival (Juni bis Mitte August).

- **Gettysburg (PA)**
  Civil War Heritage: Erinnerung an die Schlacht von Gettysburg (Ende Juni).

- **Frankenmuth (MI)**
  Blasmusik, Bier im Maßkrug, Schweinshaxn: Oktoberfeststimmung genießt man Mitte Juni auf dem Bavarian Festival.

- **Honolulu (HI)**
  Der »König Hawaiis« wird bei der King Kamehameha Celebration mit Blumenparaden, Musik und sonstigen Festivitäten gefeiert.

JULI

- **überall**
  Independence Day: Am 4. Juli wird die Unabhängigkeit der USA von Großbritannien gefeiert. Besonders schön in New York mit einem riesigen Feuerwerk auf dem East River.

- **Manti (UT)**
  Mormon Miracle Pageant: Die Geschichte der Mormonen erfährt man bei schönen Theateraufführungen unter freiem Himmel.

»Geishas« auf einer Halloween-Party

- **Key West (FL)**
  Hemingway Days (2. u. 3. Juliwoche): Lesungen und Livemusik zu Ehren des großen Schriftstellers.

- **San Diego (CA)**
  Mitte des Monats schlägt die Stunde der Künstler, die aus Sand abenteuerliche Figuren formen bei der U. S. Open Sandcastle Competition. Die Meisterschaften für Profis und Amateure sowie der Wettbewerb für Kinder ziehen viele Besucher an (www.usopen-sandcastle.com).

- **Wheeling (WV)**
  Mitte August treffen sich Country-Fans zum mehrtägigen »Jamboree in the Hills«.

AUGUST

- **Rockland (ME)**
  Maine Lobster Festival: Drei Tage lang gibt es Hummer satt (Monatsanfang).

- **Abingdon (VA)**
  Kunst und Kunsthandwerk, Vorlesungen, Aufführungen und vieles mehr bietet das Virginia Highlands Festival (Ende Juli bis Anfang August).

- **Glenns Ferry (ID)**
  Hier mussten sich die Siedler im 19. Jh. entscheiden: den kurzen gefährlichen Weg durch den Fluss oder den langen an seinem Ufer entlang. Die sehr gefährliche Überquerung des Flusses wird in originalen Kostümen nachgestellt (Three Islands Crossing, zweites Augustwochenende).

SEPTEMBER

- **New York City (NY)**
  Steuben Parade auf der Fifth Ave. (letzter Sa. im Monat).

- **Aspen (CO)**
  Aspen Leaf Tour: Tour durch Geisterstädte und vorbei an aufgelassenen Goldminen.

- **Cincinnati (OH)**
  Oktoberfest

OKTOBER

- **Boston und Cambridge (MA)**
  Head of the Charles Regatta: über 3000 Ruderer am Start (vorletztes Wochenende im Monat).

- **Keene (NH)**
  Pumpkin Festival: Das ganze Städtchen wird mit geschnitzten Kürbissen beleuchtet – der Rekord steht bei über 28 000 (Wochenende vor Halloween).

- **Fort Lauderdale (FL)**
  International Boat Show (4. Oktoberwoche): eine der weltweit größten Bootsmessen.

- **Im ganzen Land**
  Am 31. Oktober ist es so weit: Untote, Hexen, Teufel und sonstige nette Zeitgenossen bevölkern die Straßen und sammeln Süßes. Eine besonders schöne Halloween-Parade findet im New Yorker Greenwich Village statt.

NOVEMBER

- **New York (NY)**
  Thanksgiving Day Parade (Donnerstag vor dem letzten Sonntag des Monats) und New York Marathon (1. Sonntag im Nov.).

- **Pensacola (CA)**
  Mitte November zeigt die berühmte Kunstflugstaffel der Blue Angels, was sie kann.

- **Kansas City (MS)**
  Cowboy-Fans kommen beim American Royal Livestock, Horse Show & Rodeo auf ihre Kosten.

DEZEMBER

- **Hollywood (CA)**
  Christmas Parade on Sunset Boulevard: Wagenparade am 1. Weihnachtsfeiertag, begleitet von vielen bekannten Persönlichkeiten aus dem Show Business.

- **Boston (MA)**
  Boston Tea Party Reenactment: Nachspielen der Boston Tea Party (16. Dezember).

- **Las Vegas (NV)**
  Anfang Dezember findet die Endausscheidung der besten Rodeo-Sportler beim National Finals Rodeo statt.

- **Salt Lake City (UT)**
  Christmas Lightning at Temple Square (Adventszeit; weihnachtliche Beleuchtung im Herzen der Mormonenstadt; täglich Freiluftkonzerte des weltberühmten Tabernacle Choir).

Geld

Währung

Die Währungseinheit der USA ist der US-Dollar (US-$). Außer Geldscheinen im Nennwert von 1, 5, 10, 20, 50, 100 US-Dollar sind Münzen im Wert zu 1 (»Penny«), 5 (»Nickel«), 10 (»Dime«), 25 (»Quarter«), 50 Cents (Half-Dollar) und 1 Dollar im Umlauf. Es empfiehlt sich, schon vor dem Abflug Geld zu tauschen, denn der

Wechselkurs ist in Europa günstiger als in den USA. Im Übrigen ist in den USA ausländisches Bargeld wenig willkommen, sodass man seine **Reisekasse möglichst aus Kreditkarte, Dollar-Reiseschecks und einigen Dollars in bar** für den Anfang zusammenstellen sollte.

Devisen-bestimmungen Die Ein- und Ausfuhr ausländischer und amerikanischer Zahlungsmittel unterliegt keinen Beschränkungen. Die Einfuhr von mehr als 10 000 US-$ muss deklariert werden.

Geldwechsel Auf den internationalen Flughäfen kann man in Bankfilialen Devisen gegen US-Dollar eintauschen. Auch in Touristenzentren akzeptieren manche Banken ausländisches Bargeld. In Hotels sollte man allerdings kein Geld tauschen, da der Wechselkurs dort viel schlechter ist.

Es empfiehlt sich, vor dem Abflug **Reiseschecks** (Traveller Checks) zu kaufen, die wie Bargeld gehandhabt werden und in aller Regel von Hotels, Restaurants und Geschäften gegen Vorlage des Reisepasses oder des Führerscheins akzeptiert werden. Bei Diebstahl oder Verlust kann man bei den Filialen der ausstellenden Firmen unter Vorlage des Kontrollblatts sofort Ersatz für die verloren gegangenen Schecks erhalten.

i Wechselkurse

- 1 US-$ = 0,63 Euro
  1 Euro = 1,58 $
  1 US-$ = 1,02 CHF
  1 CHF = 0,98 $

Aktuelle Wechselkurse:
www.oanda.com

Kreditkarten (Credit cards) Sehr häufig benutzt werden Kreditkarten; beim Mieten von Autos sind sie zur Kautionsleistung sogar unerlässlich.
Man sollte sich auf jeden Fall eine der gängigen Karten anschaffen (Mastercard/Eurocard, Visa, American Express). Wer eine Kreditkarte mit PIN besitzt, kann an **Geldautomaten (ATM = Automated Teller Machine)** problemlos Geld abheben. Inhaber einer BankCard mit dem blau-rotem **Maestro-Signet** können diese an Maestro-Kassen bzw. Maestro-Geldautomaten einsetzen.

Fast in jedem großen Einkaufszentrum und an Flughäfen findet man zumindest eine **Bankfiliale bzw. Geldautomaten**. Banken sind im Allgemeinen Mo. – Fr. 10.00 bis 15.00, Do. oder Fr. bis 18.00 Uhr geöffnet. Viele Banken besitzen übrigens Drive-Thru-Schalter, die länger geöffnet haben. An Wochenenden und Feiertagen sind nur die Bankschalter in den internationalen Flughäfen geöffnet.

i Karten-Notfall-Service

- American Express: Tel. 1-800-297-76 72
- Mastercard: Tel. 1-800-622-77 47
- Visa: Tel. 1-800-847-29 11
- Viele in Deutschland ausgegebene Bank- und Kreditkarten: Tel. 011-49-116 116

Gesundheit

Apotheken (Drugstore, Pharmacy)

Amerikanische Drugstores und Pharmacies ähneln eher deutschen Drogeriemärkten oder sind gar kleine Kaufhäuser. Frei zugänglich in Regalen findet man oft ein großes Sortiment an Medikamenten, die in Deutschland verschreibungspflichtig sind. Drugstores bzw. Pharmacies sind zumeist von 9.00 – 18.00 Uhr geöffnet, einige bis 21.00 Uhr oder länger. Rund um die Uhr sind Apotheken in den durchgehend geöffneten Supermärkten zugänglich. Außerhalb der normalen Ladenöffnungszeiten gibt es keine speziellen Not- oder Nachtdienste. Notfalls muss man sich an die nächste Notaufnahme (Emergency Room) wenden. Auch Krankenhäuser sind durchgehend geöffnet.

Ärztliche Hilfe ist teuer

Ein Krankenhausaufenthalt oder auch nur der Besuch in der Notaufnahme kann das Reisebudget kippen. Man sollte daher tunlichst vor Antritt einer USA-Reise eine Reisekrankenversicherung abschließen.

◂ Ärztlicher Notdienst

Niedergelassene Ärzte und Krankenhäuser findet man auf den »Yellow Pages« (Gelben Seiten) der örtlichen Telefonbücher. In akuten Notfällen wählt man die **Notrufnummer 911 oder die Nummer 0 des Operators,** der einen mit dem nächsten Emergency Room (Notaufnahme) verbindet.

Mit Kindern unterwegs

Kinderfreundliches Land

Selbstverständlich sind die USA auch für Kinder ein Traumland – angefangen bei den Fantasiewelten von Disney in Orlando bzw. Anaheim und all den anderen mehr oder weniger riesigen Vergnügungsparks bis hin zur Chance, endlich einmal einem echten Indianer oder Cowboy zu begegnen. So gut wie überall – sei es bei touristischen Attraktionen oder in Hotels und Restaurants – gibt es Kinder- und Familienermäßigungen bzw. entsprechende Arrangements: Die USA sind kinderfreundlich.

Kindermuseen

Weit mehr als ihre deutschen Kollegen denken die Museumsmacher in den USA auch an die kleinen Besucher – viele und darunter selbst namhafte große Museen haben »Hands-on«- oder »Please-Touch«-Abteilungen, in denen Kinder alle möglichen Experimente und Tricks aus allen denkbaren wissenschaftlichen und populären Disziplinen selbst ausprobieren können. In vielen Städten gibt es auch reine Kindermuseen, die in der Regel Naturwissenschaft und Technik nachwuchsgerecht aufbereitet haben.

Im Flugzeug, Mietwagen

Kinder unter zwei Jahren fliegen meist umsonst, sofern sie keinen eigenen Sitz beanspruchen – was bei Transatlantikflügen weniger in

Frage kommt, bei kürzeren USA-Inlandsflügen jedoch denkbar ist. Erkundigen Sie sich nach **Preisermäßigungen für Kinder.** Die Autoverleihfirmen halten selbstverständlich auch **Kindersitze** bereit. Auch hier ist rechtzeitige Reservierung angezeigt.

Unterkunft In Hotels und Motels können **Kinder meist kostenlos im Zimmer der Eltern** übernachten. Extrabetten werden gerne aufgestellt. Erkundigen Sie sich nach der Altersgrenze (durchaus auch 17 oder 18 Jahre!) und sonstigen Bedingungen. In kleineren B & Bs und Inns allerdings sind Kinder hin und wieder nicht so gern gesehen.

Restaurants Essen gehen mit Kindern ist in den USA nicht schwer, und es müssen auch nicht immer die einschlägig bekannten Fast-Food-Ketten sein – um die man mit den meisten Kindern allerdings auch kaum herumkommen wird. Alternativen dazu sind Diners und die Ketten der Family Restaurants wie Denny's, Wendy's, Friday's oder Pizza Hut, die Kindermenüs, Kindersitze und familienfreundliche Preise bieten; die »Chuck-E.-Cheese«-Restaurants sind ganz auf Kinder spezialisiert. Auch in den verschiedenen Steakhouse-Ketten und in Chinarestaurants kommt man mitsamt Nachwuchs meist günstig weg. Restaurants der gehobenen Klasse sind eher weniger auf Kinder eingerichtet.

Ganz genau hinschauen können die Kleinen im Bronx Zoo, New York City, der einen eigenen Kinderzoo unterhält.

Vergnügungsparks

Die zahlreichen kleinen und großen Vergnügungsparks sind für Amerikaner eine Attraktion ersten Ranges. Sie finden regen Zulauf nicht nur von Familien mit Kindern, auch Erwachsene allein verbringen hier durchaus einen Teil ihrer Freizeit inmitten von Spaß, Abenteuer und einer gehörigen Portion Kitsch und heiler Welt. Die wichtigsten Vergnügungsparks sind im Kapitel »Reiseziele von A bis Z« genau beschrieben.

VERGNÜGUNGSPARKS

CALIFORNIA

▶ California's Great America
2401 Agnew Rd.
Santa Clara, CA
Tel. 1-831-988-17 76
www.cagreatamerica.com
Öffnungszeiten:
Kernzeiten tgl. 10.00 – 20.00, Juli/Aug. bis 22.00 Uhr

▶ Disneyland
1313 Harbor Blvd.
Anaheim, CA
Tel. 1-949-781-45 60
www.disneyland.com
Öffnungszeiten variabel, Kernzeiten: tgl. 9.00 – 22.00 Uhr

▶ Knott's Berry Farm
Buena Park, CA
Tel. 1-949-220-52 00
www.knotts.com
Öffnungszeiten variabel, Kernzeiten: tgl. 10.00 – 18.00, im Sommer bis 22.00 Uhr

▶ SeaWorld
500 SeaWorld Drive
San Diego, CA
Tel. 1-619-226-39 01
www.seaworld.com
Öffnungszeiten: Hauptsaison tgl. 9.00 – 22.00 Uhr (an Wochenenden länger), in der Nebensaison verkürzte Öffnungszeiten

▶ Six Flags Discovery Kingdom
Marine World Pkwy.
Vallejo, CA, Tel. 1-707-643-67 22
www.sixflags.com/discoveryKingdom
Öffnungszeiten:
tgl. 9.30 – 18.00 Uhr

▶ Six Flags Magic Mountain
Magic Mountain Pkwy.
Valencia, CA
Tel. 1-661-255-41 00
www.sixflags.com/magicMountain
Öffnungszeiten: Mai – Sept. tgl. 10.00 – 22.00 (Fr. – So. bis 24.00 Uhr), Okt. – April nur an Wochenenden

▶ Universal Studios
100 Universal City Plaza
Universal City, Hollywood, CA
www.universalstudioshollywood.com
Tel. 1-818-622-38 01
Öffnungszeiten: tgl. 9.00 – 18.30 Uhr, Juli und August länger

FLORIDA

▶ Busch Gardens Africa
3000 Busch Blvd.
Tampa, FL
Tel. 1-813-987-57 77
www.buschgardens.com
Öffnungszeiten: tgl. 10.00 – 18.00 Uhr (im Sommer länger)

Viel Spaß haben die lieben Kleinen in der Welt von Walt Disney.

▶ **SeaWorld Orlando**
7007 SeaWorld Drive
Orlando, FL
Tel. 1-800-327-24 24
www.seaworld.com
Öffnungszeiten:
Sommer tgl. 9.00 – 22.00,
Winter tgl. 9.00 – 19.00 Uhr

▶ **Walt Disney World Resort**
Lake Buena Vista, FL
Tel. 1-407-824-43 21
http://disneyworld.disney.go.com
Öffnungszeiten:
variabel, Kernzeiten tgl.
9.00 – 22.00 Uhr

GEORGIA

▶ **Six Flags Over Georgia**
275 Riverside Parkway
Austell, Atlanta, GA
Tel. 1-770-739-34 00
www.sixflags.com/overGeorgia
Öffnungszeiten: Mitte Juni – Mitte Aug. tgl. 10.00 – 22.00,
Fr. – So. bis 24.00 Uhr,
ansonsten nur an Wochenenden

ILLINOIS

▶ **Six Flags Great America & Hurricane Harbour**
542 N. Rte. 21, Gurnee, IL
Tel. 1-847-249-17 76
Öffnungszeiten: Mai – Sept. tgl. 10.00 – 22.00 Uhr, im Frühjahr und Herbst nur an Wochenenden, im Winter geschlossen

MISSOURI

▶ **Silver Dollar City**
Branson, MO
Tel. 1-417-338-26 11
www.bransonsilverdollarcity.com
Öffnungszeiten: Mitte Mai – Okt. tgl., April – Mitte Mai Mi. – So.

▶ **Worlds of Fun / Oceans of Fun**
4545 Worlds of Fun Dr.
Kansas City, MO
Tel. 1-816-454-45 45
www.worldsoffun.com
Öffnungszeiten: Ende Mai – Ende Aug. tgl. 10.00 – 22.00 Uhr, April, Mai, Sept. und Okt. nur an Wochenenden

NEW HAMPSHIRE

▸ **Canobie Lake Park**
North Policy St., Salem, NH
Tel. 1-603-893-35 06
www.canobie.com
Öffnungszeiten: Memorial Day – Labor Day tgl., April und Mai nur an Wochenenden

NEW JERSEY

▸ **Six Flags Great Adventure**
1 Six Flags Blvd.
Jackson, NJ
Tel. 1-737-928-20 00
Öffnungszeiten: Mitte April – Okt. tgl. 10.00 Uhr – variabel

NEW YORK

▸ **Six Flags The Great Escape & Splashwater Kingdom**
1172 State Rte. 9
Queensbury, Lake George, NY
Tel. 1-518-792-35 00
www.sixflags.com/greatEscape
Öffnungszeiten: Memorial Day – Labor Day tgl. 9.30 – 18.00 Uhr

NORTH CAROLINA

▸ **Paramount's Carowinds**
Carowinds Blvd.
Charlotte, NC
Tel. 1-704-588-26 00
www.carowinds.com
Öffnungszeiten: März – Okt. tgl. 10.00 – 20.00 Uhr

OHIO

▸ **Cedar Point**
1 Cedar Point Dr., Sandusky, OH
Tel. 1-419-627-23 50
www.cedarpoint.com
Öffnungszeiten: Mitte Mai – Anfang Sept. tgl. 10.00 Uhr – variabel, Sept. – Okt. nur an Wochenenden

PENNSYLVANIA

▸ **Hersheypark**
100 W. Hersheypark Dr.
Hershey, PA
Tel. 1-717-534-39 0
www.hersheypark.com
Öffnungszeiten: Mai – Sept. tgl. 10.00 Uhr – variabel

TENNESSEE

▸ **Dollywood**
1020 Dollywood Lane
Pigeon Forge, TN
Tel. 1-800-365-59 96
www.dollywood.com
Öffnungszeiten variabel, Kernzeiten: tgl. 10.00 – 18.00 Uhr

TEXAS

▸ **Sea World San Antonio**
Ellison Dr. / Westover Hills Blvd.
San Antonio, TX
Tel. 1-800-700-77 86
www.seaworld.com/sanantonio
Öffnungszeiten variabel, März – Dez.

▸ **Six Flags Fiesta Texas**
I-10 W / Loop 1604
San Antonio, TX
Tel. 1-210-697-50 50
www.sixflags.com/fiestaTexas
Öffnungszeiten variabel

▸ **Six Flags Over Texas**
2201 Road to Six Flags
Arlington, TX
Tel. 1-817-640-89 00
www.sixflags.com/overTexas
Öffnungszeiten variabel, Juni – Anfang Sept. tgl. ab 10.00 Uhr, Sept. – Dez. und März – Mai nur an Wochenenden

VIRGINIA

▸ **Busch Gardens Europe**
7901 Pocahontas Trail
Williamsburg, VA
Tel. 1-407-351-36 00
Öffnungszeiten: Mai – Sept. tgl. 9.00 – 19.00 Uhr

Knigge

Alkohol ►S. 109

Rauchen verpönt Raucher haben es in den USA nicht leicht. Alle Fluggesellschaften haben Rauchverbote verfügt, in öffentlichen Gebäuden darf ebenfalls nicht mehr geraucht werden. In den Restaurants sind nur noch kleine Bereiche für Raucher ausgewiesen. Wer in Gegenwart von Kindern qualmt, riskiert sogar eine Konfrontation.

Begrüßung In den USA ist die Begrüßung weniger förmlich als in Mitteleuropa. Man pflegt sich mit dem Vornamen anzureden, wobei jedoch Ältere durchaus registrieren, wenn man das höfliche »Mister« bzw. »Mistress« benutzt.

Im Übrigen bedeutet die Nennung des Vornamens keinesfalls den sofortigen vertraulichen Umgang. Amerikaner bleiben Fremden gegenüber zunächst ebenso auf Distanz wie etwa Deutsche, nur sind sie meist höflicher.

Smalltalk »It's a fine day, isn't it?« Egal, ob im Aufzug oder in einer Warteschlange: Wo man unversehens längere Zeit mit Amerikanern zusammen ist, äußern diese sich bald zu belanglosen Themen. Damit soll aber niemand in ein Gespräch verwickelt werden, sondern man empfindet dies einfach als höflich. Gar nichts zu sagen oder gar sich abzuwenden gilt als rüde und unhöflich – übrigens eine Eigenschaft, die in Amerika besonders den Deutschen nachgesagt wird.

Einladungen »Come and see us some time!« Man trifft nette Amerikaner und verbringt eine schöne Zeit in angeregter Unterhaltung. Zum Schluss wird man mit eingangs erwähnter Aufforderung zu einem neuen Treffen verabschiedet. Eine solche Einladung sollte man jedoch nicht wörtlich nehmen, denn sie ist nur eine Höflichkeitsfloskel. In Wahrheit würden die amerikanischen Gesprächspartner nicht schlecht staunen, käme man tatsächlich irgendwann einmal vorbei, ohne sich vorher rückversichert (»reconfirmed«) zu haben.

Diskussionen Dass Amerikaner naive, unbelesene Zeitgenossen sind, ist ein Gerücht, das sich dank immer wieder öffentlich auftretender Klischee-Amerikaner hält. Die meisten US-Bürger kennen den Unterschied zwischen »Austria« und »Australia« und wissen auch, dass sie nicht im Paradies leben.

Die Kritik von Besuchern aus dem »Alten Europa« an amerikanischen Dauerproblemen wie Rassenfragen, Einwanderungspolitik, Schulsystem, Waffenbesitz und Außenpolitik kann als Unhöflichkeit aufgefasst werden. Man wartet besser, bis man nach seiner Meinung gefragt wird. Dann merkt man, dass Amerikaner ebenfalls neugierige und diskutierfreudige Gesprächspartner sind.

Literaturempfehlungen

Belletristik

Amerikanische Erzähler. 2 Bände. Manesse Verlag. Zürich 1957. Die beiden von der Übersetzerin Elisabeth Schnack herausgegebenen Bände geben einen umfassenden Überblick über die Entwicklung der amerikanischen Erzählliteratur im 19. und 20. Jahrhundert.

James Fenimore Cooper: Der Lederstrumpf (diverse Ausgaben). Alles andere als ein Jugendbuch, gibt diese fünfteilige Saga – darunter natürlich der berühmte »Letzte Mohikaner« – Zeugnis von der frühen Kolonialgeschichte im amerikanischen Nordosten.

Brad Easton Ellis: American Psycho. Kiepenheuer & Witsch. Köln 2002. Der mit Gewaltexzessen und Pornografie gespickte Roman über das sinnentleerte Dasein eines New Yorker Börsenmaklers verursachte nicht nur in den USA einen Skandal.

Jack Kerouac: Unterwegs. Reinbek bei Hamburg. Rowohlt Verlag 2004. 1957 erstmals erschienenes literarisches Manifest der Beat Generation über Freiheit, Glück und ein ungebundenes Leben.

Geschichte

Dee Brown: Begrabt mein Herz an der Biegung des Flusses. Droemer Knaur, 1970 / 2005. Brown schilderte zum ersten Mal offen und kenntnisreich das Vordringen der Weißen in den amerikanischen Westen und das damit verbundene Unrecht an den Indianern. Er ließ die Indianer und ihre großen Häuptlinge zu Wort kommen und setzte ihnen mit diesem Buch ein Denkmal.

Thomas Jefferson: Betrachtungen über den Staat Virginia. Manesse Verlag. Zürich 1989. Der Verfasser der Unabhängigkeitserklärung und dritter Präsident der USA gilt als einer der Väter der modernen Demokratie. In den 1785 veröffentichten »Betrachtungen« konkretisierte er seine politischen Vorstellungen am Beispiel seiner Heimat Virginia.

Mark Twain: Durch Dick und Dünn. Hanser Verlag. München 1977. Twains äußerst informativer und humorvoller Bericht seiner Reise durch den amerikanischen Westen in den 1860er-Jahren.

Kulinarisches

Rita Henß/Renate Kissel: Amerika. Kulinarische Streifzüge. Sigloch Edition. Blaufelden o. J.
Üppig bebildertes Kochbuch mit knapp 100 leckeren Rezepten aus allen Regionen der Vereinigten Staaten.

Bildbände

Dumont Bildatlas. Dumont Verlag. Ostfildern. Tolle Fotos und informative Texte machen in den Heften »New York« und »Kalifornien« Lust auf Reisen ins »Land der unbegrenzten Möglichkeiten«.

Maße · Gewichte · Temperaturen

MASSEINHEITEN

Längenmaße
1 inch (in; Zoll) = 2,54 cm
1 cm = 0,39 in
1 foot (ft; Fuß) = 30,48 cm
10 cm = 0,33 ft
1 yard (yd; Elle) = 91,44 cm
1 m = 1,09 yd
1 mile (mi; Meile) = 1,61 km
1 km = 0,62 mi

Flächenmaße
1 square inch (in^2) = 6,45 cm^2
1 cm^2 = 0,155 in^2
1 square foot (ft^2) = 9,288 dm^2
1 dm^2 = 0,108 ft^2
1 square yard (yd^2) = 0,836 m^2
1 m^2 = 1,196 yd^2
1 square mile (mi^2) = 2,589 km^2
1 km^2 = 0,386 mi^2
1 acre = 0,405 ha
1 ha = 2,471 acres

Raummaße
1 cubic inch (in^3) = 16,386 cm^3
1 cm^3 = 0,061 in^3
1 cubic foot (ft^3) = 28,32 dm^3
1 dm^3 = 0,035 ft^3
1 cubic yard (yd^3) = 0,765 m^3
1 m^3 = 1,308 yd^3

Flüssigkeitsmaße
1 gill = 0,118 l
1 l = 8,474 gills
1 pint (pt) = 0,473 l
1 l = 2,114 pt
1 quart (qt) = 0,946 l
1 l = 1,057 qt
1 gallon (gal) = 3,787 l
1 l = 0,264 gal

Gewichte
1 ounce (oz; Unze) = 28,35 g
100 g = 3,527 oz
1 pound (lb; Pfund) = 453,59 g
1 kg = 2,205 lb
1 stone = 6,35 kg
10 kg = 1,57 stone

Temperaturen

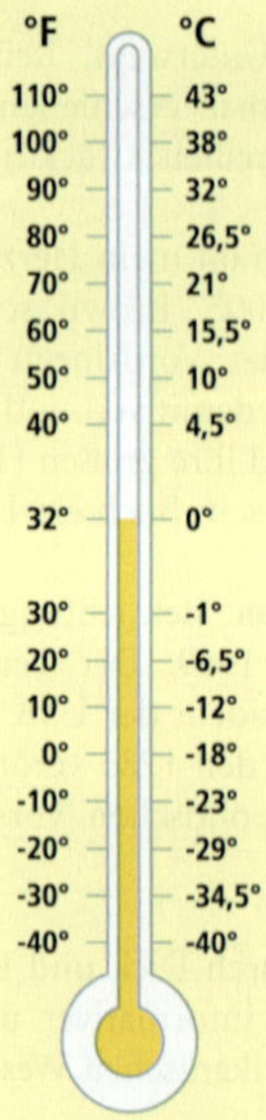

Umrechnung:
Fahrenheit = 1,8 x Celsius + 32

$$\text{Celsius} = \frac{5\,(\text{Fahrenheit} - 32)}{9}$$

Für unterwegs: Grad Fahrenheit minus 30, geteilt durch 2 – das stimmt so ungefähr.

Medien

Fernsehen und Radio

In jedem Hotelzimmer steht ein Fernsehapparat zum Empfang der großen Fernsehanstalten NBC, ABC, CBS, Fox und CNN sowie vieler kleinerer und regionaler Sender.
Die amerikanischen Radiosender sind über Mittelwelle (AM) zu empfangen. Sie sind die aktuellsten Informationsquellen über Wetter, Verkehr, Veranstaltungen etc. Auf UKW (FM) hört man Sender, die über die Region, einzelne Städte, Nationalparks etc. berichten. Inzwischen bieten die Mietwagenfirmen ihre Wagen im übrigen verstärkt mit Satelliten-Radio an: Provider wie Sirius ermöglichen mehr reklamefreie Talk-Stationen und internationale Nachrichten von CNN World und BBC World.

Zeitungen und Zeitschriften

In den einschlägigen Verkaufsstellen liegt eine sehr breite Palette von Tageszeitungen und sonstiger Periodika für jeden Geschmack aus. Die amerikanischen Tageszeitungen haben in den Wochenendausgaben Beilagen mit ausführlichen Veranstaltungskalendern sowie mit umfangreichen Fernseh-, Radio- und Kinoprogrammen. Die führende überregionale Tageszeitung ist »USA today«. Daneben erscheinen etliche andere, vor allem regional bedeutsame Gazetten wie z. B. der »Boston Globe«, die »New York Times«, die »Washington Post« oder der »Miami Herald«.

Deutschsprachige Blätter

Deutschsprachige Tageszeitungen und Illustrierte sind in einigen gut sortierten Kiosken auf den internationalen Flughäfen und in den wichtigsten Touristenzentren erhältlich, doch kommen sie meist mit erheblicher Verspätung auf den Markt.

Selbstbedienung: Zeitungsständer auf dem Sunset Boulevard in Los Angeles

Nationalparks und Schutzgebiete

Naturschutzgebiete

In den USA stehen zahlreiche Landschaften unter besonderem Schutz. Dabei wird unterschieden zwischen Nationalparks bzw. Naturschutzgebieten (National bzw. State Park, National bzw. State Forest, National Seashore usw.), denkmalgeschützten Flächen (National bzw. State Monument, Historic Site, Archaeological Site) und Erholungsparks (Recreational Area). In diesen Gebieten ist die Landnutzung eingeschränkt und die Besucher haben entsprechende Regelungen zu beachten. Die Schutzgebiete werden von speziell ausgebildeten Parkaufsehern (Park Rangern) betreut. Wer auf eigene Faust ein solches Gebiet erkunden will, kann dies nur mit Erlaubnis oder Betreuung der Park Ranger tun. Die geschützten Areale sind meist gut markiert. Die wichtigsten Nationalparks sind unter dem jeweiligen Stichwort im Kapitel »Reiseziele von A bis Z« ausführlich beschrieben.

i Die Top 10 der Nationalparks

- Grand Canyon: die grandioseste und berühmteste Schlucht der Erde ►S. 292
- Yosemite: steile Granitfelsen, Redwoods und schöne Wasserfälle ►S. 655
- Yellowstone: Old Faithful und andere Geysire locken die Besucher ►S. 648.
- Rocky Mountains: gigantische Hochgebirgswelt ►S. 539
- Zion: farbenfrohster Nationalpark ►S. 659
- Bryce Canyon: bizarre Steinformationen in Utah ►S. 226
- Everglades: Sumpflandschaft mit nicht ganz ungefährlicher Fauna ►S. 280
- Arches: die Natur als Künstler ►S. 197
- Death Valley: heißester Ort der Welt ►S. 271
- Mesa Verde: auf den Spuren einer untergegangenen Kultur ►S. 380

Jahrespass

Vielerorts sind mitunter recht hohe Eintrittsgebühren zu bezahlen. Beabsichtigt man den Besuch mehrerer Nationalparks, lohnt sich der Kauf eines **»America the Beautiful Annual Pass«**. Dieser Jahrespass kostet derzeit 80 $ und berechtigt den Inhaber, seinen (nicht kommerziell genutzten) Wagen und drei Passagiere zum Besuch aller Nationalparks. Erhältlich ist der Pass in den Besuchezentren und an den Parkeingängen.

In den Nationalparks bestehen **Übernachtungsmöglichkeiten** in Motels, Lodge Cabins (Hütten) und auf Campingplätzen. Rechtzeitige Reservierung ist zu empfehlen.

i Nationalparkauskunft

- National Park Service
  Office of Public Inquiries
  Box 37127, Room 1013
  Washington, D.C., 20013-3127
  www.nps.gov

Verhalten in Nationalparks

In Nationalparks und geschützten Gebieten ist es nicht erlaubt, vorgegebene Wege und Straßen zu verlassen. Campen und Feuer machen ist nur an ausgewiesenen Plätzen gestattet; Tiere dürfen nicht gefüttert und gejagt werden (Angeln nur mit Erlaubnis). Es versteht sich von selbst, dass man keine Pflanzen oder gar Tiere mitnimmt und keine Abfälle hinterlässt.

Notrufe

WICHTIGE TELEFONNUMMERN

IN DEN USA

- **Polizei, Ambulanz, Feuerwehr**
  Tel. 911
  (alternativ: »0« für den Operator der Telefonzentrale)
- **US-Automobilklub AAA**
  Tel. 1-800-AAA-HELP
- **Notrufsäulen**
  Entlang viel befahrener Fernverkehrsstraßen (Interstates) sind Notrufsäulen aufgestellt.

NACH DEUTSCHLAND

- **ADAC-Notruf München**
  Tel. 0 11 49-89-22 22 22
- **ACE-Notrufzentrale Stuttgart**
  Tel. 0 11 49-18 02-34 35 36
- **Deutsche Rettungsflugwacht Stuttgart**
  Tel. 0 11 49-711-70 10 70
- **DRK-Flugdienst Bonn**
  Tel. 0 11 49-228-23 00 23

Post · Telekommunikation

U.S. Mail

Die U.S. Mail ist nur für die Brief- und Paketbeförderung (auch Geldüberweisungen) zuständig. Der Telefon- und Telegrammdienst ist privaten Gesellschaften übertragen.
Briefmarken erhält man in Postämtern sowie an Automaten in Flughäfen, Bahnhöfen, Busstationen, Hotellobbys und Drugstores.
Postämter sind zu folgenden Zeiten geöffnet: Mo. – Fr. 9.00 – 17.00 bzw. 18.00, Sa. 8.00 – 12.00 Uhr. Kleinere Postämter halten eine Mittagspause ein. Briefkästen sind an ihrer blauen Farbe mit der weißen Aufschrift »U.S. Mail« und einem stilisierten Adler zu erkennen.

Telefon

Besonderheiten

Die Telefonwähltasten sind **auch mit Buchstaben** belegt, sodass viele Nummern als leicht zu merkendes Kennwort angegeben sind (z. B. landesweite Pannenhilfe: Tel. 1-800-AAA-HELP).

Öffentliche Telefone

Die meisten öffentlichen Telefone funktionieren nur noch bargeldlos mit Telefonkarte (phone card) oder Kreditkarte (credit card). Wenige Münzfernsprecher gibt es noch für Ortsgespräche (local calls).

Kleine Kunstwerke am Straßenrand speziell für den Postboten

Gespräche **von Hoteltelefonen** sollte man tunlichst vermeiden, da hier deftige Gebühren (surcharges) anfallen.

Gebührenfreie Nummern

Gespräche mit 800er- oder 888er-Nummern können nur innerhalb der USA geführt werden und sind gebührenfrei. Sie sind nicht mit 900er-Nummern zu verwechseln, hinter denen sich oft recht teure kommerzielle Dienste verbergen.

So geht's

Bei Gesprächen innerhalb eines Telefonbezirks wählt man die »1« und nur die Teilnehmernummer. Innerhalb der USA wählt man zunächst die »1«, dann die Ortsvorwahl (Area Code) und schließlich die Teilnehmernummer.

Für **internationale Gespräche** (international calls) gilt: Von Privatanschlüssen wählt man »011«, dann die Länder- und die Ortsnetzkennzahl unter Weglassung der »0« und schließlich die Teilnehmernummer. Bei öffentlichen Telefonen wählt man die »0«. Es meldet sich der **Operator**, der alle weiteren Instruktionen erteilt. Für ein **R-Gespräch** wird ebenfalls die »0« gewählt, es meldet sich der Operator, dem man mitteilt, dass man einen »collect call« wünscht, und dem man dann die vollständige Rufnummer durchgibt.

! *Baedeker* TIPP

Damit die Post ankommt

Portotabellen und eine Suchmaschine für Postleitzahlen (ZIP Codes) findet man auch im Internet unter www.usps.com.

POST UND TELEFON

PORTO

▸ **innerhalb der USA**
Brief / Postkarte: 32 Cents je Unze / 28 g

▸ **nach Europa**
Postkarte: 70 Cents
Luftpostbrief: 1 $
(max. 1 Unze / 28 g)
Aerogramm: 80 Cents

TELEFONGEBÜHREN

▸ **Ortsgespräch am Münztelefon**
25 Cents

▸ **nach Mitteleuropa**
3-Minuten-Gespräch:
je nach Tageszeit bis zu 15 $
(leicht ermäßigt: 17.00 – 23.00;
stark ermäßigt: 23.00 – 8.00 Uhr
und an Wochenenden)

TELEFONAUSKUNFT

▸ **national**
Tel. 411

▸ **international**
Tel. 1-555-12 12

VORWAHLEN

▸ **von Deutschland, Österreich und der Schweiz**
– in die USA: 001

▸ **von den USA**
– nach Deutschland: 0 11 49
– nach Österreich: 0 11 43
– in die Schweiz: 0 11 41

Telefonkarten

Für internationale Telefongespräche empfehlen sich im Voraus bezahlte Telefonkarten (prepaid phone cards), die in Einkaufszentren, an Flughäfen, an Tankstellen usw. erhältlich sind.

◂ Mobiltelefon

Ein Mobiltelefon heißt in den USA nicht Handy, sondern Cell Phone oder Mobile Phone. Man benötigt ein Triband-Gerät für 1900 MHz, was bedeutet, dass die meisten europäischen Geräte in den USA nicht funktionieren.

Preise · Vergünstigungen

Nettopreise, Verkaufssteuern

Auf Preisschildern sind nur die Nettopreise vor Steuern angegeben. Die meisten Waren unterliegen der staatlichen **Sales Tax** (Verkaufssteuer), die sich von Bundesstaat zu Bundesstaat unterscheidet. Einzelne Städte, Gemeinden und Countys erheben darüber hinaus noch eine **General Sales Tax** (zumeist 1 %), einzelne Orte verlangen zusätzlich auch eine **Tourism Development Tax**, in etwa der deutschen Kurtaxe vergleichbar. Auch Hotels und Resorts können eine Steuer aufschlagen: Erkundigen Sie sich unbedingt beim Einchecken.

Vergünstigungen

In den Genuss von Vergünstigungen kommen vor allem Kinder, Schüler, Studenten und Rentner. Die Palette reicht vom preisgünsti-

WAS KOSTET WIE VIEL?

1 Glas Bier
ab 3,80 $

1 Tasse Kaffee
ab 1,20 $

Einfache Mahlzeit
ab 7 $

Menü
ab 12 $

Einfaches Zimmer
ab 28 $

Benzin
1 Gallone ab 3,40 $

gen Flug- und Bahnticket bis zu Sondertarifen in Hotels, Vergnügungsparks, National- und Staatsparks. In jedem Fall lohnt es sich, schon bei der Reiseplanung alle Anbieter touristischer Leistungen nach Sonderangeboten abzuklopfen.

Coupons sammeln! ► Den in Fremdenverkehrsbüros, Besucherzentren, Hotels, Tankstellen und Supermärkten ausliegenden Touristenbroschüren sind meist Coupons mit vielerlei Vergünstigungen beigeheftet, z. B. für besonders günstige Hotelübernachtungen bis zum Schnäppchen im nächsten Factory Outlet. Das lohnt hin und wieder durchaus.

Preisgefälle Die Preise in den USA schwanken je nach Region sehr stark. Vor allem in Großstädten und deren Einzugsgebieten ist es wesentlich teurer als »auf dem Land«. Auch von Norden nach Süden herrscht teilweise ein beträchtliches Preisgefälle.

Trinkgeld (tip) Trinkgeld ist nicht im Endpreis enthalten und wird daher gesondert gegeben. Dies ist zwar keine Pflicht, doch das Personal in Restaurants und Hotels, das nur sehr bescheidene Löhne erhält, ist auf Trinkgeld angewiesen. Üblich sind 15 % des Rechnungsbetrags vor Steuern. Der »tip« wird im Restaurant auf dem Tisch liegen gelassen.
Hotelpagen erwarten 1 $ pro Koffer; Zimmermädchen bekommen 2 $ pro Tag. Man kann den Endbetrag beim Auschecken in einem Umschlag im Zimmer hinterlassen. Bietet ein Hotel oder Restaurant »valet parking« (Angestellte übernehmen das Parken des Wagens), so erhalten diese 1 $.

Reisezeit

Klimatische Bedingungen Bei der großen Ausdehnung des Landes sollte man erwarten, dass die günstigste Reisezeit für jede Region verschieden ist. Wegen der im

Wesentlichen nord-südlich verlaufenden Gebirgszüge, die im Winter das Vordringen kalter Luftmassen nach Süden bzw. im Sommer das Einströmen warmer Südwinde nach Norden nicht verhindern, ist dies jedoch nur bedingt richtig. Die küstennahen Gebirgsketten im Osten und Westen lassen den ausgleichenden Einfluss des Pazifischen Ozeans nur in einer relativ schmalen Küstenzone wirksam werden, während der Einfluss des Atlantischen Ozeans durch den warmen Golfstrom einerseits und den kalten Labradorstrom andererseits in unterschiedlichem Maß spürbar ist. Weite Teile der USA sind von kontinentalem Klima geprägt: mit sehr kalten und – besonders im Nordosten sowie im Bereich der Großen Seen – schneereichen Wintern und heißen Sommern, die vor allem in den feuchten Küstengebieten des Ostens und Südens sehr drückend sein können. Im sommertrockenen Westen ist die Hitze besser zu ertragen.

Frühling, Sommer, Herbst

Als günstigste Reisezeit gilt für weite Teile des riesigen Landes der Frühling, der schnell in den heißen Sommer übergeht. Sehr schön kann es auch im besonders langen und zumeist trockenen Herbst sein. Von Anfang September bis November kann man den »Indian Summer« (ähnlich dem »Altweibersommer«) genießen, wenn sich das Laub der Bergwälder in prächtigster Weise verfärbt. Für die höher gelegenen Gebiete ab ca. 1500 m ü.d.M., etwa für die Rocky Mountains, den Rand des Grand Canyon, die küstennahen Gebirge im Westen und die Appalachen im Osten sowie den kühleren Küstenstreifen von Kalifornien bis hinauf zur kanadischen Grenze, ist auch im Sommer wärmere Kleidung zu empfehlen. Die günstigste Reisezeit für Alaska ist Mai bis Ende September.

Winter

Ausgesprochene Winterreisegebiete sind das zu dieser Jahreszeit meist warme Florida mit seinen Seebadeorten sowie die Wintersportorte der Gebirge (Rocky Mountains, Front Range, Sierra Nevada, Cascade Range, Adirondack Mountains, White Mountains).

Hauptreisezeit in den USA

Die Hauptreisezeit der US-Amerikaner ist die Zeit zwischen dem Memorial Day (Ende Mai) und dem Labor Day (Anfang September).

Shopping

In allen Fremdenverkehrsorten gibt es vielfältige Einkaufsmöglichkeiten. Ansonsten sind die Shopping-Angebote »downtown« recht beschränkt. Jeder Ort aber, der etwas auf sich hält, hat mindestens eine »Mall«, einen »Marketplace«, eine »Galleria«, einen »Flea Market« und einen »Factory Outlet« (Fabrikverkauf) aufzubieten. Die örtlichen Fremdenverkehrsbüros bzw. Chambers of Commerce halten entsprechendes Informationsmaterial bereit.

GRÖSSENUMRECHNUNGSTABELLE

Herrenbekleidung

Anzüge:

USA	36	38	40	42	44	46	48
BRD	46	48	50	52	54	56	58

Hemden:

USA	14	14½	15	15½	16	16½
BRD	36	37	38	39	40	41

Schuhe:

USA	6½	7½	8½	9	10	10½
BRD	39	40	41	42	43	44

Damenbekleidung

Kleider:

USA	6	8	10	12	14	16	18
BRD	36	38	40	42	44	46	48

Strümpfe:

USA	8	8½	9	9½	10	10½
BRD	0	1	2	3	4	5

Schuhe:

USA	5½	6	7	7½	8½	9
BRD	36	37	38	39	40	41

Öffnungszeiten Die Geschäftszeiten sind wesentlich flexibler gestaltet als in Deutschland. Die meisten Geschäfte haben in der Regel Mo. – Sa. von 9.00 bis 17.00 Uhr geöffnet, die Shopping Malls meistens sieben Tage in der Woche bis ca. 21.00 Uhr (sonntags meist kürzer). Viele Geschäfte, insbesondere entlang der Highways und in Großstädten, stehen auch sonntags (längstens bis 18.00 Uhr) oder 24 Stunden lang offen.

Steuern (sales tax) Bei Einkäufen in den USA ist zu beachten, dass viele Waren einer regionalen Verkaufssteuer (sales tax) unterliegen, die sich von Bundesstaat zu Bundesstaat unterscheidet und auf den ausgezeichneten Preis aufgeschlagen werden muss.

Malls Riesige, autogerecht angelegte Einkaufszentren, sog. Malls, sind an der Peripherie mittlerer und größerer Siedlungen zu finden. Diese z. T. gewaltigen Komplexe beherbergen meist mehrere Kaufhausfilialen (Sears, JC Penney, McAlpine usw.) sowie eine Vielzahl kleinerer Geschäfte, Boutiquen, Dienstleistungsbetriebe und diverse Lokale.

Exklusive Boutiquen Sehr exklusive Einkaufsstätten sind nur dort angesiedelt, wo mit entsprechender Kaufkraft gerechnet werden kann. Dies gilt vor allem für die bekannten Seebäder in Florida und Kalifornien, für einige Touristenorte in den Bergen und für Großstädte. Andernorts sind exquisite Geschäfte schwerer zu finden.

Fabrikverkäufe (factory outlets) Preiswert kann man zumeist in sog. factory outlets einkaufen, wo namhafte Produzenten von z. B. Jeans und Sportkleidung ihre Produkte zu Discountpreisen anbieten. Solche Verkaufsstellen sind oft dort angesiedelt, wo ein größeres Fremdenverkehrsaufkommen zu verzeichnen ist, insbesondere im Umfeld starker Publikumsmagneten wie Disneyworld. Der Trend geht zur regelrechten Touristenattraktion in Gestalt riesiger »Outlet Malls«, in denen gleich mehrere Dutzend Anbieter ihre fabrikneuen Erzeugnisse (meist Überproduktionen, Restposten und zweite Wahl) feilbieten.

Souvenirs

Äußerst beliebt sind Erinnerungen an Besuche in den großen Vergnügungsparks – z. B. Mickey-Mouse-T-Shirts – und Souvenirs wie Sweatshirts und Mützen aus den Shops der Nationalparks und Museen. Manche USA-Besucher schätzen auch indianisches Kunsthandwerk, das man vor allem in den Reservaten, aber auch in einigen Touristenorten erstehen kann.

Schnäppchen

Relativ preiswert sind in den USA Elektronikartikel, vor allem Kameras und Zubehör. Sehr preisgünstig sind auch Kleidung (bes. Jeans), Wäsche, Lederwaren (bes. Schuhe), Kosmetik sowie Sport- und Fanartikel, wobei man für sehr geschätzte Marken weit weniger ausgeben muss als hierzulande.

Sicherheit

Kriminalität

Spätestens seit Al Capone, Magnum und Miami Vice ist bekannt, dass manche Städte und Gegenden der USA Tummelplätze für dunkle Gestalten sind. Dies gilt insbesondere für die dicht besiedelten Großräume, wo die sozialen Gegensätze besonders scharf ausgeprägt sind. New York City – zumindest da, wo Touristen hinkommen – hat es durch äußerst rigide Maßnahmen geschafft, wieder als sicher zu gelten. Die ländlichen Gegenden der USA kann man als sicher betrachten; in den Großstädten sollte man einige Verhaltensregeln beherzigen.

Ganz so schlimm, wie dieses Plakat in New York vermittelt, ist es nicht. Aber Vorsicht sollte man walten lassen.

Nach Einbruch der Dunkelheit sollte man Parkanlagen, dunkle Viertel, unübersichtliche Straßen etc. meiden und nicht allein unterwegs sein. Falls man in einen Unfall verwickelt wird, der sich unter merkwürdigen Umständen ereignet hat, bleibt man zunächst im Auto sitzen und wartet mit dem Aussteigen, bis man die Situation überblickt. Wertgegenstände und größere Geldbeträge deponiert man im Hotelsafe. Im Innenraum des Fahrzeugs hat nichts verloren, was Begehrlichkeiten wecken könnte. Tritt der Fall der Fälle doch ein, sollte man sich dem Gangster keinesfalls entgegenstellen. Heldenmut musste schon oft teuer bezahlt werden. In Notsituationen wendet man sich unbedingt an die nächste Polizeidienststelle: **Tel. 911**.

Sprache

Das amerikanische Englisch unterscheidet sich vom britischen Englisch und vom deutschen Schulenglisch nicht nur in Aussprache und Betonung, sondern auch im Wortschatz. Im Folgenden eine kleine Übersetzungshilfe:

AMERIKANISCHES ENGLISCH

Auf einen Blick

Ja / Nein	Yes / No
Vielleicht.	Perhaps. / Maybe.
Bitte.	Please.
Danke. / Vielen Dank!	Thank you. / Thank you very much!
Gern geschehen.	You're welcome.
Entschuldigung!	Excuse me!
Wie bitte?	Pardon?
Ich verstehe Sie / Dich nicht.	I don't understand.
Ich spreche nur wenig ...	I only speak a bit of ...
Können Sie mir bitte helfen?	Can you help me, please?
Ich möchte ...	I'd like ...
Das gefällt mir (nicht).	I (don't) like this.
Haben Sie ...?	Do you have ...?
Wie viel kostet es?	How much is this?
Wie viel Uhr ist es?	What time is it?
Wie heißt dies hier?	What is this called?

Kennenlernen

Guten Morgen!	Good morning!
Guten Tag!	Good afternoon!
Guten Abend!	Good evening!
Hallo! Grüß Dich!	Hello! / Hi!
Mein Name ist ...	My name is ...
Wie ist Ihr / Dein Name?	What's your name?

When will I see you again, Mr. Zorro?

Wie geht es Ihnen / Dir?	How are you?
Danke. Und Ihnen / Dir?	Fine, thanks. And you?
Auf Wiedersehen!	Goodbye! / Bye-bye!
Gute Nacht!	Good night!
Tschüs!	See you! / Bye!

Auskunft / Unterwegs

links / rechts	left / right
geradeaus	straight ahead
nah / weit	near / far
Bitte, wo ist ...?	Excuse me, where's ..., please?
... der Bahnhof	... the train station
... die Bushaltestelle	... the bus stop
... der Hafen	... the harbour
... der Flughafen	... the airport
Wie weit ist das?	How far is it?
Ich möchte ein Auto mieten.	I'd like to rent a car.
Wie lange?	How long?

Straßenverkehr

Ich habe eine Panne.	My car's broken down.
Gibt es hier in der Nähe eine Werkstatt?	Is there a service station nearby?
Wo ist die nächste Tankstelle?	Where's the nearest gas station?

Ich möchte ...	I want ...
... Liter / Gallonen (3,8 l) ...	... liters / gallons of ...
... Normalbenzin.	... regular.
... Super.	... premium.
... Diesel.	... diesel.
... bleifrei.	... unleaded.
Volltanken, bitte.	Full, please.
Hilfe!	Help!
Achtung!	Attention!
Vorsicht!	Look out!
Rufen Sie bitte ...	Please call ...
... einen Krankenwagen.	... an ambulance.
... die Polizei.	... the police.
Es war meine / Ihre Schuld.	It was my / your fault.
Geben Sie mir bitte Namen und Anschrift.	Please give me your name and address.
Vorsicht vor ...	Beware of ...
Ortsumgehung (mit Straßennummer)	Business (mit Straßennummer)
Umgehungsstraße	Bypass (Byp)
Brücke, Pontonbrücke	Causeway
Achtung! Vorsicht!	Caution!
Bauarbeiten	Construction
Kreuzung, Überweg	Crossing (Xing)
Sackgasse	Dead End
Umleitung	Detour
Straße mit Mittelstreifen	Divided Highway
Einfahrt verboten	Do not enter
Ausfahrt	Exit
Steigung / Gefälle / unübersichtlich (Überholverbot)	Hill
Behindertenparkplatz	Handicapped Parking
Kreuzung, Abzweigung, Einmündung	Junction (Jct)
Abstand halten ...	Keep off ...
Ladezone	Loading Zone
Einmündender Verkehr	Merge (Merging Traffic)
Schmale Brücke	Narrow Bridge
Parken verboten	No Parking
Überholen verboten	No Passing
Rechtsabbiegen bei Rot verboten	No Turn on Red
Wenden erlaubt / verboten	U Turn / No U Turn
Einbahnstraße	One Way
Ein- und Aussteigen erlaubt	Passenger Loading Zone
Fußgängerüberweg	Ped Xing (Crossing)
Zeitlich begrenztes Parken erlaubt	Restricted Parking Zone
Vorfahrt	Right of Way
Straßenbauarbeiten	Road Construction
Schleudergefahr bei Nässe	Slippery when wet
Langsam fahren	Slow
Straßenbankette nicht befestigt	Soft Shoulders

Geschwindigkeitsbegrenzung	Speed Limit
Benutzungsgebühr, Maut	Toll
Absolutes Parkverbot, Abschleppzone	Tow away Zone
Kreuzung, Überweg	Xing (Crossing)
Vorfahrt beachten	Yield

Einkaufen

Wo finde ich ... eine / ein ...?	Where can I find a ...?
Apotheke	pharmacy
Bäckerei	bakery
Kaufhaus	department store
Lebensmittelgeschäft	food store
Supermarkt	supermarket

Übernachtung

Können Sie mir ... empfehlen?	Could you recommend ...?
... ein Hotel / Motel	... a hotel / motel
... eine Frühstückspension	... a bed & breakfast
Haben Sie noch ...?	Do you have ...?
... ein Einzelzimmer	... a room for one
... ein Doppelzimmer	... a room for two
... mit Dusche / Bad	... with a shower / bath
... für eine Nacht	... for one night
... für eine Woche	... for a week
Ich habe ein Zimmer reserviert.	I've reserved a room.
Was kostet das Zimmer	How much is the room
... mit Frühstück?	... with breakfast?

Arzt

Können Sie mir einen guten Arzt empfehlen?	Can you recommend a good doctor?
Ich brauche einen Zahnarzt.	I need a dentist.
Ich habe hier Schmerzen.	I feel some pain here.
Ich habe Fieber.	I've got a temperature.
Rezept	prescription
Spritze	injection / shot

Bank / Post

Wo ist hier bitte eine Bank?	Where's the nearest bank?
Geldautomat	ATM

Ich möchte Euros in Dollars wechseln.	I'd like to change euros into dollars.
Was kostet ...	How much is ...
... ein Brief ...	... a letter ...
... eine Postkarte ...	... a postcard ...
nach Europa?	to Europe?

Zahlen

1	one	2	two
3	three	4	four
5	five	6	six
7	seven	8	eight
9	nine	10	ten
11	eleven	12	twelve
13	thirteen	14	fourteen
15	fifteen	16	sixteen
17	seventeen	18	eighteen
19	nineteen	20	twenty
21	twenty-one	30	thirty
40	forty	50	fifty
60	sixty	70	seventy
80	eighty	90	ninety
100	one hundred	1000	one thousand
1/2	a half	1/3	a third
1/4	a quarter		

Restaurant

Wo gibt es hier ein gutes Restaurant?	Is there a good restaurant here?
Reservieren Sie uns bitte für heute Abend einen Tisch!	Would you reserve us a table for this evening, please?
Die Speisekarte bitte!	The menu please!
Auf Ihr Wohl!	Cheers!
Bezahlen, bitte.	Could I have the check, please?
Wo ist bitte die Toilette?	Where is the restroom, please?

Frühstück / Breakfast

(koffeinfreier) Kaffee (mit Sahne / Milch)	(decaffeinated) coffee (with cream / milk)
heiße Schokolade	hot chocolate
Tee (mit Milch / Zitrone)	tea (with milk / lemon)
Rühreier	scrambled eggs
pochierte Eier	poached eggs
Eier mit Speck	bacon and eggs
Spiegeleier	eggs sunny side up

harte / weiche Eier	hard-boiled / soft-boiled eggs
(Käse- / Champignon-)Omelett	(cheese / mushroom) omelette
Pfannkuchen	pancake
Brot / Brötchen / Toast	bread / rolls / toast
Butter	butter
Zucker	sugar
Honig	honey
Marmelade / Orangenmarmelade	jam / marmelade
Joghurt	yoghurt
Obst	fruit

Vorspeisen und Suppen / Starters and Soups

Fleischbrühe	broth / consommé
Hühnercremesuppe	cream of chicken soup
Tomatencremesuppe	cream of tomato soup
gemischter / grüner Salat	mixed / green salad
frittierte Zwiebelringe	onion rings
Meeresfrüchtesalat	seafood salad
Garnelen- / Krabbencocktail	shrimp / prawn cocktail
Räucherlachs	smoked salmon
Gemüsesuppe	vegetable soup

Fisch und Meeresfrüchte / Fish and Seafood

Kabeljau	cod
Krebs	crab
Aal	eel
Schellfisch	haddock
Hering	herring
Hummer	lobster
Muscheln	mussels
Austern	oysters
Barsch	perch
Scholle	plaice
Lachs	salmon
Jakobsmuscheln	scallops
Seezunge	sole
Tintenfisch	squid
Forelle	trout
Thunfisch	tuna

Fleisch und Geflügel / Meat and Poultry

gegrillte Schweinerippchen	barbecued spare ribs

Rindfleisch	beef
Hähnchen	chicken
Geflügel	poultry
Kotelett	chop / cutlet
Filetsteak	fillet
(junge) Ente	duck(ling)
Schinkensteak	gammon
Fleischsoße	gravy
Hackfleisch vom Rind	ground beef
gekochter Schinken	ham
Nieren	kidneys
Lamm	lamb
Leber	liver
Schweinefleisch	pork
Würstchen	sausages
Lendenstück vom Rind, Steak	sirloin steak
Truthahn	turkey
Kalbfleisch	veal
Reh oder Hirsch	venison

Nachspeise und Käse / Dessert and Cheese

gedeckter Apfelkuchen	apple pie
Schokoladenplätzchen	brownies
Hüttenkäse	cottage cheese
Sahne	cream
Vanillesoße	custard
Obstsalat	fruit salad
Ziegenkäse	goat's cheese
Eiscreme	icecream
Gebäck	pastries

Gemüse und Salat / Vegetables and Salad

gebackene Kartoffeln in der Schale	baked potatoes
Pommes frites	french fries
Bratkartoffeln	hash browns
Kartoffelpüree	mashed potatoes
gebackene Bohnen in Tomatensoße	baked beans
Kohl	cabbage
Karotten	carrots
Blumenkohl	cauliflower
Tomaten	tomatoes
Gurke	cucumber
Knoblauch	garlic
Lauch	leek

Kopfsalat	lettuce
Pilze	mushrooms
Zwiebeln	onions
Erbsen	peas
Paprika	peppers
Kürbis	pumpkin
Spinat	spinach
Mais	sweet corn
Maiskolben	corn-on-the-cob

Obst / Fruit

Äpfel	apples
Aprikosen	apricots
Brombeeren	blackberries
Kirschen	cherries
Weintrauben	grapes
Grapefruits	grapefruits
Zitronen	lemons
Erdbeeren	strawberries
Birnen	pears
Orangen	oranges
Pfirsiche	peaches
Ananas	pineapple
Pflaumen	plums
Himbeeren	raspberries
Preiselbeeren	cranberries

Getränke / Beverages

Bier (vom Fass)	beer (on tap)
Apfelwein	cider
Rotwein / Weißwein	red wine / white wine
trocken / lieblich	dry / sweet
Sekt, Schaumwein	sparkling wine
alkoholfreie Getränke	soft drinks
Fruchtsaft	fruit juice
Zitronensprudel	lemonade
Milch	milk
Mineralwasser	mineral water / spring water

Übernachten

Vielfältige Unterkunftsmöglichkeiten

Die touristischen Zentren bieten **Hotels** für jeden Geschmack. Luxuriöse und meist recht teure Ferienanlagen mit allerlei Sport- und Freizeitmöglichkeiten, oft im Stil von Ferienklubs, nennen sich **Resort**. Auf die Bedürfnisse von Autotouristen zugeschnitten sind die **Motels** (Motorist's Hotels), oft in der Nähe wichtiger Fernstraßen-

Wahrhaftig ein Zimmer mit Aussicht: Blick aus dem Marriott Falls View auf die Niagarafälle

kreuzungen zu finden. Sie verfügen über Parkplätze in Zimmernähe und je nach Komfort auch über Swimmingpools etc.

Man darf sich von der Bezeichnung nicht täuschen lassen: **Bed & Breakfast ist in den USA eine teure Angelegenheit** und hat nur wenig mit der aus Großbritannien bekannten Variante zu tun. Denn man kommt in einer gepflegten Herberge (oft in denkmalgeschütztem Gemäuer) mit geschmackvollen Zimmern unter.

Kategorien, Ausstattung und Preise ▶

Amerikanische Beherbergungsbetriebe lassen sich grob in die Kategorien »einfach/günstig«, »komfortabel« und »luxuriös« mit entsprechenden Zwischenstufen einteilen. Einfache Hotels und Motels sind zweckmäßig, aber ohne großen Komfort eingerichtet. Guten Komfort und guten Service bieten Häuser der Mittelklasse. Viele dieser Häuser, darunter auch die meisten B-&-B-Unterkünfte, können gehobene Ansprüche an Service und Ausstattung durchaus befriedigen. First-Class- und Luxus-Hotels bzw. Resorts bieten ein Höchstmaß an Ausstattung, Komfort und Service. Selbst in einfachen Unterkünften sind Doppelbett, Dusche, Klimaanlage, Radio, Farbfernseher und Telefon Standard. Zimmergröße und Ausstattung sind von der Unterkunftskategorie abhängig.

i Preiskategorien

- Luxus: über 200 $
- Komfortabel: 120 – 200 $
- Günstig: unter 120 $

Für ein Doppelzimmer; zzgl. Steuern (bis 15 % des Nettobetrags), ggf. auch Park- und Safegebühren

ÜBERNACHTEN

HOTEL- UND MOTELKETTEN

► **Best Western**
Tel. 1-800-528-12 34
www.bestwestern.com

► **Days Inn**
Tel. 1-800-DAYS-INN
www.daysinn.com

► **Hilton**
Tel. 1-800-HILTONS
www.hilton.com

► **Holiday Inn**
Tel. 1-800-HOLIDAY
www.ichotelsgroup.com

► **Howard Johnson**
Tel. 1-800-I-GO-HOJO
www.hojo.com

► **Hyatt**
Tel. 1-800-233-12 34
www.hyatt.com

► **Marriott**
Tel. 1-800-228-92 90
www.marriott.com

► **Motel 6**
Tel. 1-800-4-MOTEL-6
www.motel6.com

► **Quality Inn**
Tel. 1-800-228-51 51
www.choicehotels.com

► **Radisson**
Tel. 1-800-333-33 33
www.radisson.com

► **Red Roof Inn**
Tel. 1-800-733-76 63
www.redroof.com

► **Sleep Inn**
Tel. 1-800-SLEEP-INN
www.choicehotels.com

► **Super 8**
Tel. 1-800-80 00
www.super8.com

► **Travelodge**
Tel. 1-800-578-78 78
www.travelodge.com

HOTELVERBÄNDE

► **American Historic Inns**
Tel. 1-949-497-22 32
www.bnbinns.com

► **American Hotel & Lodging Association**
Tel. 1-202-289-31 00
www.ahla.com

► **DestINNations**
Tel. 1-800-333-46 67
www.destinnations.com
auf Neuengland und Südkanada spezialisiert

JUGENDUNTERKÜNFTE

► **Hostelling International USA**
Tel. 1-301-495-12 40
www.hiusa.org

► **YMCA**
Tel. 1-212-727-88 00
www.internationalymca.org

► **YWCA**
Tel. 1-202-467-08 01
www.ywca.org

CAMPING

► **Kampground of America (KOA)**
Tel. 1-406-248-74 44
www.koakampgrounds.com

Frühstück ► In den meisten Hotels und Motels ist im Gegensatz zu den B & Bs kein Frühstück im Zimmerpreis enthalten. Wenn ein »complementary breakfast« angeboten wird, ist dies meist recht spartanisch. Opulent hingegen ist das Frühstück in einer B-&-B-Unterkunft.

Zimmerreservierung ► Es ist ratsam, Zimmerreservierungen besonders während der Hauptreisezeiten im Voraus telefonisch oder per E-Mail vorzunehmen. Unterkunftsverzeichnisse (Accomodation Guides) sind bei den örtlichen Touristenbüros erhältlich und auch im Internet zu finden. Preisgünstige Unterkünfte kann man suchen unter www.roomsaver.com.

Jugendherbergen (Youth Hostels) Der US-Jugendherbergsverband Hostelling International – American Youth Hostels (HI-AYH) ist dem Internationalen Jugendherbergsverband angeschlossen und stattet seine Häuser nach dessen Normen aus. Die Preise bewegen sich zwischen 15 und 40 $ pro Nacht.

Achtung! Auch bei Jugendherbergen gibt es »schwarze Schafe«, die in keiner Weise den HI-AYH-Normen entsprechen und diesem Verband auch nicht angehören. Die echten Jugendherbergen erkennt man am dreieckigen HI-Logo mit dem üblichen Haus- und Baum-Symbol.

YMCA, YWCA In größeren Städten können junge Menschen in Herbergen der christlichen Verbände YMCA (Young Men's Christian Association) und YWCA (Young Women's Christian Association) übernachten.

Studentenwohnheime (dorms) Während der Hochschulferien kann man recht preisgünstig in Studenten- und auch Dozentenwohnheimen logieren. Detaillierte Informationen halten die Fremdenverkehrsstellen bzw. die Hochschulverwaltungen bereit.

Camping Standard auf US-Campingplätzen ist eine Parzelle mit Stellplatz (Campsite), Tisch, Bank und Feuerstelle. Oft sind Lebensmittelmärkte, Snackbars und Swimmingpools vorhanden. Die staatlichen Campingplätze in National Parks und State Parks liegen oft sehr schön, dafür müssen allerdings Abstriche bezüglich Ausstattung und Komfort hingenommen werden. Vor allem in den Hauptferienzeiten sowie an verlängerten Wochenenden ist eine rechtzeitige Buchung von Stellplätzen angeraten. Wildes Kampieren ist in den Vereinigten Staaten verboten.

Urlaub aktiv

Zuschauersport

American Football Der mit Abstand größte Publikumsrenner ist American Football. Gespielt wird in der National Football League (NFL) in zwei »Conferences« (American Football Conference und National Football Conference), die wiederum in je drei Divisionen (East, Central, West) an-

Die New Jersey Nets und die Toronto Raptors: zwei Teams aus der NBA

treten. Höhepunkt der Saison ist das Spiel der beiden Spitzenreiter der Conferences um die **Super Bowl**, die »Krone des Football« (Ende Januar / Anfang Februar). Zu den stärksten Teams der letzten Jahre zählten die Pittsburgh Steelers und die New England Patriots. Weitere, auch außerhalb der USA bekannte Teams, sind die Dallas Cowboys und die San Francisco 49ers.

Baseball

Auf Platz zwei der Beliebtheitsskala rangiert Baseball. Hier gibt es die in der Major League Baseball (MLB) zusammengefassten National League und American League (mit jeweils zwei Divisionen), in denen auch kanadische Teams mitmischen. Die Spitzenteams kommen meist aus dem Nordosten des Landes: New York Yankees, Chicago Whitesox und Boston Red Sox.

Die **National Basketball Association (NBA)** spielt in zwei »Conferences« zu je zwei Divisionen. In der NBA mit Teams wie den Chicago Bulls, den Los Angeles Lakers oder den Dallas Mavericks (mit dem deutschen Superstar Dirk Nowitzki) zu

! *Baedeker* TIPP

Spring Training der Baseball-Teams

In Arizona und Florida bereiten sich die Baseball-Mannschaften der Major League Baseball (MLB) in verschiedenen Stadien auf die neue Saison vor. Besonderheit hier: die Nähe zu den Stars. Die Teams spielen in kleinen »Ballparks«, nicht in einem riesigen Stadion, und somit sind die Spieler aus der Nähe zu bewundern. Von Anfang Februar bis Ende März; weitere Infos unter: www.springtrainingtips.com.

spielen ist das Ziel aller Basketballprofis der Welt. Die Teams der High Schools und Universitäten spielen in der NCAA und wie beim Football schauen sich die Profiklubs hier nach Nachwuchs um.

Eishockey Auch Eishockey (»hockey«) wird in zwei »Conferences« zu je zwei Divisionen gespielt. Die National Hockey League (NHL) wird von US- und kanadischen Teams gebildet, die sich mit skandinavischen, tschechischen und russischen Spielern verstärken. Die in Playoffs ermittelten beiden besten Teams spielen um den **Stanley Cup**, die höchste Trophäe des Eishockey-Sports. Die stärksten Teams der letzten Jahre kommen aus Carolina (Hurricanes), New Jersey (Devils) und Detroit (Red Wings). Relativ bekannt sind auch die Anaheim Ducks (vormals Mighty Ducks) aus Kalifornien, deren Verein von den Disney Filmstudios gegründet wurde. Zur Vermarktung des neuen Teams und zur Steigerung der Bekanntheit drehte man gleich drei Kinofilme, die in den USA sehr erfolgreich liefen.

Aktivsport

Angeln Angeln ist eine der populärsten Freizeitbeschäftigungen der Amerikaner – kein Wunder bei den vielen herrlichen Angelgründen. Die lokalen Fremdenverkehrsämter halten z. T. sehr umfangreiche Broschüren bereit, die interessierten Sportanglern besondere Reviere zeigen. Zudem wird jedes Geschäft für Anglerbedarf gerne behilflich sein. In einigen Bundesstaaten muss, wer in Flüssen, Bächen und Seen angeln will, eine Lizenz (meist gebührenpflichtig) vorweisen können. Man erhält sie in Geschäften für Anglerbedarf.

Golf Die USA sind ein Mekka für Golfer. Im Gegensatz zum deutschsprachigen Raum gilt Golf in den USA durchaus als Volkssport, was auch die vergleichsweise hohe Platzdichte belegt. Insbesondere in den atlantischen Südoststaaten North und South Carolina und Georgia sowie in Florida und Kalifornien kann man praktisch das ganze Jahr über spielen. Zahlreiche Anlagen genießen Weltruf und erfüllen auch höchste Ansprüche.
Viele amerikanische Golfplätze sind **öffentlich zugänglich**. Darüber hinaus lassen viele Golfklubs auch Mitglieder ausländischer Klubs auf ihren Plätzen spielen. Verschiedene Hotels und Ferienanlagen, die über eigene Golfplätze verfügen oder ihren Gästen Spielmöglichkeiten in einem der benachbarten Golf & Country Clubs vermitteln können, bieten interessante Pauschalarrangements an. Die Fremdenverkehrsbehörden der US-Bundesstaaten halten ausführliche Broschüren zum Thema »Golf« bereit.

Kanu, Kajak Wer Freude am Kanu-, Kajak- und Wildwasserfahren hat, findet in den USA ideale Bedingungen. Die Atlantik-, die Golf- und die Pazifikküste sowie zahlreiche Wasserläufe und Seen im Binnenland ermöglichen bootssportliche Aktivitäten aller Art. Die Fremdenver-

ADRESSEN

GOLF

► **United States Golf Association**
P.O. Box 708
Far Hills, NJ 07931
Tel. 1-908-234-23 00
www.usga.org

KANU / KAJAK

► **American Canoe Association**
7432 Alban Station Blvd.
Suite B-232
Springfield, VA 22150
Tel. 1-703-451-01 41
www.acanet.org

RAFTING

► **American River Touring Association**
24000 Casa Loma Rd.
Groveland, CA 93521
Tel. 1-209-962-78 73
www.arta.org

WANDERN

► **American Hiking Society**
1422 Fenwick Lane
Silver Spring, MD 20910
Tel. 1-301-565-67 14
www.americanhiking.org

kehrsstellen der einzelnen Bundesstaaten und Touristenorte sowie die Nationalparkverwaltungen informieren über die Befahrbarkeit einzelner Streckenabschnitte und halten aktuelle Listen mit Adressen seriöser Bootsverleiher bereit.
Auf vielen Binnengewässern der USA können **Kanutouren** unternommen werden. Schöne Touren ermöglichen die Adirondacks in New York, die Flüsse von Maine und West Virginia, die Sumpflandschaften in Georgia, Florida und Louisiana, die Nationalparks und Naturschutzgebiete in Nord-Minnesota oder die Ozark-Region in Missouri. Auf solche Unternehmungen sollte man sich jedoch gut vorbereiten, vor allem was den Schutz vor Insekten und die Gefahren der Wildnis betrifft. Außerdem kann man sich in den teilweise stark verästelten Gewässern leicht verirren. Es ist also ratsam, dem Kanuverleiher oder der örtlichen Parkverwaltung (sofern man sich im Bereich von National oder State Parks bewegt) Route und Ziel bekannt zu geben. Auskunft erteilt auch die American Canoe Association.

Rafting

Das Wildwasserfahren (Rafting; meist mit Schlauch- oder Paddelbooten) erfreut sich wachsenden Zuspruchs – ständig werden neue Reviere erschlossen. Interessenten können aus einem facettenreichen Angebot mit unterschiedlichen Schwierigkeitsgraden auswählen, die vom familienfreundlichen Paddelausflug (floating trip) bis zur abenteuerlichen Wildwasserfahrt (whitewater trip) durch einen spektakulären Canyon reichen. Die einzelnen Veranstalter stellen in der Regel die gesamte Ausrüstung mitsamt der Verpflegung. Rafting Trips gelten als sehr sicher. Dennoch sei darauf hingewiesen, dass die Veranstalter jegliche Haftung ablehnen. Gegen entsprechende Risiken hat sich jeder Teilnehmer selbst zu versichern.

Die besten **Rafting-Reviere** gibt es im gebirgigen Westen der USA, vor allem in den Staaten Arizona, Colorado, Idaho (Salmon), Kalifornien, Montana, Utah (Cataract Canyon) und Wyoming. Aber auch in West Virginia (New River) oder in Georgia (Chattooga) kommen Wildwasser-Freunde auf ihre Kosten. Zu den beliebtesten Rafting-Flüssen gehören der Colorado (u. a. Grand Canyon) mit einigen seiner Nebenflüsse (u. a. Green River), der Oberlauf des Snake River (bei Jackson) und der Shoshone River bei Cody. Auskunft erteilt u. a. die American River Touring Association.

Reiten Im Land der Indianer und Cowboys gibt es natürlich zahlreiche Möglichkeiten, die Ferien auf dem Rücken eines Pferdes zu verbringen. Echtes Westerngefühl kommt auf beim Trail Riding, bei dem man mehrere Tage im Gelände unterwegs ist, oder bei Reiterferien auf einer Dude Ranch (etwa vergleichbar mit unseren »Ferien auf dem Bauernhof«), wo man auch mitanpacken darf. Die Anbieter stellen Pferde und Ausrüstung; Informationen halten die Fremdenverkehrsstellen der einzelnen Bundesstaaten bereit.

Segeln An Abschnitten der Atlantikküste (bes. Maine, Cape Cod, Outer Banks), rund um die Halbinsel Florida, entlang der Golfküste, aber auch an der kalifornischen Pazifikküste gibt es zahlreiche Marinas, in denen man Boote mit oder ohne Crew für Segelausflüge mieten

Die atlantische Nordostküste der USA ist ein Seglerparadies – und Newport in Rhode Island einer der nobelsten Häfen.

kann. Auch auf den Großen Seen, etlichen kleineren Seen sowie auf zahlreichen Stauseen im Einzugsbereich der großen Flüsse kommen Segler auf ihre Kosten. Nähere Informationen erhält man bei den Fremdenverkehrsstellen der in Frage kommenden Bundesstaaten.

Tauchen

Die Vereinigten Staaten sind auch in Sachen Tauchen das Land der unbegrenzten Möglichkeiten. Die lange Atlantikküste im Osten von den tropischen Gestaden der Florida Keys bis in die kühlen Gewässer von Maine, die Küste des Golfs von Mexiko im Süden und die Pazifikküste im Westen von Kalifornien bis Kanada und zahlreiche Binnengewässer bieten Taucherlebnisse für jeden Geschmack. Mit Abstand die schönsten Tauchreviere sind in und um Florida, im Bereich des Hawaii-Archipels und vor der kalifornischen Küste zu finden.
Es gibt gut ausgestattete **Taucherzentren**, die alle zum Tauchen nötigen Gerätschaften bereithalten. Wer seine eigene Ausrüstung mitbringt, muss unter Umständen einen Adapter für den Anschluss an Flaschen mit abweichender Norm anschaffen. Für das Ausleihen von Pressluftgeräten ist in der Regel ein entsprechender Eignungsnachweis erforderlich!

Wandern

Zum Wandern sind die verschiedenen National Parks, State Parks und Recreational Areas bestens geeignet. Dort gibt es kürzere und längere Wanderwege, oft auch Bohlenwege durch Sumpfgebiete. Sie ermöglichen ein relativ gefahrloses Erkunden der Natur und bieten oftmals überwältigende Ausblicke. Die Park- und Forstverwaltungen verfügen über eigene Besucherzentren und Informationsbüros, bei denen man sich vor Antritt einer Wanderung, vor allem wenn diese länger sein soll, eingehend erkundigen sollte. Verschiedene Park Ranger bieten sachkundig geführte Wanderungen an.
Wer ganz große Aufgaben angehen möchte, kann sich auf einem der drei großen **Fernwanderwege** versuchen: dem 3457 km langen, über den Kamm der Appalachen von Maine nach Georgia führenden **Appalachian Trail**, dem 4347 km langen **Continental Divide Trail** und dem 4247 km langen **Pacific Crest Trail**. Über diese und weitere Wandermöglichkeiten in den gesamten Vereinigten Staaten informiert die American Hiking Society.

Wintersport

In den letzten Jahrzehnten sind weiträumige Wintersportgebiete erschlossen worden, in den schneereichen Bergen des Nordostens (Lake Placid) ebenso wie in den für ihren »Champagner-Schnee« bekannten Rocky Mountains (Vail, Aspen), in der kalifornischen Sierra Nevada (Squaw Valley) und sogar in den Wüstenstaaten Arizona, Nevada und New Mexico.

Ski Alpin

In den großen Skigebieten sind oft Dutzende von Skipisten angelegt, die bestens mit Kabinen- und Sesselbahnen sowie Skiliften ausgestattet sind. In einigen Skiregionen wird auch Heli-Skiing angeboten: Erfahrene Tourengeher können sich dann per Hubschrauber in herrliche abgelegene Hochgebirgsregionen bringen lassen – eine unter dem Aspekt der Umweltverträglichkeit fragwürdige Veranstaltung.

Skilanglauf Sehr in Mode gekommen ist in den letzten Jahren der Skilanglauf. Vor allem im Bereich von National und State Parks bzw. Recreation Areas werden bei entsprechender Schneelage Loipen gespurt.

Verkehr

Bahnreisen

Obwohl die Wirtschaftsgeschichte der USA und damit auch die Entwicklung des Fremdenverkehrs untrennbar mit der Eisenbahn verbunden sind, spielt dieses Verkehrsmittel heute nur noch eine untergeordnete Rolle. Aus Kostengründen hat Amtrak sein Streckennetz zusammengestrichen. Dennoch bleibt eine Eisenbahnfahrt auf einer der großen Strecken ein Erlebnis, etwa mit dem »City of New Orleans« von Chicago an den Großen Seen nach New Orleans am Golf von Mexiko.

Amtrak Den Personenverkehr auf der Schiene organisiert das Service-Unternehmen Amtrak, das für die Fahrgastbetreuung und die Fahrplangestaltung zuständig ist. Das Streckennetz und das rollende Material stehen z. T. nach wie vor unter der Regie verschiedener Eisenbahngesellschaften.

Rail Pass Amtrak bietet verschiedene Rundreisepässe zu günstigen Tarifen an, die 15 oder 30 Tage gültig sind und unbegrenzte Zwischenstopps erlauben. Der »National Rail Pass« gilt für das gesamte Streckennetz (15-Tage-Pass zur Hauptsaison 455 $, Nebensaison 305 $); die übrigen, preisgünstigeren Pässe sind auf Regionen beschränkt: »West«, »East« und »Northeast«.

Oldtimerbahnen Auch in den USA hat die Eisenbahnnostalgie einen festen Platz im Freizeitvergnügen. Vielerorts haben sich Initiativen gebildet, die alte Normal- und Schmalspurstrecken reaktivieren, Bergbau- und Holzindustriebähnchen restaurieren und kleine Eisenbahnmuseen einrichten. Auf einigen längeren Strecken verkehren bewirtschaftete Züge (»Dinner Trains«), die mitunter sehr fantasievoll ausgestattet sind.

Busreisen

Busse der Firma **Greyhound** Inc. befahren Linien zwischen allen wichtigen Städten und Touristenzentren der USA. Der **Greyhound**

Rushhour in Manhattan

AmeriPass, gültig für 4, 7, 15 oder 30 Tage, sowie der **Greyhound DiscoveryPass** sind für Rundreisen zu empfehlen. Diese Pässe können jedoch nur außerhalb der USA in Reisebüros erworben werden.

Mit dem Auto unterwegs

Wichtige Regeln

Jeder US-Bundesstaat hat neben bundesweiten auch eigene Verkehrsgesetze. Gegenüber den Bestimmungen in Europa bestehen ein paar Unterschiede. Nachstehend einige Regelungen:

◄ Vorfahrt

Trotz Rechtsverkehr hat an ungeregelten Kreuzungen derjenige Vorfahrt, der zuerst da war. Nötigenfalls muss man sich verständigen. An vielen Kreuzungen sind alle Einmündungen mit Stoppschildern versehen **(4-Way Stop)**. Jeder Verkehrsteilnehmer muss hier anhalten. Wer zuerst an der Kreuzung war, darf auch als Erster weiterfahren.

◄ Gurtpflicht

In den meisten Bundesstaaten ist das Anschnallen zumindest auf den Vordersitzen Pflicht. Kinder unter vier Jahren dürfen in allen Staaten nur in einem speziellen Kindersitz mitfahren.

◄ Höchstgeschwindigkeit

In verkehrsberuhigten Innenstädten und Wohngebieten liegen die zulässigen Höchstgeschwindigkeiten zwischen 20 mph/32 km/h und 35 mph/56 km/h; in der Nähe von Schulen, Altenheimen oder Krankenhäusern in Straßennähe kann die Höchstgeschwindigkeit nur 15 mph/24 km/h betragen! Auf Ausfallstraßen und Überlandstraßen

INFORMATIONEN VERKEHR

BAHNREISEN

► **Amtrak**
Tel. 1-800-USA-RAIL (USA)
Tel. 1-800-872-72 45 (USA)
www.amtrak.com

c/o North America Travelhouse
CRD International
Stadthausbrücke 1-3
20355 Hamburg
Tel. (040) 30 06 16-70
www.crd.de

c/o MESO Amerika-Kanada-Reisen
Wilmersdorfer Str. 94
10629 Berlin
Tel. (01 80) 525 43 50
www.meso-berlin.de

BUSREISEN

► **Greyhound**
Tel. 1-800-231-22 22
www.greyhound.com

INLANDFLÜGE

► Anreise, Fluggesellschaften S. 98

MIETWAGEN

► **Alamo**
Tel. 1-800-GO-ALAMO
www.alamo.com

► **Avis**
Tel. 1-800-230-48 98
www.avis.com

► **Budget**
Tel. 1-800-527-07 00
www.budget.com

► **Dollar**
Tel. 1-800-800-36 65
www.dollar.com

► **Hertz**
Tel. 1-800-654-31 31
www.hertz.com

► **Thrifty**
Tel. 1-800-847-43 89
www.thrifty.com

PANNENDIENST

Tel. 1-800-AAA-HELP

mit Gegenverkehr darf man in der Regel bis zu 45 mph/72 km/h schnell sein. Führt die Straße durch Gebiete mit Wildwechsel, sind bei Nacht nur noch 35 mph/56 km/h erlaubt. Auf mehrspurigen Straßen und Highways darf man i.d.R. bis zu 55 mph/88 km/h schnell sein, auf verkehrsarmen Abschnitten auch bis 70 mph/112 km/h; auf Interstates bis 75 mph/130 km/h. Die **Promillegrenze** liegt je nach Staat und County zwischen 0,0 und 1 Promille! »Driving under influence« wird hart geahndet. Angebrochene alkoholische Getränke dürfen nur im Kofferraum transportiert werden, in Wohnmobilen

Geschwindigkeiten *Umrechnungsskala*

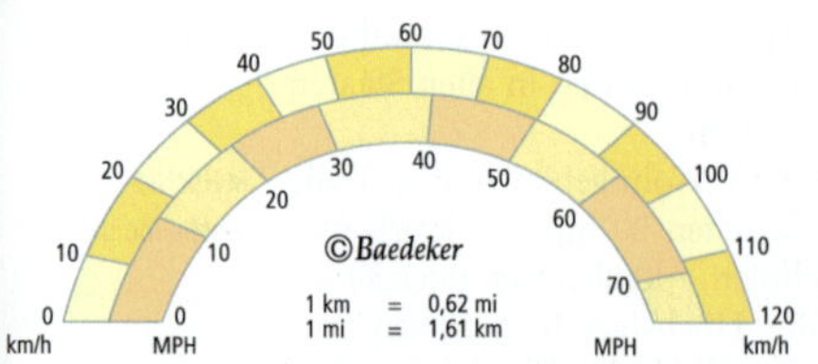

außerhalb der Reichweite des Fahrers. Unter 21-Jährige dürfen keine alkoholischen Getränke mit sich führen.

◄ Schulbus

Auf einer Straße mit Gegenverkehr muss man **anhalten, wenn ein signalgelber Schulbus ein- und aussteigen lässt**. Hält ein Schulbus auf einer durch einen breiten Grünstreifen bzw. durch eine nicht überwindbare Barriere vom Gegenverkehr getrennten Fahrbahn, so gilt diese Regelung nur für den Verkehr in derselben Richtung.

In den USA hängen **Verkehrsampeln hinter (!) der Kreuzung**.

Rechtsabbiegen trotz roter Ampel ist nach vollständigem Anhalten und bei Beachtung der Vorfahrt erlaubt. Verboten ist das Rechtsabbiegen bei Rot durch das Verkehrsschild »No turn on red«.

> **i Kontrolle**
>
> - Bei einer Polizeikontrolle bleibt man im Auto sitzen, öffnet das Autofenster und lässt die Hände sichtbar am Lenkrad. Dann wartet man auf die Anweisungen des Officers.

◄ Abblendlicht

Bei tief stehender Sonne, bei Sichtweiten unter 300 m, bei Regen sowie auf langen, schnurgeraden Straßen mit Gegenverkehr muss mit eingeschaltetem Abblendlicht gefahren werden.

◄ Parken

An Fernverkehrsstraßen außerhalb von Siedlungen sowie an vielen Straßen innerorts darf nicht geparkt werden. Auch vor Hydranten und an Bushaltestellen ist Parken verboten.

◄ Wenden

Wenden ist auf den meisten Straßen verboten und durch das Verkehrszeichen mit der Aufschrift »No U Turns« markiert.

◄ Rechts überholen

Auf mehrspurigen Straßen (Interstates, manche Highways) ist **rechts überholen gestattet**.

◄ Durchgezogene Linien

Durchgezogene Doppellinien dürfen nicht überfahren werden, ebenso einfache durchgezogene Linien auf der Fahrerseite. Auf vielen Straßen sind Abbiegekorridore markiert.

◄ Rush-Hour-Spuren

Auf mehrspurigen Straßen in Ballungsräumen sind Fahrspuren markiert, die im morgendlichen und abendlichen Stoßverkehr nur von Fahrzeugen mit zwei und mehr Insassen benutzt werden dürfen.

◄ Xing (Crossing)

Das englische »Crossing« (dt. = überqueren) wird sehr oft mit »Xing« abgekürzt. Ein Verkehrsschild mit der merkwürdigen Aufschrift »Ped Xing« (»Pedestrian Crossing«) kündigt also einen Fußgängerüberweg an.

Interstates

Die mehrspurigen Interstates entsprechen den deutschen Autobahnen und unterscheiden sich durch blau-weiß-rote Beschilderung von den normalen Highways. Interstates mit geraden zweistelligen Nummern verlaufen in Ost-West-Richtung, solche mit ungeraden zweistelligen Nummern in Nord-Süd-Richtung. Dreistellige Nummern bezeichnen Schnellstraßen-Ringe und Stadtumfahrungen.

◄ Highways

Die Highways sind das Pendant zu den deutschen Bundesstraßen, im Gegensatz zu diesen jedoch in den meisten Fällen mehrspurig ausgebaut. Weiße Schilder kennzeichnen sie als Bundes- (z. B. US 6) oder Staatsstraßen (State Roads; z. B. SR 28 bzw. MA 28). Auch bei ihnen definiert die Nummer die grobe Himmelsrichtung. Mit »ALT« (alternative) oder »BUS« (business) werden Umgehungsstraßen bezeichnet. Der wichtigste Unterschied zwischen Highways und Interstates besteht darin, dass Erstere – als mehrspurige Straßen – in den meisten Fällen nicht kreuzungsfrei sind. Bei Einmündungen und beim Linksabbiegen ist daher besondere Vorsicht geboten.

Toll ► »Toll« steht für eine Straßengebühr, die auf einigen Interstates und Highways sowie für die Benutzung von Brücken, Dammstraßen und Tunnels bzw. Unterführungen erhoben werden kann.

Ausfahrten ► Auf Straßen mit baulich getrennten Fahrstreifen liegen die Ausfahrten normalerweise rechts. Bei beengten Verhältnissen können sie sich aber durchaus auch auf der linken Seite befinden.

Benzin Angeboten werden **Diesel (»gasoil«)** und **bleifreies Benzin (»gas unleaded«)** in den Sorten **»Regular« (Normal)** und **»Premium« (Super)**. Um die Zapfsäule betriebsbereit zu machen, muss ein Hebel umgelegt oder eine Halterung nach oben gezogen werden. An manchen Zapfsäulen wird, falls man dort per Kreditkarte bezahlen möchte, die Eingabe einer US-Postleitzahl verlangt, die mit dem vom einheimischen Kreditkarteninhaber hinterlegten Zip Code abgeglichen wird. An vielen Tankstellen wird inzwischen Vorauskasse verlangt.

Mietwagen

Einige Vermieter bieten ihre Fahrzeuge zu interessanten Preisen und besonders günstigen Wochenpauschalen an. Doch man sollte sich nicht blenden lassen, denn zu den niedrigen Grundmieten kommen weitere Kosten: Man sollte auf **ausreichenden Versicherungsschutz** (Haftpflicht, Kasko, Selbstbeteiligung) und Freimeilen achten. Versicherungspakete können recht teuer sein. Zudem fallen noch die Steuern des jeweiligen Staates und eventuell sogar Flughafensteuern (Airport Taxes) an, Letztere jedoch nur bei Benutzung eines Airport Shuttles (Autobusdienst) vom Flughafen zum Autohof des Vermieters. **Am besten: von zu Hause aus mieten!**ADAC-Mitglieder können übrigens beim US-amerikanischen Pendant AAA kostenlose Tourbooks mit Karten, Infos und Empfehlungen bekommen.

Führerschein, Mindestalter Wer ein Fahrzeug anmieten will, muss einen nationalen anerkannten Führerschein (driver's licence) vorlegen können – der Bundesstaat Georgia verlangt zusätzlich einen internationalen Führerschein – und in der Regel mindestens 21 Jahre alt sein.

Übergabe Zwar hat jede Mietwagenfirma ihren Schalter am Flughafen, das Auto selbst erhält man jedoch woanders. Vom Flughafen zur Mietstation wird man mit einem Shuttle Bus gebracht. Ist das bestellte Auto nicht verfügbar, hat man Anrecht auf ein Fahrzeug der nächsthöheren Klasse. Die Fahrzeuge werden nur gegen eine Kaution abgegeben, die bei den meisten Vermietern durch die Vorlage einer Kreditkarte als geleistet gilt.

Zeitzonen in den USA

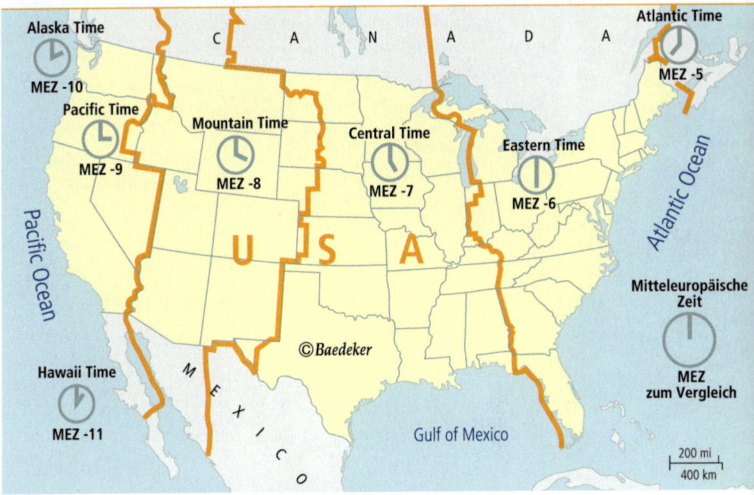

Versicherungen

Die Autovermieter bieten unterschiedliche Versicherungen an, die nicht alle nötig sind: **CDW** (Collision Damage Waiver): Haftungsbefreiung für Unfallschäden am Fahrzeug (dringend empfohlen); **LDW** (Loss Damage Waiver): Haftungsbefreiung bei Verlust des Fahrzeugs; **PAI** (Personal Accident Insurance): Insassenunfallversicherung; **PEC** (Personal Effect Coverage): Reisegepäckversicherung; **LIS** bzw. **SLI**: Haftpflicht-Zusatzversicherung, mit der die Haftpflichtsumme der bestehenden gesetzlichen Haftpflichtversicherung erhöht wird.

Zeit

Zeitzonen

Die räumlich zusammenhängenden USA erstrecken sich über vier Zeitzonen: Eastern Time (= MEZ – 6 Std.), Central Time (= MEZ – 7 Std.), Mountain Time (= MEZ – 8 Std.) und im Westen Pacific Time (= MEZ – 9 Std.). Eigene Zonen gelten für Alaska und Hawaii.

Sommerzeit

Die Sommerzeit (Daylight Saving Time), während der die Uhren um eine Stunde vorgerückt sind, gilt in der Regel vom letzten Aprilsonntag bis zum letzten Oktobersonntag. In Arizona gilt die Sommerzeit nur im Gebiet der Navajo-Indianer.

a.m./p.m.

Die Stunden von Mitternacht bis 12.00 Uhr mittags werden mit a.m. (ante meridiem) bezeichnet, die übrigen zwölf Stunden mit p.m. (post meridiem).

Touren

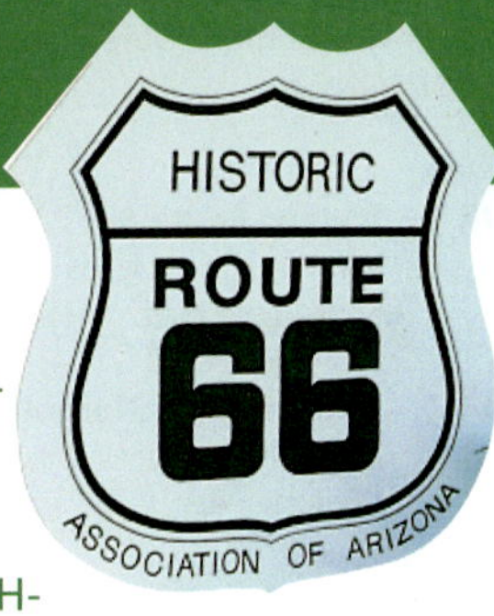

VOM MENSCHEN ERBAUTE MEGASTÄDTE, VON DER NATUR ERSCHAFFENE LANDSCHAFTEN: ES GIBT IN DEN USA VIEL ZU ENTDECKEN. WIR HELFEN IHNEN, DIE HIGHLIGHTS DES LANDES ZU ERKUNDEN.

TOUREN DURCH DIE USA

Sie wissen noch nicht, wo es langgehen soll? Auf der Route 66 von Chicago nach Los Angeles oder auf dem Highway No. 1 entlang der Küste Kaliforniens? Wollen Sie die beeindruckende Natur des Nordostens genießen oder Sonne und Meer in Florida? Auf den folgenden Seiten lernen Sie die schönsten Touren durch die USA kennen.

TOUR 1 **Mythos Route 66**
Von Chicago nach Los Angeles auf einer der berühmtesten Straßen der Welt ► **Seite 162**

TOUR 2 **Unterwegs im Nordosten**
Megacitys und beeindruckende Natur entdeckt man im Nordosten der USA. ► **Seite 165**

TOUR 3 **Canyon Country**
Von der Glücksspielmetropole Las Vegas zu tiefen Canyons und großartigen Nationalparks ► **Seite 166**

Alte Riesen ...
... findet man im Redwood National Park.

Route 66
Die legendäre Strecke von Chicago nach Los Angeles gilt bis heute als Inbegriff für Freiheit, auch wenn nicht mehr viel von der ursprünglichen Straße vorhanden ist.

TOUR 4 **Durch den Süden Floridas**
Sonne, Strand und Meer satt ▸ **Seite 168**

TOUR 5 **Highway No. 1 – traumhaftes Küstenpanorama**
Von L. A. nach San Francisco führt eine der schönsten und faszinierendsten Strecken der USA. ▸ **Seite 171**

TOUR 6 **Music, Coke and more**
Diese Tour durch den Südosten der USA ist nicht nur für Elvis- und Country-Fans interessant. ▸ **Seite 173**

TOUR 7 **Der Nordwesten**
Spektakuläre Gletscher, schlummernde Vulkane und quirlige Städte ▸ **Seite 175**

Niagara Falls
Unterhalb der Abbruchkante erscheinen die Wasserfälle noch spektakulärer.

Unterwegs in den USA

Die USA sind eine Autofahrernation, seit Henry Ford mit dem »Model T« das Autofahren demokratisierte. Das war im Jahr 1908, und seitdem gibt es zwischen Atlantik und Pazifik fast keinen Punkt in diesem Riesenland, der nicht mit dem Auto erreicht werden könnte. Asphalt-Fans werden auf ihre Kosten kommen: Roadtrips in den Sonnenuntergang und die klappernde Klimaanlage im Motel an der Interstate-Abfahrt sind klassische Amerika-Erlebnisse.

Kein Weg ist zu weit

Country Roads, State Roads, Highways und Interstates bedecken das Riesenland wie ein Schnittmuster. Nicht zuletzt auch deshalb genießen die Amerikaner den Ruf einer überaus mobilen Nation. Jeder Weg, selbst der zum Supermarkt an der Ecke, wird mit dem Auto zurückgelegt. Es gibt Drive-Ins und Drive-Thrus, selbst der Apothekenbesuch kann vom Auto aus erledigt werden. Entfernungen spielen keine Rolle, Amerikaner geben sie lieber in Stunden oder Tagen an als in Meilen. Vor allem im weitläufigen Westen haben sie zu Entfernungen ohnehin ein überaus großzügiges Verhältnis: Zwei Stunden über die Freeways von Los Angeles zu ihrem Lieblingsrestaurant zu fahren, ist für die Angelenos durchaus normal.

Gewaltige Entfernungen

So lernt denn auch der europäische Besucher am Steuer eines amerikanischen Mietwagens bald umzudenken. Die Entfernungen sind, trotz vorherigen Studiums der amerikanischen Geografie, gewaltig und werden immer wieder unterschätzt. Besonders im dünn besiedelten Mittleren Westen und in Bundesstaaten wie Nevada und Montana wird der Besucher aus dem kleinräumigen Mitteleuropa auf den fast leeren Fernstraßen viel Geduld und Disziplin aufbringen müssen – nicht zuletzt auch wegen des **Tempolimits von 60 bis 65 Meilen**, das für vor allem autobahngestählte Deutsche mitunter auf eine harte Probe stellt.

Grenzenlose Freiheit

Dabei hat Autofahren in den USA fraglos mehr Sonnen- als Schattenseiten. Die Amerikaner sind überaus disziplinierte und rücksichtsvolle Verkehrsteilnehmer. Selbst in den Ballungsgebieten sind Drängler eher selten. Die Beschilderung ist in der Regel vorbildlich. Nur in den Großstädten sollte man zuvor die Karte studieren, um sich einen Überblick zu verschaffen: Die amerikanische Gepflogenheit, Abfahrten mit einer Himmelsrichtung zu versehen, bringt den geografisch Unbewanderten leicht vom rechten Weg ab. Im Übrigen ist schlechter Straßenbelag so selten wie freie Parkplätze in Boston. Jenseits der Großstädte schließlich wird Autofahren zum puren Vergnügen: Im leise schnurrenden Sechszylinder gleitet man durch endlose Prärien, surreale Mondlandschaften und subtropische Regenwälder. Der Himmel, der »Big Sky«, reicht mit dicken Kumuluswolken bis zum Horizont hinunter – die größtmögliche Annäherung an das Schlag-

Ein Motorrad ist das perfekte Fortbewegungsmittel auf dem Highway No. 1; man kann einfach anhalten und die Natur genießen.

wort von der grenzenlosen Freiheit, auf amerikanischen Highways ist sie möglich. Die Zeit an Bord verkürzen Kaffee und Bagels von Roadside Truck Stops und das auf Kurzwelle ausstrahlende Talk Radio. Am Ende des Tages kehrt man in Motels, Motorhotels, Hotels, Resorts oder Bed & Breakfasts ein: Ihre Highways und Interstates haben die Amerikaner mit so vielen Unterkünften aller Art und Preisklassen umgeben, dass man selbst ohne Buchung nicht Gefahr läuft, eine Nacht im Auto verbringen zu müssen.

Die Entdeckung der Langsamkeit

Wie nun ist das Fahrgefühl in den verschiedenen Regionen? Nun, im relativ dicht besiedelten und mit atemberaubender Geschwindigkeit wachsenden Florida sollte man sich zu jeder Jahreszeit auf starken Verkehr gefasst machen. Vier-, meist jedoch sechs- bis achtspurige Freeways, auf denen die Blechkolonnen der Sonne entgegen ziehen, schneiden durch den **Sunshine State**. Doch sobald man die Fernstraßen verlässt, verliert der Verkehr an Tempo und Masse. Ähnliches gilt auch für die übrigen Top-Destinationen in den USA. Kalifornien, der Staat, der alles hat, bietet von dem gigantischen Freewaysystem der Car City Los Angeles bis zum Highway No. 1 alle nur denkbaren Fahrerlebnisse. Im nur dünn besiedelten Südwesten machen grandiose, in allen Rot- und Gelbtönen schwelgende Wüsten, Canyons und Inselberge die Fahrt zum rauschhaften Vergnügen. Einzig der Nordosten der USA bietet ein fast europäisches Fahrerlebnis. Hier laden, dank einer bergig-kleinräumigen Topografie, kurvenreiche Landstraßen zur Entdeckung der Langsamkeit ein.

Tour 1 Mythos Route 66

Start und Ziel: Von Chicago nach Los Angeles

Länge: 2448 mi / 3941 km

Bereits 1926 ist die Route 66 als erster transkontinentaler Highway fertiggestellt worden. Er stellte die Verbindung her zwischen Chicago, der Wirtschaftsmetropole am Michigansee, und Los Angeles, der noch relativ jungen Boomtown am Stillen Ozean.

In den 1930er-Jahren wurde die Route 66 zum Mythos, als nach einer Reihe trockener Jahre im Mittleren Westen Zehntausende von Farmern die »Dust Bowl« der Prärie, vor allem Oklahoma, verließen und sich ins »Gelobte Land« Kalifornien aufmachten. John Steinbeck hat das Schicksal dieser Menschen und ihre Fahrt auf der Route 66 in seinem Roman **»Früchte des Zorns«** eindrucksvoll beschrieben. Anfang der 1950er-Jahre begann der Aufbau eines modernen Highway-Netzes. Bis 1984 wurde die alte US-66 Stück um Stück durch die Interstates I-55, I-44 und I-40 ersetzt. Die legendäre Strecke wurde sich selbst überlassen. Zurück blieben Tankstellen, Schnellimbisse, Restaurants, Motels und Hotels, die sich plötzlich im Abseits befanden. Der Mythos aber lebt weiter und zieht motorisierte Nostalgiker immer noch an.

Metropole am Lake Michigan
In Chicago nimmt die »Mother Road« ihren Anfang.

Knapp 4000 km
trennen Chicago und Los Angeles voneinander.

Illinois

Offizieller Startpunkt der knapp 4000 km langen Route 66 ist die Kreuzung Adams St. / Michigin Ave. in Downtown ❶ ✶✶ **Chicago**. Zwischen Chicago und ❷ ✶ **St. Louis** ist die parallel zur I-55 verlaufende alte Route 66 nur noch in Teilstrecken als holprige Landstraße erhalten. Südlich von Bloomington dient sie heute noch als Ortsverbindungsstraße oder als »Business Loop«. Sehenswerte Erinnerungen an bessere Zeiten sind »Funk's Grove«, die alte Ahornsirupfabrik südlich von Shirley, »Dixie Truckers Home« in McLean, der Biker-Treff »Mort's Roadhouse« in Glenarm und das »Ariston Café« in Lichfield.

Missouri

Besonders im Südwesten von Missouri, rund um ❸ **Springfield** sowie zwischen Lebanon und Joplin ist die Route 66, die hier parallel zur I-44 verläuft, noch gut erhalten. Viele kleine Siedlungen, die während der Blütezeit der Route 66 gegründet worden sind, haben einen spürbaren Niedergang erlebt. Bei Stanton lohnt ein Abstecher zu den Meramec Caverns, wo sich angeblich Jesse James mit seiner Bande verborgen haben soll.

Kansas

Zwischen Joplin (MO) und Quapaw (OK) durchmisst die Route 66 die südlichste Ecke von Kansas. Die Strecke zeichnet auf einem Zickzack-Kurs mit vielen 90°-Kurven alte Gemarkungs- und Farmgrenzen nach. Wer in ❹ **Baxter Springs** »Murphy's Restaurant« besucht, betritt historisches Terrain: Jesse James machte diesen Räumlichkeiten seine Aufwartung, als hier noch eine Bank untergebracht war.

Oklahoma

Geschichte geschrieben hat die Route 66 im Bundesstaat Oklahoma. Von hier brachen in den 1930er-Jahren Tausende verarmter Farmer (sog. »Okies«) nach Westen auf. Die Straße ist hier nach wie vor gut erhalten und stark frequentiert. Diese Tatsache steht paradoxerweise in engem Zusammenhang mit dem modernen Fernstraßenbau: Oklahoma war Vorreiter beim Ausbau der neuen Highways, denn bereits in den 1950er-Jahren befürworteten die Bürger von Oklahoma den Bau neuer Schnellstraßen, der durch Maut finanziert werden sollte. Weil bis heute aber auf der I-44 eine Straßenbenutzungsgebühr kassiert wird, weichen viele Kraftfahrer auf die alte US-66 aus, die hier noch in bestem Zustand ist. Sehenswert sind das »Lincoln Hotel« in Chandler, die »Cowboy Hall of Fame« in ❺ **Oklahoma City** und »Pop Hicks Restaurant« in Clinton.

Texas

Die schier end- und trostlose Hochebene der High Plains in Texas hat schon die ersten Durchreisenden eher verschreckt als begeistert. In den Boden gerammte Pfähle sollten im Llano Estacado die Orientierung erleichtern. An der westlichen Peripherie von ❻ **Amarillo** haben zehn Cadillacs diese Funktion übernommen: Auf der »Cadillac Farm« (►Abb. S. 597) des Kunstsammlers Stanley Marsh III. stecken diese Fahrzeuge wie vom Himmel gestürzt bis zur Hälfte in der Erde, sozusagen als Symbol für die Grenzen der automobilen Gesellschaft.

New Mexico Zwischen Santa Rosa und Albuquerque, wo heute die I-40 das karge Hochland durchschneidet, quälte sich früher die Route 66 kurvenreich nach Norden zu einem Abstecher nach ❼ ★ **Santa Fe**. Westlich von Albuquerque sind bei Laguna sowie zwischen Grants und der kontinentalen Wasserscheide bei Thoreau landschaftlich sehr schöne Streckenabschnitte der alten Route 66, der heutigen State Road NM-122, erhalten geblieben. Das Zentrum von ❽ **Gallup** hält mit vielen Bauten die Erinnerung an die Vergangenheit wach; auch die heutige »1st Street« von Gallup ist Teil der früheren US-66.

Arizona Über ❾ **Flagstaff** gelangt man in den Westen des Bundesstaates Arizona. Zwischen Ashfork und der Grenze zu Kalifornien ist ein 160 mi / 258 km langer Teilabschnitt der Route 66 erhalten. Besonders lohnend ist die Strecke zwischen Seligman und Kingman, wo sie wie mit dem Lineal gezogen verläuft. Dagegen ist der Fahrweg zwischen Kingman und der Grenze zu Kalifornien eine echte Herausforderung. Wer sich von rauen Straßen und dem Sitgreave Pass, dessen steilste Passagen die Automobile der 1930er-Jahre nur im kurz übersetzten Rückwärtsgang schafften, nicht schrecken lässt, kann in der Goldgräberstadt Oatman das Hotel besuchen, in dem Hollywood-Charmeur Clark Gable seine Hochzeitsnacht mit Carole Lombard verbracht hat.

i Filme zur Route 66

- Easy Rider: Dennis Hopper und Peter Fonda bereisen auf heißen Öfen die Route 66 in diesem Kultfilm und begründen mit diesem Streifen auch den modernen Mythos von »America's Mainstreet«.
- Bonnie & Clyde: Das berühmte Gangsterpärchen auf seiner Flucht durch den Südwesten der USA
- Thelma & Louise: Eigentlich planten die zwei Freundinnen einen erholsamen Wochenendausflug, doch es kommt alles anders als gedacht...
- Cars: Echte Bewohner, Plätze und Autos an der Route 66 standen Pate für den Animationsfilm aus dem Jahr 2006.

Kalifornien Ein weiterer schöner Streckenabschnitt der Route 66 befindet sich zwischen Essex und Ludlow (CA). Etwa 60 mi bzw. knapp 100 km lang geht es durch die Mojave-Wüste, vorbei an einem Salzsee und am Krater eines erloschenen Vulkans bei Ambay. Man passiert das gottverlassene Nest Bagdad, wo Szenen des deutschen Films »Out of Rosenheim« gedreht worden sind, und die Siedlung Siberia, wo die Temperaturen alles andere als sibirisch sind. Gut erhalten ist auch der Streckenabschnitt zwischen Barstow und dem weiter südlich gelegenen Victorville.

Bei San Bernardino biegt die Route 66 wieder nach Westen ab und führt über den Foothill Boulevard (CA-66) nach Pasadena. Von dort geht es über den Colorado Boulevard nach Glendale und auf dem Los Felíz Boulevard weiter nach ❿ ★★ **Los Angeles**, der finalen Station. Die letzten Meilen der Route 66 folgen dem Santa Monica Boulevard durch Beverly Hills und Santa Monica bis hinunter an den Stillen Ozean.

Tour 2 Unterwegs im Nordosten

Start und Ziel: New York City **Länge:** 1065 mi / 1700 km

Diese Route verbindet Trubel und Ruhe gleichermaßen: In New York City und in Philadelphia taucht man in die Großstadt ein und auch an den Niagarafällen sucht man Stille und Beschaulichkeit vergebens. Die findet man an den Finger Lakes und – abseits der Hauptstraßen – bei den Amish im Pennsylvania Dutch Country.

Durch New York

Die Tour beginnt in ❶ ✶✶ **New York City**, das man via Yonkers verlässt, um auf der US-9 am herrlichen ❷ ✶ **Hudson Valley** bis Albany entlangzufahren. Dort wendet man sich nach Westen ins nächste Flusstal, das Mohawk Valley, in dem die NY-5 bis Utica und weiter nach Syracuse führt. Die Stadt ist das Tor zu den ❸ ✶ **Finger Lakes**, die gleichermaßen berühmt für ihren Erholungswert wie für ihren Wein sind. Auf diesen landschaftlichen Genuss folgt ein weiterer – über Rochester erreicht man die Südküste des Lake Ontario, die immer wieder schöne Bademöglichkeiten bietet und der man bis zu den weltberühmten ❹ ✶✶ **Niagara Falls** folgt, einem der absoluten Highlights des US-Nordostens. Nach Buffalo folgt der nächste der großen Seen, Lake Erie, an dessen Küste auch Pennsylvania einen kleinen, bescheidenen Anteil hat.

Philadelphia
In der »Stadt der Bruderliebe« erklang die Freiheitsglocke.

In Pennsylvania In **Erie** biegt man nach Süden ab – am besten auf der I-79, um rasch nach ❺ ✶ **Pittsburgh** zu gelangen, der einstigen Stahlhochburg, wo Museen wie das Andy Warhol Museum einen Aufenthalt lohnen. Eisenbahnfans sollten von hier auf der US-22 Richtung Osten durch die ❻ **Southern Alleghenies** fahren, um die Horsehoe Curve zu sehen. Schneller geht es auf dem Pennsylvania Turnpike I-70/76 nach ❼ **Harrisburg**. Dahinter beginnt das ❽ **Lancaster County** mit seinem Hauptort Lancaster, für das man sich auf jeden Fall zwei Tage Zeit nehmen und vorsichtig fahren sollte – auf den Landstraßen sind die Pferdebuggies der Amish unterwegs. Von Lancaster ist es dann auf der US-30 nicht mehr allzu weit nach ❾ ✶✶ **Philadelphia** und nachdem man die »Wiege der Nation« ausgiebig besichtigt hat, ist man auch bald wieder zurück in der Metropole New York City.

✓ NICHT VERSÄUMEN

- Eine Weinprobe an den Finger Lakes
- Selbstverständlich: die Niagarafälle
- Andy-Warhol-Museum in Pittsburgh
- Essen wie die Amish im Pennsylvania Dutch Country
- Philadelphia: ein Bummel durch Society Hill und South Street

Tour 3 Canyon Country

Start

Start und Ziel: Las Vegas

Länge der Tour: 2000 mi / 3200 km

Die imposantesten Landschaften und bekanntesten Nationalparks des Südwestens werden auf diesem Rundkurs erkundet. Von Las Vegas aus schlägt man den oftmals als »Grand Circle« beschriebenen Bogen durch Südutah, die Südwestecke Colorados, die Nordwestecke New Mexicos und den Norden Arizonas.

Von ❶ ✶✶ **Las Vegas** fährt man auf der I-15 in nordöstlicher Richtung und darf auf keinen Fall einen Abstecher ins Valley of Fire versäumen. Ab der bereits in Utah gelegenen Mormonenstadt ❷ **St. George** folgt man der UT-9 zu den schroffen Felsbastionen des ❸ ✶✶ **Zion National Park**. Die UT-9 windet sich hinauf zur Checkerboard Mesa und mündet bei Mount Carmel in die Nord-Süd-Magistrale US-89. Man fährt auf dieser Hauptstraße nordwärts durch den Dixie National Forest. Vor dem Ort Panguitch zweigt die UT-12 (Escalante Highway) in östlicher Richtung ab und führt hinauf zum ❹ ✶✶ **Bryce Canyon**.

✓ NICHT VERSÄUMEN

- Gambling in Vegas: In einem der unzähligen Kasinos muss man ein paar Dollar verspielen (oder gewinnen).
- Grand Canyon: einen Ausritt oder eine Wildwasserfahrt durch die gigantische Schluchtenlandschaft
- Lake Mead mit dem riesigen Hoover Dam

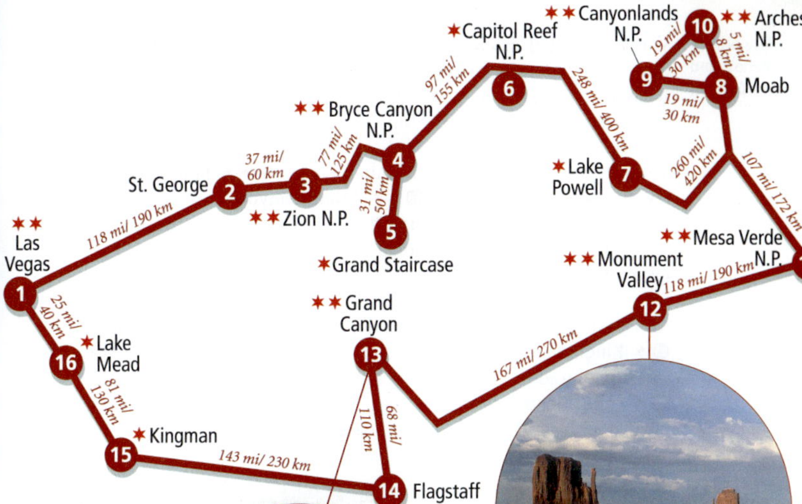

Grand Canyon
In die Schlucht geht's auch per Lastentier.

Monument Valley
Kulisse zahlreicher Filme und TV-Serien

Von Cannonville lohnen Abstecher in den Kodachrome Basin State Park bzw. in den Paria Canyon. Hinter Henrieville geht es in den Kernraum des ❺★ **Grand Staircase – Escalante National Monument**. Vor der Auffahrt auf den Boulder Mountain sollte man unbedingt dem Anasazi Indian Village einen Besuch abstatten, bevor man den unbekannteren ❻★ **Capitol Reef National Park** erkundet. Bei Hanksville zweigt die UT-95 als landschaftlich ebenfalls sehr reizvolle Strecke in südlicher Richtung zum ❼★ **Lake Powell** bzw. Glen Canyon ab.

Canyonlands, Arches und Mesa Verde

Wer einen Outdoor-Urlaub plant, kann das Städtchen ❽**Moab** als Ausgangspunkt nehmen. Denn von hier aus erreicht man gut die Nationalparks ❾★★ **Canyonlands** und ❿★★ **Arches** sowie über Cortez den ⓫★★ **Mesa Verde National Park**. Weitere interessante Ziele in der Umgebung von Cortez sind das Anasazi Heritage Center und das Schutzgebiet Hovenweep National Monument.

Monument Valley und Grand Canyon

Von Cortez geht es nunmehr auf der US-160 in südwestlicher Richtung weiter zum Four Corners National Monument, wo die Bundesstaaten Arizona, Utah, Colorado und New Mexico aneinandergrenzen. Abseits erhebt sich der Shiprock als weithin sichtbare Landmarke. Die US-160 führt in südwestlicher Richtung weiter nach Kayenta. Von hier sind es nur wenige Minuten bis ins ⓬ ✶✶ **Monument Valley**. Nach einem Besuch im ⓭ ✶✶ **Grand Canyon** fährt man auf der US-180 südwärts nach ⓮ **Flagstaff**, von wo aus Abstecher zum Sunset Crater, zum Wupatki National Monument und zum Meteor Crater empfohlen werden.

Zurück nach Las Vegas

Ab Flagstaff folgt die Hauptroute der alten Route 66 nach Westen bis ⓯ ✶ **Kingman**. Von hier lohnt ein Abstecher an die Arizona West Coast (Coloradotal). Der vom gewaltigen Hoover-Damm aufgestaute ⓰ ✶ **Lake Mead** bildet die Grenze zwischen Arizona und Nevada. Über Boulder City geht es zurück nach Las Vegas.

Tour 4 Durch den Süden Floridas

Start und Ziel: Von Miami nach Key West

Länge: ca. 930 mi / 1500 km

Auf dieser Rundreise lernt man Floridas Highlights kennen. Dazu gehören die umtriebigen Zwillingsstädte Miami und Miami Beach und die Raketen am Cape Canaveral bzw. im Kennedy Space Center, die Mega-Vergnügungsparks von Orlando und Tampa sowie die Sümpfe des Everglades National Park und natürlich auch die Inselkette der Florida Keys.

Start der Rundfahrt ist Floridas Metropole ❶ ✶✶ **Miami** mit ihren interessanten Sehenswürdigkeiten. Hier sollte man sich den Bayside Marketplace, das Miami Art Museum, die Villa Vizcaya und das Miami Seaquarium keinesfalls entgehen lassen. Auch »Little Havanna« sowie die Vorstädte Coconut Grove und Coral Gables lohnen einen Besuch. Anschließend geht es hinüber nach ❷ ✶✶ **Miami Beach** mit seinem weltberühmten Art Deco District, seinem publicity-trächtigen Badestrand South Beach und dem ausgezeichneten Bass Museum of Art.

Wer genug hat von Miami und Miami Beach, der folgt dem Highway A1A nach Norden. Dieser führt an der Atlantikküste entlang zunächst nach ❸ ✶ **Fort Lauderdale**, wo man den Las Olas Boulevard mit dem Museum oft Art besucht haben sollte. Danach geht es weiter auf der A1A durch namhafte Seebäder wie Pompano Beach, Deerfield Beach, Boca Raton, Delray Beach und Boynton Beach, bis man schließlich das mondäne Seebad Palm Beach erreicht, wo sich alter und neuer Geldadel ein Stelldichein geben. Vielleicht reicht es

ja zu einem Bummel durch die sündhaft teure Einkaufsstraße Worth Avenue oder gar zu einem Tee im Nobelhotel »The Breakers«.
Danach wird es an der Atlantikküste etwas ruhiger. Via Jupiter, Port St. Lucie, Fort Pierce und Vero Beach erreicht man die sog. Space Coast mit ihren tollen Stränden. Nun ist es nicht mehr weit zum ❹ ✶✶ **Cape Canaveral · Kennedy Space Center**, dem stark besuchten US-Weltraumbahnhof mit seinen Raketen-Abschussrampen und seinen tollen Ausstellungen. Von Cape Canaveral aus erreicht man in einer knappen Autostunde die weiter westlich in Zentralflorida gelegene »Welthauptstadt des Vergnügens« ❺ ✶✶ **Orlando**. Allein hier könnte man Wochen verbringen, wollte man alle Vergnügungseinrichtungen besuchen. Die besten heißen »SeaWorld«, »Discovery Cove« und »Universal Studios«. 20 Autominuten südwestlich außerhalb breitet sich der mehrgliedrige Mega-Park »Walt Disney World« aus.
Von Orlando respektive der Disneyworld geht es dann auf der I-4 schnurstracks nach ❻ ✶ **Tampa**, wo die hübsch hergerichtete Ybor

Orlando
Schmelztiegel der Vergnügungsparks

Cape Canaveral
Der berühmte Weltraumbahnhof befindet sich an Floridas Atlantikküste.

Everglades
Heimat gefräßiger Echsen

Miami
Der Name der Millionenstadt stammt vom indianischen »Mayaimi« und bedeutet »Großes Wasser«.

City, das Florida Aquarium und das Henry B. Plant Museum auf interessierte Besucher warten. Entspannen kann man sich anschließend im Vergnügungspark Busch Gardens oder gleich jenseits der Tampa Bay in ❼✶ **St. Petersburg**, wo die Sonne besonders lang scheint und wo es herrliche Strände an der Golfküste gibt. Weitere Höhepunkte in »St. Pete« sind der tolle Pier und das Dalí Museum. Danach geht es auf dem spektakulären Sunshine Skyway (mautpflichtig!) über den Eingang der Tampa Bay hinweg südwärts an die Golfküste. Etappenziel ist ❽✶ **Sarasota** mit dem märchenhaften Anwesen und den reichen Sammlungen des Zirkuskönigs John Ringling und dessen Frau Mable. Rund um Sarasota gibt es herrliche Badestrände. Auch kann man von hier aus einen lohnenden Abstecher in den Myakka River State Park unternehmen. Die noch ziemlich neue I-75 und die ältere US-41 führen weiter nach Süden, vorbei an Venice und Port Charlotte, und erreichen schließlich die Stadt ❾✶ **Fort Myers**. Von hier lohnen Abstecher zum schönen Strand von Fort Myers Beach oder hinüber zu den weltberühmten Muschelstränden der beiden Inseln Sanibel und Captiva. Ziel der nächsten Etappe ist das weiter südlich gelegene noble Seebad ❿**Naples** mit seiner zauberhaften Dockside und dem langen Pier. Naples ist auch das westliche Eingangstor zum ⓫✶✶ **Everglades National Park**. In diese sumpfige Landschaft zwischen Naples und Miami führt der »Tamiami Trail« (US-41), der seinerzeit nur mit größter Mühe angelegt werden konnte, aber heute eine gut ausgebaute Fernstraße ist. Fahrtunterbrechungen lohnen sich in Everglades City, von wo aus man erlebnisreiche Bootsausflüge mit Park Rangern unternehmen kann, sowie in der Siedlung der Miccosukee-Indianer, die hier Einblicke in ihren Alltag und ihr kunsthandwerkliches Schaffen gewähren. Der »Tamiami Trail« (US-41) verlässt die Everglades in den Außenbezirken von Miami und endet als Calle Ocho (SW 8th Street) in Downtown ❶✶✶ **Miami**.

Letzter Teil dieser Rundreise ist ein Abstecher über die Florida Keys bis hinunter nach ⓬✶✶ **Key West** mit seiner wunderschönen Altstadt, in der sich schon Ernest Hemingway wohlgefühlt hat. Unbedingt besuchen sollte man hier nicht nur das Haus des Literaturnobelpreisträgers, sondern auch die Ausstellung von Schätzen, die der legendäre Schatztaucher Mel Fisher aus untergegangenen kolonialspanischen Gold- und Silberschiffen geborgen hat. Und wer über Nacht in Key West bleiben will, dem sei der märchenhafte Sonnenuntergang am Mallory Square wärmstens empfohlen.

✓ NICHT VERSÄUMEN

- Miami Beach: sehen und gesehen werden am herrlichen South-Beach
- Cape Canaveral · Kennedy Space Center: Der Weltraumbahnhof lockt mit interessanten Ausstellungen.
- Orlando: Welthauptstadt des Vergnügens mit Walt Disney World, SeaWorld, Universal Studios ...
- Everglades: bissfreudige Reptilien in ihrer natürlichen Umgebung
- Key West: märchenhafter Sonnenuntergang am Mallory Square

Tour 5 Highway No. 1 – traumhaftes Küstenpanorama

Start F 12

Start und Ziel: Von Los Angeles nach San Francisco

Länge: ca. 470 Meilen / 750 km

Geduld muss man haben: Insbesondere in den Sommermonaten ist die Strecke zwischen Los Angeles und San Francisco gut »besucht«. Busse und Wohmobile bremsen dann hier den Schnellreisenden. Aber wer will schon in Rekordzeit durch eine der schönsten Landschaften der USA, wenn nicht sogar der Welt, rasen? Nehmen Sie sich Zeit, es lohnt sich!

Golden Gate Bridge
Eine der bekanntesten und schönsten Brücken der Welt bildet den Abschluss dieser Tour.

Big Sur
Sandige Buchten, flache Lagunen, kahle Riffs und ein grüner Gürtel aus Bäumen und Sträuchern

Hearst Castle
Könnte man die Immobilie erwerben, müsste man zwischen 300 und 400 Millionen US-Dollar auf den Tisch legen.

Hat man ❶ ✶✶ **Los Angeles** mit der Traumfabrik Hollywood und ständig verstopften Straßen hinter sich gelassen, führt der Highway No. 1 entlang der Pazifikküste vorbei an Santa Monica und dem aus Film und Fernsehen bekannten Malibu nach ❷ **Santa Barbara**. Vor allem Wasserratten sollten hier Station machen: Der Küstenort bietet vier nette Strände und die Wassertemperaturen sind wesentlich höher als weiter im Norden. Bei passablem Wetter kann man von der Küste die Inseln des Channel Islands National Park ausmachen. Schiffsausflüge starten am Pier oder vom benachbarten Ventura.

NICHT VERSÄUMEN

- Los Angeles: Moloch mit herrlichen Stränden
- Hearst Castle: das »amerikanische Neuschwanstein«
- Big Sure Coast: traumhafte Ausblicke auf die schroffe Pazifikküste
- San Francisco: mit einer Fahrt über die Golden Gate Bridge die Tour abschließen

Auf dem weiteren Weg Richtung Norden passiert man den bei Surfern, Anglern und Badegästen beliebten Gaviota State Park, bevor man das Städtchen ❸ **Lompoc** erreicht. Am nördlichen Ortsrand lädt die komplett restaurierte Anlage der Missionsstation La Purísima Mission mit zehn Gebäuden zu einer ausgedehnten Besichtigung ein. Ca. 110 km weiter nördlich erreicht man San Simeon. 10 km weiter im Landesinneren erhebt sich das »amerikanische Neuschwanstein« ❹ ✶ **Hearst Castle** weithin sichtbar auf einem Hügel.

Der nun folgende Abschnitt entlang der ❺ ✶✶ **Big Sur Coast** ist der faszinierendste Abschnitt der Strecke. Hier trifft der Pazifik auf schroffe Felsen. Steile Abhänge, die ins Meer fallen, Schluchten, die von gigantischen Brücken überspannt werden und die Santa Lucia Mountains machen die Fahrt entlang der Küste zu einem unvergesslichen Highlight. Auf dem weiteren Weg Richtung Norden passiert man das hübsche und leider auch teure Städtchen Carmel, in der der Hollywoodstar Clint Eastwood zwei Jahre lang als Bürgermeister regierte. Auf dem weiteren Weg nach ❻ ✶ **Monterey** sollte man unbedingt auf den mautpflichtigen 17-Mile-Drive fahren. Hier kann man den Pazifik und diverse Millionärsvillen bewundern. Die Cannery Row in Monterey beim ehemaligen Fischereihafen, verewigt im gleichnamigen Roman von John Steinbeck (dt. »Die Straße der Ölsardinen«), hat schon lange keine Ölsardinen mehr gesehen. Restaurants und Geschäfte teilen sich die in historischem Ambiente gehaltene Straße mit dem wunderbaren Monterey Bay Aquarium.

Würdiger Abschluss: Golden Gate

Der Highway No. 1 folgt der halbrunden Bucht bis ❼ **Santa Cruz**, das wegen seiner Surferstrände berühmt ist. Angenehme Fahrtunterbrechungen auf der letzten Etappe nach ❽ ✶✶ **San Francisco** versprechen nette Sandstrände wie der in der Half Moon Bay. In San Francisco angekommen, endet die knapp 800 km lange Tour am Visitor Center der ✶✶ **Golden Gate Bridge**, die den würdigen Abschluss der Reise bildet.

Tour 6 Music, Coke and more

Start und Ziel: Von Atlanta nach New Orleans

Länge: ca. 1025 mi / 1650 km

Von Atlanta über Huntsville, Nashville und Memphis nach New Orleans. Oder, um es mit anderen Worten zu beschreiben: Von Coca Cola über Rocket City, Music City und Elvis Presley zur Big Easy.

Allein für den Ausgangspunkt der Tour, 1 ✶ **Atlanta**, sollte man sich Zeit nehmen: Die Skyline, Coca Cola, CNN und das Grab von Martin Luther King sind nur ein paar der Sehenswürdigkeiten, die die Hauptstadt des Bundesstaates Georgia zu bieten hat. Hat man die Ausrichterstadt der Olympischen Sommerspiele von 1996 hinter sich gelassen, erreicht man in nördlicher Richtung auf der I-75 das Städtchen 2 ✶ **Chattanooga**, dem Glenn Miller 1941 mit seinem Song »Chattanooga Choo Choo« ein musikalisches Denkmal setzte.

Memphis
Heimat des »King of Rock 'n' Roll«

New Orleans
Nach dem verheerenden Hurrikan »Katrina« geht das Leben, wie hier auf der Bourbon Street, langsam wieder seinen gewohnten Gang.

Durch Alabama nach Tennessee

Folgt man nun der US-72 in westlicher Richtung, gelangt man nach 3 ✶ **Huntsville**, Alabama. Die Stadt erhielt den Beinamen »Rocket City« durch das Marshall Space Flight Center, das im Jahr 1960 hier eingeweiht wurde.

✔ NICHT VERSÄUMEN

- Atlanta: ein Besuch im Coca-Cola-Museum
- Memphis: Elvis Presleys Villa »Graceland«
- New Orleans: nach Möglichkeit den Mardi Gras besuchen

Auf dem weiteren Weg Richtung Norden nach Nashville werden Whiskey-Freunde evtl. einen Abstecher nach **Lynchburg** machen wollen (über die US-231 Nord, knapp 70 km). In dem Ort (ca. 5700 Einw.) sitzt die weltbekannte Destillerie von Jack Daniel's Whiskey. Aber Vorsicht vor dem Genuss vor Ort: In Lynchburg ist der Genuss von Alkohol dank einem Gesetz aus Zeiten der Prohibition auch heute noch verboten!

Country und Rock'n Roll

Abstinenzler nehmen westlich der Stadt Huntsville die I-65 nach 4 ✶ **Nashville**. Dort angekommen, merkt man gleich, wo man sich aufhält: in der Music City USA. Die Straßen sind nach den Superstars der Country Music benannt und das Country Music Hall of Fame & Museum erinnert an aktuelle und vergangene Helden aus dem Musik-Business.

Eine weitere bedeutende Stadt der Musikgeschichte befindet sich ca. 300 km weiter westlich: 5 ✶ **Memphis**. Die Hauptstadt von Blues und Rock 'n' Roll ist auch gleichzeitig Wallfahrtsort der Elvis-Presley-Fans, die zu Tausenden an seine Villa »Graceland« pilgern, in der der Sänger 1977 tot aufgefunden wurde. Aber nicht nur der King of Rock 'n' Roll ließ in der Stadt sein Leben. Der schwarze Bürgerrechtler Martin Luther King wurde am 4. April 1968 auf einem Balkon des Lorraine Motels (heute das National Civil Rights Museum) erschossen. Die genauen Umstände der Tat sind bis heute nicht vollständig aufgeklärt.

Plantation Country

Weiter in Richtung Süden erreicht man über 6 **Clarksdale**, in dem Musikfans nicht um das Delta Blues Museum vorbeikommen, und 7 **Greenville** mit dem größten Binnenhafen des Bundesstaates die Stadt 8 **Vicksburg**. Hier fand während des Bürgerkriegs eine der entscheidenden Schlachten statt, die die Unionstruppen für sich entscheiden konnten.

In 9 ✶ **Natchez**, ca. 115 km südlich von Vicksburg, einer netten Südstaaten-Stadt mit knapp 19 000 Einwohnern, zeugen heute noch einige prächtige Villen aus vergangenen Zeiten, in denen die Stadt als Umschlagplatz für Baumwolle diente.

Der letzte Abschnitt der Reise führt von 10 **Baton Rouge**, der Hauptstadt des Bundesstaates Louisiana, nach 11 ✶✶ **New Orleans**. Entlang der knapp 130 km langen Strecke entlang des Mississippi verteilen sich einige der schönsten Herrenhäuser, die diesem Gebiet den Beinamen ✶ **Plantation Country** einbrachten.

Tour 7 Der Nordwesten

Start und Ziel: Seattle **Tourlänge:** ca. 1500 mi / 2415 km

Spektakuläre Gletschergipfel, aktive und schlummernde Vulkane, wildromantische Küsten mit herrlichen Stränden und gewaltigen Sanddünen, immergrüne Regenwälder und imposante Mammutbäume, dazu lebhafte Städte wie Seattle, Portland und Eugene machen diese Rundfahrt zu einem unvergesslichen Erlebnis.

Nach einer Besichtigung von ❶ ★ **Seattle** folgt man der I-5 in südwestlicher Richtung bis ❷ **Olympia**, der Hauptstadt des Bundesstaates Washington. Von hier aus folgt man dem Highway 101 auf die Olympic-Halbinsel mit ihrer wild zerklüfteten Küste, ihren Regenwäldern und ihren bis 2428 m ü.d.M. aufragenden, vergletscherten Bergstöcken.

Der größte Teil der Halbinsel ist als ★ ★ **Olympic National Park** ausgewiesen. Man folgt der US-101 an der Ostseite der Halbinsel nordwärts, vorbei am Totten Inlet und dann entlang der fjordähnlichen Hood Dabob Bay. Schließlich erreicht man ❸ **Port Angeles** an der Nordküste der Olympic-Halbinsel mit dem Visitor Center des Nationalparks. Von hier lohnt ein Abstecher auf die 1597 m hohe Hurricane Ridge, von der aus sich ein toller Blick auf die Gipfel der Olympic Mountains bietet.

✔ NICHT VERSÄUMEN

- Olympic National Park: Abstecher auf die Hurricane Ridge
- Redwood National Park: wild zerklüftete Küste und Mammutbäume
- Mount Rainier National Park: eine Fahrt um den weltberühmten Feuerberg

Entlang des Pazifiks

Hinter Port Angeles führt die US-101 am romantischen Lake Crescent entlang und weiter an die wilde Pazifikküste. Hinter Queets steigt der Highway hinauf zum idyllischen Lake Quinault. Ca. eine Autostunde weiter südlich liegt Aberdeen, wo riesige Mengen Holz verschifft werden. Von hier lohnen Abstecher zu den Stränden am Pazifik (via Hwy. 105 u. Hwy. 109). Nun schlängelt sich die US-101 südwestwärts an die Willapa Bay und weiter in den Ferienort ❹ **Long Beach**. Weiter südlich, am Cape Disappointment (Ausgang des Columbia-Mündungstrichters), wird an die denkwürdige Transkontinental-Expedition von Lewis und Clark (1804 – 1806) erinnert.

Vorbei an traumhaften Stränden

Weiter südöstlich überspannt die 6545 m lange Astoria-Megler Bridge den Mündungstrichter des Columbia River. Über sie gelangt man in die Hafenstadt ❺ **Astoria**. Danach folgt man der US-101 weiter nach Süden. Bis Tillamook reihen sich bekannte Strände wie Perlen aneinander. Seebäder mit Tradition sind Seaside und Cannon Beach. Ab Tillamook folgt man der Three Capes Scenic Route ent-

Long Beach
Wer Erholung sucht, ist hier genau richtig.

Crater Lake National Park
Mit 592 m Tiefe ist der Crater Lake der tiefste See der USA.

lang der Pazifikküste. Die landschaftlich wunderschöne Strecke verbindet Cape Meare, Cape Lookout und Cape Kiwanda und mündet südlich von Pacific City wieder in die US-101. Dieser schlängelt sich nun via Lincoln und Newport (Oregon Coast Aquarium) an der Küste entlang südwärts, vorbei an vielen schönen Stränden und tollen Aussichtspunkten (u. a. Rocky Creek, Otter Crest).

Abstecher ins Hinterland

Florence ist das nördliche Eingangstor in die 6 ✶ **Oregon Dunes N. R. A.** mit ihren großartigen Dünen. Ab Coos Bay windet sich die US-101 durchs Hinterland und erreicht bei Bandon wieder einen dramatischen Küstenabschnitt mit dem Face Rock Viewpoint. Auch weiter südlich folgen landschaftlich reizvolle Plätze, so etwa der Port Orford Heads State Park, der Humbug Mountain State Park sowie der herrliche Küstenabschnitt am Cape Sebastian. Südlich von Brookings überquert die US-101 die Staatsgrenze von Oregon und Kalifornien und erreicht bei Crescent City den Nordteil des als Weltnaturerbe ausgewiesenen ❼ ** **Redwood National Park**. Diese zerklüftete Küstenlandschaft mit ihren imposanten Mammutbäumen sucht ihresgleichen.

In die Berge

Ab Crescent City folgt man der US-199 nordostwärts, durchmisst die herrliche Bergwelt der Smith River N.R.A. und überquert danach die Klamath Mountains. Unterwegs lohnt ein Abstecher zu den Oregon Caves. Bei Fruitdale biegt man ostwärts ins hübsche Valley of the Rogue ab und erreicht ❽ **Medford**. Von hier führt der Hwy. 140 ostwärts in die seenreiche Mountain Lakes Wilderness Area und zum Upper Lake Klamath. Knapp zwei Autostunden weiter nördlich erreicht man den ❾ * **Crater Lake National Park** mit der von einem fast 600 Meter tiefen See ausgefüllten Caldera des vor rund 7000 Jahren in sich zusammengestürzten Vulkans Mazama.

Vom Crater Lake nach Salem

Etwa eine Autostunde nordöstlich vom Crater Lake zweigt der Hwy. 58 von der US-97 und überwindet im Willamette Pass die Cascade Range. Durch das Tal des Willamette River geht es dann hinunter in die lebhafte Universitätsstadt ❿ **Eugene**, in der es viel Interessantes zu sehen gibt (u. a. Schnitzer Museum of Art, Oregon Air & Space Museum). Danach folgt man der I-5 nordwärts bis ⓫ **Salem**, der im hier äußerst fruchtbaren Willamette-Tal gelegenen Hauptstadt des Bundesstaates Oregon, die ebenfalls Sitz einer Universität ist.

City of Roses

Nächstes Etappenziel ist die eine gute Autostunde weiter nördlich an der Mündung des Willamette River in den Columbia River gelegene Großstadt ⓬ **Portland**, die wegen ihres sommerlichen Rosenfestivals auch gern »City of Roses« genannt wird. Natürlich gibt es hier viel zu sehen, nicht nur den hübsch hergerichteten Pearl District und die imposante, aus Kupfer gestaltete Frauenfigur »Portlandia« an der 5th Avenue, sondern auch das renommierte Oregon Museum of Science & Industry und das Portland Art Museum.

Zu den Feuerbergen

Nach einem ausgiebigen Aufenthalt in Portland folgt man der I-5. Nördlich von Longview (I-5, Exit 46) lohnt ein Abstecher zu dem nahe am Silver Lake gelegenen Mount St. Helens National Volcanic Monument Visitor Center. Den aktiven Vulkan selbst sieht man weiter südöstlich aufragen. Er hat letztmals im März 2005 von sich reden gemacht, als er Rauch und Asche ausstieß. Beim Lewis & Clark State Park (I-5, Exit 68) zweigt die US-12 östwärts in die Cascade Range ab. Über sie erreicht man den ⓭ * **Mount Rainier National Park**. Der 4392 m hohe Vulkan Mount Rainier ist von einer Gletscherhaube bedeckt. Die letzte Eruption ereignete sich in den 1840er-Jahren. Der Hwy. 410 umrundet die Ostseite des Vulkanstocks und führt dann – am Mud Mountain Lake vorbei – hinunter nach Tacoma. Von hier sind es nur noch wenige Meilen bzw. Autominuten zurück nach Seattle.

Reiseziele von A bis Z

KAUM EIN LAND DER ERDE IST SO VIELFÄLTIG WIE DIE VEREINIGTEN STAATEN: ALPINE LANDSCHAFTEN UND ENDLOSE PRÄRIEN, GEISTERSTÄDTE UND MEGACITYS, HOCHKULTUR UND MICKEY MOUSE. ABWECHSLUNG GARANTIERT!

Alabama

Qa–Qc 28–30

Abkürzung: AL
Hauptstadt: Montgomery
Einwohnerzahl: 4,53 Mio.
Beinamen: Heart of Dixie, Cotton State
Fläche: 135 775 km²

Man nickt viel. Auch – oder gerade – wenn man nur die Hälfte mitbekommt. Doch hier stört das keinen. Die Menschen kommunizieren in einem Englisch, das selbst ein Amerikaner kaum versteht. Dafür sind sie umso höflicher und ungemein gastfreundlich.

Alabama ist zwar arm an Naturschauspielen, aber reich an freundlichen Menschen. Sie benutzen ein Idiom, das so zähflüssig ist wie Melasse, und spielen Gitarre, Banjo oder Fiddle. Manche sind recht kauzig, andere träumen von der »guten alten Zeit«, als der Süden noch konföderiert war. Die Männer und Jungen laufen in Overalls herum, die Frauen und Mädchen in weiten Kleidern. Alle fahren in verbeulten Pickups auf der Main Street auf und ab, grüßen einander und legen auch sonst viel Wert auf gute Manieren: Das ist Alabama im Film – tiefster Süden. Das Klischee stimmt, nicht immer aber oft: In der anmutigen, dicht bewaldeten Hügellandschaft Alabamas wähnt man sich oft wie in einem grünen Meer. Herren halten Damen die Türe auf und helfen ihnen in den Mantel. Und man ist ehrlich besorgt um das leibliche Wohlergehen eines Gastes. »Eatin'« hält hier nicht nur Leib und Seele zusammen, sondern ist ein soziales Ereignis, bei dem man die Tafel nicht unter zwei Portionen verlässt.

Ausgewählte Reiseziele in Alabama

Birmingham

Alabamas größte Stadt (237 000 Einw.) machte in den 1960er-Jahren als Hotspot der Bürgerrechtsbewegung Schlagzeilen, als ein Bombenanschlag weißer Rassisten auf die Sixteenth Street Baptist Church vier schwarze Mädchen tötete. Die Erinnerung an damals wird im Civil Rights District wachgehalten. Heute macht **Five Points South**, das revitalisierte Entertainment-Viertel nahe der Universität, die Stadt zu einem angenehmen Stopover auf der Fahrt durch den Süden. Im **Civil Rights District**, das Viertel zwischen 15th und 17th Street und 3rd und 7th Avenue, finden sich wichtige Stätten der Bürgerrechtsbewegung und einige gute Restaurants. Der Besuch der Sonntagsmesse (11.00 Uhr) in der **Sixteenth Street Baptist Church** ist ein bewegendes Erlebnis (1530 Sixth Ave. N).

Die Entwicklung der Bürgerrechtsbewegung hält das dank seiner Kuppel unübersehbare **Birmingham Civil Rights Institute** in eindrücklichen Multi-Media-Ausstellungen fest (520 Sixteenth St. N).
Eine Reise von den Anfängen des Boogie Woogie bis zum avantgardistischen »Space Jazz« bietet die hervorragende **Alabama Jazz Hall of Fame**, die von Nat King Cole bis Lionel Hampton alle Jazzgrößen mit Verbindungen zu Alabama ehrt (4th Ave. und 17th St.).

★ **Huntsville**

Die meistbesuchte Touristenattraktion Alabamas liegt in Huntsville (168 000 Einw.), 160 km nördlich von Birmingham. 1950 riss die Ankunft deutscher Raketentechniker um Wernher von Braun die Farmerstadt aus ihrem Schlummer. Heute ist das von der National Aeronautics and Space Administration (NASA) betriebene Marshall Space Flight Center die wichtigste Forschungsanlage der NASA.
Im Jahr 1970 eröffnete Alabama unweit des nicht öffentlich zugänglichen NASA-Centers das **US Space and Rocket Center**, einen mit Weltraum-Memorabilia vollgestopften Raumfahrt-Themenpark. Zu sehen sind u. a. Raketen mit Weltraumerfahrung, die Apollo-16-Kapsel, die russische Raumstation »Mir« sowie ein Weltraum-Shuttle (1 Tranquility Base).

Südstaatenidylle: Wohnhaus in Mobile

»I HAVE A DREAM!«

Als Rosa Parks (1913 – 2005) am 1. Dezember 1955 sich weigerte, ihren Sitz in einem Bus in Montgomery einem Weißen zu räumen, tat sie dies nicht geplant, sondern spontan. Gleichwohl kam ihre Tat nicht von ungefähr – sie war Ausdruck eines seit Ende des Zweiten Weltkriegs gesteigerten schwarzen Selbstbewusstseins, das in den Fünfzigerjahren auf politischer Ebene einige, wenn auch bescheidene Erfolge erzielt hatte.

Vor allem aber gab Rosa Parks die Initialzündung für eine Dekade voll spektakulärer Aktionen, die zu einem guten Teil nicht von einer Bürgerrechtsorganisation ausgingen, sondern aus dem Zorn der direkt Betroffenen erwuchsen und von gemäßigten Schwarzenführern durchaus auch mit Sorge betrachtet wurden. Die entscheidenden Jahre der amerikanischen Bürgerrechtsbewegung zwischen 1955 und 1965 waren auch eine Abkehr von der jahrzehntelangen »legalistischen« Politik der 1909 gegründeten **National Association for the Advancement of Colored People (NAACP)**, die vor Gericht und durch Lobbyismus die Situation der Farbigen zu verbessern suchte. Nun aber änderte sich von »unten« die Taktik: spontan, spektakulär und radikal, aber gewaltfrei. Natürlich ist diese Bewegung nicht ohne Sprecher und Anführer ausgekommen, doch auch sie kamen nicht aus den bis dato existierenden Organisationen.

Martin Luther King

Der prominenteste unter ihnen, Martin Luther King Jr., trat wenige Tage nach Rosa Parks' Tat öffentlich in Erscheinung: Er wurde zum Vorsitzenden der **Montgomery Improvement Association** gewählt, die den fast einjährigen Boykott der öffentlichen Busse in der Stadt organisierte. Er vor allem war es, ausgehend von Christus und Gandhi, der die Gewaltfreiheit als oberstes Prinzip propagierte. 1957 gründeten er und seine Mitstreiter

Der 28. August 1963, ein historisches Datum: Martin Luther King hält vor 200 000 Zuhörern seine berühmte Rede »I have a dream!«.

die **Southern Christian Leadership Conference (SCLC)**, die zur wichtigsten Organisation der Bürgerrechtsbewegung werden sollte.

Neue Protestformen

Doch weder sie noch der NAACP hatten Einfluss auf die Aktion der vier College-Studenten, die am 1. Februar 1961 im Restaurant des Woolworth-Kaufhauses von Greensboro (NC) am für Weiße reservierten Tresen Platz nahmen und bedient werden wollten. Von Greensboro breitete sich die Aktionsform des **Sit-in** wie ein Lauffeuer auf über sechzig Städte in den nördlichen Südstaaten aus und fast überall mühten sich die örtlichen organisierten Bürgerrechtler vergeblich, Einfluss auf die Studenten zu nehmen. Auch die nächste große Aktion der Bürgerrechtsbewegung sah die Organisierten als Zaungäste, obwohl sie von ihnen ausging. Der **Congress of Racial Equality (CORE)** hatte im Frühjahr 1961 dreizehn sog. »Freedom Riders« – Schwarze und Weiße – auf eine Busreise durch den Süden geschickt, um so gegen die Rassentrennung in Bussen und in den Busbahnhöfen zu protestieren. Als die Attacken rassistischer Weißer immer gewalttätiger wurden, blies CORE die Aktion ab. Nun aber entschlossen sich spontan andere, die Aktion fortzusetzen. Sie wurden in Jackson (MS) verhaftet, doch wiederum kamen neue »Freedom Riders« zu ihrer Unterstützung, bis schließlich das ganze Jahr 1961 über ein »Freedom Ride« nach dem anderen Schlagzeilen machte. Die folgenden drei Jahre waren dann aber tatsächlich die ganz große Zeit der organisierten Bürgerrechtler, vor allem für King und den SCLC.

Marsch auf Washington

Wieder verfiel man auf den Gedanken, Aktivisten in die Städte des Südens zu schicken, um diesmal unter der verarmten schwarzen Arbeiterschaft zu agitieren und zu Demonstrationen aufzurufen. Trauriger Höhepunkt dieser Phase waren die gewalttätigen Auseinandersetzungen zwischen Demonstranten und Polizei in Birmingham (AL) im Frühjahr 1963, positiver Höhepunkt und das Glanzlicht der gesamten Bürgerrechtsbewegung war im August desselben Jahres der Marsch auf Washington, D.C., wo Martin Luther King vor rund 200 000 Zuhörern seine berühmte **»I-have-a-Dream!«-Rede** hielt. Mit dem 1964 vom Kongress beschlossenen **Civil Rights Act** und dem ein Jahr darauf folgenden **Voting Rights Act** war die Bürgerrechtsbewegung an ihrem Ziel angelangt. Zumindest auf dem Papier waren die farbigen Amerikaner nun gleichberechtigt mit den Weißen.

Uneinigkeit und Spaltung

Das Erreichen dieses Ziels aber nahm der Bewegung wohl auch den Atem. Es gelang ihr nicht, die Umsetzung der formalen Gleichberechtigung in die alltägliche Wirklichkeit koordiniert anzugehen. **Uneinigkeit** über den Weg spaltete die Bewegung: hier die gewaltfreie Position Kings, dort die militanten Ideen der **Black Panthers**, hier die einen, die weiterhin im Süden ihr Tätigkeitsfeld sahen, dort die anderen, die sich auf die schwarze städtische Bevölkerung des Nordens und deren erbärmliche wirtschaftliche Situation konzentrieren wollten. Als King, der überragende und vielleicht noch zur Integration fähige Kopf der Bürgerrechtsbewegung, 1968 in Memphis (TN) ermordet wurde, konnte ihn niemand ersetzen. Ohne Rosa Parks aber, ohne die vier aus Greensboro, ohne die »Freedom Riders« und ohne all diejenigen, die für die Sache der Bürgerrechtler gestorben waren und deren Andenken im **Civil Rights Memorial** in Montgomery lebendig gehalten wird, wäre vielleicht auch King nur einer unter vielen geblieben. Sie alle haben erfolgreich dafür gekämpft, dass immer mehr Afroamerikaner den Sprung in die Parlamente schafften, sich wirtschaftlich verbessern und sich vor allem als selbstbewusste und stolze Amerikaner fühlen konnten.

Es bleibt noch viel zu tun …

Festzuhalten bleibt aber auch, dass noch heute sehr viele Afroamerikaner ein Leben führen müssen, das wenig Anlass zu Stolz und Selbstbewusstsein gibt, und dass zum alltäglichen, selbstverständlichen Zusammenleben von Schwarz und Weiß noch einiges fehlt.

★ **Mobile**

Die historische Hafenstadt (198 000 Einw.) – Hauptstadt Louisianas von 1711 bis 1719 – liegt an der tief landeinwärts reichenden Mobile Bay. Ihre französische Vergangenheit und ihr dank herrlicher Antebellum-Residenzen und Azaleengärten unübersehbares Südstaatenerbe machen die Hafenstadt am Golf von Mexiko zu einer angenehmen Gastgeberin, besonders rund um den De Tonti Square. Und im Februar feiert man ausgelassen den Mardi-Gras-Karneval.

Das 1942 vom Stapel gelaufene Schlachtschiff »USS Alabama« wurde im Zweiten Weltkrieg in Pazifik und Atlantik eingesetzt und ist heute die Hauptattraktion des **USS Alabama Battleship Memorial Park**, der außerdem historische U-Boote und Jagdflugzeuge zeigt (2703 Battleship Pkwy.).

Die Ausstellungen des **Museum of Mobile** informieren ausführlich über Sklavenhandel und -haltung, Indianer und den Bürgerkrieg und zeigen u. a. Porträts berühmter Mobilians (111 South Royal St.).

Im Jahr 1703 paradierten an »Mardi Gras«, am »fetten Dienstag«, zum ersten Mal in Nordamerika sehr fantasievoll gekleidete Narren durch die Straßen. Das **Mobile Carnival Museum** zeigt die schönsten Kostüme und erklärt die – manchmal auch – ernsten Hintergründe des närrischen Treibens (355 Government St.). Etwa 35 km südlich von Mobile liegen an der Mobile Bay die wunderschönen Bellingrath Gardens mit ihren Abertausenden von Azaleen und Hunderten anderer farbenprächtiger Blumenarten (Theodore, 12401 Bellingrath Rd.). Wer baden möchte, ist an den Stränden von **Gulf Shores** und **Orange Beach** in der Südostecke der Bay gut aufgehoben.

ALABAMA

AUSKUNFT

Alabama Bureau of Tourism and Travel
401 Adams Ave., P. O. Box 4927
Montgomery, AL 36103
Tel. 1-334-242-41 69
www.touralabama.org

Montgomery

Montgomery (202 000 Einw.), die **Hauptstadt Alabamas**, liegt im Zentrum des Bundesstaats am Ostufer des Alabama River. 1817 gegründet und 1861 vorübergehend Hauptstadt der Konföderation, blühte es als Handelszentrum und Verkehrsdrehscheibe. Old Alabama Town, eine mehrere Blocks umfassende Gruppe historischer Häuser an der Columbus Street, erinnert an diese Zeit. Während der Fünfzigerjahre des 20. Jh.s entstand in Montgomery die Bürgerrechtsbewegung (► Baedeker Special S. 182) um **Martin Luther King** (► Berühmte Persönlichkeiten): Am 1. Dezember 1955 weigerte sich hier die Näherin Rosa Parks, ihren Platz im Bus einem Weißen zu überlassen. Ihre Verhaftung und der sich anschließende Busboykott durch die schwarzen Bürger der Stadt schoben die Bürgerrechtsbewegung an.

Alabama State Capitol Im Old Senate Chamber des 1851 im Greek-Revival-Stil erbauten Alabama State Capitol, des Regierungssitzes, gründeten Delegierte der abtrünnigen Staaten 1861 die Konföderierten Staaten von Amerika. Wandgemälde zeigen Schlüsselszenen aus der Geschichte Alabamas (Bainbridge u. Dexter St.).

First White House of the Confederacy Während der dreimonatigen Rolle Montgomerys als Hauptstadt der »CSA« residierte Präsident **Jefferson Davis** im First White House of the Confederacy, einem Holzhaus aus dem Jahr 1835 mit Originalmobiliar aus dem Besitz der Davis-Familie (644 Washington Ave.).

Dexter Avenue King Memorial Baptist Church Die 1889 geweihte Dexter Avenue King Memorial Baptist Church gilt als die Wiege der Bürgerrechtsbewegung. Hier predigte Martin Luther King und hier trafen sich 1955 führende Bürgerrechtler, um den Busboykott zu organisieren (454 Dexter Ave.).

Rosa Parks Library and Museum Das Rosa Parks Library and Museum wurde an der Stelle errichtet, an der Rosa Parks 1955 verhaftet wurde (►Baedeker Special, S. 182). Es dokumentiert die Geschichte des Busboykotts und seine Auswirkungen auf die Bürgerrechtsbewegung (252 Montgomery St.).

★ Alaska

La–Nb 5–8

Abkürzung: AK
Hauptstadt: Juneau
Einwohnerzahl: 655 000
Beiname: Last Frontier
Fläche: 1,7 Mio. km²

Drei Millionen Seen, 3000 Flüsse, 100 000 Gletscher und eine 55 000 km lange Küstenlinie. Texas, doppelt so groß wie Deutschland, würde zweimal hineinpassen. Kein Wunder, dass die Indianer dieses Land »Alyeska« nannten – »großes Land«.

Wer Alaska sagt, der denkt an Abenteuer im unbesiedelten Norden, an Grizzlybären und Weißkopfseeadler, an Lachse und Blockhütten, Lagerfeuer und Wasserflugzeuge. Alaska, da wünscht sich hin, wer am Schreibtisch brütet oder im Stau steckt. Wohl kein anderer US-Staat ist so sehr mit Klischees behaftet wie der größte, erst 1959 der Union beigetretene Bundesstaat. Fast die Hälfte seiner Einwohner lebt in Anchorage, der Rest des Landes ist praktisch menschenleer.

Im Norden grenzt der arktische Ozean an Alaska, im Westen die Beringsee und im Süden der Pazifik. Im Süden reicht ein der Küste folgender, bis 250 km breiter Wurmfortsatz, der soge-

ALASKA ERLEBEN

AUSKUNFT

Anchorage Convention & Visitors Bureau
524 W. Fourth Ave.
Anchorage, AK 99501-2212
Tel. 1-907-276-41 18
www.anchorage.net

Denali National Park
P. O. Box 9
Denali Park, AK 99755-0009
Tel. 1-907-683-22 94
www.nps.gov/dena

Wrangell-St. Elias National Park
Superintendent
Richardson Highway
Copper Center
AK 99573-0439
Tel. 1-907-822-52 34
www.nps.gov/wrst

AKTIVITÄTEN

Alaska ist ein Dorado für naturbegeisterte Besucher aus aller Welt. Viele Naturschauspiele sind zwar bequem im Auto und auf gut ausgebauten Trails erreichbar. Wildnisnovizen sollten allerdings die Dienste erfahrener Ausrüster in Anspruch nehmen und sich einer geführten Gruppe anschließen (nähere Informationen findet man dazu im Internet unter www.travelalaska.com).

nannte »Panhandle«, tief nach Kanada hinein. Die südliche Küstenregion dominieren die bis zu 2500 m hohen Coast Mountains. Im Süden liegen auch die Bevölkerungszentren Alaskas, allen voran die größte Stadt Anchorage. Eingerahmt wird die Alaska Bay von den bis zu 4000 m hohen Chugach Mountains und den Kenai Mountains. Landeinwärts kratzen die St. Elias Mountains mit dem 5960 m hohen Mt. Logan am Himmel. Auf über 5000 m kommen auch die Wrangell Mountains, während der gewaltige Bogen der Alaska Range im 6193 m hohen **Mt. McKinley**, dem höchsten Berg Nordamerikas, gipfelt.
Das Landesinnere wird von waldbedeckten Hochplateaus wie dem Yukonbecken geprägt. Im Norden faltet sich das Land noch einmal bis zur 1500 m hohen Brooks Range auf, bevor es das Eismeer erreicht.

Geschichte

Nachdem der für Russland segelnde Däne **Vitus Bering** 1741 die Südküste Alaskas entdeckt hatte, folgten ihm russische Pelzhändler, die zwischen Kenai und Sitka kleine Forts errichteten. 1867 verkaufte Russland Alaska für 7,2 Mio. Dollar an die USA. Die Goldfunde im benachbarten Yukon Territory lösten 1897 einen ersten Zuwandererstrom aus, 1942 sorgte der Bau des Alaska Highway für den zweiten. Doch erst als 1968 die ersten Erdölvorkommen an der Nordküste entdeckt wurden, rückte Alaska ins Blickfeld vor allem junger Amerikaner, von denen sich viele nach Ende ihrer Arbeitsverträge hier niederließen.

Ausgewählte Reiseziele in Alaska

Alaska Highway Der Alaska Highway hat auch 66 Jahre nach seiner Fertigstellung nichts von seiner Faszination verloren. 1942 in nur acht Monaten durch die Wildnis getrieben, sollte er im Fall einer japanischen Invasion den Nachschub der amerikanischen Truppen sichern. Er beginnt in **Dawson Creek** (British Columbia, Kanada) und strebt quer durch das Yukon Territory nach Alaska, wo er nach 2450 km in **Fairbanks** endet.

Der Weg ist das Ziel: Höhepunkte in Kanada sind die Überquerung der Rocky Mountains, der berühmte Schilderwald und das Informationszentrum in Watson Lake (Yukon Territory), Cappuccino und Käsekuchen in Yukons Hauptstadt Whitehorse, die Vorbeifahrt an den St. Elias Mountains des Kluane National Park und der smaragdgrüne Kluane Lake. Nach Überquerung der Grenze folgt der Alaska Highway dem grünen Tananatal nach Fairbanks. Immer wieder begegnet man der Tierwelt des Nordens: Schwarz- und Braunbären, Rentiere, Elche, Weißkopfseeadler, Wölfe und Kojoten, sie alle können leicht vom Autofenster aus beobachtet werden.

Anchorage Anchorage (283 000 Einw.), 1915 als Hauptquartier der Alaska Railroad am Cook Inlet gegründet, hat alle Annehmlichkeiten einer amerikanischen Großstadt. Selbst das Klima ist erträglich: Von hohen

Auf Streifzug: Grizzly im Denali National Park

Bergketten vor dem rauen Kontinentalklima im Innern geschützt, ist es so mild, dass sich die Stadt im Sommer mit 100 000 Körben farbenprächtiger Blumengestecke schmückt.

Sehenswert ist das **Alaska Aviation Heritage Museum** mit rund 30 historischen Flugzeugen und einer hochinteressanten Ausstellung über die Rolle Alaskas im Zweiten Weltkrieg (4721 Aircraft Dr.).

Das planetariumähnliche **Alaska Experience Theater** mit Rundum-Leinwand zeigt mehrmals täglich in dem von Flugzeugen, Rafts und Zügen aus gefilmten »Alaska the Greatland« die Wildnis des Staats von ihrer besten Seite (705 W. Sixth Ave.).

Das in einem nüchternen Gebäude untergebrachte **Anchorage Museum of History and Art** dokumentiert die Geschichte Alaskas von den Ureinwohnern bis zur Staatswerdung und präsentiert das Kunstschaffen der Alaskans. Besonders eindrucksvoll ist die Ausstellung zur Alaska-Pipeline (121 W. Seventh Ave.).

★ ◂ Kenai Peninsula

Die Kenai-Halbinsel vor den Toren von Anchorage ist ein beliebtes Ausflugsziel. Der Hauptort **Kenai** sowie Seward und Homer sind auf dem Hwy. 1 bzw. 9 erreichbar. In Kenai (7000 Einw.), das 1791 von russischen Pelzhändlern gegründet wurde, sind die russisch-orthodoxe Kirche und das ausgezeichnete Kenai Convention & Visitors Bureau von Interesse (11471 Kenai Spur Hwy.).

Seward (2800 Einw.) ist ein guter Ausgangspunkt für Ausflüge in den Kenai Fjords National Park. Der Highway 1 endet in **Homer**

Grandiose Gletscherwelten bei Juneau

(4000 Einw.), das wegen seiner schönen Lage an der Kachemak Bay ebenfalls gern besucht wird. Hier lohnt das Pratt Museum, das u. a. die 1989 von der »Exxon Valdez« verursachte Ölpest dokumentiert.

✶✶ Denali National Park

Hochalpine Bergketten, Gletscher, Tundra: Alaska aus dem Bilderbuch! Der mit rund 24 000 km² **zweitgrößte Nationalpark der USA** liegt im Norden der Alaska Range. Grizzlys, Wölfe, Rentiere und Elche sind hier zu Hause. Im Südwesten des Parks erhebt sich der Doppelgipfel des majestätischen Mt. McKinley.
Die von der State Rd. 3 abzweigende Denali Park Rd. ist die einzige Straße in den Park. Nur die ersten 24 km sind öffentlich befahrbar, dann muss auf parkeigene Shuttlebusse umgestiegen werden.

Fairbanks

Moderne Bürohäuser, ein postmodernes Post Office, Shoppingmalls: Das in der Mitte Alaskas liegende Fairbanks (33 500 Einw.) präsentiert sich überraschend urban. 1901 als Handelsposten am Chena River gegründet, ist Fairbanks heute wirtschaftlicher und kultureller Mittelpunkt des Landesinnern und Versorgungszentrum der am Eismeer operierenden Ölgesellschaften. Inspirierend aufbereitete Ausstellungen, die die grandiose Natur des Landes widerspiegeln, zeigt das 2005 erweiterte **University of Alaska Museum of the North** (Uni-Campus).
Das knapp neun Kilometer außerhalb von Fairbanks am Cripple Creek gelegene Goldgräbercamp, das **Ester Gold Camp**, saß einst auf den dicksten Goldadern Nordamerikas. Heute steht es als Geisterstadt unter Denkmalschutz, allerdings gibt es dort ein uriges Restaurant und ein einfaches Hotel.

! *Baedeker* TIPP

Riverboat Discovery

Die vierstündige Fahrt auf dem Chena River mit der »Discovery III«, einem prächtigen Raddampfer, führt durch einen repräsentativen Querschnitt der Wildnis rund um Fairbanks (1975 Discovery Dr., Abfahrten: Mai – Sept. tgl. 8.45 und 14.00 Uhr).

Juneau

Fast scheint es, als wolle die **Hauptstadt Alaskas** nichts mit ihrer staatstragenden Rolle zu tun haben. Juneau (32 000 Einw.), 1880 als Goldgräbersiedlung am Gastineau Channel gegründet, liegt im Norden des »Panhandle« und hat wegen der von Fjorden zerfaserten Küste und dem unzugänglichen Hinterland keine Landverbindung mit dem Rest des Staats. Dennoch ist man hier »kurz angebunden«: Flugzeuge und ein hervorragender Fährdienst nach Haines und Skagway sorgen für die problemlose Anbindung.
Vor den Amerikanern waren die Russen da und vor diesen die Stämme der Tlingit-Indianer. Das **Alaska State Museum** ist der Siedlungsgeschichte der Region gewidmet (395 Whittier St.).
Der Botanische Garten hoch über der Stadt im immergrünen Regenwald schwelgt in überbordender Vegetation. Nicht weniger wildromantisch sind seine Teiche, Wasserfälle und der Blick auf die schnee-

Fast wie im Streichelzoo: Wal in den Gewässern bei Juneau

bedeckten Chilkat Mountains in der Ferne (Glacier Gardens Rainforest Adventure, 7600 Glacier Hwy.).

Nur sechs Minuten dauert die Fahrt in einer Gondel der **Mt. Roberts Tramway**, doch der Blick vom 650 m hohen Mt. Roberts auf die Chilkat Mountains, die Admiralty Island und die Glacier Bay ist unvergesslich. Vor Ort kümmert sich das »Juneau Raptor Centre« um Weißkopfseeadler (490 S. Ranklin St.).

★ ◄ Glacier Bay National Park and Preserve

In dem Nationalpark, 60 km nordwestlich von Juneau, reichen über ein Dutzend gewaltige, aus der über 4000 m hohen Fairweather Range kommende Gletscher bis unmittelbar an die Küste. Das Kalben der Gletscher ist ein dramatisches Spektakel und ihr Grollen und Donnern ist schon aus großer Entfernung zu hören. Zahlreiche Veranstalter in Juneau organisieren Schiffs-Touren dorthin.

◄ Admiralty Island

Ca. 1800 Grizzlybären haben der Insel, 20 Flugminuten südlich von Juneau, den Beinamen **»Fortress of Bears«** verliehen. Die größte Wahrscheinlichkeit, die riesigen Tiere zu Gesicht zu bekommen, bietet das »Pack Creek Bear Sanctuary« auf der Ostseite. Geführte Touren werden von Juni bis September in Juneau angeboten.

Kodiak Island

Zwei Drittel dieser Insel vor der Südwestküste Alaskas nimmt das zum Schutz der Kodiakbären gegründete »Kodiak National Wildlife Refuge« ein. Der gleichnamige 6000-Einwohner-Hafen an der Nordostküste ist ein guter Ausgangspunkt für die Erkundung von Park und Insel. Die Anreise erfolgt per Flugzeug von Anchorage aus oder per Fähre ab Seward und Homer. Einen Besuch lohnt das **Baranof**

Museum, das Haus des Pelzhändlers Alexander Baranof, das u. a. eine bewegende Dokumentation des harten Lebens der Fischer Ende des 19. Jh.s zeigt.

Im **Kodiak National Wildlife Refuge** leben rund 2300 Kodiakbären, auch nisten hier etwa 600 Weißkopfseeadler-Pärchen. Das Refugium ist mit Seen, Feuchtgebieten, Flüssen und bis 1200 m hohen Bergen ein ideales Revier. Bären zu beobachten, ist in dem straßenlosen Park allerdings nur bedingt möglich. Die Verwaltung vermietet spartanisch möblierte Hütten, von denen aus man Streifzüge mit ortskundigen Führern in die Wildnis unternehmen kann (1390 Buskin River Rd., Kodiak, Tel. 1-907-487-26 00, www.kodiakisland.net/nwf.html).

Sitka

Der 1804 auf Baranof Island gegründete Ort (9000 Einw.), 160 km südlich von Juneau, gilt als **schönster Hafen Alaskas**. Zwischen von Regenwald bedeckte Berge und die Inside Passage gebettet – und nur per Flugzeug oder Fähre zu erreichen –, genießt es ein mildes Klima und lockt als Basis für unvergessliche Outdoor-Aktivitäten.

In den weitläufigen Volieren des **Alaska Raptor Center** am Indian River werden verletzte Greifvögel betreut – die beste Gelegenheit, diese Tiere aus der Nähe zu beobachten (1000 Raptor Way).

Panoramablick auf den Sitka Sound

Das im Harrigan Centennial Building untergebrachte **Isabel Miller Museum** zeigt Artefakte der Tlingit-Indianer und dokumentiert ausführlich die russische Ära (330 Harbor Drive).
Einen Katzensprung vom Stadtzentrum entfernt erinnert der schöne **Sitka National Historic Park** an eine Schlacht, die das Ende des Widerstands der Ureinwohner Alaskas gegen die Russen markierte: 1804 verloren die Tlingit-Indianer hier gegen alliierte Russen, Aleuten und Inuit. Totempfähle und das Haus des russischen Bischofs sind weitere Sehenswürdigkeiten (501 Lincoln St.).

Skagway

Während des Goldrausches am Klondike kamen Hunderttausende hier durch, um ihr Glück am Klondike River auf der anderen Seite der Grenze zu suchen. Von Skagway (860 Einw.) aus zogen die meisten auf dem berüchtigten Chilkoot Trail landeinwärts, bis die White Pass & Yukon Railroad gebaut wurde. Heute ist der von Zweitausendern umrahmte Ort am Upper Lynn Canal Endstation des Alaska Marine Highway und Knotenpunkt im Straßenverkehr zwischen Alaska und dem kanadischen Yukon Territory.
Der **Klondike Gold Rush National Historical Park** besteht aus 15 Gebäuden im Skagway Historical District. Saloons, Friseur und grausige Geschichten von Massenschlägereien und Revolverduellen: Der Rundgang beschert eine Ahnung von dieser gesetzlosen Zeit, die im Besucherzentrum mit vielen Details dokumentiert wird (White Pass and Yukon Route Railroad Depot).
Historische Züge, gezogen von Dampf- und Dieselloks, arbeiten sich in kürzester Zeit von Meereshöhe auf fast 1000 m hinauf, vorbei an Wasserfällen, durch lange Tunnel und über schwindelerregende Holzbrücken: Die im Jahr 1898 während des Goldrausches in Alaska gebaute **White Pass & Yukon Route Railroad** ist noch heute eine technische Meisterleistung. Der Besucher hat die Wahl zwischen der dreistündigen »White Pass Summit Excursion« und der achteinhalbstündigen »Lake Bennett Excursion« (231 Second Ave., Reservierungen unter Tel. 1-800-343-73 73 und im Internet unter www.whitepassrailroad.com).

★ Wrangell-St. Elias National Park

Ein Naturschutzgebiet der Superlative: größer als Massachusetts, Rhode Island und Connecticut zusammen, mit Gletschern, die Manhattan fünfmal verdecken könnten, und neun der 16 höchsten Berge Nordamerikas. Zwei in geologischer Vorzeit aufeinandergetroffene Kontinentalplatten haben hier im Südosten Alaskas die höchsten Küstengebirge der USA, die Chugach, Wrangell und die St. Elias Mountains, geschaffen. Der Zugang zu dieser Bergwelt, die berühmt ist für ihre Tier- und Pflanzenwelt, ist allerdings begrenzt. Der Richardson Highway entlang der nördlichen Parkgrenze bietet schöne Blicke auf die **Wrangell Mountains**. Die nicht asphaltierten Chitina-McCarthy und Nabesna Roads führen tiefer in den Park. Der **Hubbard Glacier** in der Südostecke des Parks, einer der fotogensten Gletscher der Welt, ist nur per Schiff oder Flugzeug erreichbar.

★ Albuquerque

Pb 28

Bundesstaat: New Mexico
Einwohnerzahl: 524 000
Höhe: 1619 m ü.d.M.

Abends überziehen die letzten Sonnenstrahlen die Sandia-Berge im Hintergrund mit einem wunderschönen Pink. Tagsüber ist Albuquerque nicht minder faszinierend: Die Stadt am Rio Grande bietet so viel indianische und hispanische Kultur wie nur wenige andere im Südwesten.

Mitten in der Old Town kräht ein Hahn. Für eine amerikanische Großstadt, noch dazu eine, die zu den am schnellsten wachsenden Städten der USA gerechnet wird, ist das höchst ungewöhnlich. Ebenso wie die Tatsache, dass das beliebteste Postkartenmotiv in Fenstern hängende Paprikaschoten sind, die in dem trockenen Klima der High Desert besonders gut gedeihen. Die von der legendären »Route 66« (► S. 162) durchzogene Stadt ist Sitz zahlreicher Hightechfirmen – Microsoft hatte hier seinen ersten Firmensitz – und Regierungsinstitutionen.

? WUSSTEN SIE SCHON ...?

- ... dass Albuquerque nach dem Vizekönig von Neu-Spanien, Herzog Felipe de Alburquerque, benannt wurde? Das erste »r« im Namen des Herzogs verlor sich im Laufe des 19. Jahrhunderts.

Im Jahr 1706 gründeten 18 spanische Familien die Stadt Albuquerque, die danach als Zwischenstation am Camino Real zwischen Chihuahua und ► Santa Fe aufblühte. 1846 bauten die Amerikaner zum Schutz der Siedler ein Fort. Im Jahr 1880 brachte die Ankunft der Eisenbahn neuen Schwung in die Stadtentwicklung. Während des Zweiten Weltkriegs wurde nördlich von hier in **Los Alamos** die erste Atombombe entwickelt. Nach dem Zweiten Weltkrieg wuchs der Hightech-Korridor zwischen Los Alamos und Alamogordo im Süden zum Schrittmacher der Sonnenenergie- und Nuklearforschung heran.

Sehenswertes in Albuquerque und Umgebung

Old Town Nach kolonialspanischer Tradition um eine zentrale Plaza gewachsen, ist Albuquerques nördlich der Central Ave. liegende Altstadt heute ein sehenswertes Fragment des alten Südwestens. Besonders fotogen: **San Felipe de Neri**, die 1706 aus »Adobe« genannten Lehmziegeln erbaute Kirche an der Nordseite der Plaza. Viele der alten Häuser stehen noch, in den Fenstern hängen »ristra«, knallrote Bündel von Paprikaschoten, die Glück bringen sollen. Der zweite Grund für einen Besuch sind die indianischen Kunstgalerien mit Silber- und Türkisarbeiten der Navajo, Zuni und Apache.

ALBUQUERQUE ERLEBEN

AUSKUNFT

Albuquerque Convention & Visitors Bureau
20 First Plaza N.W., Suite 601
P. O. Box 26866
Albuquerque, NM 87125
Tel. 1-505-842-99 18
www.itsatrip.org

AKTIVITÄTEN

Im für seine »Montgolfiere-Tage« Anfang Oktober berühmten Albuquerque gibt es zahlreiche kommerzielle Anbieter von Heißluftballonfahrten – besonders im Farbenspiel des späten Nachmittags ein unvergessliches Erlebnis.

SHOPPING

Die Galerien und Stände an der Old Town Plaza verkaufen indianisches Kunsthandwerk, vor allem Schmuck, Tücher und Keramik.

ESSEN

► Fein & teuer

Church Street Café
2111 Church St. NW
Tel. 1-505-247-85 22
Heimeliges Restaurant in 300 Jahre altem Gemäuer. Mexikanisch-amerikanische Küche und einheimische Biere. Gutes Frühstück.

Seasons Rotisserie-Grill
2031 Mountain Rd.
Tel. 1-505-766-51 00
Der knarrende Holzboden passt zu den zünftigen Grillgerichten.

► Erschwinglich

El Pinto
10500 4th St. NW
Tel. 1-505-898-17 71
Die Quintessenz von Albuquerque: Mexikanische Küche in lauschigen Atrien mit fotogenen Springbrunnen. Burritos, Chicken, Carne.

► Preiswert

Chef Du Jour
119 San Pasquale S.W.
Tel. 1-505-247-89 98
Eklektische Küche in kleinem Café-Restaurant, netter Service.

ÜBERNACHTEN

► Luxus

Casas de Suenos
310 Rio Grande Blvd.
Tel. 1-505-247-89 98
www.casasdesuenos.com
Romantische Anlage; man wohnt in einer der 21 rustikal und gemütlich eingerichteten Casitas.

► Komfortabel

Los Poblanos
4803 Rio Grande NW Blvd.
Tel. 1-505-344-92 97
www.lospoblanos.com
Herrliches, ursprünglich als Ranch benutztes Anwesen. Zimmer und Suiten im kolonialspanischen Stil.

Indian Pueblo Cultural Center

Hervorragendes, von den 19 Pueblo-Stämmen New Mexicos betriebenes Museum zur Geschichte und Kultur der Ureinwohner. Galerien zeigen Werke lokaler Künstler und an den Wochenenden finden farbenprächtige Zeremonien statt, die fotografiert werden dürfen (2401 12th St., Öffnungszeiten: tgl. 9.00 – 16.30 Uhr).

Rattlesnake Museum

Ein Muss für Schlangenfreunde: Das »American International Rattlesnake Museum« am Rande der Old Town beherbergt über 30 z. T. äußerst selten vorkommende Klapperschlangenarten (202 San Felipe St., Öffnungszeiten: Sept. – Mai Mo. – Fr. 11.30 – 17.30, Sa. 10.00 bis 18.00, So. 13.00 – 17.00; sonst Mo. – Sa. 10.00 – 18.00, So. 13.00 bis 17.00 Uhr).

National Museum of Nuclear Science & History

Technik- und Geschichtsfans werden fasziniert sein: Das vormals – ehrlicher – »National Atomic Museum« genannte Gebäude enthält dramatisch inszenierte Ausstellungen zum Aufbruch in das Atomzeitalter. Hauptthemen sind der Wettlauf um die erste Atombombe, der Rüstungswettlauf und die friedliche Nutzung der Atomenergie (1905 Mountain Rd., Öffnungszeiten: tgl. 9.00 – 17.00 Uhr).

National Hispanic Cultural Center

Zu dem weitläufigen Kulturzentrum gehört u. a. ein Museum über die kulturellen Beiträge der Spanisch sprechenden »Hispanics« (1701 4th St., Öffnungszeiten: Di. – So. 10.00 – 17.00 Uhr).

Sandia Peak Aerial Tramway

Sandia Peak, der knapp 3200 m hohe Hausberg Albuquerques, ist ein beliebtes Naherholungsziel. Während der 25-minütigen, über 4 km langen Gondelfahrt mit der längsten freihängenden Seilbahn der Welt hinauf zu Gipfel gleitet man über zerklüftete Canyons und genießt einen herrlichen Blick über das Hochplateau von Albuquerque. (I-25, Exit 234, Tramway Rd., Gondelbetrieb: Mai – Sept. tgl. 9.00 – 21.00, sonst Mi. – Mo. 9.00 – 20.00 Uhr).

Acoma

96 km westlich von Albuquerque liegt an der I-40 eine der am besten erhaltenen Festungen der **Pueblo-Indianer**. Seit rund 1000 Jahren ununterbrochen bewohnt, wurde die auf einer über 100 m hohen

Acoma Pueblo ist seit fast 1200 Jahren ununterbrochen bewohnt.

Sandstein-Mesa errichtete Feste nach Jahrzehnten kriegerischer Auseinandersetzungen 1599 von den Spaniern erobert. Heute leben nur noch einige Dutzend Indianer dort, der übrige Stamm wohnt in Dörfern zu Füßen des monolithartigen Felsens. Der Besuch der alten, **Sky Ciy** genannten Siedlung auf der Mesa ist nur in geführten Gruppen möglich. Zum Fotografieren ist eine Genehmigung (»permit«) erforderlich, die im nagelneuen Sky City Culturall Center zu Füßen der Mesa erhältlich ist. Hier werden auch die Gruppen zusammengestellt (I-40 bis Acoma Sky City Casino, dann der Beschilderung folgen; Öffnungszeiten: tgl. 8.00 – 17.00, Führungen bis 15.00 Uhr).

★★ Arches National Park

Pa 26

Bundesstaat: Utah
Gründungsjahr: 1929
Fläche: 310 km²

Die rostroten Sandsteintürme und -bögen kommen Ihnen bekannt vor? Gut möglich: Thelma und Louise fuhren hier über die Klippe und Indiana Jones jagte hier Bösewichter.

Es soll Leute geben, die sie gezählt haben. Auf 2000 Felstürme sind sie gekommen, die größten über 100 m lang und 30 m hoch, die kleinsten dagegen nur wenige Handbreit im Durchmesser. Allerdings, Letztere wird der Besucher nur sehen, wenn er wochenlang in dem steinigen Labyrinth umherirrt und auch schon mal auf allen vieren durch schulterbreite Canyons kriecht. Andererseits führt ein 40 km langer »Scenic Drive« zu den schönsten Stellen des Parks.

ARCHES NATIONAL PARK ERLEBEN

AUSKUNFT

Arches National Park
Visitor Center
North Highway 191,5
Moab 84532, Tel. 1-435-719-22 99
www.nps.gov/arch

AKTIVITÄTEN

Mountainbike-Trails gibt es für Novizen wie Profis. Wer kein eigenes Gerät mitbringt, kann sich bei einem der vielen Ausrüster in Moab ein Bike leihen. Dort werden auch geführte Touren angeboten.

ESSEN

► **Preiswert**

Moab Brewery
Moab, 686 S. Main St.
Tel. 1-435-259-63 33
Selbst gebraute Biere, Pubgerichte.

ÜBERNACHTEN

► **Günstig**

Red Rock Lodge
Moab, 51 N. Main St.
Tel. 1-435-259-54 31
www.red-rocklodge.com
23 Z. Einfaches Motel im Frontierstil.

Der Delicate Arch ist das Wahrzeichen des Nationalparks.

Die Panoramastraße beginnt im Moab Canyon und führt zunächst zum La Sal Mountains Viewpoint: Die knapp 4000 m hohe Gebirgskette im Osten ist bis zum Hochsommer schneebedeckt. Danach passiert man turmähnliche Felsformationen wie den **Tower of Babel** und den **Balanced Rock**, ein 3500 t schwerer Fels, der auf einem 40 m hohen Sockel sitzt. Dann beginnen die Bögen: Der **Delicate Arch**, zu dem ein 20-minütiger Fußmarsch führt, ist der schönste. **Landscape Arch**, den man auf einem dreieinhalb Kilometer langen Rundweg erreicht, ist mit einer Länge von 93 m nach dem »Kolob Arch« im ►Zion National Park der größte Felsenbogen der Welt.

Vegetation Die Vegetation in dieser 1200 bis 1600 m hoch gelegenen Wüste ist sehr empfindlich. Deshalb gibt es nur wenige Trails, die man auch nicht verlassen sollte. Um mehr über die Ökologie zu erfahren, sollte man sich einer der von Rangern geführten Touren anschließen. Diese führen u. a. auch in das Felsenlabyrinth **Fiery Furnace**, aus dem man allein nicht wieder herausfindet!

Moab Die Mormonensiedlung (4800 Einw.) besteht im Wesentlichen aus einer breiten Main Street und hat sich zu einem Outdoor-Zentrum entwickelt. Von hier aus starten Raftingtouren auf dem Colorado River und Trips in die Nationalparks Arches und ► Canyonlands. Mountainbiker aus aller Welt nehmen hier eine Mütze voll Schlaf, bevor sie sich auf legendäre Trails wie den Slickrock Trail stürzen.

Arizona

Oh–Pa 27–30

Abkürzung: AZ
Hauptstadt: Phoenix
Einwohnerzahl: 6,3 Mio.
Beiname: Grand Canyon State
Fläche: 295 260 km²

Sheriff Wyatt Earp würde den Wüstenstaat nicht wiedererkennen: Wo er einst Mörder und Viehdiebe zum Showdown auf staubigen Straßen forderte, wird heute geputtet. Doch keine Sorge, Wyatt: Dein Arizona beginnt noch immer gleich hinter dem letzten Green: ► Grand Canyon, ► Monument Valley und Redrock Country haben sich kaum verändert.

Im Norden des Südweststaates liegt das dicht bewaldete Colorado Plateau mit dem bis zu 2000 m tief eingeschnittenen ► Grand Canyon. Von unzähligen Brüchen durchzogen wie ein Schnittmuster, fällt es stufenweise nach Süden ab. Die höchsten Erhebungen sind die bis zu 3861 m hohen **San Francisco Mountains**. Im Süden läuft die glühend heiße **Sonora Desert** nach Mexiko aus. Zwei Drittel der Staatsfläche bestehen aus Steppe und Wüste. Riesenkakteen, die »Saguaros«, und Yuccapalmen sind die sichtbarsten Vertreter der Wüstenvegetation. Und was die Menschen angeht, es gibt sie immer noch, die Cowboys, Sheriffs und die Indianer. Nur ein bisschen moderner. Die Cowboys arbeiten heute auf »Dude Ranches« und helfen mehr Touristen in die Sättel als Kühen beim Kalben. Die Sheriffs patroullieren durch ihr Gebiet in mit Elektronik vollgestopften Autos, und die Indianer sind nicht mehr auf dem Kriegspfad, sondern verkaufen Kunsthandwerk. Tatsächlich sind die Navajos, Apaches, Hopis und Zunis hier weitaus sichtbarer, als es ihre fünf Prozent an der Gesamtbevölkerung Arizonas suggerieren. Zahlreiche historische Stätten, v. a. die prähistorischen Felsendörfer in Nord-Arizona, werden von ihnen verwaltet und im Raum Phoenix betreiben sie Kasinos und luxuriöse Fünf-Sterne-Hotels.

Ausgewählte Reiseziele in Arizona

Flagstaff

Die 1876 zu Füßen der San Francisco Mountains gegründete Stadt (59 000 Einw.) liegt an der legendären **Route 66** (► S. 162). Wer direkt aus ► Phoenix hierherkommt, wird tief durchatmen: In 2142 m Höhe ist es schön kühl. Das Stadtzentrum mit seinem Mix aus Frontieratmosphäre und viktorianischer Eleganz erinnert an die Gründerzeit, doch das Straßenbild ist jugendlich: Die Studenten der

Northern Arizona University haben Coffeeshops, Boutiquen, Bistros und Buchläden nach Flagstaff gelockt. Das in einem Wald aus Ponderosa-Kiefern liegende **Arboretum** zeigt über 2500 Pflanzenarten und rühmt sich der meisten Wildblumenarten der USA (S. Woody Mountain Rd.). Das **Museum of Northern Arizona** enthält fünf Mio. Artefakte aus den Bereichen Geologie, Anthropologie, Biologie und Kunst. Höchst interessant sind die Sammlungen mit Exponaten aus indianischen Kulturen der Region, z. B. eine nachgebaute »Kiva«, ein traditioneller Zeremonialraum. Die an Wochenenden aufgeführten Tänze der Navajo und Hopi sind eine gute Einstimmung auf den Besuch der Reservate im Norden Arizonas (3101 N. Fort Valley Rd.). Rund 10 000 Objekte, darunter alte Pflüge und Traktoren, erinnern im **Pioneer Museum** an die entbehrungsreiche Pionierzeit (2340 N. Ft. Valley Rd.).

ARIZONA

AUSKUNFT

Arizona Office of Tourism
1110 W. Washington St.
Phoenix, AZ 85007
Tel. 1-602-364-37 00
www.arizonaguide.com

Walnut Canyon

Zwölf Kilometer östlich von Flagstaff liegt das »Walnut Canyon National Monument«. In dieser 130 m tiefen Schlucht haben Sinagua-Indianer rund **300 Felsenwohnungen** gebaut. Die 1000 Jahre alte Architektur kann auf einem anstrengenden Trail auch aus der Nähe bewundert werden (I-40, Exit 204, Walnut Canyon Rd.).

★ **Sunset Crater**

Die von junger Vegetation spärlich bedeckte Mondlandschaft des »Sunset Crater Volcano National Monument« liegt knapp 25 km nördlich von Flagstaff an der US-89. Erstarrte Lavaströme und der über 300 m hohe, schwarze Aschekegel des Sunset Crater Volcano erinnern hier an den letzten Ausbruch vor gut 800 Jahren. Ein beschilderter Trail führt mitten durch dieses surreale Gemälde. Das Gelände kann auch auf der **Sunset Crater-Wupatki Loop Road** durchfahren werden.

★ **Petrified Forest National Park**

Der »Versteinerte Wald« liegt östlich von Flagstaff an der I-40 mitten in der in Rot- und Blautönen leuchtenden **Painted Desert**. Versteinerte Baumstämme, Holz- und Pflanzenreste, wohl 225 Mio. Jahre alt, wurden hier gefunden. Einst war dieses Gebiet von zahlreichen Flussläufen durchzogen. Umstürzende Bäume wurden von Sedimenten bedeckt und gerieten rasch unter Luftabschluss. In Feuchtzeiten drang schwach siliziumoxidhaltiges Wasser in das morsche Holz ein. Beim Trocknen verdunstete das Wasser und das Siliziumoxid kristallisierte aus. Die Konzentration wurde allmählich so hoch, dass Quarz auskristallisierte und einen getreuen Abdruck der inneren Zellstrukturen und der äußeren Gestalt der Bäume lieferte. Die schönsten Stellen des Parks erschließt die 42 km lange **Park Road**.

Prescott

Der anderthalbtausend Meter hoch gelegene Ort (38 000 Einw.) ist ein beliebter Ausgangspunkt für Touren im »Prescott National Forest«. Viele gepflegte alte Häuser, originelle Kunstgalerien und die glasklare Luft machen das 1863 gegründete Prescott zu einem erholsamen Stopover. Hervorragende Einblicke in den Alltag der Pioniere gibt das aus neun Gebäuden bestehende **Sharlot Hall Museum** (415 W. Gurley St.).

★ **Red Rock County**

Schneeweiße Wolken vor tiefblauem Himmel, eine Felsenlandschaft aus rotem Sandstein, sattgrüne Cottonwoodwälder in den Tälern: Zwei Autostunden nördlich von ►Phoenix liegt eine der fotogensten Landschaften Arizonas. Eine gute Basis für die Erkundung des Countys ist **Sedona** (12 000 Einw.). Das Städtchen hat sich als Künstlerkolonie einen Namen gemacht und bietet außer Galerien hübsche Cafés und Restaurants.

Nicht entgehen lassen sollte man sich den **Oak Creek Canyon** nördlich von Sedona und die engen Serpentinen hinauf zum **Oak Creek Vista Point** sowie das 20 Autominuten südwestlich von Sedona gelegene alte Bergbaunest **Jerome** (330 Einw.), das an den Hängen des Cleopatra Hill klebt.

Red Rock County – faszinierende Felslandschaft bei Sedona

★ Tombstone

Die gewalttätige Vergangenheit des Städtchens (1600 Einw.) mit dem bezeichnenden Namen versprach einfach zu viele Dollars, um von den Stadtvätern ignoriert zu werden. Deshalb findet die legendäre Schießerei am O. K. Corrall in der Allen Street, bei der am 26. Oktober 1881 Wyatt Earp und Doc Holiday kurzen Prozess mit der Clanton-Bande machten, jeden Tag aufs Neue statt – mit Platzpatronen natürlich und jeder Menge Pathos; »High Noon« ist übrigens heutzutage um 14.00 Uhr.

Tombstone ist ein liebevoll restauriertes Wildweststädtchen an der Grenze zu Mexiko, das 1879 auf Silberadern gegründet wurde, kurz boomte, zehn gesetzlose Jahre erlebte und danach vergessen wurde, bis es vom Kinogenre des Western wiederbelebt wurde: eines der Denkmäler des Wilden Westens – Saloons, Postkutschen und »Walk-where-they-fell«-Touren eingeschlossen.

Theater, Saloon und Bordell in einem, erlebte das 1881 eröffnete **Bird Cage Theatre** Tombstone in seiner »wildesten« Zeit. Nach dem Studium der vergilbten Fotos berüchtigter Huren kann man anschließend die Einschusslöcher in den Wänden zählen – 140 sollen es sein (Allen St.).

? WUSSTEN SIE SCHON ...?

- ... dass der berühmte Schusswechsel in Wahrheit nicht direkt am O. K. Corral in der Allen Street stattfand, sondern dahinter in der Fremont Street?

High Noon in Tombstone

Arkansas

Ph–Qa 27–29

Abkürzung: AR
Hauptstadt: Little Rock
Einwohnerzahl: 2,8 Mio.
Beiname: The Natural State
Fläche: 137 800 km²

Was empfiehlt man im Visitor Center in Little Rock als typische Mitbringsel? »Scuppernong Jelly«, ein Gelee aus hiesigen Trauben, »Hogopoly«, eine Hillbilly-Variante von Monopoly, und natürlich eine Biografie von Bill Clinton, dem berühmtesten Sohn des Staats. Man hat Humor in Arkansas – und viel, viel unberührte Natur.

Auch der Name, sagen die Damen in Little Rock, habe eine lustige Vorgeschichte. »Ar-Kansas« oder »Arken-Saw«? Damals sprach jeder den Namen anders aus, was für Verwirrung vor allem bei Auswärtigen sorgte. Und so verfügte die gesetzgebende Versammlung 1881, dass der Name künftig »Arkansas« zu buchstabieren, aber »Arken-Saw« auszusprechen sei.

Bill Clinton, der 42. Präsident der USA, ist der bekannteste Bürger von Arkansas. Weniger bekannt ist, dass der vom Arkansas River zweigeteilte Staat im Süden der USA grün – der Wälder wegen – und blau ist – der Seen wegen. Die **Ozark Mountains** im Norden und **Ouachita Mountains** im Süden sind beliebte Erholungsziele ländlichen Charakters: Hier steht die Kirche noch im Dorf, und von der Veranda aus schaut man Fremden bis zur City Line hinterher.
1957 machte Arkansas nationale Schlagzeilen, als die ersten schwarzen Studenten die Little Rock Central High School unter dem Schutz der Nationalgarde besuchten.

Ausgewählte Reiseziele in Arkansas

Eureka Springs

42 Heilquellen machten das Städtchen Eureka Springs (2300 Einw.) in den Ozark Mountains schon im 19. Jh. bekannt. Heute kurieren hier liberale New Yorker und wiedergeborene Texaner ihre Zipperlein. Die Bewohner, Hippies, Künstler, Ufologen und Prediger, sind ein ebenso buntes Häuflein. Wegen seiner schönen viktorianischen Häuser und engen, gewundenen Straßen steht ganz Eureka Springs unter Denkmalschutz.
Von April bis Oktober wird hier mehrmals wöchentlich ein Passionsspiel, das **Great Passion Play**, aufgeführt, Kamele, Schafe und 250 Laiendarsteller inklusive. 20 Galerien an der Springs Street und zahlreiche Coffeeshops – im Schatten der sieben Stockwerke hohen

Christusstatue »Christ of the Ozarks« – garantieren einen angenehmen Besuch. Westlich des Orts entspringt im **Blue Springs Heritage Center** die stärkste Quelle der Ozark Moutains, umgeben von herrlichen Felsen- und Wildblumengärten.

★ Hot Springs

1832 stellte der Kongress die Quellen in den Ouachita Mountains unter Schutz, 1921 wurde das Areal zum Hot Springs National Park geadelt. Danach erblühte ein Vierjahreszeiten-Resort mit vornehmen Hotels und Badehäusern entlang der Central Avenue. Heute lockt Hot Springs (37 000 Einw.) mit einer eleganten Kunstszene und einem breiten Erholungsangebot.
Der **Hot Springs National Park** liegt beiderseits der SR-7 und – einmalig in den USA – teilweise in der Stadt. Das Quellwasser wird in die Badehäuser an der »Bathhouse Row« genannten Central Avenue geleitet. Ein Bad kann dort jederzeit genommen werden. Hinzu kommen 16 km Aussichtsstraße und schöne Spazier- und Wanderwege.

ARKANSAS

AUSKUNFT

Arkansas Department of Parks & Tourism
1 Capitol Mall , Little Rock, AR 72201
Tel. 1-501-682-77 77
www.arkansas.com

Little Rock

Die Hauptstadt (185 000 Einw.), politisches und wirtschaftliches Zentrum des Bundesstaats, liegt am Südufer des Arkansas River und in Sichtweite der Ouachita Mountains. 1812 gegründet und nach einem kleinen Felsen im Wasser benannt, rückte Little Rock zweimal in den nationalen Blickpunkt: 1957, als die Rassentrennung an der Little Rock Central High School aufgehoben wurde, und 1992, als der zum US-Präsidenten gewählte Bill Clinton vor dem Old State House seine Antrittsrede hielt.
Am Morgen des 23. September 1957 nahmen neun afroamerikanische Schüler trotz wütender Proteste einer weißen Menge am Unterricht der Central High School teil. Im Laufe des Vormittags eskalierte die Gewalt, und die **»Little Rock Nine«** mussten die Schule verlassen. Tags darauf betraten sie die Schule erneut, dieses Mal unter dem Schutz der Nationalgarde. Gegenüber der Schule erinnert ein Museum an die Ereignisse, die einen Meilenstein in der Geschichte der Bürgerrechtsbewegung darstellen (2125 Daisy L. Gatson Bates Dr.).
Das in fünf Gebäuden untergebrachte **Historic Arkansas Museum** zeigt neben Exponaten aus der Geschichte des Staates auch Werke hiesiger Künstler (200 E. Thirs St. u. Cumberland St.; Öffnungszeiten: Mo. – Sa. 9.00 – 17.00, So. ab 13.00 Uhr).
Das Old State House, ein strahlend weißes, neoklassizistisches Gebäude mit dorischen Säulen und Blick auf den Arkansas River, gilt als schönster Regierungssitz westlich des Mississippi. Im **Old State House Museum** sind u. a. alte Konföderiertenflaggen und Kleider ehemaliger First Ladies zu sehen (300 W. Markham St.).

★ Atlanta

Qc 29

Bundesstaat: Georgia
Höhe: 320 m ü.d.M.

Einwohnerzahl: 490 000
(Metropolitan Area: 5,2 Mio.)

»Oh Atlanta, I hear you callin' ...!« Die Hymne auf die Metropole des Neuen Südens und die Hauptstadt ►Georgias kennt hier jeder. Wie keine andere Stadt im Süden steht Atlanta für das erfolgreiche Comeback nach der Niederlage im Bürgerkrieg. 300 Kongresse jährlich, Sitz Dutzender weltweit operierender Konzerne, Olympiastadt: Atlanta boomt, und zwar ohne Ende.

Für Autofahrer ist die Stadt allerdings ein Albtraum. Das Straßennetz hat nicht mitgehalten mit der stürmischen Entwicklung. Heute hat Atlanta eines der höchsten Pro-Kopf-Einkommen der USA, allerdings auch die größten Unterschiede zwischen Reich und Arm; Südstaatenromantik darf man nicht erwarten – auch wenn **Margaret Mitchell** hier einst den Südstaatenklassiker »Vom Winde verweht« schrieb. Sehenswert ist die Stadt dennoch, allein wegen Coca-Cola, das hier sein Hauptquartier hat, CNN, dem von Ted Turner gegründeten Nachrichten-Pionier, und dem Ende 2005 eröffneten Georgia Aquarium, dem größten Aquarium der Welt. Dabei sind die Stadt-

In der Lobby des CNN-Centers in Atlanta

ATLANTA ERLEBEN

AUSKUNFT

Atlanta Convention and Visitors Bureau
233 Peachtree St. N.E.
Atlanta, GA 30303
Tel. 1-404-521-66 00
www.atlanta.net

SHOPPING

Von den 55 Shoppingmalls in Atlanta ist »Lenox Square« in Buckhead mit rund 250 Geschäften die größte (3393 Peachtree Rd.). Die feinste liegt gleich nebenan: »Phipps Plaza« vereint Gucci, Tiffany & Co. unter ihrem gläsernen Dach (3500 Peachtree Rd.).

ESSEN

► Fein & teuer

② ***Hal's on Old Ivy***
30 Old Ivy Rd.
Tel. 1-404-261-00 25
Hervorragende Fischgerichte à la Creole in rustikaler Atmosphäre.

► Erschwinglich

① ***Seeger's***
111 W. Paces Ferry Rd.
Buckhead
Tel. 1-404-846-97 79
Raffinierte, weltoffene Cuisine und urbanes Ambiente.

ÜBERNACHTEN

► Luxus/Komfortabel

① ***Atlanta Marriott Marquis***
265 Peachtree Center Ave.
Tel. 1-404-521-00 00
www.marriott.com
1675 Zimmer. 47 Stockwerke hohe Lobby und scheinbar im Orbit verschwindende Aufzüge.

② ***Four Seasons Hotel***
75 14th St.
Tel. 1-404-881-98 98
www.fourseasons.com
244 Zimmer. Pinkfarbener Marmor in der Lobby, für seine Aufmerksamkeit berühmtes Personal.

teile attraktiver als das moderne, nach Büroschluss jedoch ausgestorbene Zentrum. Buckhead, Hangout der Jungen und Schönen, glänzt mit Museen und Nachtklubs, Sweet Auburn, das schwarze Viertel, mit Symbolen der Bürgerrechtsbewegung.

Sehenswertes in Atlanta

Atlanta History Center In einer großen Garten- und Parklandschaft zeigt das History Center Ausstellungen zur dramatischen Stadtgeschichte (130 W. Paces Ferry Rd., Buckhead, Öffnungszeiten: Mo. – Sa. 10.00 – 17.30, So. 12.00 bis 17.30 Uhr).

CNN Center 1980 nahm der erste Kabelnachrichtenkanal den Betrieb auf. Seitdem steht CNN für Weltnachrichten rund um die Uhr. Während einer ca. 45-minütigen Führung durch die Studios erfährt man alles über den Sender und seinen charismatischen Gründer Ted Turner (Techwood Dr./Marietta St., Öffnungszeiten: tgl. 9.00 – 17.00 Uhr).

Atlanta *Orientierung*

Übernachten
① Atlanta Marriott Marquis
② Four Seasons Hotel

Essen
① Seeger's
② Hal's on Old Ivy

–○– **MARTA**

Atlanta Cyclorama

Im Grant Park, südlich von Downtown, schildert das in den Jahren 1885/1886 angefertigte »Atlanta Cyclorama«, ein riesiges Rundgemälde, die Schlacht um Atlanta 1864 (800 Cherokee Ave. S.E., Öffnungszeiten: Di. – So. 9.00 – 16.30 Uhr).

Carter Presidential Library and Museum

Das 1982 erbaute Dokumentationszentrum widmet sich dem Weg Jimmy Carters, 39. Präsident der USA von 1977 bis 1981 und Friedensnobelpreisträger des Jahres 2002, vom Erdnussfarmer zum Weltpolitiker (441 Freedom Parkway, Öffnungszeiten: Mo. – Sa. 9.00 bis 16.45, So. ab 12.00 Uhr).

✶ Georgia Aquarium

Das im November 2005 eröffnete Aquarium ist mit insgesamt 100 000 Tieren und 30 Mio. Liter Süß- und Salzwasser fassenden Becken das größte Aquarium der Welt. Eine ganz besondere Attraktion des Aquariums sind vier ca. 5 m lange Walhaie in einem Becken mit 30 000 m³ Salzwasser (225 Baker St., Öffnungszeiten: So. – Fr. 10.00 bis 17.00, Sa. 9.00 – 18.00 Uhr).

Margaret Mitchell House

Fotografien und persönliche Gegenstände erzählen vom Leben der Schriftstellerin, die mit ihrem 1936 erschienenen Roman »Vom Winde verweht« einen der größten Erfolge in der amerikanischen Literaturgeschichte erzielte. An die Dreharbeiten zum gleichnamigen Leinwandklassiker mit **Clark Gable** (► Berühmte Persönlichkeiten) und **Vivien Leigh** erinnert das »Gone with the Wind Museum« (990 Peachtree St. N.E., Öffnungszeiten: Mo. – Sa. 9.30 – 17.00, So. ab 12.00 Uhr).

Der Eingang zum Georgia Aquarium

Die mit Martin Luther King Jr. verbundenen Orte – sein Geburtshaus und die Ebenezer Baptist Church – sind mit dem »King Center«, dem besten Dokumentationszentrum zur Geschichte des schwarzen Amerikas, zum Nationaldenkmal erklärt worden. Kings Sarkophag steht vor dem Center for Nonviolent Change (entlang der Auburn Ave., Sweet Auburn, tgl. 9.00 – 17.00 bzw. 18.00 Uhr).

✶ Martin Luther King Jr. NHS

So künstlich wie die Brause: Der in plastikfarbenen Pavillons untergebrachte Schrein der erfolgreichsten Limo aller Zeiten zeigt ihren Weg vom fadenscheinigen Allheilmittel im 19. Jahrhundert zum heutigen globalen Erfrischungsgetränk (121 Baker St. NW, Öffnungszeiten: tgl. 9.00 – 17.00, im Sommer bis 20.00 Uhr).

✶ World of Coca-Cola

Umgebung von Atlanta

Der 263 m hohe Granitblock, 26 km östlich von Atlanta, gilt als der größte der Welt. Zwischen 1923 und 1970 wurde ein gewaltiges Reiterrelief mit den Bildern nach wie vor populärer Südstaatler in seine Ostflanke gemeißelt. Eine Seilbahn fährt auf die Kuppe des Felsens, um den herum sich ein wuseliger Rummelplatz entwickelt hat (US-78 East, Ponce de Leon Freeway nach Stone Mountain Freeway; Öffnungszeiten: tgl. 10.00 – 20.00 Uhr).

✶ Stone Mountain Park

✶ Badlands National Park

Pd 24

Bundesstaat: South Dakota
Gründungsjahr: 1939
Fläche: 1093 km²

Über 1000 km² unwegsame Steinwüste, meist schluchtenähnliche Wasserrinnen, »Buttes« genannte Monolithe und purpur leuchtende, wüst zerrissene Bergspitzen. Dazwischen leuchtet grün die Prärie. Was Indianer und Siedler schlicht »das schlechte Land« nannten, zieht den Besucher von heute magisch an.

Der Badlands National Park liegt in der Südwestecke South Dakotas und schützt ein durch Erosion zerfurchtes, bis 60 m hohes Prärieplateau mit tiefen Trockentälern und bizarren Gesteinsformationen. Als Kulisse für Kevin Costners Westerndrama **»Der mit dem Wolf tanzt«** wurde der Park weltweit bekannt.

Wounded Knee

Die Oglala und Lakota wehrten sich im 19. Jh. gegen die Landnahme der Weißen. Mehrfach gab es verlustreiche Auseinandersetzungen mit US-Truppen. Am 29. Dezember 1890, die Prärieindianer waren längst besiegt, kam es am Wounded Knee Creek zu dem berüchtigten Massaker. Beunruhigt von Nachrichten über die die Indianer vorgeblich aufwiegelnde »Geistertanzbewegung«, wollten US-Truppen die

Lakota entwaffnen. Dabei löste sich ein Schuss, unter welchen Umständen, blieb bis heute unklar. Die Soldaten eröffneten daraufhin das Feuer. Am Ende waren 153 Lakota – meist Frauen und Kinder – tot. Damit brach der Widerstandsgeist der Indianer endgültig. Bis 1973: Mitglieder des »American Indian Movement« besetzten Wounded Knee, um gegen die Indianerpolitik der Regierung zu protestieren. Ein Gedenkstein abseits der SR-18 markiert heute die Stelle.

Die Schönheit des Parks erschließt die 48 km lange **Badlands Loop Road**, eine Rundstrecke zu den fotogensten Stellen des Parks. Viele der etwa 800 Bisons des Parks sind von hier aus zu sehen. Andere leicht zu fotografierende Tiere sind Weißwedelhirsche, Gabelböcke, Präriehunde und Dickhornschafe. Eine holperige Strecke führt hinauf zum **Sheep Mountain**, dort bietet sich eine spektakuläre Aussicht. Die meisten Hiking Trails befinden sich in der Cedar-Pass-Sektion im Osten des Parks. Auch die **Badlands Wilderness Area** im Norden ist für Wanderer geöffnet. Das Buffalo Gap National Grassland ist die letzte intakte Prärielandschaft der USA. Besucherzentren gibt es in Cedar Pass und White River.

BADLANDS NP

AUSKUNFT

Badlands National Park
P. O. Box 6
Interior
South Dakota 57750-0006
www.badlands.national-park.com

ÜBERNACHTEN

► Günstig

Cedar Pass Lodge
Cedar Pass, 1 Cedar Street
Interior, SD 57750
Tel. 1-605-433-54 60
http://cedarpasslodge.com/
22 einfache »Cabins« laden zum sanften Schlummer in der Prärie ein.

★ Baltimore

Qg 26

Bundesstaat: Maryland
Höhe: 0 – 136 m ü.d.M.
Einwohnerzahl: 641 000
(Metropolitan Area: 2,5 Mio.)

Seit Jahren schon wird Baltimore vom nahen ► Washington, D.C. aufgesogen. Doch die Arbeiterstadt am Ende der Chesapeake Bay wehrt sich gegen die drohende Veredelung nach Kräften: Stolz verweist sie auf ihr proletarisches Erbe, vor allem auf die hier entstandene »Bienenstock-Frisur« und auf den Regisseur John Waters, den »Pope of Trash«.

Edgar Allen Poe (► Berühmte Persönlichkeiten) schrieb hier seine düsteren Geschichten, der Journalist Henry Louis Mencken lästerte von hier aus gegen die amerikanische heile Welt und in den Hafen-

Die »USS Constellation« im Hafen von Baltimore war der letzte Vollsegler der US-Marine.

kneipen sang Billie Holiday. John Waters nennt seine Stadt auch »Beehive Hairdo Capital of the World«, womit er natürlich die – anerkanntermaßen – schlechteste Frisur der Welt meint.
Baltimore hat alle Krankheiten der Industriestädte des Ostens – Verödung der Innenstadt, schlechte Schulen, rassenspezifische Einkommensunterschiede – überstanden. 1729 gegründet und nach den Baronen Baltimore benannt, nahm Baltimore seinen Platz in der amerikanischen Geschichte ein, als die Briten 1814 versuchten, das den Hafen bewachende Fort McHenry zu zerstören. Das am Morgen zerschossen, aber trotzig aus dem Pulverqualm auftauchende Sternenbanner inspirierte Francis Scott Key zu den Versen **»The Star Spangled Banner«**, die später als Text der Nationalhymne adaptiert wurden. 1827 nahm die Baltimore & Ohio Railroad als erste Eisenbahn der USA den Betrieb auf. 1897 kam die Schwerindustrie, die durch die beiden Weltkriege weiter angekurbelt wurde. Nach einer lange anhaltenden Talfahrt danach gilt Baltimores Stadtsanierungsprogramm heute als eines der erfolgreichsten des Landes: So ist der einst verwahrloste Inner Harbor heute ein beliebter Weekend-Treff mit attraktivem Freizeitangebot, der um einen 230 m hohen Hotelkomplex erweitert wird.

Sehenswertes in Baltimore

★ **Inner Harbor**

In einer Hafenstadt geht man natürlich zuerst in den Hafen: Dort liegen an Pier 1 die **»USS Constellation«**, 1854 als letzter Vollsegler der US Navy vom Stapel gelaufen, an Pier 3 das Weltkrieg-II-U-Boot »USS Torsk« und das Feuerschiff »Chesapeake« und an Pier 5 der

BALTIMORE ERLEBEN

AUSKUNFT

Baltimore Visitor Center
401 Light St., Baltimore, MD 21202
Tel. 1-410-837-46 36
www.baltimore.org

AUSGEHEN

Nachtschwärmer mögen das kopfsteingepflasterte alte Hafenviertel Fell's Point östlich des Inner Harbor mit seinen Musikkneipen und gemütlichen Restaurants.

ESSEN

► Fein & teuer

Obrycki's Crab House
1727 E. Pratt St.
Tel. 1-410-732-63 99
Spezialität von Obrycki's im Trendviertel Fells Point sind Krabben aus der Chesapeake Bay.

► Erschwinglich

The Black Olive
814 S. Bond St.
Tel. 1-410-276-71 41
Gemütlicher Grieche in Fell's Point, gute Weinkarte.

Woman's Industrial Exchange Tea Room
333 N. Charles St.
Tel. 1-410-685-43 88
Etwas Besonderes: Die (älteren) Damen servieren Hausmannskost in beinahe unverfälschter Atmosphäre des 19. Jahrhunderts; nur bis nachmittags geöffnet.

ÜBERNACHTEN

► Luxus

Admiral Fell Inn
888 S. Broadway
Tel. 1-410-522-73 80
www.harbormagic.com
80 Zimmer. Elegantes kleines Hotel in altem Gemäuer in Fell's Point.

► Komfortabel

Brookshire Inn And Suites
120 E. Lombard St.
Tel. 1-410-625-13 00
www.harbormagic.com
97 Zimmer. Zentral gelegenes, modernes Mittelklassehotel.

Days Inn Inner Harbor
100 Hopkins Place
Tel. 1-410-576-94 37
www.daysinnerharbor.com
250 Zimmer. Mit dem üblichen Standard der Hotelkette stellt dieses Hotel eine gute Unterkunftsmöglichkeit im Inner Harbor dar.

Küstenwachkutter »Taney«, der den Angriff auf Pearl Harbor überstand (alle Schiffe sind tgl. ab 10.00 Uhr zugänglich, schließen aber unterschiedlich am Nachmittag).

National Aquarium Baltimore ►

Riesenbecken mit Korallenriffen, Zylinder mit Heringsschwärmen und Hunderten von Quallen, Haie, Robben und exotischen Fischen: Das Aquarium am Inner Harbor ist gut für mehrere Stunden Aufenthalt (Inner Harbor, Pier 3 u. 4, 501 E. Pratt St., Öffnungszeiten: Juli u. Aug. Mo. – Do. 9.00 – 18.00, Fr. u. Sa. bis 20.00, März – Juni, Sept., Okt. Sa. – Do. 9.00 – 17.00, Fr. bis 20.00, sonst Sa. – Do. 10.00 – 17.00, Fr. bis 20.00 Uhr).

In den Hallen und Schuppen der weitläufigen Anlage stehen herrliche Lokomotiven und Waggons aus 150 Jahren Eisenbahngeschichte (901 W. Pratt St., Öffnungszeiten: Mo. – Sa. 10.00 – 16.00, So. 11.00 bis 16.00 Uhr). **Baltimore & Ohio Railroad Museum**

Mit rund 30 000 Exponaten aus fünf Jahrtausenden, herrlichen Alten Meistern und einer Fabergé-Eier-Sammlung gilt dieses Museum als eines der besten an der Ostküste (600 N. Charles St., Öffnungszeiten: Mi. – So. 10.00 – 17.00 Uhr). **The Walters Art Museum**

★ Big Bend National Park

Pd 31

Bundesstaat: Texas
Fläche: 3240 km²
Gründungsjahr: 1935

Wer Ruhe sucht, ist hier richtig: Hier wird sie in den texasüblichen Riesenportionen serviert. Big Bend gehört zu den größten und am wenigsten besuchten Parks der USA. Die Spanier nannten es »El Despoblado«, das unbewohnte Land.

Der Big Bend National Park, mit fast 3300 km² um ein Viertel größer als das Saarland, schmiegt sich in die weite Schleife des Rio Grande. Gegenüber beginnt Mexiko, Schilder warnen vor der Überquerung. Die abgelegene, zwischen 570 und 2400 m hohe Wildnis besteht aus dem Tal des Rio Grande, den Chisos Mountains und der Chihuan Desert. Über 400 Vogelarten wurden hier gezählt, darunter der Steinadler und der Road Runner, sowie über 1100 Pflanzenarten.

BIG BEND NATIONAL PARK ERLEBEN

AUSKUNFT

Big Bend National Park
P. O. Box 129
TX 79834-0129
Tel. 1-432-477-22 51
www.big.bend.national-park.com

Visitor Center
Panther Junction
US-385/TX-118
Öffnungszeiten: tgl. 8.00 – 18.00 Uhr

REISEZEIT

Der Sommer ist heiß, die beste Zeit für einen Besuch sind März und April. Kameltrip gefällig? Infos unter www. texaxcamelcorps.com/ bigbend.asp.

ÜBERNACHTEN

▸ Günstig

Chisos Mountains Lodge
Basin Rural Station
Big Bend NP, TX 79834
Tel. 1-432-477-22 91
www.chisosmountainslodge.com
72 Zimmer. Die herrliche, in den kühleren Bergen liegende Lodge bietet gemütlich eingerichtete Bungalows, muss allerdings im Voraus gebucht

Wanderungen Es gibt insgesamt 400 km Wanderwege aller Schwierigkeitsgrade. Zu den kürzeren Strecken zählen der **Lost Mine Trail** und der **Window Trail** in den Chisos Mountains. Längere Trails führen in die Wüste; dabei ist es unbedingt notwendig, genügend Wasser mitzunehmen.

Paddeltouren ► Paddeltouren durch die bis zu 500 m tiefen Canyons können im Hauptquartier des Parks gebucht werden. Zu den Höhepunkten des Parks zählen die drei Rio-Grande-Schluchten Mariscal Canyon, Boquillas Canyon und Santa Elena Canyon sowie das von tiefen Schluchten zerrissene Bergland rund um den 2388 m hohen Emory Peak, einst Zufluchtsgebiet der Comanche-Indianer.

✶✶ Black Hills

Pd 23/24

Bundesstaaten: South Dakota und Wyoming

Für die Lakota sind die Black Hills der Mittelpunkt der Welt. Wer sich ihnen nähert, versteht auch, warum: In der Endlosigkeit der Great Plains sind sie der Anker, der das orientierungslose Auge festhält. Vielerorts wird an die dramatische Vergangenheit der Region erinnert.

Die kompakte, von den Rocky Mountains im Westen isolierte Berglandschaft liegt im Westen South Dakotas und läuft nach Wyoming hin aus. Die höchste Erhebung ist **Harney Peak** (2207 m ü.d.M.). Ihr Name passt: Dunkle Nadelwälder lassen sie von ferne schwarz aussehen. Die Schöpfungsmythen der **Lakota** verlegten die Entstehung ihres Volkes hierher. Der 1868 mit der US-Regierung in Fort Laramie geschlossene Vertrag sicherte ihnen die Black Hills auch juristisch zu. Doch als 1875 Gold gefunden wurde, suchte Washington den Vertrag rückgängig zu machen; 1876 wurden die Lakota zur Übergabe des Landes ohne Entschädigung gezwungen. Und noch immer kämpfen die Indianer vor Gericht um die Rückgabe ihres Landes.

Sehenswertes in den Black Hills

Rapid City Die 60 000-Einwohner-Stadt, 1876 gegründet, ist das touristische Gravitationszentrum der Black Hills und gute Basis für Ausflüge in die Hills und in den ►Badlands National Park.

Vor Ort sehenswert sind das **Sioux Indian Museum** (515 W. Blvd.), das die Kultur der Lakota dokumentiert, und **Bear Country**, ein privates Freigehege auf dem Weg zum Mt. Rushmore mit Schwarzbären und Wölfen.

✶✶ Mt. Rushmore National Memorial Ursprünglich sollte Cary Grant im linken Nasenloch von Lincoln einen Niesanfall bekommen, doch später ließ Hitchcock diese Idee wieder fallen. Was blieb, war eine fulminante Verfolgungsjagd kreuz

Vier Präsidenten in einem Aufwasch: Mount Rushmore ist ein Besuchermagnet.

und quer über das monumentale Präsidentendenkmal, die den Krimi »Der unsichtbare Dritte« zum Klassiker machte und die vier über 18 m hohen, von 1927 bis 1941 in den Fels gehauenen Konterfeis der Präsidenten Washington, Jefferson, Th. Roosevelt und Lincoln zur beliebten Touristenattraktion.

Ein Besucherzentrum und das **Atelier des Bildhauers Gutzon Borglum** (1867 – 1941) informieren über den Verlauf dieses Mammutprojekts dreieinhalb Kilometer südwestlich von Keystone (Öffnungszeiten: Mai – Sept. tgl. 8.00 – 22.00 Uhr, sonst tgl. bis 17.00 Uhr).

Hot Springs

Das angenehme 5000-Seelen-Städtchen im Süden der Black Hills prangt in viktorianischer Frontierarchitektur; bekannt ist es für seine **Thermalquellen**. In der Umgebung von Hot Springs lohnen zwei Orte einen Abstecher: 22 km südlich beherbergt das **Black Hills Wild Horse Sanctuary** (an der SR-71) wilde Mustangs und 16 km nördlich von Hot Springs liegt eines der größten Karsthöhlensysteme der Welt, auf dessen »Dach« mehrere Hundert Bisons grasen. Ein Teil des **Wind Cave National Parks** ist für Besucher erschlossen (US-385, Öffnungszeiten: April – Juni, Sept. tgl. 8.00 – 18.00, Juli/Aug. bis 19.00, Okt. bis 17.00, sonst bis 16.30 Uhr).

Custer

Benannt nach dem berühmt-berüchtigten General George Armstrong Custer, dessen Kunde von Gold im French Creek 1874 einen Goldrausch auslöste, ist der knapp 20 km südwestlich von Mt. Rushmore gelegene Ort (1900 Einw.) ein guter Ausgangspunkt für die Erkundung der näheren Umgebung.

Nicht entgehen lassen sollte man sich das **Crazy Horse Memorial** (US-16/385) sechs Kilometer nördlich. Von den Lakota-Ältesten

BLACK HILLS ERLEBEN

AUSKUNFT

Rapid City Convention and Visitors Bureau
444 Mt. Rushmore Rd. N.
P.O. Box 747
Rapid City, SD 57709
Tel. 1-605-718-84 84
www.rapidcitycvb.com

ESSEN

► Erschwinglich

Circle B Ranch Chuck Wagon Supper & Music Show
Rapid City, 22735 US-385
Tel. 1-605-348-73 58
Hier gibt's Steaks und Roastbeef, dass sich die Tische biegen!

Firehouse Brewing Co.
Rapid City
610 Main St.
Tel. 1-605-348-19 15
Urige »Micro Brewery« in alter Feuerwache. Serviert werden Pubgerichte in großen Portionen.

ÜBERNACHTEN

► Günstig

Sweetgrass Inn B & B
Rapid City
9356 Neck Yoke Rd.
Tel. 1-605-343-53 51
www.sweetgrassinn.com
8 Zimmer. Hübsches Farmhaus mit antik möblierten Zimmern.

1942 in Auftrag gegeben, ist das über 180 m hohe, in die Bergkuppe geschlagene Antlitz des legendären Häuptlings inzwischen fertiggestellt. Im **Custer State Park** grasen derzeit rund 1500 Bisons. Drei schöne Aussichtsstraßen führen durch den Park; Wanderern stehen rund 100 Trailkilometer zur Verfügung. 20 km westlich von Custer liegt das **Jewel Cave National Monument** (US-16), das das zweitlängste Höhlensystem der USA schützt.

Deadwood

Die alte Boomtown (1400 Einw.) liegt westlich von Sturgis und besteht aus einer Main Street und gleich dahinter aufsteigenden Canyonwänden. 1876 wurde der »Gunfighter« **Wild Bill Hickock** hier beim Pokern erschossen – in der Hand hielt er zwei schwarze Achten und zwei schwarze Asse, ein Blatt, das seither »Dead Man's Hand« genannt wird. Er und die nicht minder waffentüchtige »Westernheldin« **Calamity Jane** liegen hier auf dem Mount Moriah Cemetery begraben. Und im »Saloon No. 10« kann man sich noch heute einen Schluck Whisky genehmigen.

✶✶ Devil's Tower National Monument

Richard Dreyfus sah ihn im Traum und modellierte ihn aus Schlamm und Müll im Wohnzimmer nach: Steven Spielbergs Science-Fiction-Klassiker »Unheimliche Begegnung der dritten Art« von 1977 machte den 385 m hohen Monolith westlich von Sturgis in Wyoming weltweit bekannt. Die erkaltete Magmasäule, für die Indianer eine heilige Stätte, ist heute ein Kletterparadies und besonders bei Sonnenuntergang ein dramatisches Fotomotiv.

★★ Boston

Qk 24

Bundesstaat: Massachusetts
Höhe: 0 – 91 m ü.d.M.

Einwohnerzahl: 591 000
(Metropolitan Area: 5,8 Mio.)

Die europäischste Stadt der USA war im 18. Jh. die Wiege der politischen Unabhängigkeit, und im 19. Jh. vollzog die hier blühende amerikanische Literaturszene auch die geistige. Die heimliche Hauptstadt Neuenglands ist noch immer die »Grand Old Lady« der Ostküste.

Wiege der Unabhängigkeit

Inzwischen überragen moderne und postmoderne Bürotürme die alte Dame, doch die hält an ihrem kulturellen Erbe so störrisch fest, dass man sich mitunter in einer europäischen Stadt wähnt. Dabei ist Boston geschichtlich gesehen die vielleicht amerikanischste Stadt der USA: Hier wurde die Unabhängigkeit am lautesten gefordert und hier fanden die ersten Schlachten des Unabhängigkeitskrieges statt.
Im 19. Jh. war Boston das intellektuelle Zentrum der USA und bezeichnete sich unbescheiden als Mittelpunkt des Sonnensystems: Die einflussreichsten Familien des Landes gaben rauschende Bälle, auf denen sich Verleger mit Schriftstellern, Wirtschaftstycoone mit Politikern und Künstler mit Mäzenen trafen. Heute präsentiert sich Boston mit dem benachbarten Cambridge, wo mit Harvard und dem Massachusetts Institute for Technology zwei der besten Hochschulen der USA liegen, als weltoffene und zugleich traditionsbewusste Stadt.

Geschichte

Boston wurde 1630 von glaubensstrengen Puritanern gegründet. Gouverneur **John Winthrop** machte die Siedlung zur Hauptstadt der Massachusetts Bay Colony. Die Puritaner, Andersdenkenden gegenüber so intolerant wie die Krone daheim ihnen gegenüber, führten ein strenges Regiment. Zugleich wuchs Boston rasch. Schon bald trieb es Handel mit Übersee, bereits 1673 entstand die erste Werft.
Um 1750 war Boston Brutstätte der Unzufriedenheit mit dem Mutterland: Die von London erhobenen Steuern drohten der Stadt die Luft abzuschnüren, die politische Rechtlosigkeit erboste ihre Bürger immer mehr. Der Unmut entlud sich in Protesten und Demonstrationen wie der **»Boston Tea Party«**, bei der am 16. Dezember 1773 aufgebrachte Bostonians, als Indianer verkleidet, ein englisches Schiff stürmten und dessen Teeladung über Bord warfen. Nach dem Unabhängigkeitskrieg (1775 bis 1783) wuchs Boston beständig weiter. Die Hungersnöte in Irland schwemmten Armeen irisch-katholischer Einwanderer in die bis dahin rein protestantische Stadt. Um 1900 zählte Boston bereits eine halbe Million Einwohner. Durch Aufschüttungen in der Back Bay wurde das Stadtgebiet mehr als verdoppelt. Ende des 20. Jh.s erzwang das tägliche Verkehrschaos in der Innenstadt ein weiteres Mega-Projekt: Von 1991 bis 2004 wurde ein Teilstück der Stadtautobahn durch einen achtspurigen Tunnel ersetzt.

BOSTON ERLEBEN

AUSKUNFT

Greater Boston Convention & Visitors Bureau
2 Copley Place, Suite 105
Boston, MA 02116
Tel. 1-617-536-41 00
www.bostonusa.com

VERKEHR

Den öffentlichen Nahverkehr organisiert die Massachusetts Bay Transportation Authority (MBTA) mit den mit »T« gekennzeichneten Subways und Bussen. Es gibt 1-, 3- und 7-Tagespässe.

SHOPPING

Obligatorisch ist der Besuch in »Filene's Basement« (426 Washington St.), Bostons Discounter mit Preisnachlässen bis zu 60 Prozent. Feiner geht es in den »Copley Place Shopping Galeries« (2 Copley Place) zu.

AUSGEHEN

Das vielseitigste Programm der Bostoner Theater bietet das renommierte »Wang Center for the Performing Arts« (270 Tremont St.). Das weltberühmte Boston Symphony Orchestra und sein beliebtester Ableger, das Boston Pops Orchestra, geben in der Symphony Hall (301 Massachusetts Ave.) bis zu 250 Konzerte im Jahr. Mit der Go Boston Card spart man ca. 50 % Eintritt u. a. im Museum of Fine Arts und im New England Aquarium.

ESSEN

► Fein & teuer

① ***Terramia***
98 Salem St.
Tel. 1-617-523-31 12
Eines der besten italienischen Restaurants in Neuengland. Süditalienische Küche; im North End.

► Erschwinglich

② ***Legal Sea Foods***
Absolute Frische der Zutaten hat man sich aufs Panier geschrieben – so erfolgreich, dass mittlerweile einige Filialen bestehen, darunter: 26 Park Sq. (Tel. 1-617-426-44 44) und im Prudential Center (800 Boylston St., Tel. 1-617-266-68 00).

④ ***La Summa***
30 Fleet St.
Tel. 1-617-523-95 03
Süditalienische Küche in angenehm unprätentiöser Atmosphäre.

⑤ ***Union Oyster House***
41 Union St.
Tel. 1-617-227-27 50
1826 eröffnet, damit das älteste Restaurant Bostons. Prima Austern, aber im Preis ist die Historie enthalten.

► Preiswert

③ ***Cosí Sandwich Bar***
Wunderbare italienisch angehauchte Sandwiches an drei Standorten: 53 State St. (Tel. 1-617-723-44 47), 14 Milk St. (Tel. 1-617-426-75 65) und 133 Federal St. (Tel. 1-617-292-26 74).

ÜBERNACHTEN

► Luxus

① ***The Liberty Hotel***
215 Charles St., Beacon Hill
Tel. 1-617-224-40 00
www.libertyhotel.com; 298 Z.
Das neueste Luxuhotel der Stadt residiert im früheren Stadtgefängnis. Knapp 30 m hohe Rotunda als Lobby, Schlafen in geschmackvollen Zimmern mit Blick auf den Charles River.

► Komfortabel

② ***Irving House***
24 Irving St., Cambridge, MA 02138

Tel. 1-617-547-46 00
www.cambridgeinns.com/irving
44 Z. Freundliches und ruhiges Hotel nicht weit vom Harvard-Campus.

► Komfortabel

④ ***Beacon Inn at 1087 Beacon Street***
1087 Beacon St., Brookline
MA 02446
Tel. 1-617-566-00 88
www.beaconinn.com
25 Z. Viel Holz; geräumige Zimmer, 15 Minuten zum Boston Common. Auch Zimmer unter 100 $.

► Günstig

③ ***Anthony's Town House***
1085 Beacon St., Brookline
MA 02446, Tel. 1-617-566-39 72
www.anthonystownhouse.com
14 Z. Viktorianisches B & B in Brookline, geräumige Zimmer.

★★ Freedom Trail

Bostons Stadtväter machen es einem leicht: Um zu den Stätten des Unabhängigkeitskriegs (tgl. geöffnet) zu gelangen, folgt man einfach einem roten Strich auf dem Bürgersteig. Der Freedom Trail ist knapp fünf Kilometer lang, beginnt am Visitor Center auf dem Boston Common und führt durch die Innenstadt und North End bis nach Charles Town auf der anderen Seite des Charles River.

Start am Boston Common

Zunächst geht es quer über den Boston Common zum 1798 von Charles Bulfinch, dem seinerzeit bedeutendsten Architekten der USA, erbauten **State House**. Der von einer goldenen Kuppel gekrönte Sitz der Regierung von Massachusetts enthält interessante Ausstellungen, u. a. die »Hall of Flags«. Unweit des State House steht die schöne **Park Street Church**. Dort hielt der prominente Sklavereigegner William Lloyd Garrison 1829 die erste seiner Brandreden gegen die Sklaverei. Auf der Tremont Street passiert man den 1660 angelegten Old Granaray Burying Ground, wo mehrere Führer der Unabhängigkeitsbewegung liegen. Auch auf dem **King's Chapel Burying Ground**, der nächsten Station auf dem Freedom Trail, liegt Puritaner-Prominenz. In der King's Chapel daneben erlebte Händels »Messias« 1786 seine Amerika-Premiere.

Old City Hall

Dann folgt die inzwischen zum Bürogebäude umfunktionierte Old City Hall in der School Street. Im Innenhof stehen Statuen von Benjamin Franklin (► Berühmte Persönlichkeiten) und Josiah Quincy, dem zweiten Bürgermeister Bostons.

Old South Meeting House

Im **Old Corner Book Store** (School St. u. Washington St.) trafen sich Anfang des 19. Jh.s Neuenglands Geistesgrößen, allen voran Ralph Waldo Emerson. Weniger gepflegt ging es einst einige Schritte weiter im Old South Meeting House zu: In der Kirche fanden am Vorabend der Revolution dramatische Volksversammlungen statt; 1773 brach eine erregte Menge von hier aus zur »Boston Tea Party« auf.

Boston Orientierung

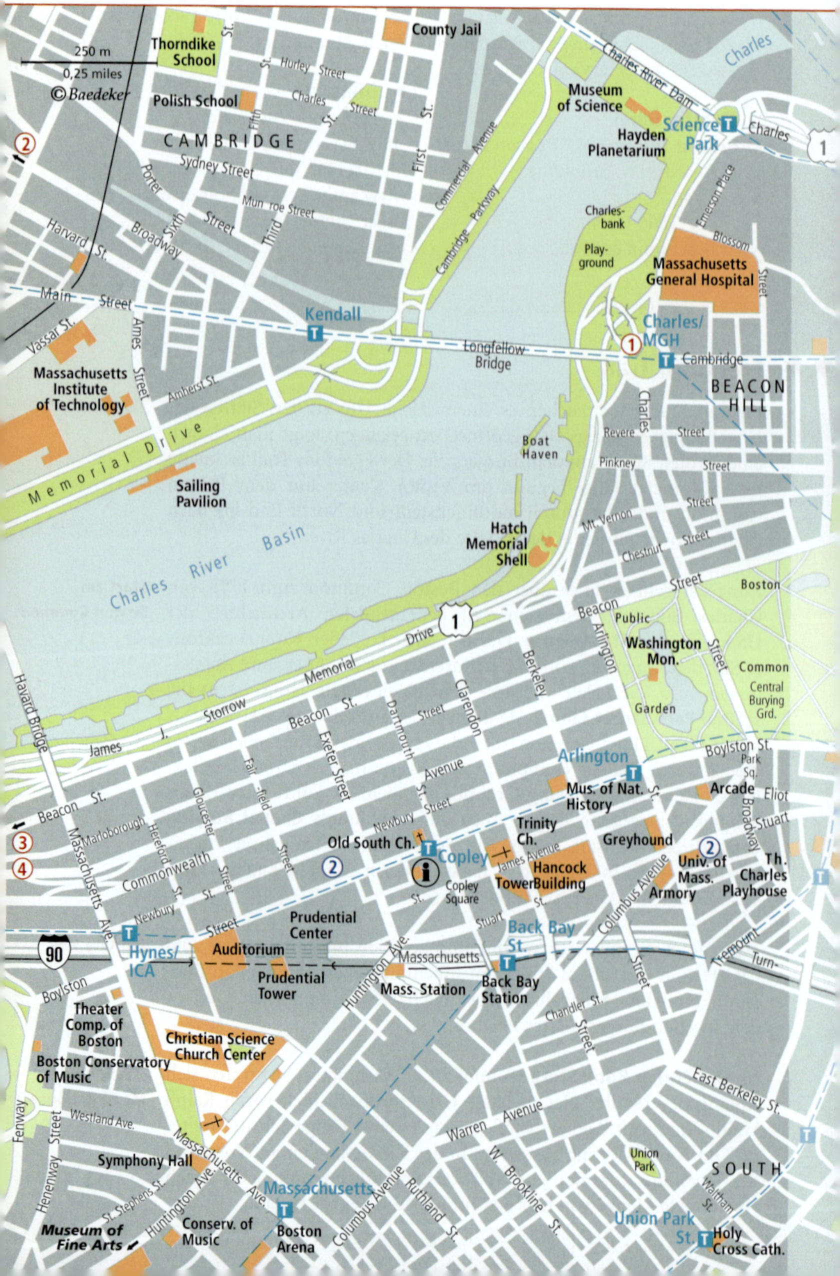

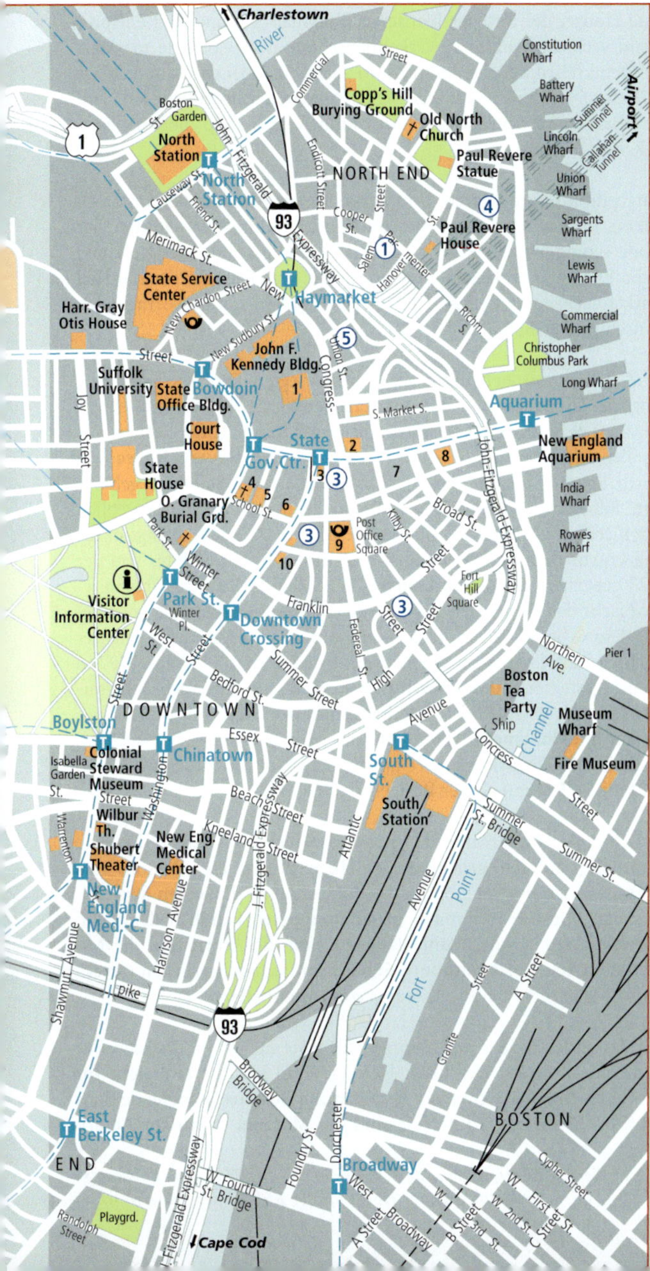

1 New City Hall
2 Faneuil Hall
3 Old State House
4 King's Chapel
5 City Hall
6 Old Corner Book Store
7 Boston Massacre Site
8 Custum House
9 Old South Meeting House
10 Franklin's Birthplace Site

Essen

① Terramia
② Legal Sea Foods
③ Cosí Sandwich Bar
④ La Summa
⑤ Union Oyster House

Übernachten

① The Liberty Hotel
② Irving House
③ Anthony's Town House
④ Beacon Inn

– – T – – MBTA

★★ Old State House Umzingelt von modernen Bürohäusern folgt das 1713 erbaute Old State House, der Sitz der britischen Kolonialregierung und entsprechend verhasst: Auf einer Verkehrsinsel vor dem Gebäude markiert ein Steinkreis die Stelle des »Boston Massacre«, bei dem am 5. März 1770 fünf Bostoner von englischen Soldaten getötet wurden. Auf dem Balkon an der Ostseite verlas John Adams 1776 die Unabhängigkeitserklärung.

★ Faneuil Hall Durch die Congress Street geht es weiter zur Faneuil Hall am Dock Square. In dem schönen, 1806 von Charles Bulfinch erweiterten Gebäude schlug Samuel Adams 1772 den Schulterschluss der Kolonien gegen England vor. Gegenüber der Faneuil Hall liegt der Faneuil Hall Marketplace, ein wuseliger Treff aller Bostonians mit hervorragenden Feinschmecker-Ständen.

North End Über den inzwischen unter die Erde verlegten Expressway hinweg führt der Freedom Trail nun ins Italiener-Viertel North End, einem der ältesten Stadtviertel Bostons und wegen seiner guten Restaurants ein beliebtes Ziel am Abend. Das kleine **Paul Revere House** (19 North Square) ist das älteste erhaltene Haus der Stadt. Es gehörte dem Silberschmied und Revolutionär Paul Revere, der angeblich durch seinen nächtlichen Ritt am 18. April 1775 nach Lexington die Milizen vor dem bevorstehenden Angriff der Briten warnte. Von der 1723 geweihten **Old North Church** (123 Salem St.) signalisierte in jener Nacht der Küster den Rebellen in Charlestown, dass die Soldaten auf dem Charles River nach Lexington unterwegs waren. In der Nachbarstadt Charlestown folgt man dem Freedom Trail zur 1797 in Dienst gestellten **»USS-Constitution«**, dem ältesten noch schwimmenden Kriegsschiff der USA. Endpunkt des Freedom Trail ist das **Bunker Hill Monument**. Der 67 m hohe, mit einer Aussichtsplattform ausgestattete Obelisk erinnert an die Schlacht von Bunker Hill am 17. Juni 1775 während der Belagerung Bostons.

Beacon Hill Zwischen Beacon Street und Cambridge Street und westlich des State House liegt auf dem gleichnamigen Hügel Beacon Hill, Bostons vornehmstes Viertel. Hier wohnten – und wohnen – die wegen ihrer Exklusivität »Boston Brahmins« genannten ersten Familien der Stadt. Die schönsten Straßen zum Flanieren sind die Acorn und die Mt. Vernon Street. Der **Louisbourg Square** mit seinen herrlichen Greek-Revival-Häusern ist Bostons teuerste Quadratmeile.

Black Heritage Trail Auf der anderen Seite von Beacon Hill lebte im 19. Jh. die schwarze Gemeinde Bostons. Der Black Heritage Trail berührt zahlreiche für die Geschichte der schwarzen Bevölkerung Bostons bedeutende Stätten. Von besonderem Interesse sind das **Museum of African-Ameri-**

Wer sich Boston vom Meer her nähert, genießt diesen Anblick: → das Custom House in der Kulisse der Waterfront.

In der Antikenabteilung des Museum of Fine Arts

can History (46 Joy St.) und das **Lewis & Harriet Hayden House**, wo viele entflohene Sklaven auf ihrem Weg nach Kanada versteckt wurden (66 Philipps St., Öffnungszeiten für beide Museen: tgl. 10.00 bis 16.00 Uhr).

✶ Boston Waterfront

Lagerhäuser und Frachtschiffe wurden aus dem alten Hafenbecken verbannt und die Molen verschönert: Heute ist die Boston Waterfront bei Bostonern wie Besuchern ein beliebtes Ziel. Hauptattraktion ist das **New England Aquarium**, eine fantastische Reise in bunte Unterwasserwelten. Das Museum bietet auch Walbeobachtungstouren und Hafenrundfahrten (Central Wharf, Öffnungszeiten: Mo. bis Fr. 9.00 – 17.00, Sa. u. So. bis 18.00 Uhr).

Back Bay und Brookline

In der zweiten Hälfte des 19. Jh.s zogen Beacon Hills wohlhabende Bewohner in das Viertel Back Bay, das auf Neuland im Charles River entstand. Schachbrettartig angelegt und von fünf breiten Ost-West-Achsen durchzogen, signalisierte Back Bay damals den Aufbruch Bostons in eine neue Ära und gilt heute als vornehme Shoppingzone.

Copley Square

Der von Back Bay aus sichtbare **Hancock Tower** steht am Copley Square, einem weiteren beliebten Gravitationszentrum Bostons. Das 241 m hohe Versicherungsgebäude ist das höchste der Stadt. Das

»Observatory« im 60. Stock ist seit dem 11. September 2001 geschlossen. An der Ostseite markiert die neoromanische, 1877 geweihte **Trinity Church** einen bemerkenswerten Kontrast. Die 1848 eröffnete Boston Public Library, die erste öffentliche Bibliothek des Landes, nimmt die gesamte Westseite des Platzes ein. Wenige Gehminuten weiter ragt das 221 m hohe **Prudential Center** auf: Vom »Prudential Skywalk« im 50. Stock hat man einen beeindruckenden Rundumblick auf Boston (Öffnungszeiten: tgl. 10.00 – 22.00 Uhr).

✶ Museum of Fine Arts

Der 1909 an der Huntington Avenue eröffnete und 2008 mit riesigem Aufwand erweiterte Kulturtempel beherbergt von El Greco über Monet bis Andy Warhol fast alle großen Namen aus Europa und Nordamerika. USA-Reisende sollten sich auf die »American Collection« konzentrieren: Hier hängen die Väter der Unabhängigkeit, Schlüsselszenen aus der amerikanischen Revolution und weitere berühmte Amerikaner (465 Huntington Ave., Öffnungszeiten: Mo., Di., Sa., So. 10.00 – 16.45, Mi. – Fr. bis 21.45 Uhr).

Isabella Stewart Gardner Museum

Die sehenswerte Privatsammlung der exzentrischen Society-Dame (1840 – 1926) umfasst über 2500 Stücke, die in ihrer venezianisch inspirierten Villa Fenway Court untergebracht sind (280 The Fenway, Öffnungszeiten: Di. – So. 11.00 – 17.00 Uhr).

Cambridge

Bostons Quelle akademischen Ruhmes liegt auf der anderen Seite des Charles River in Cambridge. Die 100 000-Einwohner-Stadt wurde 1630 gegründet. Sechs Jahre später eröffneten die Puritaner eine Priesterschule und tauften sie nach ihrem Gönner John Harvard. Die heutigen Fakultäten kamen im 19. Jh. hinzu. Die **Harvard University** »produzierte« bis heute rund 30 Nobelpreisträger und zahllose prominente Wissenschaftler.

Harvard Bridge

Von Boston aus erreicht man Cambridge zu Fuß am besten über die Harvard Bridge. Wer die Subway nimmt, kommt direkt vor dem Harvard Yard, dem alten Campus, heraus. Von hier kann man über das parkähnliche Gelände mit seinen Wohnheimen und typisch neuenglischen, in Backstein errichteten Vorlesungsgebäuden schlendern. Das **Arthur M. Sackler Museum** (485 Broadway) beherbergt Harvards Sammlungen asiatischer und islamischer Kunst. Das **Fogg Art Museum** (32 Quincy St.) dokumentiert 1000 Jahre Kunstschaffen in Europa, und das zugehörige **Busch-Reisinger Museum** zeigt v. a. die Werke deutscher Expressionisten (Öffnungszeiten der drei Museen: Mo. – Sa. 10.00 – 17.00, So. ab 13.00 Uhr).

Harvard Square

Als Universitätsstadt besitzt Cambridge natürlich die typische Studentenboheme: Rund um den Harvard Square haben sich Musikkneipen, Cafés und nicht zu teure Restaurants angesiedelt.

★★ Bryce Canyon National Park

Oj / Ok 27

Bundesstaat: Utah
Gründungsjahr: 1928
Fläche: 145 km²

Die ersten weißen Rancher sahen das grandiose Naturschauspiel eher nüchtern. »A hell of a place to loose a cow«, soll ein gewisser Ebenezer Bryce geknurrt haben, als er sich wieder einmal aufmachen musste, um eine seiner Kühe in dem Felsenlabyrinth zu suchen. Heutige Besucher bestätigen das gern und zücken begeistert die Kamera.

»Slot canyons« genannte, engste Schluchten, Unmengen beängstigend schlanker Felsenminarette, sogenannte »Hoodoos«, und Zinnen, Mauern, Bögen, Fenster: Die Armee bizarrer Formationen aus rotem Sandstein am Rand des Paunsaugunt-Plateaus gehört zu den genialen Extravaganzen von Mutter Natur. Wind, Wetter und Wasser, die Baumeister der Erosion, haben hier mächtige Amphitheater geschaffen, besetzt von lachsfarben bis rot leuchtenden, filigranen Felsgebilden, oft in Reih und Glied stehenden Minaretten. Das zauberhafte Farbenspiel des Sonnenaufgangs über dieser märchenhaften Szenerie sollte man sich nicht entgehen lassen.
Der nur 145 km² große Park ist hervorragend erschlossen. Die von der UT-12 zum Canyon abzweigende Panoramastraße folgt der Plateaukante 30 km lang bis zum Rainbow & Youimpa Point. An der Straße weisen Schilder auf die Aussichtspunkte hin. Dort beginnen auch die Trails hinab in das Labyrinth. Die Abende – der Park liegt in 2400 bis 2700 m Höhe – können recht kühl sein.

Wind und Wetter haben das Amphitheater im Bryce Canyon geschaffen.

BRYCE CANYON NATIONAL PARK ERLEBEN

AUSKUNFT

Bryce Canyon National Park
P. O. Box 170001
Bryce Canyon, UT 84717
Tel. 1-435-834-53 22
www.nps.gov/brca

AKTIVITÄTEN

Ein Dutzend schöner Trails zwischen 2,5 km und 35 km Länge führt von der Kante hinab in die Amphitheater. Gutes Schuhwerk, eine Kopfbedeckung und ausreichend Wasser sind unbedingt mitzuführen.

ESSEN

▶ Erschwinglich/Preiswert
Ruby's Cowboy Buffet and Steak Room
1,6 km vor dem Parkeingang
Tel. 1-435-834-53 41
Ordentliche Steaks, annehmbares Seafood. Angeboten werden auch Lunch Boxes. Angeschlossen ist ein großes Mittelklassehotel.

ÜBERNACHTEN

▶ Komfortabel
Bryce Canyon Lodge
im Nationalpark, Tel. 1-435-834-87 00
www.brycecanyonlodge.com
Die 1924 eröffnete Bryce Canyon Lodge ist die einzige Übernachtungs- und Einkaufsmöglichkeit direkt im Bryce Canyon Nationalpark, ebenso gibt es hier das einzige Restaurant im Park. 110 Zimmer befinden sich im Lodge und in Blockhäusern, deren Ausstattung von einfach bis luxuriös reicht. Aufgrund der idealen Lage beliebt, daher sollte man vier bis sechs Monate im Voraus reservieren.

California

Oc–Oh 25–29

Abkürzung: CA
Hauptstadt: Sacramento
Einwohnerzahl: 36,5 Mio.
Beiname: Golden State
Fläche: 411 000 km²

»California dreamin'«: Der »Golden State« an der Westküste gilt als schönster Bundesstaat des Landes. Der landschaftlich vielfältigste ist er auf jeden Fall. Und er ist noch immer der Trendsetter der Nation: Was das Land tut und lässt, Kalifornien denkt und macht es vor.

Kalifornien ist nach Alaska und Texas der flächenmäßig größte Bundesstaat der USA. Der dramatische Küstensaum wird von der bis zu 2700 m hohen Coast Range geschützt. Landeinwärts folgt das fruchtbare Central Valley. Es verläuft entlang einer geologisch aktiven Bruchzone, der **St.-Andreas-Spalte**. Am Ostrand des Tals erhebt sich die über 4000 m hohe Sierra Nevada mit dem 4418 m hohen Mt. Whitney als höchstem Berg der sog. Lower 48. Noch mehr Extreme gibt es im Südosten. Dort hat Kalifornien Anteil an der Great Basin

Desert, die mit dem glühend heißen ► Death Valley den tiefsten Punkt der westlichen Hemisphäre erreicht: 86 m unter Null! Noch

weiter südlich ragt die Mojave-Wüste nach Kalifornien hinein. Nördlich von ► San Francisco wachsen in Gebirgsfalten mit genug Feuchtigkeit die höchsten und ältesten Bäume der Welt, die Redwoods und Sequoias. Kaliforniens Sommer sind legendär. Trockene, warme Sommer und milde Winter in Süd-Kalifornien, warme Sommer und kühle, regnerische Winter im Norden sowie Schnee und Eis in der Sierra Nevada: Der Golden State, der alles hat, hat auch noch jedes Wetter.

Ausgewählte Reiseziele in California

★★ **Big Sur**

Big Sur – zwei Worte, die auf der Zunge zergehen wie ein alter Malt Whisky. Nichts bündelt die Freiheit und Schönheit Kaliforniens besser: Redwoods im Küstennebel. Endloser Pazifik, donnernde Brandung. Grandiose Steilküsten, idyllische Strände. Maler, Poeten und Schriftsteller auf der Flucht vor der Welt oder auf der Suche nach einer besseren. Hippies, Beatniks und Aussteiger. Und immer wieder Romantiker. Big Sur erstreckt sich über eine Länge von 110 Kilometern, vom **Point Lobos State Reserve** südlich der Millionärsenklave Carmel bis zum **San Carpofaro Creek** nördlich von San Simeon. 1937 wurde die Küstenstraße, der Highway No. 1, fertiggestellt.

Tour Big Sur

Für Carmel als Ausgangspunkt der »Tour Big Sur« spricht der bessere Meeresblick. Man sieht Big Sur bereits von Weitem. Am Ende der grünen Küstenebene ragen die **Santa Lucia Mountains** auf wie eine Festungsmauer. Der Hwy. No. 1 strebt geradewegs darauf zu, bis er in einer Gebirgsfalte verschwindet. Nach der Brücke über den Carpofaro Creek geht es in Serpentinen steil bergauf. Die Straße arbeitet sich durch windgeprügelte Zypressen- und Nadelwälder und vorbei an Wasserfällen, in deren ewigem Sprühregen 2000 Jahre alte Redwood-Giganten gedeihen. Auffällig hoch ist die Zahl der Autos mit esoterischen Stickern à la »There's Only Now«. Und immer wieder der Pazifik, blau und leer bis zum sanft gewölbten Horizont, und eine ungebändigte, bestürzend schöne Küste. Von der Straße aus führen schmale Pfade steil hinauf zu luftigen Aussichtspunkten hoch über dem Pazifik. Oder sie dringen durch dichten Busch zu von Felsen eingeschlossenen Stränden, manche mit einem Wasserfall wie die **Salmon Creek Falls**, 32 km nördlich von San Simeon, oder die McWay Falls im **Julia Pfeiffer Burn State Park**. Der **Point Sur State Historic Park** kondensiert die Vergangenheit mit einem alten Leuchtturm auf hohem Felsen, und im **Point Lobos State Reserve** lächeln Seelöwen in die Kamera.

Monterey ★

Während der spanischen Kolonialzeit war die 1770 gegründete Stadt (30 000 Einw.), 180 km südlich von San Francisco, die Hauptstadt Kaliforniens. Heute ist Monterey, deren Konservenfabriken John Steinbeck einst zu seinem Klassiker »Die Straße der Ölsardinen« inspirierten, eine von Golfplätzen umgebene Resortstadt und Steinbecks »Cannery Row« eine Touristenattraktion.
Das **Monterey Bay Aquarium** präsentiert die Tier- und Pflanzenwelt vor der Küste der Stadt. Sehenswert sind v. a. die Haie und Stachelrochen (886 Cannery Row; Öffnungszeiten: tgl. 10.00 – 18.00 Uhr).

Hearst Castle ★

Etwa zwei Autostunden (160 km) südlich von Monterey liegt bei San Simeon der ehemalige Wohnsitz des Zeitungsverlegers **William Randolph Hearst** (1863 – 1951). Bei einer Besichtigungstour durch das 100-Räume-Schloss wird man sehen, wofür Hearst schätzungsweise 30 Mio. $ ausgegeben hat: für ein Konglomerat europäischer Architekturzitate und echter antiker Stücke, die mehr seinen immensen Reichtum denn einen gezielten Geschmack belegen (Führungen: tgl. 8.20 – 15.20 Uhr; Tickets vorbestellen: www.hearstcastle.org).

San Luis Obispo

Das vom Pazifik durch eine grüne Hügelkette getrennte Städtchen (45 000 Einw.) auf halbem Weg zwischen ► Los Angeles und ► San Francisco wurde 1772 als Missionsstation La Canada de los Osos gegründet. Heute geben die Studenten der California Polytechnic State

In Big Sur ist der Weg das Ziel.

University dem kolonialspanischen Ambiente eine angenehm entspannte Note mit guten Restaurants und Bars, zahlreichen Boutiquen und dem Strand ganz in der Nähe – ein Badeurlaub in San Luis Obispo ist eine schöne Alternative für alle, denen die Strände weiter südlich, **Avila Beach** oder **Pismo Beach**, zu überlaufen sind.
Das Dach der **San Luis Obispo de Tolosa Mission**, benannt nach dem Bischof von Toulouse, wurde mit feuerfesten Ziegeln gedeckt, um die Brandpfeile angreifender Indianer wirkungslos zu machen. Ein kleines Museum zeigt Artefakte der Chumash-Indianer und dokumentiert den Alltag der frühesten weißen Siedler (Chorro St.).

CALIFORNIA

AUSKUNFT

California Travel & Tourism Commission
908 9th Street, Suite 480
Sacramento, CA 95814
Tel. 1-800-862-25 43
www.visitcalifornia.com

Die ersten durchziehenden Weißen, mormonische Siedler, fühlten sich angesichts der ausgestreckten Arme der Riesen-Yucca an den betenden Propheten Josua erinnert. Heute sind die Joshua Trees, bei Sonnenuntergang besonders fotogen, Namensgeber des herrlichen **Joshua Tree National Parks** unweit von ►Palm Springs und typisch für die zwischen 1500 und 3000 m hohe, von runden Felsbrocken übersäte **Mojave Desert**.
Auf der »Geology Tour Road« lässt sich der Park, der auch die tiefer liegende, heißere **Colorado Desert** umfasst, bequem erkunden. Der schönste Blick auf das Coachella Valley mit der Millionärsenklave Palm Springs bietet **Keys View** auf dem 1580 m hohen Rücken der Little San Bernardino Mountains.

✶ **Sacramento**

Die **Hauptstadt Kaliforniens** (468 000 Einw.) liegt am Zusammenfluss von Sacramento und American River auf halbem Weg zwischen ►San Francisco und ►Yosemite National Park. Ihre Ursprünge gehen auf eine von dem gebürtigen Schweizer Johan Suter 1839 gegründete Musterkolonie zurück. Suters florierendes »Neu-Helvetien« wurde jedoch während des Goldrausches von Glücksrittern überrannt. Zurück blieb das Fort, um das herum die Stadt entstand. 1854 wurde Sacramento Hauptstadt, seitdem ist die Regierung der wichtigste Arbeitgeber der Stadt.
Nach alten, im hessischen Darmstadt gefundenen Plänen wurde **Sutter's Fort** detailgetreu wiederaufgebaut und erinnert an den Stadtgründer Suter und die zehn ruhigen Jahre vor dem Goldrausch (27th u. L Sts.). Einst der Endpunkt der transkontinentalen Eisenbahn, dokumentiert das **California State Railroad Museum**, das größte Eisenbahnmuseum der Welt, die Rolle der Eisenbahn bei der Erschließung des Westens (Old Sacramento State Historic Park; Öffnungszeiten: tgl. 10.00 – 17.00 Uhr).

Im Joshua Tree National Park: Der Name des Joshua-Baumes geht auf mormonische Siedler zurück, die an seinen Ästen die zum Himmel erhobenen Arme Josuas sahen.

★★ Lake Tahoe

Als »schönsten See der Welt« beschrieb Mark Twain (► Berühmte Persönlichkeiten) den Lake Tahoe in der High Sierra zwischen ► Nevada und Kalifornien. Heute ist der 518 km² große und 1900 m hoch gelegene Lake Tahoe sommers wie winters ein beliebtes Ferienziel. Auf der SR-28 kann man ihn umrunden und dabei zahlreiche herrliche Aussichtspunkte besuchen. Besonders idyllische Uferabschnitte des Lake Tahoe, der mit 488 m zu den tiefsten Binnenseen der Welt zählt, sind die **State Parks Emerald Bay**, **D. L. Bliss** und **Sugar Pine Point**. Hauptort ist das auf kalifornischer Seite gelegene **South Lake Tahoe** mit hübschen Motels und Restaurants. Die Nevada-Seite wird von Kasinos dominiert.

Point Reyes National Seashore

Das 35 km nördlich von ► San Francisco auf einer felsigen Halbinsel in den Pazifik ragende Schutzgebiet zählt zu den schönsten Landschaften der Westküste. Am beliebtesten ist der Besuch des 1870 erbauten Leuchtturms, zu dem man von der Aussichtskanzel auf dem Plateau 300 Stufen hinabsteigt (Öffnungszeiten: tgl. 10.00 – 16.30 Uhr, wetterabhängig).

★ Mendocino

Das ansehnliche Städtchen (1000 Einw.) liegt 240 km nördlich von ► San Francisco an der herb-schönen Küste Nordkaliforniens. Es entstand Mitte des 19. Jh.s rund um eine Sägemühle. Die neuenglische Herkunft seiner Bewohner schlug sich in der Architektur nieder: Farbenfrohe, meist gelbe, rote und blaue Holzhäuser in verschiedenen, damals modischen viktorianischen Stilen machen den Reiz Mendocinos aus. Die Atmosphäre und das zarte Licht zog in den 1950er-Jahren viele Künstler an. Ihre Galerien und Workshops an der Main Street sind heute der Hauptgrund für einen längeren Aufenthalt.

★★ Canyonlands National Park

Ok / Pa 26

Bundesstaat: Utah
Gründungsjahr: 1964
Fläche: 1366 km²

Schwindelerregend tiefe Canyons, deren weite Schleifen eine Wüste aus Stein durchschneiden, und unvergessliche Blicke über endlos weite Plateaus: Utahs größter Nationalpark ist eine wilde, nicht leicht zu erobernde Schönheit. Straßen kratzen nur an ihren Rändern. Um ins Innere zu gelangen, braucht man einen Wagen mit Vierradantrieb. Oder ein Gummifloß – für den Colorado River.

Baumeister dieser Landschaft aus Fels, Stein und Geröll im Süden Utahs sind der Colorado und der Green River. Im Laufe von rund 150 Mio. Jahren haben sie ein 70 km weites und rund 600 m tiefes Becken mit surrealen Felsformationen, »goosenecks« (Gänsehälse) genannten Flussschleifen und engen Schluchten geschaffen. Prähistorische Felszeichnungen, u. a. im **Horseshoe Canyon**, deuten darauf hin, dass hier schon vor 3000 Jahren Menschen gelebt haben.

CANYONLANDS NATIONAL PARK

AUSKUNFT

Canyonlands National Park
2282 SW Resouce Blvd.
Moab, UT 84532-8000
Tel. 1-435-719-23 13
www.nps.gov/cany

Der zugänglichste der drei Teile des Parks ist der **Island in the Sky District** im Norden. Hier führt eine asphaltierte Straße zum Aussichtspunkt Grand View Point. Der nach seinen roten Sandstein-Minaretten **Needles District** genannte Abschnitt in der Südwestecke des Nationalparks ist nur auf schwierigen Pisten zu erkunden, ebenso der unerschlossene **Maze District**, ein wahrer Irrgarten aus Schluchten und Felsvorsprüngen. Nordöstlich schließt der **Dead Horse Point State Park** an. Von seinen Aussichtspunkten genießt man ebenfalls unvergleichliche Ausblicke über die Canyonlands.

★ **Capitol Reef National Park**

Rund 100 km westlich vom Canyonland National Park liegt, wie ein unüberwindliches, bunt gebändertes Riff in der See, der stille Star unter den Nationalparks des Bundesstaates Utah, der Capitol Reef National Park. Die in Nord-Süd-Richtung verlaufende Flexur – eine s-förmige Verbiegung von Gesteinsschichten – hat hier fantastische Felsendome und -burgen aufgeworfen. Wasser, Wind und Wetter sind für die fotogenen Bögen und Zinnen verantwortlich. Eine 40 km lange **Scenic Road** führt zu einigen der Attraktionen des Parks, u. a. zum **Grand Wash**, einer engen Schlucht, die bei Unwetter von Sturzbächen überflutet wird.

★★ Cape Canaveral · John F. Kennedy Space Center

Qe 31

Bundesstaat: Florida **Höhe:** 0–10 m ü.d.M.

Tausend Mal gesehen, auf Fotos und im Fernsehen, und dennoch: In natura sind die Trägerraketen, Landefahrzeuge und Raumfähren noch viel beeindruckender.

Hunderte erfolgreicher Weltraumreisen begannen hier: die Apollo-Missionen zum Mond, das Spacelab-Projekt und die »Space Shuttles« stiegen von hier aus in den Orbit auf. Derzeit sind 17 000 Menschen auf Cape Canaveral beschäftigt. Während der Apollo-Missionen in den 1960er-Jahren waren es sogar bis zu 25 000. Amerikas Weltraumbahnhof ist ein über 60 km² großes Gelände auf Cape Canaveral, einer von Marschen und Mangrovenwäldern geprägten Halbinsel an der Ostküste Floridas. Westlich davon schließt Merritt Island an, dort befindet sich das **Kennedy Space Center**.

Rasante Entwicklung

Das gigantische Unternehmen begann nach dem Zweiten Weltkrieg als Raketentestgelände. Die Fortschritte der russischen Weltraumforschung nötigten Washington 1958 zur Gründung der **National Aeronautics and Space Administration** (NASA), die am 31. Januar 1958 den ersten amerikanischen Satelliten »Explorer 1« in die Umlaufbahn schoss. Am 5. Mai schickte sie den Astronauten Alan Shepard an Bord der »Mercury 1« als ersten Amerikaner ins All. Die von Präsident Kennedy vorausgesagte Landung auf dem Mond erfolgte am 20. Juli 1969. Mit dem Weltraumlaboratorium »Skylab« 1973 und dem Jungfernflug der Raumfähre »Columbia« 1982 folgten weitere bahn-

◄ weiter auf S. 236

CAPE CANAVERAL ERLEBEN

AUSKUNFT

John F. Kennedy Space Center
FL 32899, Tel. 1-321-449-44 44
www.nasa.gov/centers/kennedy

ESSEN

► **Erschwinglich**

Bernard's Surf
2 S. Atlantic Avenue
Cocoa Beach, Tel. 1-321-783-24 01
Eine feste Größe und bei NASA-Angestellten beliebt: Bernard's serviert von der eigenen Flotte gefangenen Fisch. Unter dem gleichen Dach: das rustikalere »Fischer's Seafood Bar & Grill« und die Austernbar »Rusty's«.

ÜBERNACHTEN

► **Günstig**

Campbell Motel
1084 N. Cocoa Blvd.
Cocoa Village
Tel. 1-321-636-61 11
Freundliches Motel mit schnörkellosen Zimmern.

START EINES SPACE SHUTTLES

★★ Im September 2010 geht eine Ära zu Ende: Dann startet die »Discovery« zur letzten Mission eines Space Shuttle überhaupt. Seit dem Erstflug der »Columbia« am 12. April 1981 sind dann 134 Missionen mit fünf Orbitern absolviert worden. Zwei davon gingen verloren: Die »Challenger« explodierte am 28. Januar 1986 kurz nach dem Start, die »Columbia« brach am 1. Februar 2003 wenige Minuten vor der Landung auseinander.

Aktuelle Starttermine und Tickets:
www.kennedyspacecenter.com/launches/

① Service Tower
Vom Versorgungsturm aus werden die letzten Vorbereitungen für den Start durchgeführt.

② Verschiebbare Service-Einheit
Zum Service Tower gehört eine bewegliche Service-Einheit, die kurz vor dem Start beiseitegeschoben werden kann.

③ Service-Arm
Über diesen Ausleger des Service Tower kann das Space Shuttle noch bis kurz vor dem Start mit Notwendigem versorgt werden.

④ Space Shuttle
Wie ein größeres Passagierflugzeug sieht der Raumtransporter selbst aus. Sein Äußeres – besonders seine »Nase« – ist mit Hitze abweisenden Kacheln belegt, damit das später von seiner Mission zurückkehrende Shuttle beim Wiedereintritt in die Erdatmosphäre nicht verglüht.
Im Inneren der Raumfähre ist Platz für eine Crew aus mehreren Astronauten und für eine größere Menge Versorgungsgüter.

⑤ Booster
Beiderseits des Außentanks bzw. des Shuttles ist jeweils ein Booster (Feststoffrakete mit Zusatztriebwerk) angebracht, mit deren Hilfe das Shuttle in Richtung Weltraum abhebt. Bereits 2 Minuten nach dem Start, wenn es 45 km Höhe erreicht hat, fallen diese Zusatztriebwerke ab und schweben an Fallschirmen zurück zur Erde.

⑥ Außentank
Der Treibstoff im riesigen Außentank ist bereits 8 Minuten nach dem Start verbraucht. Der Tank fällt dann ab und verglüht in der Erdatmosphäre.

⑦ Startrampe
Die sehr massiv konstruierte Startrampe muss den Feuerstrahl beim Start und die dabei entstehenden extrem hohen Temperaturen aushalten können.

⑧ Flammengraben
In einem massiv ausgekleideten Flammengraben werden die Feuerstrahlen und Abgaswolken so gut es technisch geht neutralisiert.

Vor seinem Start wird das Shuttle im Vehicle Assembly Building inspiziert.

Der Ra
von ein
Abschu

brechende Projekte. Doch die NASA musste auch Rückschläge hinnehmen: Am 28. Januar 1986 explodierte die »Challenger« 73 Sekunden nach dem Start, am 1. Februar 2003 verglühte die »Columbia« beim Wiedereintritt in die Erdatmosphäre.

Sehenswertes auf Cape Canaveral

KSC Visitor Complex

Das Besucherzentrum ist eine weitläufige Ansammlung flacher Gebäude mit Grünanlagen und künstlichen Lagunen. Die Geschichte der amerikanischen Raumfahrt wird hier spannend und leicht verständlich präsentiert. Zwei IMAX-Kinos zeigen spektakuläre Weltraum-Dokus.

Spezielle Programme

Interessierten Besuchern bietet die NASA spezielle, im Voraus zu buchende Programme an, darunter die eintägige **Astronaut Training Experience**, die den Teilnehmern einen Eindruck von der harten Ausbildung der Astronauten vermittelt, sowie **Lunch with an Astronaut**, wo man die Gelegenheit erhält, einen Astronauten persönlich kennenzulernen (Reservierung: Tel. 1-321-449-4400). Eine Attraktion vor Ort ist im Übrigen die Mitte 2007 eröffnete **Shuttle Launch Experience**. An Bord eines ausgemusterten Shuttles kann man mit Hilfe kompliziertester Multi-Media-Technologie den Start eines Shuttles hautnah miterleben. Per Bus geht es zu den Abschussrampen, Montagehallen und Raketen. U. a. werden folgende Touren angeboten: Die 90-minütige **NASA Up-Close Tour** führt zum A/B Camera Stop, von wo aus die Shuttle-Abschussrampe zu sehen ist, dann zum International Space Station Center und endet am Apollo/Saturn V Center, wo Original-Raumfahrzeuge und Mondlande-Einheiten besichtigt werden können. Die **Kennedy Space Center Tour** führt zu den beiden gigantischen Shuttle-Abschussrampen des Launch Complex 39.

> ! *Baedeker* TIPP
>
> **Cocoa Beach**
>
> Erfahrene Florida-Reisende quartieren sich in Cocoa Beach ein – nicht nur wegen der Nähe zum Kennedy Space Center, sondern auch wegen der Themenparks in Orlando. Die Entertainment-Kapitale liegt von Cape Canaveral nur eine knappe Autostunde landeinwärts.

Raketenstarts

Der Start einer Satelliten-Trägerrakete ist überwältigend. Die Start-Termine (»launch dates«, siehe www auf S. 234) können telefonisch bei der NASA unter Tel. 1-321-867-5000 oder im Internet unter www.ksctickets.com abgefragt werden.

Das »Launch & Admission Ticket« umfasst den Transport zu einem Aussichtspunkt in größtmöglicher Nähe der Startrampen. Bei Raketenstarts wird das KSC ganz oder teilweise geschlossen. Es ist daher ratsam, sich vor einem Besuch über den aktuellen Stand der Dinge zu informieren.

Umgebung von Cape Canaveral

Canaveral National Seashore

Der Fortschritt hatte auch eine umweltbewusste Seite: Das nicht von der NASA genutzte Gelände trat sie an zwei Schutzgebiete ab. Im Norden schützt die Canaveral National Seashore eine knapp 21 Kilometer lange und nur wenige Hundert Meter breite Barriere-Insel mit unberührter Dünenlandschaft und Salzwassermarschen mit reichem Vogelbestand.

Merritt Island National Wildlife Refuge

Südlich davon schließt dieses schöne Schutzgebiet an. 1963 von der NASA als Pufferzone eingerichtet, besteht es aus Dünen, Pinienwäldern sowie Palmen- und Eichen-Inselchen. Über 500 Tierarten leben in diesem hoch differenzierten Lebensraum, u. a. Seekühe, Seeadler und Alligatoren. Der vielfältigen Tierwelt kann man sich auf vier bis zu acht Kilometer langen Wanderwegen nähern. Schöne Fotomotive bietet auch der 11 km lange, unbefestigte **Black Point Wildlife Drive**.

★ Cape Cod

Qk/Ra 24/25

Bundesstaat: Massachusetts

Wenn Bostoner reif für den Urlaub sind, denken sie meist an ihr »cottage on the cape«. Gemeint ist damit natürlich Cape Cod, jene wie ein Haken in den Atlantik ragende, 110 km lange Halbinsel, anderthalb Autostunden südlich von ► Boston. Endlose Sandstrände, bezaubernde Sonnenuntergänge und die ältesten Dörfer Neuenglands, die ruhig einmal »malerisch« genannt werden dürfen, ziehen auch Europäer in ihren Bann.

Bartholomew Gosnold, einer der ersten Europäer in diesen Gewässern, war beeindruckt von den reichen Kabeljaubeständen vor der Halbinsel. »Kabeljau-Kap« nannte er sie daher und eröffnete damit den Run europäischer Fischer auf das Cape. Nicht wenige blieben und gründeten hübsche kleine Städte. Den Fischereiflotten und einer blühenden Walfangindustrie im 18. und 19. Jh. verdanken Orte wie Barnstable, Yarmouth und Provincetown ihre schönen Kapitänshäuser. Mitte des 19. Jh.s entdeckten wohlhabende Bostoner Cape Cod als Sommerfrische. Heute lebt Cape Cod vor allem vom Tourismus, doch außerhalb der Monate Juli und August geht es in vielen Dörfern immer noch relativ beschaulich zu.

Ausgewählte Reiseziele auf Cape Cod

Sandwich

Die schönsten Dörfer liegen an der alten Küstenstraße Rte. 6A. Im 1637 gegründeten Sandwich (3000 Einw.), das sich, wie alle alten Ge-

CAPE COD ERLEBEN

AUSKUNFT

Visit Cape Cod
923 Rte. 6A, Suite 5A
Yarmouth Port, MA 02675
Tel. 1-508-375-93 27
www.visitcapecod.com

FÄHREN

Autofähren nach Martha's Vineyard verkehren ganzjährig zwischen Wood's Hole auf dem Cape und Vineyard Haven. Die Fähre nach Nantucket legt in Hyannis ab (Steamship Authority, Tel. 1-508-477-86 00, www.steamshipauthority.com).
Personenfähren fahren im Sommer zwischen Falmouth (Cape) und Edgartown, Hyannis (Cape) und Oak Bluffs sowie zwischen New Bedford (Festland) und Oak Bluffs.

ESSEN

► Erschwinglich
Front Street
Provincetown
230 Commercial St.
Tel. 1-508-487-97 15
Italienische Küche mit Einflüssen aus dem gesamten Mittelmeerraum.

► Preiswert
Portuguese Bakery
Provincetown, 299 Commercial St.
Tel. 1-508-487-18 03
Seit Jahrzehnten ist diese Bäckereikantine der beste Tipp für portugiesisch-neuenglisches Frühstück und Mittagessen.

ÜBERNACHTEN

► Luxus/Komfortabel
Belfry Inne & Bistro
Sandwich, 8 Jarves St.
Tel. 1-508-888-85 50
www.belfryinn.com
21 Z. Herrliches, aus zwei Häusern und einer umgebauten Kirche bestehendes Anwesen im verspielten Queen-Ann-Stil.

► Komfortabel
Dockside Inn
Oak Bluffs, 9 Circuit Ave.
Tel. 1-800-245-59 79
www.vineyardinns.com/dockside.html
17 Z., 5 Apartments
Viktorianisches Inn im romantischen Lebkuchenstil gleich neben der Fähranlegestelle.

meinden Neuenglands, um ein Village Green konzentriert, verführt ein romantisches Stadtbild mit Mühle und Ententeich zu geruhsamen Spaziergängen. Interessante Sehenswürdigkeiten sind das **Sandwich Glass Museum** (129 Main St.), das mit über 5000 Objekten an die hiesige alte Glasmanufaktur erinnert, und das **Heritage Museum** (Grove u. Pine Sts.), das Americana zeigt, u. a. den Straßenkreuzer von Gary Cooper.

Yarmouth Port Im Jahr 1639 gegründet, bezaubert die Stadt (5400 Einw.) mit schönen alten Kapitänshäusern, auf denen sich Wale als Wetterfahnen im Wind drehen. Im kaum jüngeren **Dennis** (2800 Einw.) zeigt das Cape Museum of Fine Arts (Rte. 6A) die Werke vom Cape inspirierter Künstler.

◄ Cape Cod National Seashore

Weiter nördlich wird es rauer: Die Cape Cod National Seashore schützt an der Ostküste 70 km unbebauter Küstenlinie; schöne Fuß- und Radwege führen durch die bewaldete Dünenlandschaft zum endlos langen Strand.

✶ Provincetown

Die alte Walfängerstadt Provincetown (3200 Einw.), durch hohe Dünen vom Rest des Cape getrennt, gilt dank ihrer Künstler- und Schwulenkolonie als liberalste Stadt der Ostküste. Heute flaniert ein buntes Völkchen durch die engen Gassen, stöbert in Galerien und Antiquitätenläden und diniert abends in hübschen kleinen Restaurants. Vom 80 m hohen **Pilgrim Monument & Provincetown Museum** bietet sich ein toller Blick über die verschachtelte Stadt bis nach ►Boston. Von der MacMillan Wharf aus stechen Walbeobachtungsschiffe in See. Hier befindet sich auch das **Whydah Museum**, das sich dem vor der Küste gefundenen Piratenschiff »Whydah« widmet. Umgeben von herrlichen Sandstränden, ist die Lieblingsbeschäftigung der Leute von »P-Town« im Sommer jedoch (sonnen-)klar.

Umgebung von Cape Cod

Martha's Vineyard

Die Cape Cod im Süden vorgelagerte Insel (14 000 Einw.) ist die traditionelle Sommerfrische der Ostküsten-Prominenz. Wer etwas auf sich hält, besitzt hier ein Cottage. Mit Hotels, B & Bs und einer viel-

Die Zeiten, als Walfangschiffe aus dem Hafen von Nantucket ausliefen, sind vorbei.

fältigen Palette von Restaurants ist die 30 mal 15 km messende Insel auch auf Touristen gut vorbereitet. Hauptgrund für den Abstecher hierher sind die fabelhaften Sandstrände.

Nantucket Ruhiger – und exklusiver – ist es auf der kleineren Nachbarinsel Nantucket (9000 Einw.). Zu Beginn des 19. Jh.s war die 50 km vor Cape Cod liegende sandige Insel der größte Walfängerhafen Neuenglands. Der damals erworbene Wohlstand schlug sich in prächtigen Kapitänshäusern nieder, die heute meist als Hotels und B & Bs fungieren. Der gleichnamige Hauptort, ein reizendes Ensemble aus viktorianischen Ziegelhäusern an einer kopfsteingepflasterten Main Street, ist Ausgangspunkt für Wanderungen oder Radtouren über die Insel.

★★ Carlsbad Caverns National Park

Pc 29

Bundesstaat: New Mexico **Fläche:** 190 km²
Gründungsjahr: 1930

Batman ist nichts dagegen: Tausende schwarzer Fledermäuse steigen auf, scheinbar aus der Unterwelt kommend, und verdunkeln die untergehende Sonne: Die zu den größten Höhlen der Welt gerechneten Carlsbad Caverns haben aber auch noch andere Überraschungen auf Lager.

Die Carlsbad Caverns liegen 35 km südwestlich von Carlsbad am Nordrand der **Chihuahua Desert**; der Parkeingang befindet sich an der US-62/US-180. Mit über 80 bislang entdeckten Höhlen ist dies eines der weltweit größten Höhlensysteme – und mit bis zu 487 m auch eines der tiefsten. Die aus einer zusammenhängenden Kette geräumiger Höhlen bestehenden Carlsbad Caverns sind vor zwei bis vier Mio. Jahren entstanden; charakteristisch sind ihre gigantischen Ausmaße und die ungemein formenreichen Tropfsteinbildungen. Vom Visitor Center werden Touren unterschiedlicher Länge und Dauer angeboten. Die besondere Attraktion der Höhle sind die von Mitte Mai bis Mitte Oktober allabendlichen, kurz vor Sonnenuntergang stattfindenden **»bat flights«**. Dann steigt ca. eine Viertelmillion Fledermäuse durch eine große Öffnung in der Höhlendecke auf, um Insekten zu jagen – ein Spektakel, das von vielen Besuchern verfolgt wird.

CARLSBAD CAVERNS

AUSKUNFT

Carlsbad Caverns National Park
3225 National Parks Hwy.
Carlsbad, NM 88220
Tel. 1-505-785-22 32
www.nps.gov/cave

✶ Chaco Culture National Historical Park

Pa/Pb 27

Bundesstaat: New Mexiko
Gründungsjahr: 1980
Fläche: 53 km²

Ein Tal in der High Desert im Nordwesten New Mexicos: wenig Grün, umso mehr Gelb und Braun, Felswände, Geröllhalden. Ebenso überraschend ist auch, dass hier einst das Zentrum der Chaco-Kultur war. Ruinen von Dörfern und Städten, so weit das Auge reicht.

Um 500 n. Chr. angelegte Grubenhäuser machten den Anfang. Auf diese einfachen Behausungen folgten im Laufe des 7. Jh. die ersten Lehmbauten. An der Nordseite des Tals entstanden im 9. Jh. rund ein Dutzend weitläufige, **Pueblos** genannte Wohnbezirke, während die Südseite von über 400 kleineren Dörfern bedeckt war. Im Laufe des 11. Jh.s entwickelte sich der Chaco Canyon zum kulturellen, politischen und wirtschaftlichen Zentrum der Chaco-Kultur, dessen Menschen von den später hier siedelnden Navajo **Anasazi** genannt wurden – »die Alten« oder auch »die alten Feinde«.
Etwa 6000 Menschen mögen hier gelebt haben, möglicherweise aber noch viel mehr: Auf Luftbildern ist noch heute ihr Hunderte von Kilometer langes Straßennetz zu erkennen, das den Chaco Canyon mit »Satellitenstädten« in Arizona, Utah und Colorado verband. Die Handelswege der Anasazi reichten bis zum Pazifik und bis hinab nach Zentralamerika.

Spektakulär: der Blick auf den Chaco Canyon

CHACO CULTURE NHP

AUSKUNFT

Chaco Culture National Historical Park
Visitor Center, Tel. 1-505-786-70 14
www.chacoculture.areaparks.com
Öffnungszeiten: tgl. 8.00 – 17.00 Uhr
Eine knapp 15 km lange, asphaltierte Rundstrecke führt vom Visitor Center (an der unbefestigten und teilweise recht holprigen NM-57) aus zu den bedeutendsten Stätten.

Ohne Metallwerkzeuge errichteten sie großartige Gebäude aus aufeinandergeschichteten Sandsteinplatten und -blöcken. Für die Decken wurden Ponderosa-Kiefern genommen, für den Fußboden des darüberliegenden Stockwerks ein Geflecht aus Weidenruten, Wacholderzweigen und gestampfter Erde.

Die eindrucksvollste Anlage des Chaco Canyons ist **Pueblo Bonito**; sie umschließt einen halbkreisförmigen Platz mit drei großen und mehreren kleinen Kivas (Zeremonialräumen). Nach Pueblo Bonito wurde inzwischen eine ganze historische Epoche benannt. Im 9. Jh. begonnen, lebten in den 600 bis 800 Räumen der fünf Stockwerke großen Anlage rund 1200 Menschen. Vermutlich diente das Pueblo als eine Art Hotel für Pilger. Ein weiteres großes Pueblo ist die um 1100 n. Chr. errichtete **Casa Rinconada**. Ihre Kiva ist mit 20 m Durchmesser eine der größten im Südwesten. Im 13. Jh. setzte der Niedergang der Chaco-Kultur ein. Um 1250 waren in ►Mesa Verde und Aztec neue Zentren entstanden, die Bevölkerung des Chaco Canyon ging in den Stämmen der Hopi, Zuni und Acoma auf. Deren Nachfahren kommen noch immer hierher, um in kleinen Zeremonien die Ahnen zu ehren.

★★ Charleston

Qf 29

Bundesstaat: South Carolina
Einwohnerzahl: 119 000
Höhe: 35 m ü.d.M.

Selten findet man in den USA so viel Historie so hübsch verpackt. Vor allem die Altstadt hält, was das Südstaaten-Klischee verspricht: Auf den Straßen verkehren Kutschen, in den pastellfarbenen Innenhöfen der restaurierten Häuser plätschern leise Springbrunnen. Und die charmanten Einwohner zeigen – natürlich – tadellose Manieren.

Tatsächlich hat Amerikas Manieren-Guru, die Bestsellerautorin Marjabelle Young Stewart, Charleston wiederholt als höflichste Stadt des Landes bezeichnet. Und insgeheim wartet man darauf, dass sich auf einer der herrlichen weißen Veranden eine Südstaatenschönheit oder ein fescher Offizier à la »Vom Winde verweht« blicken lässt. Die Luft ist warm und schwer, das Tempo langsam. Die auf einer vom Atlantik umspülten Halbinsel liegende Stadt lebt vom Tourismus und ihrem Hafen. Um 1750 war Charleston, 1670 von englischen Siedlern gegründet, mit ►New Orleans die kosmopolitischste Stadt Nordamerikas. Die Nähe zum karibischen Raum brachte der Stadt nicht nur Wohlstand, sondern auch eine ethnisch und religiös vielfältige Bevölkerung. Hier wurden die Produkte des Inlands umgeschlagen, vor allem Reis, Indigo und Baumwolle. Sklavenschiffe aus Afrika luden hier ihre menschliche Fracht ab: Der Sklavenmarkt von Charleston gehörte zu den größten des Südens, zeitweilig waren mehr als die Hälfte der Bevölkerung Sklaven. Die im Hinterland lebenden Pflanzer suchten hier Zerstreuung, so entstanden u. a. das erste Dramentheater und 1773 das erste Museum der USA. 1861 begann in Charleston mit der Beschießung von Fort Sumter der Sezessionskrieg. Die wirtschaftliche Talfahrt nach dem Bürgerkrieg – die Plantagenwirtschaft war seit dem Ende der Sklavenarbeit nicht mehr rentabel – wurde von Erdbeben, Hurrikans und Stadtbränden begleitet. Die Altstadt, heute die Hauptattraktion Charlestons, blieb indes weitgehend verschont – zum Glück, lockt sie doch jährlich über vier Millionen Besucher an.

Südstaaten pur im Historic District in Charleston

CHARLESTON ERLEBEN

AUSKUNFT

Charleston Area Convention & Visitors Bureau
423 King St.
Tel. 1-843-853-80 00
www.charlestoncvb.com

FESTIVAL

Beim 14-tägigen, Ende Mai bis Mitte Juni stattfindenden Spoleto-Festival gibt sich die erste Garde der amerikanischen und internationalen Musik-, Tanz- und Kunstszene in Charleston ein Stelldichein.

ESSEN

► Fein & teuer

① ***Magnolias***
185 E. Bay St.
Tel. 1-843-577-77 71
Southern Cuisine in einem herausgeputzten alten Lagerhaus. Die Spezialität des Hauses ist Grillhühnchen mit würziger Senfsoße und Paprikapüree.

► Erschwinglich

② ***Elliott's on the Square***
387 King St.
(im Francis Marion Hotel)
Tel. 1-843-724-88 88
Feine Southern Cuisine; besonders gut schmeckt der gegrillte Lachs.

ÜBERNACHTEN

► Luxus/Komfortabel

① ***Harbour View Inn***
2 Vendue Range
Tel. 1-843-853-84 39
www.harbourviewcharleston.com
52 Zimmer. Schönes Hotel am Waterfront Park; die Zimmer sind in beruhigenden Erdtönen gehalten.

► Günstig

② ***Red Roof Inn***
301 Johnnie Dodds Blvd.
Tel. 1-843-884-14 11
www.redroof.com; 126 Z.
Gut ausgestattes, im Stadtteil Mt. Pleasant liegendes Motel.

Sehenswertes in Charleston

Historic District

Der Weg ist das Ziel: Von moosbehangenen Eichen gesäumte Alleen mit eleganten Südstaatenresidenzen warten! Bester Ausgangspunkt ist die Kreuzung von Meeting und Market Street. Hier befinden sich die lebhaften Markthallen. Auf der Meeting St. gelangt man zum 1713 gebauten **Powder Magazine** (Cumberland St.), dem ältesten Gebäude der Stadt. Ein paar Gehminuten weiter südlich erreicht man schließlich die Hausnummer 134. Hier wurde am 20. Dezember 1860 die Sezessionserklärung South Carolinas unterzeichnet.
Die Kreuzung Meeting und Broad Sts. heißt hier auch »Four Corners of Law«: Hier stehen die 1801 erbaute **City Hall** mit ihrer Gemäldesammlung, das **County Court House** von 1752, der **Federal Court** und die schöne, 1761 geweihte **St. Michaels Episcopal Church**.
Ein historisch bedeutsames Gebäude wartet am Ostende der Broad Street. Der 1767 gebaute **Old Exchange & Provost Dungeon** war während der Revolution Ort heftiger Debatten. Die Briten warfen die

hiesigen Patrioten hier in den Kerker, in dem auch berüchtigte Piraten darbten. Auf dem Rückweg sollte man sich in der Chalmers Street den alten Sklavenmarkt, **Old Slave Mart**, anschauen. Derzeit leider geschlossen, fand in diesen düsteren Hallen bis kurz vor dem Bürgerkrieg die »menschliche Ware« ihre Abnehmer.

Zurück auf der Meeting Street geht es weiter in südlicher Richtung in eines der historischen Wohnviertel. Zahlreiche Häuser stehen unter Denkmalschutz. Sehenswert sind v. a. das **Heyward-Washington House** (87 Church St.) von 1772, das einem Unterzeichner der Unabhängigkeitserklärung gehörte, und das im eleganten Federal Style erbaute **Nathaniel Russell House** (51 Meeting St.) von 1808, eines der schönsten Häuser im ganzen Süden. Vom zweiten Stockwerk des 1825 im Greek-Revival-Style erbauten **Edmonston-Alston House** (21 East Battery) beobachteten Südstaaten-Offiziere die Beschießung Fort Sumters.

Charleston *Orientierung*

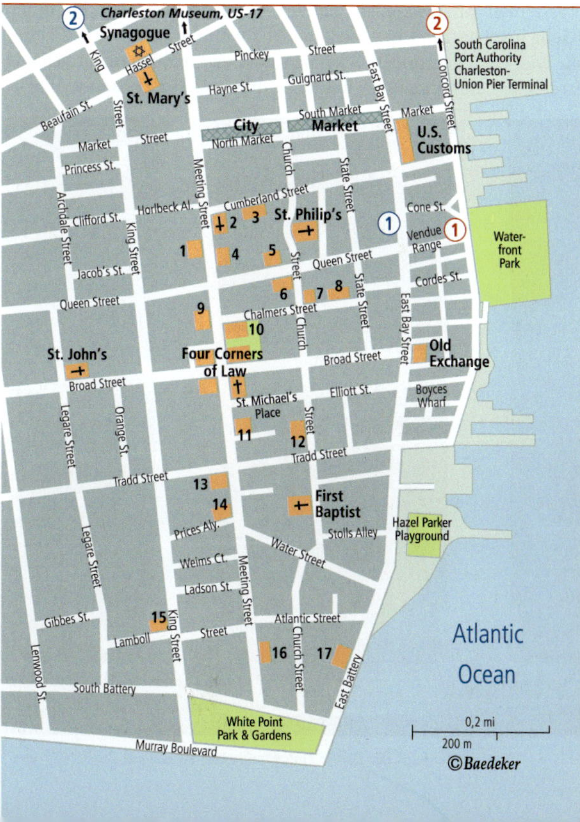

Übernachten
① Harbour View Inn
② Red Roof Inn

Essen
① Magnolias
② Elliott's on the Square

1 Gibbes Museum of Art
2 Circular Congregational Church
3 Old Powder Magazine
4 134 Meeting St.
5 Thomas Elfe Workshop
6 Dock Street Theatre
7 French Huguenot Church
8 Old Slave Mart
9 Hibernian Hall
10 Fireproof Building
11 S.C. Society Hall
12 Heyward-Washington House
13 First (Scots) Presbyterian Church
14 Nathaniel Russell House
15 Mile Brewton House
16 Calhoun Mansion
17 Edmondston-Alston House

Charleston Museum Das hervorragende Museum beschäftigt sich mit der oft dramatischen Stadtgeschichte und zeigt sich bei ihrer Aufarbeitung erfreulich kritisch; eine Replik des konföderierten U-Boots »Hunley«, das 1864 als erstes U-Boot der Seefahrtsgeschichte ein feindliches Schiff versenkte, befindet sich jetzt nicht mehr am Eingang (360 Meeting St., Öffnungszeiten: Mo. – Sa. 9.00 – 17.00, So. ab 13.00 Uhr).

Fort Sumter National Monument Mit der Beschießung des von Unionstruppen gehaltenen Fort Sumter am 12. April 1861 begann der vierjährige Bürgerkrieg. Nach 34-stündiger Bombardierung gab die Besatzung des auf einer Insel in der Hafeneinfahrt liegenden Forts auf. Von 1863 bis Anfang 1865 wiederum hielten die Südstaatler hier der Belagerung durch die Union stand. Eine Ausstellung im Fort dokumentiert die damaligen Ereignisse (Boote nach Fort Sumter legen mehrmals tgl. am Liberty Square und Patriots Point ab).

Umgebung von Charleston

Boone Hall Plantation Verlässt man Charleston auf der US-17 in nordöstlicher Richtung, erreicht man nach 13 km die Abfahrt Richtung Boone Hall Plantation. Die 1681 gegründete Plantage und das mehrmals umgebaute Herrenhaus, eine prächtige Residenz mit neoklassizistischem Porti-

Das Herrenhaus der Boone Hall Plantation: Wohlstand durch Sklaverei

kus, verbreiten noch immer Südstaatenromantik. Wer für diesen Luxus geblutet hat, sieht man in den um 1800 gebauten Ziegelhütten, einigen der wenigen in den USA erhaltenen gebliebenen Sklavenbehausungen (1235 Long Point Road, Öffnungszeiten: Okt. – März Mo. bis Sa. 9.00 – 17.00, So. 13.00 – 16.00, April – Sept. Mo. – Sa. 8.30 – 18.30, So. 13.00 – 17.00 Uhr).

★★ Chicago

Qb 25

Bundesstaat: Illinois
Höhe: 177 m ü.d.M.

Einwohnerzahl: 3 Mio.
(Metropolitan Area: 9,75 Mio.)

Al Capone, Schlachthöfe, Jazz-, Blues-, Kunst- und Architekturmekka, drittgrößte Stadt der USA: nicht schlecht für eine Stadt, deren Name eigentlich »stinkende Zwiebel« bedeutet. Doch den Potawotami sei vergeben: Sie konnten nicht ahnen, was aus der Stelle am Südwestufer des Lake Michigan, wo wilder Knoblauch wuchs, noch werden sollte.

Chicago ist die Metropole und Drehscheibe des Mittleren Westens; hier befindet sich der verkehrsreichste Flughafen des Landes. Nach New York ist die Stadt am Südende des Lake Michigan der bedeutendste Finanzplatz der USA. Stahl- und Hightechindustrie sowie die Nahrungsmittelindustrie sind die größten Arbeitgeber. Die ersten Weißen vor Ort waren französische Pelzhändler aus Montreal, doch Schwung in die Entwicklung kam erst 1803, als **Fort Dearborn** angelegt wurde. Das blühende Dorf erhielt bereits 1837 das Stadtrecht. Nach dem Bürgerkrieg mauserte sich die Stadt zum Großindustriestandort und zog Heerscharen europäischer Immigranten und ehemaliger Sklaven aus dem Süden an. Der verheerende Stadtbrand von 1871 vermochte Chicagos Aufstieg nicht zu bremsen, auch nicht die Arbeitskämpfe, die 1886 im blutigen »Hay Market Riot« und 1894 im brutal niedergeschlagenen Pullman-Streik gipfelten.
Der Rechtsanwalt Paul P. Harris gründete 1905 hier den ersten Rotary-Club. Nach dem Ersten Weltkrieg blühte in Chicago das organisierte Verbrechen. Gangsterbanden tyrannisierten die Stadt, bestachen Polizei- und Verwaltungsbeamte. Die Prohibition (1919 – 1933) und der illegale Alkoholausschank schufen Gangsterlegenden wie Al Capone (▸ Berühmte Persönlichkeiten). Für den Sound der »wilden Zwanziger« sorgten in schummrigen Kneipen schwarze Jazz- und Bluesmusiker aus dem Süden, sie machten Chicago zur **Hauptstadt des Jazz**. In den 1940er-Jahren machte die von dem Stararchitekten Ludwig Mies van der Rohe (1886 – 1969) angeführte »Second School of Chicago« von sich reden. 1959 öffnete der St.-Lorenz-Seeweg der Binnenstadt den Zugang zu den Weltmeeren. Seinem Ruf als Spielplatz visionärer Architekten ist Chicago bis heute treu geblieben.

CHICAGO ERLEBEN

AUSKUNFT

Chicago Convention and Tourism Bureau
2301 S. Lake Shore Dr.
Tel. 1-312-567-85 00
www.choosechicago.com

SIGHTSEEING

Chicagos Architektur aus einer neuen Perspektive: Veranstalter wie »Shoreline Sightseeing« kreuzen in kleinen Ausflugsbooten vor der Skyline Chicagos (Navy Pier).
Die »gute alte Zeit« Al Capones & Co. beschwören »Untouchable Tours«: Eine aufregende Busfahrt mit »echten« Gangstern führt durch Chicagos dunkle Vergangenheit (600 N. Clark St., Tel. 1-773-881-11 95).

SHOPPING

Erste Adresse sind die Edelboutiquen der Magnificent Mile. Sehenswert ist hier v. a. »Chicago Place«, eine Mall mit 50 Shops und Restaurants und einer siebenstöckigen Filiale von »Saks Fifth Avenue«. Auch im »Century Shopping Center« im Lincoln Park gibt es zahlreiche gute Geschäfte.

AUSGEHEN

Neben der Rush Street, dem traditionellen Hotspot für Nachtschwärmer, hat sich in den letzten Jahren auch in Near North und am Loop eine attraktive Nachtklubszene entwickelt. Was wann wo los ist, erfährt man aus den »Weekend Plus«-Seiten der »Chicago Sun Times«.
Die Blues-Szene Chicagos zählt zu den besten des Landes. Das »Blue Chicago« ist seit Langem das Sprungbrett hoffnungsvoller Blues-Talente (736 N. Clark St., Tel. 1-312-642-62 61). Im »Buddy Guy's Legends« spielen die Schwergewichte des amerikanischen Blues (754 S. Wabash Ave., Tel. 1-312-427-03 33).

ESSEN

► Fein & teuer

① ***Scoozi!***
410 W. Huron St.
Tel. 1-312-943-59 00
Hangout der Urbanites und ebenso trendiges Trattoria-Essen.

► Erschwinglich

③ ***Ada's***
14 S. Wabash Ave.
Tel. 1-312-214-42 82
Osteuropäische Köstlichkeiten und koschere Küche gibt es in diesem schön altmodischen Diner.

② ***The Palm***
323 E. Wacker Dr., (im Swissotel)
Tel. 1-312-616-10 00
Hübsche Ausgabe der Steakhouse-Kette mit Blick auf den Navy Pier.

► Preiswert

④ ***Wishbone***
1001 W. Washington St.
Tel. 1-312-850-26 63
Hier gibt es Bewährtes und Ausgefallenes, vor allem aber Soul Food und Cajun Cuisine zu fairen Preisen.

ÜBERNACHTEN

► Luxus

① ***The Drake Hotel***
140 E. Walton Pl.
Tel. 1-312-787-22 00
www.thedrakehotel.com
535 Zimmer. Seit Jahrzehnten *die* Adresse an der Magnificent Mile.

► Komfortabel

② ***Hotel Monaco***
225 N. Wabash St.
Tel. 1-312-960-85 00

www.monaco-chicago.com
192 Z. Historisches Haus, zu elegantem Boutiquehotel umfunktioniert.

④ ***Gold Coast Guest House***
113 W. Elm St.
Tel. 1-312-337-03 61
www.bbchicago.com
In der 1873 erbauten Stadtvilla in Chicagos Nobelviertel sind vier zauberhafte Gästesuiten eingerichtet.

▸ **Günstig**

③ ***Red Roof Inn Downtown***
162 E. Ontario St.
Tel. 1-312-787-12 99
www.redroof-chicago-downtown.com
191 Zimmer. Motel der Billig-Kette: einfach, dafür aber in der Nähe der Magnificent Mile.

⑤ ***Willows Hotel***
555 W. Surf St.
Tel. 1-773-528-84 00
www.cityinns.com
55 Zimmer. Nettes kleines Hotel mit freundlichen Zimmern und diversen Reminiszenzen an die 1920er-Jahre im exklusiven Lincoln Park/Lakeview.

Sehenswertes in Chicago

✶✶ The Loop

Das Finanz- und Geschäftszentrum von Chicago umfasst ein Dutzend Häuserblocks beiderseits des Chicago River. Hier begegnen einem große Architekten auf Schritt und Tritt, die Lobbys ihrer Gebäude sind mit Werken noch größerer Künstler dekoriert, darunter Picasso und Chagall. Das monumentale **State of Illinois Center** (100 W. Randolph St.) am nordwestlichen Loop stammt von Helmut Jahn und besticht durch seine Kuppelform und vielfarbigen Glasfassaden; es beherbergt Geschäfte, Restaurants und die »State of Illinois Art Gallery«. Das 31-stöckige **Richard J. Daley Center** (Randolph u. Washington Sts.) weiter östlich reüssiert mit einer 1967 geschaffenen 15 m hohen Plastik von Picasso; gegenüber steht Joan Mirós Skulptur »Chicago«.

✶ State Street

Östlich vom Daley Center gelangt man zur State Street, Chicagos Einkaufsstraße. Einen näheren Blick wert sind v. a. die »State Street Mall«, die u. a. die Mega-Konsumschleuse »Marshall Field's« beherbergt, und die klassisch inspirierte **Harold Washington Library**, die größte öffentliche Bibliothek der Welt (400 State St., Öffnungszeiten: Mo. – Do. 9.00 – 19.00, Fr. u. Sa. bis 17.00, So. 13.00 – 17.00 Uhr). 🕒

Dearborn Street

Ältere Gebäude liegen v. a. an der Dearborn Street. Das **Inland Steel Building** wird von wuchtigen Stahlsäulen gestützt. An der Ecke Dearborn und Monroe Sts. spiegeln sich in der Glas- und Aluminiumfassade des **Xerox Center** die benachbarten Gebäude.
»Weniger ist mehr« – Mies van der Rohes berühmtester Satz lässt sich weiter südlich an dem 30-stöckigen **Court House** studieren. Das 1893 gebaute **Monadnock Building** (330 S. Dearborn St. u. 53 W. Jackson Blvd.) ist noch immer das höchste gemauerte Geschäftshaus

Chicago *Orientierung*

Essen
① Scoozi!
② The Palm
③ Ada's
④ Wishbone

Übernachten
① The Drake Hotel
② Hotel Monaco
③ Red Roof Inn Downtown
④ Golf Coast Guest House
⑤ Willows Hotel

Elevated (Hochbahn)
Metra
The Loop

der Welt und beherbergt heute u. a. das »ArchiCenter«. Das **Manhattan Building** (431 Dearborn St.) von 1890 gilt als das erste in Stahlskelett-Bauweise errichtete Hochhaus.
Zwei Blocks weiter westlich schneidet die LaSalle St. durch das Herz des Finanz- und Bankendistrikts. Hier spürt man den Puls Chicagos, v. a. in der **Midwest Stock Exchange** (440 S. LaSalle St.), einer der größten Wertpapierbörsen der USA, und im 44-stöckigen **Chicago Board of Trade** (S. LaSalle St. u. 141 W. Jackson Blvd.), der größten Getreidebörse der Welt, dessen Spitze eine Aluminiumstatue der Ceres, der griechischen Göttin des Ackerbaus, ziert.

** **
Wacker Drive

Meisterwerke hiesiger Architekten stehen auch am Wacker Drive. Der weithin sichtbare, 443 m hohe **Sears Tower** wurde 1974 für den Warenhauskonzern Sears fertiggestellt und hat 110 Stockwerke. Der mehrfach abgestufte Wolkenkratzer ist das höchste Gebäude der USA und besitzt im 103. Stockwerk ein Aussichtsdeck mit überwältigendem Rundblick (223 S. Wacker Dr., Öffnungszeiten: Mai – Sept. tgl. 10.00 – 22.00, sonst bis 20.00 Uhr).
Nördlich vom Sears Tower erreicht man das mit Schiefer und weißem Marmor verkleidete, einem Gipskristall ähnelnde **US Gypsum Building** (101 S. Wacker Dr.) und den Chicago Mercantile Exchange & International Monetary Market, den zweitgrößten Waren- und Finanzmarkt der Welt (30 S. Wacker Dr.).

*
Magnificent Mile

Der »Magnificent Mile« genannte Abschnitt der Michigan Avenue beginnt nördlich des Chicago River und endet an der Oak Street. Hier sind alle Designermarken dieser Welt versammelt. Der 62 m hohe **Water Tower** (800 N. Michigan Ave.) ist das einzige Gebäude, das den Stadtbrand von 1871 überstand.
Einen großartigen Fernblick bietet die Aussichtsplattform auf der 94. Etage des **John Hancock Centers**, einer förderturmartigen, 343 m hohen Stahlkonstruktion mit schwarz schimmernder Glasverkleidung (875 N. Michigan Ave., Öffnungszeiten: tgl. 9.00 – 21.00 Uhr).
Südlich davon liegt das großartige **Terra Museum of American Art** mit einer der umfangreichsten Sammlungen von Werken amerikanischer Künstler, u. a. von Winslow Homer und Edward Hopper (666 N. Michigan Ave., Öffnungszeiten: Mo. – Sa. 10.00 – 18.00, Di. bis 20.00, So. 12.00 – 17.00 Uhr).
Südöstlich vom Water Tower liegt das **Museum of Contemporary Art** mit Werken zeitgenössischer Künstler (220 E. Chicago Ave., Öffnungszeiten: Mi. – So. 10.00 – 17.00, Di. bis 20.00 Uhr).
Besonders gelungen ist das 1924 in den Formen der französischen Renaissance für den Kaugummi-Konzern Wrigley errichtete **Wrigley Building**. Die Spitze des 32-stöckigen, schlanken Turms krönt ein goldgeränderter Glockenturm (410 N. Michigan Ave.).

Nördlich des Chicago River

In den gepflegten Wohnvierteln **Near North** und **Gold Coast** nördlich der Oak St. sind einige der besten Nacht- und Jazzklubs zu Hause.

Boutiquen und Antiquitätengeschäfte mit ungewöhnlichem Sortiment verführen zum Stöbern. Die Häuser berühmter Architekten, u. a. von Frank Lloyd Wright, sind im sich anschließenden **Astor District** zwischen E. Divison St. und E. North Blvd. zu bestaunen. Der Bezirk **River North** steht für Galerien und modische Boutiquen.

★ **Grant Park**

Der Grant Park am Ufer des Lake Michigan gehört mit seinen weltbekannten Kulturtempeln und seiner von Louis Sullivan und Daniel Burnham geprägten Architektur zu den attraktivsten Gegenden Chicagos. Im nordwestlichen Teil, zwischen Randolph St. und Monroe St., erstreckt sich der im Sommer 2004 eingeweihte **Millennium Park** als eine der jüngsten Attraktionen Chicagos. Hier durften namhafte Landschaftsdesigner, Architekten und Künstler futuristische Ideen verwirklichen. Glanzpunkt im wahrsten Sinne des Wortes ist das vom indischen Künstler Anish Kapoor geschaffene **»Cloud Gate«**, ein rundlich-elliptisches 22 m breites, 14 m tiefes und 11 m hohes »Tor« aus polierten Stahlplatten, auf dessen Oberfläche sich die Wolkenkratzer und Lichter des Loops effektvoll spiegeln.
Südlich davon beherbergt das **Art Institute of Chicago** eine der besten Impressionisten-Sammlungen überhaupt. Weltklasse sind auch die Kollektionen asiatischer Kunst (111 S. Michigan Ave., Öffnungszeiten: Mo. – Mi. u. Fr. 10.30 – 17.00, Do. bis 20.00 Uhr).

Die Skyline von Chicago vor der riesigen Fläche des Lake Michigan

Ein paar Gehminuten entfernt sind in der Chicago Symphony Orchestra Hall die berühmten Symphoniker zu Hause (220 S. Michigan Ave.). Das **Field Museum of Natural History**, ein gigantischer, der Naturgeschichte geweihter Tempel, kann von seinen insgesamt über 20 Mio. Exponaten nur einen kleinen, aber feinen Teil zeigen (1400 S. Lake Shore Dr., Öffnungszeiten: tgl. 9.00 – 17.00 Uhr).

Das **John G. Shedd Aquarium** auf dem Campus des Museums ist eines der größten »Indoor«-Aquarien der Welt und zeigt in riesigen Becken über 8000 Fische und Meeressäuger sowie Seehund- und Delfinshows (1200 S. Lake Shore Dr., Öffnungszeiten: Mai – Sept. tgl. 9.00 – 18.00, sonst bis 17.00 Uhr).

! *Baedeker* TIPP

Old Town Ale House

Gummimasken von Halloween-Festen der letzten Jahre, vergilbte Fotos aus der Zeit, als Chicago noch die Stadt der Schlachthöfe war, Ölgemälde vom Sperrmüll und Konterfeis von Stammgästen dekorieren diese populäre Kneipe. Seit über 30 Jahren lockt sie durstige Kehlen aus allen Gesellschaftsschichten an den Tresen (219 W. North Ave.).

Nördlich von Gold Coast begleitet der knapp zehn Kilometer lange **Lincoln Park** das Ufer des Lake Michigan als grüne Lunge der Stadt. Spiel- und Picknickplätze laden zum Rasten ein, Denkmäler berühmter Amerikaner zur stillen Betrachtung. Viele der Straßen im Park sind reine Shoppingmeilen. Im **Lincoln Park Zoo** zwischen North Ave. und Fullerton Pkwy. können über 1000 Tiere aus allen Erdteilen beobachtet werden (Öffnungszeiten: tgl. 9.00 – 18.00 Uhr).

Museum of Science and Industry

Auf dem Rundgang durch die riesigen, thematisch aufgeteilten Hallen des Museums passiert man u. a. eine echte Boeing 727, ein deutsches U-Boot aus dem Zweiten Weltkrieg und die Replik eines modernen Kohlebergwerks (S. Lake Shore Dr. u. 57th St., Öffnungszeiten: Mo. – Sa. 9.30 – 16.00, So. ab 11.00 Uhr).

Umgebung von Chicago

✶ Oak Park

Der aus Wisconsin stammende Architekt **Frank Lloyd Wright** (1867 bis 1959) entwickelte in Oak Park, einem westlich gelegenen Vorort, seinen von horizontalen Linien und überstehenden Dachrändern geprägten »Prärie-Stil«, der v. a. bei Wohnhäusern Anwendung fand. Im Frank Lloyd Wright and Prairie School of Architecture Historic District – zwischen Division, Lake, Ridgeland und Marion Sts. – kann man einige seiner Kreationen besichtigen. Anschauen kann man sich auch das **Frank Lloyd Wright Home and Studio** (951 Chicago Ave., Führungen: Mo. – Fr. 11.00, 13.00 u. 15.00, Sa. u. So. 11.00 und 14.30 Uhr).

◄ Hemingway's Birthplace

Unweit davon steht das Geburtshaus des Literaturnobelpreisträgers Ernest Hemingway (►Berühmte Persönlichkeiten). Zu sehen sind die Räume, in denen der berühmte Schriftsteller seine ersten Lebensjahre

◄ weiter auf S. 256

Livemusik im »Blue Chicago«

HAUPTSTADT DES BLUES

Wer »Chicago« hört, denkt nicht nur an Wolkenkratzer und Gangster, sondern vor allem auch an Musik. Klassikfans schwärmen vom weltberühmten Chicago Symphony Orchestra, Freunden populärer Musik fällt sofort ein, dass Chicago ja die Welthauptstadt des Jazz und Blues ist.

Allenfalls New Orleans kann es in musikalischer Hinsicht mit Chicago aufnehmen. Und mit den Afroamerikanern aus dem Süden kam mit dem Blues auch eine Musik hierherauf in den Norden, aus der Musiker wie Otis Rush, Howlin' Wolf und – der Übervater – Muddy Waters eine ganz eigene Richtung machten: den **Chicago Blues**. Leute wie Junior Wells, Buddy Guy, John Lee Hooker und der immens populäre B. B. King schrieben ihn fort.

Die Anfänge

Begonnen hat alles in den 1920er-Jahren, als Abertausende von Afroamerikanern aus dem immer ärmer werdenden ländlichen Süden der USA abwanderten und in die pulsierenden Industriezentren an den Großen Seen zogen. Unter ihnen befanden sich natürlich auch zahlreiche Zeitgenossen, die sehr gern Musik machten. So mancher Musiker aus New Orleans und anderen Zentren des Südens kam nach Chicago, Cleveland oder Detroit und hatte oft nicht viel mehr bei sich als eine verschrammte Gitarre oder ein zerbeultes Blasinstrument.

Southside

In Chicago ließen sich die dunkelhäutigen Zuwanderer vor allem an der Southside nieder. Hier entstanden sehr rasch auch jene legendären Blues-Clubs, in denen **Bessie Smith**, die »Königin des Blues«, und viele andere große Namen Riesenerfolge feierten. In Chicagos Southside wandelte sich der »ländliche« Blues des Südens ziemlich schnell zum eher harten »urban electric Blues«.

Die zumeist dunkelhäutigen Interpreten brachten in ihren auf viele weiße Zuhörer anstößig wirkenden Liedern

Probleme zum Ausdruck, die in den Ghettos der Schwarzen den Alltag ausmachten. Während und nach dem Zweiten Weltkrieg eröffneten die ersten Plattenstudios und Radiosender, die vielfach von Afroamerikanern betrieben wurden. So konnte sich die Blues-Szene in Windeseile ausbreiten.

Der Funke sprang ziemlich rasch auf die überwiegend von Weißen bewohnte **Northside** Chicagos über, wo es heute die allermeisten – und stark kommerzialisierten – Blues-Bars gibt. Authentischen Blues kann man heute jedoch noch in einigen Lokalen der Southside hören.

Chicagos Jazz-Tradition

Chicago gilt zwar in erster Linie als Hauptstadt des Blues, doch der Jazz hat hier eine mindestens ebenso lange Tradition. Seit dem Ersten Weltkrieg schossen entlang der State Street – im Volksmund kurz und einfach »Stroll« genannt – zahlreiche Jazz-Clubs wie Pilze aus dem Boden, die vornehmlich von Afroamerikanern betrieben wurden. Alles, was Rang und Namen hatte, trat in diesen Clubs auf, Jelly Roll Morton ebenso wie Louis Armstrong und King Oliver. An manchen Tagen konnte man glauben, man bräuchte nur eine Trompete auf die State Street zu legen und schon begänne sie von alleine zu spielen.

Derzeitiger Kulminationspunkt von Chicagos Jazz- und Blues-Szene ist **»Buddy Guy's Legends«** im Herzen des Loop, wo es jeden Abend hoch hergeht.

Manchmal greift Buddy höchstselbst zur Gitarre. Und des Öfteren treten hier Stars vom Schlage eines **Eric Clapton**, eines David Bowie und eines Carlos Santana auf.

Wie lebendig Blues und Jazz in Chicago sind, kann man jedes Jahr im Juni beim »Chicago Blues Festival« und im September beim »Chicago Jazz Festival« erleben. Schauplatz der beiden Riesen-Events ist der Grant Park zwischen den Wolkenkratzern des Loop und dem Michigansee.

verbrachte (339 N. Oak Park Ave., Führungen: Do., Fr. u. So. 13.00 bis 17.00, Sa. 10.00 – 17.00 Uhr).

Hemingway Museum ► Das Ernest Hemingway Museum wenige Schritte weiter zeigt persönliche Gegenstände des Romanciers und widmet sich v. a. Hemingways Kriegserlebnissen (200 N. Oak Park Ave., Öffnungszeiten: So. bis Fr. 13.00 – 17.00, Sa. ab 10.00 Uhr).

Cincinnati

Qc 26

Bundesstaat: Ohio
Höhe: 147 m ü.d.M.
Einwohnerzahl: 333 000 (Metropolitan Area: 2 Mio.)

Die Lage zwischen den Kenton Hills veranlasste einst Amerikas Dichterfürst Henry Wadsworth Longfellow, Cincinnati als »Queen City of the West« zu besingen. Heute erscheint das zwar maßlos übertrieben, doch mit einer attraktiven Downtown, einer aktiven Künstlerszene und einer berüchtigten Spezialität ist die Stadt an der Grenze zu Kentucky ein angenehmer Stopover.

Die Einwohnerstatistik befördert Cincinnati zur Großstadt. Doch wer in der schachbrettartig angelegten, von steilen Hügeln flankierten Downtown zu Fuß unterwegs ist, wird sich mehr wie in einer Kleinstadt fühlen. Schöne viktorianische Häuser und – an der Mt. Gregory Street – abends belebte Pubs verstärken die nachbarschaftliche Atmosphäre. Hier lässt sich ein »Five Way Chili« am besten genießen. Überaus gewöhnungsbedürftig ist dafür die hiesige Spezialität: eine Fleischsoße mit Schokolade und Zimt, in der rücksichtslos Spaghetti, Bohnen, Zwiebeln und Käse ertränkt werden.
Während man mit den Konsequenzen kämpft, mag man über den Namen der Stadt nachdenken. 1788 gegründet, wurde die Stadt nach dem römischen Staatsmann Cincinnatus benannt. Während der ersten Hälfte des 19. Jh.s trieben v. a. deutsche Einwanderer die Entwicklung voran. Cincinnati erwarb den Beinamen »Porkopolis« – nirgendwo in den USA wurde so viel Schweinefleisch verarbeitet. Heute schiebt eine boomende Industrie Cincinnati nach vorn, u. a. unterhält Procter & Gamble hier sein Hauptquartier.

Sehenswertes in Cincinnati

Downtown Symbolische Mitte Cincinnatis ist der von modernen Bürotürmen umzingelte **Fountain Square** mit dem 1871 in München gegossenen Tyler-Davidson-Brunnen. Den besten Blick über die in allen Stilen – von Art déco bis Postmoderne – erbaute City hat man vom 175 m hohen **Carew Tower**, dem ältesten, schon vor dem Zweiten Weltkrieg gebauten Wolkenkratzer der Stadt (441 Vine St., Öffnungszeiten: Mo. – Do. 9.00 – 17.30, Fr., Sa. u. So. bis 20.00 Uhr).

CINCINNATI ERLEBEN

AUSKUNFT

Cincinnati Convention and Visitors Bureau
525 Vine St., Suite 1500
Cincinnati, OH 45202
Tel. 1-513-632-21 42
www.cincyusa.com

AKTIVITÄTEN

Der etwas außerhalb gelegene Vergnügungspark »Paramount's Kings Island« bietet 50 Achterbahnen, Wasserrutschen und Karussells (I-71, exits 24 u. 25, Öffnungszeiten: tgl. 10.00 Uhr bis Sonnenuntergang).

SHOPPING

Shopper finden bei Lazarus-Macy's (5th u. Race St.) und Saks Fifth Avenue (101 W. 5th St.), was sie suchen. Boutiquen und Restaurants bietet das Viertel Mount Adams. Covington auf der Kentucky-Seite bietet mit der inzwischen mit Läden und Restaurants aufgepeppten Main St. ein Stück Deutschland, wie viele Amerikaner es sich vorstellen.

ESSEN

► Erschwinglich

The Celestial
1071 Celestial St.
Tel. 1-513-241-44 55
Klassische französische Küche auf dem Mt. Adams.

► Preiswert

Camp Washington Chili
3005 Colerain Ave.
Te. 1-513-541-00 61
Außer variationsreichen Burgern und Sandwiches gibt's hier das beste Chili der Stadt.

Doodle's
3443 Edwards Rd.
Tel. 1-513-871-73 88
Neben chinesischen Gerichten wird hier auch Vegetarisches angeboten.

ÜBERNACHTEN

► Komfortabel

Hilton Cincinnati Netherlands Plaza
35 W. 5th St.
Tel. 1-513-421-91 00
www.hilton.com
Schönes altes Art-déco-Hotel im Carew Tower.

► Günstig

Comfort Inn Northeast
9011 Fields Ertel Rd.
Tel. 1-513-683-97 00
www.choicehotels.com
116 Z. Das »Comfort Inn« bietet gut ausgestattete Zimmer und einen Pool.

Die Ausstellungen moderner Künstler im neuen, extravagant designten **Contemporary Arts Centre** sind manchmal eine große Herausforderung für die Sehnerven (44 E. 6th St., Öffnungszeiten: Mo. 10.00 – 21.00, Mi. – Fr. bis 18.00, Sa. u. So. 11.00 – 18.00 Uhr).
Das 2004 eröffnete **National Underground Railroad Freedom Center** am Ohio River erinnert an die dramatische Geschichte der »Underground Railroad«, eines geheimen Fluchthelfernetzwerks, über das viele Sklaven aus dem Süden in die Freiheit im Norden gelangten (50 E. Freedom Way, Öffnungszeiten: Di. – So. 11.00 – 17.00 Uhr).

Schaufelraddampfer auf dem Ohio River bei Cinicinnati

Museum Center at Union Terminal

In dem gewaltigen, noch immer von Amtrak benutzten und 1933 im Art-déco-Stil erbauten Union Terminal sind drei Museen untergebracht, die sich der Geschichte der Region und naturwisssenschaftlichen Themen widmen (1301 Western Ave., Öffnungszeiten: Mo. bis Sa. 10.00 – 17.00, So. 11.00 – 18.00 Uhr).

Cleveland

Qe 25

Bundesstaat: Ohio
Höhe: 207 m ü.d.M.
Einwohnerzahl: 486 000
(Metropolitan Area: 3 Mio.)

»Cleveland rocks« – der Titelsong einer beliebten, in der Stadt am Lake Erie angesiedelten Comedy-Serie bezieht sich nicht nur auf die hervorragende Rock and Roll Hall of Fame. Die Arbeiterstadt, einst fleißige, aber graue Maus der Städte im Osten, hat ihre heruntergekommene Waterkant geliftet und sich zur coolen City gemausert.

Im Jahr 1796 kartografierte ein gewisser Moses Cleveland für die »Connecticut Land Company« das Gebiet an der Mündung des Cuyahoga River in den Lake Erie, sein Auftrag: die Gründung einer Stadt am Flussufer. Doch erst mit der Fertigstellung des Kanalsystems zwischen Ohio River und Eriesee 1827 und dem Anschluss an das Eisenbahnnetz wenig später entwickelte sich die kleine Gemeinde zu einer der wichtigsten Hafenstädte im Osten der USA. Ein junger

Unternehmer namens John D. Rockefeller (► Berühmte Persönlichkeiten) gründete hier die Standard Oil Company, ein anderer, Samuel Mather, machte ein märchenhaftes Vermögen mit Stahl. Heere arbeitswilliger Einwanderer schufteten in wie Pilze aus dem Boden schießenden Fabriken: Um 1920 war Cleveland die fünftgrößte Stadt des Landes. Nach dem Zweiten Weltkrieg begann jedoch eine Talfahrt, die auch Carl B. Stokes, der erste schwarze Bürgermeister einer amerikanischen Großstadt, nicht aufhalten konnte. Die wirtschaftliche Erholung setzte erst in den 1980er-Jahren ein.

CLEVELAND ERLEBEN

AUSKUNFT

Positively Cleveland
The Higbee Building
100 Public Square
Suite 100
Cleveland, OH 44113
Tel. 1-216-621-59 67
www.positivelycleveland.com

ESSEN

► Fein & teuer

Baricelli Inn
2203 Cornell Road
Tel. 1-216-791-65 00
Im wohl besten Restaurant der Stadt kommen passionierte Gourmets voll auf ihre Kosten. In allerfeinstem Ambiente genießt man Exquisites wie beispielsweise »Lobster & Crab Ravioli«.

► Erschwinglich

Blue Point
700 West St. Clair Ave.
Tel. 1-216-875-78 27
Das beste Seafood-Restaurant der Stadt: Romantische Atmosphäre in ehemaligem Lagerhaus.

► Preiswert

Indigo Indian Bistro
503 Prospect Ave.
Tel. 1-216-357-33 08
Traditionelle Küche vom Subkontinent bei aufmerksamer Bedienung.

ÜBERNACHTEN

► Luxus

Ritz-Carlton
1515 W. 3rd Street
Tel. 1-216-623-13 00
www.ritzcarlton.com
235 Zimmer. Clevelands feinste Herberge befindet sich mitten in Downtown im Tower City Center. Von einigen der großzügigen Zimmer bietet sich ein hübscher Blick ins Tal des Cuyahoga River.

► Komfortabel

Holiday Inn Select
1111 Lakeside Avenue
Tel. 1-216-241-51 00
www.basshotels.com/holiday-inn
378 Zimmer. Mitten im Zentrum und mit herrlichem Blick auf den Eriesee liegt dieses angenehme Hotel, von dem aus viele Sehenswürdigkeiten der Stadt bequem zu Fuß erreicht werden können.

► Günstig

Baricelli Inn
2203 Cornell Rd.
University Circle
Tel. 1-216-791-65 00
www.baricelli.com
7 Zimmer. Ernste Steinfassade – dies ist das Universitäts-Viertel –, aber heiter dekorierte Zimmer. Gutes Preis-Leistungs-Verhältnis.

Sehenswertes in Cleveland

Public Square Der Public Square ist das Gravitationszentrum der Stadt: Der »öffentliche Platz« zwischen Lake Erie und Cuyahoga River ist der historische Mittelpunkt der Stadt und hat interessante Gebäude zu bieten, darunter den 1927 errichteten **Terminal Tower**, von dessen Beobachtungsplattform im 42. Stock der Blick bis nach Kanada reicht.

★ **Rock and Roll Hall of Fame** Nördlich vom Public Square steht am Seeufer Clevelands Besuchermagnet. Die im Jahr 1995 eröffnete Ruhmeshalle der Rockmusik wurde von dem Stararchitekten I. M. Pei entworfen und verfolgt auf sechs Etagen den Weg des Rock ’n’ Roll von seinen Wurzeln bis zu Britney Spears (1100 Rock and Roll Blvd., Öffnungszeiten: tgl. 10.00 – 17.30 Uhr).

Cleveland Museum of Art Sechs Kilometer östlich von Downtown liegt der kulturelle Mittelpunkt Clevelands: Das 1919 im neoklassizistischen Stil gebaute Museum enthält über 40 000 Exponate, von denen v. a. die antiken Stücke der asiatischen Sammlung und die europäischen Moderne sehenswert sind (11150 East Blvd., University Circle, Öffnungszeiten: Di. – So. 10.00 – 17.00 Uhr).

Die Ruhmeshalle der Rockmusik – the Rock and Roll Hall of Fame

Colorado

Pa–Pd 25–27

Abkürzung: CO
Hauptstadt: Denver
Einwohnerzahl: 4,75 Mio.

Beiname: Centennial State
Fläche: 269 837 km²

Moderne Städte, elegante Wintersportorte und Wildweststädtchen, in denen man noch das Sporenklirren zu hören glaubt: Das ist Colorado. Und doch nicht ganz. Das wirkliche Colorado ist draußen in den schneebedeckten Rocky Mountains. Nicht umsonst inspirierte dieses Outdoorparadies die Dichterin Katharine Lee Bates zu Amerikas berühmtestem Liedtext: »America the beautiful ...«

In der bunten Vielfalt, die Amerika heißt, ist Colorado ein typisch amerikanischer Bundesstaat. Als einer der landschaftlich vielfältigsten Staaten besitzt er im Osten die endlos weiten Prärien und im Westen die über 4000 m hohen, von ewigem Schnee bedeckten Rockies. Bevor die Weißen kamen, jagten in den Prärien Indianer Büffel; jenseits der San Juan Mountains lebten die Pueblo-Indianer in grandiosen Felsendörfern.

Ausgewählte Reiseziele in Colorado

★ Aspen

Der **weltberühmte Wintersportort** (6000 Einw.) liegt 250 km südwestlich von ►Denver im Roaring Fork River Valley in den ►Rocky Mountains. Auf Silberadern gegründet, erlebte Aspen nach dem Zweiten Weltkrieg seinen zweiten Boom, als reiche Unternehmer aus dem Osten das Ski-Potenzial des Orts erkannten. Der Rest ist Geschichte. Heute bietet Aspen, wo sich die internationale Schickeria zum Stelldichein trifft, perfekt organisierte Skiresorts. Im Sommer ist Hiking in den Rockies und Mountainbiking im White River National Forest angesagt sowie Rafting auf dem Colorado River. Ein schönes Ausflugsziel ist der malerische **Maroon Lake**. Die hochalpine Welt des **Independence Pass** ist ein weiterer großartiger Tagestrip.

★ Colorado Springs

Die Stadt (370 000 Einw.), 1871 zu Füßen des mächtigen **Pikes Peak** (4301 m ü.d.M.) gegründet, atmet noch immer das Flair des Wilden Westens, vor allem im Old Colorado City Historic District.
Der **Garden of the Gods** im Westen der Stadt in der Übergangszone zwischen Prärie und Rockies zeigt bizarre Felsformationen aus rotem Sandstein und uralte, knorrige Zypressen (I-25, Exit 146).

Fahrzeit: 75 Minuten, Länge: 15 km, Gefälle: bis zu 25 Prozent – die Fahrt mit der **Manitou and Pike's Peak Cog Railway** auf den »Hausberg« der Stadt endet mit einem spektakulären Rundblick über die Rockies (www.cograilway.com; 515 Ruxton Ave., Manitou Springs).

Das im schönen **El Paso County Courthouse** untergebrachte Pioneers Museum dokumentiert die raue Vergangenheit der Region (215 S. Tejon St.). Den Schlüssel zur amerikanischen Volksseele besitzt die **Pro Rodeo Hall of Fame**, eine mit Cowboy-Ausrüstung, Bildern und der »Hall of Champions« aufgerüstete Ruhmeshalle der amerikanischsten aller Sportarten (101 Pro Rodeo Dr.; Öffnungszeiten: tgl. 9.00 – 17.00 Uhr, im Winter Mo. und Di. geschlossen).

► COLORADO

AUSKUNFT

Colorado Tourism Office
1625 Broadway, Suite 1700
Denver, CO 80202
Tel. 1-303-892-38 06
www.colorado.com

Ca. 70 km westlich von Colorado Springs drehten in den 1890er-Jahren weit über 10 000 Glücksritter das Land »auf links«. Heute leben nur noch 600 Menschen in dem Goldgräberstädtchen, das inzwischen mit dem Glücksspiel eine neue Goldader entdeckt hat.

Durango Das historische Bergbaustädtchen (14 000 Einw.) liegt zu Füßen der steilen San Juan Mountains in der hochalpinen Südwestecke Colorados. 1880 als Eisenbahndepot gegründet, wurde in den Bergen rund um die Stadt bis 1918 Silber und Erz gefördert. Die von einer Dampflok gezogene **»Durango & Silverton Narrow Gauge Railroad«** (479 Main Ave.) schnauft mit seinen Gästen noch heute durch eine fantastische Bergwelt ins 1000 m höhere Silverton.

Fort Collins Die Universitätsstadt (126 000 Einw.) liegt eine gute Autostunde nördlich von ► Denver und eignet sich gut als Ausgangspunkt für Trips in den ► Rocky Mountains National Park. 1864 als Militärposten während der Indianer-Kämpfe entstanden, gehört der Ort heute zu den am schnellsten wachsenden Städten der USA: Hauptgeschäftsstraße ist die College Ave., die restaurierte »Altstadt« zwischen College, Mountain und Jefferson Aves. ist abends am lebhaftesten.

Anheuser Busch Brewery ► Das dünne Bier der amerikanischen Mega-Brauereien konsumieren deutsche Biertrinker in der Regel nur im Notfall. Dennoch sollten sie dieser Riesenbrauerei einen Besuch abstatten: Über 2000 Dosen Bier werden hier pro Minute abgefüllt! Nach der Besichtigung geht's dann zur Bierprobe (2351 Busch Dr.).

Grand Junction Die Orte im äußersten Westen, durch die Rocky Mountains abgeschnitten von der Eleganz Aspens und dem weltoffenen ► Denver, liegen in einer anderen Welt. So auch Grand Junction (45 000 Einw.). 1882 am Zusammenfluss von Colorado und Gunnison River gegründet, wurde es rasch ein Versorgungszentrum der Rancher und Farmer der Umgebung. Hiker und Fotografen kennen Grand Junction v. a. als Basis für Raftingtrips und Hikes in die dramatischen Canyons zweier grandioser Schutzgebiete.

★ ◄ Colorado National Monument

Der nur wenig besuchte Park, einige Autominuten westlich von Grand Junction, ist eine kleinere Version des ►Grand Canyon. Einen ersten Überblick verschafft die Fahrt auf dem 36 km langen **Rim Rock Drive**. Zahlreiche Trails, u. a. der 20 km lange **Monument Canyon Trail**, führen von hier aus hinunter in die Hitze des 300 m tiefer gelegenen Grunds des Canyons.

★ ◄ Black Canyon of the Gunnison National Park

Zwei Millionen Jahre hobelte der Gunnison River am Gestein, dann war er fertig: Mit 800 m Tiefe, 330 m Breite an der Kante und ganzen 13 m unten auf dem Canyonboden ist der Black Canyon eines der dramatischsten Naturschauspiele im Westen der USA. Beide Kanten sind auf **Rim Roads** befahrbar. Der Park liegt eine Autostunde südöstlich von Grand Junction bei Montrose.

★ **Great Sand Dunes National Park and Preserve**

Was für ein Blick: Fast 200 m hohe Sanddünen vor der Kulisse der schneebedeckten **Sangre de Cristo Mountains**! Den fast 60 km² großen »Sandkasten« 60 km nordöstlich von Alamosa hat der Wind aus dem San Luis Valley herangetragen. Vorsicht beim Besteigen der Sanddünen: Der Park liegt über 2000 m hoch, da kann man leicht kurzatmig werden.

★ **Steamboat Springs**

In der rauen Bergwelt im Nordwesten Colorados erstreckt sich das reizvolle Tal des Yampa River. Rund um den Hauptort Steamboat Springs (10 000 Einw.) sprudeln über 100 heiße Quellen, an den Straßen parken knorrige Rancher ihre lehmverkrusteten Pick-ups

Im Gunnison Black Canyon

neben den blitzblanken Sportwagen wohlhabender Skitouristen: Seit der Norweger Carl Howelsen es 1914 zum Zentrum des nordischen Skisports machte, gehört das über 2000 m hohe Steamboat Springs zu den **größten Wintersportzentren der USA**. Im Sommer können Besucher auf den Guest Ranches der Umgebung Cowboy spielen.

Vail Ist Aspen noch historisch gewachsen, so sind die schnellen »Brettln« Vails (5000 Einw.) einzige Daseinsberechtigung – hier, auf halbem Weg zwischen ► Denver und Grand Junction, dreht sich alles um Wintersport. In den 1950er-Jahren just zu diesem Zweck gegründet, ist das aus Tiroler Häusern bestehende Resort mit seinen 100 Restaurants und Bars, 300 Geschäften und 60 Skiliften so etwas wie das »Garmisch Amerikas«.

Connecticut

Qj / Qk 25

Abkürzung: CT
Hauptstadt: Hartford
Einwohnerzahl: 3,5 Mio.
Beiname: Constitution State
Fläche: 14 371 km²

Für die einen ist Connecticut nur die Schlafstadt von New York. Für andere ist es ein Juwel. Der drittkleinste US-Bundesstaat hat so viele Facetten wie ein Edelstein. Maritim an der Küste, ländlich im Norden und stets kultiviert und weltoffen.

Ausgewählte Reiseziele in Connecticut

Hartford 1636 von Puritanern gegründet, arbeitete sich die Stadt (125 000 Einw.) im 19. Jahrhundert hoch zu Amerikas Versicherungshochburg: Über 50 der größten amerikanischen Versicherer unterhalten hier ihren Hauptsitz, deren Bürotürme den viktorianischen Glanz von einst überschatten.

Für die meisten Besucher ist Mark Twain ohnehin der Hauptgrund für einen Abstecher. Der als Samuel Longhorn Clemens geborene bedeutendste amerikanische Schriftsteller (► Berühmte Persönlichkeiten) schrieb in seinem zum **Mark Twain House & Museum** erklärten Heim einige seiner Welterfolge, darunter die Abenteuer von Tom Sawyer und Huckleberry Finn (351 Farmington Ave.). Twains Nachbarin war übrigens Harriet Beecher-Stowe. Ihr zum **Harriet Beecher-Stowe Center** umfunktioniertes Haus zeigt u. a. den Schreibtisch, an dem sie »Onkel Toms Hütte« schrieb (77 Forest St.). Das **Wadsworth**

Atheneum Museum of Art widmet sich mit seinen über 7000 Ausstellungsstücken ebenfalls der afroamerikanischen Geschichte (6000 Main St.).

CONNECTICUT

AUSKUNFT

Greater Hartford
Convention & Visitors Bureau
312 Pratt St., 4th floor
Hartford, CT 06103
Tel. 1-800-446-78 11
www.enjoyhartford.com

»Studierte in Yale« – Diese drei Worte öffnen Absolventen noch immer den Weg in die Chefetage. Die 1716 eröffnete Elite-Uni in **New Haven** prägt mit ihrer würdevollen Neogotik das von 11 000 Studenten verjüngte Zentrum der Hafenstadt (125 000 Einw.). Die Museen der Uni gehören zu den besten der Ostküste, und im weiteren Umkreis um die Universität gibt es viele schöne Studentenkneipen (Yale Visitor Center, 149 Elm St.).

Mystic

Der hübsche kleine Hafen (4200 Einw.) an der I-95 versucht derzeit wieder so auszusehen wie vor 160 Jahren. Damals blühten Walfang und China-Handel, und Mystic war ein gut gehendes Schiffbauzentrum. Heute ist der **Mystic Seaport** mit seinem rekonstruierten Ensemble aus Lagerhäusern, Kontoren und Kapitänshäusern das größte maritime Freilichtmuseum der Welt. Star der historischen Schiffe ist

Eher bescheiden, aber unverkennbar amerikanisch gibt sich die Skyline von Hartford.

die 1841 gebaute **»Charles W. Morgan«**, das letzte amerikanische Walfängerschiff (75 Greenmanville Ave.). Unweit davon zeigt das **Mystic Aquarium and Institute for Exploration** 3500 Meeresbewohner, die sonst vor Alaska zu Hause sind (55 Coogan Blvd.).

Submarine Force Museum ►

Ca. 13 km westlich von Mystic liegt im Tiefseehafen Groton (10 500 Einw.) dieses interessante Museum. Hier kann u. a. die **»USS Nautilus«**, das erste nuklear betriebene U-Boot der Welt, besichtigt werden (I-95, Exit 86, SR-12).

★ Crater Lake National Park

Od 24

Bundesstaat: Oregon
Gründungsjahr: 1902
Fläche: 649 km²

Es muss eine Show gewesen sein, gegen die der Ausbruch des Mt. St. Helens 1982 Kindertheater war – übrig blieb ein gigantisches, fast kreisrundes Loch in der Landschaft, gefüllt mit Wasser, dessen tiefes Blau alljährlich eine halbe Million Besucher in Entzücken versetzt.

Der Kratersee des im Südwesten Oregons gelegenen Nationalparks ist 589 m tief, hat einen Durchmesser von ca. neun Kilometern und eine 43 km lange Uferlinie, deren Lavaklippen bis zu 610 m in die Höhe ragen. Geologisch ist er die wassergefüllte Caldera des **Mt. Ma-**

Resultat einer gewaltigen Explosion: der Crater Lake im gleichnamigen Nationalpark

CRATER LAKE NATIONAL PARK ERLEBEN

AUSKUNFT

Crater Lake National Park
P. O. Box 7
Crater Lake
OR 97604
Tel. 1-514-594-31 00
www.nps.gov/crla

ÜBERNACHTEN

▸ Komfortabel
Crater Lake Lodge
Rim Village, Tel. 1-541-830-87 00
www.craterlodges.com; 71 Z.
Historische, 1915 eröffnete Lodge mit dem Flair der alten Grandhotels. Weit im Voraus zu buchen!

zama, eines erloschenen, einst 3650 m hohen Vulkans. Vor fast 7000 Jahren höhlten anhaltende Eruptionen die Spitze des Vulkans aus, sie stürzte in sich zusammen und hinterließ den heute sichtbaren, fast kreisrunden Kessel. Spätere Ausbrüche hinterließen im Krater einen Vulkankegel: **Wizard Island**. Als vor etwa 4000 Jahren die vulkanischen Aktivitäten nachließen, füllte sich das Kraterbecken allmählich mit Schmelz- und Regenwasser.
Heute führt die 55 km lange **Rim Road** auf dem Kraterrand zu vielen schönen Aussichtspunkten. Zahlreiche Trails beginnen am Straßenrand, ein einziger, der **Cleetwood Cove Trail**, reicht bis zum Wasser. Dort starten im Sommer anderthalbstündige Bootstouren, die u. a. auch auf **Wizard Island** anlegen.
Die Übernachtungsmöglichkeiten im Park sind begrenzt. In **Rim Village** gibt es zwei Hotels und zwei Campingplätze; die meisten Besucher unternehmen den Abstecher hierher als Tagestour von Klamath oder Medford aus.

Dallas

Pg 29

Bundesstaat: Texas
Höhe: 177 m ü.d.M.
Einwohnerzahl: 1,23 Mio.
(Metropolitan Area: 6 Mio.)

Wer kennt nicht diese Stadt, die von 1978 bis 1991 einmal die Woche im Fernsehen zu sehen war? Zunächst waren die Ewings ein Segen: Besucher aus aller Welt wollten sehen, wo J. R. und Sue Ellen lebten. Heute ist die erfolgreichste Soap Opera der Welt für die Stadt ein Fluch. Denn im Starrummel ging unter, dass Dallas mehr zu bieten hat.

Denn Nicht-Texaner verbinden mit der 1841 gegründeten Stadt im Osten von Texas rigorosen Individualismus, Unternehmergeist und Denken in anderen, in der Regel größeren Maßstäben. In der Tat wurde die Geschichte der Stadt, die den Weg von der armseligen

DALLAS ERLEBEN

AUSKUNFT

Dallas Convention and Visitors Bureau
325 N. St. Paul St., Suite 700
Dallas, TX 75201
Tel. 1-214-571-10 00
www.dallascvb.com

SHOPPING

Dallas gilt als *der* Ort im Süden für Trendkleidung. Neiman Marcus, Amerikas legendärer Ausstatter, hat hier sein Hauptquartier und natürlich seinen eigenen Tempel (Main und Ervay Sts.).

Die besten Designerboutiquen von Dallas befinden sich in den Shoppingmalls »Dallas Galleria« (Dallas Pkwy. u. LBJ Fwy.), »North Park« (N.W. Hwy. u. US-75) und »Highland Park Village« (Mockingbird Lane u. Preston Rd.).

ESSEN

► Fein & teuer

① ***Nick & Sam's***
3008 Maple Ave.
Tel. 1-214-871-74 44
Eines der besten Steakhäuser der Region mit hervorragender Weinkarte.

► Erschwinglich

④ ***Monica's Aca y Alla***
2914 Main St.
Tel. 1-214-748-71 40
Ausgezeichnetes Tex-Mex-Lokal in Deep Ellum, dem historischen Warehouse District der Stadt.

② ***Rouge***
5027 W. Lovers Lane
Tel. 1-214-350-66 00
Hier gibt's katalanische Spezialitäten wie Kaninchen in Pfeffersauce.

► Preiswert

③ ***Fireside Pies***
2820 N. Henderson Ave.
Tel. 1-214-370-39 16
Die besten Pizzen der Stadt. Immer voll, immer Stimmung.

ÜBERNACHTEN

► Luxus

④ ***Rosewood Crescent Court***
400 Crescent Ct.
Tel. 1-214-871-32 00
www.crescentcourt.com
218 Zimmer. Zusammen mit Geschäften und Galerien im Crescent-Komplex untergebrachtes luxuriöses Hotel.

► Luxus/Komfortabel

① ***Stockyards Hotel***
109 E. Exchange Ave.
Fort Worth
Tel. 1-817-625-64 27
www.stockyardshotel.com
46 Zimmer. Altes Hotel im Western-Stil mit knarrenden Dielen und nietenbeschlagenen Ledersesseln.

► Komfortabel

③ ***Adolphus Hotel***
1321 Commerce St.
Tel. 1-214-742-82 00
www.hoteladolphus.com
432 Zimmer. Elegant eingerichtetes Hotel in Downtown mit »Rodeo Bar«, Bistro und Restaurant.

② ***Magnolia***
1401 Commerce St.
Tel. 1-214-915-65 00
www.magnoliahoteldallas.com
330 Zimmer
Urbanes Boutique-Hotel in altem Gemäuer mit hellen, freundlichen Zimmern. Gutes Preis-Leistungs-Verhältnis.

Hüttenansammlung am **Trinity River** bis zur modernen Kapitale in nur 160 Jahren zurücklegte, von überaus ehrgeizigen Charakteren geprägt. Das begann schon damit, dass die Stadtväter von Dallas 1872 die Texas Central Railroad nur mit Bestechungsgeldern dazu bringen konnten, die Schienen auch durch ihre Stadt zu verlegen – und noch vor dem Ersten Weltkrieg war Dallas zum Baumwollumschlagplatz und Finanzzentrum der Farmer und Rancher aufgestiegen.
So richtig los ging es jedoch erst, als hier Öl gefunden wurde. Aus Ranchern wurden Ölbarone, und so mancher wurde märchenhaft reich. In den Straßenschluchten gediehen Geschichten vom schnellen Geld und ebenso schnellem Ruin – der Stoff, aus dem später die TV-Serie »Dallas« gestrickt wurde. Doch trotz aller Banken und Versi-

Dallas Orientierung

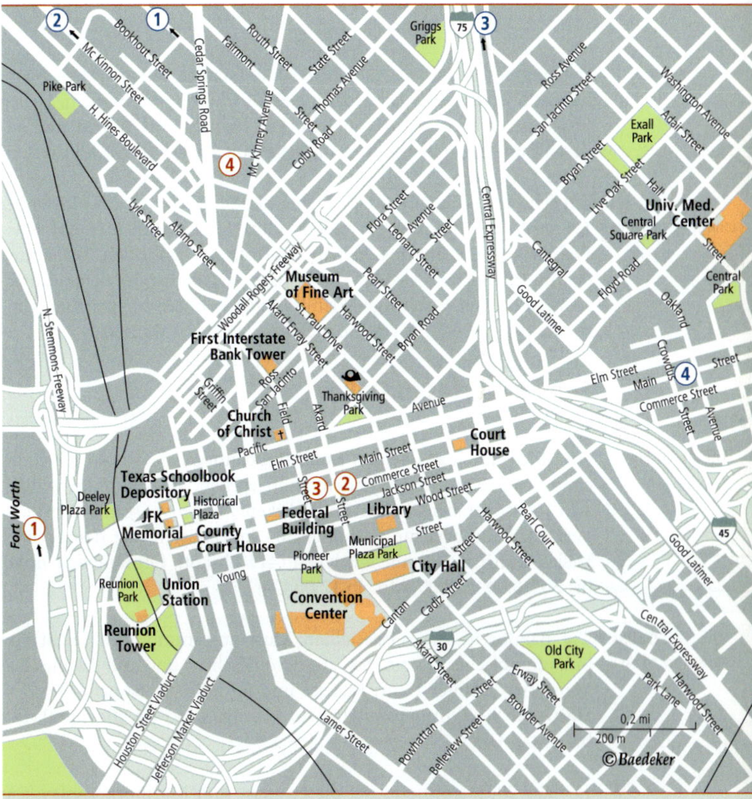

Übernachten

1. Stockyards Hotel
2. Magnolia
3. Adolphus Hotel
4. Rosewood Crescent Court

Essen

1. Nick & Sam's
2. Rouge
3. Fireside Pies
4. Monica's Aca y Alla

Erstrahlt vor dem nächtlichen Himmel: die Skyline von Dallas

cherungsgesellschaften, die glitzernde Quader aufeinandergetürmt haben, blieb die »Big D« genannte Stadt traditionsverbunden. Neben prograssiver Architektur von I. M. Pei, Frank Lloyd Wright und anderen Stararchitekten gibt es in Dallas auch viele alte, schön restaurierte Gebäude.

Attentat auf John F. Kennedy ▶

Ein schwarzer Tag in der Geschichte der Stadt war der 22. November 1963, als der damalige Präsident John F. Kennedy hier auf einer Wahlkampfreise erschossen wurde. Trotz der schnellen Verhaftung des mutmaßlichen Mörders Lee Harvey Oswald, zahlreicher Untersuchungen und jahrelanger Ermittlungen konnten die genauen Umstände des Attentats bis heute nicht völlig geklärt werden.

Sehenswertes in Dallas

★ **The Sixth Floor**

Die beste der JFK gewidmeten Gedenkstätten in Dallas. Vom sechsten Stock des **Texas School Book Depository** hat Oswald die tödlichen Schüsse auf den Präsidenten abgegeben. Das Museum widmet sich nicht nur dem Leben und Wirken Kennedys, sondern präsentiert auch die Berichte von über 300 Journalisten, die damals über Dallas' traurigste Stunde schrieben (411 Elm St., Öffnungszeiten: Di. bis So. 10.00 – 18.00, Mo. ab 12.00 Uhr).

Dallas Museum of Art

Die Bandbreite der ausgestellten Museumssammlungen reicht von präkolumbischer Kunst bis zu europäischen und amerikanischen Meistern, darunter Henri Matisse und John Singer Sargent (1717 N. Harwood St., Öffnungszeiten: Di., Mi., Fr. – So. 11.00 – 17.00, Do. bis 21.00 Uhr).

★ **Nasher Sculpture Center**

Im Jahr 2003 eröffnet, zeigt dieser Glas- und Marmorkomplex, was der texanische Banker und Immobilienspekulant Raymond Nasher in 40 Jahren zusammengetragen hat. Picasso, Miró, Moore, Rodin,

Beuys, Lichtenstein: Präsentiert in ruhevoller Umgebung, stellt »the Nasher« das Museum of Art nebenan locker in den Schatten (2001 Flora St., Öffnungszeiten Di. und Mi., Fr. – So. 11.00 – 17.00, Do. bis 21.00 Uhr).

Fair Park

Auf dem Gelände, drei Kilometer östlich von Downtown im Schatten der Big Tex Towers, fand 1936 die Texas Centennial Exhibition statt. Heute beherbergt es innerhalb seiner Art-déco-Architektur neun Museen, darunter das ausgezeichnete **Steam Railroad Museum** (Öffnungszeiten: Mi. – So. 10.00 – 17.00 Uhr) und das **Dallas Firefighters Museum** (Öffnungszeiten: Mi. – Sa. 9.00 – 16.00 Uhr).

Umgebung von Dallas

Fort Worth

Die inzwischen mit Dallas zusammengewachsene Großstadt (540 000 Einw.), die 1849 als Militärposten die Rancher vor Indianerüberfällen schützte, bietet einige Überraschungen. So gilt der **Fort Worth Zoo** als einer der besten des Landes (1989 Colonial Pkwy.). Die auch »Cowtown« genannte Stadt bewahrt ihr Ranchererbe mit dem **Cattle Raisers Museum** (1301 W. Seventh St.). Das **National Cowgirl Museum and Hall of Fame** (1720 Gendy St.) und die **Texas Cowboy Hall of Fame** (128 E. Exchange Ave.) zeigen den amerikanischen Mythos.

Southfork Ranch

40 Autominuten nördlich von Dallas liegt in **Parker** jenes weiße Ranchgebäude, das fast 400 Mal über die Fernsehschirme flimmerte. Fans können auf geführten Touren die Ranch besichtigen und u. a. den Revolver begutachten, mit dem auf J. R. geschossen wurde (3700 Hogge Rd., Öffnungszeiten: tgl. 9.00 – 17.00 Uhr).

** Death Valley National Park

Og 27 / 28

Bundesstaat: California
Gründungsjahr: 1994
Fläche: 13 628 km²

Fenster zu und Klimaanlage an: Das »Tal des Todes« ist nicht nur ein spektakuläres Wüstengebiet, sondern auch einer der heißesten Orte der Erde: 50 °C sind im Sommer keine Seltenheit. Der düstere Name bezieht sich allerdings auf frühere Durchreisende, die hier fast verdursteten. Death Valley ist nämlich – trotz Trockenheit und mörderischer Hitze – alles andere als tot.

Das breite Tal liegt im äußersten Südosten Kaliforniens. Der als Nationalpark geschützte Teil ist ein 230 Kilometer langer, von 3000 m hohen Bergketten umgebener Grabenbruch. 1500 km² des Parks liegen unter Meereshöhe, der mit 86 m tiefste Punkt bei **Badwater** ist zugleich der tiefste Punkt der westlichen Hemisphäre.

DEATH VALLEY NATIONAL PARK ERLEBEN

AUSKUNFT

Death Valley National Park
Visitor Center
Furnace Creek
Tel. 1-760-786-32 00
www.nps.gov/deva

REISEZEIT

Die beste Zeit, das Death Valley zu erkunden, ist zwischen Ende Oktober und April. Dann sind die Temperaturen angenehm und es ist sogar möglich, kleine Wanderungen zu unternehmen.

ÜBERNACHTEN

► Luxus/Komfortabel

Furnace Creek Inn
An der State Road 190
Tel. 1-760-786-23 45
www.furnacecreekresort.com
66 Zimmer. Anderthalb Kilometer vom Besucherzentrum des Death Valley entfernte noble Unterkunft im spanischen Kolonialstil. Etwas preiswerter ist die dazugehörige einfachere Ausgabe des »Inn«: die »Furnace Creek Ranch« mit 224 Zimmern.

Das Death Valley erhielt seinen Namen 1849, als sich Goldsucher unterwegs nach Kalifornien hier verirrten und fast verdursteten. Später kamen Prospektoren und entdeckten Borax, ein Salz zur Herstellung von Seife und Waschmittel. Während des folgenden »Boraxbooms« brachten Maultiergespanne das »weiße Gold« zum 270 km entfernten Bahnhof in Mojave.
In den 1930er-Jahren entdeckte man den touristischen Reiz dieser surreal wirkenden Landschaft. Bereits 1927 eröffnete hier ein Hotel, das Furnace Creek Inn. 1933 wurde das Tal als National Monument unter Schutz gestellt und 1994 zum Nationalpark befördert. Ein gut ausgebautes Straßennetz führt zu den schönsten Stellen des Parks, Besucherzentren gibt es in Furnace Creek, Scotty's Castle und Beatty.

Flora und Fauna

Trotz weniger als 50 mm Niederschlag im Jahr gedeihen hier 970 Baum- und Pflanzenarten, darunter 21 nur hier vorkommende Arten, und 13 Kakteenarten. Von Ende Februar bis Mitte April blüht das Tal. Hinzu kommen 51 Säugetier-, 36 Reptilien- und selbst fünf Amphibienarten. Am leichtesten zu sehen sind Koyoten und Wüstenfüchse.

Der Park bietet viele landschaftliche Highlights: Südlich vom Furnace Creek Visitor Center liegt **Badwater**, ein Alkali-See und Amerikas tiefster Punkt. **Artist's Drive** ist eine 15 km lange Ein-

i Unterwegs im Tal des Todes

- Wer das Death Valley in den Sommermonaten besucht, muss ausreichend Trinkwasser mitführen und viel trinken, die Autotour mit einem vollen Tank starten und darf die befestigten Straßen nicht verlassen. Alles andere ist lebensgefährlich! Bei einer Autopanne nicht zu Fuß weitergehen, sondern die Motorhaube öffnen und auf Hilfe warten.

Die Shoshonen nannten das Death Valley »tomesha« – »brennender Boden«.

bahnstraße durch eine rötlich, rosa und gelb gefärbte Felsenlandschaft, die auf vulkanische Ablagerungen zurückzuführen ist. Östlich von Furnace Creek bietet **Zabriskie Point** grandiose Blicke über in Wellenbewegung erstarrte Felsrücken. **Dante's View** bietet einen unvergesslichen Blick über das gesamte Tal. Nördlich von Furnace Creek bietet die 70 km entfernte Titus Canyon Road faszinierende Ein- und Ausblicke.

Delaware

Qh 26

Abkürzung: DE
Hauptstadt: Dover
Einwohnerzahl: 844 000
Beinamen: The Small Wonder, First State
Fläche: 5296 km²

Als wolle er seinen Mangel an Landschaftsformen ausgleichen, protzt der zweitkleinste Bundesstaat des Landes mit umso mehr Geschichte. Das spitzwinklige Dreieck auf dem Westufer der Delaware Bay ist eine historische Schatzkammer – und ein oft überraschend ländliches Stück USA.

Umgeben von den Nachbarn Pennsylvania im Norden und Maryland im Westen und Süden, grenzt Delaware im Osten an die tief ins Land reichende Delaware Bay. Im Norden steigt das ansonsten flache Land zu den bis zu 140 m hohen, hügeligen Ausläufern der Appalachen an. Die Sommer sind heiß und feucht, die Winter mild – Resultat der Lage am Atlantik.

Seinen Beinamen »First State« verdankt Delaware einer in den USA überaus prestigeträchtigen Premiere: Am 7. Dezember 1787 unterzeichnete man als erster Bundesstaat die US-Verfassung. Zu diesem Zeitpunkt war Delaware, das traditionelle Stammesgebiet der Lenape-Indianer, bereits seit fast 200 Jahren von Weißen besiedelt. Während des Bürgerkriegs kämpfte Delaware trotz seiner ungelösten Sklavenfrage – die Bevölkerung hat sich mehrheitlich für die Beibehaltung der Sklaverei ausgesprochen – auf Seiten der Nordstaaten.

Dem heutigen Besucher präsentiert sich Delaware als ebenso moderner wie traditionsbewusster Bundesstaat mit einem der höchsten Pro-Kopf-Einkommen der USA. Der Tourismus konzentriert sich neben der 400-jährigen Geschichte des Bundesstaats – die historische Bausubstanz vieler Städte ist noch immer intakt – auch auf Wassersport in der Delaware Bay.

Ausgewählte Reiseziele in Delaware

Dover Im Jahr 1717 gegründet und seit 1777 Hauptstadt von Delaware, besitzt das beschauliche Dover (33 000 Einw.) mit **The Green**, einem baumbestandenen Platz im Stadtzentrum, einen fotogenen historischen Kern, um den herum sich viele schöne alte Häuser gruppieren. Heute gehört die zweitgrößte Stadt des Bundesstaats wegen ihrer Lebensqualität zu den bevorzugten Wohnorten junger Städter aus Pennsylvania und Baltimore.

Das im Kent County Levy Court House untergebrachte **Biggs Museum of American Art** beherbergt in 14 Galerien Werke amerikanischer Meister aus 200 Jahren; außerdem sieht man Sammlungen herrlicher Kolonialmöbel und kostbaren Porzellans (406 Federal St.).

Das interessante **Delaware Agricultural Museum & Village** am Silver Lake zeigt in einer weitläufigen Ausstellungshalle landwirtschaftliches Gerät aus den Jahren zwischen 1670 und 1950. Auf dem Gelände befinden sich auch historische Gebäude aus der Bürgerkriegszeit bis zur Jahrhundertwende, darunter ein kleines Schulhaus und ein herrlich altmodischer Friseurladen (866 N. DuPont Hwy.).

Old State House ► Der 1792 eingeweihte Backsteinbau mit dem weißen Glockenturm war bis 1933 Sitz der Regierung Delawares und wird bis heute für staatstragende Zeremonien benutzt. Das schöne Gebäude am Green enthält schönes zeitgenössisches Mobiliar und historische Fotografien (S. State St.).

Lewes Der 1631 von holländischen Siedlern gegründete hübsche Ort (3000 Einw.) am Eingang der Delaware Bay ist ein beliebtes Sommerziel. Seine Besucher interessieren sich v. a. für den historischen Stadtkern

und die Outlet Malls im nahen Rehoboth Beach. Bademöglichkeiten bietet der etwas westlich gelegene Cape Henlopen State Park. Von der Pier jenseits der Zugbrücke, **Fisherman's Wharf**, stechen Delfin- und Walbeobachtungsboote in See.
Der **Historical Complex** umfasst verschiedene historische Häuser im Kreuzungsbereich von Third und Shipcarpenter Street. Sehenswert sind v. a. das Burton-Ingram House von 1789 sowie das Rabbit's Ferry House, ein winziges Farmhaus aus dem 18. Jh.; hier befindet sich auch das Besucherzentrum.
Im **Zwaanendael Museum** beschäftigen sich verschiedene Ausstellungen mit den interessantesten Aspekten der wechselvollen Stadtgeschichte (Savannah Rd. u. Kings Hwy.).

New Castle

Das 1640 gegründete, mit seinem Kopfsteinpflaster und den vielen weit über 200 Jahre alten Häusern sehr europäisch wirkende Städtchen (4900 Einw.) liegt am Ende der Delaware Bay und war im 18. Jh. zeitweilig Hauptstadt Delawares. Das elegante, in den 1730er-Jahren im Georgian Style gebaute **Amstel House** war während der amerikanischen Revolution Treffpunkt populärer Streiter für die Unabhängigkeit. Zeitgenössisches Mobiliar und kostümiertes Personal lassen hier die Kolonialzeit aufleben (2 E. Fourth St.).
Das im späten 17. Jh. gebaute winzige **Dutch House** beherbergt neben englischem Kolonialmobiliar auch Artefakte des holländischen Erbes, darunter schöne Delfter Keramik (32 E. Third St.).
Das **New Castle Court House Museum** ist im ältesten Regierungsgebäude des Bundesstaates untergebracht. In dem 1732 errichteten Gebäude informieren hervorragende Ausstellungen über verschiedene Etappen der Stadtgeschichte (211 Delaware St.).

► DELAWARE

AUSKUNFT

Delaware Tourism Office
99 Kings Highway
Dover, DE 19901
Tel. 1-866-284-74 83
www.visitdelaware.com

Wilmington

Tradition und Moderne – die dynamische, bereits im Einzugsbereich von ►Philadelphia liegende Stadt (73 000 Einw.) zeigt das Beste aus beiden Welten. Im Schatten kühl schimmernder Bürotürme träumen alte Kolonialhäuser von langsameren Zeiten, ein voller Veranstaltungskalender präsentiert neben modernem Entertainment auch hochwertige Klassik. Wilmingtons Museen und Galerien – z. B. das in einer historischen Industriemühle untergebrachte international renommierte **Brandywine River Museum** oder das **Delaware Art Museum** – gehören zu den besten der Ostküste. Auch die Gastronomie der Stadt im Nordzipfel des Bundesstaats hält mühelos mit der in weitaus größeren Städten mit. Und wo um 1900 der Industrielle Pierre S. du Pont residierte, promenieren heute täglich Tausende Besucher und erfreuen sich an den grandiosen Wasserspielen und über 40 verschiedenen Gärten von **Longwood Gardens** (1001 Longwood Rd., Kennett Square).

Winterthur Museum & Estate ►

Das im frühen 20. Jh. von Henry Francis du Pont im Stil eines englischen Landhauses im **Brandywine Valley** errichtete Refugium, knapp 10 km nordwestlich von Wilmington, beherbergt eine riesige Sammlung dekorativer Kunst. Gezeigt werden die schönsten Möbel, Porzellanstücke, Textilien usw. der insgesamt 85 000 Objekte (Rte. 52).

Denver

Pc 26

Bundesstaat: Colorado
Höhe: 1609 m ü.d.M.
Einwohnerzahl: 589 000 (Metropolitan Area: 2,8 Mio.)

Die Lage macht's: Im Osten die Prärie, im Westen die Rocky Mountains, atmet die Hauptstadt von Colorado die Weltoffenheit der Ostküste und den Pioniergeist des Westens.

1858 reichten Abenteurern aus Georgia ein paar winzige Goldnuggets, um am Zusammenfluss von Cherry Creek und South Platte River dauerhaft zu kampieren. Dann ging es schnell aufwärts mit der Siedlung: Die nahen Gold- und Silberminen von Cripple Creek und Leadville und die Einbindung in das Schienennetz ließ Denver kontinuierlich wachsen. Um 1900 hatte man sich als Verkehrsdrehscheibe zwischen Ost und West etabliert; die 1906 gebaute Münzprägeanstalt »U.S. Mint« machte die wegen ihrer Höhenlage auch »Mile High City« genannte Stadt zum Finanzzentrum. Den Besucher empfängt die Stadt mit breiten Alleen, zahllosen Park und dem nagelneuen Colorado Convention Center, das Denver zur Top-Destination des Konferenz-Tourismus machen soll. Ein Stadtrundgang beginnt am besten gleich neben dem State Capitol im Civic Center Park und führt in nordwestlicher Richtung durch die moderne Downtown bis hinauf zum Larimer Square, dem viktorianischen Stadtkern von Denver.

? WUSSTEN SIE SCHON ...?

- ... dass die Einwohner Denvers 2005 für die Legalisierung von Marihuana stimmten, solange weniger als eine Unze konsumiert wird?

Sehenswertes in Denver

★ **Denver Art Museum**

Das Art Museum zeigt hochklassige Zeugnisse des Kunstschaffens aus allen Kontinenten. Für Besucher besonders interessant sind die Sammlungen amerikanischer Kunst sowie die **»American Indian Collection«** mit Kunstwerken von 150 nordamerikanischen Stämmen (100 W 14th Ave. Pkwy., Öffnungszeiten: Di. – Do., Sa. 10.00 – 17.00, Fr. bis 22.00, So. ab 12.00 Uhr).

DENVER ERLEBEN

AUSKUNFT

Denver Metro Convention & Visitors Bureau
1555 California St., Suite 300
Denver, CO 80202
Tel. 1-303-892-11 12
www.denver.org

SHOPPING

Alles, was man sucht, gibt es in der »16th Street Mall« (Cleveland Place). Der historische Larimer Square bietet kleine Boutiquen, der angrenzende Historic Lower Downtown District ist beliebt wegen seiner in alten Lagerhäusern untergebrachten Läden und Galerien.

ESSEN

► Fein & teuer

Palace Arms
321 17th St.
Tel. 1-303-297-31 11
Das Restaurant im »Brown Palace Hotel« gehört zu den besten der Stadt. Französische Küche kann man hier ebenso genießen wie neueste Kreationen der »New American Cuisine«. Der Weinkeller sucht seinesgleichen.

► Erschwinglich

Marlowe's
501 16th St.
Tel. 1-303-595-37 00
In einem hübsch restaurierten Gebäude aus dem Jahr 1891 ist eines der bestbesuchten Speiselokale untergebracht. Ausgezeichnet schmecken das »Porterhouse Steak« und der frisch zubereitete »Maine Lobster« (Atlantik-Hummer).

► Preiswert

Dixon's Downtown Grill
1610 16th Street
Tel. 1-303-573-61 00
Das gemütliche Restaurant befindet sich in einem historischen Gebäude mitten im belebten Lower Downtown District.

ÜBERNACHTEN

► Komfortabel

Queen Anne B & B Inn
2147 Tremont Place
Tel. 1-303-296-66 66
www.queenannebnb.com
14 Z. Sehr gemütliche Unterkunft mit exzellentem Service (und Frühstück!).

► Günstig

Wyndham Hotel Denver Tech Center
7675 East Union Ave.
Tel. 1-303-770-42 00
www.wyndham.com
180 Z. Zentral gelegenes Hotel mit komfortabel eingerichteten Zimmern.

Denver History Museum

Das Museum zeigt die bewegte Geschichte Colorados, festgehalten in Szenen aus dem Siedlerleben, dem Bergbau und von der Büffeljagd der Indianer (1300 Broadway, Öffnungszeiten: Mo. – Sa. 10.00 bis 16.30, So. ab 12.00 Uhr).

Colorado State Capitol

Der im neoklassizistischen Stil errichtete Sitz der Regierung von Colorado steht an der Ostseite des Civic Park und wird von einer 76 m hohen, vergoldeten Kuppel gekrönt. Die Aussichtsplattform bietet einen herrlichen Blick über die Skyline. Auf der 13. Stufe der Westseite befindet man sich übrigens genau eine Meile über Normal Null (E. 14th u. E. Colfax Aves., Führungen: Mo. – Fr. 9.30 Uhr).

Denver Museum of Nature and Science ★ Saurierskelette, Reste von Tieren der Eiszeit, einer der größten in Colorado gefundenen Goldklumpen und ein tolles IMAX-Kino: In dem Museum gibt's reichlich Nahrung für die Sinne (City Park, 2001 Colorado Blvd., Öffnungszeiten: tgl. 9.00 – 17.00 Uhr).

Black American West Museum Das hochinteressante Black American West Museum & Heritage Center erinnert daran, dass mehr als ein Drittel aller Cowboys im Westen schwarzer Hautfarbe war (3091 California St., Öffnungszeiten: Juni bis Aug. Di. – Sa. 10.00 – 17.00, Sept. – Mai Di. – Sa. 10.00 bis 14.00 Uhr).

Umgebung von Denver

Gold Circle Towns Eine schöne Tagestour führt nach Golden, Idaho Springs und Georgetown. Die während des Goldrauschs entstandenen Boomtowns in den Bergen präsentieren sich heute als mit historischen Wildwest-Sehenswürdigkeiten vollgestopfte Touristenattraktionen, echte Saloons inklusive. Sehenswert in Golden ist v. a. das **Buffalo Bill Museum & Grave** auf dem Gipfel des Lookout Mountain, wo der legendäre Scout (►Berühmte Persönlichkeiten) begraben wurde.

Detroit

Qd 24

Bundesstaat: Michigan
Höhe: 177 m ü.d.M.
Einwohnerzahl: 920 000
(Metropolitan Area: 4,5 Mio.)

In den vergangenen 50 Jahren meinte es das Schicksal nicht gut mit Detroit. Die Stadt verlor die Hälfte ihrer Bevölkerung und in den 1990er-Jahren galt sie als die gefährlichste des Landes. Die Attraktionen spiegeln das Auf und Ab ihrer Geschichte wider – und sind gerade deshalb umso sehenswerter.

Visionäre Unternehmer, allen voran Henry Ford (► Berühmte Persönlichkeiten), Ransom Olds und John Dodge, begannen um 1900 hier ihre Autos zusammenzusetzen. 1913 revolutionierte Henry Ford mit der Fließbandproduktion die amerikanische Volkswirtschaft. Der Wohlstand spiegelte sich in repräsentativen Art-déco-Gebäuden wider. 1930 hatte Detroit 1,5 Mio., 1950 1,8 Mio. Einwohner, die meisten davon schwarzer Hautfarbe. Doch nach dem Zweiten Weltkrieg stagnierte die Schwerindustrie im Osten und Detroit wurde zur »Krisenstadt«. Lange schwelende Spannungen innerhalb der Einwohnerschaft schlugen in Rassenunruhen um, bei denen viele Menschen ums Leben kamen. Seit den 1990er-Jahren kämpfen Detroits Stadtväter mit groß angelegten Sanierungsprojekten, u.a. dem Bau dreier Kasinos, und der Ausrichtung prestigeträchtiger Veranstaltungen wie dem Super Bowl (2006) und der World Series (2007) für eine Renaissance ihrer Stadt.

Sehenswertes in Detroit und Umgebung

Museum of African American History ⌚

Das Charles H. Wright Museum of African American History zählt zu den größten Museen, die sich diesem Thema widmen. Es dokumentiert die Geschichte der Afroamerikaner von der Sklaverei bis heute (315 E. Warren Ave., Öffnungszeiten: Di. – Sa. 9.30 – 17.00, So. ab 13.00 Uhr).

DETROIT ERLEBEN

AUSKUNFT

Detroit Metro Convention and Visitors Bureau
211 W. Fort St., Suite 1000
Detroit, MI 48226
Tel. 1-313-202-18 00
www.visitdetroit.com

ESSEN

▸ Fein & teuer

The Whitney
4421 Woodward Ave., Downtown West, Tel. 1-313-832-57 00
Nobelrestaurant in einer hübsch herausgeputzten viktorianischen Villa. Zum guten Essen gibt es ausgezeichnete Weine.

▸ Erschwinglich

Lelli's
7618 Woodward Ave.
Tel. 1-313-871-15 90
Detroits bester Italiener zeichnet sich durch seine ausgesprochen fantasievolle mediterrane Küche aus.

Motor City Grill
3011 W. Grand Blvd.
Tel. 1-313-875-74 00
Steaks, Seafood und Ribs in einem ehemaligen Bankgebäude.

ÜBERNACHTEN

▸ Luxus

Marriott Renaissance Center
400 Renaissance Ctr.
Tel. 1-313-568-80 00
www.marriott.com
1306 Z. Der 73-stöckige Hotelturm des spiegelverglasten Wolkenkratzer-Ensembles gehört zu den Top-Adressen im Großraum Detroit. Vom neu eingerichteten Aussichtsrestaurant auf der 71. Etage genießt man einen überwältigenden Rundblick.

▸ Komfortabel

Best Western Greenfield Inn
3000 Enterprise Dr.
Tel. 1-313-271-16 00
www.bestwestern.com
209 Z. Das moderne Hotel liegt im südlichen Vorort Allen Park, nur wenige Autominuten vom Henry Ford Museum entfernt.

The Inn on Ferry Street
84 E. Ferry St, Downtown
Tel. 1-313-871-60 00
www.innonferrystreet.com; 40 Z.
Vier restaurierte viktorianische Bürgerhäuser mit gemütlichen, zeitgenössisch eingerichteten Zimmern.

Detroit Institute of Arts Das Institute of Arts, eines der größten Kunstmuseen des Landes, beherbergt u. a. eine ausgezeichnete Sammlung holländischer und flämischer alter Meister (5200 Woodward Ave., Öffnungszeiten: Mi. und Do. 10.00 – 17.00, Fr. bis 22.00, Sa. und So. bis 18.00 Uhr).

Motown Historical Museum Die ganze Welt kennt den **Motown-Sound**, kennt Marvin Gaye, Smokey Robinson und Diana Ross. In diesem alten Ziegelhaus, heute ein Museum, nahmen sie ihre ersten Platten auf. Detailreiche Ausstellungen erinnern an diese Zeit (2648 W. Grand Blvd., Öffnungszeiten: Di. bis Sa. 10.00 – 18.00 Uhr).

Henry Ford Estate Von dieser 56-Zimmer-Residenz aus, die in seinem Geburtsort Dearborn 18 km westlich des Detroiter Stadtzentrums liegt, lenkte Henry Ford (► Berühmte Persönlichkeiten) die Geschicke seines Autokonzerns. Besonders gern empfing Ford hier den Erfinder Thomas A. Edison (► Berühmte Persönlichkeiten) (4901 Evergreen Rd., Dearborn, Führungen: Mo.– Sa. stündlich 10.00–15.00, So. halbstündlich 13.00–16.30 Uhr).

Henry Ford Museum Dieses fantastische, aus fünf Gebäuden und Hallen bestehende Museum widmet sich der amerikanischen Liebe zu allem, was Räder hat (20900 Oakwood Blvd. u. Village Rd., Dearborn, Öffnungszeiten: tgl. 9.30 – 17.00 Uhr).

★★ Everglades National Park

Qe 33

Bundesstaat: Florida
Gründungsjahr: 1947
Fläche: 5661 km²

Wasser, Schilf und hin und wieder Bauminseln aus Mahagoni- und Gummilimbobäumen so weit das Auge reicht. Das Klima ist feucht und im Sommer schier erdrückend. Manche empfinden die Everglades als öde. Doch wer sich auf dieses riesige Feuchtgebiet einlässt, erlebt eine andere, exotische und ungemein attraktive Welt.

Wie fast immer stammt der schönste und zugleich passendere Name von den Indianern. Sie nannten das Feuchtgebiet im Süden Floridas »Pa-hay-okee«, was »Fluss aus Gras« bedeutet. Denn das, was der Besucher als endlosen Sumpf erlebt, ist ein 80 km breiter Fluss, der einen Monat braucht, um Südflorida zu durchqueren. Wer näher hinsieht, wird feststellen, dass bereits minimale Höhenunterschiede völlig **unterschiedliche Ökosysteme** hervorgebracht haben: Mangrovendickichte an der Küste, Salzgrassteppen landeinwärts. Wo Süßwasser zufließt, entstanden die klassischen Feuchtgebiete, mit »hammocks« genannten Bauminseln als einzigen Akzenten. Mehrere Hunderttausend Besucher registriert die Parkverwaltung jährlich. Der

EVERGLADES NATIONAL PARK ERLEBEN

AUSKUNFT

Everglades National Park
40001 State Rd. 9336
Homestead, FL 33034-6733
Tel. 1-305-242-77 00
www.nps.gov/ever

REISEZEIT

Die beste Zeit für einen Besuch sind die trockenen Wintermonate (Nov. bis April), in denen sich Landtiere und Zugvögel an den Gewässern versammeln. Im regenreichen Sommer (Mai – Okt.) dagegen stehen die Riedgrasprärien unter Wasser und es gibt Myriaden von Moskitos!

AKTIVITÄTEN

In Everglades City vermietet »Everglades National Park Tours« Kanus (Tel. 1-239-695-25 91). Der Service des Nationalparks bietet Bootstouren durch die Ten Thousand Islands an. Experten begleiten auch die zweistündigen, von Shark Valley ausgehenden »Tram Tours« (tgl. 9.30, 11.00, 13.00 und 15.00 Uhr).

ESSEN

► Erschwinglich/Preiswert

The Flamingo Restaurant
Flamingo, 1 Flamingo Lodge Hwy.
Tel. 1-239-695-31 01
Weitläufiger Dining Room mit Blick aufs Wasser. Es gibt frischen Fisch und Shrimps, Steaks, Ribs und einfache Salate.

ÜBERNACHTEN

► Günstig

Everglades City Motel
Everglades City, 310 Collier Ave., SR 29, Tel. 1-239-695-42 24
www.evergladescitymotel.com
Das Motel bietet große, einfache Zimmer unter Königspalmen.

The Ivey House
107 Camellia St., Everglades City, Tel. 1-239-695-3299, www.iveyhouse.com
Das Hotel mit modern eingerichteten Zimmern betreibt auch den Kanu- und Wandertouren anbietenden Outfitter Everglades Eco Adventures (www.evergladesadventures.com).

Furcht einflößende Riesenechse: Alligator im Everglades National Park

Nationalpark ist jedoch bedroht: Bedeckten die Everglades früher ein Drittel Floridas, hat systematische Trockenlegung seine Größe stark reduziert. So reicht im Osten der Ackerbau bis an die Parkgrenze. Zwar gibt es zahllose Initiativen zu seinem Schutz, doch zugleich wachsen die wassergierigen Ballungsgebiete, v. a. der Großraum Miami, ungehemmt weiter.

Sehenswertes im Everglades National Park

Auf der FL 9336 nach Flamingo

Der Nationalpark wurde 1947 von Präsident Harry S. Truman gegründet und ist heute das **einzige subtropische Schutzgebiet Nordamerikas**. Seine Tierwelt ist ebenso vielfältig wie seine Flora: Hier leben Alligatoren und das bedrohte Amerikanische Krokodil. Wildkatzen stellen Hochwild nach und Delfine tummeln sich in den Mangrovenwäldern. Hinzu kommen ca. 350 Vogelarten.

Die FL 9336, die etwas südwestlich von Homestead beginnt und in Flamingo an der Florida Bay endet, bietet einen repräsentativen Überblick über die Everglades. Gleich am Parkeingang bereitet das **Ernest F. Coe Visitor Center**, das erste von fünf in jeweils verschiedenen Biotopen liegenden Besucherzentren des Parks, mit Ausstellungen, Broschüren und Moskitospray auf den Trip vor (Öffnungszeiten: tgl. 9.00 – 17.00 Uhr).

Viel zu sehen bekommt man bei einem Ausflug mit dem Ranger durch die Everglades.

Drei Kilometer später folgt das **Royal Palm Visitor Center** (Öffnungszeiten: tgl. 8.00 – 16.15 Uhr). Hier beginnen mehrere Spazier- und Wanderwege, z. B. der 800 m lange **Anhinga Trail**, ein durch eine riedgrasbedeckte Marsch führender Plankenweg, von dem aus man Alligatoren, Schildkröten, Otter und die Anhinga genannten schwarzen Schlangenhalsvögel beobachten kann.

Der **Pineland Trail**, 11 km westlich vom Parkeingang, führt durch märchenhaft wirkendes Palmettodickicht, der **Pahayokee Overlook Trail**, 21 km westlich, endet an einer Aussichtsplattform über dem »River of Grass«.

Kurz vor dem 60 km vom Parkeingang entfernten Flamingo beginnen einige wunderschöne Trails. Der 400 m lange **West Lake Trail** liegt in der Übergangszone zur Küste und mäandert durch einen Mangrovenwald am Ufer des West Lake, eines Brackwassersees. Und der 2,6 km lange **Snake Bight Trail** entführt in einen Dschungel aus Dutzenden tropischer Harthölzer: ein Paradies für Vogelfreunde.

Tamiami Trail (US 41)

Im Jahr 1928 beschlossen ►Miami und Naples, quer durch den südlichen Zipfel Floridas eine Straße zu bauen. Das Resultat war die US 41, besser bekannt als »Tamiami Trail«. Wo einst Gefangene und Tagelöhner im Feuerschutz von Alligatorenjägern die Trasse durch die Sümpfe trieben, fährt man heute in drei, vier Stunden den Nordrand des Nationalparks ab und hat dabei auch noch reichlich Zeit für Sightseeing. Erster Stopp ist das **Shark Valley Visitor Center** (Öffnungszeiten: tgl. 8.30 – 17.00 Uhr).

Von hier aus führt ein 24 km langer, asphaltierter Rundweg ein Stück weit in eine endlos wirkende Süßwassermarsch. Während einer von Parkrangern begleiteten »Tram Tour« (► Everglades erleben) sieht man Alligatoren, Otter, Waschbären und Watvogelarten. Allein der Blick vom Beobachtungsturm am Scheitelpunkt des Wegs bis zur Wölbung des Horizonts lohnt den Abstecher vom Tamiami Trail.

> ! *Baedeker* TIPP
>
> **Ritt übers Wasser**
>
> Am Tamiami Trail bieten zahlreiche Airboat-Betreiber ihre Dienste an. Im Nationalpark sind die schnellen, aber ohrenbetäubend lauten Boote mit dem Heckpropeller verboten. Tiere wird man während der Fahrt nicht sehen, die verstecken sich vorsichtshalber, wenn der Lärm naht.

Miccosukee Indian Village

Das Miccosukee Indian Village weiter westlich ist eine zwiespältige Angelegenheit. Man lässt die Souvenirshops und als Fotomotive eingerichteten Workshops, in denen »echte« Miccosukee-Indianer »echtes« Kunsthandwerk schnitzen, Airboat-Touren anbieten und für Touristen mit Alligatoren ringen, gerne hinter sich. Ein paar Autominuten später überquert man die Grenze zum **Big Cypress National Preserve**, ein Rückzugsgebiet zahlreicher vom Aussterben bedrohter Tierarten, darunter der Florida-Panther. Das Big Cypress Visitor Center at Oasis, auf halbem Weg zwischen Miami und Naples, informiert über ökologische Zusammenhänge und den neuesten Stand in

Sachen Umweltschutz (Öffnungszeiten: 9.30 – 16.30 Uhr). In dem Nest **Ochopee** wartet eine Attraktion anderer Art: Das winzige weiße Häuschen am Wegesrand ist das Ochopee Post Office – das kleinste Postamt der USA. An der Westgrenze von Big Cypress kreuzt die Rte. 29 den Tamiami Trail. In nördlicher Richtung liegt das westlich von Copeland beginnende **Fakahatchee Strand National Preserve**. Hier hat der sich auflösende Kalkstein längliche Mulden (»strands«) hinterlassen, die sich im Laufe der Zeit in ausgesprochen fotogene Zypressensümpfe verwandelten. In südlicher Richtung liegt **Everglades City** (500 Einw.), das selbst ernannte »Gateway to the Ten Thousand Islands«. Tatsächlich ist das Nest am Nordwestrand des Everglades National Park eine gute Basis für Expeditionen in den Park. Angeboten werden Bootstouren durch das **Ten Thousand Islands** genannte Mangrovenlabyrinth im Westen. Noch näher dran ist man in Kanus oder Kajaks, die man hier – mit oder ohne Führer – ausleihen kann.

! *Baedeker* TIPP

Alligatoren aus der Nähe

Alles über die Alligator- und Krokodilzucht: Über 2000 Reptilien in allen Größen, aus nächster Nähe und zum Anfassen gibt es auf der Everglades Alligator Farm (40351 S. W. 192nd Ave., Florida City, Tel. 1-305-247-26 28, Öffnungszeiten: tgl. 9.00 – 18.00 Uhr).

Florida

Qb–Qe 30–33

Abkürzung: FL
Hauptstadt: Tallahassee
Einwohnerzahl: 18,1 Mio.
Beiname: Sunshine State
Fläche: 170 451 km²

Wie kein anderer Bundesstaat ist Florida auf Sun 'n' Fun eingestellt. Doch der Sunshine State bietet mehr: erstklassige Kunstmuseen, unberührte Naturschutzgebiete und, kaum zu glauben, ruhige Oasen zur besinnlichen Einkehr.

Florida liegt auf der gleichnamigen Halbinsel im äußersten Südosten der USA und trennt den Atlantik vom Golf von Mexiko. Im Norden grenzt der Staat an Georgia und reicht im Westen bis nach Alabama. Im Süden klopft Florida an Kubas Haustür: Key West, die südlichste Stadt der USA, liegt nur 140 Kilometer von Havanna entfernt.
Der Norden ist hügelig und bewaldet. Hier liegen die Mega-Themenparks, aber auch die vier National Forests, deren Flüsse im Kanu erforscht werden können. Die Flussmündungen sind letzte Refugien der vom Aussterben bedrohten Seekühe, der Manatees.
Seinen Klischees wird Florida erst im Süden gerecht. Kein Küstenort ohne Pier, Marina und Dolce Vita. Die Südostküste ist am dichtesten besiedelt, ► Miami und Fort Lauderdale sind längst zu einem Bal-

lungsraum von über vier Mio. Menschen verschmolzen. Die Südwestküste ist etwas ruhiger. Dazwischen liegt der ►Everglades National Park. Eine halbe Autostunde südlich von Miami beginnen die Florida Keys. Die Inselkette, eines der Wassersportparadiese der Erde, beschreibt einen 220 km langen Bogen und reicht bis in die Karibik.

Ausgewählte Reiseziele in Florida

✶ Apalachicola

Das Hafenstädtchen (2600 Einw.) am Golf von Mexiko ist Floridas Zentrum der Austernfischerei. Besucher genießen die Meeresfrucht in einfachen Restaurants am Wasser – und bummeln anschließend durch den aus rund 200 schönen viktorianischen Häusern bestehenden **Historic District.**

◄ St. George Island State Park

Die nur wenige Hundert Meter breite, aber 45 Kilometer lange Insel östlich von Apalachicola schützt als sog. Barriere-Insel die Küstenlinie. Der State Park liegt im Ostzipfel und bewahrt Dünen, Salzwassermarschen und 15 km feinsten Sandstrand vor der Bebauung.

✶ Florida Keys

Über 400 Inseln, 30 davon durch den spektakulären **Overseas Highway** miteinander verbunden: Der südlich von ►Miami beginnende Inselbogen ist eine Welt für sich. Einst Unterschlupf für Piraten, begann um 1800 die Besiedlung der größeren Inseln. 1937 wurde die US-1 eröffnet, der 205 km lange »Overseas Highway« mit seinen 42 Brücken; er beginnt in Florida City und endet in ►Key West. Die »Conchs« genannten Insulaner leben hauptsächlich vom Tourismus – bis zu 2,5 Mio. Besucher schaufelt der Highway pro Jahr auf die Keys, ein Paradies für Wassersportler, Angler, Künstler und Lebenskünstler.

Key Largo, Tavernier und Islamorada sind Tauch- und Angelsportzentren und wegen ihrer Nähe zu Miami am Wochenende sehr touristisch. Der **John Pennekamp Coral Reef State Park** vor **Key Largo** schützt diesen Abschnitt des bis nach Key West reichenden Korallenriffs. Die bunte Unterwasserwelt kann im Glasbodenboot oder auf Schnorchel- und Tauchtouren erkundet werden. Das **Theater of the Sea** auf **Tavernier** besteht aus mehreren Pools und bietet Delfin- und Seelöwenshows. Hier kann man auch mit Delfinen schwimmen.

Middle Keys

Vor der Motorhaube verschwimmt der Overseas Highway mit dem blauen Dunst: Zwischen Duck Key und Bahia Honda wird die Fahrt über das Meer beinahe surreal. Indianer, Piraten, weiße Siedler von den Bahamas, Freizeitkapitäne und Touristen: Was in dem 10 000-Einwohner-Städtchen **Marathon** auf **Vaca Key** während der letzten

► FLORIDA

AUSKUNFT

Visit Florida Inc.
P. O. Box 1100
Tallahassee, FL 32302
Tel. 1-850-488-56 07
www.visitflorida.org

200 Jahre passierte, wird im »Museum of Natural History« erfreulich kritisch dokumentiert. Zu dem Museum gehört auch das »Tropical Crane Point Hammock« genannte subtropische Waldgelände, das sich auf schönen Plankenwegen erkunden lässt.

Das Fahrgefühl auf der 1982 fertiggestellten 11,2 km langen Brücke zwischen **Vaca Key** und **Bahia Honda Key** ist berauschend. Der Blick auf die alte Brücke – Kinofreunde werden sie aus dem Schwarzenegger-Thriller »True Lies« kennen – inspiriert zu einem Abstecher nach **Pigeon Key**. Das nur per Bus (ab Pigeon Key Visitor Center, MM 47) über die alte Brücke erreichbare Eiland diente bis 1935 als Eisenbahnercamp und bietet heute ein dem Eisenbahnkönig Henry Flagler gewidmetes Museum.

Lower Keys Für Wochenendtrips vom Festland aus zu weit weg und von ► Key West nur noch eine halbe Autostunde entfernt, wurden die Inseln zwischen **Bahia Honda Key** und **Coppitt Key** vom Tourismus nur gestreift. Gleich hinter der Seven-Mile-Bridge grüßt ein Stück Bilder-

Ist das nicht herrlich? Ein hübsches Plätzchen auf Islamorada.

buch-Karibik mit dem schönsten Strand der Keys. Und im **Bahia Honda State Park** führen herrliche Pfade durch tropische Hammocks mit Palmen, seltenen Pflanzen und exotischen Vögeln.

✶ Fort Lauderdale

Mit mehr als 260 Kilometern überwiegend palmengesäumter Kanäle rühmt sich Fort Lauderdale (187 000 Einw.) voller Stolz als das »Venedig Amerikas«. Zahllose künstliche Wasserwege durchziehen das Stadtgebiet und verbinden die Finger Islands miteinander, jene exklusiven Wohnquartiere mit tropischen Gärten und privaten Bootsanlegern, die inzwischen auch an vielen anderen Orten Floridas kopiert worden sind. Das Stadtzentrum liegt fünf Kilometer landeinwärts am New River und bietet neben hervorragenden Museen auch eine durchaus sehenswerte »Altstadt«. Eine Fußgängerpromenade, der **River Walk,** verbindet das **Museum of Discovery and Science** mit IMAX-3D-Kino (401 SW. 2nd St.) mit dem **Broward Center for the Performing Arts**, dem modernen Kulturzentrum und Theater der Stadt. Das Museum, auf kleine Gäste spezialisiert, präsentiert Ökologie und Hightech zum Anfassen. Der Las Olas Boulevard, die Haupteinkaufsmeile, huldigt mit zahllosen kleinen Ateliers und Boutiquen dem Zeitgeist. Den Beginn dieser von Touristen und Einheimischen gleichermaßen stark frequentierten Prachtstraße markiert das **Museum of Art** (1 E. Las Olas Blvd.) mit Werken u. a. von Henry Moore, Pablo Picasso und Andy Warhol (►Berühmte Persönlichkeiten). Jenseits des Intracoastal Waterway begleitet der **Ocean Boulevard** elf Kilometer weißen Palmenstrand.

✶ Fort Myers

Die Stadt (61 000 Einw.) an der Mündung des Caloosahatchee River wurde bekannt, weil **Thomas A. Edison** (►Berühmte Persönlichkeiten) Luftveränderung brauchte. Der berühmte Erfinder baute hier sein Winterdomizil – und brachte damit das einstige 350-Seelen-Dorf ins Visier der Immobilienmakler und ihrer reichen Kunden aus dem kalten Norden. Edisons 1886 am Flussufer errichtetes Winterdomizil **Seminole Lodge** beherbergt auch ein Labor und den ersten Swimmingpool Floridas. Eingerichtet mit zeitgenössischem Mobiliar, vermittelt das Haus einen guten Eindruck vom Alltag des Genies; ein angeschlossenes Museum dokumentiert seine wichtigsten Erfindungen. 1916 kaufte Henry Ford (►Berühmte Persönlichkeiten) das Anwesen daneben, um die Winter mit seinem Freund Edison verbringen zu können. Der weitläufige, überraschend bescheiden eingerichtete Bungalow bietet sich dar wie zu Fords Lebzeiten (2350 McGregor Blvd.).

Naples

Ende des 19. Jh.s gaben Bodenspekulanten und Immobilienhändler diesem Fleckchen Erde mit seinen makellosen Sandstränden an der Südwestküste Floridas seinen Namen. Die »Altstadt« Naples' (22 000 Einw.), umgeben von Shoppingmalls und sandfarbenen Vorstädten, wurde schachbrettartig angelegt und bietet elegante Einkaufsstraßen. Ca. 30 km auf der Rte. 846 landeinwärts bewahrt das Schutzgebiet

Corkscrew Swamp Sanctuary ein Stück Florida im Urzustand mit einer äußerst viellfältigen Pflanzenwelt; u. a. entdeckt man hier bis zu 500 Jahre alte Sumpfzypressen (375 Sanctuary Rd. W.).

★ **Sarasota**

Die Stadt (54 000 Einw.) an der Südwestküste ist sowohl für die herrlichen Strände der vorgelagerten Keys als auch für seine hervorragenden Museen berühmt. Sarasotas größter Gönner war der Zirkusmagnat John Ringling. In den 1920er-Jahren verlegte er den Wintersitz seines erfolgreichen »Ringling Brothers Circus« hierher und errichtete eine grandiose Villa im venezianischen Stil. Der Stadt hinterließ der passionierte Sammler die beste Barockkunstsammlung des Landes. Seit 1959 hat Sarasota auch eine Oper mit eigenem ständigen Ensemble. Das **Asolo State Theater** ist über Florida hinaus bekannt, und die **Van Wezel Performing Arts Hall** ist Bühne internationaler Interpreten klassischer wie zeitgenössischer Musik. Dank des 1998 erstmals organisierten »Sarasota Film Festivals« hat sich die Stadt zudem zu einem der größten Independent-Film-Zentren des Landes gemausert.

★ Ringling Center for the Cultural Arts ►

Das **John and Mable Ringling Museum** (5401 Bay Shore Rd.), das zum »Ringling Center for the Cultural Arts« gehört – einem weitläufigen, ganz der Kunst gewidmeten Gelände ca. 5 km nördlich des Stadtzentrums –, ist die unbestrittene Top-Attraktion Sarasotas und die größte Anlage ihrer Art in den USA. 1927 bis 1930 in mediterraner Neorenaissance errichtet, ist es umgeben von gepflegten Gartenanlagen mit schönen Ausblicken auf die Sarasota Bay. Highlights des Museums sind Werke von Lucas Cranach, Velázquez und Pietro da Cortona (Öffnungszeiten: tgl. 10.00 – 17.30 Uhr).

Wohnsitz der Ringlings: die Villa Ca'd'Zan

Das **Asolo Theater**, die Heimat der Sarasota Ballet Company, steht gleich daneben. Atemberaubend ist das »Haus« der Ringlings. 1925 bezogen sie **Ca'd'Zan**, »John's Haus« im venezianischen Dialekt, einen 32-Zimmer-Palast direkt am Ufer mit einer breiten Terrasse, die zur Pier führt.

In (Kindheits-)Träumen schwelgen lässt es sich im **Ringling Museum of the Circus**, das mit Plakaten, Kostümen, einem alten Zirkuswagen und einem Miniaturzirkus an die große Zeit des Zirkusmagnaten erinnert (5401 Bay Shore Rd.).

Das unweit des Ringling Center for the Cultural Arts gelegene Automuseum stellt 200 Klassiker der Straße aus, darunter »Christine« aus dem gleichnamigen Stephen-King-Schocker und Paul McCartneys Morris Mini (5500 Tamiami Trail).

! *Baedeker* TIPP

Ringlings Erben

Kurse, Seminare, Ausstellungen: Im Art Center Sarasota kann man sich über die aktuelle Kunstszene der Stadt informieren. Die drei Ausstellungen des Zentrums zeigen Künstler aus Sarasota und Florida (707 N. Tamiami Trail, Öffnungszeiten: Di. – Sa. 10.00 – 16.00 Uhr).

Tallahassee

Die **Hauptstadt Floridas** (160 000 Einw.) liegt weitab von den boomenden Ballungsgebieten Südfloridas im Norden des Landes, ca. eine halbe Autostunde von der Golfküste entfernt. Schöne Südstaatenarchitektur und verträumte Eichenalleen erzeugen eine »Vom-Winde-verweht«-Romantik und erinnern daran, dass es nach Georgia nur ein Katzensprung ist.

Das **Old State Capitol**, der 1845 eingeweihte und bis 1978 genutzte ehemalige Regierungssitz, wurde 1982 als Museum wiedereröffnet. Zu besichtigen sind die Suite des Gouverneurs sowie die Sitzungssäle des Obersten Gerichts, des Senats und des Repräsentantenhauses. Schautafeln schildern die politische Geschichte Floridas. Das unmittelbar dahinter aufragende New State Capitol, ein moderner, 22-stöckiger Monolith, ist vielen ein Dorn im Auge. (400 S. Monroe St./ Apalachee Pkwy.).

Vom Skelett eines Mastodons über Artefakte prähistorischer Indianer bis zu Schätzen gesunkener spanischer Galeonen – das **Museum of Florida History** zeigt alles, was in Florida ausgegraben oder gehoben wurde (500 S. Bronough St., R. A. Gray Building). Über die Geschichte der Afroamerikaner in Florida informiert das auf dem Campus der Florida Agricultural & Mechanical University im Süden der Stadt gelegene Forschungszentrum **Black Archives Research Center & Museum** (Martin Luther King Jr. Blvd./Gamble St.).

Kunst auf dem Campus: Das **Florida State University Museum of Fine Arts** präsentiert Werke alter Meister von Rembrandt bis Piranesi sowie von modernen Kunstschaffenden wie Man Ray und Max Pechstein (250 Fine Arts Building, Copeland/Call Sts.).

◄ Wakulla Springs

Dieses Stück ursprünglichen Floridas liegt 26 km südlich von Tallahassee und ist auf der US 319 zu erreichen. Bis zu 54 000 l/s pumpt diese Karstquelle aus einem weitverzweigten, zwei Kilometer langen Höhlensystem in einen Quellteich. Kristallklares Wasser, die üppige tropische Vegetation rings um den Teich und exotische Tiere wie Alligatoren und Wasserschildkröten lockten auch Hollywood herbei, das hier einige Dschungelfilme produzierte. Heute ist der Quellteich ein beliebtes Naherholungsziel.

Georgia

Qc–Qe 28–30

Abkürzung: GA
Hauptstadt: Atlanta
Fläche: 152 576 km²

Beinamen: Empire State of the South, Peach State
Einwohnerzahl: 9,4 Mio.

»Georgia on my mind«: Wer kennt sie nicht, die inoffizielle Hymne Georgias, die Ray Charles weltberühmt machte und die so inbrünstig wie kein anderer Song von der Schönheit des größten der Südstaaten schwärmt.

Georgia symbolisiert den Süden der USA: in ►Atlanta den neuen und in ►Savannah den alten, die »Vom-Winde-verweht«-Romantik eingeschlossen. Tatsächlich dominieren diese beiden Städte die touristische Landkarte dieses schnell wachsenden Bundesstaats derart, dass er in der Wahrnehmung vieler Besucher nur aus diesen beiden Städten besteht. In Wahrheit hat das ländlich geprägte, zu zwei Dritteln mit Wald bedeckte Georgia viel mehr zu bieten. Der Norden liegt in den zu den Appalachen gehörenden **Blue Ridge Mountains**, die höchste Erhebung ist der 1458 m hohe Brasstown Bald, und vor der flachen Küstenebene liegen zahlreiche Inseln mit wunderschönen Badestränden.

Ausgewählte Reiseziele in Georgia

Athens Die knapp 100 km nordwestlich von ►Atlanta gelegene Universitätsstadt (103 000 Einw.) lohnt wegen ihrer herrlichen Greek-Revival-Architektur und der entspannten Studenten-Boheme einen Besuch. Die meisten Restaurants, Kneipen und Musikbars befinden sich in der restaurierten Donwtown im Bereich rund um die Broad Street: Um die hier spielenden Bands zu sehen, reist man selbst aus dem verwöhnten Atlanta an.

Augusta Weltberühmt wegen des alljährlich im April stattfindenden Masters Golf Turniers, ist es den Rest des Jahres über relativ ruhig in Augusta

(200 000 Einw.). Die 1735 am Savannah River gegründete Stadt war einst das Zentrum eines riesigen Tabak- und Baumwollanbaugebiets. Die Old Town am Savannah River atmet noch immer den Hauch des alten Südens: Vor allem der **River Walk** und der **Historic Cotton Exchange** (32 8th St.), wo heute der Weg der Baumwolle vom Anbau bis zum Verkauf dokumentiert wird, sind ein paar Stunden wert. Das **Morris Museum of Art** überrascht mit einer hervorragenden Ausstellung mit Werken von Malern aus den Südstaaten (1 10th St.).

Georgia Mountains

Die Bergregion im Norden Georgias gehört zu den sich bis nach Kanada hinziehenden Appalachen. Ein gut ausgebautes Wegenetz macht die mittelgebirgsartigen Höhen zu einem Wanderparadies. Auf dem Springer Mountain beginnt die amerikanische Fernwanderweg-Legende: der bis nach Kanada führende, fast 3500 km lange **Appalachian Trail**. Klare Seen und Gebirgsflüsse ziehen Paddler und Rafter an: Seit dem Film »Deliverance« mit Burt Reynolds und Jon Voight ist vor allem der hart auf der Grenze zwischen Georgia und South Carolina durch tiefe Schluchten fließende Chattooga River bei Paddlern beliebt.

◄ Chickamauga & Chattanooga National Military Park

Ganz im Nordwesten Georgias erstrecken sich die Bürgerkriegsschlachtfelder von Chickamauga und Chattanooga, auf denen im Herbst 1863 ca. 34 000 Unions- und konföderierte Soldaten gefallen sind. Die Konföderierten gewannen Chickamauga, verloren jedoch in Chattanooga und öffneten den Unionstruppen damit den Weg nach Atlanta. Karten, Grabsteine und Denkmäler dokumentieren die Kämpfe (US 27, Fort Oflethorpe).

Das knapp 100 km nordöstlich von ► Atlanta gelegene, von Bergen umgebene **Dahlonega** (3600 Einw.) sah 1828 Amerikas ersten Goldrausch. Abenteurer und Siedler strömten herbei, um das Gold aus den Flüssen zu waschen und es später aus der Tiefe zu holen. Die Cherokee, auf deren Territorium der Goldrausch stattfand, mussten weichen: Auf dem berüchtigten **»Trail of Tears«**, der sie unter Militäraufsicht nach Oklahoma führte, kamen viele von ihnen um. Das im alten Courthouse untergebrachte Dahlonega Gold Museum zeigt damals gefundene Goldklumpen und erzählt die dramatischen Ereignisse dieser Zeit.

GEORGIA

AUSKUNFT

Georgia Department of Economic Development – Tourism Division
75 Fifth St., N. W., Suite 1200
Atlanta, GA 30308
Tel. 1-404-962-40 00
www.georgia.org/travel

Macon

Weil die Bevölkerung der Stadt (98 000 Einw.) auf Seiten der Union stand, wurde Macon im Bürgerkrieg von General Sherman verschont. 1828 am Ocmulgee River gegründet, besitzt die Stadt heute die meisten historischen Gebäude in Georgia. In der »Altstadt« am Westufer des Flusses ehrt die **Georgia Music Hall of Fame** jene Mu-

siklegenden, deren Karrieren in den hiesigen Kneipen begannen, darunter die Allman Brothers, Gladys Knight, Trisha Yearwood und Ray Charles (200 Martin Luther King Jr. Blvd.).
Das **Tubman African American Museum** ist der Geschichte der Afroamerikaner in diesem Teil Georgias gewidmet und beherbergt auch hervorragende Werke afroamerikanischer Künstler (340 Walnut St.).

Golden Isles

Die »goldenen Inseln« schützen Georgias Küste von Savannah bis nach Florida. Mit ihren endlosen Sandstränden, Marschlandschaften und verträumten Eichenhainen sind sie ein beliebtes Ferienziel betuchter Amerikaner und Europäer. Die meisten Inseln sind mit Brücken oder Dämmen miteinander verbunden.
Die berühmte **Jekyll Island** mit ihrem 16 km langen Traumstrand war im 19. und frühen 20. Jh. das Winterrefugium der Ostküstenelite. Über die exklusive Vergangenheit der Insel informiert das **Jekyll Island Museum Visitor Center** (375 Riverview Dr.). Auch Sea Island, die größte der Golden Isles, bietet schöne Strände, v. a. am Südende. Die meisten der rund 14 000 Insulaner leben in St. Simon Village, einem ruhigen Nest mit echtem Südstaatenflair.

★★ Grand Canyon National Park

Oj 27/28

Bundesstaat: Arizona
Gründungsjahr: 1919
Fläche: 4934 km²

»Die großartigste von Gottes irdischen Stätten« nannte John Muir, der Vater der amerikanischen Umweltschutzbewegung, den Grand Canyon. Diese vom Colorado River geschaffene Schluchtenlandschaft gehört zu den spektakulärsten Naturwundern der Welt.

Im März 2008 machte der Grand Canyon einmal mehr internationale Schlagzeilen. Weil der Colorado River durch den Bau des Glen-Canyon-Damms 1963 viel Wasser verloren hatte, wurde der Canyon für ein paar Tage geflutet. Ziel der – bei vielen Umweltschützern umstrittenen – Aktion: Die Schaffung neuer Sandbänke an seinen Ufern und damit neuer Biotope. Ob der Plan der Parkverwaltung aufgeht, muss die Zukunft zeigen.
Der Grand Canyon National Park liegt im dünn besiedelten Nordwesten ► Arizonas. Er schließt, dem Lauf des Colorado River folgend, an den ► Canyonlands National Park und den Glen Canyon an und grenzt im Westen an den vom Hoover Dam aufgestauten Lake Mead. Dazwischen hat sich der Colorado auf einer Länge von 446 km durch das Kaibab Plateau gefressen und eine klaffende Schlucht von 6 bis 29 km Breite hinterlassen. Bis zu 1600 m tief fallen die Wände am Südrand des Canyons zum Fluss ab. Am Nordrand beträgt der Höhenunterschied sogar bis zu 1850 Meter. Die Erosionsba-

GRAND CANYON NATIONAL PARK ERLEBEN

AUSKUNFT

Grand Canyon National Park
P. O. Box 129
Grand Canyon, AZ 86023
Tel. 1-928-638-78 88
www.nps.gov/grca

WANDERUNGEN

Gute Vorbereitung ist nötig, wenn man in den Canyon wandert. Möglichst einzuplanen ist eine Zwischenübernachtung in der »Phantom Ranch« auf dem Grund der Schlucht; eine rechtzeitige Reservierung ist dafür unbedingt erforderlich. Canyon-Wanderer sollten reichlich Trinkwasser mitnehmen und auf ausreichenden Sonnenschutz achten. Das gesamte Nationalparkgelände ist »Rattlesnake Country«, man sollte also stets auf die gefährlichen Schlangen achten. Wer eine Tour in oder durch den Canyon plant, sollte sich zuvor beim Park Ranger über den Zustand der Wege bzw. über mögliche Gefahren informieren.

ÜBERNACHTEN

► Komfortabel

Grand Canyon National Park Lodges
P. O. Box 699
Grand Canyon, AZ 86023
Tel. 1-303-297-27 57
www.grandcanyonlodges.com
Alle im Nationalpark befindlichen Hotels, Lodges und Hütten werden von Grand Canyon National Park Lodges betrieben und sollten im Voraus gebucht werden.

In der am Parkeingang gelegenen Touristensiedlung Tusayan gibt es zahlreiche Hotels im mittelpreisigen Bereich.

Erst wenn man oben steht, wird einem bewusst, wie gewaltig der Grand Canyon ist.

Grand Canyon National Park Orientierung

sis verläuft heute in einer engen Schlucht tief unterhalb der Canyon-Ränder: Von dort aus ist der Colorado nur an einigen wenigen Stellen zu sehen. Bis zu 1,7 Milliarden Jahre Erdgeschichte stecken in den Canyon-Wänden. Nach oben weitet er sich, wobei jüngere, unterschiedlich widerständige und horizontal lagernde Sedimentgesteine ausgeräumt wurden. Diese bei entsprechendem Licht in rötlichen,

blaugrauen und gelblichen Farben leuchtenden Sand- und Kalksteinschichten wurden während der erdgeschichtlichen Perioden des Kambrium, Devon, Karbon und Perm abgelagert und sind heute an den abgetreppten Steilwänden des Canyons geradezu mustergültig sichtbar. Nach geologischer Zeitrechnung brauchte Mutter Natur dazu nicht lange: Das Meisterwerk der Erosion entstand im Verlauf der

◄ weiter auf S. 298

GRAND CANYON

★★ Die berühmteste Schlucht der Erde überwältigt den Besucher in erster Linie durch ihre Ausmaße, ihre Farbenvielfalt und ihre in Millionen von Jahren vom Colorado River geschaffene Schichtstufenlandschaft. Kaum einer kann sich in emotionaler Hinsicht diesem spektakulären Naturwunder entziehen, obwohl freilich alle Naturphänomene der gigantischen Schlucht wissenschaftlich zu erklären sind.

Öffnungszeiten Visitor Center South Rim:
Sept. bis Mai tgl. 8.00 – 17.00 Uhr,
Juni bis Aug. tgl. 7.30 – 20.30 Uhr

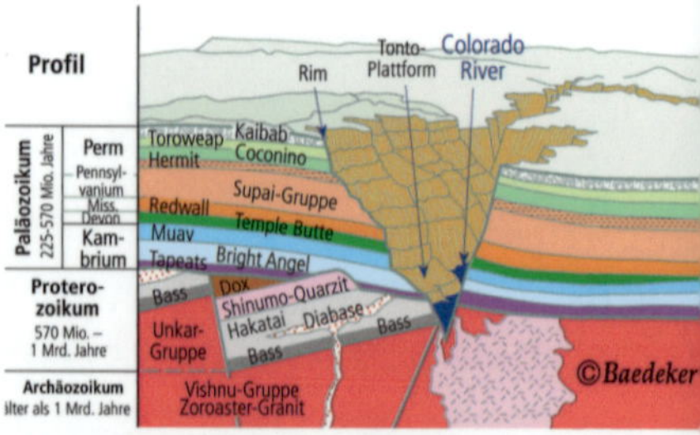

Paläozoikum
Der Colorado River hat sich zunächst in die jüngeren, sehr flach lagernden Gesteinsschichten des Colorado-Plateaus eingegraben. Diese unterschiedlich zusammengesetzten Kalk- und Sandsteinschichten sind vor 570 – 225 Mio. Jahren abgelagert worden und an den Stufen des Canyons gut zu erkennen.

Proterozoikum
Sedimentgesteinsschichten wurden auch im Erdmittelalter und im Erdaltertum angelegt, also vor 1 Mrd. bis 570 Mio. Jahren.

Archäozoikum
Zuletzt hat sich der Fluss in das präkambrische Urgestein eingekerbt. Wer also von der obersten Abbruchkante zum Fluss hinuntersteigt, wandert durch 1,7 Milliarden Jahre Erdgeschichte.

① ② South Rim und North Rim
Von der südlichen und der nördlichen Abbruchkante der Schlucht bieten sich atemberaubende Ausblicke. Die Nordkante ist etwa 350 m höher als der Südrand, deshalb kann man dort noch ein bisschen weiter sehen.

③ Tusayan Ruins
Zahlreiche Funde belegen, dass der Grand Canyon bereits vor mehr als 4000 Jahren besiedelt war. Die Tusayan Ruins sind Überreste eines indianischen Pueblos. Heute ist hier ein kleines Museum eingerichtet.

④ Colorado River, Inner Gorge und Phantom Ranch
Auf dem Grund der Schlucht bietet die Phantom Ranch Möglichkeiten zur Übernachtung. Unbedingt vorher reservieren (Grand Canyon Park Lodges, Tel. 1-928-638-26 31)!

⑤ Tonto Platform

⑥ Walhalla Platform

⑦ Bright Angel Gorge

⑧ Supai-Gruppe
Interessante Gesteinsformation u. a. aus Esplanade Sandstone

Am höchsten Punkt der Südkante steht seit 1932 der Desert View Watchtower.

letzten 9 Mio. Jahre. Schon vor über 4000 Jahren war der Canyon besiedelt. Die beeindruckendsten Siedlungszeugnisse sind die rund 1000 Jahre alten **Felswohnungen**, die die **Anasazi** genannten prähistorischen Indianer angelegt hatten. 1869 befuhr Major John Wesley Powell als Erster den Colorado River und fertigte Karten der Schluchten an. Bereits um 1880 entdeckte der Tourismus den Canyon. 1892 wurde das erste Hotel am Grand View Point eröffnet, zehn Jahre später konnte man mit der Bahn anreisen. Heute besuchen jährlich knapp 4,5 Mio. Touristen den Nationalpark.

Sehenswertes im Grand Canyon National Park

**** South Rim** Ausgangspunkt für die Erkundung der South Rim genannten Südkante des Grand Canyon ist Grand Canyon Village mit Hotels, Restaurants, einem Besucherzentrum und der Parkverwaltung. Von hier aus geht's auf dem **Rim Drive**, immer am Canyonrand entlang, zu herrlichen Aussichtspunkten.

East Rim Drive Der 40 km lange East Rim Drive führt über das ausgezeichnete **Yavapai Point & Museum**, das die Geologie und Entstehung des Canyons erläutert, nach Desert View und weiter zum Parkausgang. Fantastische Aussichtspunkte wie **Yaki Point** und **Lipan Point** verzögern die Weiterfahrt. **Navajo Point** mit seinem 1932 nach dem Vorbild indianischer Beobachtungstürme errichteten **Indian Watchtower** bietet einen unvergesslichen Blick auf die im Osten gelegene Painted Desert. Nächster Stopp: die **Tusayan Ruins**, einer von über 2000 prähistorischen indianischen Siedlungsresten im Grand Canyon.

> **! Baedeker TIPP**
>
> **Colorado River für Schwindelfreie**
>
> Im Jahr 2007 eröffneten die Hualapai-Indianer weit im Westen des Grand Canyon eine Aussichtsplattform der Superlative (Ticket: 29,95 $). 22 m weit ragt die U-förmige Plattform in die hier knapp 1200 m tiefe Schlucht hinaus. Der Clou: Auch der Boden ist verglast! Anfahrt über die Diamond Bar Rd. to Grand Canyon West, Parken am Grand Canyon West Airport (tgl. 7.00 – 19.00 Uhr; Grand Canyon West, Hualapai Indian Reservation, Tel. 1-877-716-93 78, www.grandcanyonskywalk.com).

Auch der 13 km lange **West Rim Drive** führt zu spektakulären Aussichtspunkten. Besonders populäre Stellen wie **Hopi Point** und **Hermits Rest** sind v. a. kurz vor Sonnenuntergang recht gut besucht – das »überirdische« Panorama genießt man nicht allein!

Hinein in den Canyon Es gibt verschiedene Möglichkeiten, dem Canyon noch näher zu kommen. Von Grand Canyon Village aus werden Reittouren in den Canyon organisiert; Helikopterrundflüge starten in Tusayan.

Wer gut zu Fuß ist und einen ganzen Tag Zeit hat, kann von der Südkante aus in den Canyon absteigen. Der populärste Trail hinab ist der bei der Bright Angel Lodge beginnende 13 km lange **Bright**

Tagestour in die Tiefe: Nur wer eine Erlaubnis hat, darf im Canyon übernachten.

Angel Trail, der über ein sonnenverbranntes Felsplateau zum 1152 m hoch gelegenen Plateau Point führt. Die strapaziöse, aber unvergessliche Wanderung nimmt einen ganzen Tag in Anspruch; in der Regel startet man bereits bei Sonnenaufgang, um noch vor Einbruch der Dunkelheit wieder oben am Canyonrand zu sein.

★★ **North Rim**

Der entlegenere Nordrand des Grand Canyon ist touristisch weniger erschlossen, bietet aber gleichwohl weitere grandiose Ausblicke. Ausgangspunkt ist die historische Grand Canyon Lodge. Von hier aus führen Trails nach Osten und Westen. Unbedingt sehenswert ist **Bright Angel Point** am Ende der AZ 67. Der Aussichtspunkt liegt hoch über der Schlucht des Bright Angel Creek und eröffnet grandiose Ausblicke in den von Seiten- und Nebencanyons zerrissenen Grand Canyon.
Einige Autominuten nördlich der Grand Canyon Lodge führt eine Stichstraße zu den Aussichtspunkten **Point Imperial**, mit 2683 m ü.d.M. der höchste Punkt in dem Nationalpark, und **Cape Royal**, das man über das Walhalla Plateau erreicht.
Nur wer in besonders guter Verfassung ist, sollte den 22 km langen **North Kaibab Trail** angehen. Der gut ausgebaute Wanderweg beginnt vier Kilometer vor der Grand Canyon Lodge bei einem Parkplatz und windet sich in engen Serpentinen den Bright Angel Canyon hinab zum Campingplatz Cottonwood. Hier und bei der »Phantom Ranch«, der einzigen Behausung unmittelbar am Colorado River, bestehen Übernachtungsmöglichkeiten, die man unbedingt wahrnehmen sollte, denn nur die allerwenigsten schaffen den Rundweg an einem Tag.

★ Great Smoky Mountains National Park

Qd 28

Bundesstaaten: North Carolina und Tennessee
Fläche: 2107 km²
Gründungsjahr: 1934

Nein, es raucht nichts in den »Smokies«. Der blaue Dunst, das Markenzeichen des Parks, entsteht vielmehr, wenn die verdampfende Feuchtigkeit sich mit den Naturölen und Sekreten der Vegetation vermischt. Und die ist hier besonders üppig: Nicht weniger als 1500 Pflanzen- und 125 Baumarten wurden gezählt.

Seine Nähe zu den urbanen Ballungsgebieten im Osten und die Countrysängerin Dolly Parton, eine Ikone der Bluegrass-Musik, die aus einem Nest zu Füßen der Smokies stammt und viele Lieder über ihre Heimat geschrieben hat, machten den Great Smoky Mountains National Park mit über zehn Millionen Besuchern jährlich zum populärsten Nationalpark der USA.
Der rund 2000 km² große Nationalpark liegt genau zwischen Tennessee und North Carolina. Erdgeschichtlich gehören die Smokies zu den von Georgia nach Kanada ziehenden Appalachen. Zwischen 300 und 2000 m hoch, ist der Park ganzjährig geöffnet; im Winter können verschneite Straßen geschlossen sein. Besucherzentren gibt es in Sugarlands bei Gatlinburg (Tennessee) und in Ocanaluftee (North Carolina) bei Cherokee.

Trails Die außergewöhnliche Vielfalt der Vegetation macht das Naturerlebnis zur Hauptattraktion des Parks. Zu Fuß kommt man den Smokies am nächsten: Bergmagnolien, wilde Azaleen, Orchideen und Berglorbeer genießt man am besten vom Hikingtrail aus. Mehr als 1300 km

GREAT SMOKY MOUNTAINS NP ERLEBEN

AUSKUNFT

Great Smoky Mountains National Park
107 Headquarter Rd.
Gatlinburg, TN 37738
Tel. 1-865-436-12 00
www.nps.gov/grsm

ÜBERNACHTEN

► Günstig

LeConte Lodge
250 Apple Valley Rd.
Sevierville, TN 37862
Tel. 1-865-429-57 04
Fax 1-865-774-00 45
Die rustikalen Hütten der Lodge sind die einzige Unterkunft im Park und nur zu Fuß vom Hwy. 441 aus zu erreichen.

Nebelschwaden in den Great Smoky Mountains

Wanderwege ziehen kreuz und quer durch den Park, darunter auch der Appalachian Trail, der berühmteste Fernwanderweg der USA. Der **Highway 441** von Pigeon Fork (TN) nach Cherokee (NC) halbiert den Park. An der Straße beginnen zahlreiche Trails aller Schwierigkeitsgrade. Die im Winter geschlossene **Clingman's Dome Road** führt zum 2025 m hohen Clingman's Dome, dem höchsten Berg der Smokies und beliebtesten Wanderziel des Nationalparks. Nicht minder populär ist der knapp über 2000 m hohe Mt. LeConte östlich der Straße.

Einen herrlichen Blick auf die in den Tälern liegenden Nebel- und Wolkenschwaden hat man, v. a. nach Regen, von **Newfound Gap** aus direkt am Hwy. 441 auf der Kammlinie des Bergzuges.

★ Hawaii

Me–Mh 34–36

Abkürzung: HI
Hauptstadt: Honolulu
Einwohnerzahl: 1,3 Mio.
Beiname: Aloha State
Fläche: 16 540 km²

Märchenhafte Sonnenuntergänge und bezaubernde Hula-Tänzerinnen, gewaltige Vulkane mit glühendem Schlund und farbenprächtige Korallenriffe: Für Europäer war Hawaii schon immer das Paradies auf Erden.

Die Inselgruppe der Hawaiian Islands liegt 3860 Kilometer südwestlich von ►San Francisco im Pazifik. Sie besteht aus acht größeren Inseln – Hawaii, Maui, Kahoolawe, Lanai, Molokai, Oahu, Kauai und Niihau – und über hundert Inselchen und Korallenatollen. Die acht großen Inseln bilden das Südwestende der rund **2400 Kilometer langen Inselkette** und besitzen eine üppige tropische Vegetation.
Alle Inseln sind die Spitzen erkalteter Schildvulkane. Zwei davon – **Mauna Loa** mit dem Nebengipfel **Kilauea** und **Mauna Kea**, allesamt auf der Insel Hawaii, – sind noch aktiv.

Tourismus Das milde Klima, wunderschöne Landschaften sowie fast unendlich viele Wassersportmöglichkeiten locken alljährlich rund sieben Mio. Touristen aus den USA, Japan und Europa hierher. Der Tourismus ist auch mit Abstand der wichtigste Wirtschaftszweig Hawaiis.
»Mainstream-Amerika« hat Hawaii zwar seinen Stempel aufgedrückt, doch sind die Inseln nach wie vor **polynesisch geprägt**. So ist Polynesisch neben Englisch die offizielle Sprache. »Pidgin-English«, der charmante Mix aus Englisch, Polynesisch, Japanisch und Tagalog, einer auf den Philippinen gesprochenen Sprache, ist weitverbreitet. Zudem ist Hawaii der einzige US-Bundesstaat, dessen Bevölkerungsmehrheit nicht weiß ist: Der weiße Bevölkerungsanteil beträgt knapp 25 Prozent, über 40 Prozent sind asiatischer Herkunft, ca. sieben Prozent bezeichnen sich als polynesischstämmige Hawaiianer, die übrigen Inselbewohner geben zwei und mehr Ethnien an.

Geschichte Zwischen 300 und 600 n. Chr. wurde die Inselgruppe von Polynesiern der fast 4000 km entfernten Marquesas-Inseln besiedelt. 1778 landete der englische Entdecker James Cook (1728 – 1779) hier; doch blieben die Inseln unabhängige Königreiche, die **Kamehameha der Große** 1810 unter seiner Herrschaft erstmals vereinte. Im 19. Jh. entwickelte sich eine starke wirtschaftliche und politische Abhängigkeit der Inselgruppe von den USA. Ein Staatsstreich amerikanischer Pflanzer gegen **Königin Liliuokalani** im Jahr 1893 beendete die zuletzt nur noch theoretische Unabhängigkeit Hawaiis; 1894 wurde die Republik ausgerufen. Nach Ausbruch des spanisch-amerikanischen Krieges wurde Hawaii von den USA annektiert und 1900 auch formell US-Territorium; seit 1959 ist Hawaii 50. US-Bundesstaat. Nach dem Überfall der Japaner auf den US-Flottenstützpunkt Pearl Harbor auf der Insel Oahu am 7. Dezember 1941 traten die USA in den Zweiten Weltkrieg ein. Während der letzten 20 Jahre bemüht sich die Regierung des Bundesstaats mit gesetzlich verankerten Programmen verstärkt um die Wiederbelebung und Erhaltung der uralten hawaiianischen Kultur.

Ausgewählte Reiseziele auf Hawaii

✶ Hawaii Die beiden größten Attraktionen auf der »Big Island« genannten größten Insel des Archipels sind auch die höchsten. Die noch aktiven

HAWAII ERLEBEN

AUSKUNFT

Hawaii Visitors & Convention Bureau
2270 Kalakaua Ave., Suite 801
Honolulu, HI 96815
Tel. 1-800-464-29 24
www.gohawaii.com

ESSEN

▸ Fein & teuer

Chef Mavro
Honolulu
1969 South King St.
Tel. 1-808-944-47 14
Das mehrfach ausgezeichnete Restaurant lässt Feinschmeckerherzen dank einer gekonnten Kombination aus französischer und hawaiianischer Küche höher schlagen.

▸ Erschwinglich

Casanova
Makawao (Maui)
1188 Makawao Ave.
Tel. 1-808-572-02 20
Gute italienische Küche. Nach 22.00 Uhr verwandelt sich das Lokal in eine Disko.

▸ Preiswert

Cheesburger in Paradise
Lahaina (Maui)
811 Front St.
Sehr gutes »American food«.

Ono Hawaiian Foods
Honolulu, 726 Kapahulu Ave.
Tel. 1-808-737-22 75
Das nur bis 19.45 Uhr geöffnete »Ono« serviert typische hawaiianische Gerichte.

ÜBERNACHTEN

▸ Komfortabel

New Otani Kaimana Beach
Honolulu
2863 Kalakaua Ave.
Tel. 1-808-923-15 55
www.kaimana.com
125 Z. Das etwas abseits von Waikiki gelegene Hotel bietet seinen Gästen einen schönen Strand, ein Restaurant und Einkaufsmöglichkeiten.

Noelani Condo Resort
Lahaina (Maui)
4095-L Lower Honoapiilani Rd.
Tel. 1-808-669-83 74
www.noelani-condo-resort.com
45 Z. Die kleine Apartmentanlage liegt direkt am Strand der Napili Bay.

▸ Günstig

Royal Grove
Honolulu, 151 Ulunui Ave.
Tel. 1-808-923-76 91
www.royalgrovehotel.com
Alle 87 Zimmer des Hotels sind mit einer Küchenzeile ausgestattet.

Vulkane **Mauna Loa** (4167 m ü.d.M.) und **Mauna Kea** (4205 m ü.d.M.) sind die Stars der Insel. Der **Kilauea**, ein Nebengipfel des Mauna Loa, gilt als aktivster Vulkan der Erde und brach zuletzt im März 2008 aus. Beide werden vom **Hawaiian Volcanoes National Park** geschützt. Dem Besucher bietet die Parkverwaltung einzigartige Möglichkeiten zur Besichtigung, etwa auf der »Crater Rim Road«, die rund um die Caldera des Kilauea führt und von der etliche schöne Wanderwege abzweigen. Weitere Top-Attraktionen der Insel sind die **Hawaii Tropical Botanical Gardens** in Hilo, die **Parker Ranch** bei

Hawaii Orientierung

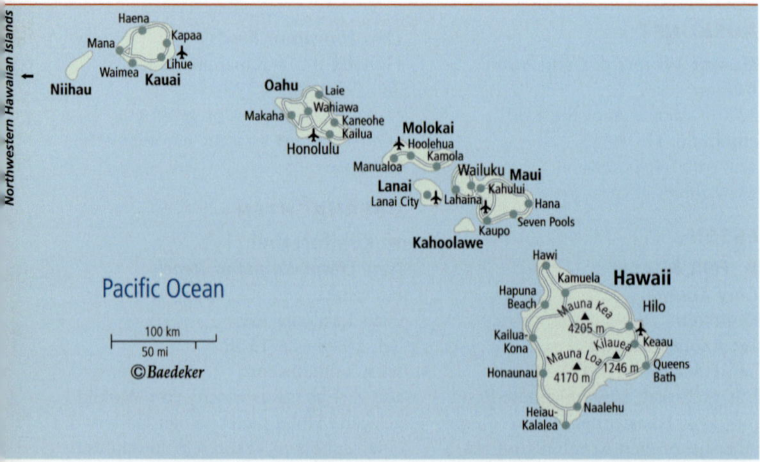

Waimea, die größte Ranch der USA, und der **Puuhonua o Honanau National Historic Park**, eine hawaiianische Tempelstätte aus dem 18. Jahrhundert.

★ **Maui** Die nordwestlich von Hawaii gelegene Insel bietet ebenfalls eine vulkanische Attraktion: Der zuletzt 1790 ausgebrochene, 3055 m hohe **Haleakala** ist ein beliebtes Wanderziel. Auf dem Boden seines Kraters gedeiht eine sonst nirgends auf der Insel vorzufindende Pflanzenwelt. Der **Haleakala National Park** schützt diese einzigartige Wildnis.

Oahu Die drittgrößte Insel des Archipels ist der politische, wirtschaftliche und kulturelle Mittelpunkt der Inselgruppe. Hier liegt **Honolulu** (382 000 Einw.), die moderne, etwas gesichtslose Hauptstadt der Hawaiian Islands. Mit dem 1879 von König David Kalakaua in Auftrag gegebenen **Iolani-Palast** kann man den einzigen Königspalast der USA besichtigen (364 S. King/Ecke Richard St.). Zu den sehenswerten Museen der Stadt zählen das **Bishop Museum**, eines der besten Naturkundemuseen der USA (1525 Bernice St.), und die **Honolulu Academy of Arts**, die nicht nur althawaiianische Kunst zeigt, sondern auch die schönsten Ergebnisse asiatischen und amerikanischen Kunstschaffens (900 S. Beretania St.).

Pearl Harbor Im Hafen von Pearl Harbor befindet sich einer der Schreine der US-amerikanischen Geschichte, das sattelförmige **USS Arizona Memorial**, errichtet über dem am 7. Dezember 1941 von den Japanern versenkten Schlachtschiff »USS Arizona« (1 Arizona Memorial Place).
Der drei Kilometer lange Strand von **Waikiki** zu Füßen des erloschenen Vulkans Diamonds Head gilt als einer der schönsten der Welt.

Houston

Ph 31

Bundesstaat: Texas
Höhe: 17 m ü.d.M.

Einwohnerzahl: 2,2 Mio.
(Metropolitan Area: 4,5 Mio.)

Einwohner, die von einer Reise zurückkehren, erkennen manchmal ihre Stadt nicht wieder. Durch keinerlei Baugesetz eingeschränkt, wächst Houston atemberaubend schnell. Deshalb gibt es nicht eine, sondern mehrere Skylines. Das Ölgeschäft machte Houston reich, das Johnson Space Center der NASA die Stadt berühmt: »Houston« war das erste Wort, das ein Mensch auf dem Mond sprach.

Houston ist eine Stadt der Superlative. Obgleich 80 km landeinwärts gelegen, verfügt sie über einen der größten Häfen des Landes. Hier residieren – nach New York – die meisten »Fortune-500-Unternehmen«, jene Firmen, die jährlich in der Wirtschaftszeitschrift »Fortune« als die 500 weltweit größten gelistet werden. Hier werden auch die meisten petrochemischen Produkte der Welt hergestellt, und das Texas Medical Center, die größte medizinische Forschungseinrichtung der Welt, ist hier ebenso zu Hause wie immer neue Kampagnen gegen die Fettleibigkeit: Houston hat nämlich auch doppelt so viele Donut-Läden pro Kopf der Bevölkerung wie der Rest des Landes.

Klima

Houston nennt sich gern auch **»Air Condition Capital of the World«**: Es gibt kaum ein Haus in dem subtropischen Klima, das keine Klimaanlage besitzt. Außerdem werden hier außer Englisch noch etwa 90 weitere Sprachen gesprochen.

Geschichte

Mit der Entdeckung von Öl in Texas und im Golf von Mexiko begann Houstons Aufstieg zur Metropole. 1838 am Buffalo Bayou gegründet und benannt nach **Sam Houston**, dem Helden des texanischen Befreiungskriegs von 1835/1836, war Houston zu Beginn des 20. Jh.s der wichtigste Hafen von Texas und zählt heute zu den zehn größten Städten der USA. Junge Architekten tobten sich hier aus und schufen bahnbrechende Gebäude wie den »Astrodome«, der 1965 als »achtes Weltwunder« eröffnet wurde. Ölgeld floss auch in Kunst und Bildung: Die Musik- und Theaterszene ist eine der lebhaftesten des Landes, die Museen sind internationale Spitzenklasse und 25 Hochschulen schmieden die Elite von morgen.

Sehenswertes in Houston

Bayou Bend Collection

Das hübsche Museum, untergebracht im 1927 errichteten Anwesen der Millionärin Ima Hogg, verfolgt die Entwicklung der amerikanischen dekorativen Kunst vom 17. Jahrhundert bis in die Gegenwart (1 Westcott St., Öffnungszeiten: Di. – Fr. 10.00 – 11.30 u. 13.00 bis 14.45, Sa. 10.00 – 11.15 Uhr).

HOUSTON ERLEBEN

AUSKUNFT

Greater Houston Convention and Visitors Bureau
901 Bagby St., Suite 100
Houston, TX 77002-9396
Tel. 1-713-437-52 00
www.visithoustontexas.com

AKTIVITÄTEN

Jede Menge Spaß verspricht der Besuch des Vergnügungsparks »Six Flags Astroworld« mit spektakulären Achterbahnen, Wasserrutschen und Themenparks auch für die Kleinsten (9001 Kirby Dr.).

SHOPPING

Die Nummer 1 unter Houstons Shoppingmalls ist »The Galleria« an der Westside. Über 24 Mio. Besucher jährlich kaufen hier in 375 Läden ein (5085 Westheimer Rd.).

ESSEN

► Fein & teuer

Café Annie
1728 Post Oak Blvd.
Tel. 1-713-840-11 11
Seit vielen Jahren die erste Adresse der Houstoner Gastroszene mit exzellenter Southern Cuisine. Spezialität: »Tostada of Gulf Coast Crabmeat & Avocado«.

► Erschwinglich

Brennan's
3300 Smith St.
Tel. 1-713-522-97 11
Das elegante Restaurant bietet New-Orleans-Küche mit leicht texanischem Touch.

► Preiswert

Goode Company Texas Barbeque
5109 Kirby Dr.
Tel. 1-713-522-25 30
In Houston muss man einmal echtes Texas-Barbeque probieren. Goode Company ist der richtige Ort dafür.

ÜBERNACHTEN

► Luxus/Komfortabel

Lancaster Hotel
701 Texas Ave.
Tel. 1-713-228-95 00
www.thelancasterhouston.com
Charmantes Altbauhotel inmitten der Wolkenkratzer.

► Komfortabel

The Warwick Hotel
5701 S. Main St.
Tel. 1-713-526-19 91
www.houston.com/warwick
308 Z. Charmantes altes Hotel im Museum District.

► Günstig

Regency Inn
10801 East Freeway
Tel. 1-713-678-82 22
105 Z. Nette, preiswerte Unterkunft in der Nähe des Johnson Space Center.

Museum District Zwischen Downtown und Rise University liegen im Museum District drei überaus sehenswerte Museen: Das **Contemporary Arts Museum** zeigt die Werke internationaler zeitgenössischer Künstler (5216 Montrose Blvd., Öffnungszeiten: Di. – Sa. 10.00 – 17.00, So. ab 12.00 Uhr). Das von Mies van der Rohe entworfene **Museum of Fine Arts**

präsentiert u. a. eine herrliche afrikanische Gold-Sammlung und eine Ausstellung präkolumbischer Kunst (1001 Bissonnet St., Öffnungszeiten: Di. u. Mi 13.00 – 17.00, Do. bis 21.00, Fr. u. Sa. bis 19.00, So. 12.30 – 19.00 Uhr). Wunderschöne byzantinische, mittelalterliche und pazifische Kunstobjekte zeigt die **Menil Collection** (1515 Sul Ross St., Öffnungszeiten: Mi. – So. 11.00 – 19.00 Uhr).

Fans des amerikanischen Malers Mark Rothko kommen in der einen Block entfernten **Rothko Chapel** auf ihre Kosten: Der berühmte Expressionist schuf acht der wunderbaren Wandgemälde (1409 Sul Ross St., Öffnungszeiten: tgl. 10.00 bis 18.00 Uhr).

Unweit südlich vom Museum of Fine Arts beginnt der rund um das Grand Basin angelegte **Hermann Park** mit dem Houston Zoo und dem **Houston Museum of Natural Science**. Dieses ist der Geologie und Paläontologie gewidmet und zeigt zudem indianische Artefakte aus der Region. Im hier untergebrachten **Cockrell Butterfly Center** flattern Tausende bunt schillernder Schmetterlinge umher. Das im Houston Museum of Natural Science untergebrachte **Challenger Learning Center** ehrt die 1986 umgekommene Besatzung des gleichnamigen Space Shuttles (1 Hermann Circle Dr., Öffnungszeiten: Mo. bis Sa. 9.00 – 17.00, So. ab 11.00 Uhr).

! *Baedeker* TIPP

Blick ins Jenseits

Sarkophage vom Nil, Särge, die wie Straßenkreuzer aussehen, oder ein Arzt, der auf den Schlachtfeldern des Bürgerkriegs die Kunst des Einbalsamierens seiner höchsten Vollendung entgegenführte: Willkommen im National Museum of Funeral History zu einer Reise in die Grauzone zwischen Leben und Tod (415 Barren Springs Dr., Öffnungszeiten: Mo. – Fr. 10.00 bis 16.00, Sa. u. So. ab 12.00 Uhr).

Umgebung von Houston

✱ **Space Center Houston**

Ca. 32 km südlich von Houston können Besucher Mondgestein anfassen, Raumfahrerhelme aufsetzen und in Computersimulationen auf dem Mond landen: Das Besucherzentrum des Space Center dokumentiert die Geschichte der bemannten Raumfahrt der USA. Außerdem sind u. a. Mercury-, Gemini- und Apollo-Kapseln zu sehen (1601 NASA Parkway, Öffnungszeiten: Mo. – Fr. 10.00 – 17.00, Sa. u. So. bis 18.00 Uhr).

San Jacinto Battleground State Historic Park

Am 21. April 1836 schlug General Sam Houston 32 km östlich von Houston die bei San Jacinto angetretene mexikanische Armee unter General Santa Ana entscheidend und beendete damit den texanischen Unabhängigkeitskampf erfolgreich. Wo damals die Texaner mit aufgepflanzten Bajonetten gegen die mexikanischen Stellungen rannten, steht heute der 174 m hohe Obelisk des **San Jacinto Monument**. Ein Museum im Erdgeschoss erzählt die Ereignisse nach, eine kleine Aussichtsplattform auf der Spitze lockt mit schöner Aussicht (La Porte, SR 134, Öffnungszeiten: tgl. 8.00 – 19.00 Uhr).

Idaho

Og–Ok 21–24

Abkürzung: ID
Hauptstadt: Boise
Einwohnerzahl: 1,46 Mio.
Beiname: Gem State
Fläche: 216 412 km²

Manche Reiseführer empfehlen Sauerstoffgeräte – so atemberaubend sei dieser Staat. Wir dagegen empfehlen, die Luft in Idaho tief einzuatmen. Bei einer durchschnittlichen Höhe von 1500 m ist sie klar, belebend und lässt die Seele abheben. Hier zeigen sich die Rocky Mountains von ihrer besten Seite – schneebedeckte Gipfel und Flüsse voller Lachse inbegriffen.

Der Ruf der Wildnis – der Besucher vernimmt ihn leicht und deutlich: Wirf die Leine an einem der Gletscherseen aus, die Forellen und Äschen warten schon. Zieh einen Neoprenanzug an, steige in ein Gummifloß und fahr einen der rauschenden Gebirgsflüsse hinab. Und vor allem: Geh wandern, hier ist es einsam und friedlich.

Idaho ist einer der isoliertesten Staaten des Landes. Viele Gipfel ragen weit über 3000 m in den Himmel, höchster Berg ist mit 3859 m der **Bora Peak**. Die ersten Weißen schafften die Durchquerung dieses unwegsamen, von Flüssen wie Snake, Salmon und Clearwater tief zerfurchten Gebietes nur mit Hilfe ortskundiger Indianer. Während des Goldrausches in Kalifornien zogen Zehntausende hier durch, doch kaum jemand ließ sich dauerhaft nieder. Erst im Jahr 1860 gründeten Mormonen mit Franklin die erste dauerhafte Siedlung. 1863 wurde Idaho US-Territorium, zwei Jahre später das Nest Boise zur Hauptstadt erklärt. Im Jahr 1890 trat Idaho der Union bei. Heute gehört der Staat dank seiner hohen Lebensqualität und Forschung und Wissenschaft, seinem größten Arbeitgeber, zu den am schnellsten wachsen Bundesstaaten des Landes.

Ausgewählte Reiseziele in Idaho

Boise Die **Hauptstadt** Boise ist mit 211 000 Einwohnern die größte Stadt Idahos und dank Steuervergünstigungen und niedriger Lebenshaltungskosten Sitz zahlreicher, auch international operierender Firmen. Einen Besuch lohnt das **Idaho Historical Museum** zur Geschichte des Bundesstaates (610 N. Julia Davis Dr.) und das **Basque Museum and Cultural Center**, das den baskischen Einwanderern gewidmet ist (611 Grove St.). Etwas südlich der Stadt ist das **World Center for Birds of**

Prey, in dem Greifvögel aus aller Welt gehalten werden, einen Abstecher wert (Flying Hawk Lane).

IDAHO

AUSKUNFT

Idaho Commerce and Labor – Tourism Division
P. O. Box 83720
700 W. State St.
Boise, ID 8370-0093
Tel. 1-208-334-24 70
http://tourism.idaho.gov

Ferienresort und Holzindustriestadt in einem, liegt **Coeur d'Alene** (35 000 Einw.) eingebettet in der schönen Berg- und Seenlandschaft Nord-Idahos. Französische Trapper gaben den hier siedelnden Indianern diesen Namen. Coeur d'Alene, auch »Lake City« genannt, ist heute bekannt für sein breit gestreutes Wassersportangebot auf dem gleichnamigen See und den Flüssen der Region. Bevor man sich aufs Wasser begibt, sollte man dem **Fort Sherman Museum**, das die Geschichte des Forts und der Coeur-d'Alene-Indianer erzählt, besuchen (North Idaho College Campus).

✶ **Craters of the Moon National Monument**

Vor 15 000 bis 20 000 Jahren verwandelten mehrere Vulkanausbrüche die Wälder westlich von Idaho Falls in eine wahre Mondlandschaft. Heute ist die Gegend zu Füßen der Pioneer Mountains von mehreren Rundfahrtstrecken gut erschlossen. Sehenswert ist vor allem »Big Cinder«, der mit 215 m höchste Basaltkegel der Welt (US 93, 28 km westlich von Arco).

Verkrüppelter Baum im Craters of the Moon National Monument

★ Lewiston Für die Amerikaner ist Lewiston (31 000 Einw.) ein besonderer Ort: Hier, am Zusammenfluss von Clearwater und Snake River, kampierten die Entdecker Meriwether Lewis und William Clark, die im Jahr 1805 das Land erschlossen. »Idahos Seaport« ist über den Snake und den Columbia River mit dem 740 km entfernten Pazifik verbunden, verschifft wird v. a. Getreide. Einen Besuch lohnt das **Lewis-Clark Center for Arts & History**, im dem Künstler der Region ihre Werke ausstellen. Zu sehen sind auch Artefakte der Nez-Percé-Indianer, die Ende der 1870er-Jahre nach Oklahoma deportiert worden waren (415 Main St.). Lewiston ist auch Idahos populärstes Rafting-Mekka: Mehrere Unternehmen bieten Raftingtrips auf dem Snake River an, der sich im **Hell's Canyon** bis zu 2000 m tief in den Fels gefressen hat.

Sun Valley Gary Cooper und Clark Gable kamen, Ernest Hemingway verbrachte hier seine letzten Lebensjahre: Sun Valley (1460 Einw.), in den 1930er-Jahren als erstes Wintersportresort im Westen aus dem Boden gestampft, ist bei skibegeisterten Amerikanern noch immer beliebt. Längst ist es zum Vier-Jahreszeiten-Resort mutiert, im Sommer sattelt es auf Outdooraktivitäten wie Mountainbiking, Reiten, Kajakfahren, Wandern und Angeln um.

Illinois

Pk–Qb 24–27

Abkürzung: IL
Hauptstadt: Springfield
Einwohnerzahl: 12,8 Mio.
Beiname: Prairie State
Fläche: 146 076 km²

Der berühmte Architekt Frank Lloyd Wright ließ sich von ihr inspirieren. Die endlose Horizontale, sagte er, bringe ihm Ruhe und Frieden. Der freie Blick bis zum Horizont ist wohl der stärkste Eindruck, den Illinois beim Besucher hinterlässt.

Auf an Enge gewöhnte Mitteleuropäer wirkt sich die Prärie im Zentrum des Bundesstaates unterschiedlich aus: Die einen lehnen sich zurück und atmen tief durch, andere hingegen beunruhigt die scheinbar endlose Leere. Tatsächlich irrt das Auge zunächst haltlos umher. Kein Baum, kein Haus, nichts, an dem es sich festhalten könnte – außer der Linie des Horizonts, die 15 km entfernt ist oder auch 150. So genau ist das nicht festzustellen.

Endlose Prärie Illinois, benannt nach dem Stamm der algonkinsprachigen **Illiniwek**, grenzt im Norden an den Lake Michigan, erstreckt sich im Westen und Südwesten bis an den Mississippi und reicht im Süden bis an den Ohio. Die »Dreiteilung« des Staats ist recht leicht zu erkennen: Den Norden beherrscht **»Chicagoland«**, das urbane Ballungsgebiet rund um ► Chicago. Zentral-Illinois besteht aus brettflacher **Prärie**: Mais- und Sojabohnenfelder, so weit das Auge reicht, dazwischen Dörfer und Kleinstädte, die zaghafte Akzente setzen. Im Süden steigt die Prärie zu einer sanften **Hügellandschaft** an.

Ausgewählte Reiseziele in Illinois

Arcola

Das Städtchen (2700 Einw.) im mittleren Osten des Staats ist Heimat der größten Amisch-Gemeinde in Illinois. Das **Amish Interpretive Center** informiert über den Glauben und die einfache Lebensweise dieser sanften Fundamentalisten (► Baedeker Special S. 338). Es organisiert auch Besuche in Amisch-Familien (111 S. Locust St.).

Eine Mini-Version alter Maya-Städte: Der östlich von St. Louis (MO) bei Collinsville gelegene **Cahokia Mounds State Historic Site**, 65 bis zu 30 Meter hohe Zeremonialhügel, erinnert an die hochstehende **Mississippi-Kultur** aus dem 8. Jahrhundert. Zu diesem Zeitpunkt lebten rund 20 000 Menschen in Cahokia. Ein Museum dokumentiert die noch andauernden Ausgrabungsarbeiten (Collinsville Rd.).

Galena

Ein kleines Städtchen (3500 Einw.) mit großer Vergangenheit: Mitte des 19. Jh.s war die Stadt im Nordwesten von Illinois einer der größten Mississippi-Häfen nördlich von ► St. Louis und das Handelszentrum der ganzen Region. Nach dem Bürgerkrieg begann eine lange Talfahrt. Heute erinnern schöne alte Häuser an die »gute alte Zeit«, darunter das zur Gedenkstätte erhobene **Ulysses S. Grant Home** des Unionsgenerals und späteren US-Präsidenten (500 Bouthillier St.).

Nauvoo

Das an der Grenze zu Iowa am Mississippi liegende Nauvoo (1100 Einw.) spielte eine zentrale Rolle in der Geschichte der **Mormonen**. Diese waren ihrem 1839 aus Missouri vertriebenen Propheten **Joseph Smith** hierhergefolgt und errichteten ein Gemeinwesen, das zeitweilig 20 000 Bewohner zählte. Die ständigen Auseinandersetzungen mit den nicht-mormonischen Nachbarn, denen v. a. die von den Mormonen praktizierte Polygamie ein Dorn im Auge war, gipfelten 1844 im Lynchmord an Joseph Smith und seinen engsten Vertrauten. Smiths Vertreter Brigham Young führte die Mormonen daraufhin nach Utah. In Nauvoo, das heute von jährlich 250 000 Touristen lebt, erinnern zahlreiche Gebäude an diese dramatische Zeit.

Peoria

Das südwestlich von Chicago im sog. »Corn Belt« am Illinois River gelegene Peoria (114 000 Einw.) ist die älteste Stadt des Bundesstaates. Sehenswert ist neben den schönen historischen Häusern im

Stadtzentrum der etwas außerhalb gelegene **Wildlife Prairie State Park** mit Bisons, Wölfen und Fischadlern. Das **Wheels O'Time Museum** hingegen zeigt so unterschiedliche Dinge wie eine Replik von Manfred von Richthofens Jagdflugzeug, Dampfmaschinen und historische Puppenhäuser (11923 N. Knoxville Ave.).

ILLINOIS

AUSKUNFT

Illinois Bureau of Tourism
100 W. Randolph St.
Suite 3-400
Chicago, IL 60601
Tel. 1-800-226-66 32
www.enjoyillinois.com

Das im Jahr 1837 zur **Hauptstadt** von Illinois gekürte **Springfield** (117 000 Einw.) liegt fast genau in der Mitte des Bundesstaates. Der Hauptgrund für eine Visite ist der wohl populärste Präsident der amerikanischen Geschichte. Von 1837 bis 1861 arbeitete **Abraham Lincoln** (►Berühmte Persönlichkeiten) hier als Anwalt. Die Stationen seiner Zeit in Springfield, darunter sein Haus, die Anwaltspraxis und das Old State Capitol, können besichtigt werden. Andere, nicht »lincolnrelevante« Sehenswürdigkeiten sind das immer noch modern wirkende **Dana-Thomas-House**, das Frank Lloyd Wright 1904 im sogenannten Prärie-Stil errichtete (301 E. Lawrence Ave.) und das **Illinois State Museum** (Spring St./ Edwards St.).

Indiana

Qb/Qc 25–27

Abkürzung: IN
Hauptstadt: Indianapolis
Einwohnerzahl: 6,3 Mio.
Beiname: Hoosier State
Fläche: 93 719 km²

Wer Indiana sagt, denkt meist sofort an ► Indianapolis und das »Indy 500«, das älteste und eines der berühmtesten Autorennen der Welt. Ansonsten geht es in dem großenteils ländlichen Staat eher beschaulich zu. Die Amischen betreiben Flohmärkte, und auf staubigen Landstraßen zuckeln verbeulte Pick-ups bunten Bauernmärkten entgegen.

Die Gretchenfrage zuerst: Warum heißen die Bewohner Indianas »Hoosier«? Antwort: Niemand weiß es. Es gibt viele Theorien, doch keine gilt als bewiesen. Unterwegs mag man über diese existenzielle Frage sinnieren, während der ländliche »Corn Belt« vorbeigleitet. Indiana, einer der führenden Agrarstaaten der USA, reicht vom Lake Michigan im Norden bis zum Ohio-Tal im Süden und ist von sanft gewellten Ebenen geprägt. Im Norden hat die letzte Eiszeit zahlreiche schöne Seen hinterlassen.

Ausgewählte Reiseziele in Indiana

Fort Wayne

Die Stadt (206 000 Einw.) im Nordosten Indianas verdankt ihren Namen General »Mad Anthony« Wayne, der 1791 die hiesigen Miami-Indianer unter Little Turtle hier am Zusammenfluss von St. Mary und St. Joseph River besiegte. Heute ist die Stadt als **»City of Attractions«** bekannt. In der penibel restaurierten Downtown locken insgesamt elf Museen. Eines der sehenswertesten ist das **Fort Wayne Museum of Art** mit über 1300 Gemälden aus dem 19. und 20. Jh. (311 E. Main St.). Das **History Center** erzählt die Geschichte der Region von der Eiszeit bis zur Gegenwart und zeigt sich v. a. bei der Darstellung der Indianerkriege erfreulich engagiert (Berry St./Barr St.).

Indiana Dunes National Lakeshore

Zum Bad im Lake Michigan lädt der von einer Dünenlandschaft vom Landesinneren abgeschirmte, fünf Kilometer lange Sandstrand ein. Plankenwege und Trails führen durch die von vielen Watvogelarten bewohnte Marschlandschaft.

New Harmony

Von 1814 bis 1824 war der kleine Ort (900 Einw.) ganz im Südwesten Indianas Schauplatz eines sozialen Experiments: Der deutschstämmige, tief religiöse Georg Rapp und seine Anhänger, unter denen die absolute Gleichheit herrschte, bestellten hier das Land in Erwartung des baldigen Weltgerichts. Da dieses jedoch ausblieb, kehrten die »Harmonisten« zurück nach Pennsylvania, woher sie gekommen waren, und hinterließen schöne alte Häuser und das **Atheneum**, in dem ein gut ausgestattetes Besucherzentrum über diese interessante Glaubensgemeinschaft informiert (SR 66 u. SR 69).

▶ INDIANA

AUSKUNFT

Indiana Department of Commerce and Tourism
One N. Capitol, Suite 700
Indianapolis, IN 46204-2288
Tel. 1-317-232-88 60
www.in.gov/visitindiana

Der Besuch der im Norden Indianas gelegenen Stadt **South Bend** (108 000 Einw.) lohnt v. a. wegen der 1842 gegründeten University of Notre Dame, auf deren Campus diverse Sehenswürdigkeiten vereint sind. So zeigt das **Snite Museum of Art** seltene religiöse Kunstgegenstände aus den USA und Europa. Luigi Gregori, ein italienischer Künstler des 19. Jh.s, schuf die herrlichen Wandgemälde im Golden Dome auf dem Campus. Im **Studebaker National Museum** stehen 70 makellos bewahrte Fahrzeuge des einstigen Herstellers von Nobelkarossen, darunter Raritäten wie Lincolns Kutsche, der 34er Bendix und der 56er Packard Predictor (525 S. Main St.). Gemächlich über die Landstraßen zuckelnde schwarze Kutschen signalisieren: Vorsicht, Amischen! Indianas Amish Country reicht von South Bend bis nach Fort Wayne. Höfe ohne Elektrizität gehören zum Bild ebenso wie geschäftige Farmers' Markets, auf denen die strenggläubigen Amischen (► Baedeker Special S. 338) ihre hausgemachten Spezialitäten feilbieten.

Amish Country ►

★ Indianapolis

Qb 26

Bundesstaat: Indiana
Höhe: 198 – 279 m ü.d.M.

Einwohnerzahl: 786 000
(Metropolitan Area 1,2 Mio.)

Eine typisch amerikanische Erfolgsgeschichte: vom gottverlassenen Sumpf in der Mitte eines neuen Staats zum Sitz von über 100 Softwarefirmen und eines Pharmagiganten sowie Austragungsort des berühmtesten Autorennens der USA – in weniger als 200 Jahren.

Indianapolis, 1820 gegründet, ist die Hauptstadt und die größte Stadt Indianas. Bereits um 1900 war Indianapolis eine ansehnliche Stadt mit Bürgersteigen und Straßenbahnen. Schon mit den ersten Autofabriken entstand die Idee eines Autorennens. Am Memorial Day 1911 wurde das erste »Indianapolis 500« veranstaltet. Seitdem ist das Ren-

That's America: Eröffnungsparade des 500-Meilen-Rennens von Indianapolis

INDIANAPOLIS ERLEBEN

AUSKUNFT

Indianapolis Convention & Visitors Association
30 S. Meridian St., Suite 410
Indianapolis, Indiana 46204
Tel. 1-317-639-42 82, www.indy.org

SHOPPING

Die »Circle Centre Mall« im Zentrum bietet über 100 Geschäfte (49 W. Maryland St.). Spezialitätenläden gibt es an der Merchants Plaza (2 W. Washington St.). Schick und unkonventionell sind die Geschäfte im Viertel »Broad Ripple Village« nördlich des Zentrums.

ESSEN

► Fein & teuer

① ***Dunaway's Palazzo Oddigeno***
351 S. East St., Tel. 1-317-638-76 63
Raffiniert zubereitete Steaks und eine preisgekrönte Weinkarte.

► Erschwinglich

② ***Market Fresh Grill***
120 W. Market St.
Tel. 1-317-972-06 00
Die Fusion Cuisine setzt köstliche Akzente aus Irland, Osteuropa und Asien.

ÜBERNACHTEN

► Luxus

① ***Canterbury***
123 S. Illinois St.
Tel. 1-317-634-30 00
www.canterburyhotel.com
Dieses stilvolle Haus am südlichen Ende der Circle Center Mall ist bemüht, engliche Lebensart nach Indiana zu bringen. Das zeigt sich an der Möblierung und v. a. während der Tea Time.

► Komfortabel

② ***University Place Conference Center***
850 W. Michigan St.
Tel. 1-317-269-90 00
www.universityplace.iupui.edu
262 Z. Schlafen auf dem Campus der Indiana University: modernes Hotel mit gut ausgestatteten Zimmern.

nen eine Institution. Die verarbeitende Industrie öffnete der Stadt das Tor ins 21. Jahrhundert. Zugleich blieb Indianapolis seinen Wurzeln treu: Nach wie vor ist die Stadt in der Mitte des Staats einer der größten Umschlagplätze der USA für Getreide.

Sehenswertes in Indianapolis

Rund 400 000 Motorsportfans lassen sich alljährlich in dem riesigen Oval vom ohrenbetäubenden Lärm der Motoren, Musik und Lautsprecheransagen beschallen. Auf der über vier Kilometer langen Strecke werden neben der »Indy 500« auch das »NASCAR Brickyard 400« und der amerikanische Formel-1 Grand Prix ausgetragen. In den Hallen des Motodroms ist das den berühmtesten Piloten und ihren heißen Kisten gewidmete **Hall of Fame Museum** untergebracht (4790 W. 16th St., Öffnungszeiten: tgl. 9.00 – 17.00 Uhr).

★ **Indianapolis Motor Speedway**

Indianapolis Orientierung

Essen
① Dunaway's Palazzo Oddigeno
② Market Fresh Grill

Übernachten
① Canterbury
② University Place Conference Center

★ **Indianapolis Museum of Art**

Nördlich des Stadtzentrums zeigt dieses hervorragende Museum das Kunstschaffen aus vier Kontinenten. Der »Krannert Pavillion« stellt amerikanische Kunst von präkolumbischer Zeit bis zur Gegenwart aus, u. a. Edward Hoppers »Hotel Lobby«. Weitere Pavillions präsentieren Gemälde vom Barock bis zum Neoimpressionismus und mittelalterliche und Renaissancekunst (4000 Michigan Rd., Öffnungszeiten: Mi. – Sa. 10.00 – 17.00, So. ab 12.00 Uhr).

Indiana State Museum

Das weitläufige Museum bietet einen Überblick über die Natur, Kunst und Geschichte Indianas. Sehenswert sind v. a. die Replik der historischen Wabash-and-Erie-Canal-Schleuse und die Ausstellungen zum entbehrungsreichen Alltag der Pioniere (650 W. Washington St., Öffnungszeiten: Mo. – Sa. 9.00 – 17.00, So. ab 11.00 Uhr).

Col. Eli Lilly Civil War Museum

Zu Füßen des 1902 errichteten, fast 100 m hohen **Soldiers and Sailors Monument** erzählt das Museum detailliert recherchierte Bürgerkriegsgeschichten von Kriegsteilnehmern aus Indiana (Monument Circle, Öffnungszeiten: Mi. – So. 10.00 – 18.00 Uhr).

★ **Eiteljorg Museum**

Das Eiteljorg Museum enthält die Sammlung des Philantropen Harrison Eiteljorg (1903 – 1997). Zu sehen sind u. a. Artefakte von Indianerstämmen aus ganz Nordamerika (500 W. Washington St., Öffnungszeiten: Mo. – Sa. 10.00 – 17.00, So. ab 12.00 Uhr).

Iowa

Pg–Pk 24/25

Abkürzung: IA
Hauptstadt: Des Moines
Einwohnerzahl: 3,0 Mio.
Beiname: Hawkeye State
Fläche: 145 743 km²

»Ich komme aus Iowa – jemand muss es ja tun.« So pflegen sich Amerikaner aus dem Kuh-und-Weizen-Staat anderswo in den USA vorzustellen. Damit ist das Wichtigste bereits gesagt. Iowa ist der größte Getreideproduzent des Landes, seine Bürger haben Humor und in den endlosen Weiten wartet so manche Überraschung.

Die Landschaft des nach einem Indianerstamm benannten Bundesstaates ist überwiegend sanft hügelig und fällt nach Südosten langsam ab. Das kontinentale Klima kennt heiße Sommer und bisweilen sehr kalte Winter. Trapper und Missionare waren im 17. Jh. die ersten Weißen, die hierherkamen. Erst 1788 begann eine mehr oder weniger planmäßige Besiedlung. Beim »Louisiana Purchase« (►S. 42) kam Iowa 1803 an die USA und trat 1846 der Union bei. Während der Agrarkrise der 1980er-Jahre erlebte der Staat einen dramatischen Rückgang seiner ländlichen Bevölkerung. Der Tourismus ist nahezu bedeutungslos im »Hawkeye State«. Mit seinen Lössböden – den fruchtbarsten der USA – ist die Landwirtschaft nach wie vor Iowas bedeutendster Wirtschaftszweig.

Ausgewählte Reiseziele in Iowa

Amana Colonies

Im Jahr 1855 gründeten deutschstämmige Mitglieder der »Gemeinde der wahren Inspiration«, einer im Pietismus und Mystizismus des 18. Jh.s wurzelnden Glaubensgemeinschaft, im Osten Iowas das erste von insgesamt sieben autarken Dörfern. In Deutschland wegen ihres Glaubens verfolgt, wollten sie hier ungestört nach ihren Glaubensregeln leben, die u. a. Gemeinschaftsarbeit und Gemeinbesitz beinhalteten. Die Wirtschaftskrise Ende der 1920er-Jahre machte die soziale und wirtschaftliche Absonderung schließlich unmöglich; die »Amana Church Society« ist in den sieben Dörfern jedoch noch heute die Grundlage des gesellschaftlichen Lebens. Das **Amana Heritage Museum** dokumentiert in drei Gebäuden die interessante Geschichte dieser Gemeinschaft (SR 220).

Des Moines

Die **Hauptstadt** Iowas (196 000 Einw.) liegt fast genau in der Mitte des Staats. 1843 aus einer Militärgarnison entstanden, wuchs Des

Moines rasch zum Farmerzentrum heran. Heute bedient die Stadt nicht nur einen hungrigen Weltmarkt mit Getreide, sondern ist auch Standort von fast 400 Fabriken, darunter auch der Traktoren-Hersteller »John Deere«. Eine Überraschung in dieser hemdsärmeligen Stadt ist das **Des Moines Art Center**, das fast 4000 Bilder so berühmter Künstler wie Francis Bacon, Georgia O'Keeffe und Andy Warhol beherbergt (4700 Grand Ave.). Überraschend ist auch das **Iowa State Capitol**: Statt einer hat es gleich fünf Kuppeln, wobei die zentrale Kuppel mit 23-Karat-Blattgold gedeckt ist. Auf Führungen kann man die 29 verwendeten Marmorarten sowie diverse Gemälde und Flaggensammlungen bewundern (1005 E. Grand Ave.).

IOWA

AUSKUNFT

Iowa Tourism Office
200 E. Grand Ave.
Des Moines, IA 50309
Tel. 1-515-242-47 00
www.traveliowa.com

Dubuque Im Jahr 1788 gegründet und benannt nach Julien Dubuque, einem französischen Bergmann, ist Dubuque (57 700 Einw.) die **älteste Stadt Iowas**. Sie liegt am Mississippi an der Grenze zu Wisconsin und bietet im Bereich um Main und Fourth St. viele alte, liebevoll restaurierte Häuser aus dem 19. Jahrhundert.

Machten Winterset in der Welt bekannt: Meryl Streep und Clint Eastwood in »The Bridges of Madison County«

Winterset (4800 Einw.) liegt 80 km südwestlich von Des Moines in Madison County – dem Bezirk mit den überdachten Brücken. Durch den Welterfolg von »The Bridges of Madison County« (»Die Brücken am Fluss«, 1995) mit Clint Eastwood und Meryl Streep wurde das verschlafene Winterset bekannt. Vorlage für den Film war der Roman von Robert Waller, der die **»covered bridges«** – fünf sind noch erhalten – literarisch verewigte. Ein berühmter Leinwandheld ist gar in Winterset geboren: Im Jahr 1907 erblickte Marion Michael Morrison hier das Licht der Welt. Regisseur John Ford gab ihm den Namen John Wayne (►Berühmte Persönlichkeiten). Der Rest ist Geschichte, erzählt im **Birthplace of John Wayne**, der zum »Museum & Learning Center« erweitert wurde (216 S. 2nd St.). **Winterset**

Jacksonville

Qe 30

Bundesstaat: Florida
Höhe: 0 – 7 m ü.d.M.
Einwohnerzahl: 795 000
(Metropolitan Area 1,3 Mio.)

Vor noch nicht allzu langer Zeit kümmerte sich »Jax« – so nennen die Einheimischen ihre Stadt – weniger um Touristen als um seine Schwerindustrie, Papierfabriken, Großbanken und seinen Hafen. Doch heute lohnt die Stadt an der Nordwestküste Floridas auf jeden Fall einen Abstecher.

Die 1822 kurz vor der Mündung des St. John's River in den Atlantik gegründete Stadt entwickelte sich zur – zumindest flächenmäßig – größten Stadt der USA mit einer supermodernen, mit glitzernden Bürotürmen gespickten Downtown: Jacksonville dehnt sich auf 841 Quadratmeilen aus. Jacksonville Landing und Southbank Riverwalk sind die beliebtesten Treffpunkte der Stadt.

Sehenswertes in Jacksonville

Downtown North Bank

Body-Painter, Straßenmusiker, Restaurants: Der von Sonnenschirmen verzierte Uferkomplex **Jacksonville Landing** umfasst mehrere Dutzend Geschäfte und diverse Lokale mit Blick aufs Wasser. Die Uferpromenade **North Bank Riverwalk** führt von der »Berkman Plaza« bis zum »Times Union Center for the Performing Arts«. Am Nordrand der Downtown zeigt das bemerkenswerte **Jacksonville Art Museum** Sammlungen präkolumbischer Kunst sowie chinesisches und japanisches Porzellan (4160 Blv. Center Dr., Öffnungszeiten: Di. – Fr. 10.00 – 16.00, Sa./So. 13.00 – 17.00, Do. bis 21.00 Uhr).

Downtown South Bank

Von dem schönen **South Bank Riverwalk** aus lassen sich die wichtigsten Sehenswürdigkeiten am Südufer gut zu Fuß erreichen, z. B. das Stadtmuseum **Jacksonville Historical Center**, das ausführlich

JACKSONVILLE ERLEBEN

AUSKUNFT

Jacksonville and the Beaches Convention & Visitors Bureau
550 S. Water St., Suite 1000
Jacksonville, FL 32202
Tel. 1-904-798-91 11
www.jaxcvb.com

SHOPPING

Urban-Wear-Läden findet man im Riverside-Viertel. Nobler geht es im Viertel Avondale zu. Prada, Lily Pulitzer und Fantini sind in den Boutiquen an der St. John's Street zwischen Talbot St. und Pinegrove St. Standardware. Der San Marco Square ist eine gute Adresse für Antiquitäten-, Bücher- und Plattenfans.

ESSEN

► Erschwinglich

Biscotti's
Avondale, 3556 St. John's Ave.
Tel. 1-904-387-20 60
Gut besuchtes Lokal mit leichten Bistro-Gerichten im Nobelviertel Avondale.

Mossfire Grill
1537 Margaret St.
Tel. 1-904-355-44 34
Temperamentvoll gewürzte Cuisine des amerikanischen Südwestens im Designer-Ambiente.

► Preiswert

Sticky Fingers
Atlantic Beach
363 Atlantic Blvd.
Tel. 1-904-241-74 27
Steaks und Ribs mit Bluesmusik aus den Boxen und Jazzmusikern an den Wänden.

ÜBERNACHTEN

► Luxus

Omni Jacksonville
245 Water St.
Tel. 1-904-355-66 64
www.omnihotels.com
354 Z. Modernes Cityhotel, einen Steinwurf vom Riverwalk entfernt. Auf dem Dach des Hotels gibt's einen Swimmingpool.

► Komfortabel

Inn at Oak Street
2114 Oak Street
Tel. 1-904-379-55 25
www.innatoakstreet.com
6 Z. Gemütliche Unterkunft im historischen Riverside-Viertel.

Riverdale Inn
1521 Riverside Ave.
Tel. 1-904-354-50 80
www.riverdaleinn.com
10 Z. Schöne Residenz im Queen-Ann-Style mit gutem Restaurant.

über die indianische Bevölkerung informiert (östlich der Main St. Bridge, Öffnungszeiten: Mo. – Sa. 11.00 – 17.00 Uhr).

Piraten, Strandräuber und Soldaten sind die Hauptakteure im **Jacksonville Maritime Museum**, das sich der Geschichte der Seefahrt vor Floridas Küste widmet (1015 Museum Circle, Unit 2, Öffnungszeiten: Mo. – Fr. 10.30 – 15.00, Sa. u. So. 13.00 – 17.00 Uhr).

Das **Museum of Science & History (MOSH)** besitzt großen Unterhaltungswert: Spannend inszenierte Ausstellungen zu Themen aus Forschung, Technik und Naturwissenschaften garantieren so manches Aha-Erlebnis (1025 Museum Circle, Öffnungszeiten: Mo.– Fr. 10.00 bis 17.00, Sa. bis 18.00, So. 13.00 – 18.00 Uhr).

Riverside

Ein Juwel im sonst hypermodernen Jacksonville ist Riverside südwestlich von Downtown. Im architektonisch wohl vielfältigsten Viertel Floridas kann man auf einem Bummel herrliche Beispiele des »Mediterranean Revival« sowie koloniale und klassizistische Stile in all ihren Spielarten entdecken. Das **Cummer Museum of Art & Gardens**, kulturelles Zentrum des Viertels, zeigt u. a. Werke von Albrecht Dürer und Peter Paul Rubens (829 Riverside Ave., Öffnungszeiten: Mi. – Sa. 10.00 – 17.00, Di. bis 21.00, So. 12.00 – 17.00 Uhr).

Umgebung von Jacksonville

✶ Fort Caroline

Etwa 16 km östlich der Downtown erinnert ein nachgebautes hölzernes Fort am Ufer des St. John's River an die französischen Hugenotten, die hier Mitte des 16. Jh.s einen Stützpunkt unterhielten (Öffnungszeiten: tgl. 9.00 – 17.00 Uhr).

Strände

Südlich der Mündung des St. John's River liegen an einem 30 km langen, makellosen Sandstrand traditionsreiche Seebäder. Von Jacksonville aus führen zwei große Highways hierher: Der Hwy. 10 endet genau zwischen den »Strandgemeinden« **Atlantic Beach** und **Neptune Beach** in Town Center, einem stadtmitteähnlichen Zentrum mit allen Annehmlichkeiten. Der Hwy. 90 führt bis **Jacksonville Beach** mit dem 360 m langen »Jacksonville Pier«. Im Süden schließt übergangslos das mondänere **Ponte Vedra Beach** an.

Jacksonville Beach: Wer hier keinen Platz zum Baden findet, findet ihn nirgendwo!

Kansas

Pe–Ph 26/27

Abkürzung: KS
Hauptstadt: Topeka
Einwohnerzahl: 2,8 Mio.
Beiname: Sunflower State
Fläche: 213 096 km²

»Jeder Farmer in Kansas ernährt 75 Menschen – und Dich!« Highway-Schilder erinnern den Reisenden, worum sich alles dreht in der Mitte des Landes. Dies ist Farmland, flach und endlos weit. Doch Kansas ist alles andere als eintönig. Dafür sorgen allein schon die Zeugen einer extrem bleihaltigen Vergangenheit.

Kansas liegt mitten in den **Great Plains** und ist flach wie holländische Polder. Im 19. Jh. zogen die Wagenkolonnen nach Kalifornien und Oregon hier durch. Viele Städte, darunter Dodge City und Abilene, entstanden als Versorgungsposten für diese Siedlertrecks. 1861 schloss sich Kansas der Union an. Nach dem Bürgerkrieg trieben Cowboys riesige Rinderherden durch den Bundesstaat. In den jungen Städten ließen sie »die Puppen tanzen« und waren Geburtshelfer solcher Westernlegenden wie Wyatt Earp (► Berühmte Persönlichkeiten) und »Wild Bill« Hickock, die sich hier als Marshalls verdingten. In den 1880er-Jahren begann der Weizenanbau im großen Stil, der Kansas zum »Brotkorb der Nation« machte. Heute erbringt die verarbeitende Industrie zwar höhere Erträge als die Landwirtschaft, doch Rinder und Getreide prägen das Bild noch immer. Kansas' derzeit größte Herausforderung: die anhaltende Landflucht.

Ausgewählte Reiseziele in Kansas

Abilene Allein zwischen 1867 und 1872 passierten drei Millionen Rinder aus Texas unterwegs zu den Schlachthöfen im Osten die Stadt (6600 Einw.). Die wilden Tage als »Cowtown«, in der »Wild Bill« Hickock 1871 Marshall war, sind jedoch vorbei. Nur noch ein paar alte Häuser am Straßenabschnitt »Old Town Abilene« atmen etwas Westernatmosphäre. Ansonsten dreht sich touristisch alles um Dwight D. Eisenhower (1890 – 1969). Der General und 34. US-Präsident wuchs hier auf, ihm ist das aus fünf Gebäuden bestehende **Eisenhower Center** gewidmet (200 S.E. 4th St.).

Dodge City Zu ihren besten Zeiten sah die berühmte Wildweststadt (26 000 Einw.) im Südwesten von Kansas ein ganzes Aufgebot an Sheriffs – u. a. den berüchtigten Wyatt Earp – und ganze Heerscharen von Büffeljägern, die für 100 Dollar pro Stück Millionen von Büffeln niedermetzelten. Die Atmosphäre von einst, als in der Stadt ein Saloon auf 20 Einwohner kam, konserviert v. a. die schön restaurierte **Historic Front Street** mit Saloons, einem Barbierladen und anderen aus Westernfilmen bekannten Etablissements. Das **Boot Hill Museum** auf dem Gelände des »Stiefelhügels«, des einstigen Friedhofs, dokumentiert die Zeit, als die Colts noch rauchten, mit jeder Menge Schauergeschichten (Front St.).

◄ Larned

Larned (4200 Einw.), nordöstlich von Dodge City gelegen, war einst ein wichtiger Militärposten am »Santa Fe Trail«, der Route der Wagentrecks nach Westen. **Fort Larned**, 1859 errichtet, schützte die Trecks vor Indianerangriffen. Neun Gebäude aus jener Zeit sind noch erhalten.

Lawrence

Im Jahr 1854 gründeten Gegner der Sklaverei diese Stadt (81 000 Einw.) 64 km westlich von ► Kansas City. 1863 brannten über 400 Konföderierte die Stadt nieder und massakrierten mehr als 200 Einwohner. Das heutige Lawrence rühmt sich eines der schönsten historischen Stadtzentren im Mittleren Westen: Tatsächlich ist der Spaziergang auf der von Coffeeshops und hübschen Läden gesäumten **Massachusetts Street** ein Bummel in die Vergangenheit. Ein Besuch des von der University of Kansas betriebenen **Natural History Museum** lohnt allein wegen des einzigen »weißen« Überlebenden der Schlacht am Little Big Horn im Jahr 1876: das Pferd »Comanche«, heute in präparierter Form zu bewundern (1345 Jayhawk Blvd.).

► KANSAS

AUSKUNFT

Kansas Department of Commerce
Travel and Tourism Development Division
1000 S. W. Jackson St., Suite 100
Topeka, KS 66612-1354
Tel. 1-785-296-20 09
www.travelks.com

Topeka

Die 1854 am Kansas River von Sklavereigegnern gegründete **Hauptstadt** (123 000 Einw.) spielte hundert Jahre später eine wichtige Rolle im Kampf gegen die Rassentrennung. In der Sache »Brown vs. Topeka Board of Education« erklärte der Supreme Court 1954 die Rassentrennung an öffentlichen Schulen für verfassungswidrig und gab damit der Bürgerrechtsbewegung erheblichen Auftrieb. Über die oft dramatische Geschichte des Staates informiert das 1866 erbaute **State Capitol** (Capitol Sq.) mit zahlreichen Historiengemälden; das **Center for Historical Research** mit dem »Museum of History« dokumentiert u. a. den Fall »Brown vs. Topeka« (6425 S.W. 6th Ave.).

Tallgrass Prairie National Preserve

Nur vier Prozent des Graslandes, das ursprünglich den gesamten Mittleren Westen bedeckte, sind noch übrig – das meiste davon in diesem schönen, 1996 ausgewiesenen Schutzgebiet südwestlich von Kansas City. Ein besonders reizvoller Landstrich sind die sanft gewellten **Flint Hills**, etwa auf halber Strecke zwischen Topeka und Wichita. Sitz der Parkverwaltung ist **Cottonwood Falls**, ein Westernstädtchen ohne Wildwestgetöse.

Wichita Als Jesse Chisholm 1865 auf dem später berühmten »Chisholm Trail« Viehherden von Wichita nach Abilene zur Bahnstation der Union Pacific treiben ließ, begann Wichitas (358 000 Einw.) Aufstieg zur heute noch größten Stadt von Kansas, die mit über 70 Parks üppig begrünt ist. An die alten Zeiten erinnern das **Old Cowtown Museum** mit 40 historischen Gebäuden (1871 Sim Park Dr.) und das **Indian Center Museum** mit einem komplett rekonstruierten Indianerdorf (650 Seneca St.).

Kansas City

Ph 26

Bundesstaaten: Kansas und Missouri **Höhe:** 236 m ü.d.M.
Einwohnerzahl: 447 000

Politisch besteht Kansas City aus zwei Städten, doch längst hat sich die auf der Grenze von Kansas und Missouri gelegene Stadt zu einer einzigen Metropole entwickelt. Rund 200 der größten Firmen der USA residieren hier, doch mit ihren Parks, Boulevards und zahlreichen Springbrunnen ist »The Heart of America« eine angenehme Präriestadt geblieben.

Die aus zwei Siedlungskernen an der Mündung des Kansas River in den Missouri hervorgegangene Doppelstadt Kansas City ist das Zentrum eines von Landwirtschaft geprägten Umlands. Aus den Großschlachthöfen und Getreidesilos der Vergangenheit sind jedoch hoch effiziente Nahrungsmittelbetriebe hervorgegangen, zu denen sich später Fertigungsstätten anderer Branchen gesellten. Kansas City (Missouri) ist die bedeutendere der beiden Schwesterstädte. Nicht umsonst genießt sie den Ruf als »Barbecue Capital« und Jazzmetropole – Charlie »Bird« Parker kreierte hier den Bebop.

! *Baedeker* TIPP

Wiege der Easy Rider

Die Motorräder von Harley-Davidson sind echte Hingucker. In Kansas City steht eine von zwei Fertigungsstätten der Kultmaschinen. Hier können Fans den Weg der Motorräder von der ersten Schraube bis zum glänzenden Biker-Traum mitverfolgen (Harley-Davidson Assembly Plant and Visitors Center, 11401 N. Congress St., Führungen: Mo. – Fr. 8.00 – 15.00 Uhr).

Sehenswertes in Kansas City (KS)

Shawnee Indian Mission Die von 1839 bis 1862 im nahen Fairway betriebene Missionsschule für Shawnee, Delaware und Mitglieder anderer Stämme dokumen-

KANSAS CITY ERLEBEN

AUSKUNFT

Convention and Visitors Bureau of Greater Kansas City
1100 Main St., Suite 1550
Kansas City, MO 64105
Tel. 1-816-221-52 42
www.visitkc.com

SHOPPING

Neben dem »Country Club Plaza« lohnt auch das »Crown Center« einen Besuch, ein Mega-Entertainment-Zentrum mit Geschäften, Kinos und Restaurants (2450 Grand Ave.).

AUSGEHEN

»Handgemachter« Jazz lässt sich noch immer am besten im 18th & Vine Historic Jazz District erleben: Das »Blue Room«, eine Institution, bietet Jazz vom Feinsten (1600 E. 18th St.).

ESSEN

► Fein & teuer
Golden Ox
1600 Genessee St.
Tel. 1-816-842-28 66
Eines der besten Steakhäuser im Mittleren Westen.

► Erschwinglich
Jazz
1823 W. 39th St.
Tel. 1-816-531-55 56
Traditionelle, deftige Cajun-Küche zu Livemusik.

ÜBERNACHTEN

► Komfortabel
The Raphael
325 Ward Pkwy., Tel. 1-816-756-38 00
www.raphaelkc.com
123 Z. Elegantes Apartmenthaus nahe dem Country Club Plaza.

► Günstig
The Quarterage Hotel
560 Westport Rd.
Tel. 1-816-931-00 01
www.quarteragehotel.com
123 Z. Gemütliche Herberge im Viertel Westport.

tiert ihre Geschichte in einer interessanten Ausstellung ohne Pathos (3403 W. 53rd St., Öffnungszeiten: März – Nov. Di. – Sa. 9.00 bis 17.00, So. ab 13.00, sonst Fr. u. Sa. 9.00 – 17.00, So. ab 13.00 Uhr).

Sehenswertes in Kansas City (MO)

The Country Club Plaza

Einkaufen und Sightseeing zugleich: Die kompakte Innenstadt wird von einer der ältesten Shoppingmalls des Landes beherrscht. »The Country Club Plaza« beherbergt über 150 Geschäfte, Restaurants, Bars und Kinos (4745 Central St.; Öffnungszeiten: Mo. – Sa. 10.00 – 19.00, Do. bis 21.00, So. 12.00 – 18.00 Uhr).

Nelson-Atkins Museum of Art

58 Galerien mit über 20 000 erstklassigen Kunstobjekten: Das Museum drei Blocks weiter östlich genießt v. a. wegen seiner orientalischen und ostasiatischen Sammlungen hohes Ansehen (45th St./Oak St., Öffnungszeiten: Di., Mi., So. 10.00 – 17.00, Do. – Sa. 10.00 bis 21.00 Uhr).

18th & Vine Historic District

In diesem Viertel nordöstlich vom »Crown Center«, einem der berühmtesten Jazz- und Bluesviertel der USA, brodelte in den 1930er- und 1940er-Jahren der Jazz. Count Basie, George Lee, Charlie Parker und die junge Ella Fitzgerald feierten hier ihre Triumphe. Das **American Jazz Museum** erinnert an diese aufregende Zeit, während das **Negro Leagues Baseball Museum**, untergebracht im selben Gebäude, jene Zeiten dokumentiert, als Afroamerikaner in einer eigenen Liga spielen mussten (1616 E. 18th St., Öffnungszeiten: Di. – Sa. 9.00 bis 18.00, So. ab 12.00 Uhr).

Independence

Die 114 000-Einwohner-Stadt am östlichen Stadtrand von Kansas City war die Heimat von Harry S. Truman (1884 – 1972), dem 33. US-Präsidenten. Von den Truman-relevanten Sehenswürdigkeiten ist das **Truman Presidential Museum**, das Trumans Weg zum höchsten Amt der USA dokumentiert, am interessantesten (Delaware St., Öffnungszeiten: Mo. – Sa. 9.00 – 17.00, So ab 12.00).

Kentucky

Qa–Qd 26/27

Abkürzung: KY
Hauptstadt: Frankfort
Einwohnerzahl: 4,2 Mio.
Beiname: Bluegrass State
Fläche: 104 623 km²

Vollblüter, Brathühnchen, Bourbon Whiskey und Bluegrass-Musik: Alle Welt kennt den Namen des kleinen Bundesstaats zwischen Mittlerem Westen und Altem Süden. Doch außer sattgrünen Pferdekoppeln hat Kentucky auch unberührte Natur und quirlige Großstädte zu bieten.

Die Nordgrenze bildet der Ohio River, im Westen hat Kentucky Anteil am Mississippi-Tiefland, und im Südosten erhebt sich das Cumberland-Plateau. Stark verkarstete Kalksteinformationen prägen hingegen Zentral-Kentucky. Neben zahlreichen bizarren Felsbildungen findet man hier auch ein großartiges Höhlensystem. Woher der Name kommt, ist unklar. Die gängigste Erklärung lautet: Er stammt aus der Sprache der Irokesen und bedeutet »Land von morgen«. Franzosen und Engländer waren die ersten Weißen, die ab 1670 das Land erkundeten. Eine dauerhafte Besiedelung begann erst ab Mitte des 18. Jahrhunderts. Während des Unabhängigkeitskriegs litt Kentucky stark unter den Angriffen der mit den Engländern verbündeten Indianer. Der Union trat Kentucky am 1. Juni 1792 bei.

Ausgewählte Reiseziele in Kentucky

Cumberland Gap National Historic Park

Der 250 m tiefe, »Gap« genannte Einschnitt in den **Cumberland Mountains** war bereits eine alte indianische Handelsroute, als ihn die Weißen entdeckten. Im 18. und 19. Jh. gelangten über 200 000 Siedler durch dieses »Nadelöhr« nach Westen. Das Besucherzentrum befindet sich in Middleboro. Vom **Pinnacle Overview** (775 m ü.d.M.) bietet sich ein großartiger Blick über die Berge und das Gap. Rund 80 km gut markierter Wanderwege führen durch diese Wildnis.

★ **Daniel Boone National Forest**

Bizarre Felsformationen, Wasserfälle und Höhlen charakterisieren dieses schöne Schutzgebiet im Osten der Bluegrass-Region. Größte Sehenswürdigkeit ist die 20 m hohe und 23 m breite Natural Bridge, eine von Wind und Wasser geformte Felsenbrücke (Forest Supervisor, 1700 Bypass Rd., Winchester).

Frankfort

Hübsch, niedlich, gemütlich: Fast vergisst man, dass Kentucky von hier aus regiert wird. 1792 als Kompromiss zwischen den konkurrierenden Städten Louisville und Lexington gewählt, liegt Frankfort (27 700 Einw.) – nicht nach Frankfurt, sondern nach einem Siedler

Kunterbunt und unberührt: die Natur im Cumberland Gap National Historic Park

namens Frank benannt –, wie sich das für eine **Hauptstadt** gehört, zwischen drei großen Flughäfen. Die angenehme Stadt am Kentucky River besitzt schöne, architektonisch reizvolle Straßenzüge und ein imposantes State Capitol.

KENTUCKY

AUSKUNFT

Kentucky Department of Tourism
Capital Plaza Tower, 500 Mero St.
Frankfort, KY 40601
Tel. 1-502-564-49 30
www.kentuckytourism.com

Dem Bourbon auf die Spur kommt man in der **Buffalo Trace Destillery**. Hier wird das bernsteinfarbene Getränk bereits seit 1787 produziert (1001 Wilkinson Blvd.). Die Geschichte Kentuckys bis zum Zweiten Weltkrieg vermittelt das **Kentucky History Center**. Boxfans dürften sich für die Shorts interessieren, die der in Kentucky geborene Muhammad Ali einst trug (100 W. Broadway St.). Von der Kentucky-Miliz bis zur Operation »Desert Storm« wird im **Kentucky Military History Museum** die Rolle des Bundesstaates in Konflikten der USA dokumentiert (E. Main St./Capital Ave.).

Lexington

Die Einwohner von Lexington waren schon immer pferdeverrückt. 1775 wurde die Stadt gegründet, drei Jahre später fand das erste Pferderennen statt, und schon 1789 hatte Lexington (276 000 Einw.)

Pferdefarm in der Nähe von Lexington, der »Hauptstadt« des Bluegrass Countrys

mehr Pferde als Einwohner. Heute ist die Stadt im Herzen des Bluegrass Country dank ihrer Vollblüter weltberühmt. Die über 250 Zuchtbetriebe in der hügeligen Umgebung bringen alljährlich fast 50 000 Pferde hervor. Mit den edelsten dieser Vollblüter verdienten ihre Besitzer bei Rennen, Auktionen oder in der Zucht viele Millionen Dollar – kein Wunder, dass manchen Pferden Denkmäler errichtet wurden. Der Wohlstand Lexingtons spiegelt sich vor allem im historischen Teil der Stadt wider: Der Gratz Park Historic District zwischen N. Broadway, Upper, 2nd und 3rd Street zeigt viele schöne Residenzen im Federal und Georgian Style.

✶ **Kentucky Horse Park**

Etwa 16 km nördlich der Stadt haben die Lexingtoner ihren geliebten Vierbeinern inmitten sattgrüner, sanft hügeliger Weiden einen noblen Schrein errichtet. In der ehemaligen Farm werden bei der zweimal täglich stattfindenden »Parade of Breeds« Pferde jeder Art und Größe vorgestellt. Näheres zu den einzelnen Arten erfährt man im dazugehörigen »International Museum of the Horse« (4089 Iron Works Pike).

! *Baedeker* TIPP

Horse Park Picknick

Die beste Art, die »Pferdekultur« Lexingtons zu erleben, ist der Besuch des Kentucky Horse Park mit Picknickkorb. Gemütlich auf einer Decke zu sitzen und bei Sandwiches und Salat dem Treiben der Jockeys, Trainer und Pferde zuzuschauen, das ist höchst interessant und vor allem durch und durch entspannend.

Ca. 10 km westlich von Lexington, in der Nähe des Flughafens, finden auf dem **Keeneland Race Course** im April und Oktober die Pferderennen statt. Besucher können gegen eine kleine Gebühr auch die von März bis November stattfindenden Trainingsläufe beobachten (Versailles Rd.). Auch im **Thoroughbred Center** kann man die Vollblüter beim täglichen Training beobachten (3380 Paris Pike).

✶ Louisville

Im Jahr 1778 am Ufer des Ohio River gegründet und nach dem französischen König Louis XVI. benannt, ist Louisville (710 000 Einw.) das wirschaftliche und kulturelle Zentrum des Staates. Auch wird hier ca. die Hälfte des weltweit konsumierten Bourbons produziert.

In jedem Frühjahr ist Louisville im Rennfieber: Beim zehntägigen **Kentucky-Derby** treten die besten Dreijährigen der Welt gegeneinander an. Memorabilia des spannendsten – und teuersten – Pferderennens der Welt werden im **Kentucky Derby Museum** wie Heiligtümer auf zwei Etagen ausgestellt. Die Rennbahn »Churchill Downs« liegt gleich hinter dem Museum und kann im Rahmen von Führungen besichtigt werden (704 Central Ave.).

Frazier Historical Arms Museum

Die Sammlung des Frazier Historical Arms Museum umfasst 1000 Jahre Waffengeschichte. Ausgestellt sind u. a. Theodore Roosevelts

Gewehr und der Bogen von Geronimo (829 W. Main St.). Alte europäische Meister, amerikanische Maler und dekorative Kunst aus dem 16. Jh. präsentiert das **Speed Art Museum** (2035 S. 3rd. St.).

Bourbon Country

Südlich von Louisville beginnt Bourbon Country, wo der Whisky gebrannt wird. Bei der Destillierung des edlen Getränks kann man im »Jim Beam American Outpost Museum« in Clermont zusehen oder in der »Maker's Mark Distillery« bei Bardstown.

Abraham Lincoln Birthplace National Historic Site

Ca. 40 km südwestlich von Bardstown wurde bei Hodgenville im Jahr 1809 Abraham Lincoln ►(Berühmte Persönlichkeiten) geboren, der wohl populärste Präsident in der Geschichte der USA. Die einfache Holzhütte, in der er das Licht der Welt erblickte, befindet sich heute in einem Museum (US-31E).

Fort Knox

In dem 48 km südwestlich von Louisville gelegenen Militärstützpunkt wird der größte Teil der US-amerikanischen Goldreserven gelagert. Entsprechend martialisch geht es in dem Ort (13 000 Einw.) zu, in dem auch die »US Army Armor School« beheimatet ist. Sehenswert ist allerdings das **Patton Museum of Cavalry and Armor**. Neben Ausstellungsstücken zum Leben des berühmten Generals werden u. a. Panzer und Panzerfahrzeuge verschiedener Armeen gezeigt (4554 Fayette Rd.).

✶ Mammoth Cave National Park

Die »Mammuthöhle« liegt knapp 130 km südlich von Louisville und gehört mit 500 km bislang erforschter Gänge zu den **größten Höhlensystemen der Welt**. Verschiedene Touren führen durch grandiose Hallen und Korridore (SR 70).

✶✶ Key West

Qd 33

Bundesstaat: Florida
Einwohnerzahl: 25 000
Höhe: 0 – 5 m ü.d.M.
Fläche: 19 km²

Wuchernde Bougainvilleen, frei laufende Hühner, in Hängematten dösende Menschen: Willkommen in der Karibik! Die Insulaner, die »Conchs«, nennen ihre Insel am Ende des Overseas Highway schlicht »Paradise« – und bleiben »cool«, wenn im Sommer der Massentourismus über sie hereinbricht.

Die drei mal sechs Kilometer große Insel am Ende des eine halbe Autostunde südlich von ►Miami beginnenden Inselbogens ist der südlichste Punkt der »Lower 48«. Nach Kuba sind es – vom Southernmost Point am Ende der Whitehead Street aus gemessen – nur noch 140 Kilometer. So bemerkenswert wie ihre Lage am Ende des **Overseas Highway** ist auch die Geschichte der Insel. In den 1850er-Jahren

KEY WEST ERLEBEN

AUSKUNFT

Key West Chamber of Commerce
402 Wall St., Key West, FL 33040
Tel. 1-305-294-25 87
www.keywestchamber.com

AKTIVITÄTEN

Tauchen, Schnorcheln und »Boating« sind auch in Key West der beliebteste Zeitvertreib. Riff- und Wracktauchen bietet das »Subtropic Dive Center« an (1605 N. Roosevelt Blvd., Tel. 1-305-296-99 14, www.subtropic.com). Viele Veranstalter kombinieren Schnorcheltrips mit »Sunset Cruises«: Erst wird getaucht, dann der Sonnenuntergang an Bord genossen (Sebago Watersports, 201 William St., Tel. 1-305-292-4768, www.keywestsebago.com).

BADEN

Bei aller Liberalität in Key West: Nacktbaden und Oben ohne sind auch hier verboten. Es gibt ein paar hübsche kleine Sand- und Kieselstreifen zum Sonnenbaden und Plantschen. Der größte Strand, Smathers Beach (S. Roosevelt Blvd.) wird von Jugendlichen bevorzugt. Der Fort Zachary Beach (via Truman Annex) bietet auch Schatten unter Palmen. Higgs Beach ist der Treff der Schwulengemeinde.

SIGHTSEEING

Für einen ersten Überblick bietet sich die informative, 90-minütige Tour mit dem »Conch Tour Train« an, der die wichigsten Sehenswürdigkeiten passiert (tgl. ab 9.30 Uhr ab Mallory Square und Welcome Center, Tel. 1-305-294-51 61) an. Bestes Verkehrsmittel allerdings sind die eigenen Füße – oder Fahrräder, die in der Old Town am Südwestende der Insel an fast jeder Straßenecke zu mieten sind.

AUSFLÜGE

110 km westlich von Key West liegen die Dry Tortugas, eine Gruppe winziger, zum Nationalpark erklärter Koralleninseln. Historisch Interessierte besuchen das 1846 zum Schutz amerikanischer Schiffe angelegte Fort Jefferson. Hier wurden zwischen 1863 und 1874 prominente Gefangene aus dem Bürgerkrieg festgehalten. Die Anreise erfolgt nur per Wasserflugzeug (Seaplanes of Key West, 3471 S. Roosevelt Blvd., Tel. 1-305-294-07 09, www.seaplanesofkeywest.com).

SHOPPING

Das Gros der Läden und Geschäfte liegt in der Duval Street. Nette Lädchen und schicke Boutiquen findet man v. a. in der Simonton Street und in der Caroline Street.

ESSEN

► Erschwinglich

① ***Blue Heaven***
729 Thomas St.
Tel. 1-305-296-86 66
Angesagter Treff von Einheimischen und Besuchern bei Jamaika-Hühnchen, Curry-Gerichten und Katzen unter den Tischen.

► Preiswert

② ***Banana Café***
1211 Duval St., Tel. 1-305-294-7227
Kleines Restaurant im französischen Bistro-Stil mit kleiner Terrasse zur Straße am ruhigeren Ende der Duval Street.

ÜBERNACHTEN

► Komfortabel

① ***Avalon B&B***
1317 Duval St., Tel. 1-800-848-1317
www.avalonbnb.com
12 Z. Gepflegtes altes Haus in der

Nähe des südlichsten Punktes der USA. Frühstücksterrasse, gemütliche Zimmer, ruhiges Viertel.

► **Günstig**

② ***Hostelling International Key West***
718 South St.
Tel. 1-305-296-57 19
www.keywesthostel.com
96 Betten, 14 Privatzimmer
Pinkfarbene Jugendherberge mit türkisfarbenen Fensterläden in Key Wests historischem Zentrum.

hatte die gleichnamige Stadt das höchste Pro-Kopf-Einkommen der USA: Die Bewohner machten mit »Wrecking«, dem Abwracken vor den Korallenriffen gesunkener Schiffe, ein Vermögen. Dass es dabei nicht immer mit rechten Dingen zuging, daran erinnern sich die Nachfahren nicht ohne Stolz. Leuchttürme machten dem zwielichtigen Treiben ein Ende, doch kubanische Immigranten halfen der Stadt mit ihrer Zigarrenindustrie über die Runden. Erst die Depression und der Hurrikan von 1935 trafen Key West ins Mark. Dieses Mal rettete der Overseas Highway die Stadt: Seit 1937 kommen die Autotouristen. Und vergnügen sich hier bis heute, gilt Key West doch als toleranteste Stadt östlich von ► San Francisco. Der Besucher spürt's – und bleibt gern noch einen Tag länger. Sonne, Toleranz und total entspannt im Hier und Jetzt: Selten wurden Besucherscharen besser abgefedert.

Sehenswertes in Key West

✶✶ Old Town

Hauptattraktion ist die Old Town am Südwestende der Insel mit ihren hell gestrichenen Holzhäusern aus dem 19. Jahrhundert. In der **Duval Street** und ihren Seitenstraßen reihen sich Boutiquen, Kunstgalerien, Straßencafés, Restaurants und Bars aneinander. Am **Mallory Square** wird allabendlich in bunter jahrmarktartiger Atmosphäre der Sonnenuntergang zelebriert.

! ***Baedeker* TIPP**

Sunshine Cruise

Die schönste Art, die untergehende Sonne zu genießen, ist an Bord eines Segelboots – mit einem gekühlten Drink in der Hand und netter Besatzung. Anbieter solcher Segeltörns gibt es an der Duval Street.

Das gern besuchte **Key West Aquarium** stellt die hiesige Unterwasserwelt vor. Man kann Rochen berühren und bei der Fütterung von Haien zuschauen (Mallory Square, 1 Whitehead St., Öffnungszeiten: tgl. 10.00 – 18.00 Uhr).

Pirate Soul Museum

Wer schon immer alles über Piraten wissen wollte, ist hier richtig. Das neue Museum erzählt mit zahlreichen Exponaten die wilden, wahren Geschichten von Käpt'n Schwarzbart & Co. (524 Front St., Öffnungszeiten: tgl. 9.00 – 19.00 Uhr).

Maritime Heritage Museum

Spannende Geschichten gibt es auch hier: Mel Fisher, ein Sohn der Stadt, trug zusammen, was er 1985 bei der Bergung der spanischen Galeone »Nuestra Senora de Atocha« fand, darunter Goldbarren und -dublonen (200 Greene St., Öffnungszeiten: Mo. – Fr. 8.30 – 17.00, Sa. u. So. ab 9.30 Uhr).

★ Sloppy Joe's

Ob **Ernest Hemingway** (► Berühmte Persönlichkeiten) heutzutage seine Stammkneipe wiedererkennen würde, mag dahingestellt bleiben: Immerhin beschloss der spätere Literaturnobelpreisträger in den Jahren 1933 bis 1937 gerne hier den Tag und machte so die noch immer urige Trinkhalle – in der jeden Abend Livemusik geboten wird – zum Pilgerziel von Hemingway-Fans aus aller Welt (201 Duval St., Öffnungszeiten: tgl. 9.00 – 4.00 Uhr; Abb. S. 94/95).

★★ Hemingway Home & Museum

Die meistbesuchte Attraktion von Key West: 1931 erwarb Hemingway dieses 1851 im spanischen Kolonialstil errichtete Haus und schrieb hier einige seiner erfolgreichsten Bücher, darunter »Wem die Stunde schlägt« und »Haben und Nichthaben«. Während einer halb-

Key West Orientierung

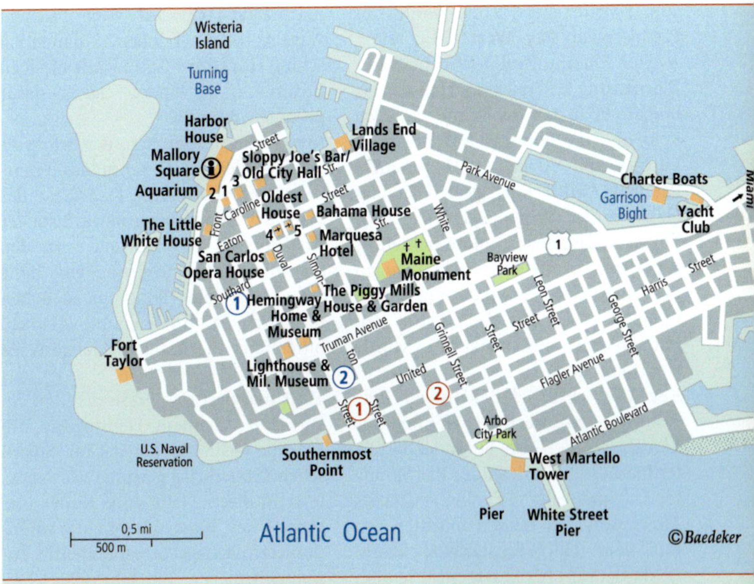

Übernachten
① Avalon B&B
② HI Key West

Essen
① Blue Heaven
② Banana Café

1 Mel Fisher Maritime Society Museum
2 Old Post Office/ Coast Guard Building
3 Audubon House
4 St. Paul's
5 Old Stone Methodist Church

DER BESTE FLECK DER ERDE

»Das ist der beste Fleck Erde, der mir je irgendwo untergekommen ist«, schreibt 1929 der Schriftsteller und Weltenbummler Ernest Hemingway an einen Freund. Für elf Jahre geht der Rastlose hier vor Anker. In seinem Haus in der 907 Whitehead Street schreibt er in rascher Folge einige seiner besten Bücher, darunter »In einem anderen Land« und »Die grünen Hügel Afrikas«.

Hemingway kam 1928 auf Anraten von Schriftsteller-Freund John dos Passos nach **Key West**. Mit seiner zweiten Ehefrau Pauline Pfeiffer, einer Journalistin aus reichem Hause, verbrachte er fortan die Winter auf den Keys und die Sommer auf Reisen in Europa und Afrika. 1931 schenkte Paulines Onkel Gus dem Paar das Haus in der Whitehead Street. Die Vogue-Redakteurin Pauline richtete es stilsicher ein, fügte einen Pool hinzu und ließ den verwilderten Garten liften. Das schöne Haus mit den umlaufenden Eisenbalkonen wurde zur Dichterklause.

Key West und seine kantigen Einwohner inspirierten Hemingway. Manche wurden gute Freunde, darunter Joe Russell, Besitzer der Bar Sloppy Joe's, und der Fischer Charles Thompson. Die beiden machten ihn mit dem Hochseefischen bekannt. Bald darauf berichtete er seinem Lektor Max Perkins stolz, er habe »den größten Tarpon (gefangen), den sie bis jetzt in dieser Saison erblickt haben. 63 Pfund.«

Bis mittags schrieb Hemingway, dann machte er sich auf zum Fischen, Angeln oder Trinken. Manchmal schlug er sich im Garten mit hiesigen Boxern – in einem eigens dafür gebauten Boxring.

Mit der **Inspiration** kam der Erfolg als Schriftsteller. 1935 nahm das Fremdenverkehrsbüro von Key West das Haus der Hemingways in die Liste der Attraktionen der Stadt auf – für den Schriftsteller Grund genug, eine hohe Mauer um sein Heiligtum zu bauen und sich in Briefen und Artikeln bitter über die lästigen Zaungäste zu beklagen.

1939 markiert das Ende der Zeit im Paradies. Nachdem Hemingway mit Martha Gellhorn bereits im Spanischen Bürgerkrieg gewesen war, packte er in diesem Jahr seine Koffer und verließ Key West, um mit der ambitionierten Kriegskorrespondentin zusammenzuleben. Ein Jahr später heirateten die beiden und zogen nach **Kuba**. 1951 verkaufte Pauline das Haus in der Whitehead Street. Für 80 000 US-Dollar.

stündigen Führung kann man u. a. das Arbeitszimmer, die Originaleinrichtung und die zahlreichen Nachkommen seiner Hauskatzen begutachten (907 Whitehead, Führungen: tgl. 9.00 – 17.00 Uhr).

Key West's Shipwreck Historeum

Mit der »Isaac Allerton« machten die Wrecker von Key West ihr bestes Geschäft: 50 000 Dollar spülte der vor der Insel gesunkene Dreimaster damals in ihre Kassen. Das originelle Museum dokumentiert die spannende, oft morbide Geschichte der »Abwracker« (1 Whitehead; Öffnungszeiten: tgl. 9.45 – 16.45 Uhr).

Lighthouse Museum

Der herrliche Rundumblick belohnt die 90 Stufen durch die Enge des schönen, 1848 errichteten Leuchtturms, der den Anfang vom Ende des Wreckings signalisierte (938 Whitehead St., Öffnungszeiten: tgl. 9.30 – 16.30 Uhr).

Bahama Village

Vom Tourismus belagert, hält das Viertel zwischen Thomas, Angela und Amelia Street am alten Key-Spirit fest: Hier leben die meisten Hühner, stehen die meisten einfachen, früher oft von Zigarrendrehern genutzten Holzhäuser. Die Bewohner, zumeist Nachfahren von den Bahamas stammender Siedler und Afrokubaner, gehen sonntags noch wie aus dem Ei gepellt zur Kirche und erinnern sich gern an die inzwischen verbotenen Hahnenkämpfe.

Der beste Fleck der Erde: Ernest Hemingways Domizil in Key West

Lancaster County

Qg 25

Bundesstaat: Pennsylvania **Einwohnerzahl:** 495 000

Seit dem Kinoerfolg von »Der einzige Zeuge« mit Harrison Ford kennt die ganze Welt die friedliebenden Amischen. Schwarze Pferdedroschken zuckeln gemütlich über stille Landstraßen. Häubchen tragende Frauen jäten Unkraut, bärtige Männer wuchten Strohballen auf Anhänger. Alles ganz wie im Film.

Lancaster County liegt ca. 120 km westlich von ►Philadelphia. Der von der amerikanischen Tourismusindustrie geführte Name **»Pennsylvania Dutch Country«** ist irreführend: Von Holländern findet man hier keine Spur, wohl aber von deutschstämmigen Amerikanern. Im Alltag am sichtbarsten sind die Angehörigen der Glaubensgemeinschaft der Amischen und Mennoniten (► Baedeker Special S. 338). Deren Vorfahren, im deutschen Raum wegen ihrer Religion verfolgt, ließen sich im 18. Jh. hier nieder. Die konservativsten unter ihnen lehnen bis heute alle Errungenschaften der Technik ab, selbst so grundlegende Dinge wie Telefon und Stromversorgung.

Die Einhaltung ihrer strengen Glaubensregeln ist jedoch in den letzten Jahren immer schwieriger geworden. Auch der Tourismus hat die insgesamt »sanften Fundamentalisten« entdeckt. Zumindest mit dem Fremdenverkehr haben sich die etwa 25 000 Amischen mehr oder weniger erfolgreich arrangiert, indem sie manche ihrer Häuser zur

LANCASTER COUNTY ERLEBEN

AUSKUNFT

Pennsylvania Dutch Convention and Visitors Bureau
501 Greenfield Rd.
Lancaster, PA 17601
Tel. 1-717-299-89 01
www.padutchcountry.com

ESSEN

► Erschwinglich

Bube's Brewery
102 North Market St.
Mount Joy, Tel. 1-717-653-20 56
Von solider Brauhauskost bis zu Feinerem, im »Catacombs«-Restaurant gibt es für jeden etwas. Es ist Pennsylvanias älteste Brauerei – 1876 von Alois Bube aus Bayern eröffnet.

► Preiswert

Stoltzfus Farm Restaurant
Intercourse
Rte. 772 E.
Tel. 1-717-768-81 56
Kalorienreiche Amischen-Spezialitäten auf einer alten Farm.

ÜBERNACHTEN

► Komfortabel

Best Western Eden Resort Inn
Lancaster
222 Eden Rd.
Tel. 1-717-569-64 44
www.edenresort.com
Angenehmes Mittelklassehotel mit großen Zimmern und Pool.

Besichtigung freigegeben haben. Beim Besuch dieses friedvollen Fleckchens Erde sollte man die Grundregeln von Anstand und Höflichkeit besonders beherzigen, vor allem wollen die Amischen nicht fotografiert werden.

Ausgewählte Reiseziele in Lancaster County

Intercourse

Die älteste, 1754 gegründete Amisch-Gemeinde liegt 16 km östlich von Lancaster und ist das historische Zentrum der Amischen-Gemeinde. An der Main Street bieten hübsche Geschäfte Amischen-Artikel an, darunter handgemachte Patchworkdecken, Möbel und Hausgemachtes. Im **People's Place Quilt Museum** können die schönsten der »Quilt« genannten Patchworkdecken bewundert werden (3510 Old Philadelphia Pike/US 30).

Lancaster

Das gepflegte, 1721 gegründete Städtchen (56 500 Einw.) ist das Zentrum der Region und ebenfalls für seinen quirligen Farmers' Market bekannt, der seit 1830 besteht. Ein von einem Kranz moderner Factory Outlets umgebenes, allerdings sehr touristisches Amischen-Heim kann man besichtigen und erhält dabei einen kleinen Einblick in den Alltag der Gemeinschaft: **The Amish Farm and House** liegt acht Kilometer außerhalb von Lancaster an der US 30. »Barn-Raising«, der Bau einer Scheune oder eines Hauses, eine traditionelle Gemeinschaftsarbeit der Amischen, kann täglich im **Discover Lancaster County History Museum** beobachtet werden (2249 Lincoln Hwy. E.). Dem Glauben und der Kultur der Amischen und Mennoniten widmet sich das **Mennonite Information Center** sieben Kilometer östlich von Lancaster (2209 Millstream Rd.).

Lausbuben gibt es überall.

Kein Interesse an John Deere & Co.: traditioneller Ackerbau in Lancaster County

GOTTESFURCHT UND ACKERBAU

Die Amischen (engl. Amish) und Mennoniten wanderten hauptsächlich ab Beginn des 18. Jh.s aus der Schweiz und Südwestdeutschland aus, wo sie wegen ihres strengen protestantischen Glaubens verfolgt worden waren.

Bereits Ende des 18. Jh.s waren 40 % der Einwohner von Lancaster County deutschsprachig und noch heute sprechen die Amischen einen **»Pennsylvania Dutch«** genannten Dialekt, der eine Mischung aus altertümlichem Deutsch und Englisch darstellt. Der Begriff »Dutch« hat in diesem Zusammenhang im Übrigen nichts mit dem englischen Wort für »holländisch« zu tun, sondern ist eine englische Verballhornung des Wortes »deutsch«.

Strenge Regeln

Die Amischen spalteten sich 1693, geführt vom elsässischen Bischof **Jakob Amann**, von der von Menno Simons begründeten Wiedertäufersekte der Mennoniten ab. Amann und seinen Anhängern war der Umgang mit mennonitischen Gemeindemitgliedern, die die Regeln verletzten, zu lax. Wer bei den Amischen die Regeln missachtet, wird gänzlich aus der Gemeinde ausgeschlossen. So sind die Amischen bis heute eine äußerst konservative Gruppe, die ihre Traditionen in besonderem Maß bewahrt, was in der gesamten Region deutlich zum Ausdruck kommt. Alle Wiedertäufersekten sind protestantische Gruppen, die sich bewusst von der Reformation eines Luther, Zwingli oder Calvin absetzten und sich ab 1523 vor allem in der Schweiz und entlang des Rheins, aber auch in Oberösterreich, Mähren und Ungarn bildeten. Relativ rasch waren sie der Verfolgung durch die großen Kirchen ausgesetzt und oft blieb nur die Auswanderung, um mit ihrem Glauben ungestört leben zu können.

Flucht in die neue Welt

Die Amischen suchen ihr Heil allein im Wort und dem Geist der Heiligen Schrift, leben absolut gewaltfrei und bilden ihre Gemeinden bewusst **nur aus freiwilligen Mitgliedern**. Deshalb ist bei ihnen auch die Kindertaufe verpönt, da sich nur ein Erwachsener frei für eine Zugehörigkeit zur Religionsgruppe entscheiden kann. Den jugendlichen, noch ungetauften Mennoniten ist es deswegen auch freigestellt, andere Lebensweisen auszuprobieren. Entscheiden sie sich zur Taufe, werden sie ohne Bedingungen in die Gemeinde aufgenommen. Im Lancas-

ter County wohnen heute die meisten Mennoniten der ganzen Welt, Haus an Haus mit den Amischen, die hier nach Holmes County in Ohio ihr zweites Standbein haben. Insgesamt sind es im County rund 30 000 Menschen, die sich als Angehörige dieser Religionsgemeinschaften ausweisen.

Einfaches Leben

Der jeweilige Lebensstil unterscheidet sich oft nur in Details voneinander, je nachdem, zu welcher Richtung der Glaubensgemeinschaft sie gehören. **Die Farmen werden als Familienbetrieb bewirtschaftet**, wobei alle zum Helfen verpflichtet sind. Die strengste Gruppe verzichtet auf alle neuen Techniken, sodass die Menschen auf diesen Farmen ohne Strom und Maschinen auskommen müssen. Selbstverständlich sind auch Autos verboten, weshalb die vielen Pferdebuggys den Straßen der Region einen besonderen Reiz verleihen. Diskussionen können sich daran entzünden, ob Telefon erlaubt ist oder nicht. Die weniger Strengen betreiben aber Maschinen mit Biogasmotoren. Das einfache Leben drückt sich auch in der Kleidung der Menschen aus. Den Amischen sind beispielsweise Knöpfe an der Kleidung verboten, sodass sie gezwungen sind, mit Haken und Ösen zu arbeiten. Für die Männer mit ihren Vollbärten – Schnurrbärte sind als unhygienisch verpönt – sind weißes Hemd, schwarze Hose, schwarze Schuhe und Strohhut obligatorisch, Frauen tragen als markantestes Kleidungsstück altmodische Häubchen.

Der Film »Der einzige Zeuge« von Peter Weir (1985), mit Harrison Ford in der Hauptrolle, der in Lancaster County spielt, zeichnet – verpackt in einen Kriminalfall – ein hervorragendes Bild dieser Gesellschaft.

★★ Las Vegas

Oh 27

Bundesstaat: Nevada
Höhe: 17 m ü.d.M.

Einwohnerzahl: 575 000
(Metropolitan Area: 1,7 Mio.)

Die Geografie spricht gegen sie: Las Vegas ist, gemessen an der Entfernung zu den nächst gelegenen urbanen Zentren, die isolierteste Stadt der USA. Obendrein liegt sie in der Wüste. Dennoch zählt man jährlich rund 40 Mio. Besucher. Erst am Abend, wenn alle Lichtreklamen leuchten, entwickelt die Welthauptstadt des Glücksspiels ihr eigentliches Flair, besonders freilich am Strip. Hier reihen sich Großhotels und Unterhaltungspaläste mit Spielkasinos, Hochzeitskapellen und Nachtlokale für jeden Geschmack aneinander.

Es liegt sicher nicht am heiß-trockenen Wüstenklima, dass einem die Spucke wegbleibt. Diese Stadt ist unwirklich, unglaublich, unmöglich. Besucher aus aller Welt promenieren kopfschüttelnd an einem Vulkanausbruch vorbei, an einer Seeschlacht, am Eiffelturm, dem Forum Romanum und Sphinxen, die eine gewaltige Pyramide bewachen. Eine Fata Morgana? Las Vegas ist ein einziger Widerspruch. Die Stadt liegt in der knochentrockenen Mojave-Wüste, hat aber mit über 1200 Litern den höchsten Wasserverbrauch pro Einwohner des Landes. Sie ist auch die am schnellsten wachsende Stadt und zählt 17 der 20 größten Hotels der Welt auf ihrem Stadtgebiet. Warnende Stimmen, dass es nicht ewig so weitergehen kann, ersticken in milliardenschweren Umsätzen. Nichts ist erfolgreicher als der Exzess, dafür ist Las Vegas das beste Beispiel.

! *Baedeker* TIPP

Vegas von oben

Las Vegas bei Nacht und von oben sehen ist unvergesslich. Vom fast 350 m hohen Stratosphere Tower liegt einem die Spielerstadt wie ein funkelndes Juwel zu Füßen. Wagemutige können noch höher hinaus: Der Dive Coaster »Big Shot« schießt sie noch einmal 30 m in die Höhe – und überlässt sie ein paar Lidschläge lustvoll dem freien Fall (2000 Las Vegas Blvd.; Öffnungszeiten: So. – Do. 10.00 – 1.00, Fr. – Sa. 10.00 – 2.00 Uhr).

Atemberaubende Entwicklung

Und all das in gerade mal gut einhundert Jahren! 2005 feierte Las Vegas den 100. Jahrestag seiner Stadtwerdung. 1905 ist das offizielle Gründungsjahr. 1930 erhält Las Vegas den entscheidenden Schub: Nevada legalisiert das Glücksspiel und verkürzt die Meldepflicht für Scheidungswillige von drei Monaten auf sechs Wochen. Die ersten Kasinos schießen aus dem Wüstensand, dazu Bordells und billige Absteigen. Der Las Vegas Boulevard, die Lebensader der Stadt, wird als **»The Strip«** bekannt. 1946 baut der Mafioso Bugsy Siegel das »Flamingo«, den Prototyp jener luxuriösen Kasino-Hotels, in denen Politiker und Hollywood-Prominenz einander die Hand und Gesellschaften geben. In den 1960er-Jahren kauft der exzentrische Milliardär Howard Hughes die Mafia aus Las Vegas heraus. »Sin City« wird gesellschaftsfähig. Nun kommen die Hiltons, Sheratons und Ramadas. 1974 hat Las Vegas 140 000 Einwohner – und zweistellige Zuwachsraten. Neben dem Glücksspiel setzen die Stadtväter auf Konferenztourismus und Touristen aus Übersee. Als auch andere Bundesstaaten das Glücksspiel legalisieren, reagiert Las Vegas stilgerecht: Ende der 1980er-Jahre eröffnen die ersten Mega-Resorts, die dem Besucher mehr bieten als nur Shows, Blackjack und Roulette. Das erste, das **»Mirage«**, weist den Weg: 630 Mio. Dollar teuer, hat es 3000 Zimmer, einen tropischen Dschungel und Delfin- und Tigershows, dazu Tausende einarmiger Banditen, Dutzende von Spieltischen, eigene Spitzenshows und fantasiereiche Shoppingmalls. Auch die Shows sind längst nicht mehr einfach nur das: Geführt vom Cirque de Soleil, hat eine neue Kreativität Einzug gehalten, die den besten Künstlern der Welt alle Freiheiten lässt.

? WUSSTEN SIE SCHON ...?

- ... dass Sie für eine Heirat in Las Vegas nicht mal Ihr Hochzeitsauto zu verlassen brauchen? Beim sog. »drive-through service« werden die Paare quasi im Vorbeifahren getraut.

★★ The Strip (Las Vegas Boulevard)

★★ Stratosphere Tower

Einen herrlichen Ausblick auf den südlich gelegenen Strip hat man vom 350 m hohen Stratosphere Tower, der 1995 fertiggestellt worden ist. Geradezu atemberaubend schnell gewinnt der Expressaufzug an Höhe. Oben angekommen, kann man **die drei höchstgelegenen Fahrgeschäfte der Welt** ausprobieren: Freifallturm, Karussell und ein Schlitten. Beim Karusell und Schlitten wird man jeweils über den Abgrund geschwenkt. Dieser luftige Spaß ist nur etwas für die ganz Hartgesottenen.

★ Bellagio

Das 1,6 Milliarden Dollar teure, 1998 eröffnete Bellagio ist eines der elegantesten Hotels der Stadt. Ein künstlicher See mit nächtlichen

Highlights Las Vegas

Stratosphere Tower
Vom höchsten frei stehenden Turm Amerikas haben Sie eine atemberaubende Rundsicht.
► Seite 340

Treasure Island
Vor dem Komplex findet ab 19.00 Uhr eine spektakuläre Seeschlacht statt.
► Seite 348

The Mirage
Eine der schönsten Hotelanlagen
► Seite 344

Venetian
Zauberhaft: Venedig in der Wüste
► Seite 348

Bellagio
Fantastische Wasserspiele
► Seite 341

LAS VEGAS ERLEBEN

AUSKUNFT

Las Vegas Convention and Visitors Authority
3150 S. Paradise Rd.
Las Vegas, NV 89109
Tel. 1-702-892-07 11
www.visitlasvegas.com

ESSEN

► Fein & teuer

① ***Bistro Le Montrachet***
(im Las Vegas Hilton)
3000 Paradise Rd.
Tel. 1-702-732-51 11
Abseits der Spielhöllen lässt sich beste französische Küche goutieren. Auf dem Speiseplan stehen geröstete Entenbrust, Variationen vom Lachs und andere Köstlichkeiten.

► Erschwinglich

② ***Wolfgang Puck Bar & Grill***
3799 Las Vegas Blvd.
Tel. 1-702-895-96 53
Im MGM Grand unterhält der österreichische Meisterkoch eine Niederlassung. Schöne Salate bekommt man hier ebenso wie eine riesige Pizza.

ÜBERNACHTEN

► Luxus

① ***Golden Nugget***
129 E. Fremont St.
Tel. 1-702-385-71 11
www.goldennugget.com
1907 Z. Eines der ältesten Häuser seiner Art ist das »Golden Nugget«, abseits vom Strip im alten Zentrum von Las Vegas. Vor dem Haus gibt es abends stündlich die »Fremont Street Experience Light Show«.

② ***Planet Hollywood Resort & Casino***
3667 Las Vegas Blvd.
Tel. 1-702-785-55 55
www.planetholllywoodresort.com
2600 Z. Das einstige »Aladdin«, seiner orientalischen Exotik entkleidet, lockt nunmehr mit urbaner, pink und violett getönter Designereleganz.

► Komfortabel

③ ***Flamingo Hilton***
3555 Las Vegas Blvd.
Tel. 1-702-733-31 11
www.flamingolasvegas.com
301 Z. Komfortabel und sehr gepflegt.

④ ***Mirage***
3400 Las Vegas Blvd.
Tel. 1-702-791-71 11
www.mirage.com; 2763 Z.
Eines der schönsten Hotels; abends mit künstlichen Vulkanausbrüchen.

► Günstig

⑤ ***Luxor Hotel & Casino***
3900 Las Vegas Blvd.
Tel. 1-702-262-44 44
www.luxor.com; 4400 Z.
In und um den Pyramiden-Gebäudekomplex fühlt man sich wie am Nil.

⑥ ***Excalibur***
3850 Las Vegas Blvd.
Tel. 1-702-597-77 77
www.excalibur.com; 3991 Z.
Die Zimmer diese Märchenschlosses sind geräumig und mit dem üblichen Komfort ausgestattet. Das familienfreundliche Hotel bietet auch allerlei Attraktionen für Kinder.

⑦ ***Circus Circus***
2880 Las Vegas Blvd.
Tel. 1-702-734-04 10
Am nördlichen Strip steht dieser riesige Hotel- und Spielkasinokomplex, dessen Motto die Welt des Zirkus ist. Man kann hier preiswert nächtigen.

Las Vegas *Orientierung*

Wasserspielen und der Kulisse eines Alpendorfs, in dem Gourmet-Restaurants untergebracht wurden, ein botanischer Garten und eine exquisite Kunstsammlung machen dieses Hotel zu einem **Paradies für Erwachsene**. Das 5-Sterne-Hotel hat 3933 Zimmer, 512 Suiten, 40 000 m² Kasinofläche und richtet u. a. die berühmte Show »O« des Cirque de Soleil aus (3600 Las Vegas Blvd., Tel. 1-702-693-71 11).

★ **Caesars Palace**

Das erste Themenhotel öffnete 1966. Atrien, Säulen, Springbrunnen, Skulpturen und als Römer kostümiertes Personal. (3348 Z., 45 000 m² Kasinofläche; 3570 Las Vegas Blvd., Tel. 1-702-731-71 10).

Auf dem Stratosphere Tower kann man sich noch weiter in die Höhe schießen lassen. Zum Adrenalinkick kommt hier ein herrlichen Ausblick über die Stadt dazu.

★ **Luxor Las Vegas**

Die 30-stöckige Pyramide am Ende des Strip bietet alles, was das Herz eines Pharaos begehren würde – 4408 Zimmer, 40 000 m² Kasinofläche, IMAX-Kino, diverse Shows und erstklassige Restaurants inklusive (3900 Las Vegas Blvd., Tel. 1-702-262-40 00).

★ **Mandalay Bay**

Bietet tropischen Dschungel, Lagune mit Sandstrand, elf Restaurants, das Haifisch-Aquarium »Shark Reef«, das Musical »Mamma Mia«, fast täglich Musik im 12 000-Plätze-Konzertsaal sowie Rock und Blues im »House of Blues« (3309 Z., 3950 Las Vegas Blvd., Tel. 1-702-632-77 77).

★★ **MGM Grand**

Der MGM-Löwe vor dem Hotel ist mit 50 000 Kilogramm eine der größten Bronzeplastiken der USA - und beste Einstimmung für das, was einen drinnen erwartet (5034 Z., 58 000 m² Kasinofläche, 3799 Las Vegas Blvd., Tel. 1-702-891-11 11).

★★ **The Mirage**

Der Trendsetter: Die exotisch-üppige Vegetion in der Lobby und in den Gärten versetzt nach Bali. Spitzenshows wie »LOVE« vom **Cirque du Soleil** dominieren die Titelseiten der »Las Vegas Sun« (3000 Z., 3400 Las Vegas Blvd., Tel. 1-702-791-74 44).

★ **Monte Carlo Resort & Casino**

Vom Schick der französischen Riviera um 1900 inspiriertes Mega-Resort. **Lance Burton**, der berühmte Magier, tritt hier auf (über 3000 Z., 256 Suiten, 30 000 m² Kasinofläche, 3770 Las Vegas Blvd., Tel. 1-702-730-77 77).

Las Vegas entwickelt sich ständig weiter; es wird gebaut und immer neue Mega-Resorts entstehen.

LAS VEGAS FOR EVER

A-Bomben, Wassermangel, Korruption: Das Zockerparadies in der Wüste beherrscht alle Überlebenstechniken. Und ist ein Paradebeispiel für Kapitalismus pur.

Nachts ist die Ankunft am besten. Die Lichtglocke der **Zocker-Welthauptstadt** ist schon aus 20 Kilometern Entfernung zu sehen, vom Highway 15 aus hört man bei heruntergelassenen Fenstern sogar das Partygewummer. Im Autoradio singt das Tourismusbüro das übliche Hosianna: Las Vegas sei die am schnellsten wachsende Stadt der USA, derzeit hat sie 1,2, in drei, vier Jahren wohl zwei Millionen Einwohner! Und der Airport zählt mit 800 Starts und Landungen täglich zu den zehn geschäftigsten Flughäfen der Welt! Rund 37 Millionen Besucher zählt die Stadt derzeit im Jahresdurchschnitt.

A-Waffentests in der Einöde

Wahnsinnsdaten. Las Vegas liegt in der **Mojave-Wüste**, mitten im gelbbraunen Nichts, »in the middle of nowhere«, wie die Amerikaner so schön sagen. Und es liegt, wie jedes Kind im Westen weiß, nur eine Autostunde südwestlich von **Yucca Mountain**, dem größten Müllplatz für radioaktive Abfälle der Welt. Yucca Mountain ist Teil der Nevada Test Site. Von 1951 bis 1962 wurden in dem hermetisch abgeriegelten Sperrgebiet etwa einhundert Atombomben überirdisch gezündet. Bis 1988 wurden weitere 900 nukleare Sprengsätze unterirdisch zur Detonation gebracht. Die Frage drängt sich auf: Welches Marketing-Genie schaffte es, jahraus jahrein Abermillionen Menschen nach Las Vegas, diesen auch verkehrstechnisch entlegensten Punkt der »Lower 48«, zu locken? Wer überredete sie dazu, gleich neben dem weltweit größten Testgelände für A-Bomben, von wo aus bis in die 1960er-Jahre hinein radioaktiv verseuchte Wolken nach Osten trieben und in St. George in Süd-Utah die Zahl der Krebstoten explodieren ließen, bis zum Morgen durchzutanzen? Nevada hieß die Atomic Energy Commission (AEC) damals mit offenen Armen willkommen. Am 27. Januar 1951, der **Kalte Krieg** war in vollem Gange, wurde die erste Bombe gezündet. Gouverneur Charles Russell verkündete stolz, das wertlose Terrain sei nun endlich einem guten Zweck zugeführt. Wie naiv man damals war, zeigt das im Februar 2005 in Las Vegas unweit vom Strip eröffnete Atomic

So einsam präsentiert sich der Strip nur in den frühen Morgenstunden.

Testing Museum: Man glaubte einer Zeichentrick-Schildkröte, die Schulkindern **»duck and cover«** unter Schreibtischen empfahl, das gewähre hinreichend Schutz gegen 10-Megatonnen-Bomben. Und man träumte von einer friedlichen Nutzung. So sollte eine Testreihe sogar erkunden, ob quer über den Isthmus verteilte nukleare Sprengsätze einen zweiten Panama-Kanal freisprengen konnte. Die Atombombe, hoffte man, würde den Krieg eliminieren. Jede Detonation wurde wie ein Sieg über die ihrerseits Atombomben testende Sowjetunion gefeiert. So wusste der Bürger, dass die nationale Sicherheit in guten Händen war.

»Atom Bomb Test Watching«

Nach Glücksspiel und liberalem Scheidungsrecht verhieß der **Nevada Test Site Boom** für Las Vegas einen neuerlichen Aufschwung. »Atom Bomb Test Watching« war ein neues Produkt, das vermarktet werden wollte. Jede Explosion, von den Medien angekündigt, lockte mehr Schaulustige an. Man reiste nach Las Vegas, um das Vibrieren unter den Füßen zu spüren, zu erleben, wie die Druckwelle Scheiben eindrückte, und um den Pilz zu sehen, der sich in 70 Meilen Entfernung in die Stratosphäre schraubte. Hotels boten termingerecht Pauschalarrangements an. Ladenbesitzer lockten am Tag der Explosion mit saftigen Nachlässen, die Preise wurden »nuked«, »vaporized«, »smashed«, »blasted« oder »detonated«. Die Eröffnung neuer Kasinos und Hotels wurde auf Testtage gelegt. Restaurants setzten »Atom-Burger« auf ihre Speisenkarte. Aus Showgirls und Atombomben, Las Vegas' größten Attraktionen, kreierten findige Unternehmer eine neue Attraktion: Im Mai 1952 kürten Soldaten, die an Tests in Yucca Flats teilgenommen hatten, im Last Frontier Hotel eine Tänzerin zur ersten **»Miss Atomic Blast«**.
Andere Hotels folgten, bald gab es auch eine »Miss A-Bomb« und eine »Miss Big Bang«. Die letzte Sex-Bombe wurde die bekannteste. Am 24. Mai 1957 veröffentlichte das Las Vegas News Bureau das berühmte Foto der »Miss Atomic Blast«, Linda Merlin. Darauf posiert die kurvenreiche Blondine auf High Heels im Wüstensand, während eine weiße Pilzwolke aus Watte ihre Blöße bedeckt. Schließlich wurden die Tests – jeden Monat detonierte eine Bombe – Routine. Mit dem Wettlauf im All hatte Amerika bald ein neues Hobby.

Hotelsprengung als Attraktion

Las Vegas' Talent, selbst seine dunkelsten Seiten hübsch zu verpacken, zu vermarkten und mit Profit zu

verkaufen, ist charakteristisch für die Spieler-Stadt. Die Zwänge des Alltags, kulturelle wie gesellschaftliche, hat sie resolut abgeschüttelt. Für ein **Makeover** braucht sie daher nicht länger als einen Lidschlag: In keiner anderen Stadt der Welt, nicht einmal in China, wird so schnell gebaut, abgerissen und wieder aufgebaut wie hier.

Fast alle heutigen Mega-Resorts stehen dort, wo einst andere, zu ihren Glanzzeiten nicht minder berühmte Hotels und Kasinos standen. Ausgediente Hotels werden von hochspezialisierten Firmen so gesprengt, dass sie in sich zusammenfallen – Millionen Dollar teure Spektakel, die Las Vegas gleichfalls zu Attraktionen gemacht hat. So wurde die Sprengung des **Hacienda Hotel** am 31. Dezember 1996 live vom Fernsehen übertragen, vor Ort von über 60 000 Menschen beklatscht und mit einer gigantischen Neujahrsparty gefeiert. Bei der Sprengung des alten **Aladdin Hotel** gingen die besten Zuschauerplätze dieser »Implosion Party« für 250 Dollar weg. Nur 17 Sekunden dauerte die vollständige Zerstörung des Mega-Hotels – und nur wenige Tage der Abtransport von 20 000 Tonnen Schutt. Selbstverständlich war das Fernsehen wieder live dabei.

Fortschritt statt Stillstand

Las Vegas' Raison d'être ist das Geldverdienen. Weder Dynamit noch Atombomben können es dabei aufhalten, im Gegenteil. Lebte der große Ökonom Joseph Schumpeter noch, er hätte Las Vegas als Paradebeispiel für seine These der »schöpferischen Zerstörung« angeführt. Jeglicher Moral entbunden, zerstört Las Vegas das Gute zugunsten des Besseren und peitscht so die technische Innovation nach vorne – mit einer Rücksichtslosigkeit, die zugleich abstößt und fasziniert.

Vor dem **Bellagio**, einem rund 1,6 Milliarden Dollar teuren Mega-Resort am Strip, beginnen die abendlichen Wasserspiele. Dutzende am Boden des Sees installierte Düsen schießen, multimedial begleitet, Fontänen in den Nachthimmel. Die Wüstenstadt ist die größte **Wasserverschwenderin** der Nation, doch nach einem Tag auf dem Strip ist einem das ziemlich egal. Man sucht eine Bank, jetzt sind die Füße dran. Doch Bänke zum Ausruhen, Bänke, wo man schlicht nichts anderes tut als Kräfte zu sammeln, gibt es hier nicht. Natürlich nicht: Wer ruht, gibt kein Geld aus. Und das ist die einzige Sünde, die Las Vegas nicht verzeiht.

New York – New York ✶

Ein bisschen Big Apple, ein bisschen Coney Island, und davor die Kulisse von Manhattan, mit Achterbahn und Zuckerwatte: Das am leichtesten identifizierbare Mega-Resort gibt allabendlich »Zumanity«, die erotische Show des **Cirque de Soleil** (2023 Z., knapp 30 000 m² Kasinofläche, 3790 Las Vegas Blvd., Tel. 1-702-740-69 69).

> **! *Baedeker* TIPP**
>
> **Nachtleben**
>
> Der »Club Rio« und die »VooDoo Lounge« im Rio Suite Hotel gehören zu den heißesten Adressen des Nachtlebens von Las Vegas. Die Grundlage für die nächtlichen Eskapaden können Sie ebenfalls hier schaffen. Denn das »Rio« ist für seine hervorragenden gastronomischen Leistungen bekannt, die schon mehrfach preisgekrönt worden sind (3700 W. Flamingo Road, Tel. 1-702-252-77 77).

Wie frisch aus einem Piratenbuch: Vor dem Kasino **Treasure Island** liefern sich wilde Gesellen allabendlich eine Seeschlacht. Drinnen führt der Cirque de Soleil die Show »Mystère« auf (2885 Z., 32 000 m² Kasinofläche, 3300 Las Vegas Blvd., Tel. 1-702-894-71 11).

The Venetian ✶✶

Campanile und Rialto-Brücke weisen den Weg, man kann sich aber in einer Gondel in das Resort schippern lassen. Das einem venezianischen Dogenpalast nachempfundene Resort bietet grandiose Wand- und Deckengemälde und die Einkaufszone »Grand Canal Shoppes« (über 4000 Zi, 40 000 m² Kasinofläche, 3355 Las Vegas Blvd., Tel. 1-702-733-50 00).

Im Venetian ansässigen **Guggenheim Hermitage Museum** sind vom Guggenheim in New York ausgeliehene Meisterwerke zu sehen (Öffnungszeiten: tgl. 9.30 – 20.30 Uhr).

Umgebung von Las Vegas

Lake Mead und Hoover Dam ✶

65 km östlich von Las Vegas liegt der 1936 fertig gestellte Hoover Dam. Der gigantische, 380 m breite und 221 m Damm staute seinerzeit den Colorado River zum Lake Mead auf und ist noch immer ein Muss jedes Las-Vegas-Besuches.

Der bis zu 185 m tiefe Lake Mead ist ein **Wassersportparadies** der Wüstenbewohner und bietet vor allem mit Boulder Beach und Overton Beach schöne Badegelegenheiten.

Valley of Fire State Park ✶

84 km nordöstlich von Las Vegas liegt am Westufer des Lake Mead das Valley of Fire mit seinen roten, im Abendlicht glühenden Sandsteinformationen. Zahlreiche Trails führen von der Straße durch den Park hinein in eine wildromantische Welt aus Felsen, Zinnen und Skulpturen.

Spring Mountain Range

Die Berge westlich von Las Vegas bieten Erholung vom Rummel der Spielerstadt. Vor allem der **Red Rock Canyon**, durch den eine schöne Aussichtsstraße führt, bietet ein herrliches, nur 40 Autominuten vom Strip entferntes Kontrastprogramm.

★★ Los Angeles

Of 28/29

Bundesstaat: California
Höhe: 0 – 87 m ü.d.M.

Einwohnerzahl: 3,9 Mio.
(Metropolitan Area: 17,7 Mio.)

L. A., »Like America«, wie die Angelenos gerne sagen. Wie keine andere Stadt verkörpert der Moloch im Süden Kaliforniens den amerikanischen Traum. Mit all seinen Vor-, aber auch all seinen Nachteilen. Los Angeles ist ein vor Energie brodelndes Sammelbecken von Träumern, Genies und Visionären.

Hollywood, die Traumfabrik. 12-spurige Freeways und endlose Blechlawinen. Smog so stark, dass man manchmal nicht mal mehr den legendären Hollywood-Schriftzug in den Bergen sieht. Disneyland. Beverly Hills, Mekka der Reichen und Schönen. Die ganze Welt kennt die **»City of Angels«**. Und fühlt sich magisch angezogen und abgestoßen zugleich. Los Angeles schläft nie, ruht nie, steht nie still. Los Angeles ist pure Energie, im Guten wie im Schlechten. **»Keep moving«** ist das Schlüsselwort, und zwar nicht nur im Auto, ohne das nichts geht in der »Car City«. Stillstand ist Sünde, nur wer mitmacht bei der Jagd nach Geld und Erfolg, dem winkt der amerikanische Traum. Denn in dieser Stadt, die eigentlich aus Dutzenden verschiedenen, aber längst miteinander verschmolzenen Städten besteht, ist alles möglich. Dabei sind es meist Besucher von außerhalb, die dieses Gebilde mit dem Sammelnamen Los Angeles belegen. Tatsächlich besteht die Greater Los Angeles Area aus fünf Counties – Los Angeles, Ventura, San Bernardino, Orange, Riverside – und über 100 politisch selbstständigen Städten und Gemeinden.

Wandmalerei in L. A., inspiriert von Hokusais großer Welle

LOS ANGELES ERLEBEN

AUSKUNFT

Los Angeles Convention and Visitors Bureau
333 S. Hope St., 18th floor
Los Angeles, CA 90017
Tel. 1-213-624-73 00
www.lacvb.com

SHOPPING

Die Westside bietet viele elegante Einkaufszentren, darunter das Beverly Center (8500 Beverly Blvd.) in Beverly Hills mit 150 Geschäften und das Westfield Shoppingtown Century (10250 Santa Monica Blvd.). Die Malls in Downtown sind kleiner, aber feiner: ARCO Plaza (505 S. Flower St.) bietet unter der Erde über 50 Trendgeschäfte, die L.A. City Mall (201 N. Los Angeles St.) Einkaufsspaß auf sechs Etagen. Tiefer in die Tasche greifen muss man in den Boutiquen in Beverly Hills. Neiman Marcus (9700 Wilshire Blvd.) und Saks Fifth Ave. (9600 Wilshire Blvd.) sind die Flaggschiffe einer Armada edler Designergeschäfte. Hemdsärmelig geht es dagegen auf dem 2009 75 Jahre alt gewordenen Farmers Market zu (6333 W. 3rd St u. Fairfax Ave.; Öffnungszeiten: Mo. – Fr. 9.00 – 21.00, Sa. 9.00 – 20.00, So. 10.00 – 19.00 Uhr).

VERKEHR

In »Car City« garantiert nur ein Mietwagen größtmögliche Bewegungsfreiheit. Das Angebot öffentlicher Verkehrsmittel ist in den letzten Jahren jedoch besser geworden. So betreibt die Metropolitan Transit Authority (MTA) Busse, Nahverkehrszüge und die hochmoderne Subway (www.mta.net). Starline Tours bietet Hop-on-hop-off-Touren mit roten Doppeldeckerbussen durch Downtown an (www.starlinetours.com).

ESSEN

► Fein & teuer

① ***A. O. C.***
8022 W. Third St. (West-Hollywood)
Tel. 1-323-653-63 59
Zu köstlichen Weinen werden viele kleine Tapas-Leckereien in Schälchen gereicht.

② ***Campanile***
624 S. La Brea Ave., Hollwood
Tel. 1-323-938-1447
Seit Jahren einer der besten Gourmet-Italiener Hollywoods: Bestes Carpaccio, beste Gnocchi. In einem toskanisch inspirierten Gemäuer aus den 1920er-Jahren.

③ ***Beacon***
3280 Helms Ave., Beverly Hills/Westside, Tel. 1-310-838-7500
Traditionelle Rezepte aus Fernost und der Ideenreichtum der Westküste in einem minimalistischen Ambiente, das den Genuss unterstützt. Seit Jahren unter den Top 20 der Stadt.

► Erschwinglich

④ ***Ciudad***
445 S. Figueroa Street (Downtown)
Tel. 1-213-486-51 71
Das Restaurant ist eine Hommage an die Küche großer lateinamerikanischer Metropolen wie Havanna, Rio oder Buenos Aires. Neben Originalrezepten und Weinen aus diesen Regionen werden auch neue Kreationen angeboten.

⑤ ***India's Tandoori***
11819 Wilshire Blvd.
Tel. 1-310-268-91 00
Wie der Name schon sagt, gibt es hier liebevoll zubereitete Spezialitäten der indischen Küche. Das Lokal gehört zu den besten seiner Art in L. A.

Die Läden des Rodeo Drive gehören zu den teuersten der Welt – hier shoppte schon »Pretty Woman«.

⑥ ***Traxx***
800 N. Alameda Street
(Downtown)
Tel. 1-213-625-19 99
Das Restaurant mit feinen internationalen Gerichten befindet sich in der historischen Union Station, die allein schon den Weg lohnt.

▶ **Preiswert**

⑦ ***Jody Maroni's Sausage Kingdom***
10250 Santa Monica Blvd.
(Beverly Hills)
Tel. 1-310-556-08 99
Klassischer Deli für morgens, mittags und den frühen Abend mit vielen Sandwiches und herzhaften Suppen.

⑧ ***Pink's Hot Dogs***
709 N. La Brea Ave.
(Hollywood)
Tel. 1-323-931-42 23
Burger, Hot Dogs und Sandwiches am Straßenstand; seit mehr als 70 Jahren eine Institution.

ÜBERNACHTEN

▶ **Luxus**

① ***Millennium Biltmore***
506 S. Grand Avenue
Tel. 1-213-624-10 11
www.millenniumhotels.com; 693 Z.
Hotel im Renaissancestil mit prachtvoll ausgestatteten Zimmern und Suiten, wie der zweistöckigen Präsidentensuite oder der Musikersuite mit Flügel. Das Haus beherbergte schon hohe Gäste, auch die Academy Awards fanden hier einmal statt.

② ***Hilton Checkers***
535 S. Grand Avenue
Tel. 1-213-624-00 00
www.hiltoncheckers.com; 188 Z.
Das zwölfstöckige Gebäude besitzt als Krönung (im wahrsten Sinne des Wortes) eine Dachterrasse mit Pool und atemberaubendem Blick über die Stadt. Im Hotel befindet sich das Checkers Downtown Restaurant, das zu den Top 20 in Los Angeles zählt.

③ ***Omni Los Angeles***
251 S. Olive Street
Tel. 1-213-617-33 00
www.omnihotels.com; 453 Z.
Direkt am California Plaza. In den Zimmern und Suiten vermischen sich asiatische und neoklassizistische Elemente zu einer stilvollen Einheit.

► Komfortabel

④ ***Century Wilshire Hotel***
10776 Wilshire Blvd.
Beverly Hills/Westside
Tel. 1-310-474-45 06
www.centurywilshire.com
99 Z. Viel Hotel zu vernünftigem Preis, in zwei Gebäuden. Mit Pool.

⑤ ***Carlyle Inn***
1119 S. Robertson Blvd.
Tel. 1-310-275-44 45
www.carlyle-inn.com; 32 Z.
Gepflegtes, ruhiges Hotel im Westen von L. A., gutes Frühstücksbuffet.

► Günstig

⑥ ***Orange Drive Manor Hollywood***
1764 N. Orange Drive
Tel. 1-323-850-03 50
www.orangedrivehostel.com
Einzel-, Doppel- und Mehrbettzimmer in sauberer Budgetherberge, einen Block vom Hollywood Blvd. In der Teeküche kann man sich auch kleine Mahlzeiten zubereiten.

⑦ ***Inn at 657***
657 W. 23rd St.
www.patsysinn657.com
5 Z. Gemütliches Bed & Breakfast Inn in Downtown L. A.

Geschichte und Wirtschaft

Am Anfang war das 1781 von Spaniern gegründete Nest El Pueblo de Nuestra Señora La Reina des Los Angeles. Doch erst die Ankunft der Eisenbahn 1883, die Entdeckung von Öl 1892 und der Bau der ersten lebenswichtigen Aquädukte brachte Los Angeles nach vorn. Die ganzjährig warmen Temperaturen und das besondere Licht zog den Film an: 1913 fiel in dem Dorf Hollywood mit der Produktion des ersten abendfüllenden Films der Startschuss für die amerikanische Filmindustrie. **Hollywood und Beverly Hills** wurden Synonyme für reiche Produzenten, schöne Filmstars und ein luxuriöses Lotterleben. Petrochemische Industrie, Autoindustrie, Maschinenbau, Luft- und Raumfahrttechnik, Elektronik: Los Angeles wuchs zur wichtigsten Industrie- und Dienstleistungsmetropole westlich des Mississippi heran. Der Tourismus schloss auf, nicht allein wegen der Olympischen Sommerspiele, die die Stadt 1932 und 1984 austrug. Das Freewaysystem entstand nach dem Zweiten Weltkrieg und produzierte so unglaubliche Verkehrsdenkmäler wie »The Stack«, wo sich auf vier Ebenen gleich sechs Freeways und Straßen kreuzen. Den Herausforderungen des Dritten Jahrtausends scheint es jedoch nicht mehr gewachsen zu sein: Staus gehören zum Alltag. Auch die nagelneue Subway scheint bislang nur wenige Angelenos zum Umdenken zu veranlassen. Vielleicht noch größer als das Verkehrsproblem ist jedoch das traditionell gespannte Verhältnis zwischen den verschiedenen Ethnien. Schon mehrmals entluden sich die Spannungen zwischen Schwarzen, Weißen, Asiaten und Hispanics in blutigen Unruhen.

Downtown

Der klassischen Definition eines »Zentrums« am nächsten kommt die gemeinhin »Downtown« genannte Ansammlung von Bürotürmen südlich von Hollywood. Einen Besuch sollte man tagsüber abwickeln. Nach Büroschluss ist die Downtown wie ausgestorben.

Am besten tagsüber

Der historische, im Schatten moderner Hochhäuser liegende Kern der Stadt hat, obgleich schön restauriert, nur wenig von Interesse zu bieten. Im Blickpunkt steht die **Olvera Street**, die erste Straße von Los Angeles. Einen zweiten Blick wert ist **Avila Adobe** (10 E. Olvera St.), das 1818 gebaute Stadthaus des reichen Ranchers Don Francisco de Avila, in dem man etwas über den Alltag während der kolonialspanischen Ära erfährt (Öffnungszeiten: tgl. 9.00 – 15.00 Uhr).

★ El Pueblo de Los Angeles

Los Angeles Downtown *Orientierung*

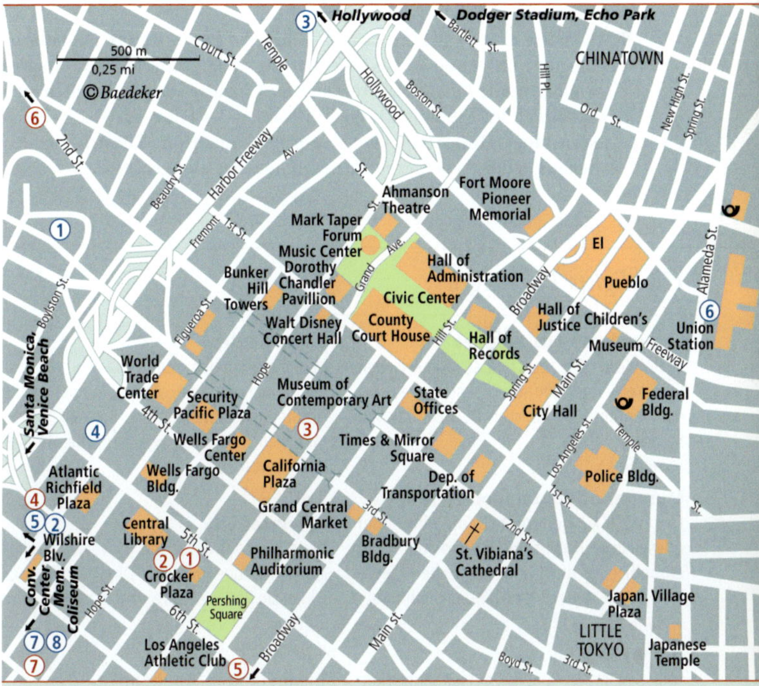

Essen
① A.O.C.
② Campanile
③ Beacon
④ Ciudad
⑤ India's Tandoori
⑥ Traxx
⑦ Jody Maroni's Sausage Kingdom
⑧ Pink's Hot Dogs

Übernachten
① Millennium Biltmore
② Hilton Checkers
③ Omni Los Angeles
④ Century Wilshire Hotel
⑤ Carlyle Inn
⑥ Orange Drive Manor Hollywood
⑦ Inn at 657

Chinatown Wenige Schritte nördlich des Pueblo erreicht man die Chinatown von Los Angeles. Überaus lebhaft geht es in der Street of the Golden Palace sowie auf dem Gin Ling Way zu.

★ **Civic Center** Die größte Ansammlung lokaler Regierungs- und Verwaltungsgebäude der USA liegt südlich des Pueblo und bedeckt eine 13 Blocks umfassende Fläche. Sehenswert ist hier die **Los Angeles City Hall** (200 N. Spring St.), das 1928 eröffnete Rathaus der Stadt und mit 28 Stockwerken Los Angeles erster Wolkenkratzer. Eine Aussichtsplattform im 27. Stockwerk eröffnet – bei klarer Sicht – herrliche Blicke auf das Los Angeles Basin (Öffnungszeiten: Mo. – Fr. 7.00 – 17.00 Uhr). Südöstlich vom Rathaus erhebt sich das monumentale, 1935 im Art-déco-Stil erbaute **Los Angeles Times Building** (202 W. 1st St.). Nordöstlich vom Rathaus liegt das **Music Center of Los Angeles County** (zw. Hope und Grand Aves.), ein Gebäudekomplex aus Marmor und Heim u. a. der Los Angeles Philharmonics und der Los Angeles Center Opera.

★ **Music Center** Von der City Hall führt der parkähnliche **Paseo de los Popladores** hinauf zum Music Center, Heimat des weltberühmten Los Angeles Philharmonic Orchestra. Im Dorothy Chandler Pavilion treffen sich alljährlich im Frühling die großen Namen des Films zur Oscar-Preisverleihung. Im Mark Taper Forum/Ahmanson Theatre werden Schauspiel und auch experimentierendes Theater geboten.

Highlights Los Angeles

El Pueblo de Los Angeles
Schlendern Sie durch den historischen Stadtkern und gönnen Sie sich das eine oder andere Souvenir an den zahlreichen Ständen.
► Seite 353

Museum of Contemporary Art
Das MOCA beherbergt in einer der erlesensten Kunstsammlungen der USA europäische und amerikanische Kunstwerke von den 1940er-Jahren bis heute.
► Seite 355

Hollywood
Mal sehen, ob Sie Ihren Lieblingsschauspieler am Fußabdruck erkennen im Hof des Grauman's Chinese Theater, wo auch der weltberühmte Walk of Fame beginnt.
► Seite 355

Getty Center
Manche kommen nur, um sich das Gebäude anzuschauen. Wenn Sie auch in die Ausstellung gehen, sollten Sie den »Alten Mann in Ritterrüstung« von Rembrandt nicht verpassen.
► Seite 361

Universal City
Bei einer Tour durch die Universal Studios Auge in Auge mit den Dinosauriern aus »Jurassic Park« – wäre das nicht etwas für Sie?
► Seite 359

Disneyland in Anaheim
Der Vergnügungspark wurde 2005 schon 50 Jahre alt – und ist jung geblieben wie eh und je.
► Seite 361

Das **Museum of Contemporary Art** (MOCA; 250 S. Grand Ave.) zeigt in dem Gebäude von Arata Isozaki spektakuläre Werke von Andy Warhol, Claes Oldenburg und Roy Lichtenstein (Öffnungszeiten: Mo. u. Fr. 11.00 – 17.00, Do. bis 20.00, Sa. u. So. bis 18.00 Uhr).Südwestlich davon widmet sich das Grammy Museum der Musikbranche (800 W. Olympic Blvd.; www.grammymuseum.org; im Sommer tgl. 10.00 – 19.30, sonst 11.30 – 19.30, Sa. ab 10.00 Uhr).

Das MOCA in Downtown, umzingelt von Wolkenkratzern.

★ Wilshire Boulevard

Die größte Durchgangsstraße der Stadt führt von Downtown Los Angeles westwärts nach Beverly Hills, Westwood und Brentwood und endet in Santa Monica am Pazifik. Anfang des 20. Jh.s die wichtigste Geschäftsstraße, spiegelt ihre Architektur die Stadtgeschichte wider. Sehenswert sind v. a. das **Bullocks Wilshire** (3050 Wilshire Blvd.), ein 1929 im Art-déco-Stil erbautes Kaufhaus, und das 1931 eröffnete **Wiltern Theatre** (3970 Wilshire Blvd.), ebenfalls ein Art-déco-Meisterwerk. Eine besonders hohe Konzentration schöner Art-déco-Häuser findet sich entlang der **Miracle Mile** zwischen La Brea und Fairfax Aves. Das großartige **Los Angeles County Museum of Art** (5905 Wilshire Blvd., www.lacma.org) beherbergt Werke von Chagall, Toulouse-Lautrec und Kandinsky und ist weltberühmt für seine Ausstellung japanischer Kunst (Öffnungszeiten: Mo. – Di., Do. 12.00 – 20.00, Fr. 12.00 – 21.00, Sa. – So. 11.00 – 20.00 Uhr). Das 56 Mio. Dollar teure **Broad Contemporary Art Museum**, eine der größten säulenfreien Ausstellungshallen der USA, beherbergt die Crème der zeitgenössischen Avantgarde, u. a. Warhol, Serra und Koons (Öffnungszeiten: wie County Museum of Art)

★ Hollywood

Filmstadt

Hollywood, 12 km westlich von Downtown gelegen, hat die Krise der 1990er-Jahre, als zahlreiche Studios vom Hollywood Blvd. in billigere Viertel zogen, überstanden und präsentiert sich heute als quirlige, um den Hollywood Boulevard herum konzentrierte Entertainment City. 1911 gründete **Carl Laemmle**, ein deutscher Auswanderer, hier das erste Filmstudio. Der Rest ist Geschichte.

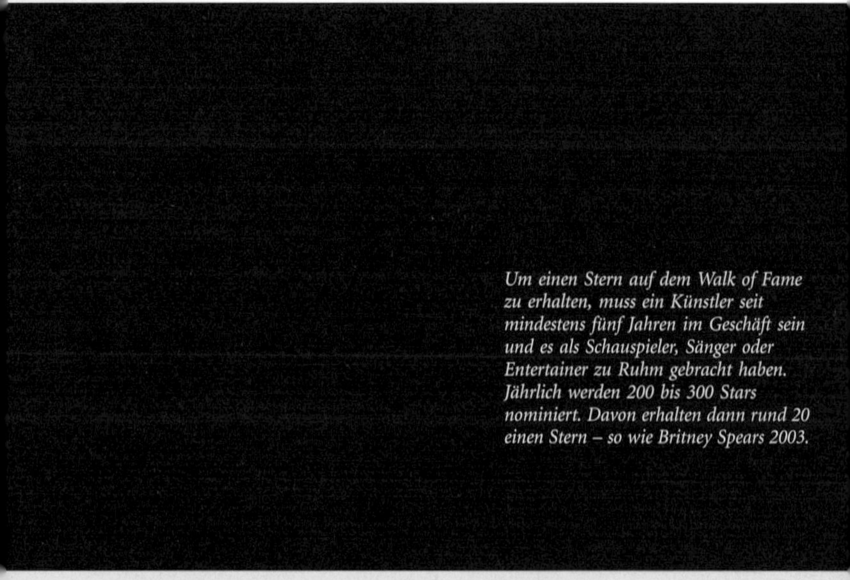

Um einen Stern auf dem Walk of Fame zu erhalten, muss ein Künstler seit mindestens fünf Jahren im Geschäft sein und es als Schauspieler, Sänger oder Entertainer zu Ruhm gebracht haben. Jährlich werden 200 bis 300 Stars nominiert. Davon erhalten dann rund 20 einen Stern – so wie Britney Spears 2003.

DER MYTHOS HOLLYWOOD UND DIE OSCARS

Hollywood und seine Hauptstraßen Hollywood Boulevard, Sunset Boulevard, Melrose Avenue und Vine Street leben von ihrem früheren Glanz und den Legenden der Traumfabrik. Seit der Gründung des ersten Filmstudios im Jahr 1911, dem viele weitere folgten, ist Hollywood zum Inbegriff der Filmproduktion geworden, auch wenn die großen Studios fast alle in die weiter nördlich gelegenen Viertel Burbank und Universal City gezogen sind.

»Hollywood« verbinden die meisten weniger mit dem Stadtteil von Los Angeles, sondern vor allem mit der US-amerikanischen Filmproduktion und einem **Filmstil**, der durch handwerkliches Können und direkte Erzählmanier Illusionen erzeugt und damit unterhalten will.

Das amerikanische Kino ist vor allem ein **Star-Kino**, in dem der idolisierte Star durch dramatische Erlebnisse zum Höhepunkt des Films und möglichst zu einem Happy End geführt wird. Der Mythos Hollywood wird durch Selbstinszenierung ständig aufgefrischt und ist ein Inbegriff für Stars, Reichtum und Erfolg.

»Oscar«-Nacht

Mit dem Hollywood-Mythos verbindet man auch die **Academy Awards**, nach den Goldstatuetten respektlos »Oscars« genannte Auszeichnungen, die Douglas Fairbanks am 16. Mai 1929 im Blütensaal des Roosevelt Hotels am Hollywood Boulevard erstmals verlieh. Seitdem werden alljährlich etwa zwei Dutzend Oscars von

den Mitgliedern der Filmakademie (Academy of Motion Picture Arts and Sciences) **für die besten künstlerischen Leistungen** in Darstellung, Regie, Drehbuch, Musik und Filmtechnik für englischsprachige Spielfilme vergeben. Oscars erhalten auch je zwei Dokumentar- und Kurzfilme, dazu wird der beste fremdsprachige Film des Jahres ausgezeichnet.

Ein Komitee von Fachleuten gibt den Akademiemitgliedern in einer Vorauswahl in jeder Kategorie fünf preisverdächtige Empfehlungen.

Bedingung ist, dass der Film im betreffenden Kalenderjahr in einem Kino in Los Angeles aufgeführt wurde. Die Auszeichnungen für die wichtigsten Kategorien, vor allem der Preis für den »Besten Film des Jahres« lassen die Einspielergebnisse dramatisch ansteigen.

Darüber hinaus wird der Verkauf von DVDs angekurbelt und die Filme werden für den weltweiten Verkauf an Fernsehanstalten interessant. Einige der »Besten Filme des Jahres« sind zu **Klassikern** geworden, so »Vom Winde verweht« (1939), »Casablanca« (1943), »Der mit dem Wolf tanzt« (1990), »Schindlers Liste« (1993) oder »Titanic« (1997). Für alle Akteure der Filmbranche bedeutet die Auszeichnung mit einem Oscar den Höhepunkt der Karriere.

Die Filmbranche als Wirtschaftsfaktor

Die Filmbranche Hollywoods ist zu einem wichtigen Wirtschaftsfaktor geworden. Etwa 150 größere Filme im Jahr spielen weltweit einen Umsatz von knapp 10 Mrd. US-Dollar ein. Die **großen Action-Spektakel** werden mit immer größerem Aufwand produziert, mit dem entsprechenden Risiko, wenn sich der Film an den Kinokassen als Flop erweist.

Da ein immer größerer Anteil des Umsatzes mit dem Verkauf der Film-

Der Oscar wird jährlich in über 30 verschiedenen Kategorien in Form einer Statuette vergeben, die einen Ritter mit einem Schwert auf einer Filmrolle darstellt.

DVDs erzielt wird, macht auch der zunehmende Vertrieb von Raubkopien Produzenten und Verleihern zu schaffen.

Lifting für Hollywood

Die riesigen Buchstaben des Hollywood-Zeichens in den Hollywood Hills grüßen die Besucher schon von Weitem.

In den letzten Jahren ist es der Stadt gelungen, den weiteren Verfall des Stadtteils Hollywood zu stoppen. Am Hollywood Boulevard sind einige der **historischen Filmpaläste** restauriert worden, haben Geschäfte und Hotels neu eröffnet.

Und jedes Jahr im Frühling steigt im großen, mit altmodischem Plüsch dekorierten Theatersaal des Kodak Theatre die Spannung, wenn die Oscars verliehen werden und der Umschlag mit dem Preisträger geöffnet wird:

»And the winner is …«

★ **Hollywood Boulevard**

Die »Action« findet im Abschnitt zwischen Gower Street und Sycamore Avenue statt. Hier verläuft auf den Bürgersteigen der weltberühmte **Walk of Fame**: In den schwarzen Terrazzo-Belag sind knapp 2000 Messingsterne mit den Namen berühmter Künstler, die in Hollywood Karriere gemacht haben, eingelassen. Das traditionelle Gravitationszentrum ist **Grauman's Chinese Theatre** (6925 Hollywood Blvd.). Das 1927 im chinesischen Fantasiestil eröffnete Kino erlebte mehr Premieren als jedes andere Kino vor Ort. Heute ist Hollywood nur noch ein Schatten seiner selbst. Es arbeiten nur noch wenige große Filmproduktionsgesellschaften (u. a. Columbia und Paramount) neben einigen kleineren, die sich vor allem mit der Herstellung von Fernsehfilmen, Werbespots und audiovisuellen Unterrichtshilfen beschäftigen. Erheblichen Anteil am Comeback Hollywoods haben das monumentale **Hollywood Entertainment Museum** (3200 Wilshire Blvd., www.hollywoodmuseum.com) mit interaktiven Ausstellungen, Originalkulissen und Kosmetikkursen (Öffnungszeiten: tgl. 10.00 – 18.00 Uhr) und das jüngst eröffnete **Waxmuseum Madame Toussauds Hollywood** (6933 Hollywood Blvd., www.madametussauds.com; tgl. 10.00 – 20.00, Fr. – So. bis 22.00 Uhr).

? WUSSTEN SIE SCHON ...?

- ... dass als erste Schauspieler Mary Pickford und Douglas Fairbanks jr. 1927 Fußabdrücke im weichen Zement des Hofs von Grauman's Chinese Theater hinterlassen haben? Bis heute haben es ihnen über 200 Mimen nachgemacht, darunter auch Marilyn Monroe, Elizabeth Taylor, Cary Grant und Sean Connery.

Hollywood Bowl

Das größte natürliche Amphitheater der Welt ist im Sommer die Heimat der Los Angeles Philharmonics. Es hat Platz für über 17 000 Zuschauer und richtet mehrmals pro Woche Konzerte aus (2301 N. Highland Ave.).

Griffith Observatory

Das auf einem Vorsprung des 500 m hohen Mt. Hollywood thronende Art-déco-Observatorium (2800 Observatory Rd.) von 1935 ist dank seiner Aussichtsterrasse das bevorzugte nächtliche Ziel von Verliebten, die hier den Blick auf das Glitzermeer genießen. Nach mehrjähriger Renovierung und Erweiterung präsentiert es sich heute u. a. mit mehr Ausstellungsfläche und dem »Café at the End of the Universe« von Star-Koch Wolfgang Puck.

★★ **Universal City**

Die **Universal Studios** auf der anderen Seite der Hollywood Hills (Lankershim Blvd.) präsentieren sich zu Beginn des Dritten Jahrtausends als Themenpark, der mit Hightech und computergesteuerten Effekten Besucher jeder Altersgruppe in seinen Bann schlägt. Nach wie vor beliebt ist die 45-minütige Studiotour, die, je nachdem, wo auf dem Gelände gedreht wird, durch weltbekannte Filmkulissen führt. Abgerundet wird der Besuch von haarsträubenden Multi-Media-Spektakeln à la »Revenge of the Mummy« (Öffnungszeiten: Sommer tgl. 9.00 – 21.00, sonst tgl. 9.00 – 18.00 Uhr).

Im **Universal City Walk Hollywood**, einer erst wenige Jahre alten Entertainment- und Shopping-Promenade, kann man sich danach in Restaurants jeder Preislage stärken.

★ **Sunset Boulevard Sunset Strip**

Sattsam als Vergnügungszentrum bekannt ist der Sunset Strip mit dem berühmten »Château Marmont« und dem nicht weniger bekannten Hotel **»Hyatt on Sunset«** in West-Hollywood. Von dessen Dachterrasse hat man einen fantastischen Blick auf Hollywood, die Downtown und die Hollywood Hills.

Westside

Partymeile

Die westlich von Hollywood liegenden Stadtteile West Hollywood, Beverly Hills, Rancho Park, Bel Air, Brentwood und Pacific Palisade sind vor allem Wohngebiet. Der Sunset Boulevard führt weiter durch das trendige **West Hollywood**, wo nachts die jungen Stars in angesagten Diskos zu Gast sind. Vor allem am Sunset Strip zwischen Laurel Canyon und Doheny Drive ist nachts etwas los. Viele junge Promis kaufen, mit Riesensonnenbrillen auffällig unauffällig, in den Shops an der Melrose Avenue (zw. Fairfax und La Brea) ein: Promisgucken ist hier Volkssport!

★ **Beverly Hills**

Ein Synonym für schöne Menschen in offenen Cabrios, seit es Hollywood gibt! Lange das bevorzugte Wohngebiet der Stars, weist das palmenbestandene Beverly Hills noch immer eines der höchsten

Bedeutendstes Museum von Los Angeles: das Getty Center

Pro-Kopf-Einkommen der USA auf. Einkaufen geht hier ins Geld: Der **Rodeo Drive** – zwischen Wilshire und Santa Monica Blvd. – gehört zu den teuersten Konsummeilen des Landes.

★★ Getty Center

Der von Beverly Hills aus auf der I-405 in die Santa Monica Mountains im Westen zu erreichende Kunsttempel ist ein Muss. Der spektakulär auf einem Felsvorsprung errichtete, zitadellenartige Gebäudekomplex (1200 Getty Center Dr.), zu dem eine Zahnradbahn hinaufführt, beherbergt die Kunstsammlung des Ölmilliardärs **J. Paul Getty** (1872 – 1976). Unter den ausgestellten Kunstobjekten befinden sich auch Werke von Rembrandt und van Gogh (Öffnungszeiten: Di. bis Do. 10.00 – 18.00, Fr. – Sa. 10.00 – 21.00, So. 10.00 – 18.00 Uhr).

★ Malibu

Das hübsche Seebad mit seinem von den Beach Boys besungenen Sufrider Beach haben die Hollywood-Stars längst unter sich aufgeteilt. Die beste Chance, prominente Darsteller zu sehen, bieten die hiesigen Supermärkte.

Santa Monica

Auch hier sind die Grundstückspreise astronomisch hoch: Ein wunderbarer, durch endlose Palmenreihen vom Rest der Welt abgeschirmter Strand und eine nostalgische Pier, auf der Zuckerwatte und anderes altmodisches Amüsement verkauft werden, machen den Ausflug hierher jedoch zu einem Vergnügen – und die Sonnenuntergänge zu einem unvergesslichen Erlebnis.

Venice

Ein bisschen verlottert und total entspannt im Hier und Jetzt: Was in Malibu und Santa Monica nicht geht, hier geht es bestimmt. Der **Ocean Front Walk** von Venice bietet dem neugierigen Besucher muskelbepackte Körper, die knappsten Bikinis und kürzesten Höschen. Der breite, lange Strand zählt zu den besten in diesem Abschnitt.

Weitere Ziele in Greater Los Angeles

Long Beach

Hauptgründe für den Abstecher in die Industrie- und Hafenstadt Long Beach sind ein Schiff und ein Aquarium. Die **Queen Mary** (1126 Queens Hwy.), eines der größten je gebauten Passagierschiffe der Welt, liegt hier permanent vor Anker und zieht Schaulustige aus aller Welt an (Öffnungszeiten: tgl. 10.00 – 18.00 Uhr). Das **Aquarium of the Pacific** (100 Aquarium Way) zeigt in riesigen Glastanks, was draußen im Pazifik schwimmt, v. a. Haie, Robben und Seelöwen (Öffnungszeiten: tgl. 9.00 – 18.00 Uhr).

Anaheim / Disneyland

Der im Jahr 1955 eröffnete Vergnügungspark ist immer noch so populär wie vor 50 Jahren. Heute fasziniert das Heim von Micky Maus & Co. mit einer zeitgemäßen Mischung aus altbewährten Attraktionen und nagelneuen, computergesteuerten »Thrill Rides« alle Altersgruppen (1313 S. Harbor Blvd.; Öffnungszeiten: Mo. – Fr. 9.00 bis 19.00, Sa. – So. 9.00 – 1.00 Uhr).

Louisiana

Pj–Qa 29–31

Abkürzung: LA
Hauptstadt: Baton Rouge
Einwohnerzahl: 4,3 Mio.
Beiname: Pelican State
Fläche: 134 382 km²

»Vom-Winde-verweht«-Romantik, Alligatoren und Sumpftouren mit französisch parlierenden Cajuns, Raddampferfahrten auf dem Mississippi, deftige Cajun-Küche und exotische Cuisine créole: Manchmal scheint Mainstream-Amerika auf einem anderen Stern zu liegen. Louisina gehört zu den wohl interessantesten Staaten der USA und ist auf dem besten Wege der Genesung von der von »Katrina« verursachten Hurrikan-Katastrophe.

Vieles hier ist anders als im Rest des Landes. Beispielsweise kochen hier auch die Männer. Man hat immer Zeit für ein Schwätzchen und gefeiert wird gern und viel. Die Gesichter erinnern eher an Frankreich und Südamerika als an Angloamerika. Selbst der aus Mississippi und Alabama gewohnte »southern drawl«, jener dickflüssige, für Besucher meist unverständliche Akzent, klingt hier anders. Doch all dies ist kein Wunder. Louisiana, der Staat rund um das Mississippi-Delta, ist ein Genpool mit sichtbaren indianischen, afroamerikanischen, akadischen, spanischen, französischen und englischen Zutaten. Der sensible Besucher fühlt sich nicht selten wie in einem anderen Land.

Wechselvolle Geschichte

»Schuld« an dieser sporadisch auftretenden geografischen Amnesie hat die Geschichte. Die Spanier **Cabeza de Vaca und Panfilo Narvaez** entdeckten das Mississippi-Delta 1530, doch erst 1682 wurde das Gebiet von Sieur de La Salle für Frankreich in Besitz genommen. Nach dem gescheiterten Versuch Frankreichs, die Ausdehnung der britischen Kolonien nach Westen zu verhindern, fiel 1762 das gesamte Gebiet westlich des Mississippi an Spanien und das östliche an England. Vor der Vertreibung durch die Briten 1755 aus Atlantik-Kanada geflohene, französischsprachige Akadier erreichten in den 1760er-Jahren das spanische Louisiana und siedelten sich in den Sümpfen südwestlich von New Orléans an.

► LOUSIANA

AUSKUNFT

Baton Rouge Area Convention and Visitors Bureau
730 North Blvd.
Baton Rouge, LA 70802
Tel. 1-225-383-18 25
www.bracvb.com

Ihre Nachfahren, die Cajuns (amerik. Verballhornung von »Acadiens«), lebten bis Anfang der 1960er-Jahre sehr isoliert.
Das napoleonische Frankreich erhielt Louisiana 1801 zurück, verkaufte es aber 1803 im berühmten **»Louisiana Purchase«** an die USA. 1812 wurde Louisiana als 18. Staat in die Union aufgenommen. Im Bürgerkrieg eroberten die Nordstaaten schon 1862 große Teile Louisianas. Die Entdeckung von Öl bei Jennings und später im Golf von Mexiko eröffnete ein neues Zeitalter. Katrina, der bislang schwerste tropische Wirbelsturm der amerikanischen Geschichte, verwüstete Ende August 2005 New Orléans und vier Bezirke im Cajun Country.

Baton Rouge

Die Hauptstadt Louisianas liegt nördlich von ►New Orléans am Mississippi und wurde 1719 von französischen Pflanzern gegründet. 1849 wurde Baton Rouge (230 000 Einw.), das wohl nach einem im Mississippi treibenden, mit Tierblut beschmierten Markierungsstab benannt wurde, Hauptstadt. Heute ist Baton Rouge die zweitgrößte Stadt Louisianas und einer der größten Häfen des Landes. Allerdings besitzt die Metropole genug schöne **Antebellum-Residenzen**, um den Industriestadt-Charakter zu verdecken.

Louisiana State Capitol

Das 34 Stockwerke hohe, 1932 im sozialistischen Zuckerbäckerstil eröffnete Regierungsgebäude gilt als höchstes Capitol der USA. Der Blick von der Aussichtskanzel im 27. Stock auf den Mississippi, der dem Golf entgegenmäandert, ist grandios (3rd St.).

Brec's Magnolia Mound Plantation

Im Jahr 1791 von einem kreolisch-französischen Pflanzer gegründet und noch immer in Betrieb, spiegelt diese schöne, mit Originalmobilar eingerichtete Plantage den Alltag um 1800 wider (2161 Nicholson Drive).

✶ Plantation Country

Zwischen New Orleans und Baton Rouge liegt beiderseits des Mississippi eine historische Plantage neben der anderen. Die schönsten sind fein herausgeputzte Touristenattraktionen und entführen in die Welt von Scarlett O'Hara und Rhett Butler. Die schönsten Pflanzerhäuser sind Oak Alley, Nottoway, Myrtles Plantation und Oakley, wo **John James Audubon** (1785 – 1851) 32 seiner schönsten Bilder des Zyklus »Birds of America« schuf.

✶ Cajun Country

Südwestlich von New Orleans bis hin zur texanischen Grenze erstreckt sich das alte Siedlungsgebiet der Cajuns, der Nachfahren der aus Nova Scotia und New Brunswick stammenden Akadier. Fischerei, Reisanbau und Viehzucht sind vorherrschend. In den Sümpfen, 200 Jahre lang vom Rest der USA isoliert, geriet ihre Kultur und ihre

Wer sich aufmacht, das Cajun Country zu erkunden, sollte Vorsicht walten lassen. Die Tierwelt in den Sümpfen ist nicht ganz ungefährlich.

Sprache, ein urwüchsiges Französisch, erst im Lauf des 20. Jh.s in Gefahr, assimiliert zu werden. Dank zahlreicher Initiativen konnte der Verlust von Amerikas »French Connection« jedoch aufgehalten werden. Heute werden die Cajun-Kinder in den Schulen zweisprachig unterrichtet.

Houma Der Ort Houma (30 500 Einw.) südwestlich von New Orleans ist eine gute Basis für die Erkundung der flachen, von »Bayous« genannten Kanälen durchzogenen Landschaft. Man kann dies auf dem **»Bayou Drive«** (LA-56 u. -57) oder auch per Boot tun. Krabbenfischer schippern hier mit ausgestelltem Netz dem Golf entgegen. Verschiedene Unternehmer bieten »Swamp Tours« an, Sumpftouren, auf denen man Alligatoren und Wasservögel beobachten kann.

! *Baedeker* TIPP

Auf einer Swamp Tour versumpfen

Intensive Eindrücke von Cajun Country vermitteln »A Cajun Man's Swamp Cruise«, Houma, Tel. 1-985-868-46 25, und Munson's Swamp Tours, Schriever, Tel. 1-985-851-35 69.

Lafayette »Rue de la France«: Französisch gehaltene Straßenschilder weisen unmissverständlich darauf hin, dass Lafayette (112 000 Einw.) im Norden von Cajun Country das kulturelle Zentrum der Cajuns ist. 1836 als Vermillionville gegründet, hat die Stadt zahlreiche Cajun-relevante Attraktionen. Das **Acadian Cultural Center** (501 Fischer Rd.) bietet einen spannend inszenierten Querschnitt der oft dramatischen Geschichte der Cajuns von ihrem Exodus aus Kanada bis zu den

Assimilierungsversuchen der US-Regierung. In dem schönen Freilichtmuseum **Vermillionville** wurden traditionelle Cajun-Häuser, Teiche und Bayous inklusive, zum alten Lafayette zusammengestellt.

New Iberia

Die wunderschöne Antebellum-Residenz **»Shadows-on-the-Teche«** ist die Hauptattraktion der inmitten weiter Maisfelder liegenden Stadt New Iberia (32 600 Einw.). Das 1834 von einem Zuckerpflanzer gebaute Haus mit dem weißen Portikus diente in den 1920er-Jahren der Hollywood-Prominenz als Refugium (317 E. Main St.).

Maine

Qk–Rb 22–24

Abkürzung: ME
Hauptstadt: Augusta
Einwohnerzahl: 1,32 Mio.
Beiname: Pine Tree State
Fläche: 86 542 km²

Hummer über Hummer: Man isst sie in feinen Restaurants oder in Imbissbuden, den Lobster Pounds, neben der Straße. Die Luft riecht nach Salz, der Atlantik donnert gegen die meist felsige Küste: Maine, der Staat im äußersten Nordwesten der USA, ist ein Ziel für Entdecker mit feinen Geschmacksnerven.

Die 3200 km lange Küstenlinie ist Maines Hauptattraktion. Das fast durchgehend von Wald bedeckte Landesinnere wird von Besuchern meist vernachlässigt und das war schon immer so. Bis ins 19. Jh. blühte an der Küste der Schiffsbau. Portland, Bath, Camden und Boothbay Harbor waren wohlhabend und zeigten das auch. Das Hinterland war ihre Vorratskammer: Die endlosen Wälder lieferten das Holz für Segler und Klipper. Dann wurden die Schiffe aus Eisen und Stahl gebaut. Später rutschte auch die Fischerei in die Krise und Maine wurde das **Armenhaus Neuenglands**. Seit den 1980er-Jahren diversifiziert der Staat jedoch durchaus erfolgreich. Künftig sollen Dienstleistungsindustrien, u. a. auch der Tourismus, die Zukunft Maines sicherstellen. Nach wie vor stark ist die Holz- und Papierindustrie. Auch der Hummerfang ist profitabel.

★ Acadia National Park

Das nur 142 km² große Schutzgebiet ist der einzige Nationalpark Neuenglands und einer der meistbesuchten der USA. Steilküsten mit stillen Buchten und über 500 m aus dem Atlantik ragende, steile

Einfach überwältigend: Indian Summer in der Inselwelt des Acadia National Park

Granitbuckel machen den wildromantischen Reiz dieses Parks aus. Der größte Teil liegt auf dem per Damm mit dem Festland verbundenen Mt. Desert Island. Hier befindet sich auch das berühmte Resortstädtchen **Bar Harbor** (2700 Einw.), das mit Restaurants, Hotels und Walbeobachtungstouren eine hervorragende Basis für Tagestouren im Park ist. Kleiner und nicht so touristisch ist **Southwest Harbor** auf der Südseite der Insel. Der Acadia National Park kann im Auto und zu Fuß erkundet werden. Die 50 km lange Loop Road umrundet ihn, meist der schönen Küste folgend, und bietet einen Abstecher auf den über 500 m hohen Mt. Cadillac. Dort bietet sich ein toller Rundblick auf Land und Meer. Für Wanderer sind zahlreiche Trails ausgewiesen. Für den längsten muss man ca. 12 Stunden Gehzeit einplanen. Ein Besucherzentrum befindet sich in **Hulls Cove**.

MAINE

AUSKUNFT

Maine Office of Tourism
59 State House Station
Augusta, ME 04333-0059
Tel. 1-888-624-63 45
www.visitmaine.com

Portland

Manchmal wird die größte Stadt Maines, Portland (64 000 Einw.), mit San Francisco verglichen. Das ist sicher übertrieben, doch die angenehme Leichtigkeit, die vielen **Coffeeshops und Galerien** und eine aktive Kunstszene hat Portland sicherlich mit der Bay City gemein. Die Stadt am Ende der Casco Bay wurde 1632 gegründet und beherbergt heute zahlreiche Unternehmen der verarbeitenden Industrie.

Portland Museum of Art

Das Museum, für dessen Anbau Stararchitekt I. M. Pei engagiert wurde, widmet sich der Darstellung Maines auf Leinwand. Es zeigt Werke von Künstlern wie Edward Hopper, Winslow Homer und Frederic Church (7 Congress Sq.).

> ! *Baedeker* TIPP
>
> **Island Hopping**
>
> Von den fast 400 Inseln in Portlands Casco Bay sind ganze sechs bewohnt. Island Hopping mit den Fähren der Casco Bay Lines, die außer Einheimischen, Nahrungsmitteln und Baumaterial auch Touristen transportieren, ist ein Vergnügen, bei dem man leicht mit den Insulanern ins Gespräch kommt (Casco Bay Lines, Commercial u. Franklin Sts., Tel. 1-207-774-78 71).

Das **alte Hafenviertel**, ein Ensemble alter Häuser aus rotem Ziegelstein aus dem 19. Jh., ist nach einer beispielhaften Grundreinigung mit seinen schönen Restaurants, Boutiquen und Galerien Portlands größter Publikumsmagnet.

Das Städtchen **Freeport** (1850 Einw.) nordöstlich von Portland ist ein einziger Factory Outlet: Über 130 Firmen verkaufen hier ab Fabrik, mit Preisnachlässen bis zu 70 Prozent. Die berühmteste Konsumschleuse und Flaggschiff von Freeport ist **L. L. Bean** (Main Street), einer der populärsten Outdoor-Ausstatter der USA. Rund um die Uhr geöffnet, bietet er von Angelzeug über die komplette Campingausrüstung bis zum neuesten Schrei in der Outdoor-Mode alles, was das Herz des Naturfreunds begehrt.

Maryland

Qf–Qh 26/27

Abkürzung: MD
Hauptstadt: Annapolis
Einwohnerzahl: 5,6 Mio.
Beinamen: Old Line State; Free State
Fläche: 25 316 km²

Alles in dem kleinen Staat am Atlantik läuft aufs Wasser hinaus, kein Wunder bei mehr als 5100 km Küsten- und Uferlinie. Die tief ins Land reichende Chesapeake Bay drückt dem revolverförmigen Staat ihren Stempel auf. Doch ist ganz Maryland in der Hand der Yachtbesitzer? Nein: Im Westen ragen die Alleghenys auf und Städtchen wie Cumberland könnten ebenso gut im rauen West-Virgina stehen.

Reich an Buchten und von Flussmündungen zerfasert, war die **Chesapeake Bay** eines der Einfallstore der europäischen Besiedlung und ist bis heute die Lebensader Marylands. Klimatisch liegt der kleine Bundesstaat vor der Haustüre Washingtons auf der Schwelle zwischen Norden und Süden: Der Südosten ist subtropisch-feucht, der Nordwesten dagegen kontinental-frisch. Auch vor und während des Bürgerkriegs beherbergte Maryland zwei »Großwetterlagen«: Im nördlichsten Sklavenhalterstaat lebten zugleich einige der prominentesten Gegner der Sklaverei, darunter **John Brown**, der 1859 vergeblich die Sklaven zum bewaffneten Aufstand zu bewegen suchte, und **Harriet Tubman**, eine ehemalige Sklavin, die als Fluchthelferin über 300 Sklaven in die Freiheit führte. Als 1861 die Südstaaten von der Union abfielen, hielt Präsident Lincoln Maryland per Ausnahmezustand bei der Stange. Am 17. Dezember 1862 erlebte der Staat in Antietam bei Sharpsburg die bis dahin blutigste Schlacht auf amerikanischem Boden. Die folgenden 120 Jahre waren von einer rasanten, von ► Baltimore ausgehenden Industrialisierung geprägt. In den 1980er-Jahren wurden die Folgen sichtbar: Die Chesapeake Bay, der »Mülleimer der Capital Area« rund um Washington, drohte zu kippen. Erst das 1993 von allen Anrainern beschlossene »Chesapeake Bay Partnership Agreement« verschaffte der geschundenen Bay eine Atempause. Heute macht sich der Staat, der etwa so groß ist wie Belgien, als Standort von fast 400 BioTech-Firmen einen Namen.

Annapolis

Die Hauptstadt Marylands (36 400 Einw.) wurde 1649 von Puritanern auf einer Halbinsel am Westufer der Chesapeake Bay gegründet. Viele Häuser im Zentrum wurden vor 1900 errichtet, ein Umstand, der Annapolis heute zu einer der schönsten Städte der Ostküste macht. Ihrem Beinamen **»Sailing Capital of the United States«** wird sie mit ihrem Hafen und zahlreichen Marinas gerecht. Der Besucher kann im National Historic District 15 verschiedene Architekturstile studieren und bei Sonnenuntergang in einem Café an der Waterfront den Yachten beim Ankerwerfen im spöttisch »Ego Alley« genannten Hafenbecken zuschauen. Nach der erfolgten Unabhängigkeit diente die Stadt sogar neun Monate als Hauptstadt der USA.

US Naval Academy

Die 1845 gegründete Ausbildungsstätte der amerikanischen Marine bietet im US Naval Academy Museum maritimes, darunter Wrackteile der **»USS Maine«**, deren Versenkung im Hafen von Havanna 1898 den spanisch-amerikanischen Krieg auslöste.

Maryland State House

Das schöne, im Stadtzentrum liegende State House ist das älteste durchgehend benutzte der USA und ein amerikanisches Denkmal: **George Washington** legte hier nach der Unabhängigkeit das Kommando nieder, **Thomas Jefferson** wurde hier Außenminister. 1783 wurde hier auch der Friede von Paris ratifiziert, der Amerikas Unabhängigkeit anerkannte.

Im Banneker Douglas Museum wird der lange Marsch der Afroamerikaner von der Sklaverei bis zum Fall der Rassenschranken dokumentiert (84 Franklin St.). **Banneker Douglas Museum**

Antietam National Battlefield

Am Morgen des 17. September 1862 standen sich hier, im Westen Marylands, 41 000 konföderierte Soldaten unter **General Robert E. Lee** und 87 000 Unionssoldaten unter **General George McClellan** gegenüber. Lees Hoffnung, den Krieg nach Norden zu tragen, erfüllte sich jedoch nicht. Am Ende des Tages waren 23 000 Soldaten gefallen und Lee zog sich nach Süden zurück. Heute führt eine stille Straße durch die hügelige, noch immer melancholische Felderlandschaft. Schilder am Wegesrand weisen auf besonders dramatische Ereignisse während dieser wechselvollen Schlacht hin. Im Besucherzentrum wird der Verlauf des Gefechts rekonstruiert (SR-34/65, Sharpsburg; Öffnungszeiten: tgl. Sonnenauf- bis Sonnenuntergang).

MARYLAND

AUSKUNFT

Annapolis and Anne Arundel County Conference and Visitors Bureau
26 West St., Annapolis, MD 21401
Tel. 1-410-280-04 45
www.visit-annapolis.org

Im eine halbe Autostunde östlich von Sharpsburg liegenden Frederick (56 500 Einw.) zeigt das **National Museum of Civil War Medicine** (48 E. Patrick St.), mit welchen Methoden die Verwundeten von Antietam behandelt wurden. Anschließend mag man bei einem Bummel durch den schönen »Historic District« der zweitgrößten Stadt Marylands auf andere Gedanken kommen. **Frederick**

Assateague Island National Seashore

Die kleinen, gedrungenen Wildpferde sind die Hauptattraktion der 60 km langen, Maryland vorgelagerten Sandinsel. Rund 300 von ihnen streifen heute noch frei umher. Die gesamte, nach Virginia hineinreichende Insel steht unter Schutz und wird im Virginia-Abschnitt als Chincoteague National Wildlife Refuge verwaltet. Eine Straße und schöne Radwege führen durch die Marsch- und Dünenlandschaft. Die beste Zeit zur Beobachtung der Pferde ist abends oder frühmorgens. **Chincoteague National Wildlife Refuge**

20 Autominuten nördlich liegt auf einer 16 km langen Sandinsel Marylands Baderesort Ocean City (7500 Einw.). Der **Coastal Highway** führt hier an modernen Hotels und Apartmentgebäuden vorbei. Der Strand hier ist hervorragend, aber während der Sommermonate völlig überlaufen. Angenehmer gestaltet sich daher der Besuch im September. **Ocean City**

Am Board Walk in Ocean City geht es ganz entspannt zu.

St. Mary's City Der Ort St. Mary's City (5000 Einw.) ganz an der Südspitze des Westufers der Chesapeake Bay liegt abseits des Geschehens. So blieb ein beschauliches Stadtbild bestehen, das in den 1970er-Jahren restauriert wurde und heute als »Living Museum« viele Besucher zu diesem Abstecher veranlasst. Sehenswert ist v. a. das Freilichtmuseum **Historic St. Mary's City**, das mit diversen rekonstruierten Gebäuden, darunter einer Tabakplantage, an die Anfänge der Stadt vor 400 Jahren erinnert (SR-5). Südlich von St. Mary's City lockt der **Point Lookout State Park** mit schönen Badestränden und noch weiter südlich mit einer 250 m langen Pier, wo Ausflugsschiffe zum Nordufer der Chesapeake Bay ablegen.

Massachusetts

Qj/Qk 24/25

Abkürzung: MA
Hauptstadt: Boston
Einwohnerzahl: 6,45 Mio.
Beinamen: Bay State, Old Colony
Fläche: 21 386 km²

Manche behaupten, dass es die USA ohne Massachusetts nicht geben würde. Fest steht, dass der Bay State die Geschicke der Weltmacht mitgeprägt hat wie kein anderer Bundesstaat. Hier wurde am lautesten gegen Großbritannien protestiert, hier begann der Unabhängigkeitskrieg. Hier entstand die amerikanische Literatur, hier wurden das Telefon und der Computer erfunden.

Alle Assoziationen mit Massachusetts haben mit Kultur, Bildung und Schlüsselepisoden der amerikanischen Geschichte zu tun. Man denkt an efeuumrankte, prestigeträchtige Hochschulen, an Salem und die **Hexenverfolgungen** und Arthur Millers Klassiker »Hexenjagd«, an Lexington und Concord und die ersten Schüsse des Unabhängigkeitskrieges, an Emerson, Thoreau, Poe, Hawthorne, Dickinson, aus Massachusetts stammende Schriftsteller der ersten Stunde – und natürlich an die Familie Kennedy, Amerikas Royals. Doch Massachusetts hat weit mehr zu bieten als reinen Bildungsurlaub: Der Bundesstaat ist maritim in Cape Cod, urban in Boston und ländlich in den Berkshires. Wanderungen in den Appalachen sind nicht minder lohnenswert als ein Streifzug durch die Museen.

Geschichte

Die mit der legendären »Mayflower« in Amerika gelandeten Pilgerväter ließen sich 1620 in Plymouth nieder, wo sie 1629 ein Gemeinwesen gründeten, in dem die Puritaner tonangebend waren. Die Auseinandersetzungen mit der indianischen Bevölkerung kulminierten 1675/1676 im **King Philipps War**, den die Kolonisten gewannen. Die Auflehnung gegen das Regiment Englands und die Befreiung aus der Abhängigkeit vom Mutterland nahm in Massachusetts ihren Anfang (► Boston), in Lexington kam es 1775 zum ersten Gefecht im Unabhängigkeitskrieg. Im Jahr 1780 gab sich Massachusetts die noch heute geltende Verfassung. Als sechster Staat trat Massachusetts am 6. Februar 1788 den USA bei. Heute ist Massachusetts wirtschaftlich der bedeutendste der Neuenglandstaaten. Im Großraum Boston haben sich neben großen Industriebetrieben v. a. Elektrotechnik- und Elektronikbranchen angesiedelt. Mit Harvard und 50 weiteren Hochschulen allein im Raum Boston verfügt Massachusetts auch über den zur Besetzung hochqualifizierter Posten notwendigen Nachwuchs.

MASSACHUSETTS

AUSKUNFT

The Berkshires Visitors Bureau
3 Hoosac St.
Adams, MA 01220
Tel. 1-413-743-45 00
www.berkshires.org

Ausgewählte Reiseziele in Massachusetts

★ The Berkshires

Grüne Berge und schmucke Dörfer mit Grünanlagen und weißem Kirchlein machen den Reiz dieser Gegend aus. Im 19. Jh. ließen sich Künstler und Schriftsteller hier inspirieren, später entdeckte die Ostküstenelite die friedliche Landschaft als Sommerfrische. Auf einer

◄ weiter auf S. 374

MAYFLOWER

★★ **Der amerikanische Gründungsmythos hat einen Namen: »Mayflower«. Ganz genau weiß man nicht, wie das Schiff ausgesehen hat, aber wer die 102 Passagiere und damit die Gründer der USA waren, ist genau dokumentiert.**

Reiseverlauf
Die Reise der Pilgerväter begann im Juli 1620 in Delft, von wo sie mit der »Speedwell« nach Southampton übersetzten, wo die »Mayflower« lag. Beide Schiffe sollten die Fahrt antreten, doch zwei Mal musste man im August wegen Lecks in der »Speedwell« umkehren. So legte am 6. September 1620 die überfüllte Mayflower von Plymouth mit 102 Passagieren (darunter drei Schwangere und 31 Kinder) und 31 Mann Besatzung unter Captain Christopher Jones ab. Ein Besatzungsmitglied und ein junger Passagier starben unterwegs, Elizabeth Hopkins gebar ihren Sohn Oceanus. Am Morgen des 9. November 1620 wurde Land gesichtet – jedoch Cape Cod, nicht das angesteuerte Virginia. Nach einem vergeblichen Versuch, nach Süden zur Hudsonmündung zu kommen, kehrte man um und ging am 11. November 1620 an Land. Den Winter verbrachten die Pilgerväter an Bord der »Mayflower«, wo fast die Hälfte an Lungenentzündung und Tuberkulose starb. Am 21. März 1621 verließen die Überlebenden das Schiff und ließen sich, wie bereits am 25. Dezember 1620 beschlossen, beim heutigen Plymouth nieder. Die »Mayflower« segelte am 5. April 1621 ohne Ladung zurück nach England. Sie soll 1624 abgewrackt worden sein.

① Schiffstyp
Die »Mayflower« war ein Segler vom Galeonentyp. Diese Schiffe waren vom Beginn des 16. Jh.s bis ins 17.Jh. hinein gebräuchlich. Charakteristisch waren u. a. ein schlankerer Rumpf, ein »Galion« (vorderer Aufbau) sowie das Achterkastell (hinterer Aufbau). Ungefähre Daten der »Mayflower«: Wasserverdrängung 180 t, 28 m lang, 9 m breit, Tiefgang ca. 4 m.
Vermutlich segelte die »Mayflower«, bestückt mit 10 Kanonen, schon 1588 gegen die spanische Armada. 1607 oder 1608 erwarb sie Christopher Jones mit seinen Partnern und setzte sie als Handelschiff ein, vor allem im Verkehr nach La Rochelle, von wo sie Wein nach England brachte.

② Schaluppe
Mit der 9,5 m langen Schaluppe erkundete der militärische Führer, Miles Standish, nach dem 11. November 1620 die Küsten um Cape Cod. Zumeist war das Boot im Zwischendeck verstaut.

③ Oberdeck
Wenn das Wetter es erlaubte, campierten (und kochten) die Passagiere auf dem Oberdeck.

④ Zwischendeck
Die meiste Zeit verbrachten die 102 Passagiere aber im Zwischendeck, in dem ein Erwachsener nicht aufrecht stehen konnte. Familien zimmerten sich Verschläge, unverheiratete Männer schliefen auch in der Schaluppe. Zur Enge kam auch der Gestank von Schweiß und Exkrementen.

⑤ Laderaum
Hier waren die Habseligkeiten, Werkzeuge und Proviant für ein Jahr verstaut. Für einen erwachsenen Mann wurden u. a. zwei Fässer Weizen, 1/2 Fass Erbsen und 2 Gallonen Essig gerechnet. Ein Großteil der Ladung bestand aus Fässern mit Bier.

Im »Gelobten Land«: Am 11. November 1620 betraten die Pilgerväter auf Cape Cod den Boden der Neuen Welt (Stich nach einem Gemälde von Antinio Gisbert, 1864).

Der in
ank
»May
Plänen de

geba
unter d
Ala
Atlan

Fahrt auf der ME-2, dem bekannten **Mohawk Trail**, von Millers Falls nach dem Universitätsstädtchen Williamstown, fährt man durch eine typisch neuenglische Bilderbuchlandschaft. Von **Williamstown** aus führt die kaum weniger romantische US-7 nach Orten wie Stockbridge, dessen Idylle dem berühmten Illustrator Norman Rockwell als Vorlage diente. Etwas abseits liegt der Weiler Hancock. Dort ist das **Hancock Shaker Village**, ein in ein Museum umfunktioniertes Dorf der Quäkersekte der Shaker, einen Besuch wert.

Gloucester

Im 19. Jh. ankerte in dem 65 km nördlich von ► Boston auf der Halbinsel **Cape Ann** liegenden Ort Gloucester (31 000 Einw.) die größte Fischfangflotte der Welt. In den 1990er-Jahren geriet die Fischerei in die Krise, seitdem hat sich die Flotte mehr als halbiert, und viele Fischer halten sich mit Hummerfang über Wasser. An die gute alte Zeit erinnert das 1923 enthüllte **Fishermen's Memorial** (Stacy Blvd. und Western Ave.), das einen aufs Meer blickenden Seemann zeigt. Dem Meer, dem Hafen und seinen Menschen widmet sich das schöne **Cape Ann Historical Museum** (27 Pleasant St.). Es enthält u. a. die größte Bildersammlung des aus Gloucester stammenden Fitz Hugh Lane.

! *Baedeker* TIPP

Dem Wal ganz nah

Cape Ann Whale Watch organisiert von Mai bis Oktober mehrstündige Whale-Watching-Touren (415 Main St., Gloucester, Tel. 1-800-877-51 10).

Lexington Concord

Die beiden ersten Gefechte des Unabhängigkeitskrieges fanden eine halbe Autostunde nordwestlich von Boston statt. Die Stellen, wo, so amerikanische Historiker, 1775 die »Schüsse fielen, die die ganze Welt hörte«, wurden im **Minuteman National Historic Park** zusammengefasst und können auf dem ausgeschilderten Battle Road Trail von Lexington nach Concord abgefahren werden. Die erste Konfrontation fand am 19. April vormittags auf dem Battle Green von Lexington statt. Danach zogen die britischen Soldaten, nach illegalen Waffenverstecken suchend, auf der Battle Road nach Concord, wo sie an der Old North Bridge von 3000 Kolonisten in ein Feuergefecht verwickelt wurden. Am späten Nachmittag mussten sich die Soldaten unter schweren Verlusten nach Boston zurückziehen. Einmal in Concord, sollte man unbedingt dem **Concord Museum** (200 Lexington Rd.) einen Besuch abstatten. Es reflektiert die Rolle Concords als Weimar Amerikas in den 1840er-Jahren, als Geistesgrößen wie Ralph Waldo Emerson und Henry David Thoreau sich hier zum Gedankenaustausch trafen.

✶ Salem

Die 45 Autominuten nördlich von Boston liegende Stadt Salem (42 000 Einw.) wurde wegen ihrer Hexenprozesse berühmt-berüchtigt: 1692/93 fielen hier 20 Menschen dem Hexenwahn zum Opfer.

Das Salem Witch Museum lässt die dunkle Vergangenheit des Ortes noch einmal aufleben.

Weniger bekannt ist, dass Salems Kaufleute im frühen 19. Jh. durch den Chinahandel die ersten Millionäre des Landes wurden. Das **Peabody Essex Museum**, eines der besten Museen der Ostküste, zeigt in 30 Räumen die Mitbringsel der Chinafahrer aus Salem, darunter in Stoßzähne geschnitzte Städte und Landschaften, Gemälde, chinesische Möbel und kostbares Porzellan (East India Square).
Das düster gehaltene **Salem Witch Museum** stellt mit Wachsfiguren die Ereignisse der Hexenprozesse nach und verschont den Besucher auch nicht vor den Schmerzensschreien der Gefolterten vom Band (Washington Square).

Plymouth

Südlich von ► Boston liegt »America's Hometown«. Die Stadtväter von Plymouth (53 000 Einw.) wählten den patriotischen Beinamen, weil hier die Pilgerväter am 21. Dezember 1620 an Land gingen. Die **»Mayflower II«**, ein maßstabgetreuer Nachbau des bekanntesten Schiffs der amerikanischen Geschichte, liegt an State Pier; kostümierte »Pilgerväter« erzählen ihre Geschichten. Unweit davon rekonstruieren im **Plymouth National Wax Museum** (16 Carver St.) die Wachsfiguren historischer Personen Schlüsselszenen aus der Anfangszeit der Kolonie. Seriöser präsentiert sich das Museumsdorf **Plimoth Plantation** (Plimoth Plantation Hwy.) fünf Kilometer südlich von Plymouth. Das palisadenbewehrte Dorf zeigt, wie Plymouth im Jahr 1627 ausgesehen hat, und wird von kostümierten Schauspielern bevölkert, die in die Rolle der damaligen Bewohner geschlüpft sind.

★ Memphis

Pk / Qa 28

Bundesstaat: Tennessee
Einwohnerzahl: 671 000
(Metropolitan Area: 1,2 Mio.)
Höhe: 70 – 110 m ü.d.M.
Fläche: 763 km²

Diese Stadt war ganz oben und ganz unten. Elvis Presley eroberte von hier aus die Welt, Martin Luther King jr. wurde hier erschossen. Memphis hat Freud und Leid gesehen. Die einzige Konstante in ihrer bewegten Geschichte: der Mississippi, der sich braun und schlammig vor ihren Toren nach Süden wälzt. Der Blues hätte sich keine bessere Wiege aussuchen können.

Memphis, die größte Stadt Tennessees, liegt am Ostufer des Mississippi. 1819 gegründet, entwickelte sich die Stadt rasch zum Umschlaghafen für Baumwolle und größten Sklavenmarkt der gesamten Region. Im Bürgerkrieg zunächst die Hauptstadt der Konföderierten, wurde sie bereits 1862 von Unionstruppen eingenommen und rutschte nach dem Wiederaufbau in eine lange Krise: Gelbfieber entvölkerte die ohnehin fast leere Stadt in den 1870er-Jahren derart, dass sie die Stadtrechte verlor. Um 1900 war sie jedoch als Holzumschlagplatz wieder da, einen beispiellosen Zustrom vor allem schwarzer Wanderarbeiter erlebend, die sich rund um die **Beale Street** niederließen.

Geburtsstunde des Blues

In den 1920er-Jahren erlebte die Stadt in den verqualmten Kneipen der Beale Street die Geburt jener Musikrichtung, die alle anderen Stile entscheidend beeinflusste. Als »Father of the Blues« gilt W.C. Handy, dessen Stück **»Memphis Blues«** allgemein als Mutter aller Blues-Songs angesehen wird. In den 1950er-Jahren tauchte hier ein blasser weißer Junge namens Elvis Presley auf. Er sang wie ein Schwarzer, Blues wie auch Rhythm 'n Blues, und zog alsbald noch mehr Tonstudios an. Die mit der Aufhebung der Rassenschranken einhergehenden Unruhen erfassten etwas später auch Memphis und gipfelten 1968 in der Erschießung der Leitfigur der Bürgerrechtsbewegung, **Dr. Martin Luther King jr.** Kurioserweise war es der Tod Elvis Presleys, der Memphis wieder auf die Siegerbahn brachte: Ausgelöst durch den Ansturm Hunderttausender trauernder Fans, entstand ein Musiktourismus, der jährlich Heerscharen von Touristen aus aller Welt an den Mississippi lockt.

Sehenswertes in Memphis

Great American Pyramid

Das Wahrzeichen von Memphis ist die Great American Pyramid am Flussufer. Das 32 Stockwerke hohe Gebäude ist der ägyptischen Cheopspyramide nachempfunden und birgt ein 22 000 Zuschauer fassendes Auditorium.

Memphis Orientierung

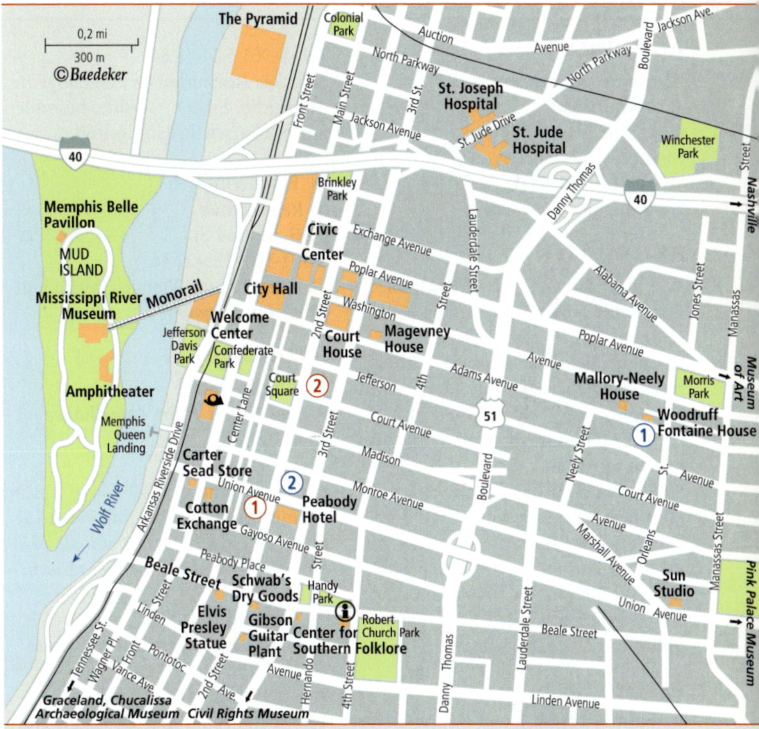

Übernachten

① The Talbot Heirs Guesthouse

② The Sleep Inn at Court Square

Essen

① Cielo

② Rendezvous

Mud Island

Auf der im Mississippi liegenden Mud Island (oder Festival Island) kann man den Lauf des Mississippi von Cairo (IL) bis zu seiner Mündung in den Golf von Mexiko an einem 1,2 km langen Modell verfolgen. Es ist Bestandteil des **Mississippi River Museum**, in dem Liebhaber alter Dampfboote auf ihre Kosten kommen (River Center Building, im Mud Island River Park, 125 N. Front St., Öffnungszeiten: tgl. 10.00 – 17.00, Ende Mai – Sept. bis 18.00 Uhr).

Center for Southern Folklore

Das Zentrum zeigt Wechselausstellungen zum Lebensalltag der Menschen in den Südstaaten und ist Bühne für mittags und abends stattfindende Blues-, Jazz- und Rockkonzerte (123 S. Main St.).

✶ Beale Street

Vom Charme der Beale Street östlich vom Riverside Drive, als in den Kneipen der Blues regierte, ist nicht mehr viel geblieben: Allzu sehr

MEMPHIS ERLEBEN

AUSKUNFT

Memphis Convention & Visitors Bureau
47 Union Ave.
Memphis, TN 38103
Tel. 1-901-543-53 00
www.memphistravel.com

AKTIVITÄTEN

Wie Elvis die Welt aus einem pinkfarbenen 55er Cadillac heraus bestaunen: Tad Pierson's dreistündige Greatest-Hits-Tour führt zu allen blues- und rockrelevanten Orten von Memphis (Tel. 1-901-527-88 70, www.americandreamsafari.com). Für den Bummel am Abend ist die Beale Street natürlich das richtige Pflaster. Hier liegt eine Bluesbar neben der anderen. Den Wurzeln des Blues am nächsten kommt der Besucher jedoch im Wild Bill's, deren Hausband schon mit B. B. King gespielt hat (1580 Vollintine Ave., Tel. 1-901-726-54 73).

ESSEN

▸ Fein & teuer

① ***Cielo***
679 Adams Ave.
Tel. 1-901-524-18 86
Schickes Restaurant in ehemaligem Tonstudio. Fusion Cuisine, besonders gut: Seebarsch in Honigsirup.

▸ Erschwinglich

② ***Rendezvous***
52 S. Second St.
Tel. 1-901-523-27 46
Fleisch in rauen Mengen, vor allem Ribs vom Schwein.

ÜBERNACHTEN

▸ Komfortabel

① ***The Talbot Heirs Guesthouse***
99 S. 2nd St.
Tel. 1-901-527-97 72
www.talbothouse.co
Gemütliches Gasthaus mit neun individuell eingerichteten, jeweils über eine Küche verfügenden Zimmern.

▸ Günstig

② ***The Sleep Inn at Court Square***
40 N. Front St.
Tel. 1-902-522-97 00
124 Z. Einfache, aber zwischen Fluss und Fußgängerzone (Vorsicht: Straßenbahn!) gelegene Bleibe.

regiert hier der Kommerz und auch was in den heutigen Bars erklingt, ist oft mehr nachgemacht als echt. Trotzdem muss man hier gewesen sein, um einen Blick in W. C. Handys Haus (325 Beale St.) und in den Handy-Park zu werfen.

Memphis Rock'n Soul Museum

Handgekritzelte Lyrics später weltberühmter Titel, Originalkostüme und Instrumente von **Jerry Lee Lewis & Co.** werden hier eingebettet in eine fundierte Geschichte über die Entstehung des Blues präsentiert (191 Beale St., FedExForum Plaza, Öffnungszeiten: tgl. 10.00 bis 19.00 Uhr).

National Civil Rights Museum

Nur wenig südlich der Beale Street wurde 1968 im Lorraine Motel (450 Mulberry St.) Martin Luther King Jr. ermordet. Heute befindet sich hier das National Civil Rights Museum. Audiovisuelle und interaktive Ausstellungen befassen sich mit Schlüsselmomenten der Bürgerrechtsbewegung. Herzstück sind das Hotelzimmer und der Balkon, auf dem Martin Luther King Jr. erschossen wurde (Öffnungszeiten: Juni – Aug. Mo, Mi. – Sa. 9.00 – 18.00; sonst Mo., Mi. – Sa. 9.00 bis 17.00, So. 13.00 – 17.00 Uhr).

★★ Graceland

Auch wenn der Rummel und der Kult um Elvis Presley sicher nicht jedermanns Sache ist: Graceland, das Anwesen, das er schon 1957 erwarb, ist eine nationale Wallfahrtsstätte und »America at its Best«. Unter der Adresse 3764 Elvis Presley Blvd. kann der Elvis-Fan hier in den »heiligen Hallen« wandeln, eine Blume auf sein Grab legen, die beiden Privatjets und die Autos bestaunen und sich schließlich im **Sincerely Elvis Museum** mit allerlei Devotionalien seines Idols eindecken, das in Graceland nicht nur große Erfolge feierte, sondern auch in den von Alkohol und Tabletten zerstörten letzten Jahren seines Daseins dahindämmerte – davon erfährt man allerdings wenig (Öffnungszeiten: Mo. – Sa. 9.00 – 17.00, So. 10.00 – 16.00 Uhr).

Sun Studio

Für alle Fans, die sich auf eine Reise zu den Wurzeln der modernen Rockmusik machen wollen: Im Sun Studio nahmen Elvis Presley, B. B. King, Jerry Lee Lewis, Johnny Cash und Roy Orbison ihre ersten Platten auf (706 Union Ave., Führungen: tgl. 10.00 – 18.00 Uhr).

Elvis erfährt auch im Jenseits Verehrung.

★★ Mesa Verde National Park

Pa 27

Bundesstaat: Colorado
Gründungsjahr: 1906
Fläche: 211 km²

Die im 16. Jahrhundert vorbeiziehenden Spanier gaben dem gewaltigen, aus der Weite des Montezuma Valley ragenden Klotz seinen Namen: Mesa Verde – »Grünen Tisch« – nannten sie ihn wegen seiner ebenen, dicht bewaldeten Oberfläche. Doch dessen Bewohner, die hier fantastische Felsenwohnungen hinterlassen hatten, trafen sie nicht mehr an. Sie waren bereits 250 Jahre zuvor fortgezogen.

Die Bilder der verschachtelten Adobe-Siedlungen unter Millionen Tonnen schweren Felsüberhängen sind weltbekannt: Fast jedes Reisemagazin hat sie wenigstens einmal veröffentlicht. 1906 wurden die hier **»cliff dwellings«** genannten prähistorischen Felsensiedlungen zum Nationalpark erklärt. Noch immer wird über die Herkunft ihrer Erbauer und deren plötzliches Verschwinden im späten 13. Jh. n. Chr. gerätselt. Nicht einmal ihr Name ist bekannt. Die Historiker

Cliff Palace ist das meist besuchte Felsendorf im Park.

MESA VERDE ERLEBEN

AUSKUNFT

Mesa Verde National Park
P. O. Box 8
CO 81330-0008
Tel. 1-970-529-44 65
www.nps.gov/meve

ESSEN/ÜBERNACHTEN

▸ **Erschwinglich/Komfortabel**

Far View Lodge
Tel. 1-970-529-44 21
Die rustikale Lodge an der Kante der Mesa verfügt auch über ein ordentliches Restaurant. Geöffnet Ende April bis Ende Oktober.

nennen sie **»Ancestral Pueblos«**, für die Utes und Hopi sind sie die »Old Ones«. Der Name, den ihnen die Navajos gaben, ist der geläufigste, wohl, weil er der schönste ist: »Anasazi« nannten sie die Dörferbauer, was so viel wie »Alte Feinde« bedeutet.

Sehenswertes im Mesa Verde National Park

Felswohnungen

Bis zu 600 m ist der Grüne Tisch hoch. Mehrere Hundert Meter hohe Steilwände charakterisieren ihn und enge, tief in die »Tischplatte« schneidende Canyons. Die Anasazi siedelten 700 Jahre lang auf dem Plateau und hinterließen rund 4000 Ruinen, darunter 600 unter mächtigen Überhängen klebende Felswohnungen. Die ältesten Häuser, die so genannten **Pit Houses** auf dem Plateau, waren in die Erde gegrabene Behausungen und entstanden zwischen 500 und 750 n. Chr. Bis 1100 n. Chr. entstanden mehrstöckige Adobe-Häuser mit kreisrunden Zeremonialräumen, den **Kivas**.
Um 1200 n. Chr. verließen die Anasazi ihre Häuser auf dem Plateau und zogen hinab in die Canyons, wo sie unter den gewaltigen Überhängen die berühmten Felsendörfer bauten. Um 1300 gaben sie auch diese auf und zogen nach Süden, wo sie vermutlich in den Pueblo-Völkern aufgingen.

✶ Cliff Palace

Vom Parkeingang führt die kurvenreiche Straße am **Montezuma Valley Overlook** und **Park Point**, dem höchsten Punkt des Parks (2613 m), vorbei zum Far View Visitors Center an der Mesa-Kante von wo aus man einen grandiosen Blick in die Halbwüste Arizonas genießt.
Von hier aus führt eine 21 km lange Straße zu den Pit Houses und Cliff Dwellings. Cliff Palace, das größte und meistfotografierte Felsendorf des Mesa Verde National Parks, hat 217 Zimmer und 23 Kivas, hinzu kommen Speicher und Türme. Die besterhaltene Ruine ist **Spruce House**. Schöne Wanderwege führen in die Canyons hinab. Über ihren Zustand sollte man sich jedoch zuvor im Besucherzentrum informieren.

✶✶ Miami · Miami Beach

Qe 33

Bundesstaat: Florida
Einwohnerzahl: 405 000
Höhe: 0 – 8 m ü.d.M.
Fläche: 143 km²

Vor wenig mehr als hundert Jahren war Miami nur ein staubiges Nest an der Biscayne Bay. Heute ist die Stadt in aller Munde: Als »Vorstadt« Havannas (wegen ihres großen kubanischen Bevölkerungsanteil), als Tor nach Lateinamerika, als Kulisse cooler Zeitgeistkrimis wie »CSI Miami« und als pulsierende Kunstmetropole.

Größter Passagierhafen der Welt für Kreuzfahrtschiffe, einer der größten Flughäfen des Landes, landesweit führende Betriebe der Luft- und Raumfahrtindustrie, internationales Finanzzentrum: Miami hat eine stürmische Entwicklung hinter sich, in der ein boomender Florida-Tourismus und die Ankunft kubanischer Flüchtlinge nach 1959 die wichtigsten Akzente setzten. Tatsächlich ist der Boom Miamis einzige Konstante: Die Rassenunruhen der 1960er-Jahre und die schweren Ausschreitungen in den kubanischen Vierteln in den 1980er-Jahren überstand die Stadt ebenso wie ihren einst schlechten Ruf als Drehscheibe kolumbianischer Drogenkartelle und die Hurrikans der vergangenen Jahre.

Downtown Miami kann nur noch in die Höhe wachsen.

Sehenswertes in Miami

Bayside Marketplace ✶

Der Bayside Marketplace ist der touristische Brennpunkt am zentralen Yachthafen Miamarina, von wo aus die Ausflugsboote in die Biscayne Bay aufbrechen. Eine Promenade, eine Open-Air-Bühne und Latino-Cafés sorgen für Kurzweil. Im südlich anschließenden Bayfront Park stehen vor der modernen Kulisse von Downtown drei Denkmäler, darunter die **Torch of Friendship** zu Ehren der freundschaftlichen Beziehungen zu den Ländern Lateinamerikas.

Flagler Street

Laut, belebt und polyglott vermittelt die vom Bayfront Park aus stadteinwärts führende Flagler Street den besten Eindruck von Downtown Miami. Die Hausnummer 101 W. trägt das Miami Dade Cultural Center mit dem **Historical Museum of Southern Florida**. Spannend inszenierte Ausstellungen zeigen u. a. Schätze spanischer Galeonen (Öffnungszeiten: Mo. – Sa. 10.00 – 17.00, Do. 10.00 – 21.00, So. 12.00 – 17.00 Uhr). Das benachbarte **Miami Art Museum** zeigt u. a. die Arbeiten lateinamerikanischer Künstler (Öffnungszeiten: Di. – Fr. 10.00 – 17.00, Sa., So. 12.00 – 17.00 Uhr).

Little Havanna

Das Stadtviertel südwestlich der Downtown ist die Bastion der Exil-Kubaner. 8th Street, besser bekannt als Calle Ocho, ist ihr Gravitationszentrum: An der belebten Hauptstraße von Little Havanna liegen etliche Geschäfte und Kaffeestuben. Sehenswert ist hier v. a. das **Latin American Art Museum** (2206 8th St.), das die Arbeiten kubanischer und lateinamerikanischer Künstler vorstellt (Öffnungszeiten: Di. – Fr. 11.00 – 17.00, Sa. 11.00 – 16.00 Uhr).

Coconut Grove ✶

Das im Süden Miamis liegende Viertel ist mit seinen Fachwerkhäuschen und mediterran inspirierten Villen das charmanteste Stück Miami. Die populärste Sehenswürdigkeit vor Ort ist die opulente **Villa Vizcaya** (3251 S. Miami Ave.), das 1916 vollendete Winterdomizil des Erntemaschinen-Fabrikanten James Deering. In dem 34-Zimmer-Palast ist französische, spanische und italienische Kunst ebenso zu bestaunen wie kostbare Möbel, Teppiche und Skulpturen (Öffnungszeiten: tgl. 9.30 – 16.30 Uhr).
Coconut Grove Village im Kreuzungsbereich von Grand Avenue und Main Highway ist das Herz des Viertels: »The Grove« ist jung und vital und bietet Shoppern und Flaneuren mit fantasievoll gestalteten Malls wie CocoWalk, Streets of Mayfair und Commodore Plaza jede Menge Auslauf.

Coral Gables

Westlich von Coconut Grove liegt Coral Gables. Das Viertel wurde 1926 von George Merrick mit Prachtboulevards, Alleen, mediterranen Villen und zwei Dutzend Parks verziert. Schon der erste Eindruck sollte überwältigen: Acht Stadttore (vier wurden realisiert) soll-

Miami Orientierung

Übernachten
1. Inter-Continental Miami
2. Cardozo Hotel
3. Miami River Inn
4. Holiday Inn Port of Miami

Essen
1. Mark's Place
2. Barton G.
3. Macaluso's
4. Iron Sushi

MIAMI · MIAMI BEACH ERLEBEN

AUSKUNFT

Greater Miami CVB
701 Brickell Ave., Suite 2700
Miami, FL 33131
Tel. 1-305-539-30 00
www.miamiandbeaches.com

Miami Beach Chamber of Commerce
1920 Meridian Ave.
Tel. 1-305-674-13 00
www.miamibeachchamber.com

EINKAUFEN/AUSGEHEN

In South Beach residieren alle großen Markenhersteller – im Südteil der Collins Ave. und in der Fußgängerzone Lincoln Road. Nächtliche Action findet man am Ocean Drive und in Collins und Washington Avenue. Die lange Nacht wert: Mynt Lounge (1921 Collins Ave.), ein weitläufiger, grüner Raum, gefüllt mit Designer-Dekor und schönen Menschen, und Nerve Lounge (247 23rd. St.), ein Tanzschuppen mit den – angeblich – heißesten Barmixern Miamis.

ESSEN

► Fein & teuer

① *Mark's Place*
2286 NE. 123rd Street, Miami
Tel. 1-305-893-68 88
Bei diesem Nobel-Italiener gibt es wunderbare Fischgerichte und lecker zubereitete Meeresfrüchte.

► Erschwinglich

② *Barton G.*
1427 West Ave., Miami Beach,
Tel. 1-305-672-88 81
Steaks, Seafood und Salate, alles großzügig bemessen. Der Clou: die kreative Präsentation!

③ *Macaluso's*
1747 Alton Rd., Miami Beach
Tel. 1-305-604-1811
Italienische Küche, verfeinert mit Zutaten direkt aus bella Italia.

④ *Iron Sushi*
840 Washington St., Miami Beach
Tel. 1-305-532-6500
Bester der Sushi-Takeouts: frisches Sushi und Sashimi, einfache Essstube, immer voll.

ÜBERNACHTEN

► Luxus

① *Inter-Continental Miami*
100 Chopin Plaza, Miami
Tel. 1-305-577-10 00
www.intercontinental.com
640 Zimmer und 36 Suiten. Postmoderner Hotel-Wolkenkratzer, die Lobby ziert das Kunstwerk »The Spindle« von Henry Moore.

② *Cardozo Hotel*
1300 Ocean Drive, Miami Beach
Tel. 1-305-535-65 00
www.cardozohotel.com
43 Z. Frisch renoviertes Art-déco-Nobelhotel der Salsa-Königin Gloria Estefan. Mit Strandblick und Restauranttterrasse.

► Komfortabel/Günstig

③ *Miami River Inn*
118 SW. South River Drive, Miami
Tel. 1-305-325-00 45
www.miamiriverinn.com
40 Z. Denkmalgeschützte und gemütliche B&B-Herberge von 1908.

④ *Holiday Inn Port of Miami*
340 Biscayne Blvd.
Tel. 1-305-371-44 00
www.ichotelsgroup.com
200 Zimmer und Suiten. Hotel am Hafen, von Touristen und Geschäftsreisenden geschätzt.

ten »seine« Stadt vom Rest Miamis absetzen. Vier Jahre wurde in The Gables gebaut, dann machten Geldprobleme Merricks Vision ein Ende.

Rund um die Miracle Mile

Nach Westen immer teurer wird die zwischen Douglas Rd. und Le Jeune Rd. liegende, vier Blocks lange Miracle Mile, die weiter westlich als Coral Way ihren Weg fortsetzt. In schönen Arkaden residieren lateinamerikanische Reisebüros und Hochzeitsausstatter, von Palmen und Palmetto umrankte Gebäude wie das von Merrick konzipierte **Colonnade Building** (180 Aragon Ave.) mit Rotunda und geschmackvollem Marmorinterieur nehmen das Tempo aus dem Schritt.

! *Baedeker* TIPP

Besuch im Auge des Hurrikan

Was man schon immer über die tropischen Wirbelstürme wissen wollte: Das National Hurricane Center auf dem Campus der Florida International University (11691 SW 17th St.) hält während der hurrikanfreien Zeit nach Anmeldung seine Tore für Besucher geöffnet (Tel. 1-305-229-44 04, Öffnungszeiten: Jan. – Mai Di. u. Do. 11.00 – 13.00 Uhr).

Kurz vor dem Merrick House zweigt der **DeSoto Blvd.** vom Coral Way in südwestlicher Richtung zur DeSoto Plaza ab. Unterwegs lädt der Venetian Pool (2701 DeSoto Blvd.) zum Schwimmen ein. Denman Fink verwandelte den Steinbruch 1924 in ein märchenhaftes, von Palmen und Wasserfällen verziertes Becken, durch das auch »Tarzan« Johnny Weismuller kraulte. Vor seiner Filmkarriere arbeitete der Olympiaschwimmer übrigens ein paar Meter weiter im **Biltmore Hotel** als Schwimmlehrer.

Lowe Art Museum

Südlich vom Biltmore lohnt das Lowe Art Museum einen Besuch (1301 Stanford Dr.). Das Kunstmuseum gilt als das beste im Südosten, seine Sammlungen – u. a. europäische alte Meister und afrikanische Artefakte – beschäftigen sich v. a. mit präkolumbianischer und Navajo-Kunst (Öffnungszeiten: Di., Mi., Fr., Sa. 10.00 – 17.00, Do. 12.00 – 19.00, So. 12.00 – 17.00 Uhr).

★ Key Biscayne

Die elf Kilometer lange Barriere-Insel südöstlich von Miami, ein exklusives Wohn- und Erholungsgebiet, bietet zwei Attraktionen. Das **Miami Seaquarium** (4400 Rickenbacker Causeway), Südfloridas größtes Meerwasseraquarium, zeigt Haie, Delfine und Manatees (Öffnungszeiten: tgl. 9.30 – 18.00 Uhr). Das Floridas Umweltschützerin der ersten Stunde gewidmete **Marjorie Stoneman Douglas Biscayne Nature Center** (6767 Crandon Blvd.) bietet schöne Spaziergänge durch ursprüngliche, »Hammocks« genannte Waldinseln. Unweit davon ermöglicht der Crandon Park Beach die schönsten Strandspaziergänge im Sunshine State!

Biscayne National Park

Der 1980 gegründete Nationalpark eine knappe Autostunde südlich von Miami ist das größte unterseeische Naturschutzgebiet der Lower

48 und besteht aus Küstenfeuchtgebieten und 44 Inseln mit Mangrovenwäldern und Korallenriffen. Mehr über die empfindliche Unterwasserflora und -fauna erfährt man im **Dante Fascell Visitor Center** (SW 328 St.), 15 km östlich von Homestead am Convey Point (Öffnungszeiten: tgl. 9.00 – 17.00 Uhr).

Miami Beach

1886 baute ein Kokosnussfarmer namens Henry B. Plum auf der Miami vorgelagerten Sandinsel das erste Haus. Nur wenig später zogen hier visionäre Unternehmer Luxushotels für die frierende Ostküstenprominenz hoch. 1915 erhielt Miami Beach die Stadtrechte und in den 1920er-Jahren bauten sich immer mehr reiche Amerikaner hier ihre Traumhäuser. In den 1930er-Jahren erhielt der Bauboom seinen **Art-déco-Akzent**. Nach dem Zweiten Weltkrieg demokratisierte der Massentourismus das Nobelmekka: Villen und Paläste wichen großen Hotels, Miami Beach wurde ein subtropisches Manhattan. Seither boomt Miami Beach ununterbrochen.

★★ South Beach – Art Deco Historic District

Das Viertel zwischen Dade Blvd. im Norden und 1st Street im Süden ist »schuld« am Image Miamis als Partyzone. Doch während man sich an den leicht bekleideten Menschen schnell satt gesehen hat, vermag die Architektur länger zu fesseln: Mit mehreren Hundert Gebäuden verfügt »SoBe«, wie das Viertel hier genannt wird, über die weltweit größte Konzentration an Art-déco-Gebäuden. 1979 unter Denkmalschutz gestellt, ist der von 6th St., Alton Rd., Collins Ave. und Dade Blvd. begrenzte Art Deco Historic District der wohl größte Publikumsmagnet im Großraum Miami.

Ocean Drive in South Beach: Hier stehen die schönsten Art-déco-Häuser.

Ocean Drive und Collins Avenue ✶ Besonders schöne Art-déco-Häuser liegen an Ocean Drive und Collins Avenue. Der Ocean Drive ist der Laufsteg der Jungen und Schönen von South Beach. Viele Gebäude sind Hotels mit sehenswerten Lobbies, hübschen Straßenrestaurants, schicken Bars. Besonders sehenswert: das himmelblaue **Wave Hotel** (Nr. 350), das von Babyblau bis Flamingorosa changierende **Colony Hotel** (Nr. 736) und das in Purpur und Orange getauchte **Cardozo** (Nr. 1300) – Letzteres übrigens im Besitz von Gloria Estefan. Grün und Blau gibt es auf der anderen Straßenseite: Der palmenbestandene und von Spazier- und Radwegen durchzogene **Lummus Park** trennt den Ocean Drive vom beliebten Lummus Park Beach (zw. 5th St. und 23rd St.). An der Collins Avenue stehen drei der größten Art-déco-Hotels: das **National** (Nr. 1677), ein zitronengelber Traum, das **Delano** (Nr. 1685), wo auch Sandra Bullock, Dennis Rodman, Will Smith und Barbra Streisand schon abstiegen, und das **Ritz Plaza** (Nr. 1701).

Museum of Contemporary Art Originelle, gewohnte Sichtweisen aufbrechende Ausstellungen sind die Spezialität dieses Museums in North Miami Beach. Gezeigt werden u. a. Werke von Claes Oldenburg, Yoko Ono und Roy Lichtenstein, hinzu kommen Künstler aus den amerikanischen urbanen Avantgarden, die in den 2005 um das Doppelte erweiterten Ausstellungsräumen reichlich Platz finden (770 NE 125 St., North Miami, Öffnungszeiten: Di. – Sa. 11.00 – 17.00, So. 12.00 – 17.00 Uhr).

Michigan

Pk–Qd 22–25

Abkürzung: MI
Hauptstadt: Lansing
Einwohnerzahl: 10,2 Mio.
Beinamen: Wolverine State, Great Lakes State
Fläche: 151 585 km²

In der Sprache der Ojibwe bedeutet Michigan »großer See« und einen besseren Namen könnte es nicht geben: Michigan grenzt an vier der fünf Großen Seen. Keiner seiner Einwohner lebt weiter als 140 km von ihnen entfernt. Doch der an Kanada grenzende Bundesstaat hat natürlich noch mehr zu bieten als die meisten Leuchttürme des Landes.

Land der Seen »Von allem ein bisschen«, so beschreibt das Fremdenverkehrsbüro gern seinen Staat – und ist dabei bemüht, die Aufmerksamkeit von der »Motor City« ►Detroit auf den Rest des Landes zu lenken. Allein der Umstand, dass die Jagd zu den wichtigsten Einnahmequellen Michigans zählt, deutet auf Weite und Wildnis hin. Tatsächlich erinnert der auf zwei Halbinseln zwischen den größten Binnenmeeren der Welt liegende Bundesstaat vor allem im Norden an den kanadischen Nachbarn Ontario: Die so genannte **Upper Peninsula**, von dichten Nadelwäldern bedeckt und von den bis zu 600 m hohen, dem Kana-

dischen Schild zugehörigen **Porcupine Mountains** durchzogen, wirkt rau und ist nur dünn besiedelt. Die **Lower Peninsula**, von der Upper Peninsula durch die »Straße von Mackinac« getrennt, umfasst die übrigen, sanft hügeligen und dank der Laubwälder lieblich wirkenden zwei Drittel Michigans, das von Tausenden Binnenseen geprägt ist.

Ann Arbor

Seit sich 1837 die University of Michigan hier niederließ, ist der Ruf der 1824 gegründeten Stadt (115 000 Einw.) im Südosten Michigans untrennbar mit dieser Hochschule verbunden. Sie ist längst über ihren Campus hinausgewachsen und ihre über die Stadt verteilten Gebäude, die fast 150 Parks und Grünanlagen und die über 30 000 Studenten prägen entschieden das Stadtbild. Boheme ist angesagt, v. a. gastronomisch: Ann Arbors Restaurants genießen einen guten Ruf in der gesamten Region. Die Innenstadt, ein sympathisches Durch- und Ineinander aus Häusern aus dem 19. und 20. Jh., eignet sich sehr schön zum Bummeln und Einkaufen. Der Hauptgrund für einen Besuch sind jedoch die Museen auf dem Uni-Gelände.

▶ MICHIGAN

AUSKUNFT

Travel Michigan
300 N. Washington Square
Lansing, MI 48913
Tel. 1-888-784-73 28
www.michigan.org

University of Michigan Museum of Art

Das 1946 gegründete UMMA wird zu den besten Kunstmuseen des Landes gerechnet. Seine Kollektion umfasst rund 18 000 Objekte aus der westlichen Hemisphäre, Asien und Afrika und konzentriert sich dabei auf Schlüsselwerke jeglicher Kunstrichtung. Bis Herbst 2008 wird wegen Renovierungs- und Erweiterungsarbeiten nur eine Rumpfausstellung zu sehen sein (1301 S. University Ave.; Öffnungszeiten: Di., Fr. – So. 11.00 – 18.00, Mi. u. Do. bis 21.00 Uhr).

Kelsey Museum of Archaeology

Das in der ehrwürdigen **Newberry Hall** untergebrachte Museum beherbergt alle Artefakte, die bei den Grabungen der University of Michigan im Mittelmeerraum zutage gefördert wurden – von Objekten der griechisch-römischen Klassik über ägyptische Totenmasken bis zu beeindruckenden antiken Münzsammlungen (434 S. State St.; Öffnungszeiten: Di. – Fr. 9.00 – 16.00, Sa. u. So. ab 13.00 Uhr).

Exhibit Museum of Natural History

Das Museum beherbergt die wohl umfassendsten naturwissenschaftlichen Sammlungen des Mittleren Westen. Die Ausstellungen dokumentieren u. a. 600 Mio. Jahre Evolution mit Hilfe gewaltiger Dinosaurier- und Walskelette. Die **»Michigan Wildlife Gallery«** widmet sich der Fauna im Gebiet der Großen Seen (1109 Geddes Ave.; Öffnungszeiten: Mo. – Sa. 9.00 – 17.00, So. ab 12.00 Uhr).

William L. Clements Library

Die 1923 von dem Industriellen William L. Clements eröffnete Bibliothek beherbergt seltene Bücher, Drucke und Fotografien. Sehenswert sind vor allem die Ausstellungen, die sich der amerikanischen Geschichte widmen (909 S. University Ave., Öffnungszeiten: Mo. bis Fr. 13.00 – 16.45 Uhr).

Weitere Reisziele in Michigan

Grand Rapids

Die zweitgrößte Stadt Michigans (198 000 Einw.) und Heimatstadt des ehemaligen US-Präsidenten Gerald R. Ford liegt im Südwesten des Bundesstaats und präsentiert dem Besucher eine Skyline mit postmodernen Bürotürmen und sich elegant über den Grand River schwingenden Brücken. Ein Dutzend Colleges und Universitäten verleihen der Stadt ein jugendliches Gesicht und urbanen Lifestyle. Hervorragende Museen und Galerien sowie zahlreiche Restaurants und Nachtklubs, ein Symphonieorchester und eine Oper garantieren Unterhaltung für jeden Geschmack. An das Zentrum grenzt der **Heritage Hill Historic District**, eine der größten »Altstädte« des Mittleren Westens mit über 1300 schönen Häusern in ca. 60 Baustilen aus der ersten Hälfte des 19. Jahrhunderts.

! *Baedeker* TIPP

Holland im Kleinen ...

... erlebt man bei den farbenprächtigen Tulpenfesten (jährlich im Mai) und »Pankoeken« im 1847 von niederländischen Auswanderern gegründeten Städtchen Holland, wenige Kilometer südwestlich von Grand Rapids.

Gerald R. Ford Museum ►

Das futuristisch wirkende Museum mit der langen Glasfront, in der sich der Grand River und die dahinter aufragende Skyline der Stadt spiegeln, porträtiert aufwendig Leben und Wirken des 38. US-Präsidenten (303 Pearl St. NW; Öffnungszeiten: tgl. 9.00 – 17.00 Uhr).

Frederik Meijer Gardens & Sculpture Park ►

Selten wurden Skulpturen international berühmter Künstler so gefühlvoll in Szene gesetzt wie in diesem herrlichen Park im Nordosten der Stadt. Unter den ausgestellten Künstlern befinden sich Henry Moore, Claes Oldenburg, Juan Munoz und Auguste Rodin. Ein Muss ist auch der Besuch des größten tropischen Gewächshauses in Michigan (1000 E. Beltline NE; Öffnungszeiten: Mo. – Sa. 9.00 – 17.00, Di. bis 21.00, So. ab 12.00 Uhr).

★ **Isle Royale National Park**

Die mit 1140 km² größte Insel im Lake Superior wurde 1940 als Nationalpark komplett unter Schutz gestellt. Vor der Nordwestküste der Upper Peninsula liegend, bietet sie eine abwechslungsreiche Landschaft aus Seen, Flüssen und Fjorden, dichten Laub- und Mischwäldern sowie eine bereits typisch nordische Tierwelt mit Elchen, Ottern, Bibern, Wölfen und Fischadlern. Freunde unberührter Wildnis

Kochen wie damals: Eine Köchin auf Mackinac Island bei der Arbeit.

können die Insel auf ausgewiesenen, insgesamt 240 km langen Wanderwegen oder auf Bootsausflügen erkunden.

Lake Michigan Shore

Das Ostufer des Lake Michigan ist ein **Ferienparadies** erster Güte. Herrliche Sandstrände bietet im Süden die Hafenstadt Grand Haven, unberührte Dünenlandschaften findet man in den **Sleeping Bear Dunes**, Wassersport jeglicher Art kann man rund um die **Grand Traveese Bay** treiben.

✶ Mackinac Island

Die Hauptattraktion am Ufer des Lake Michigan liegt an seinem Nordende: **»Michilimackinac«** (»Große Schildkröte«) nannten die Algonquin-Indianer das Felsenufer der kleinen Insel. Ende des 18. Jh.s bauten die Briten auf der strategisch bedeutenden Insel ein trutziges Fort, das zwischen ihnen und den Franzosen heiß umkämpft war. Heute ist das auf 50 m hohen Felsen über der Mackinac Strait thronende Fort ein beliebtes Touristenziel. 14 der Gebäude wurden detailgetreu restauriert. Kostümiertes Personal spielt Szenen aus dem Fortalltag nach und inszeniert farbenprächtige Appelle. Die autofreie Insel ist per Schiff von Mackinaw City oder St. Ignace aus zu erreichen.

Pictured Rocks National Lakeshore

Den Farben von Kupfer-, Eisen- und Manganoxid verdankt das am Südufer des Lake Superior gelegene Schutzgebiet seinen Namen. Über 90 m ragen seine Felsen empor und bieten dabei v. a. im klaren Herbstlicht ein farbenprächtiges Spektakel. Besucherzentren gibt es in Munising und Miners Castle.

Sault Ste. Marie Ozeandampfer über der Skyline: In der amerikanisch-kanadischen Doppelstadt (17 000 Einw.) gehören sie zum Alltag. Ihre Hauptattraktion sind die von April bis Dezember schiffbaren, knapp zwei Kilometer langen Kanäle des St. Marys River zwischen dem Lake Superior und dem Lake Huron. Sie sind Teil des St. Lawrence Seaway, der bedeutendsten Wasserstraße Nordamerikas. Jährlich passieren über 100 Mio. t Güter die vier mächtigen Schleusen.

> **! Baedeker TIPP**
>
> **Schleusentour**
>
> Sightseeingtouren durch das Schleusensystem von Sault Ste. Marie organisiert »Soo Locks Boat Tours«. Auf dem Programm stehen auch romantische Sunset Cruises (515 E. Portage Ave., www.soolocks.com).

Im Jahr 1668 von dem Jesuitenpater Jacques Marquette gegründet, ist Sault Ste. Marie die älteste Stadt Michigans. 1818 wurde die als Pelzhandelszentrum wohlhabend gewordene, **»The Soo«** genannte Stadt geteilt, wobei der weitaus größere Teil dem kanadischen Ontario zugeschlagen wurde. Heute verbindet die International Bridge die beiden Stadtteile.

Soo Locks ▸ Rund 200 Jahre lang verhinderten die St. Marys Rapids den Güterverkehr zwischen Lake Superior und dem sieben Meter niedriger liegenden Lake Huron. Bis Mitte des 19. Jh.s wurden die Kanus an den Stromschnellen vorbeigetragen. Die ersten Schleusen wurden 1855 in Betrieb genommen. Heute helfen vier mächtige Schleusen den Höhenunterschied auszugleichen. Weitläufige Parks flankieren die Schleusen. Im oberen Bereich kann man von drei Plattformen aus den Schiffsverkehr und die Schleusen in Aktion beobachten.

Milwaukee

Qb 24

Bundesstaat: Wisconsin **Höhe:** 177 m ü.d.M.
Einwohnerzahl: 603 000

In den USA ist die Stadt am Lake Michigan als Bierhauptstadt berühmt. Dahinter steht ein reiches deutsches Erbe: Um 1880 gab es sechs deutschsprachige Zeitungen in Milwaukee. Doch wer heute nach Deutschem im Stadtbild sucht, wird enttäuscht. Die moderne Skyline ist durch und durch amerikanisch. Nur wer genauer hinsieht, wird feststellen: Milwaukee ist verdächtig sauber.

Doch wer von sauber auf langweilig schließt, liegt daneben. Milwaukee hat sich in den letzten Jahren zu einer interessanten Kunstdestination gemausert. Mit ihrem Flaggschiff, dem futuristischen **Milwaukee Art Museum**, kann sie durchaus mit größeren US-Städten mithalten. Im 18. Jh. finden sich die Anfänge der Stadt als Handelsposten an der Mündung des Milwaukee River in den Lake Michigan.

In der zweiten Hälfte des 19. Jh.s empfing die Stadt vor allem deutsche Zuwanderer, die Deutschland nach der gescheiterten Revolution von 1848 den Rücken gekehrt hatten. In öffentlichen Schulen war Deutsch die Unterrichtssprache, Biergärten dienten als Treffpunkte für die ganze Familie. Heute scheint das deutsche Erbe vor allem in der Bierbrauer-Tradition durch: Drei der amerikanischen Megabrauer – Miller, Schlitz und Pabst – sind in Milwaukee zu Hause, der Besuch einer »Brewery« ist daher fast obligatorisch.

Sehenswertes in Milwaukee

Brauerei-besichtigungen

Wie der Gerstensaft im industriellen Maßstab produziert wird, erfährt man am besten bei einer Tour durch die Hallen der Miller Brewing Co. (4251 W. State St.; Führungen n. V.; Tel. 1-414-931-23 37).

MILWAUKEE ERLEBEN

AUSKUNFT

Greater Milwaukee Convention and Visitors Bureau
1648 N. Plankinton Ave., Suite 425
Milwaukee, WI 53203-2917
Tel. 1-414-273-39 50
www.milwaukee.org

SHOPPING

Im Herzen Milwaukees liegen die Shops of Grand Avenue (Wisconsin Ave. u. N. 4th St.), drei Blocks Konsum, mit Restaurants, Bistros und Bars. Die besten Würste und den besten Käse gibt es in den Läden der Old World Third Street, v. a. bei Usinger's (Nr. 1030).

ESSEN

▸ Erschwinglich

Boulevard Inn
925 E. Wells St. (Cudahy Tower)
Tel. 1-414-765-11 66
Zum weiten Blick auf den Michigansee serviert das »Boulevard Inn« feine deutsche Küche und leckere Fischgerichte.

Karl Ratzsch's
320 E. Mason St.
Tel. 1-414-276-27 20
Wer Gänsebraten, Tafelspitz oder ein echtes Wiener Schnitzel genießen möchte, geht zu »Karl Ratzsch's«. Natürlich beherrscht man hier auch die amerikanische Kochkunst.

Water Street Brewery
1101 N. Water St.
Tel. 1-414-272-11 95
Berühmt für sein Bier aus eigener Produktion und seine saftigen Steaks zu zivilen Preisen.

ÜBERNACHTEN

▸ Luxus

The Pfister
424 E. Wisconsin Ave.
Tel. 1-414-273-82 22
www.pfisterhotel.com; 307 Z.
Viktorianisches Meisterwerk und seit 1893 die beste Adresse der Stadt.

▸ Komfortabel

Wisconsin
720 N. Old World 3rd St.
Tel. 1-414-271-49 00
Fax 1-414-271-99 98
234 Z. Gefälliges Innenstadthotel mit gutem Preis-Leistungs-Verhältnis.

Old World Third Street Milwaukees historischer Siedlungskern liegt auf dem Westufer des Milwaukee River. Hier hat die Old World Third Street teutonisches Erbgut, wenngleich mit viel Kitsch versetzt, in die Gegenwart gerettet: Bratwurst, Bier und Sauerkraut werden auf den Speisekarten der Restaurants ganz oben geführt. Mit der Stadtgeschichte und der Episode der sozialistischen Stadtregierung beschäftigt sich das **Milwaukee County Historical Center** (910 N. Old World 3rd St.).

> **? WUSSTEN SIE SCHON ...?**
>
> - ... dass die Motorrad-Kultmarke Harley-Davidson in Milwaukee ihr Stammwerk unterhält? Die erste Harley ging 1903 in Serie. Seitdem sind die Motorräder mit dem unverwechselbaren Sound weltweit die Könige der Straße. Das Museum (400 Canal St.; geöffnet: tgl. 10.00 – 18.00, Do. bis 20.00 Uhr, www.h-dmuseum.com) zeigt u. a. die erste Harley und die Maschine von Elvis Presley.

★ **Milwaukee Art Museum** Der spanische Stararchitekt Santiago Calatrava schuf ein grandioses, scheinbar in der Bewegung erstarrtes Gebäude: Mit seiner Hängebrücke zwischen Museum und Milwaukee Avenue und einem knapp 30 m hohen Sonnensegel in Form einer Möwe über dem Eingang ist das Museum selbst ein Kunstwerk. Drinnen erwarten den Besucher u. a. herrliche Sammlungen deutscher Expressionisten und das **Prairie School Archive** von Frank Lloyd Wright (700 N. Art Museum Dr.).

Discovery Pier Das 2006 eröffnete Umwelt-Kunst-Entertainment-Zentrum liegt auf der weit in den Lake Michigan reichenden Milwaukee Pier und widmet sich mit ungewöhnlich kreativen Ausstellungen und Events vor allem dem Thema Wasser (500 N. Harbor Drive).

Minneapolis · St. Paul

Pj 23

Bundesstaat: Minnesota
Einwohnerzahl: Minneapolis: 374 000
St. Paul: 287 000
Höhe: 210 – 299 m ü.d.M.

Angeblich war Mark Twain der erste, der die beiderseits des Mississippi liegenden Städte »Twin Cities« nannte. Dem großen Erzähler sei verziehen, denn bei der Zwillingsstadt im Südosten Minnesotas kann es sich höchstens um zweieiige Zwillinge handeln. Minneapolis ist kosmopolitisch. St. Paul hingegen wirkt eher behäbig.

St. Paul mag man dies nachsehen, schließlich ist die Stadt auf dem Ostufer des Mississippi die Hauptstadt von Minnesota und an der Würde des Amts scheint selbst die Skyline schwer zu tragen. Während die von Minneapolis ein futuristisches Stillleben aus Glas und Chrom ist, sorgen die alte **St. Paul''s Cathedral und das State Capitol** für die einem Regierungssitz geziemende Ernsthaftigkeit. Der Besu-

MINNEAPOLIS · ST. PAUL ERLEBEN

AUSKUNFT

Meet Minneapolis
250 Marquette Ave., Suite 1300
Minneapolis, MN 55401
Tel. 1-612-767-80 00
www.minneapolis.org

ESSEN

► Fein & teuer

20.21
1750 Hennepin Ave.
Tel. 1-612-253-34 10
Neue amerikanische Küche mit asiatischem Kick im Walker Art Center. Besonders lecker: Tempura Shrimps und alle Desserts.

► Erschwinglich

Bobino Café and Wine Bar
Minneapolis, 222 E. Hennepin Ave.
Tel. 1-612-623-33 01
Italienisch inspirierte, neue amerikanische Küche. Elegantes Ambiente.

ÜBERNACHTEN

► Luxus

The Saint Paul Hotel
Saint Paul, 350 Market St.
Tel. 1-651-292-92 92
www.stpaulhotel.com; 254 Z.
Herrlich altmodisches Etablissement im Zentrum von St. Paul.

► Günstig

Best Western Kelly Inn
St. Paul, 161 St. u. Anthony Ave.
Tel. 1-651-227-87 11
www.bestwesternstpaul.com; 126 Z.
Angenehme Herberge in Fußgängernähe zu allen Sehenswürdigkeiten.

cher registriert nach der Endlosigkeit des ländlich geprägten »Heartland of America« in den Twin Cities jedoch v. a. prickelnde Energie, kein Wunder: Viele namhafte Künstler wurden in den Twin Cities groß, darunter die Coen-Brüder, Bob Dylan und Terry Gilliam.

Sehenswertes in Minneapolis

Downtown

Die über anderthalb Kilometer lange **Nicollet Mall** (Nicollet Ave., zw. Washington u. Grant Sts.), eine der ersten Fußgängerzonen Amerikas, ist das Herz des im Schatten moderner Bürotürme liegenden Stadtzentrums. Über hundert Gebäude sind miteinander durch das Skyway System verbunden, ein Netz verglaster, vollklimatisierter Fußgängerwege. Über allem ragt schön blau der 236 m hohe, achteckige Turm des **IDS Center** (777 Nicollet Mall) in den Himmel.

Riverfront and Mill District

Wo vor hundert Jahren zwei Dutzend gigantischer Getreidemühlen die Wasserkraft der St.-Anthony-Fälle nutzten, erinnern heute historische Industriegebäude aus Ziegelstein mit Restaurants und Bars an die industriellen Anfänge der Stadt. Die damalige Zeit als »Flour Milling Capital of the World« kommt im **Mill City Museum** (704 S. 2nd St.), wo der Besucher seine Tour in einem riesigen Lastenaufzug beginnt, zum Leben.

Highlight im Walker Art Center: Spoonbridge and Cherry

Walker Art Center

Dieses wunderbare Kunstmuseum präsentiert moderne Künstler und Kunstbewegungen aus aller Welt. Sein schönstes Stück ist wohl Claes Oldenburgs »Spoonbridge and Cherry« (1750 Hennepin Ave., Öffnungszeiten: Di., Mi., Sa., So. 11.00 – 17.00, Do., Fr. bis 21.00 Uhr).

✶ Mall of America

Der nur fünf Autominuten vom Flughafen entfernte **Konsumtempel** im Vorort Bloomington ist mit 520 Geschäften, Restaurants, Kinos und diversen Themenparks der größte der USA und vielen Amerikanern aus der Region eine eigene Reise wert (60 E. Broadway, I-494 u. SR-77). Zwischen Mall und Downtown pendeln Shuttlebusse.

Sehenswertes in St. Paul

State Capitol

Nordwestlich von Downtown St. Paul erhebt sich der im Stil der italienischen Renaissance errichtete, von einer schönen Marmorkuppel gekrönte **Regierungssitz** über einem weitläufigen Park. Die freitragende Kuppel ist eine der größten der Welt. 45-minütige Touren führen durch die beiden Kammern (75 Constitution Ave.).

✶ Summit Avenue

Im Osten der Downtown ragt unübersehbar die **Cathedral of St. Paul** aus dem Häusermeer, eine kleinere Version der Paulskirche zu Rom (239 Selby Ave.). Hier beginnt die Summit Avenue, einst das Machtzentrum der Twin Cities, wo Eisenbahnbarone und Getreidespekulanten stilgemäß in viktorianischen Palästen residierten. Über 370 der einst 440 Villen stehen noch – eine der größten Ansammlungen viktorianischer Architektur in den USA und ein interessanter Spaziergang durch ein Stück amerikanischer Geschichte.

Historic Fort Snelling

Heute kaum noch vorstellbar, war das weitläufige Fort im frühen 19. Jh. Amerikas nördlichster Vorposten. Kostümierte Soldaten bevölkern die Gebäude und zeigen Drill- und Schießübungen (SR-5/-55).

Minnesota

Pg–Qa 21–24

Abkürzung: MN
Hauptstadt: St. Paul
Einwohnerzahl: 5,2 Mio.
Beinamen: North Star State, Gopher State, Land of 10 000 Lakes
Fläche: 225 365 km²

Die Werbung für ihren Staat fahren die Minnesotans spazieren: »Land of 10 000 Lakes« steht auf den Nummernschildern. In Wahrheit sind es mehr als 15 000 Seen, die den nördlichsten Staat des mittleren Westen sprenkeln wie glitzernde Diamanten. Ein Paradies also für Naturfreunde, das mit den Twin Cities ►Minneapolis und St. Paul jedoch auch Stadtneurotikern reichlich Auslauf bietet.

Wasser dominierte dieses Land derart, dass die Dakota-Indianer es »mini sota« nannten, »himmelfarbenes Wasser«. Das nördliche Drittel mit seinen dichten Nadelwäldern und von der letzten Eiszeit im Granit hinterlassenen Seen erinnert an das nahe Kanada. Im Südwesten erstreckt sich natürliche Langgras-Prärie. Das kontinentale Klima sorgt für harte, schneereiche Winter, die die Coen-Brüder einem breiten Publikum in ihrem Film »Fargo« (1996) vorstellten.

Die ersten Weißen in Minnesota waren französische Pelzhändler im 17. Jahrhundert. Bis 1760 gehörte es zu Neu-Frankreich, dann fiel es an die Briten. Als Teil des Louisiana Purchase ging Minnesota schließlich an die USA und trat 1858 als 32. Staat der Union bei. Einwanderer aus Skandinavien und Deutschland beteiligten sich maßgeblich an der Erschließung Minnesotas: Heute haben acht von zehn Minnesotans deutsche oder skandinavische Vorfahren.

Ausgewählte Reiseziele in Minnesota

Duluth

In der Industriestadt Duluth (87 000 Einw.) am Westufer des Lake Superior dreht sich alles um den Hafen, der zu den größten Binnenhäfen der Welt gerechnet wird. Werften und Getreidespeicher stehen hier Spalier, Schiffe aus aller Herren Länder laden hier Güter aus dem Herzen Amerikas, bevor sie sich auf dem St.-Lorenz-Seeweg auf die Reise zum Atlantik machen. Dabei unterqueren sie die **Aerial Lift Bridge**, eine stählerne Hubbrücke, die in weniger als einer Minute von 47 m auf 69 m Höhe angehoben wird. Das nahe **Lake Superior Maritime Visitor Center** informiert über die Seefahrt auf den Großen Seen (Canal Park). Wie es dort unter der Wasseroberfläche aussieht, zeigt das hervorragende **Great Lake Aquarium** (353 Harbor Dr.).

Auf einsamen Pfaden lässt sich die Küste des Lake Superior erkunden.

Grand Portage National Monument

Von Duluth aus führt der North Shore Drive (MN-61) am Seeufer entlang nach **Grand Portage** im äußersten Nordostzipfel Minnesotas. Von dort aus brachen Ende des 18. Jh.s französische Missionare und Trapper der kanadischen Northwest Company auf Indianerpfaden in die Wildnis im Nordwesten auf. Heute lädt der zum Teil restaurierte Handelsposten mit Palisaden, Great Hall und Unterkünften auf eine Zeitreise zu den Anfängen Minnesotas (Grand Marais) ein.

Chippewa National Forest

Weißkopfseeadler ziehen ihre Kreise über mehr als 1300 Seen. In den dichten Nadelwäldern hausen Weißschwanzhirsche und Wölfe. Zahlreiche Trails ziehen kreuz und quer durch diese Wildnis, Angeln und Paddeln sind im Sommer die beliebtesten Aktivitäten. Der Chippewa National Forest in Nordzentral-Minnesota ist ein Paradies für Naturfreunde. Autofahrer erhalten einen guten Eindruck auf der 74 km langen, durch den Wald führenden SR-46.

▶ MINNESOTA

AUSKUNFT

Explore Minnesota Tourism
100 Metro Square Building
121 Seventh Place E.
St. Paul, MN 55101
Tel. 1-651-296-50 29
www.exploreminnesota.com

Die zwei Autostunden nördlich von ► Minneapolis liegende Seenlandschaft **Mille Lacs** ist ein Paradies für Hiker und Wassersportfreunde. Viele der zahlreichen Radwege werden im Winter von Motorschlitten genutzt. Ein guter Ausgangspunkt für die Erkundung der Gegend ist eine der acht am Hauptsee Mille Lacs Lake liegenden Gemeinden. Jede verfügt über preiswerte Hotels und Restaurants mit solider Küche. Die Region ist das traditionelle Stammland der Dakota und Ojibwa. Ihre Geschichte erzählt das hervorragende **Mille Lacs Indian Museum** 19 km nördlich von Onamia am Mille Lacs Lake (US-Hwy. 169).

Pipestone National Monument

Aus dem zwischen Purpur und Rot changierenden, weichen Gestein dieses Parks im Südwesten von Minnesota fertigten die Plains-Indianer ihre Zeremonialpfeifen. Bis heute hat jeder Stamm freien Zutritt zu den heiligen Steinbrüchen. Während der Sommermonate kann man indianischen Künstlern beim Schnitzen zuschauen. Das sehr gut angelegte Besucherzentrum informiert detailreich über die komplizierte zeremonielle Bedeutung der Pfeifen (US-75, etwas nördlich von Pipestone).

Voyageurs National Park

Dieser schöne Nationalpark an der kanadischen Grenze schützt die von einem Labyrinth schöner Wasserwege durchzogene Wildnis zwischen Lake Superior und Lake of the Woods. Benannt nach den frankokanadischen Pelzhändlern aus Montréal, die im 18. Jh. in ihren Kanus unterwegs zu den Rocky Mountains hier durchkamen, widmet sich das Besucherzentrum in **Ely** ihrer spannenden Geschichte. Am Rainy Lake und am Kabetogama Lake verleiht die Parkverwaltung Kanus.

Mississippi

Pk/Qa 28–30

Abkürzung: MS
Hauptstadt: Jackson
Einwohnerzahl: 2,9 Mio.
Beiname: Magnolia State
Fläche: 123 516 km²

Der warme Abend riecht nach dem süßen Duft der Magnolien. Über den Feldern, deren Lösserde die fruchtbarste des Landes ist, tanzen Mückenschwärme im letzten Sonnenlicht. Irgendwo schlägt jemand ein paar Bluesakkorde. Kein Klischee. Mississippi ist die Quintessenz des alten Südens.

Diese Schwermut, diese Melancholie. Diese Lebensfreude. Passt nicht zusammen? In Mississippi schon. Der Staat, der von den Appalachen bis zum Golf von Mexiko reicht, hat viel gesehen, die Schönheit der feudalen Plantagen, die Fratze der Sklaverei und den Bürgerkrieg, den Untergang einer Lebensweise, die schlimmsten Auswüchse der Rassentrennung, Ende August 2005

? WUSSTEN SIE SCHON ...?

- ... dass es in Mississippi strafbar ist, sich über die Architektur öffentlicher Gebäude lustig zu machen?

Hurrikan »Katrina« und 2007 den vom US Census Bureau verliehenen, wenig schmeichelhaften Titel »Ärmster US-Bundesstaat«. Zugleich hat Mississippi einige der größten amerikanischen Schriftsteller und Musiker hervorgebracht, darunter **William Faulkner und B. B. King**. Als Zentrum der Bürgerrechtsbewegung war Mississippi auch Zentrum der Aktivitäten des rassistischen Ku-Klux-Klan, was dem Staat ein reaktionäres Image bis in die 1990er-Jahre bescherte.

Ausgewählte Reiseziele in Mississippi

Biloxi Die 1699 gegründete, für ihr amerikanisch-kreolisches Flair berühmte Hafen- und Resortstadt trug beim Durchzug von »Katrina« am 29. August 2005 schwerste Schäden davon. Doch schon im November meldeten die ersten Hotels »business as usual«. Der Wiederaufbau anderer Sehenswürdigkeiten hingegen wird noch längere Zeit beanspruchen. Besonders in Mitleidenschaft gezogen wurden die zzt. renovierte Beauvoir-Jefferson Davis Home and Presidential Library, das Haus, in dem Konföderierten-Präsident **Jefferson Davies** seinen Lebensabend verbrachte, und das dennoch geöffnete **Mardi Gras Museum** im Magnolia Hotel, das phantasievolle Karnevalskostüme aus 300 Jahren närrischen Treibens zeigt (119 Rue Magnolia).

Gulf Islands National Seashore Das von Fort Walton Beach (Florida) bis nach Gulfport reichende Schutzgebiet vor der Küste besteht in Mississippi v. a. aus drei Barriere-Inseln mit schönen Dünen- und Marschlandschaften, in denen sich viele See- und Watvogelarten tummeln. Nach den von »Katrina« verursachten Schäden bleiben die Inseln und zahlreiche Einrichtungen der Parkverwaltung vorerst geschlossen.

Clarksdale Das eine Autostunde südwestlich von ► Memphis liegende Nest in der Weite endloser Felder nennt sich stolz **Hauptstadt des Blues**, und das nicht ohne Grund: Blueslegenden wie John Lee Hooker, Robert Johnson und Howlin' Wolf griffen hier zuerst in die Saiten. Ihnen gewidmet ist das **Delta Blues Museum** (1 Blues Alley).

> ! *Baedeker* TIPP
>
> **Gib dir den Blues**
>
> Blues live gibt es in Clarksdale fast täglich im Ground Zero Blues Club, zu dessen Mitbesitzern der Hollywoodschauspieler Morgan Freeman gehört (Blues Alley, Tel. 1-662-621-90 09).

Die nach dem siebten US-Präsidenten **Andrew Jackson** benannte **Hauptstadt von Mississippi** (185 000 Einw.) ist das nüchterne Wirtschaftszentrum und der Verkehrsknotenpunkt eines von der Erdölindustrie geprägten Umlands. Dennoch sehenswert ist das Mis-

Wenn man schon da ist, sollte man einen Ausflug auf einem Schaufelraddampfer mitmachen.

sissippi Agriculture and Forestry/National Agricultural Aviation Museum, das die Geschichte der Farmer Mississippis erzählt und unter anderem alte Sprühflugzeuge zeigt (1150 Lakeland Drive).

★ **Natchez**

Das 1716 von Franzosen als Fort Rosalie am Mississippi gegründete Städtchen Natchez (19 000 Einw.) liegt in der Südwestecke des Staats und blühte in der ersten Hälfte des 19. Jh.s als Umschlagplatz für Baumwolle. Vom einstigen Reichtum zeugen heute noch viele prächtige Villen und Anwesen, darunter das 1798 gebaute **House on Ellicott's Hill** (N. Canal u. Jefferson Sts.) und **Rosalie** (Canal St. und Broadway St.), das um 1820 gebaut wurde. Eine andere Sehenswürdigkeit führt aus der Stadt heraus: Der nach dem 710 km nördlich liegenden Nashville strebende **Natchez Trace Parkway** folgt alten Indianerrouten und war bis 1860 eine der wichtigsten Verkehrsadern der USA. Heute ist er ein amerikanisches Geschichtsbuch und gespickt mit Hinweisschildern auf historische Ereignisse.

MISSISSIPPI

AUSKUNFT

Mississippi Division of Tourism
P. O. Box 849, Jackson, MS 39205
Tel. 1-601-359-32 97
www.visitmississippi.org

★ **Tupelo**

Der berühmteste Sohn der trostlosen Eisenbahnstadt ist Elvis Presley und so verwundert es nicht, dass sich der Tourismus ausschließlich um ihn dreht. Tatsächlich ziehen Elvis-Fans aus aller Welt mit glän-

Zeuge einstigen Wohlstands in Natchez: das Anwesen »Rosalie«

zenden Augen durch sein Geburtshaus **Elvis Presley Birthplace**, wo der »King« in zwei winzigen Räumen laufen und singen lernte (306 Elvis Presley Dr., Öffnungszeiten: Mo. – Sa. 9.00 – 17.00, Mai – Sept. bis 17.30 Uhr.

Vicksburg Strategisch wichtig, war das Städtchen am Mississippi im Bürgerkrieg hart umkämpft. Erst nach mehreren gescheiterten Versuchen gelang den Unionstruppen 1863 nach 47-tägiger Belagerung die Einnahme von Vicksburg. Ihr Fall war eine der schmerzlichsten Niederlagen der Konföderierten. Der die Stadt umgebende **Vicksburg National Military Park**, der auf einer knapp 26 km langen, zu allen historischen Stellen führenden Straße abgefahren werden kann, hilft die dramatischen Ereignisse zu visualisieren. In Vicksburg selbst gibt es noch einige schöne Antebellum-Häuser zu bewundern.

Missouri

Ph–Qa 25–27

Abkürzung: MO
Hauptstadt: Jefferson City
Einwohnerzahl: 5,8 Mio.
Beiname: The Show Me State
Fläche: 180 516 km²

Die Lewis-und-Clark-Expedition, die Planwagentrecks, die Reiter des Pony Express: Sie alle wagten von hier aus den Vorstoß ins große Unbekannte. Damals lag Missouri am Rand der zivilisierten Welt. Dem Pioniergeist von einst setzt der Staat noch immer Denkmäler, sei es mit dem monumentalen Gateway Arch in ►St. Louis, sei es mit dem Pony Express National Memorial in St. Joseph.

Der Missouri River unterteilt den Staat in einen größeren südlichen und in einen nördlichen Teil. Süd-Missouri wird vom Ozark-Plateau mit seinen engen Tälern geprägt. Der nördliche Teil liegt bereits in den zentralen Plains, einer fruchtbaren, mit Löss bedeckten Landschaft. Im Westen grenzt Missouri an die endlose Prärie, im Osten an die Mississippi-Ebene. Besonders in den Sommermonaten treten gehäuft Tornados auf.

Ausgewählte Reiseziele in Missouri

Branson

Das Städtchen Branson (6000 Einw.) im Südwesten Missouris nennt sich unbescheiden »Live Country Music Capital of the Universe«. Am Country Boulevard, kurz **»The Strip«** genannt, reihen sich Musikpaläste, in denen mitunter die Großen, meist aber die zweite und dritte Garde des Genres auftreten, sowie schrille Souvenirläden, Motels und Fastfoodbuden aneinander. Fast 7 Mio. Amerikaner jährlich, meist in Gruppen und als Bustouristen, suchen Branson heim.

Hannibal

In der zweiten Juliwoche erlebt der berühmte Lausejunge seine Wiederauferstehung. Dann streicht er, in vielfacher Ausfertigung, den Zaun weiß und derjenige, der am schnellsten fertig ist, ist beim Höhepunkt der jährlich stattfindenden **National Tom Sawyer Days** siegreich. Doch auch während des restlichen Jahres steht Hannibal am Mississippi (18 000 Einw.) im Zeichen seines berühmtesten Sohnes. **Mark Twain** alias Samuel Clemens, der große amerikanische Schriftsteller, verbrachte hier seine Jugend und seine Fans werden vieles wiedererkennen, darunter auch das Haus von Toms Flamme Becky Thatcher. Von den zahlreichen twainrelevanten Sehenswürdigkeiten lohnt sich v. a. das **Mark Twain Boyhood Home and Museum** (120 N. Main St.), das u. a. den Schreibtisch aufbewahrt, an dem Twain »Tom Sawyer« schrieb.

St. Joseph

1826 von einem französischen Pelzhändler gegründet, wurde St. Joseph während des Goldrausches in Kalifornien ein Versorgungszentrum der Wagentrecks. Am 3. April 1860 startete von hier aus der erste Reiter des legendären Pony Express Richtung Westen. An die Leistungen dieser jungen Männer erinnert das **Pony Express National Memorial** (914 Penn St.). Unweit von dort lebte im Haus an der Ecke 12th u. Penn Sts. jahrelang ein ruhiger Bürger namens Mr. Howard.

► MISSOURI

AUSKUNFT

Missouri Division of Tourism
P. O. Box 1055
Jefferson City, MO 65102
Tel. 1-573-751-41 33
www.missouritourism.org

Am 3. April 1882 wurde er hinterrücks erschossen – von einem Kopfgeldjäger, der ihn als Jesse James erkannt hatte. Die Kugel, die den berühmten Zugräuber einst ins Jenseits beförderte, ist in einer Wand des **Jesse James Home** noch immer zu sehen.

Montana

Oh–Pc 21–23

Abkürzung: MT
Hauptstadt: Helena
Einwohnerzahl: 998 000
Beiname: The Treasure State
Fläche: 381 084 km²

Die Broschüren empfehlen vor allem eines: Weitwinkelobjektiv mitbringen und ausreichend Speicherkapazität, denn beides wird man brauchen! Schneebedeckte Dreitausender und endlose Prärien prägen den Staat im Nordwesten des Landes, Grizzlys und Weißkopfseeadler hausen hier noch ungestört. Montana ist für die Sinne. Und lässt sich gerne fotografieren.

Und natürlich auch filmen. Dass Kinoerfolge wie »In der Mitte entspringt ein Fluss«, »Der Pferdeflüsterer« und »Don't come knocking« ausgerechnet hier gedreht wurden, ist alles andere als Zufall. Mutter Natur spielt hier die erste Geige, Himmel, Grasland und Bergwelt leuchten in den kräftigsten Farben. Das westliche Drittel des Bundesstaats dominieren die **Rocky Mountains**, sie erreichen hier Höhen über 3900 Meter. Nach Osten läuft Montana in die Great Plains aus, die endlosen Prärien, die auf dieser Höhe vom oberen Missouri und vom Yellowstone River durchschnitten werden.

Ausgewählte Reiseziele in Montana

Billings

Die Stadt Billings (100 000 Einw.) im Süden Montanas wurde 1882 von der Northern Pacific Railroad gegründet und hatte bereits nach fünf Monaten 2000 Einwohner. Sehenswert ist das **Western Heritage Center** (2822 Montana Ave.), das über die oft dramatische Geschichte der Region informiert sowie das **Yellowstone Art Museum**, das den Wilden Westen auf Leinwand präsentiert (401 N. 27th St.).

★ **Little Big Horn Battlefield National Monument**

Eine gute Autostunde südlich von Billings liegt eines der berühmtesten Schlachtfelder der USA. An diesem Ort in der Crow Reservation wurde die US-Armee von den vereinigten Cheyenne, Arapaho und Lakota vernichtend geschlagen. Am 25. Juni 1876 griff eine Abteilung

Blick von Custers letzter Verteidigungsstellung am Little Big Horn

der 7. Kavallerie unter **George Armstrong Custer** mehrere Tausend Krieger unter Crazy Horse an und wurde dabei völlig aufgerieben. Zu sehen sind heute ein Museum, ein Soldatenfriedhof und mehrere Denkmäler, u. a. »The Last Stand« an der Stelle, wo Custer fiel.

Bozeman

Das im Südwesten Montanas im schönen Gallatin Valley liegende Städtchen ist das Sprungbrett für Touren in die Rockies und in den ►Yellowstone Park. Benannt nach John Bozeman, der einst den Bozeman Trail quer durch Indianerland hierher legte und später von Sioux getötet wurde, lohnt hier vor allem der Besuch des **Museum of the Rockies** (317 W. Main St.). Es dokumentiert die Natur- und Kulturgeschichte der Bergwelt und betrachtet die Indianerkriege aus kritischer Perspektive.

Butte

Vor etwas über hundert Jahren war der Ort südwestlich von Helena nur als »the richest hill on earth« bekannt: Die Stadt saß auf reichen Gold- und Silbervorkommen, doch es waren vor allem Kupfer und die »Copper Kings«, die Butte reich machten. Heute lebt die Boomzeit im Historic District fort. Museen wie das **Mineral Museum** (1300 W. Park St.), das u. a. den größten in Montana gefundenen Nuggett ausstellt, und das **World Museum of Mining & Hell Roaring Gulch** (155 Museum Way), eine stillgelegte Silbermine, erinnern an den Bergbau vergangener Tage.

► MONTANA

AUSKUNFT

Travel Montana
301 S. Park, Helena, MT 59620
Tel. 1-406-841-28 70
www.visitmt.com

Helena Die Geburtsstunde der im Westen liegenden Hauptstadt Montanas, Helena (26 000 Einw.), schlug 1864, als vier enttäuschte Goldgräber auf eine 20-Millionen-Dollar-Goldader stießen. 1889 wurde Helena Hauptstadt und seit dem Ende des Goldrausches stammt das Geld im Stadtsäckel aus Handel und Tourismus. Sehenswert ist das **Montana Historical Society Museum** (225 N. Roberts St.) zur wildbewegten Geschichte des Bundesstaats und das gegenüber liegende, 1902 eingeweihte **State Capitol** (6th u. Montana Sts.).

* **National Bison Range** In diesem Schutzgebiet unweit Moise im Westen Montanas leben bis zu 500 Bisons, dazu Antilopen, Elche, Schwarzbären und andere hier heimische Tiere in freier Wildbahn. Eine 32 km lange, einspurige Rundfahrt erschließt die aus Prärie, Feuchtgebieten und Wäldern bestehende Wildnis (SR-212; Öffnungszeiten: Mai – Okt. Mo. – Fr. 8.00 – 19.00, Sa., So. 9.00 – 19.00 Uhr).

** Monument Valley

Ok 27

Bundesstaaten: Arizona, Utah **Fläche:** 120 km²

John Wayne ritt hier und der Marlboro-Mann. In den USA gibt es wohl kein Naturschauspiel mit höherem Wiedererkennungswert. Das Ensemble spektakulärer, über 300 m hoher Sandstein-Monolithe lässt selbst den verwöhntesten Globetrotter die Luft anhalten.

Das »Tal der Denkmäler« liegt auf dem Colorado Plateau im Norden von Arizona, noch innerhalb der **Navajo Reservation**, und steht unter Stammesverwaltung. Navajo-Guides erzählen die Geschichte ihres Tales aus ihrer Sicht. Danach führte Chief Hoskinini 1864 die Überlebenden der von der US-Armee angerichteten Massaker im Canyon de Chelley hierher, um unbehelligt zu leben. Fast 80 Jahre lang hatten die Navajo ihre Ruhe, dann kam Hollywood. 1939 drehte John Ford hier den Westernklassiker »Stagecoach« mit dem jungen John Wayne in der Hauptrolle und brannte damit die surreale Kulisse des Monument Valley ins Bewusstsein einer weltweiten Kinogemeinde. Mit Hollywood, sagen die Guides, sei zwar Arbeit gekommen, aber auch der Alkohol und skrupellose weiße Geschäftsleute. Deshalb schuf der Stamm 1958 den **Navajo Tribal Park**, um das ihnen heilige Tal vor dem Massentourismus zu schützen. Seither sind Erkundungstouren auf eigene Faust verboten. Nur mit indianischen Guides gelangt man

! *Baedeker* TIPP

Sacred Tours

Das Valley per Jeep, Pferd oder zu Fuß auf ein- oder mehrtägigen Touren erforschen kann man mit Sacred Monument Tours (P. O. Box 360530, Monument Valley, UT 84536, Tel. 1-435-727-32 18, www.monumentvalley.net

MONUMENT VALLEY ERLEBEN

AUSKUNFT

Monument Valley Navajo Tribal Park
P. O. Box 360289
Monument Valley, UT 84536
www.navajonationparks.org/htm/monumentvalley.htm

SIGTSEEING

Sightseeingtouren beginnen sechs Kilometer südöstlich der US-163 am Visitor Center (geöffnet: tgl. 6.00 bis 20.00 Uhr). Von hier geht es im offenen Tourbus oder im Sattel eines geduldigen Maultiers los. Die Fahrt auf 23 km langen »Navajo Loop« geht nicht ohne Vierradantrieb.

ESSEN

► Erschwinglich

Reuben Heflin Restaurant
Kayenta, US-160
Tel. 1-928-697-31 70
In Westernkulisse werden typisch amerikanische Speisen serviert: Steaks, Ribs und große Salate (im Hampton Inn).

ÜBERNACHTEN

► Luxus/Komfortabel

View Hotel
Tel. 1-415-727-55 55
www.monumentvalleyview.com
Das einzige Hotel im Monument Valley, bestens an die Landschaft angepasst, und der Blick auf die Monolithen ist einfach fantastisch

Best Western Wetherill Inn
Kayenta, US-163
Tel. 1-928-697-32 31
www.bestwestern.com
54 Z. Freundliche Unterkunft mit Indoor-Pool und Gift Shop.

Wer denkt hier nicht an die Werbung eines bekannten Tabakkonzerns?

zu Orten, die nie einen englischen Namen trugen, sieht man die traditionellen »Hogans« der Navajo, runde Behausungen aus Adobe, in denen alte, nur Navajo sprechende Stammesmitglieder noch immer Teppiche weben, Körbe flechten und Silber zu herrlichem Schmuck verarbeiten.

Entstehung Die Entstehung des Monument Valley reicht etwa 70 Mio. Jahre zurück, als ein Ausläufer des heutigen Golfs von Mexiko das Gebiet bedeckte. Die allmähliche Hebung des Terrains verdrängte das Wasser und hinterließ eine weite Ebene, deren Verwerfungsspalten und Risse der dann einsetzenden Erosion vielfältige Angriffsstellen boten. Das Farbenspiel der lachsrot bis violett leuchtenden Szenerie ist besonders frühmorgens und kurz vor Sonnenuntergang reizvoll.

★ Mount Rainier National Park

Oe 22

Bundesstaat: Washington
Gründungsjahr: 1899
Fläche: 953 km²

Ein Berg der Superlative. Machtvoll erhebt er sich über Seattle, den schneebedeckten Gipfel meist in Wolken gehüllt. Mit 4380 m ist der Mount Rainier der höchste Vulkan der Cascade Range und mit 26 Gletschern auch der am stärksten vergletscherte Gipfel der Lower 48. Dies macht ihn auch zum gefährlichsten Berg des Landes. Denn der Feuerberg schläft nur.

Seit dem Ausbruch des ebenfalls zur Cascade Range gehörenden Mt. St. Helens beobachten die Geologen den »Hausberg« Seattles schärfer: Das von den Gletschern gespeicherte Wasser könnte nämlich bei

MOUNT RAINIER ERLEBEN

AUSKUNFT

Mt. Rainier National Park
Superintendent, Ashford, WA 98304
Tel. 1-360-569-22 11
www.nps.gov/mora

ESSEN/ÜBERNACHTEN

► Erschwinglich/Komfortabel

Paradise Inn
Paradise, Tel. 1-360-569-22 75
http://rainier.guestservices.com
geöffnet: Mai – Oktober
118 Z. Die 1917 zu Füßen eines der Gletscher gebaute Lodge hat eine Lounge und ein Restaurant.

► Preiswert/Günstig

The National Park Inn
Longmire, Tel. 1-360-569-24 11
http://rainier.guestservices.com
25 Z.
Rustikale Lodge mit mehreren Gebäuden und Cabins. Schöner Blick auf den Berg. Restaurant.

Trotz der Gefahr, die im Berg schlummert, zieht er viele Menschen an.

einem Ausbruch Schlammlawinen hervorrufen, die das 150 km entfernte Seattle in kürzester Zeit erreichen würden. Allerdings, wann das sein wird, wagt niemand vorauszusagen: Mt. Rainier ruht seit 1000 Jahren. Bis zum Tag X schlafen die Menschen zu Füßen des Vulkans mit dem Ohr an den Spezialmikrofonen an den Hängen, die die Vibrationen am Berg registrieren.

Wandern

Bis dahin blüht auch der Tourismus. Wanderer finden hier zahlreiche Trails unter und über der Baumgrenze, darunter den knapp 150 km langen **Wonderland Trail**, auf dem der Berg umrundet werden kann. Bergsteiger und Eiskletterer finden im ewigen Schnee ein ideales Revier. Eine Route führt zum Gipfel, der aus zwei gewaltigen Kratern besteht und wo regelmäßig Gasfumarolen aufsteigen. Dank seiner exponierten Lage bietet Mt. Rainier eine überaus artenreiche Flora, zu der Douglasien, Hemlock-Tannen, Sitka-Fichten und uralte Lebensbäume gehören. Hochwild, Murmeltiere und Bergziegen sind die leichter zu sehenden Tierarten. Die Beobachtung von Schwarzbären oder gar Berglöwen, hier »Cougars« genannt, erfordert hingegen viel Geduld.

★ **Fahrt nach Paradise**

Am meisten befahren wird die Aussichtsstraße vom Nisqually Entrance (610 m) im Südwesten nach Longmire (842 m), dem Sitz der Parkverwaltung, und weiter hinauf nach Paradise (1646 m). Von hier aus kann man erlebnisreiche Wanderungen, u. a. zum Ende des **Nisqually Glacier**, unternehmen. Spektakuläre Wasserfälle gibt es im Stevens Canyon, einem von Gletschern ausgehobelten Tal, das man vom

Ohanapecosh Visitor Center (583 m) aus erreicht. Von dort aus lohnt sich ein Spaziergang zum **Grove of the Patriarchs** mit seinen viele hundert Jahre alten Douglasien und Rotzedern. Vom Stevens Canyon aus geht es nordwärts bergan zum Cayuse Pass (1431 m), wo die WA-123 in die nach Seattle führende WA-4120 einmündet.

Napa Valley · Sonoma Valley

Od 26

Bundesstaat: California

Amerikanischer Wein kommt meist aus Kalifornien, und dort meist aus dem Napa Valley. Das eine Autostunde von San Francisco entfernte Napa Valley und das benachbarte Sonoma Valley sind Zentrum der amerikanischen Weinkultur.

Seit ein gewisser George Yount im Jahr 1836 in dem klimatisch begünstigten Tal – kühle Vormittage und Abende, feuchter Nebel vom Pazifik – erstmals erfolgreich Weinreben anbaute, hat Napa Valley einen langen Weg zurückgelegt. Heute füllen in Napa und Sonoma rund 300 Weingüter jährlich 2 Milliarden Flaschen ab.

Kalifornische Kellerei in Schweizer Besitz: die Beringer Vineyards in St. Helena

NAPA VALLEY · SONOMA VALLEY ERLEBEN

AUSKUNFT

Napa Valley Conference and Visitors Bureau
1310 Napa Town Center
Napa, CA 94559
Tel. 1-707-226-74 59
www.napavalley.org

Sonoma Valley Visitors Bureau
453 1st St. E.
Sonoma, CA 95476
Tel. 1-707-996-10 90
www.sonomavalley.com

ESSEN

► Fein & teuer

Terra
St. Helena, 1345 Railroad Ave.
Tel. 1-707-963-89 31
Fusion Cuisine aus europäischen und japanischen Rezepten.

► Erschwinglich

Bistro Don Giovanni
Napa, 4110 Howard Ln.
Tel. 1-707-224-33 00
Beliebter Italiener, beste Pizza, Pasta und Salate im Valley.

La Casa
Sonoma, 121 E. Spain St.
Tel. 1-707-996-34 06
Würziger Mexikaner an der Plaza.

ÜBERNACHTEN

► Luxus/Komfortabel

Chablis Inn
Napa, 3360 Solano Ave.
Tel. 1-707-257-19 44
www.chablisinn.com; 34 Z.
Palmenumstandenes, adobefarbenes Motel mit Pool und Whirlpool.

Sonoma Hotel
Sonoma, 110 W. Spain St.
Tel. 1-707-996-29 96
www.sonomahotel.com
16 Z. Historische Unterkunft direkt an der Plaza.

► Komfortabel

El Bonita Motel
St. Helena, 195 Main St.
Tel. 1-707-963-32 16
www.elbonita.com; 41 Z.
Hübsches Art-déco-Motel aus den 1930er-Jahren. Mit Pool und Sauna.

Napa Valley

Die Hauptorte im 50 km langen Napa Valley sind **Napa** (73 000 Einw.) am Süd- und **St. Helena** (6000 Einw.) und **Calistoga** (5200 Einw.) am Nordende. Allein im Napa Valley gibt es über 200 Winzer, die meisten davon an der SA-29. Mit ihren Weinproben und Besichtigungsprogrammen locken sie jährlich Millionen von Besuchern an. Die beste Besuchszeit ist im Frühjahr und Herbst. Im Sommer fallen die Touristen wie Heuschrecken in das heiße Tal ein, das dann zum großen Themenpark mutiert.

Sonoma Valley

Im benachbarten Sonoma Valley werden außer Wein auch Obst und Gemüse angebaut und etwas Ackerbau betrieben. Das Tal wirkt daher bodenständiger und weniger elegant als das schicke Napa Valley. Mittelpunkt ist das 1823 von Mexikanern aus Monterey gegründete **Sonoma** (9200 Einw.), ein hübsches, noch immer kolonialspanisch wirkendes Städtchen rund um eine schattige Plaza. Deutsche, elsässische, französische und italienische Winzer haben dem Weinbau im Sonoma Valley zu hoher Blüte verholfen. Einige der Winzereien zählen zu den besten des Landes, darunter die Sebastiani Vineyards (389 4th St. E.) und die Buena Vista Winery (18000 Old Winery Rd.).

Jack London State Park

Nordwestlich von Sonoma liegt bei **Glen Ellen** die Ranch des Abenteuerschriftstellers Jack London (1876 – 1916). Der Jack London State Historic Park (London Ranch Rd.) zeigt Londons Haus, Grab und viele persönliche Gegenstände aus dem Leben des Verfassers von »Wolfsblut« und »Der Ruf der Wildnis«.

✶ Nashville

Qb 27

Bundesstaat: Tennessee
Höhe: 182 m ü.d.M.
Einwohnerzahl: 614 000

»Music City USA«: Die Hauptstadt Tennessees ist weltberühmt als Kapitale der 3,5 Milliarden Dollar schweren Volksmusik des weißen Amerika. Doch die Universitätsstadt hat noch mehr zu bieten: hervorragende Museen beispielsweise und ein in satten Grünfarben schwelgendes Umland.

Die Straßen sind nach den Superstars der Country Music benannt. Riesige Werbeflächen preisen strahlende Newcomer wie Carrie Underwood an und Country-Symbole wie Reba McIntyre und Garth Brooks, die mehr CDs verkaufen als die Superstars anderer Musikrichtungen.

Doch Nashville, die 1779 gegründete Stadt auf halbem Weg zwischen den Großen Seen und dem Golf von Mexiko, hat auch über 800 Kirchen – nicht umsonst wird sie **»Buckle of the Bible Belt«** genannt – und 16 Hochschulen und ist Heimat des Tennessee Performing Arts Center, in dem Oper, Ballett und Symphoniker zuhause sind. Dem Besucher präsentiert sich das am Cumberland River liegende Nashville als quirliges Gemeinwesen mit übersichtlicher, auch nachts vitaler Innenstadt.

! *Baedeker* TIPP

Mit Cowboys Halleluja singen

Jeden Sonntagmorgen um 10.00 Uhr trifft sich in der Cowboy Church (2416 Music Valley Dr., im Texas Troubadour Theatre) ein buntes Völkchen aus echten und falschen Cowboys, Touristen und ganz normalen Bürgern zum Gottesdienst. Pastor Yates, auf einer Ranch in Texas aufgewachsen, leitet die gospelähnliche Messe. Ein echt amerikanisches Erlebnis!

Nashville Orientierung

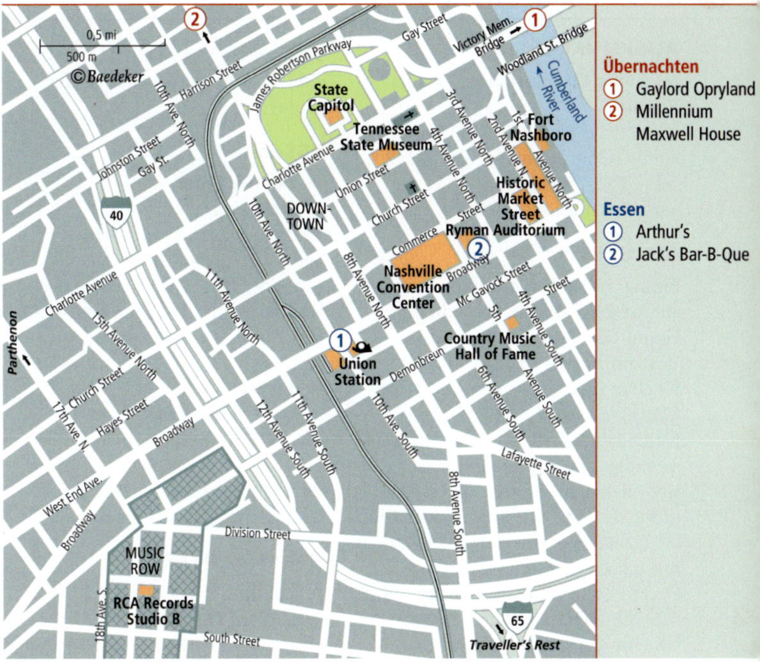

Sehenswertes in Nashville

Downtown

Die kompakte Innenstadt wurde gekonnt restauriert und ist heute als »The District« mit ihren Restaurants, Bars und Musikkneipen ein Anlaufpunkt. Tagsüber lohnt sich das 1859 im Greek Revival erbaute **State Capitol** (Legislature Plaza) mit seinen Denkmälern amerikanischer Helden und Politiker. Südlich davon beherbergt das **Tennessee State Museum** (im James K. Polk Cultural Center, 505 Deaderick St.) nicht nur Sam Houstons Gitarre, sondern auch eine spannende Inszenierung der Geschichte des Bundesstaates. Ein dramatisches Kapitel daraus zeigt die Replik des trutzigen **Fort Nashboro** (170 1st Ave. N.) von 1779, das einst Indianerangriffen standhielt. Zurück in die gute alte Zeit der Radiokonzerte führt ein Besuch des **Ryman Auditorium** (116 5th Ave. N.), wo bis 1974 die Grand Ole Opry residierte und täglich Country-Konzerte fürs Radio produziert wurden.

★ Music Row

Das Viertel südwestlich der Downtown ist das Herz der Musikindustrie. Die begann so richtig in den 1960er-Jahren, als Nashville einen Wirtschaftsboom erlebte. Heute wird hier über die Hälfte aller Country-CDs der USA produziert. Einen fulminanten Querschnitt durch die aufregende Industrie zeigt das **Country Music Hall of Fame**

NASHVILLE ERLEBEN

AUSKUNFT

Nashville Convention & Visitors Bureau
1 Nashville Place, 150 4th Ave. N., Suite G-250, Nashville, TN 37219
Tel. 1-615-259-47 00
www.visitmusiccity.com

AUSGEHEN

Einmal in Nashville, sollte man sich auf keinen Fall eine Show in der Grand Ole Opry entgehen lassen. Weit im Voraus buchen ist unabdingbar, und zwar unter Tel. 1-615-871-50 43 oder 1-888-777-67 79. Nashvilles Nachtleben ist spritzig und lebendig. Downtown und Music Row sind die angesagtesten Viertel. Institutionen sind B. B. King's Blues Club (152 2nd. Ave., Tel. 1-615-256-27 27) mit tgl. Livemusik und Tootsie's Orchid Lounge (422 Broadway, Tel. 1-615-726-04 63), wo von 22.00 bis 3.00 Uhr morgens Countrybands für Stimmung sorgen. Liebhaber der Bluegrass-Musik kommen im Konzertsaal des Gibson Bluegrass Showcase (433 Opry Mills Dr., Tel. 1-615-514-22 33), wo die berühmten Gibson-Gitarren gebaut werden, auf ihre Kosten.

SHOPPING

Neben Live-Musik ist Shopping die zweite Pflichtübung. The District bzw. die Downtown sind das beste Pflaster dafür. Alternativ dazu locken am Stadtrand zahlreiche Malls – die Hickory Hollow Mall (I-24, Exit Bell Rd.) ist mit 150 Geschäften die größte.

ESSEN

► Fein & teuer

① ***Arthur's***
1001 Broadway, Downtown
Tel. 1-615-255-14 94
Eines der besten Restaurants der Region: Raffiniert zubereitete Wildgerichte sind die Spezialität.

► Preiswert

② ***Jack's Bar-B-Que***
416 Broadway, Downtown
Tel. 1-615-254-57 15
Beste Grillgerichte der Stadt in hemdsärmeliger Atmosphäre.

ÜBERNACHTEN

► Luxus

① ***Gaylord Opryland***
2800 Opryland Dr., Music Valley
Tel. 1-866-972-67 79
www.gaylordhotels.com/gaylordopryland
Palastähnliche Herberge mit 750 Zimmern, 14 Restaurants, Wasserfällen etc.

► Komfortabel

② ***Millennium Maxwell House***
2025 Metrocenter Boulevard
Tel. 1-615-259-43 43
www.millenniumhotels.com
287 Z. Moderne, zentrumsnahe Unterkunft mit Restaurant und Pool.

& Museum (222 5th Ave.), das überdies eine Tour durch RCAs Studio B, wo Elvis viele seiner Hits aufnahm, anbietet. Westlich von Music Row steht im Centennial Park das **Parthenon** (West End u. 25th Ave.). Die maßstabsgetreue Replik des Parthenon in Athen beher-

Die Commerce Street trägt ihren Namen völlig zu Recht.

bergt die Kunstsammlungen der Stadt. Südlich vom Park, auf dem Campus der Belmont University, steht **Belmont Mansion** (Acklen Ave.), die in den 1850er-Jahren für eine der reichsten Frauen des Landes errichtete Sommerfrische.

Opryland

Viele Nashville-Besucher kommen gar nicht bis Downtown, sondern halten gleich auf Opryland zu. Dieses liegt 15 km nordöstlich des Zentrums im Music Valley und ist eine so hochkonzentrierte Ansammlung countrymusik-relevanter Attraktionen, dass es auch »Nashvegas« genannt wird. Aushängeschilder sind das gigantische Gaylord Opryland Resort mit seinen botanischen Gärten, der hier u. a. zu romantischen »Dinner Cruises« ablegende Raddampfer »General Jackson« (Cumberland River Dock; Abfahrt: tgl. 11.45 und 19.00 Uhr) und, natürlich, die **Grand Ole Opry**, die seit 1925 ununterbrochen die größten Stars der Szene und die vielversprechendsten Newcomer auf die Bühne bringt (Shows: Di. 19.00, Fr. 19.30, Sa. 18.30 u. 21.30 Uhr).

★ Navajo Indian Reservation

Ok/Pa 27/28

Bundesstaaten: Arizona, New Mexico, Utah

Fläche: 64 700 km²

Die US-89 strebt schnurgerade nach Norden, hinein in ein steiniges Land, das nur Agaven und Kakteen zu dulden scheint. Im Autoradio senden lokale Stationen auf Navajo, Pickup-Trucks mit Traumfängern am Rückspiegel fahren vorbei. Das 65 000 km² große Reservat ist das Stammland der Navajo. Und für den Besucher eine fremde, doch durchaus gastfreundliche Welt.

NAVAJO INDIAN RESERVATION ERLEBEN

AUSKUNFT

Navajo Nation Tourism Department
P. O. Box 663
Window Rock, AZ 86515
Tel. 1-928-810-85 01
www.discovernavajo.com
Die informativen Broschüren des Department liegen im Navajo Museum, Library and Visitor Center aus.

SHOPPING

Einer der besten Läden für Navajo-Schmuck ist Navajo Arts & Crafts Enterprise (AZ-264 u. AZ-12, geöffnet: tgl. 9.30 – 18.00 Uhr).

ESSEN/ÜBERNACHTEN

► Erschwinglich/Komfortabel

Quality Inn
Navajo Nation Capital
Window Rock
48 W. Highway 264
Tel. 1-928-871-41 08
www.qualityinnnavajo nationcapital.com; 56 Z.
Das Quality Inn ist ein modernes Hotel mit allem Komfort. Dazu gehört ein gutes Restaurant, das seinen Gästen traditionelle Navajo-Gerichte serviert.

ÜBERNACHTEN

► Günstig

Quality Inn
Tuba City
Main Str. u. Moenave Ave.
Tel. 1-928-283-45 45
80 Z. Das hinter dem Tuba City Trading Post liegende Hotel bietet neben sauberen Zimmern kostenloses Surfen im Internet.

Das 1868 gegründete Reservat ist das größte der USA. 174 000 der landesweit rund 300 000 Navajos leben in dem größtenteils in Arizona liegenden und auch nach Utah und New Mexico reichenden Gebiet. Mittendrin liegt die Hopi Reservation. Die Stammesregierung der Navajo besteht aus einem gewählten Präsidenten an der Spitze und einem Rat aus 88 Delegierten, die die verschiedenen Gruppen des Stammes repräsentieren. Die Stammesversammlungen finden viermal im Jahr in der modernen Hauptstadt **Window Rock** im Osten des Reservats statt. Politisch selbstständig, trifft die Stammesregierung alle das Reservat und seine Bewohner angehenden Entscheidungen selbst. Die Bundesregierung in Washington besitzt Einspruchsrecht – zum Leidwesen vieler politisch engagierter Navajos.

Höflichkeit und Rücksichtnahme

Bei der Reise durch das Navajoland erleichtern ein paar Verhaltensregeln den Kontakt. So ist Fotografieren ohne vorherige Zustimmung der Betroffenen nicht gestattet. Ein Navajo legt beim Kennenlernen zudem großen Wert auf Höflichkeit und Rücksichtnahme: So fällt man nicht gleich mit der Tür ins Haus, sondern stellt zunächst sich und seine Begleiter ausführlich vor und nennt den Grund seines Besuches. Der Navajo-Alltag wird von Zeremonien bestimmt. Die meisten dienen der Heilung körperlicher und seelischer Gebrechen, sind nicht öffentlich und werden von den Navajo sehr ernst genommen. Wer sich darüber lustig macht, verschließt sofort alle Türen. Während die Navajo unter bestimmten Voraussetzungen das Fotografieren zulassen, ist das Fotografieren von Angehörigen der Hopi unter allen Umständen verboten. Selbst das Fotografieren der Hopi-Siedlungen und -Häuser in der Hopi Reservaion ist zu unterlassen. Zuwiderhandelnde setzen ihre Gesundheit aufs Spiel! Besucher sollten die Hopi-Dörfer überdies nur zwischen 9.00 und 17.00 Uhr aufsuchen und auf den Plätzen und Durchgangsstraßen bleiben.

Sehenswertes in der Navajo Indian Reservation

Cameron Trading Post

Der an der US-89 zum zwei Stunden entfernten ►Grand Canyon liegende Handelsposten besteht aus mehreren Gebäuden im **Frontier-Stil** und verfügt über eine Tankstelle, ein Restaurant, ein Motel, ein Postamt und einen Laden, der neben billigem Schnickschnack auch Hochwertiges verkauft, darunter Navajo-Schmuck und -Teppiche.

Tuba City

Das weitläufige, 1515 m hoch liegende Städtchen Tuba City (7700 Einw.) ist das Verwaltungszentrum der westlichen Navajo und wurde nach Chief Tuba, einem Hopi-Häuptling, benannt. Es gibt hier nicht viel zu sehen, doch für die Erkundung der Hopi Reservation sind die Hotels in Tuba City der beste Ausgangspunkt.

Im Navajo-Reservat wachen Sicherheitskräfte aus den eigenen Reihen.

Blick in den Canyon de Chelly mit der sagenumwobenen Felsnadel namens Spider Rock.

Navajo National Monument

Das nordöstlich von Tuba City liegende Navajo National Monument schützt drei spektakuläre prähistorische Felsendörfer, die vermutlich von Vorfahren der Hopi gebaut wurden. Erreichbar auf der durch Hopi führenden US-160 (in Black Mesa auf die US-564 abbiegen), ist **Betatakin** bereits vom Besucherzentrum aus zu sehen. **Keet Seel** dagegen, das größte prähistorische Felsendorf Arizonas, ist nur auf einem langem Fußmarsch durch grandiose Steinwüste erreichbar.

★ **Canyon de Chelly**

Der 128 km nordwestlich von Window Rock liegende Canyon, ein breiter, bis zu 300 m tiefer, steilwandiger Riss im Colorado Plateau, ist für die Navajo eine nationale Gedenkstätte. 1864 verschanzte sich der hungernde Stamm hier gegen die anrückenden Soldaten unter **Kit Carson**. Die hoch aufragende Klippe **Navajo Fortress**, die letzte Verteidigungslinie gegen die Soldaten, ist heute heilig und darf nicht von Weißen betreten werden. Mehrere Hundert Männer, Frauen und Kinder kamen bei der Belagerung ums Leben. Der Canyon gehört zu den schönsten Sehenswürdigkeiten in Navajoland. Im Hauptcanyon befinden sich **Spider Rock** als markanteste Felsenformation und das um 1050 angelegte und 1845 von Weißen entdeckte **White House**, die bekannteste der über einhundert, meist unzugänglich angelegten Felsbehausungen, die bis ca. 1300 bewohnt waren. Der Canyon darf ohne Führer nur über den 4 km langen White House Trail betreten werden. Die Besichtigung im Auto erfolgt über zwei Straßen. Der South Rim Drive folgt der Südkante und bietet zahlreiche spektakuläre Aussichtspunkte. Der North Rim Drive folgt dem Canyon del Muerto, einem Seitencanyon, zu weiteren Viewpoints. Beide Straßen beginnen am Besucherzentrum in der Ortschaft **Chinle**.

Window Rock

Das nach einem riesigen Loch in einer Felswand benannte Städtchen Window Rock (8000 Einw.) ist die Hauptstadt der Navajos und zeigt sich mit breiten Straßen, mehreren Tankstellen, Hotels und Regierungsgebäuden entsprechend repräsentativ. Es verfügt über einige Sehenswürdigkeiten. Das **Navajo Museum, Library and Visitor Center** (AZ-264) enthält Ausstellungen hiesiger Künstler und eine permanente historische Sammlung (Öffnungszeiten: Mo. 8.00 – 17.00, Di. bis Fr. 8.00 – 20.00, Sa. 9.00 – 17.00 Uhr). Der **Window Rock Tribal Park** am Nordrand der Stadt besteht aus Picknicktischen zu Füßen des Felsenlochs und erinnert mit dem Codetalker Monument an die während des Zweiten Weltkriegs auf den Schlachtfeldern des Pazifiks als Funker eingesetzten Navajo.

? WUSSTEN SIE SCHON ...?

- ... dass die auf Navajo gesendeten, kodierten Funksprüche von den Japanern im Zweiten Weltkrieg nicht entschlüsselt werden konnten und damit maßgeblich zum Sieg der Amerikaner im Pazifik beitrugen?

Hopi Reservation

Seit über tausend Jahren bewohnen die Hopi drei schmale, fingerartig in die Halbwüste ragende Mesas mitten in der Navajo Reservation. Einzige Verbindung zur Außenwelt ist die Tuba City mit Window Rock verbindende AZ-264. Ihrer Weltende-Prophezeiungen wegen während der 1960er- und 1970er-Jahre von Hippies, Esoterikern und Ethnologen überrannt, haben sie sich heute weitgehend von der Umwelt abgekapselt und beharren aggressiv auf Respektierung ihrer Privatsphäre. Es besteht ein absolutes **Fotografierverbot**: Schilder an den Ortseingängen warnen vor »picture loitering«. Wer sich daran hält, wird die Hopi jedoch als freundliche Gastgeber kennenlernen.

Hopi-Kultur

Der nur 7000 Mitglieder zählende Stamm unterscheidet sich kulturell grundlegend von den Navajo. Oberste Instanz ist zwar der Stammesrat, doch die Dörfer verwalten sich nach wie vor selbst und halten auch ihre komplizierten Zeremonien (Feuertänze, Adlertänze, Kachina-Maskentänze) unabhängig voneinander ab. Der Tourismus konzentriert sich auf das hervorragende **Hopi Cultural Center** am Westrand der Second Mesa (AZ-264). Hier gibt es neben einem guten Restaurant ein informatives Museum, das die Geschichte und komplizierte Hopi-Kosmologie zumindest ansatzweise erklärt. Hier werden auch Hopi-Führer durch die Dörfer vermittelt (Öffnungszeiten: Mo. – Fr. 8.00 – 17.00, Sa., So. 9.00 – 15.00 Uhr). Ein paar Schritte entfernt bietet **Hopi Arts & Crafts** (So. geschl.) hervorragendes Hopi-Kunsthandwerk an.

★ Walpi

Von den insgesamt zwölf Hopi-Dörfern lohnt insbesondere Walpi den Besuch. Wie ein Adlernest auf der schmalen Westkante der über 100 m hohen **Second Mesa** liegend, verbindet es nur eine wenige

Meter breite Felsenbrücke mit dem moderneren Dorf **Sichomovi**. Im 13. Jh. gegründet und ohne Elektrizität und Wasser, wird Walpi heute nur noch von wenigen alten Frauen bewohnt. Die Besichtigung dieses verschachtelten, autolosen Dorfes hoch über der Ebene ist ein unvergessliches Erlebnis, erfolgt jedoch nur in geführten Gruppen, die in Ponsi Hall (variierende Zeiten) in Sichomovi zusammengestellt werden.

Nebraska

Pd–Ph 24/25

Abkürzung: NE
Hauptstadt: Lincoln
Einwohnerzahl: 1,8 Mio.
Beiname: Cornhusker State
Fläche: 200 018 km²

Die ersten Weißen hatten es eilig, nach Oregon und Kalifornien zu kommen und zogen nur durch: Zum Verweilen bot ihnen die endlose Prärie, das Stammland der Dakota, Cheyenne und Pawnee, keinen Grund. Erst nach dem Bürgerkrieg entdeckten sie die fruchtbaren Lössböden im Süden und Osten. Heute gehört Nebraska zu den größten Mais- und Weizenproduzenten des Landes. Und bietet dem Besucher so manche Überraschung.

Nebraska, Land der Rancher und Farmer. Das klingt nach harter Arbeit und wenig Sinn für Schickimicki. Tatsächlich gelang es den Menschen hier, die Prärie in kurzer Zeit in einen Brotkorb zu verwandeln. Heute freilich teilt der Staat in der oberen Mitte des Landes sein größtes Problem mit den ebenfalls landwirtschaftlich geprägten Nachbarn Kansas, Oklahoma, North und South Dakota: Die bereits seit Jahrzehnten anhaltende Landflucht hat bereits weite Landstriche bedrohlich entvölkert.

Ausgewählte Reiseziele in Nebraska

Lincoln Nebraskas Hauptstadt (236 000 Einw.) hatte schon mit Heuschreckenplagen und sinkenden Landpreisen zu kämpfen. Heute rühmt sich die Stadt in der Südostecke des Bundesstaats des höchsten Lebensstandards im Mittleren Westen: Pharmazeutische Betriebe und die Druckindustrie machen die Stadt besonders für junges, qualifiziertes Fachpersonal attraktiv, das nach Feierabend v. a. in den Restaurants und Bars im **Historic Haymarket District** den Tag ausklingen lässt. Sehenswert ist das **Museum of Nebraska History**, das auf drei

Etagen einen Querschnitt durch die Geschichte Nebraskas, mit besonderer Berücksichtigung der Plains-Indianer, bietet (15th u. P Sts.). Nicht klassisch, sondern eher wie ein moderner, von einer Kuppel gekrönter Wolkenkratzer präsentiert sich der 130 m hohe Regierungssitz des Bundesstaats, das **Nebraska State Capitol** (16th u. H Sts.). Sein kühnes, geschwungene Bögen einsetzendes Design macht es bereits selbst zum Kunstwerk. Drinnen überrascht der **Sheldon Memorial Art Gallery and Sculpture Garden** mit Werken von Edward Hopper und Georgia O'Keeffe (12th u. R Sts.).

NEBRASKA

AUSKUNFT

Nebraska Division of Travel and Tourism
301 Centennial Mall South
Lincoln, NE 68509-4666
Tel. 1-402-471-37 96
www.travelnebraska.com

Omaha

Nebraskas größte Stadt (405 000 Einw.) liegt am Westufer des Missouri. Ihr überraschend großes Kulturangebot bringt Omaha regelmäßig einen vorderen Platz in den Rankings der amerikanischen Städte mit der besten Lebensqualität ein. Einträchtig nebeneinander liegen 40-stöckige Bürohäuser und der schöne, von 10th und Jackson Sts. gerahmte **Old Market** mit seinen Boutiquen, Pubs und Restau-

Auch heute noch kann man Planwagen am Oregon Trail entdecken.

rants. Europäische und amerikanische Kunst des 19. und 20. Jh.s ist in dem schönen Art-déco-Gebäude des **Joslyn Art Museums** zu besichtigen (30th u. Fort Sts.). Wo einst 4000 Mormonen auf ihrem Zug nach Utah überwinterten, erinnert heute **The Mormon Trail Center** an den epischen Treck dieser Glaubensgemeinschaft nach Westen (3215 State St.).

★ **Scotts Bluff National Monument**

Fast hört man es noch, das Ächzen der Planwagen, wie sie, über die Prärie rumpelnd, auf dem Oregon Trail am Horizont verschwinden: Die fast 300 m hohe Anhöhe Scott's Bluff 8 km südwestlich von Scottsbluff an der SR-92 war einst ihr Wegweiser. Ein Rundweg führt zu markanten Punkten, von denen aus man noch die Wagenspuren im Gras erkennt, und zum **Oregon Trail Museum** im Visitor Center (Öffnungszeiten: tgl. 8.00 – 17.00 Uhr).

Nevada

Of–Oh 25–28

Abkürzung: NV
Hauptstadt: Carson City
Einwohnerzahl: 2,5 Mio.
Beinamen: Silver State
Fläche: 286 353 km²

Man hat, auf der Suche nach Gold und Silber, Nevada umgegraben, zerlöchert, durchwühlt, zerschnitten. Im Dienst des Vaterlandes hat man es mit Atombomben malträtiert. All dies hat der Wüstenstaat mit stoischer Ruhe ertragen. Denn nach wie vor ist er das raueste, einsamste Stück USA.

Die beiden bestimmenden Großlandschaften des Staates im Südwesten der USA sind die von zahlreichen in Nordsüdrichtung verlaufenden Bergketten durchzogene Great Basin Desert im Norden und die Mojave Desert im Süden. Grün ist der Staat nur zu Füßen der Sierra Nevada im Nordwesten: Die Spielerstadt Reno und Carson City, die Hauptstadt, liegen im Schatten schöner alter Cottonwoodbäume.

Ausgewählte Reiseziele in Nevada

Carson City

Die nach dem Trapper, Scout und Indianerkämpfer **Kit Carson** benannte Hauptstadt Nevadas wurde 1858 gegründet und wuchs als Versorgungszentrum der in der Nähe nach Silber suchenden Glücksritter. Wegen ► Las Vegas und Reno von Besuchern gern links liegen gelassen, ist Carson City doch ein guter Ausgangspunkt für Trips nach Virginia City und zum ► Lake Tahoe. Das **Nevada State Museum** enthält eine komplette Geisterstadt, die Replik einer Silbermine und Münzgerät, mit dem das Gold und Silber aus den Bergen zu insgesamt 50 Mio. Dollar verarbeitet wurde (600 N. Carson St.).

Virginia City

Unglaublich, aber wahr: Vor 140 Jahren gab es in Virginia City (6200 Einw.) über 100 Saloons, zahlreiche Banken und den einzigen Aufzug zwischen Chicago und San Francisco. 30 000 Einwohner hatte die Stadt, die 1860 quasi über Nacht auf die **Comstock Lode**, die reichste je gefundene Silberader, gestellt wurde. Heute bewahrt der Tourismus die Stadt 20 Autominuten nördlich von Carson City vor dem Aus. Die durchlöcherten Berge ringsherum erinnern an den Boom, der ihnen Silber für 234 Mio. Dollar entriss. **C Street**, damals wie heute Hauptverkehrsader der am Hang klebenden Stadt, wurde auf den Stand von 1870 restauriert. Etliche Saloons laden zum Bier: Im Bucket of Blood Saloon trinkt man an der Originaltheke von 1874, im Ponderosa Saloon führt ein Tunnel 100 m tief in die Best and Belcher Mine. Sehenswert ist auch der urige Mark Twain Book Store (C u. Taylor Sts.): Der berühmte Autor arbeitete bis 1864 als Zeitungsreporter in der Stadt.

► NEVADA

AUSKUNFT

Nevada Commission on Tourism
401 N. Carson St.
Carson City, NV 89701
Tel. 1-775-687-43 22
www.travelnevada.com

Ely

1868 auf Silber gebaut, sattelte das schön begrünte Städtchen Ely (4000 Einw.) zu Füßen der Wheeler Range im Osten des Staates später auf Kupfer um und ist bis heute ein Bergbauzentrum sowie eine angenehme Basis für Ausflüge in die Umgebung. Zahlreiche Geisterstädte in der Nähe – u. a. Cherry Creek, Hamilton, Lane City – schafften den Sprung in die Gegenwart dagegen nicht. Sehenswert ist das **White Pine Public Museum** (200 Aultman St.), das mit indianischen Artefakten und Erinnerungsstücken an den Pony Express die »gute alte Zeit« wieder auferstehen lässt.

✶ Great Basin National Park

Eine Autostunde östlich von Ely liegt an der Grenze zu Utah der Great Basin National Park. Der Wheeler Scenic Drive führt bis auf 3040 m, zum Wheeler Peak (3971 m) führen Wanderwege. Der Park ist berühmt für seine verschiedenen Vegetationszonen und für die **Lehman Caves**, die sich auf geführten Touren erkunden lassen.

Reno

Die Stadt mit dem Beinamen »The biggest little city in the world« liegt im mittleren Westen Nevadas, zu Füßen der Sierra Nevada. Schon ein Spielerdorado, bevor Las Vegas laufen lernte, ist Reno (194 000 Einw.) heute so etwas wie die kleinere, familiärere Version von »Sin City« im Süden. An die Anfänge der Kasinozeit erinnern vor allem die aus den 1930er- und 1940er-Jahren stammenden, schön altmodischen Spielhöllen an der **Virginia Street**, der Hauptverkehrsachse der Stadt. Wem der Sinn nach anderem steht, sollte sich das hervorragende **National Automobile Museum** ansehen (10 Lake St.). Der 53 km nördlich von Reno liegende, tiefblau schimmernde **Pyramid Lake** ist nach dem gleich hinter Reno beginnenden Gelb und Grau der Wüste ein Augenweide.

New Hampshire

Qj/Qk 23/24

Abkürzung: NH
Hauptstadt: Concord
Einwohnerzahl: 1,3 Mio.
Beiname: Granite State
Fläche: 24 097 km²

Sicherheitsgurte nicht vorgeschrieben, Autoversicherungen erst seit Kurzem Pflicht: Hier wird die Freiheit des Individuums traditionell groß geschrieben. Verkaufs- und Einkommenssteuer gibt es auch nicht und wer New Hampshire bereist, ahnt bald, warum: Der Granite State ist der raueste der Neuenglandstaaten und seine Bewohner Individuen mit ausgeprägtem Sinn für Unabhängigkeit.

New Hampshire, Land der Wälder: Am schönsten sind die White Mountains.

Nicht umsonst lautet das Staatsmotto »Live free or die«, nicht umsonst scheint New Hampshires geschriebene Geschichte mit dem Zitat des Kapitäns **John Smith** zu beginnen, der 1614 bei der Landung an New Hampshires Küste ausrief: »Hier belästigen uns keine Landbesitzer mit unverschämten Pachtforderungen. Hier kann jeder Mann in kurzer Zeit Herr über sein eigenes Stück Land sein.« Die Landschaft scheint den Eigensinn ihrer Bewohner zu reflektieren. Nur im Süden so hübsch manikürt wie Massachusetts oder Vermont, steigt New Hampshire nach Norden zu den White Mountains an, dem zerklüfteten Rückgrat des Staats und dem Dach Neuenglands. Das zu den Appalachen gehörende Bergmassiv ist bei Wanderern berühmt für seine zerklüfteten Schluchten, V-förmigen Täler und dramatischen, »notches« genannten Pässe. Mit 1917 m ist der **Mt. Washington** der höchste Berg – und für Wanderer und Skiläufer einer der gefährlichsten überhaupt, können seine Wetterumschwünge doch ebenso rasch und dramatisch wie tödlich sein.

Ausgewählte Reiseziele in New Hampshire

Concord

Concord (42 000 Einw.), seit 1808 Hauptstadt von New Hampshire, zeigt sich dem Besucher als lebendiges Städtchen mit vielen schönen alten Häusern, v. a. an der herrschaftlichen Main Street. In den 1660er-Jahren als Handelsposten gegründet, hatte es bedeutenden Anteil an der Erschließung des Westens: Von 1813 bis 1900 verließen Tausende der aus den Wildwestfilmen bekannten Pferdekutschen die hiesigen Fabrikhallen. Das 1819 eingeweihte neoklassische **State House**, der Regierungssitz des Landes, zeigt im Inneren über 180 Porträts berühmter Persönlichkeiten aus New Hampshire (107 Main St.).

NEW HAMPSHIRE

AUSKUNFT

Office of Tourism and Travel
P. O. Box 1856
Concord, NH 03302
Tel. 1-603-271-26 66
www.visitnh.gov

Portsmouth

Portsmouth (26 000 Einw.), New Hampshires einziger Seehafen, wirkt mit seinen krummen Straßen und alten Häusern aus roten Backsteinen eher wie ein skandinavisches Städtchen. Vor allem in der Altstadt behielten verantwortungsvolle Bürger die Oberhand: Trotz mancher Souvenirshops und T-Shirt-Läden blieb sie schön altmodisch, mit Barbierläden an der Ecke und dunklen Pinten am alten Hafen. Das zu den größten Freilichtmuseen Neuenglands gehörende

Auch wenn man sich eine Übernachtung nicht leisten will – eine Tasse Kaffee auf der Veranda des Mount Washington Hotels sollte drin sein.

Strawberry Banke Museum zeigt Gebäude aus allen Kapiteln der Stadtgeschichte (14 Hancock St.).

✶ White Mountains National Forest

Das Gebirge in der nördlichen Hälfte des Staates ist Neuenglands unbestrittenes Outdoor-Paradies. Ihre bis in den Sommer schneebedeckten Gipfel sind kahle Granitkuppen, über die der Wind aus den Weiten Labradors hinwegfegt. Ihre engen Täler und Pässe sind die einzigen Verkehrswege durch eine unzugängliche Naturlandschaft, die ihre entlegensten Winkel erst zu Beginn des 19. Jh.s preisgab. Um 1900 waren die White Mountains ein populäres Urlaubsziel der reichen Bostonians und New Yorker: Das grandiose Mt. Washington Hotel zu Füßen des höchsten Berges erinnert an diese Zeit.

✶ Mount Washington

Nicht sonderlich hoch, dafür aber umso tückischer: Zahllose Broschüren warnen davor, diesen Berg auf die leichte Schulter zu nehmen. Jeden Monat des Jahres kann Schnee fallen. Seine Temperaturstürze haben schon viele Wanderer das Leben gekostet. Im Autofahrerland USA darf es nicht verwundern, dass es außer Wanderwegen auch eine Straße – und sogar eine Eisenbahn – auf den Gipfel gibt. Die gebührenpflichtige Auto Road beginnt 13 km nördlich vom Besucherzentrum des White Mountains National Forest in **Pinkham Notch** an der NH-16 und arbeitet sich in spektakulären Serpentinen durch alle Klima- und Vegetationszonen des Ostens zum 13 km entfernten Gipfel. Die Fahrt, die man entweder im eigenen Pkw oder mit einem Shuttle des Besucherzentrums unternimmt, dauert 45 Minuten. Eisenbahnfans werden die allerdings nicht billige **Mount Washington Cog Railway** auf der anderen Seite des Berges vorziehen. Seit 1869 schiebt die kleine Lokomotive einen fast ebenso alten Waggon vor sich her den Berg hinauf, wobei sie Steigungen von bis zu 37 Prozent überwindet (Marshfield Base Station, 10 km östl. von Fabyan via Base Rd.; Betriebszeiten: Mai bis Okt.). Der Gipfel des Mt. Washington wartet mit einer vom extremen Klima gezeichneten, vegetationslosen Mondlandschaft auf. Ein halbes Dutzend Gebäude steht hier, darunter das trutzige Sherman Adams Summit Building, das ein Restaurant, ein Museum und die Wetterstation enthält.

? WUSSTEN SIE SCHON ...?

- ... dass 1934 die in einem bunkerähnlichen Gebäude untergebrachte Wetterstation auf dem Gipfel des Mt. Washington die höchste je außerhalb eines Hurrikans gemessene Windgeschwindigkeit maß? 372 km/h!

New Jersey

Oh 25/26

Abkürzung: NJ
Hauptstadt: Trenton
Einwohnerzahl: 8,7 Mio.
Beiname: Garden State
Fläche: 20 295 km²

Die Statistik spricht eigentlich gegen ihn: New Jersey ist der viertkleinste und am dichtesten besiedelte Bundesstaat des Landes. Trotzdem hat er zwei Trümpfe, um die ihn seine Nachbarn beneiden: Behutsam in zahllosen Gärten und Parks gebändigte Natur sowie spannende amerikanische Geschichte, die sich in herrlichen Residenzen und historischen Schlachtfeldern spiegelt. Von den endlosen Stränden erst gar nicht zu sprechen.

Benannt nach der englischen Kanalinsel Jersey, wird der kleine Staat im Westen vom Delaware River, im Nordosten vom Hudson River, im Osten von Atlantik und im Süden von der Delaware Bay begrenzt. Im Nordwesten hügelig und trocken-kühl, im flachen Süden dagegen fast subtropisch warm und feucht, bietet New Jersey bemerkenswerte Kontraste auf engstem Raum, auch kulturell. So finden die allgegenwärtigen, üppig grünen Parks, Wälder und Wiesen und das an Neuengland erinnernde Princeton mit der berühmten Eliteuniversität ihr lärmendes Gegenstück in der Casino-Stadt Atlantic City.

Ausgewählte Reiseziele in New Jersey

Atlantic City Wo einst die Vanderbilts und andere betuchte Amerikaner Ferien machten, lassen heute rund 35 Mio. Besucher jährlich die Slotmachines rattern. 1976 stimmte New Jersey für die Legalisierung des Glücksspiels in der finanziell maroden Resortstadt an der Atlantikküste. Seitdem wuchern hier die Hotels, schießen Kasinos und Megaresorts aus dem Sand. Roter Faden durch diesen Entertainment-Dschungel ist der im 19. Jahrhundert angelegte **Boardwalk** am Strand, auf dem man promenieren, skaten und Rad fahren kann.

NEW JERSEY

AUSKUNFT

Office of Travel and Tourism
20 W. State St., P. O. Box 820
Trenton, NJ 08625
Tel. 1-609-777-08 85
www.state.nj.us/travel

✶ **Cape May** Das Seebad Cape May (4000 Einw.) im äußersten Süden von New Jersey ist eines der ältesten der USA. Bereits früh im 19. Jh. entdeckte die Ostküstenelite hier die Vorzüge des Strandlebens. Sechs US-Präsidenten hatten hier ihre Sommerhäuser. Die Attraktionen des hübschen viktorianischen Ortes sind seine kilometerlangen Strände. Sehenswert ist auch das 1859 gebaute **Cape May Lighthouse** (Lighthouse Ave. u. Sunset Blvd.), das einen tollen Blick bis zum Cape Jersey verspricht (Öffnungszeiten: tgl. 10.00 – 18.00 Uhr).

✶ **Island Beach State Park** Der herrliche, 16 km lange Sandstrand dieser vorgelagerten Barriere-Insel in der Mitte der New-Jersey-Küste ist das Juwel unter den Stränden des Bundesstaates. Erreichbar über den Garden State Pkwy. und Rte. 37, gibt es zudem über 200 Pflanzenarten in den Dünenlandschaften.

Morristown National Historic Park Der Park bei Morristown (19 000 Einw.) erinnert an besonders dramatische Kapitel des amerikanischen Unabhängigkeitskrieges. Die Kontinentalarmee unter George Washington, nach vernichtenden Niederlagen erschöpft und durch Desertationen zusätzlich geschwächt, kampierte hier im Winter 1779. Washington gelang es, die kriegsmüden Männer zu reorganisieren und aufs Neue zu motivieren. Der Park besteht u. a. aus der **Ford Mansion** (30 Washington Pl.), wo Washington residierte, und dem über Morristown angelegten **Fort Nonsense** (Western Ave.).

Princeton Princeton (14 500 Einw.) ist die Uni Princeton: Der Alltag in der ein paar Autominuten nordöstlich von Trenton liegenden Stadt wird von der Bildungsindustrie rund um die renommierte, 1756 hier angesiedelte **Princeton University** bestimmt. Die mit Yale und Harvard zur berühmten »Ivy league« gehörende Universität führt zahlreiche prominente Absolventen und Gelehrte, darunter Albert Einstein, in ihrer Ahnengalerie. Auf dem Campus lassen sich Skulpturen von Picasso und Henry Moore bewundern. Das **Princeton Art Museum** (McCormick Hall) zeigt Kostbarkeiten chinesischer und präkolumbianischer Kunst.

Trenton

Im Jahr 1676 wurde am Ende des schiffbaren Delaware River die Siedlung Trenton gegründet, heute die Hauptstadt New Jerseys mit 85 500 Einwohnern. 1776 war sie Schauplatz eines wichtigen Sieges der Kontinentalarmee unter George Washington gegen eine aus hessischen Söldnern bestehende britische Armee. Heute präsentiert sich Trenton fein herausgeputzt mit schönen viktorianischen Stadthäusern in mehreren historischen Vierteln. Sehenswürdigkeiten wie das **Old Barracks Museum** in der Barrack Street, in dem einst die Söldner untergebracht waren, und das **New Jersey State Museum** (205 W. State St.), das sich mit der Geschichte des Staats beschäftigt, sind lohnende Ziele.

New Mexico

Pa–Pd 27–30

Abkürzung: NM
Hauptstadt: Santa Fé
Einwohnerzahl: 2 Mio.
Beiname: Land of Enchantment
Fläche: 314 925 km²

In New Mexico wirken selbst die Geisterstädte, durch die Pat Garrett und Billy the Kid einst jagten, jung. Denn New Mexico ist wirklich alt: Viele indianische Dörfer sind seit Jahrhunderten besiedelt. Noch älter sind die überall zu findenden prähistorischen Ruinen. Und noch älter ist die von Wind, Wasser und Wetter modellierte Felsenlandschaft, die abends in zeitlos schönen Rottönen leuchtet.

New Mexico besitzt den höchsten Anteil spanischsprachiger Einwohner des Landes. Knapp zehn Prozent sind Ureinwohner, meist Pueblo-Indianer, Apachen, Navajos. Riesengroß und dünn besiedelt, geht hier niemand dem Gespräch mit einem Fremden aus dem Weg. Im Gegenteil: Nicht ins Gespräch zu kommen, in Läden, Besucherzentren und an Tankstellen, ist nahezu unmöglich. Der amerikanische Mainstream, er verschwimmt in diesem Land, wo alles etwas langsamer geht und selbst die »Gringos« wissen, dass »mañana« zwar »morgen« heißt, aber »nicht heute« bedeutet.

Landschaftlich bietet New Mexico sowohl Wüste als auch sattgrüne Bergwelt mit ewigem Schnee in den oberen Lagen. Das

Rückgrat des Staates sind die Rocky Mountains, die als **Sangre de Cristo Mountains** dem Rio Grande längs durch den Staat folgen. Salbeibüsche, Kakteen und Yuccas sind ständige Begleiter bei Roadtrips durch den Staat. Extensive Weidewirtschaft herrscht vor. Unter der Erde lagern die bedeutendsten Uranerzvorkommen der USA.

Ausgewählte Reiseziele in New Mexico

★ Aztec Ruins National Monument

Ganz im Nordwesten von New Mexico, an der Grenze zu Colorado, fanden Siedler um 1800 eine Wohnanlage der Pueblo-Indianer und hielten sie für Bauten der Azteken. Die von 1100 bis 1300 bewohnten Gebäude umschließen über 450 Räume, darunter die **Great Kiva**, einen vollständig restaurierten Zeremonialraum (US-516; Öffnungszeiten: tgl. 8.00 – 18.00 Uhr).

Die Stadt **Gallup** (20 000 Einw.) im Nordwesten von New Mexico bezeichnet sich als »Gateway to Indian Country«: Unweit von hier beginnt die ►Navajo Indian Reservation. Vom Charakter her eher gesichtslos, machen über 100 Trading Posts mit indianischem Kunsthandwerk dieses Manko wieder wett. Die Palette des Angebots reicht vom Silberschmuck der Navajo über die Türkis-Arbeiten der Zuni bis zu den herrlichen Teppichen der Pueblo-Indianer.

NEW MEXICO

AUSKUNFT

New Mexico Department of Tourism
Lamy Building
491 Old Santa Fé Trail
Santa Fé, NM 76501
Tel. 1-505-827-74 00
www.newmexico.org

Red Rock State Park

Die spektakulären, gelbroten Kliffs dieses Parks nördlich von Gallup entstanden vor 205 Mio. Jahren und sind heute alljährlich im August Kulisse des farbenprächtigen **Intertribal Indian Ceremonial**, bei dem sich Indianer aus ganz Nordamerika und Mexiko zu Tanzwettbewerben und Gedankenaustausch treffen.

El Morro National Monument

88 km südöstlich von Gallup ragt an der SR-53 diese Felsengruppe knapp 70 m über dem Talboden auf. Wegen eines Wasserlochs – des einzigen, zuverlässig Wasser führenden weit und breit – war El Morro ein wichtiger Rastplatz für Reisende, von denen rund 2000 ihre Namen in den Fels ritzten. **Inscription Rock** ist ein amerikanisches Geschichtsbuch: Präkolumbische Indianer hinterließen hier ebenso ihre Zeichen wie 1610 der spanische Gouverneur Don Juan de Onate und 1857 der Kamelführer

? WUSSTEN SIE SCHON ...?

- ... dass am 16. Juli 1945 auf dem Versuchsgelände von Alamogordo, New Mexico, die erste Atombombe gezündet wurde? Die Druckwelle war 160 km weit zu spüren; der Atompilz erreichte eine Höhe von 12 km.

Mit Volldampf durch New Mexico: die Cumbres & Toltec Secenic Railroad

Edward Beal. Ein mehrere Kilometer langer Rundweg führt auf den Rücken der Felsengruppe, wo einige prähistorische Pueblodörfer ausgegraben wurden.

Roswell

In den 1930er-Jahren schossen amerikanische Ingenieure hier erste Raketen ab. Doch Roswell (46 000 Einw.) im Süden von New Mexico richtig berühmt machten Außerirdische, als im Juli 1947 eine ihrer fliegenden Untertassen hier abstürzte und die amerikanische Regierung eiligst die Wrackteile und die toten und verletzten Piloten einsammelte, bevor die Presse eintraf. Soweit die Legende. Zwar ist das alles nicht bewiesen, doch Ufologen aus aller Welt hindert das nicht, ihren Verschwörungstheorien zum »Roswell Incident« ins Netz zu stellen und zum **International UFO Museum & Research Center** (114 N. Main St.) zu pilgern, wo unter dem Mantel seriöser Wissenschaft der »wahre« Hergang der Geschichte dokumentiert ist.

★ **Lincoln State Monument**

Kein Wildwestfan sollte Lincoln auslassen. Das Nest 90 km westlich von Roswell – keine hundert Seelen leben noch hier – war während der 1870er-Jahre als »gefährlichste Straße der USA« berüchtigt. Unter anderem fanden hier die entscheidenden Schießereien des blutigen Lincoln County War (1878 – 1881) statt, an denen legendäre Pistoleros wie William Bonney, besser bekannt als **Billy the Kid**, maßgeblichen Anteil hatten. Das State Monument besteht aus einem knappen Dutzend Gebäude, in denen viele der Schlüsselszenen stattfanden, darunter der Tunstall Store und das Old County Courthouse, wo Billy the Kid sich nach der Verkündung seines Todesurteils den Weg in die Freiheit freischoss (Öffnungszeiten: tgl. 8.30 – 16.30 Uhr).

★★ New Orleans

Pk 30

Bundesstaat: Louisiana
Einwohnerzahl: 225 000
Höhe: 0 – 6 m ü.d.M.
Fläche: 907 km²

Drei Jahre nach der größten Flutkatastrophe in der amerikanischen Geschichte ist zumindest das berühmte French Quarter wieder »back in business«. Ein Drittel der Einwohner ist jedoch noch immer nicht heimgekehrt. Und in manchen Außenbezirken sieht es noch so aus wie kurz nach »Katrina«.

Die Bilder gingen um die Welt: eine im Meer untergegangene Stadt, Überlebende auf Hausdächern. Ende August 2005 drückte Hurrikan Katrina die Wasser des Golfs von Mexiko über die Dämme und flutete 80 % des weitgehend unter dem Meeresspiegel liegenden Stadtgebiets. Zehntausende mussten per Hubschrauber in Sicherheit gebracht werden. Weit über tausend Menschen kamen um. Anfang Oktober 2005 wurden zwar die ersten Viertel wieder für bewohnbar erklärt, doch die Aufräumarbeiten dauern bis heute an. Ob New Orleans, das bis zu jenem Tag für seine Lebenslust geradezu legendär war, jemals zu alter Größe und Schönheit zurückfinden kann, ist ungewiss. Doch fast alle touristisch interessanten Punkte der Stadt wie das weltberühmte French Quarter und der Garden District sind wieder »back in business«. In den Jazzkneipen wird gejamt, als wolle man die Unsterblichkeit der Stadt beschwören.

The Big Easy

Bis zu jenem schicksalshaften Tag im August hatte New Orleans viele Namen, und kaum einer davon war salonfähig. Angesichts der hier herrschenden losen Sitten konnten sich Amerika und das Fremdenverkehrsbüro der Stadt noch am ehesten auf »The Big Easy« einigen. Der Rest der Welt erlebte sie hingegen als unamerikanischste Stadt der USA, als einen lebenssprühenden Cocktail aus karibischen, kreolischen, spanischen, französischen und amerikanischen Zutaten, charmant-verlottert präsentiert und dadurch umso unwiderstehlicher. Bis dahin sagte ihr Steckbrief folgendes über sie: einer der größten Seehäfen des Landes, **Wiege des Jazz und des Mardi Gras**, eine der höchsten Kriminalitätsraten, multikulturelles Erbe, Tourismusattraktion mit Muss-Charakter.

> ! *Baedeker* TIPP
>
> **Der helle Wahnsinn!**
>
> Mardi Gras bedarf keiner Erläuterung: Der Karneval in New Orleans ist bunt, schräg, rhythmisch, ausgelassen und zügellos. Alles Wissenswerte finden Sie unter: www.mardigrasneworleans.com und www.mardigrasguide.com

Geschichte

1699 sichteten franko-kanadische, von Neu-Frankreich aus auf dem Mississippi nach Süden vordringende Pelzhändler und Missionare

NEW ORLEANS ERLEBEN

AUSKUNFT

New Orleans Convention & Visitors Bureau
2020 St. Charles Ave., LA 70130
Tel. 1-504-566-50 11, 1-800-672-61 24
www.neworleanscvb.com

AUSFLÜGE

Die vielleicht beste Art, New Orleans in seiner ganzen Exotik zu erleben, ist per Boot. Sumpf- und Bayoutouren und Touren auf dem Mississippi werden angeboten. Der »Ol' Man River« wird u. a. von der »Natchez« durchpflügt. Vom Deck des historischen Raddampfers hat man herrliche Blicke auf New Orleans, während eine Jazz-Kapelle die O-Töne liefert (Toulouse St. Wharf/Jackson Square, Tel. 1-504-586-87 77, www.steamboatnatchez.com). Durch die Bayous vor der Stadt führen die Touren von Jean Lafitte Swamp Tours (6601 Lafitte Larose Hwy., Marrero, Tel. 1-504-587-17 19, www.jeanlafitteswamptour.com).

AUSGEHEN

Blues, Jazz, Cajun und Swamp-Rock, Zydeco und Rock 'n' Roll: New Orleans ist die musikalischste Stadt der USA. Man tut gut daran, tagsüber mit seinen Kräften hauszuhalten, denn erst nach Einbruch der Dunkelheit wird die Stadt so richtig munter. Viele Bars und Musikkneipen mussten aber nach »Katrina« aufgeben, andere wiederum machten bereits wenige Tage später auf. Was gerade wo läuft, erfährt man am besten aus dem

Wer auf Nachtleben aus ist, ist in der Bourbon St. genau richtig.

New Orleans *Orientierung*

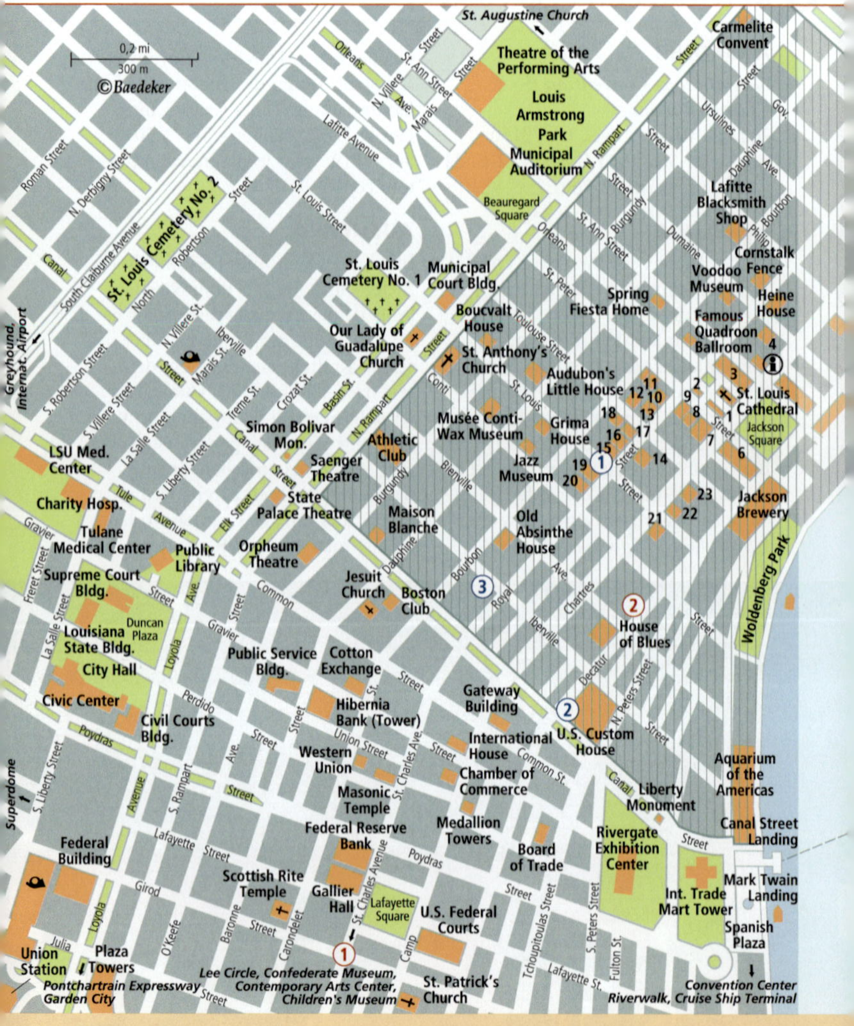

aktuellen Veranstaltungskalender der Tageszeitung Times-Picayune (www.timespicayune.com). Das Epizentrum für Nachtschwärmer ist das French Quarter. Donna's (Motto: »Do what you wanna, but don't miss Donna's!«) ist eine Eckkneipe am Rand des French Quarters und bietet fast täglich Livemusik vom Feinsten (800 N. Rampart St.). Lafitte's Blacksmith Shop ist die urigste Kneipe an der Bourbon Street (941 Bourbon St.), und die Maple Leaf Bar (8316 Oak St.), berühmt für ihre Zydeco-

Übernachten
① The Pontchartrain
② Bienville House
③ Le Richelieu

Essen
① Alex Patout's
② Café Giovanni
③ Acme Oyster House

1 The Cabildo (Louisiana State Museum)
2 La Branche House
3 The Presbytère
4 Madame John's Legacy
5 Pontalba Building/ 1850 House
6 Pontalba Building
7 Petit Théâtre
8 Petit Salon
9 Maison Le Monnier
10 Patti's Court
11 Preservation Hall
12 Casa Hove
13 Court of Two Sisters
14 William R. Irby Place
15 Ehem. St. Louis Hotel
16 Miro House
17 Historic Collection
18 Court of Two Lions
19 Patio Royal
20 Rouquette Mansion
21 Maspero's Exchange
22 Napoleon House
23 Pharmacy Museum

Vieux Carré French Quarter

und Jazz-Jam-Sessions, gehört zu den Musiklegenden der Stadt. Das Mekka der Jazz-Fans aus aller Welt ist jedoch Preservation Hall (726 St. Peter St.). Hier spielen steinalte Kapellen »When the Saints go marchin' in« und andere Klassiker des Traditional Jazz.

SHOPPING

New Orleans bietet die für amerikanische Städte dieser Größe obligatorischen Shoppingmalls und Konsumpaläste. Schöner allerdings, weil typisch New Orleans, ist Shopping zu Fuß, und zwar in übersichtlichen historischen Vierteln. Im French Quarter lockt z. B. die Royal Street mit ihren antiken Möbeln und reich ausgestatteten Juweliergeschäften. Am Rand des French Quarter bieten die Shops am Canal Place (333 Canal St.) Designermarken wie Adrienne Vittadini an und Saks Fifth Avenue sowie der Riverwalk Marketplace (1 Poydras St.) punkten mit hochwertigen Textiliengeschäften.

ESSEN

► Erschwinglich

① ***Alex Patout's***
720 St. Louis St.
Tel. 1-504-525-77 88
Gumbo, Jambalaya und Boudin: herzhafte Cajun-Küche vom Feinsten.

② ***Café Giovanni***
117 Decatur St.
Tel. 1-504-529-21 54
Bester Italiener im French Quarter. Hervorragende Pasta Gambino – trotz italienische Opern schmetternder Kellner ...

► Preiswert

③ ***Acme Oyster House***
724 Iberville St.
Tel. 1-504-522-59 73
Nach millionenteuren Aufräumarbeiten wieder im Geschäft: die älteste – und noch immer beste – Austernbar im French Quarter.

ÜBERNACHTEN

► Luxus

① ***The Pontchartrain***
2031 St. Charles Ave.
Tel. 1-504-524-05 81, 1-800-777-61 93
www.pontchartrainhotel.com
104 Z. Die Grande Dame der hiesigen Hotellerie. Seit 1927 ein Synonym für noble Gastfreundschaft. Im Garden District.

► Komfortabel

② ***Bienville House***
320 Decatur St.
Tel. 1-504-529-23 45, 1-800-535-78 36
www.bienvillehouse.com
83 Z. Hübsches Hotel im French Quarter mit gutem italienischem Restaurant.

③ ***Le Richelieu***
1234 Chartres St.
Tel. 1-504-529-24 92, 1-800-535-96 53
www.lerichelieuhotel.com; 86 Z.
Stimmungsvolles Familienhotel mit recht gutem Preis-Leistungs-Verhältnis.

erstmals das spätere Stadtgebiet. 1718 gründete **Jean Baptiste Lemoine de Bienville** (1680 – 1767) die Stadt an der höchsten Stelle des malariaverseuchten Mississippi-Deltas und begann alsbald dessen Trockenlegung. Schon drei Jahre später wurde New Orleans zur Hauptstadt der nach Ludwig XIV. benannten, französischen Kolonie »Louisiane« ausgerufen. Die strategisch günstige Lage zwischen Nordamerika und dem karibischen Raum trieb die Einwohnerzahl rasch in die Höhe. Bereits 1732 zählte New Orleans 5000 Einwohner. 1762 musste Frankreich die Stadt an Spanien abtreten, ein Akt, gegen den sich die Bevölkerung mehrere Jahre lang erfolgreich zur Wehr setzte. Zwar war man von 1800 bis 1803 noch einmal vorübergehend französisch, doch der **»Louisiana Purchase«** (► S. 42) besiegelte die Abtretung der Stadt, dieses Mal an die USA, endgültig. 1815 konnte

General Andrew Jackson die Engländer nahe der Stadt besiegen. Um 1840 zählte die Metropole zu den reichsten Städten des Landes. Der Handel mit der Karibik und Lateinamerika blühte, allerdings der mit afrikanischen Sklaven auch: Der örtliche Sklavenmarkt war zeitweilig der größte der USA. Zugleich – und damals galt dies nicht als Widerspruch – beherbergte New Orleans die größte Gemeinde freier Farbiger, die als erfolgreiche Geschäftsleute der Stadt ebenfalls ihren Stempel aufdrückten. Im Bürgerkrieg ergab sich New Orleans 1862 den Unionstruppen und bewahrte damit sein historisches Stadtbild vor der Zerstörung

✶✶ Vieux Carré · French Quarter

Kompakt und eher wie ein Stück französische Karibik wirkend, ist das Vieux Carré, bekannter als French Quarter, der größte Devisenbringer der Stadt. Längs in einer halbmondförmigen Schleife des Mississippi liegend, ist es das historische, einst im Schachbrettmuster angelegte Stadtzentrum. Charakteristisch sind die bis zu 270 Jahre alten Häuser mit ihren schattenspendenden Arkaden, schmiedeeisernen Balkonen und idyllischen Innenhöfen, in denen munter Springbrunnen plätschern. Hier befindet sich die Wiege des Jazz. In dem einst als Rotlichtviertel berüchtigten French Quarter schufen schwarze Musiker um 1900 einen neuen Stil, den Jazz, dessen schneller Rhythmus den hektischen Lebensstil der expandierenden Städte reflektierte. Kneipenstraßen wie die **Bourbon Street**, in denen Jazzgötter wie Louis Armstrong ihre ersten Töne spielten, genießen heute Kultstatus unter Musikfans. Trotz seiner zuweilen extremen Kommerzialisierung konnte das French Quarter vielerorts seinen kolonial-karibischen, zutiefst unamerikanischen Charakter bewahren. Vergnügungsviertel ist es noch immer, wenngleich die losen Sitten weitgehend verbannt wurden. »Easy going« ist man jedoch noch immer. So gehören ausgelassene Partys – anders als im Rest des Landes gibt es im French Quarter keine »open container laws«, die den Genuss von Alkohol in der Öffentlichkeit verbieten – und biertrinkende Polizisten nachts durchaus zum Straßenbild.

✶ Jackson Square (Place d'Armes)

Der Hauptplatz und alte Exerzierplatz des French Quarter wird vom 1856 enthüllten Reiterstandbild des amerikanischen Generals und späteren US-Präsidenten Andrew Jackson beherrscht. Die Uferpartie am Mississippi – die nach dem populären Bürgermeister Moon Landrieu »Moonwalk« genannte Promenade, das Millhouse und die frühere Jackson Brewery – lockt mit Boutiquen und kreolische Spezialitäten anbietenden Imbissständen. Die Nordseite des Platzes dominiert die 1794 auf den Resten zweier Vorgängerinnen erbaute, katholische **St. Louis Cathedral** (615 Pere Antoine Alley). Links neben der Kathedrale steht eines der historisch wichtigsten Gebäude der Stadt: Der **Cabildo**, 1795 für die spanischen Gouverneure erbaut, war 1803 Schauplatz der Unterzeichnung des »Louisiana Purchase«.

◄ weiter auf S. 440

Als die Dämme brachen, strömten die Fluten in die Stadt und setzten weite Teile unter Wasser.

NEW ORLEANS VERSINKT

Am 28. August 2005 wurde die Region um New Orleans von dem Hurrikan »Katrina« heimgesucht, einem der stärksten Hurrikane, die jemals in den USA gemessen wurden.

Obwohl New Orleans nur von den Randausläufern des Hurrikans in Mitleidenschaft gezogen wurde, brachen mehrere Deiche, woraufhin das Wasser des **Lake Pontchartrain** die Stadt fast vollständig überschwemmte. Unterspülte Gebäude brachen zusammen und verschlimmerten die Situation deutlich.
Wasser, Müll und Schutt wurden in den als Notunterkunft genutzten **Superdome** gespült, er war aber dennoch Ziel jener, die die Stadt nicht rechtzeitig verlassen hatten und jetzt auf die Verteilung von Wasser und Essen durch die Armee warteten. Gleichzeitig verschlechterten Wasser- und Stromausfall die Bedingungen im Stadion. Auch die großen Wasserpumpen der Stadt fielen aus.
Als das Ausmaß der Überflutung deutlich wurde, beschloss die Regierung am 31. August, die Stadt – und damit auch den Superdome – komplett zu evakuieren. Zuerst mit Bussen und später dann mit einer Luftbrücke. Ziel war zunächst der **Astrodome** von Houston, dessen Kapazitäten jedoch bereits nach einem Tag ausgeschöpft waren.

»Die Stadt stirbt!«

Nach einigen Tagen mit Unruhen und Plünderungen wurden der **Ausnahmezustand**, das Kriegsrecht und der Gesundheitsnotstand ausgerufen.
In einigen Gebieten wurden Hilfsmaßnahmen und Evakuierungen ausgesetzt, nachdem angeblich Hubschrauber beschossen und Rettungsmannschaften angegriffen wurden. Soldaten und Polizisten stellten die Ordnung wieder her und schützten Krankenhäuser vor **Plünderungen**.
Viele Berichte über Plünderungen erwiesen sich zwar als übertrieben, aber in den Medien wurde nicht berichtet, dass Bürgermeister Ray Nagin in einer Livesendung die Bundesregierung wegen **schleppender Hilfeleistung** beschimpfte. Unter Tränen sagte er: »Die Stadt stirbt!«
US-Präsident George W. Bush veranlasste sechs Tage nach dem Hurrikan die Entsendung von Rettungsmannschaften in das Katastrophengebiet. Die zuständige **Nationalgarde** war allerdings nicht voll einsatzbereit, da sie sich zu erheblichen Teilen im Einsatz im Irak befand und ein Abzug nicht geplant war.

Gedenkstein für die Opfer der Hurrikane Katrina und Rita.

Der Louis Armstrong International Airport ist einer von zwei Flughäfen der Stadt und hat eine tägliche Kapazität von 300 Flugzeugen. Ein wenig westlich der Stadt im weitgehend verschont gebliebenen Vorort Kenner gelegen, konnte er nach wenigen Tagen wieder den Betrieb aufnehmen. Landebahn und Tower wurden durch den Hurrikan nicht zerstört, allerdings standen Bodenradar und Befeuerung der Landebahn zuerst nicht zur Verfügung.

Während der Ruf nach einem schnellen **Wiederaufbau** New Orleans mit entsprechender staatlicher Unterstützung lauter wurde und der politische Druck auf die Verantwortlichen wuchs, mehrten sich auch Zweifel an der Sinnhaftigkeit. Experten diskutierten, ob New Orleans aufgegeben werden sollte, da in Zukunft mit einer Verschlechterung der Situation zu rechnen sei.

Am 5. September 2005 wurde bekannt gegeben, dass der Deich zum Lake Pontchartrain repariert sei, jedoch das Abpumpen des Wassers mindestens drei Monate dauern werde. An einigen Deichen halfen von Deutschland gespendete Hochleistungspumpen.

Am 6. September 2005 ordnete Bürgermeister Ray Nagin die **Zwangsevakuierung** der letzten in der Stadt ausharrenden Einwohner an. Jeder, der nicht an den Aufräumungsarbeiten beteiligt war, hatte nun – nicht zuletzt wegen der Seuchengefahr – die Stadt zu verlassen.

Neue Bedrohungen

Am 20. September 2005 drohte ein weiterer Hurrikan, die Stadt in den nächsten Tagen zu überqueren und New Orleans wurde erneut evakuiert. Bereits zurückgekehrte Einwohner mussen die Stadt wieder verlassen.

Am Nachmittag des 23. September berichteten mehrere Nachrichtenagenturen, dass einer der notdürftig abgedichteten Deiche erneut gebrochen sei und Wasser in die am tiefsten gelegenen Stadtviertel laufe. Am 24. September meldete der Fernsehsender CNN, dass mehrere Stadtteile der Jazzmetropole erneut überflutet seien: Das Wasser stand wieder zwei Meter hoch in den Straßen.

Mitte Oktober 2005 war die Stadt laut Zeitungsberichten wieder trockengelegt. Doch musste die Bevölkerung am 18. Oktober auf eine neuerliche Evakuierung vorbereitet werden: Der **Hurrikan Wilma**, dessen Entwicklung noch ungewiss war, zog dann allerdings über Florida gen Atlantik.

Der Jackson Square bildet das Zentrum des French Quarter. Im Hintergund die St. Louis Cathedral.

Heute beherbergt der Cabildo als Teil des auf mehrere Gebäude im French Quarter verteilten **Louisiana State Museum** hunderte interessanter Artefakte aus der langen Stadtgeschichte. Weitere Ausstellungen dieses Museums sind rechts von der Kathedrale im Presbytère von 1817 untergebracht (751 Chartres St.). Vor allem die herrlichen Mardi-Gras-Masken und -Kostüme lohnen hier den Besuch (Öffnungszeiten aller Ausstellungen: Di. – So. 9.00 – 17.00 Uhr).

✶ **Ruelle d`Orléans**

Malerisch und bei Straßenkünstlern beliebt ist die hinter der Kathedrale liegende Ruelle d`Orléans. Weithin als **Pirate´s Alley** bekannt, weil hier um 1800 Piraten ihre dunklen Geschäfte abwickelten, ist sie heute eine beliebte Kulisse für Hochzeiten.

✶ **French Market**

Von der Ostecke des Jackson Square aus gelangt man auf dem »Moon Walk« zunächst zum berühmten **Café du Monde**, mit seinen Beignets und Lattes seit Generationen ein fester Bestandteil jedes New-Orleans-Besuches (800 Decatur St.). Danach stößt man auf die langen Hallen des French Market, der um 1800 erstmals Waren feilbot und in dem sich noch heute die kulinarischen Genüsse stapeln.

Old Ursuline Convent

Das 1752 erbaute Ursulinenkloster an der Chartres St. ist das älteste aus der französischen Kolonialzeit erhaltene Gebäude am Mississippi. Die Nonnen, die 1727 im Delta ankamen, gründeten die ersten Schulen und Krankenhäuser in New Orleans. Geführte Touren zeigen

Dutzende eindrucksvoller Ölportraits und Büsten führender Geistlicher der Stadt und einen herrlich stillen Innenhof, der sich gut zum Meditieren eignet (1100 Chartres St.; Führungen: Di.–Fr. 10.00, 11.00 13.00, 14.00, 15.00, Sa./So. 11.15, 13.00, 14.00 Uhr).

Dumaine Street

Die Chartres Street zurück geht es dann rechts in die Dumaine Street. Hier steht eines der ältesten Häuser der Stadt. **Madame John's Legacy** (Nr. 623, Di.–So. 9.00–17.00 Uhr), ein aus drei Häusern bestehendes Quartier aus dem Jahre 1726, gilt als hervorragendes Beispiel des damaligen Louisiana Creole Style: Dicke Wände schützten vor der Hitze, ein kleiner Innenhof bot Ruhe vor der lärmenden Straße. Ein paar Häuser weiter beschäftigt sich das **New Orleans Historic Voodoo Museum** (Nr. 724) in einer staubigen und reichlich dunklen Ausstellung mit Voodoo, wie es einst in New Orleans von Schwarz und Weiß praktiziert wurde: Die Verschmelzung christlicher und afrikanischer Riten zu einer synkretistischen Religion hat in der Stadt angeblich noch immer Anhänger. Marie Laveau, der berühmtesten Voodoo-Priesterin, wird in einer besonderen Ausstellung gedacht (Öffnungszeiten: tgl. 10.00–18.00 Uhr).

★ **Royal Street**

In der Royal Street, berühmt für ihre vielen hochwertigen Antiquitätenläden, sind mehrere Häuser beachtenswert, u. a. das traditionsreiche Antoine´s Restaurant, Patti´s Court (1860; einstmals von der berühmten Sängerin Adelina Patti bewohnt) und die **New Orleans Historic Collection** (Nr. 533), die in einem französischen Kolonialgemäuer aus dem späten 18. Jh. alte Karten und Dokumente, darunter mit dem Louisiana Purchase zusammenhängende Urkunden, aufbewahrt (Öffnungszeiten: Di.–Sa. 9.30–16.30 Uhr).

★★ **Bourbon Street**

Die nördliche Parallelstraße ist eine der berühmtesten Straßen der Welt. In zahllosen Songs, Büchern und Filmen verewigt und heutzutage Namensgeber für tausende von Musikbars in aller Welt, gilt die Bourbon Street als Wiege des Jazz. Heute führen einige der besten Jazzkneipen der Stadt hier die Jazztradition fort. Stadtgeschichte ist ebenfalls vertreten. Im **Old Absinthe House** (Nr. 240), von spanischen Hausherren 1806 gebaut, plante General Andrew Jackson mit Jean Pierre Lafitte, New Orlean´s berühmtesten Piraten, 1815 die Verteidigung der Stadt gegen die Engländer. Heute beherbergt das Haus mit den grünen Holzläden eine Bar und zwei Restaurants.

Hermann-Grima-House

Das pinkfarbene, 1831 für den Geschäftsmann Hermann Grima gebaute Haus in der nach Norden von der Bourbon Street abzweigenden St. Louis Street weicht mit seiner dem **Federal Style** verpflichteten Formensprache augenfällig von dem im French Quarter vorherrschenden französischen Stil ab. Heute erweckt es, detailgenau restauriert, den damaligen Alltag einer wohlhabenden kreolischen Familie zum Leben (820 St. Louis St.; Öffnungszeiten: Mo.–Fr. 10.00–16.00 Uhr).

Musée Conti Wax Museum Noch etwas weiter nördlich, in der Conti Street, lädt dieses überraschend gut gemachte Wachsmuseum zu einer Tour durch die turbulente Stadtgeschichte ein. Berühmte Namen erhalten hier ein – nicht immer vorteilhaftes – Gesicht, darunter die französischen Stadtgründer in ihren prächtigen Kleidern, Andrew Jackson, Marie Laveau, Louisianas korrupter Gouverneur Huey Long und – natürlich – Louis Armstrong, der wohl berühmteste Sohn der Stadt (917 Conti St.; Öffnungszeiten: Mo. und Fr. 10.00 – 16.00 Uhr).

Napoleon House, Pharmacy Museum Man geht nun zurück auf die Chartres Street und auf ihr nach Osten zum Napoleon House. Dort wollten französische Sympathisanten Napoleon Bonaparte nach dessen geplanter Befreiung von St. Helena unterbringen. Benachbart ist das sehenswerte New Orleans Historical Pharmacy Museum (Nr. 514). Hier eröffnete 1823 die erste Apotheke der Stadt. Das kleine Museum enthält neben den üblichen Fläschchen und Phiolen für New Orleans typische »Medikamente«: Voodoo-Zubehör und allerlei fragwürdige Amulette (Öffnungszeiten: Di. u. Do. 10.00 – 14.00, Mi., Fr. u. Sa. bis 17.00 Uhr).

Garden of the Americas Zwischen der das French Quarter begrenzenden Rampart Street und der Basin Street liegt dieser weitläufige Park, in dem vier Meter hohe Denkmäler zu Ehren von Benito Juarez, Simon Bolivar und Francisco Morazan an diese lateinamerikanischen Freiheitskämpfer erinnern. Zwischen 1957 und 1966 errichtet, sollen sie die freundschaftliche Verbundenheit der Stadt mit Lateinamerika demonstrieren. Ganz in der Nähe, an der Basin Street zwischen Conti und St. Louis Street, liegt übrigens der **Old St. Louis Cemetery**. Der älteste noch genutzte Friedhof der Stadt (seit 1789) ist mit seinen geheimnisvoll überwachsenen Grabmälern eher eine unheimliche Totenstadt. Zahlreiche berühmte Persönlichkeiten liegen hier begraben, darunter die Voodoo-Queen Marie Laveau.

★ Riverfront

Natchez Landing Der Spaziergang den Mississippi entlang beginnt am French Market; man passiert unterwegs das Café du Monde, die alte Jackson Brewery und Natchez Landing, wo der Schaufelraddampfer »Natchez« zu Ausflügen auf dem Mississippi ablegt (2 Canal St.; Reservierungen: 1-800-233-26 28, www.steamboatnatchez.com).

Aquarium of the Americas Schwer von den auf »Katrina« folgenden Versorgungsproblemen getroffen, verendeten in den Monaten nach der Katastrophe viele der tierischen Bewohner. Inzwischen hat sich diese schöne, zum Audubon Institute gehörende Aquarium einigermaßen von dem Aderlass erholt. Man kann unter einem karibischem Riff wandeln, possierlichen Ottern zuschauen, einen weißen Alligator bestaunen und Seepferdchen beobachten (1 Canal St.; Öffnungszeiten: Di. – So. 10.00 bis 17.00 Uhr).

Canal Street Ferry nach Algiers

Jenseits der Spanish Plaza, auf der alljährlich am Rosenmontag ein ausgelassener Maskenball stattfindet, folgt bald der Mississippi. Vom Anleger aus überquert die Canal Street Ferry den hier 650 m breiten »Ol' Man River« und ermöglicht während der 20-minütigen Überfahrt schöne Fotos von der Skyline. Das auf der anderen Flussseite liegende Algiers hat sich trotz der Nähe zum French Quarter seinen schläfrigen Kleinstadtcharakter bewahrt. In der Newton Street 233 lockt Blaine Kern's Mardi Gras World, wo die Familie Kern die berühmten Prunkwägen für den Karnevalsumzug herrichtet (Tel. 1-800-362-82 13, Touren: tgl. 9.30 – 16.30 Uhr).

Central Business District

CBD

Westlich der Riverfront und vor den Toren des French Quarter liegt dieses hier kurz »CBD« genannte Viertel. Geprägt von Banken, Hotels und Restaurants, ist dies für viele Besucher die Basis für ihre Streifzüge durch das French Quarter. Hauptverkehrsachsen sind **Poydras Avenue und Canal Street**, die den CBD vom French Quarter trennen.

Rund um den Lafayette Square

Mitten im CBD liegt dieser schöne Platz, auf dem drei Denkmäler, u. a. für Benjamin Franklin, stehen. Das beeindruckende Greek-Revival-Gebäude an Westseite des Platzes ist die **Gallier Hall** (545 St.

Blueskonzerte gibt es an fast jeder Straßenecke.

In Blaine Kern's Mardi Gras World erfährt man alles über die Herstellung solcher Figuren.

Charles Ave., kein Zugang), das ehemalige Rathaus. 1853 fertiggestellt, lagen viele berühmte Persönlichkeiten hier aufgebahrt, darunter der glücklose Südstaaten-Präsident Jefferson Davis.

Louisiana's Civil War Museum

Das im ehrwürdigen Steinbau der **Memorial Hall Foundation** untergebrachte Museum hält mit tausenden gut erhaltenen Memorabilia die Erinnerung an den Kampf der Südstaaten um die Unabhängigkeit wach. Zu sehen sind Uniformen, Kriegsfahnen, seltene Gewehre, Schwerter und Tafelsilber berühmter Konföderierten-Generale sowie rund 500 historische Fotografien (929 Camp St.; wegen Renovierungsarbeiten bis auf weiteres geschlossen).

Superdome

Ende August 2005 wurde New Orleans' größte Sportarena weltbekannt: An der höchsten Stelle der Stadt gebaut, verwandelten die dramatischen Ereignisse im Zuge des Hurrikans »Katrina« die riesige, 90 000 Zuschauer fassende Sportarena in ein gigantisches Flüchtlingslager. Erst im September 2006, nachdem das stark in Mitleidenschaft gezogene Dach ersetzt worden war, wurde der Superdome wieder dem Sportbetrieb übergeben (Sugar Bowl Dr.; Spielplan: Tel. 1-504-587-36 63, www.superdome.com).

Sehenswertes in den äußeren Stadtbezirken

Südwestlich vom Pontchartrain Expressway liegt der Garden District, ein vornehmes Wohngebiet, das in der Vergangenheit wegen seiner herrlichen, oft leicht verlotterten und fast immer von tropischem Grün überwucherte Architektur Schauplatz vieler Bücher und Filme gewesen ist. Die schönen Häuser, von »Katrina« fast ausnahmslos verschont, repräsentieren von Greek Revival über Italianate bis zum verspielten Queen-Anne-Style alle Stile, die bei der Gründung des Viertels in Mode waren: Um 1850 gründeten die in die Stadt strömenden Amerikaner hier ihr eigenes Viertel, nachdem es mit den im French Quarter lebenden Kreolen zu Reibungen gekommen war. Straßen mit besonders schönen Häusern sind **Prytania Street, First Street und Magazine Street**. In den Garden District gelangt man am besten mit der historischen **St. Charles Streetcar**, der nostalgischen Straßenbahn. Zusteigen kann man am Rand des French Quarter an der Canal Street, aussteigen an der Ecke Charles und First St.

✶ **Garden District**

Im Südwesten der Stadt, zwischen St. Charles Street und dem Mississippi, dehnt sich dieser schöne Park aus. Von »Katrina« zwar schwer in Mitleidenschaft gezogen – zahlreiche alte Eichen wurden entwurzelt – bietet er mit seinen kleinen Seen und Gewächshäusern wieder gute Erholungsmöglichkeiten. Der angrenzende Adubon Zoo (6500 Magazine St.) zeigt exotische Tiere in tropischem Dschungel-Ambiente (Öffnungszeiten: Di. – So. 10.00 – 17.00 Uhr).

Audubon Park

Nahe beim Lake Pontchartrain im Norden der Stadt liegt der **City Park**. Im Süden dieses dem Sumpfland abgerungenen Parks präsentiert das wunderbare New Orleans Museum of Art hervorragende Sammlungen europäischer Moderne sowie reiche Schätze indianischer und schwarzafrikanischer Kunst (1 Collins Diboli Circle; Öffnungszeiten: Mi. 12.00 – 20.00, Do. – So. 10.00 – 17.00 Uhr).

✶ **New Orleans Museum of Art**

New York (Bundesstaat)

Qf–Qj 23–25

Abkürzung: NY
Hauptstadt: Albany
Einwohnerzahl: 19,3 Mio.
Beiname: Empire State
Fläche: 128 402 km²

Dass es nicht nur New York City, die Welthauptstadt, sondern auch einen Staat gleichen Namens gibt, nimmt mancher Besucher nicht einmal wahr. Dabei hat das »Hinterland« des Big Apple mit den Niagara-Fällen, den Weingütern der Finger Lakes und den Adirondack Mountains auch für verwöhnte Europäer attraktive Sehenswürdigkeiten zu bieten.

New York reicht vom Atlantik bis zu den Großen Seen Kanadas und wartet mit einer abwechslungsreichen Landschaft auf. Am markantesten sind die **Catskill Mountains** mit Höhen bis zu 1300 m und das Wanderparadies der Adirondacks, einem bis über 1600 m reichenden Mittelgebirge, wo der Hudson River entspringt.

Ausgewählte Reiseziele in New York

✶ Adirondacks

Das wald- und seenreiche Mittelgebirge der Adirondacks erstreckt sich ganz im Norden des Bundesstaates. Höchste Erhebung ist der Mount Marcy (1629 m ü.d.M.). Die Adirondacks werden als Erholungs- und Freizeitraum geschätzt; Angler, Jäger und Wanderer kommen hier voll auf ihre Kosten. Für die Erkundung per Kanu bietet sich der 200 km lange Wasserweg vom **Old Forge** im Westen bis Saranacs im Nordosten des Adirondack Parks an.

Die 1624 als holländischer Pelzhandelsposten Beverwyck am Hudson River gegründete Hauptstadt New Yorks **Albany** (94 000 Einw.) wirkt in ihrem monströsen Zentrum ein wenig so, als wolle sie mit New York City konkurrieren. Mit ihrem majestätisch auf dem State Street Hill sitzenden **State Capitol** setzt sie sich von allen anderen Bundesstaaten ab: Der in fast 30-jähriger Bauzeit errichtete Regierungssitz orientiert sich nicht am Kapitol in Washington, sondern an den Schlössern der Loire und zeigt neben Elementen italienischer Renaissance auch neoromanische Einflüsse (State St.).

Das wunderbare **Albany Institute of History & Art** beherbergt die umfassendste Sammlung der Maler der Hudson River School des Landes (125 Washington Ave.; nur Gruppenführungen).

Woodstock

Das zwischen den bewaldeten Hügeln der Catskills gelegene Woodstock Einw.) wurde durch »three days of peace and understanding« weltberühmt: Das **Woodstock Festival**, das 1969 unweit von hier stattfand, war ein Meilenstein nicht nur der Rockgeschichte (► Baedeker Special S. 68). Heute ist das 6000-Seelen-Dorf eine Künstlerkolonie, in der Althippies und andere romantische Überbleibsel jener Zeit meist vom Verkauf von Woodstock-Devotionalien leben.

Cooperstown

Das hübsche Cooperstown (2300 Einw.) am Lake Otsego liegt westlich von Albany und wurde als Wiege des amerikanischen Nationalsports Baseball berühmt und, interessanter für Europäer, für den Lederstrumpf-Autor **James Fenimore Cooper** (1789 – 1851), dessen Vater sich 1790 hier niederließ. Das am See liegende **Fenimore Art Museum** hält mit vielen Memorabilien die Erinnerung an den Vater

Fast verschwindet das State Capitol in Albany hinter der Empire State Plaza.

von Uncas und Chingachgook wach und zeigt zugleich interessante Ausstellungen zeitgenössischer und klassischer amerikanischer Künstler (5798 State Highway 80, Lake Rd.).

✶ Finger Lakes

Den Irokesen zufolge haben die »Finger des Großen Geistes« die elf lang gestreckten Seen in die Landschaft südlich vom Lake Ontario gedrückt. Zu den schönsten Landschaften im Nordosten gerechnet und von einem warmen Mikroklima profitierend, verleihen über vier Dutzend Weingüter der Gegend einen zusätzlichen, (im Sommer) fast mediterranen Reiz. Zwei Dutzend State Parks schützen Mutter Natur vor unregulierter Ausbeutung.

✶ Hudson River Valley

Eine der lieblichsten Landschaften Nordamerikas beginnt gleich hinter der nördlichen Stadtgrenze von New York City. Am Westufer liegen der **Bear Mountain State Park** und bald darauf die berühmte Militärakademie **West Point**.
Am Ostufer sollte man in Beacon das Museum für moderne Kunst **Dia:Beacon** (April – Okt. Do. bis Mo., sonst Fr. – Mo.) und nahe Kingston Hyde Park, das Geburts- und spätere Wohnhaus von **Franklin Delano Roosevelt**, von 1933 bis 1945 32. Präsident der USA, besichtigen (Franklin D. Roosevelt National Historic Site, Rte. 9; Öffnungszeiten: tgl. 9.00 – 17.00 Uhr).

NEW YORK

AUSKUNFT

New York State
Travel Information Center
1 Commerce Plaza
Albany, NY 12245
Tel. 1-518-474-41 16
www.iloveny.com

CUP NOODLES
MEAL IN A CUP
NISSIN
NISSIN FOODS
The world is my pork chop.
DAN ABRAMS
NBC NEWS
NO TURNS
5A29

★★ New York City

Qj 25

Bundesstaat: New York
Einwohnerzahl: 8,3 Mio.
(Metropolitan Area: 19 Mio.)

Höhe: 0 – 125 m ü.d.M.

Willkommen in der Welthauptstadt! Übertrieben? Keineswegs. Manhattan, Fifth Avenue und Broadway, Freiheitsstatue, Central Park und Yellow Cabs: Dies ist die bekannteste Stadt der Welt!

Ausführlich beschrieben im Baedeker Allianz Reiseführer New York

Ein einziger Besuch reicht nicht für diese Stadt, doch keine Sorge: New-York-Kenner sagen, dass auch ein ganzes Leben nicht ausreiche, diese im Mündungsgebiet zwischen Hudson und East River liegende Stadt wirklich kennenzulernen. New York City ist überwältigend, von der hektischen Ankunft am Flughafen an über die Fahrt in einer unübersehbaren Blechlawine Richtung Downtown bis zur Ankunft im – hoffentlich vorgebuchten – Hotel. Selbst dort spürt man den Pulsschlag der Stadt: Sirenen heulen, Autos hupen, Menschen schreien, und zwar rund um die Uhr – »the city that never sleeps.«

Hier gibt's alles!

Und das soll man sich im Urlaub antun? Well, warum nicht? Immerhin gibt es hier die besten Restaurants des Landes, die besten Theater (allein 35 Broadway-Bühnen), die schönsten Parks, das beste Shopping: Was es hier nicht gibt, findet man sicher auch sonst nirgends. Nebenbei ist New York als Sitz von einigen der größten amerikanischen Investmentbanken, eines Drittels aller Einzelhandelskonzerne und dreier Handelsbörsen **die Welthauptstadt der Finanzen** und des Kapitals, deren Ruf durch die Finanzkrise allerdings erheblich litt, hat die meisten Wolkenkratzer mit tollen Aussichten und eine der höchsten Konzentrationen an kreativen Köpfen in der Welt.

> **? WUSSTEN SIE SCHON ...?**
>
> - ... dass in New York zwischen 120 und 200 Sprachen gesprochen werden? So genau weiß es niemand. Fragen Sie Ihren Taxifahrer. Der hat bestimmt eine genauere Zahl parat. Und eine lange persönliche Geschichte.

Geschichte

»Manhattin« oder »Manhata« nannten die Algonkin sprechenden Indianer ihr Gebiet, »Insel der Hügel«. 1609 betrat der für die holländische Ostindien-Gesellschaft segelnde Henry Hudson als erster Weißer deren Südspitze. Vier Jahre später ließen sich die ersten holländischen Siedler dort nieder. Die Stadtgründung datiert auf 1626, als Gouverneur Peter Minnewit den Indianern die Insel abkaufte und

← *Die Schnittstelle der 7th Avenue mit dem Broadway bildet den Times Square, benannt nach der Tageszeitung »New York Times«.*

die Siedlung Nieuw Amsterdam anlegte. Unter Minnewits Nachfolger **Peter Stuyvesant** erblühte die Stadt, bis sie 1664 von den Briten erobert wurde. Der englische König schenkte die Kolonie seinem Bruder, dem Herzog von York. Ihm zu Ehren wurde Nieuw Amsterdam in New York umbenannt.

Eine Stadt wächst

Gleich zu Beginn des Unabhängigkeitskriegs 1775 verloren die Amerikaner New York bis Kriegsende an die Briten. Bereits 30 Jahre später war die Stadt mit 150 000 Einwohnern die größte des Landes und, dank der Eröffnung des Erie-Kanals, auch größter Hafen der Ostküste. Einwandererwellen aus Europa vervielfachten im Lauf des 19. Jh.s die Einwohnerzahl. 1898 lebten 3,5 Mio. Menschen in der Stadt, 1913 wurde die 5-Mio.-Grenze überschritten. Im gleichen Jahr wurde das Woolworth Building vollendet. Dem ersten modernen Wolkenkratzer folgten weitere. Die Krönung: Empire State Building, Chrysler Building und RCA Building, allesamt 1931 fertiggestellt. Zwei Jahre zuvor jedoch erlebte die New Yorker Börse am 25. Oktober 1929 mit dem **»Schwarzen Freitag«** den Beginn der Weltwirtschaftskrise.

1609	Henry Hudson betritt als erster Weißer Manhattan.
1626	Gouverneur Peter Minnewit gründet die Siedlung Nieuw Amsterdam.
1664	Nieuw Amsterdam wird in New York umbenannt.
1775–1783	Unabhängigkeitskrieg gegen England
19. Jh.	Einwanderungswellen aus Europa vervielfachen die Bevölkerungszahl.
1931	Einweihung des Empire State, Chrysler und RCA Building
1973	Das World Trade Center wird fertiggestellt.
1994	Rudolph Giuliani wird Bürgermeister.
11. Sept. 2001	Anschlag auf das World Trade Center
April 2006	Baubeginn des Freedom Tower am Ground Zero

Höhen und Tiefen

Nach dem Zweiten Weltkrieg wählten die Vereinten Nationen die Acht-Millionen-Stadt zu ihrem Sitz. 1973 wurden die Zwillingstürme des World Trade Center fertiggestellt. In den 1960er- und 1970er-Jahren erlebte die Stadt schwere Rassenunruhen und die erste Auswanderungswelle: Hunderttausende weißer New Yorker zogen in die sichereren Vororte. Neubürger aus Puerto Rico und Lateinamerika ersetzten den Populationsverlust. 1975 war New York kurzzeitig pleite. 1990 wurde mit David Dinkins erstmals ein Afroamerikaner Bürgermeister, doch es war der 1994 gewählte **Rudolph Giuliani**, der die zeitweilig unregierbaren Straßen New Yorks mit seiner »Zero-Tolerance«-Politik wieder sicherer machte.

Blick auf die Wunde, die die Zwillingstürme im Süden Manhattans hinterließen. Hier soll der Freedom Tower entstehen.

Am 11. September 2001 wurde New York Schauplatz des bislang blutigsten Terroraktes der Geschichte. Zwei von Terroristen gesteuerte Verkehrsflugzeuge rasten in die Zwillingstürme des **World Trade Center** und brachten sie zum Einsturz. Dabei starben rund 3000 Menschen. Am 4. Juli 2004 wurde der Grundstein für einen Neubau an der Ground Zero genannten Unglücksstelle gelegt. Die Höhe des geplanten Freedom Tower (1776 Fuß = 541 m) symbolisiert das Jahr der amerikanischen Unabhängigkeitserklärung. **9/11**

Orientierung

Selbst Newcomer finden sich schnell in New York City zurecht. Die »Avenues« (durchnummeriert oder mit Namen) verlaufen immer in Nord-Süd-Richtung, die nummerierten »Streets« hingegen immer von Osten nach Westen. Oberhalb des **Washington Square Park** trennt die 5th (auch: Fifth) Avenue die Straßen in »East« und »West«. Die »Streets« und »Avenues« Manhattans sind schachbrettartig angelegt, einzige Ausnahme: der Broadway, der von der Battery im Süden nordwestwärts nach der Bronx strebt. Die Entfernung geben New Yorker gerne in »Blocks« an: In Manhattan sind zehn Häuserblocks ungefähr 1 Meile (1,6 km), für die ein beherzt voranschreitender Fußgänger gut 15 Minuten braucht. Im Übrigen sind die eigenen Füße das beste Fortbewegungsmittel. Entferntere Ziele lassen sich leicht mit der U-Bahn (Subway) erreichen.

NEW YORK CITY ERLEBEN

siehe Karten S. 456 und 462/463

AUSKUNFT

New York's Visitor Information Center
810 Seventh Ave.
New York, NY 10019
Tel. 1-212-484-12 00
www.nycvisit.com
Mo. – Fr. 8.30 – 18.00, Sa., So. 9.00 – 17.00 Uhr

Times Square Visitor Center
1560 Broadway (zw. 46th/47th St.)
Tgl. 8.00 – 20.00 Uhr
Hier erhält man u. a. den »NYC Travel Planner« mit allen möglichen wichtigen Informationen.

Mit einem Doppeldecker lässt sich die Stadt bequem entdecken.

SIGHTSEEING

Wer sich einen ersten Überblick verschaffen will, kann die Aussichtsplattformen auf dem Empire State Building oder auf dem GE Building im Rockefeller Center erklimmen. Die Skyline der Stadt von See aus erlebt man auf einer der angebotenen Schiffsrundfahrten; origineller, mindestens genauso schön, aber viel billiger ist eine Fahrt mit der ***Staten Island Ferry*** von der Südspitze Manhattans nach Staten Island und wieder zurück. Zahlreiche Unternehmen bieten Bustouren (Auskunft über alle Möglichkeiten beim Times Square Visitor Center).
Der *N. Y. City Pass* (1, 2, 3 oder 7 Tage, ab 75 $) beinhaltet den kostenlosen Zutritt zu vielen Sehenswürdigkeiten und lohnt sich angesichts gesalzener Eintrittspreise. Zudem muss man sich dann nicht in der Warteschlange anstellen.

VERKEHR

Das beste Fortbewegungsmittel ist die *U-Bahn (Subway)*, die alle wichtigen Punkte rund um die Uhr verbindet. Express-Züge halten nur an den wichtigen, Locals an allen Stationen. Eine einfache Fahrt kostet 2 $. Es empfiehlt sich der Kauf einer Metro-Card, die mit einem bestimmten Betrag aufgeladen wird und auch für Busse gültig ist (erhältlich in U-Bahnhöfen, Kiosken und in vielen Hotels).

SHOPPING

Das Angebot ist riesig – von exklusiven Mode- und Schmuckgeschäften in der Fifth Avenue über Exotisches aus Asien bis zu Ramsch in der 42nd Street. Eine Liste aller Kaufhäuser und Läden veröffentlicht Gerry Frank in seinem jährlich überarbeiteten Buch »Where to Find It, Buy It, Eat It«. Aktuelle Schlussverkäufe und Schnäppchen (»bargains«) werden in der Zeitschrift »Sales and Bargains« aufgelistet, die einmal im Monat erscheint.

AUSGEHEN

New York ist die unangefochtene »Capital of Nightlife«. Welche Clubs oder Diskos gerade angesagt sind, lässt sich kaum voraussagen. Das Magazin *»Village Voice«* hat das Ohr am Trend, vor allem wenn es um moderne Musik geht; gut informiert auch das wöchentlich erscheinende *»Time Out New York«*.

ESSEN

▶ Fein & teuer

① ***Nobu***
105 Hudson St.
Tel. 1-212-219-05 00
U-Bahn: Franklin St.
Muss man noch ein Wort über Robert de Niros legendäres Restaurant verlieren? Chef Nobuyuki Matsuhisa darf sich rühmen, schon seit Jahren die besten Sushi, Sashimi oder Misosuppen der Stadt zu kredenzen oder leckere Entrées wie Thunfischtartar an Beluga-Kaviar, beträufelt mit Sake. Sehr trendiges, schickes Publikum, viel Prominenz.

② ***River Café***
1 Water St./Old Fulton St.
Dumbo (Brooklyn)
Tel. 1-718-522-52 00
U-Bahn: High St.
Nicht in einem Wolkenkratzer, sondern auf einem ausgedienten Frachtschiff: ein Nobelrestaurant mit exorbitanten Preisen, vom dem man allerdings einen wunderschönen Panoramablick auf die Skyline von Manhattan hat.

③ ***Boathouse Café***
Central Park Lake
Park Drive N./E. 72nd St.
Tel. 1-212-517-22 33
U-Bahn: 72nd St.
Schön im Central Park am Seeufer gelegenes Lokal mit einer Terrasse, auf der es sich wunderbar speisen lässt. Fisch und amerikanische Küche.

④ ***Hatsuhana Sushi Restaurant***
17 E. 48th St.
(zw. 5th und Madison Ave.)
Tel. 1-212-355-33 45
U-Bahn: 5th Ave./53rd St.
Stilvolles Lokal, das japanische Tradition und Moderne sehr gelungen verbindet.

▶ Erschwinglich

⑤ ***Oyster Bar & Restaurant***
Grand Central Terminal, 42nd St.
Tel. 1-212-490-66 50
U-Bahn: Grand Central/42nd St.
Edelrestaurant im Untergeschoss des Bahnhofs. Spezialitäten: Fischgerichte und Austern.

⑥ ***Sylvia's***
328 Lenox Ave.
(zw. 126th und 127th St.)
Tel. 1-212-996-06 60
U-Bahn: 125th St.
Restaurant in Harlem, in dem zu durchschnittlichen Preisen »Soul food« serviert wird, die scharf gewürzten Gerichte der Südstaaten. Zum Sonntagsbrunch Gospel live.

▶ Preiswert

⑦ ***La Bonne Soupe***
48 W. 55th St.
U-Bahn: Rockefeller Center
Tel. 1-212-586-76 50
Angeblich die besten Suppen von Manhattan. Gemütliches Lokal, vor dem die Leute allerdings mittags Schlange stehen.

⑧ ***Jesus' Taco***
501 W. 145th St./Amsterdam Ave.
U-Bahn: 145th St.
Jeffry Chen und seine Crew bieten rund um die Uhr allerbestes Tex-Mex-Food.

⑨ ***Tom's Restaurant***
2880 Broadway/Höhe 112th St.
Tel. 1-212-864-61 37
U-Bahn: 110th St./
Cathedral Parkway
Tom's ist ein Stück New York, eine Institution. Legendär sind die gegrillten Käsesandwiches – nicht nur nach Meinung der vielen Studenten der Columbia University, die täglich hier vorbeischauen.

ÜBERNACHTEN

► Luxus

① ***Hotel Gansevoort***
18 9th Ave.
Höhe 13th St.
Tel. 1-212-206-67 00
www.hotelgansevoort.com
187 Z. Das Gansevoort ist ein ultrahippes Hotel inmitten des trendigen Meatpacking District. Der Dachbereich mit einem verglasten 15-m-Pool (mit Unterwassermusik!) bietet traumhafte Blicke auf die Metropole; originell designte und mit erlesenem Interieur ausgestattete Zimmer.

► Komfortabel

② ***The Franklin***
164 E. 87th St.
(zw. Lexington und 3rd Ave.)
Tel. 1-212-369-10 00
www.franklinhotel.com
92 Z. Das Hotel auf der Upper East Side bietet sehr kleine Zimmer mit geschmackvoller Einrichtung, wo man Luxus zu einem erschwinglichen Preis genießen kann. Kleines Frühstück und Parkplatz sind kostenlos.

③ ***The Gershwin***
7 East 27th St.
Tel. 1-212-545-80 00
www.gershwinhotel.com
150 Z. Boutiquehotel im Industrial Design mit gemütlichen Zimmern und viel moderner Kunst an nackten Ziegelwänden.

④ ***Metro***
45 W. 35th St.
(zw. 5th und 6th Ave.)
Tel. 1-212-947-25 00
www.hotelmetronyc.com
179 Z. Das Hotel besitzt kleine, geschmackvoll eingerichtete Zimmer und eine schöne Dachterrasse, von der man auf das Empire State Building schaut. Frühstück inklusive und neuerdings auch ein Restaurant.

⑤ ***Chelsea Hotel***
222 W. 23rd St.
(zw. 7th und 8th Ave.)
Tel. 1-212-243-37 00
www.hotelchelsea.com
100 Z. Legendäres Künstlerhotel, in dem viel Prominenz abstieg: Ernest Hemingway, Jimi Hendrix, Bob Dylan, John Lennon ... Der Musiker Sid Vicious von den »Sex Pistols« erstach seine Freundin im Zimmer Nr. 100. Die Zimmer sind klein, manchmal abgenutzt, aber insgesamt urig und skurril.

► Günstig

⑥ ***Leo House***
332 W. 23rd St.
(zw. 8th und 9th Ave.)
Tel. 1-212-929-10 10
100 Betten
Sehr günstig für New Yorker Verhältnisse, sauber und ordentlich. Kein Wunder: Das Hotel ist eigentlich ein Gästehaus für katholische Geistliche, aber hier ist jeder willkommen.

Highlights New York City

Statue of Liberty
Für Heerscharen von Einwanderern der erste Blick auf die »Neue Welt«
► Seite 455

Fifth Avenue
Der »Boulevard of Golden Credit Cards« lockt die Shopping-Wütigen.
► Seite 461

Empire State Building
Seit über 75 Jahren das dominierende Bauwerk in Midtown Manhattan
► Seite 464

Times Square
Erst seit den 1990er-Jahren ein Touristenmagnet
► Seite 464

Chrysler Building
Für viele der schönste Wolkenkratzer der Welt
► Seite 464

Top of the Rocks
New Yorks neueste Aussichtsplattform lockt mit atemberaubenden Ausblicken.
► Seite 466

Museum of Modern Art
Picasso, Gauguin, Pollock ... das »MoMA« hat sie alle.
► Seite 466

Central Park
New Yorks »Grüne Lunge« taugt nicht nur zum Relaxen.
► Seite 467

Metropolitan Museum of Art
Nicht nur der Tempel von Dendur und die Dachterrasse locken die Besucher ins »Met«.
► Seite 467

Guggenheim Museum
Kandinsky, Picasso, Léger, Cézanne, van Gogh, Chagall – präsentiert in einmaliger Architektur von Frank Lloyd Wright.
► Seite 468

American Museum of Natural History
Von Dinosauriern über die Tierwelt Afrikas bis in den Weltall reichen die Exponate im »Nat«.
► Seite 469

Lower Manhattan (südl. 14th St.)

✶✶ Statue of Liberty

4 km südwestlich der Südspitze von Manhattan reckt die weltberühmte Freiheitsstatue ihre Fackel in die Höhe, für Millionen von Einwanderern das Erste, was sie von Amerika sahen. Die 93 m hohe Figur der Freiheitsgöttin wurde von dem Elsässer **Frédéric Auguste Bartholdi** geschaffen und ist ein Geschenk Frankreichs zum hundertjährigen Bestehen der USA. In die Krone hinaufn dürfen maximal 30 Personen pro Stunde, reservieren sollte man am besten lange im Voraus. Von der Aussichtsplattform im Sockel blickt man auf die Stadt und in entgegengesetzter Richtung auf die 4176 m lange Verrazzano Narrows Bridge zwischen Staten Island und Brooklyn. Fähren zur Freiheitsstatue und Ellis Island: tgl. ab 9.00 jede halbe Stunde vom Battery Park.

◄ Ellis Island

Vor dem Betreten der neuen Heimat wurden alle Immigranten auf Ellis Island geprüft – bis zum Ersten Weltkrieg ca. 17 Mio. Men-

New York City Lower Manhattan

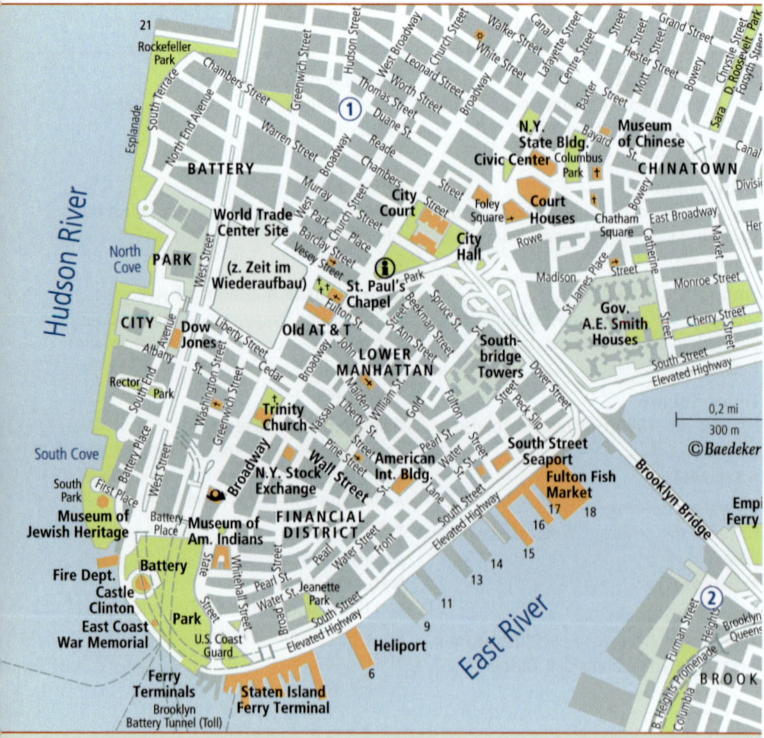

Essen
① Nobu ② River Café

schen. Manches Schicksal entschied sich in Minuten, sodass Ellis Island auch als **»Insel der Tränen«** galt. Seit 1990 **Museum**, kann man nun hier die Geschichte der Einwanderung studieren (Öffnungszeiten: tgl. 9.30 – 17.00 Uhr).

Battery Die Südspitze Manhattans – Battery mit der South Ferry Plaza – wird von den Wolkenkratzern der New York Plaza beherrscht. In deren Schatten duckt sich **Fraunces' Tavern**, das älteste Haus auf Manhattan, 1719 erbaut, doch später zweimal abgebrannt. In diesem berühmten Gasthof verbrachte George Washington seine letzten Tage als Oberbefehlshaber der Revolutionstruppen, bevor er sich am 4. Dezember 1783 nach Mount Vernon zurückzog. Wenig nordwestlich der Taverne liegt der Platz Bowling Green mit dem alten Zollhaus (U. S. Custom House).

Castle Clinton im Battery Park wurde 1811 fertiggestellt und diente von 1824 bis 1855 als Konzertstätte, war dann Einwanderungsstation und schließlich bis 1941 Aquarium. Heute zeigen hier Dioramen die Geschichte New Yorks und werden die Tickets für die Fähre zur Freiheitsstatue verkauft (Öffnungszeiten: tgl. 8.30 – 17.00). Am Weg zur Battery Park City liegt das **Museum of Jewish Heritage**, dessen zentrales Thema der Holocaust ist (Öffnungszeiten: So. – Di., Do 10.00 bis 17.45, Mi. bis 20.00, Fr. bis 17.00 Uhr).

Castle Clinton

Nördlich schließt Battery Park City an, das ehrgeizigste Bauprojekt der 1980er-Jahre, mit dem das Südwestufer am Hudson neu gestaltet wurde. Die architektonischen Akzente setzen das von Cesar Pelli entworfene **World Financial Center** mit den Zentralen von Dow Jones, American Express und Merril Lynch und der dazwischen gespannte riesige Wintergarten. Die 2 km lange Esplanade ist ein herrlicher Platz zum Schauen, Spazierengehen und Picknicken.

★ **Battery Park City**

Östlich von Battery Park City ragten bis zum 11. September 2001 die 420 m hohen Zwillingstürme des World Trade Center in den Himmel. Terroristen steuerten zwei Flugzeuge in die bis dahin höchsten Gebäude der Stadt, die daraufhin einstürzten. Heute erinnert die »Wall of Heroes« an der Church Street an alle Opfer des Anschlags. Am 4. Juli 2004 wurde der Grundstein für einen Neubau gelegt mit dem 1776 Fuß (541 m) hohen **Freedom Tower** – mit dessen Bau (in Anlehnung an einen Entwurf von Daniel Libeskind) im April 2006 begonnen wurde –, der Gedenkstätte »Reflecting Absence« (von Arad und Walker) und zwei Höfen mit Wasserbecken, die die Grundrisse der WTC-Türme nachzeichnen.Es geht allerdings kaum voran.

★ **World Trade Center Site**

Wenig östlich der World Trade Center Site erreicht man den Broadway. Nach Süden, vorbei am Old AT & T Building und One Liberty Plaza (226 m hoch), kommt man am Beginn der Wall Street zur Trinity Church, erstmals 1698 erbaut, das heutige Gebäude stammt aus dem Jahr 1846. Auf dem Friedhof, dem ältesten der Stadt, ruhen u. a. Alexander Hamilton (1755 – 1804), erster US-Finanzminister, und Robert Fulton (1765 – 1815), Konstrukteur des ersten brauchbaren Dampfschiffs. Die Wall Street, Inbegriff der Finanzwelt, verdankt ihren Namen einer von den Holländern gegen die Briten errichteten Schutzmauer. An ihr folgt auf den 195 m hohen Turm des Irving Trust die 1792 gegründete **New York Stock Exchange**, das Herz der Finanzwelt, untergebracht in einem an einen römischen Tempel erinnernden Gebäude von 1903. Nachbar ist an der Ecke Broad Street das festungsartige Bankhaus Morgan Guaranty Trust. An der Kreuzung mit der Nassau Street steht das **Federal Hall National Memorial**, 1842 als Zollhaus errichtet und heute Gedenkstätte, denn hier befand sich die Federal Hall, in der Washington seinen Eid ablegte und der Kongress tagte. Die Wall Street weiter hinabgehend, kommt man zur South Street am East River.

Financial District

★ ◄ Wall Street

BROOKLYN BRIDGE

★★ **Ob vom Fulton Park in Brooklyn oder in über 40 m Höhe vom Fußgängerüberweg, die Brooklyn Bridge eröffnet grandiose Ausblicke auf die Skyline von Manhattan. Mit ihrem 532 m langen frei schwebenden Mittelteil und den beiden Pfeilertürmen ist sie selbst ein Blickfang. Entworfen hat sie der Thüringer Johann August Röbling.**

① Am Anfang war eine Idee

Die Idee, eine Brücke über den East River zu bauen, kam Röbling angeblich, als er wieder einmal mit der Fähre im vereisten Fluss stecken geblieben war. Nach langwierigen Verhandlungen wurde er 1866 mit der Bauplanung beauftragt.

② Bau der Brückenpfeiler

Die Fundamente für die Pfeiler wurden in einem neuen Verfahren hergestellt: Zwei unten offene, 15 m hohe, 55x35 m große Holzkisten (Caissons) wurden von oben beschwert und langsam im East River versenkt. Pressluft verdrängte das Wasser aus ihrem Innern. In der Luftblase schaufelten und sprengten die »Sandhogs« (»Sandschweine«) genannten Arbeiter ihren Weg durch das Schlamm- und Kiesbett 20 m in die Tiefe. Hier wurden die »Senkkästen« fixiert und mit Zement ausgegossen. Auf ihnen stehen die 92 m hohen steinernen Brückenpfeiler mit jeweils zwei 40 m hohen, 11 m breiten gotischen Spitzbögen.

③ Drahtseile

Jeweils 278 Einzeldrähte wurden zu einem Strang zusammengefasst, 19 Stränge zu einem Kabel. Jedes der vier 38,5 cm dicken Hauptseile besteht aus insgesamt 5659 km verdrilltem Draht. Die Seilenden werden von Ankerplatten gehalten, um die ein 3-stöckiges Granitgewölbe herum errichtet wurde, das als Lagerraum diente.

④ Schrägkabel-Technik

Die Idee der Schrägkabel-Technik, bei der diagonale Halteseile die Brückenträger direkt mit den Pylonen verbinden und für zusätzliche Stabilität sorgen, stammte von Röbling.

⑤ Fahrbahnen

Nach 16-jähriger Bauzeit wurde die Brücke am 24. Mai 1883 für den Verkehr geöffnet. Mit 15 Mio. $ Baukosten war sie doppelt so teuer wie geplant. 20 Menschenleben hatte die Konstruktion gefordert, die meisten starben bei Arbeiten unter Wasser an der Druckluftkrankheit. Am Premierentag spazierten 150 000 Schaulustige über die Brücke. Aber erst nachdem 21 Elefanten des Zirkus Barnum die Tragfähigkeit »bewiesen« hatten, wurde die Brücke für den Verkehr freigegeben. Heute verkehren hier auf sechs Fahrspuren täglich über 130 000 Autos. 5,5 m über den Fahrbahnen verläuft eine für Fußgänger und Fahrradfahrer reservierte Trasse, von der man ihre Konstruktion aus der Nähe betrachten und den grandiosen Ausblick genießen kann.

Jo
M
B
st
a
si

★ South Street Seaport

An der South Street erstreckt sich unterhalb der Brooklyn Bridge South Street Seaport, einst das Kernstück des New Yorker Hafens und nun Museumshafen mit vielen Läden und Restaurants zwischen Water und Front Street. Hier liegen auch historische Schiffe, darunter die zu den legendären »Flying-P-Linern« gehörende Viermastbark »Peking« (1911).

★★ Brooklyn Bridge

Vom Museumshafen hat man einen guten Blick auf die 1052 m lange Brooklyn Bridge, die älteste Brücke über den East River, 1867 bis 1883 als erste mit Stahlseilen gespannte Brückenkonstruktion erbaut.

City Hall und Umgebung

Die City Hall nahe der Rampe zur Brooklyn Bridge wurde 1803 bis 1812 im Stil der französischen Renaissance als Amtssitz von Bürgermeister und Stadtrat erbaut. Im Governor's Room sind u. a. der Sessel, auf dem George Washington bei seiner Vereidigung saß, und die Stühle des ersten Kongresses zu sehen. Jenseits südwestlich des City Hall Park erhebt sich am Broadway das von Cass Gilbert entworfene, 1913 fertiggestellte **Woolworth Building**. Der 241 m hohe Wolkenkratzer war bis zur Vollendung des Chrysler Building 1931 das höchste Gebäude der Welt.

★ Chinatown

Östlich vom Civic Center beginnt Chinatown, mit geschätzten 150 000 Einwohnern die größte von Chinesen bewohnte Stadt außerhalb Chinas. In den engen Gassen dieses vom restlichen New York so grundverschiedenen Viertels trifft man auf allerlei Geschäfte mit typisch chinesischen Waren, eine Unzahl von Restaurants und einige buddhistische Tempel. Besonders lohnend: die farbenprächtigen Umzüge zum chinesischen Neujahrsfest Ende Januar / Mitte Februar.

★ SoHo

Der Name dieses Viertels nennt seine Lage: »South of Houston Street« (sprich »hausten«!) und hat nichts mit Londons Soho zu tun. Das ehemalige Fabrik- und Lagerhausviertel, in dem noch **viele gusseiserne »Cast-Iron«-Häuser** stehen, wurde in den 1970ern von Künstlern und Galeristen entdeckt und stellt heute in seinen Galerien die Trends der US-Kunst aus.

★ Greenwich Village

»The Village« ist ein ausgesprochen schönes (und daher teures) Wohnviertel nördlich von SoHo zwischen 14th Street und Broadway. Bis in die 1960er wohnten hier Schriftsteller und Künstler, von deren Ruf das Viertel heute noch zehrt. Seinen Hauptplatz **Washington Square** ziert ein Triumphbogen, errichtet anlässlich der Hundertjahrfeier der Einsetzung Washingtons zum Präsidenten. Den Platz umrahmen die Gebäude der New York City University; in der Bleecker Street reihen sich Antiquitätenläden, Restaurants, Kinos, Bars und Theater aneinander. Commerce Street und Christopher Street sind Fixpunkte der New Yorker Schwulenszene.

Der prunkvolle Marmorbogen am Washington Square erinnert an die Amtseinführung des ersten Präsidenten der Vereinigten Staaten.

Midtown Manhattan (zwischen 14th und 57th St.)

Chelsea

Der Stadtteil Chelsea erstreckt sich zwischen 14th und 34th St. und zwischen Fifth Ave. und Hudson River. Das historische Chelsea zwischen 9th und 10th Ave. und 19th und 23rd St. ist ein ruhiges Wohnviertel, in dem noch viel Bausubstanz aus dem 19. Jh. erhalten ist. Die Gegend westlich der 9th Ave., zwischen 21. und 24. St., hat sich zum Magneten für junge Kunst entwickelt, die Piers am Hudson sind das Mekka für Sportfans und die 8th Ave. ist ein Zentrum der Homosexuellen. Neues Trendviertel ist der **Meatpacking District** rund um Gansevoort / 14th Street.

◄ Deutsche Kirchengemeinde

Ein Stück Heimat kann man in der 22nd St. zwischen der 8th und 9th Ave. finden. Hier unterhält die letzte deutsche Kirchengemeinde in New York City noch eine Kirche (deutschsprachiger ev. Gottesdienst jeden Sonntag 10.30 Uhr).

✶✶ **Fifth Avenue**

Hauptachse von Midtown ist die Fifth Avenue, die am Washington Square beginnt und an der Ostseite des Central Park weit hinauf nach Norden zieht. Sie teilt Manhattan in eine östliche und eine westliche Hälfte; ihr Midtown-Abschnitt ist **das eigentliche Zentrum New Yorks**, auf dem die berühmten Paraden stattfinden. An ihr und ihren Seitenstraßen ballen sich zwischen 34th und 57th St. die Wolkenkratzer, hier findet man exklusivste Geschäfte wie die Juweliere Tiffany, Van Cleef und Cartier, das Modehaus Bergdorf Goodman und sündhaft teure Luxusherbergen.

New York City Midtown Manhattan

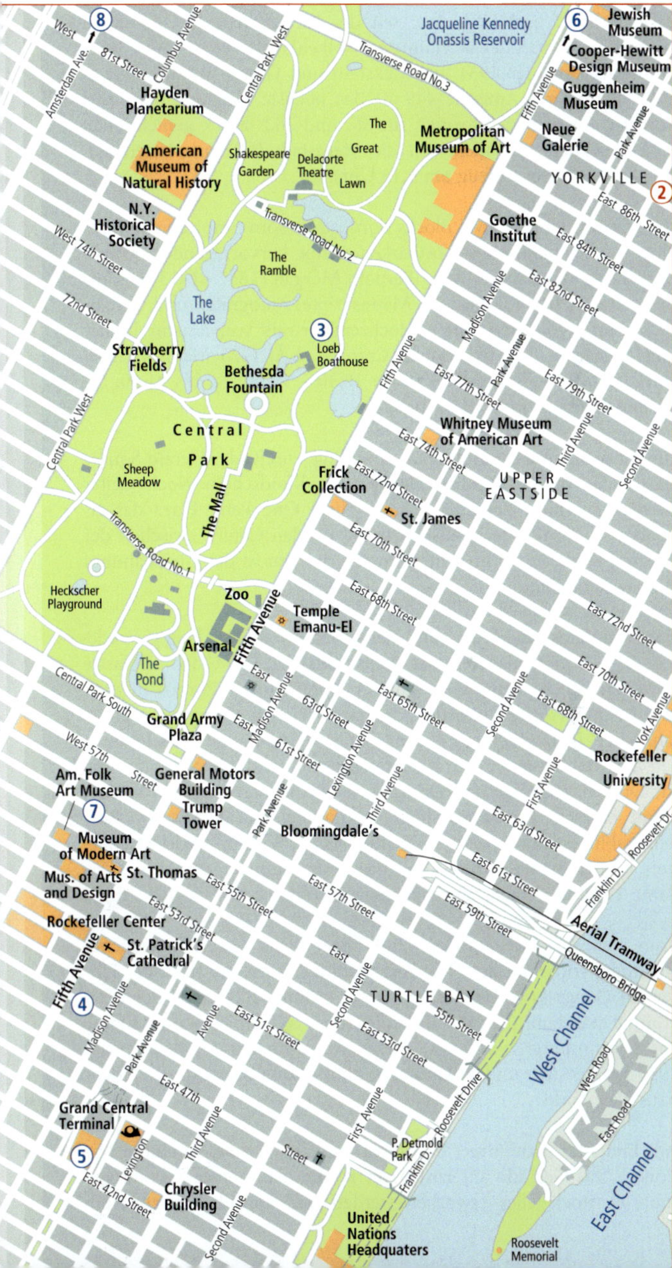

Übernachten
1. Hotel Gansevoort
2. The Franklin
3. The Gershwin
4. Metro
5. Chelsea Hotel
6. Leo House

Essen
3. Boathouse Café
4. Hatsuhana Sushi Restaurant
5. Oyster Bar & Restaurant
6. Sylvia's
7. La Bonne Soupe
8. Jesus' Taco
9. Tom's Restaurant

★★ Empire State Building

Obwohl es schönere und höhere gibt, ist das Empire State Building Ecke 34th St. und Fifth Ave. seit der Kletterpartie des Filmaffen »King Kong« 1933 der berühmteste Wolkenkratzer New Yorks. Jahrzehntelang war der 1931 aus Kalkstein und Granit gebaute, 381 m hohe Turm (mit Antenne 449 m) das höchste Gebäude der Erde. Von der Aussichtsplattformen im 86. und 102. Stock genießt man unvergleichliche Ausblicke auf die Megastadt (Öffnungszeiten: tgl. 8.00 – 2.00, letzter Aufzug um 1.15 Uhr).

The Morgan Library and Museum

Die Morgan Library zwei Blocks nordöstlich vom Empire State Building vereint bibliophile Kostbarkeiten mit hervorragenden Kunstwerken, die der Bankier John Pierpont Morgan (1837 – 1913) zusammengetragen hat: Inkunabeln, Manuskripte, Autografen und Gemälde, darunter die berühmten Hochzeitsporträts von Martin Luther und Katharina Bora von Lucas Cranach d. Ä. (225 Madison Ave./ 36th St., Öffnungszeiten: Di. – Do 10.30 – 17.00, Fr. bis 21.00, Sa. 10.00 – 18.00, So. ab 11.00 Uhr).

Madison Square Garden Center

Unweit westlich des Empire State Building jenseits des Herald Square wartet das riesige Kaufhaus **Macy's** auf Kundschaft. Noch weiter westlich markiert der 233 m hohe Turm One Penn Plaza das als Sportarena berühmte Madison Square Garden Center zwischen der 7th und 8th Avenue. Im Untergrund verborgen ist der Großbahnhof Pennsylvania Station.

★★ Times Square

Vom Kaufhaus Macy's aus führt der Broadway auf den lang gestreckten Times Square, das **Herz des Theater District**. Der Glanz verblasste zwischenzeitlich, denn viele Theater waren durch Pornoschuppen und Nachtbars ersetzt worden, die das Viertel zu einem nicht ungefährlichen Platz machten. Anfang der 1990er-Jahre sorgten Investoren aus Manhattan für Straßenreinigung, unterstützten Programme für Drogenabhängige und Obdachlose und bauten natürlich kräftig. Heute herrscht am Times Square Stimmung und anstelle von Rotlichtetablissements residieren heute Disney, Virgin, Marriott Marquis, Bertelsmann, Kinopaläste, das Nobelkaufhaus Gap und Madame Tussaud's Wachsfigurenkabinett.

★★ Chrysler Building

Vom Times Square auf der 42nd Street sechs Blocks in östlicher Richtung, vorbei an der New York Public Library, der nach der Library of Congress in Washington, D.C., größten Bibliothek der USA, kommt man zum Chrysler Building. Mag das Empire State Building das berühmteste sein, so ist dieser vollkommene Art-déco-Turm, 1930 fertiggestellt und 319 m hoch, unbestritten das schönste Hochhaus New Yorks.

★ United Nations Headquarters

Am Ende der 42nd Street liegt das Hauptquartier der Vereinten Nationen. Das Gelände am East River konnte dank einer Spende von John D. Rockefeller erworben werden und wird beherrscht vom

Das UN-Hauptquartier am East River, im Hintergrund das Chrysler Building

134 m hohen, nach Plänen von Le Corbusier und Oscar Niemeyer 1949 bis 1953 erbauten Secretariat Building mit dem Büro des Generalsekretärs im 38. Stock. Daran schließt das flache General Assembly Building mit dem Saal der Vollversammlung an; dort befinden sich auch ein Souvenirladen und das UN-Postamt (45-minütige Führungen: tgl. 9.30 – 16.45 Uhr).

Park, Madison & Lexington Avenues

An den parallel laufenden Park, Lexington und Madison Avenues reihen sich sehenswerte Wolkenkratzer und andere Gebäude auf: Seagram Building (375 Park Ave.; 160 m) von Mies van der Rohe und Philip Johnson (1958), Citibank (399 Park Ave.; 226 m), Lever House von 1952 mit der ersten Glasfassade der Park Avenue sowie das traditionsreiche **Waldorf Astoria Hotel** (301 Park Ave.). In der Lexington Avenue fallen auf das General Electric Building (570 Lexington Ave.; 195 m), das weiß leuchtende **Citicorp Center** (575 Lexington Ave.; 279 m) von Hugh Stubbins (1978) mit angeschrägtem Dach sowie, bereits in der 3rd Ave., das **»Lipstick Building«** (1986) von Philip Johnson und John Burgee; in der Madison Avenue sind u. a. bemerkenswert der IBM Tower (590 Madison Ave.; 183 m) von E. L. Barnes (1984) mit einer wunderbaren überdachten Plaza und der IBM Gallery of Science and Art sowie das **Sony Building** (ehemals AT & T Building, 550 Madison Ave.; 197 m), die Ikone der Postmoderne von Philip Johnson (1983).

★ St. Patrick's Cathedral

Im von Madison und Fifth Avenue sowie E. 50th und E. 51st St. begrenzten Block behauptet sich die St. Patrick's Cathedral mit ihren 101 m hohen Türmen im Schatten der Hochhausriesen. Die Kathedrale, Sitz des Erzbischofs, wurde 1858 bis 1888 errichtet und bewahrt u. a. eine Figur von Elizabeth Ann Seton (1774 – 1821), der 1975 als erster US-Amerikanerin heiliggesprochenen Gründerin der Sisters of Charity.

★ **Rockefeller Center und Umgebung**

Zwischen Fifth und Avenue of the Americas sowie 47th und 52nd St. taucht man ein in die größte zusammenhängend geplante Wolkenkratzerstadt der Erde, das Rockefeller Center, voller Geschäfte und Büros und verschönert mit moderner Kunst. Die Sunken Plaza mit der vergoldeten Prometheus-Figur verwandelt sich im Winter in eine Eislaufbahn, über der ein riesiger Weihnachtsbaum leuchtet. Über allem ragt das 259 m hohe General Electric Building (früher RCA Building) mit den Studios von NBC auf. Seit Ende 2005 kann man wieder die im 70. Stock gelegene Aussichtsplattform Top of the Rocks (tgl. 8.00 – 24.00 Uhr) betreten – fast ein Muss! Jenseits an der W. 50th St. liegt die **Radio City Music Hall**, 1930 im Art déco erbaut, mit 6200 Plätzen größter Bühnensaal der Welt.

★★ Top of the Rocks ►

★★ **Museum of Modern Art MoMA**

Nördlich vom Rockefeller Center steigt der 198 m hohe Wohnturm Museum Tower Apartments über dem Museum of Modern Art (MoMA) auf. Diese in der Welt bedeutendste Sammlung von Kunst vom späten 19. bis ins 21. Jh. präsentiert sich in einem lichten Museumsbau von Cesar Pelli und wurde 2004 von Yoshio Taniguchi umgebaut (11 W. 53rd St.). Einige Highlights: im Skulpturengarten Plastiken von Max Ernst, Alexander Calder, Picasso (»Ziege«), Henry Moore u. v. a.; im vierten Stock u. a. Nachimpressionisten (Degas, Gauguin, Toulouse-Lautrec, Modigliani), Kubisten (Braque), Expressionisten, darunter Vertreter des Blauen Reiters, die weltgrößte Sammlung von Werken von Henri Matisse, Picasso (**»Les demoiselles d'Avignon«**, »Harléquin«), Dada (Max Ernst, Schwitters), Joan Miró und Surrealisten; im dritten Stock europäische Nachkriegskunst und US-Künstler wie Pollock, Johns, auch Beuys; im zweiten Stock Architektur und Design mit Originalentwürfen der bedeutendsten Architekten und im ersten Stock zeitgenössische Kunst seit den 1970ern (111 W. 53rd St.; Öffnungszeiten: tgl. außer Di. 10.30 bis 17.30, Fr. bis 20.00 Uhr).

> ! *Baedeker* TIPP
>
> **MoMA Design**
>
> Fast schon eine Sehenswürdigkeit für sich, auf jeden Fall aber ein toller Ort für den Souvenirkauf: der Museumsshop im MoMA. Es gibt noch zwei weitere MoMA Design Stores: in 44 W. 53rd St. und in SoHo, 81 Spring Street.

Uptown Manhattan (nördlich 57th St.)

★★ **Central Park**

Im 340 ha großen Central Park erholen und entspannen sich die New Yorker beim Sonnenbaden, Rollschuhfahren oder Rudern. Per Pferdedroschke oder zu Fuß kann man sich einige der sehenswerten Fleckchen anschauen. Dazu gehören u. a. der Zoo in der Südostecke, das Haus **The Dairy** mit dem Sitz der Parkverwaltung, die weitläufige Allee The Mall mit Skulpturen von Dichtern und Komponisten, die zum Brunnen Bethesda Fountain und zum See mit Loeb's Boathouse führt; nördlich davon Belvedere Castle, höchster Punkt des Parks, und Cleopatra's Needle, ein ägyptischer Obelisk (um 1500 v. Chr.) aus Heliopolis, dessen Pendant in London an der Themse steht; westlich vom Bethesda-Brunnen erreicht man die nach dem Beatles-Song benannten Strawberry Fields, genau gegenüber vom Dakota Building an der 72nd Street, vor dem 1980 John Lennon ermordet wurde.

★★ **Metropolitan Museum of Art**

Dieses 1870 gegründete Kunstmuseum der Superlative gehört zusammen mit der Eremitage in St. Petersburg, dem Louvre in Paris und dem British Museum in London zu den bedeutendsten Kunstmuseen der Welt. Über 3,5 Mio. Kunstobjekte befinden sich in seinem Besitz, nur ein Viertel davon kann in den über 300 Ausstellungsräumen gezeigt werden. Die Orientierung in diesem riesigen Gebäudekomplex erleichtert die täglich stattfindende **»Museums Highlight Tour«** (10.15, 15.15 Uhr) zu den bekanntesten Kunstwerken.

Im Erdgeschoss werden u. a. ägyptische Kunst (darunter der Tempel von Dendur), Kunst des Mittelalters und – in 60 Ausstellungsräumen – amerikanische Kunst gezeigt. Im Obergeschoss gehören die rund 3000 Werke alter europäischer Meister wie Tizian, Raffael, Giotto, Rembrandt und Rubens zu den Höhepunkten. Weitere Sehenswürdigkeiten mit Muss-Charakter sind die Abteilung für Islamische Kunst mit Exponaten aus dem Orient, Spanien und Indien und die zwei Jahrtausende umspannende Abteilung für Kunst aus Asien (1000 Fifth Ave. u. 82nd St.; Öffnungszeiten: So., Di. – Do. 9.30 – 17.30, Fr., Sa. 9.30 – 21.00 Uhr).

✔ NICHT VERSÄUMEN

- Tempel von Dendur
- Frank Lloyd Wrights Arbeitszimmer
- Astor Court
- Rembrandts Selbstporträt in der europäischen Gemäldesammlung
- Skulpturengarten auf dem Dach des Met

★ **Frick Collection**

Deutlich anders, weil im intimen Rahmen eines im Empire Stil ausgestatteten Stadthauses, gibt sich die Frick Collection südlich vom Museum of Art (1 E. 70th St.). Die Sammlung des Pittsburgher Stahlmagnaten **Henry Clay Frick** (1849 – 1919) konzentriert sich auf Malerei des 14. – 18. Jahrhunderts (Tizian, Bellini, El Greco, Ingres, Vermeer, van Eyck u. a.), Bronzen aus der italienischen Renaissance und Email (Öffnungszeiten: Di. – Sa. 10.00 – 18.00, So. 13.00 – 18.00 Uhr).

★ **Whitney Museum of American Art**

Das ausgezeichnete Whitney Museum of American Art (945 Madison Ave.) befasst sich mit US-Kunst des 20. Jh.s, darunter Pop-Art und dem **Nachlass von Edward Hopper** (945 Madison Ave.; Öffnungszeiten: Mi. – So. 11.00 – 18.00, Fr. 13.00 – 21.00 Uhr).

★★ Guggenheim Museum

Dieses berühmte Museum nördlich vom Metropolitan Museum beeindruckt nicht allein mit einer bestechenden Gemäldesammlung, sondern auch durch das faszinierende Gebäude. **Frank Lloyd Wright** konzipierte einen kreisrunden, sich nach oben erweiternden Bau, in dem die Besucher auf einer umlaufenden Spirale den einzigen großen Ausstellungsraum durchwandern und dabei Werke von Wassily Kandinsky (größte Sammlung der Welt), Henri Rousseau, Braque, Picasso, Léger, Cézanne, van Gogh, Chagall u. v. a. mehr betrachten können (1071 Fifth Ave.; Öffnungszeiten: tgl. außer Do. 10.00 bis 17.45, Fr. bis 19.45 Uhr).

Columbus Circle

An der Südwestecke des Central Park führt der Broadway über den verkehrsumtosten Columbus Circle, in dessen Mitte sich eine 1892 aufgestellte Säule mit einer Kolumbusstatue erhebt. Höchste Gebäude am Platz sind das 207 m hohe Gulf and Western Building (Trump International Hotel & Tower) und die 229 m hohen, schräg angeschnittenen Türme des 2004 fertiggestellten **Time Warner Building**.

★ Lincoln Center

Im Lincoln Center nordwestlich vom Columbus Circle schlägt das kulturelle Herz der Stadt: In der Avery Fisher Hall spielen die New Yorker Philharmoniker, im New York State Theater die New York City Opera und das New York City Ballet. Vor allem aber ist hier das **Metropolitan Opera House** zu finden, kurz »Met« genannt, eines der führenden Opernhäuser der Welt.

Die »Met« ist eines der führenden Opernhäuser der Welt.

★★ American Museum of Natural History

Das nach dem Metropolitan Museum zweitgrößte Museum der Stadt, aber **das größte Naturkundemuseum der Welt** vermittelt sein Thema mit sehr beeindruckenden Stücken, darunter einen Walmodell in der Hall of Ocean Life, dem größten aufgerichteten Dinosaurierskelett der Welt oder den größten geschliffenen Edelstein der Erde, die »Brasilianische Prinzessin«, ein 21 327 Karat (= 4,3 kg) schwerer Topas. Im Rose Center for Earth and Space reist man durch das Weltall (79th St.; Öffnungszeiten: tgl. 10.00 – 17.45, Fr., Sa. bis 20.45 Uhr).

Harlem

An die Nordseite des Central Park schließt direkt das Schwarzenviertel Harlem an, lange Zeit ein vernachlässigtes Getto voller Armut und Gewalt. Das gibt es immer noch, doch herrscht heute hier Aufbruchstimmung, es wird gebaut und renoviert wie seit der Gründerzeit nicht mehr. Es ist hier lange nicht mehr so gefährlich wie einst und wer die üblichen, für alle Großstädte geltenden Regeln beherzigt, der ist so sicher wie in Downtown. Abends sollte man Harlem aber nur mit einem festen Ziel besuchen, etwa ein Jazz- oder Tanzlokal oder ein Theater. Mittlerweile bieten u. a. Harlem Heritage Tours oder Harlem Spirituals Rundfahrten und Spaziergänge an (Tel. 1-212-391-09 00, www.harlemspirituals.com) zu markanten Punkten wie Abyssinian Baptist Church, All Saints Church, Strivers' Row, Studio Museum und Schomburg Center for Research in Black Culture.

Jenseits von Manhattan

Bronx

Der nördlichste Stadtbezirk New Yorks liegt, vom Harlem River von Manhattan getrennt, auf dem Festland und wird hauptsächlich von Afroamerikanern und Puertorikanern bewohnt. Der lange, in den 1930er-Jahren begonnene Niedergang des Viertels – vor allem die Südbronx galt bis vor Kurzem als gefährliche »No-go-Area« – konnte erst in den 1990er-Jahren gestoppt werden. Heute gilt die Nordbronx sogar als Touristenattraktion. Fans amerikanischer Sportgeschichte lockt das traditionsreiche **Yankee Stadium** gleich östlich des Harlem River. Das 54 000 Besucher fassende Baseballstadion ist Heimat der New York Yankees, des erfolgreichsten Baseballteams der USA (161st St. u. River Ave.; Infos und Tickets: Tel. 1-718-293-60 00, yankees.mlb.com).

Brooklyn

Der mit 2,4 Mio. Einwohnern bevölkerungsreichste Stadtteil New Yorks liegt auf dem Südwestende von Long Island und ist mit Manhattan durch den Brooklyn-Battery-Tunnel sowie drei Brücken, darunter die berühmte **Brooklyn Bridge**, verbunden. Entstanden aus der holländischen Siedlung Breuckelen, werden im heutigen Brooklyn rund 100 Sprachen gesprochen: In den ethnischen Vierteln, den Neighbourhoods, schlägt das Herz dieses wahrhaft kosmopolitischen Stadtteils. Touristisch interessant ist v. a. das von Manhattan aus über die Williamsburg Bridge erreichbare **Williamsburg** im Norden, ein aufstrebendes Künstlerviertel, das sich rund um die Bedford Avenue konzentriert. Das Viertel **Brooklyn Heights** steht komplett unter Denkmalschutz: Viele der schönen Backsteinhäuser an baumbestandenen Straßen stammen aus dem 19. Jahrhundert.

Staten Island Eine Fahrt mit der kostenlosen Fähre nach Staten Island lohnt sich nicht nur wegen der wunderbaren Aussicht auf Manhattan und die Freiheitsstatue, sondern auch wegen **Historic Richmond Town**, einem das Leben der Kolonisten nachempfindenden Museumsdorf mit 39 Häusern vom 17. bis zum 19. Jh. und dem Mausoleum der Eisenbahnkönige Vanderbilt.

Umgebung von New York City

*** Long Island** Die 180 km lange Insel im Atlantik ist der beliebteste Ausflugsort im Großraum New York. Hier findet man herrliche Badestrände wie den **Jones Beach**, weiter im Osten die eleganten und ruhigen Hamptons, wo es mondänere Strände gibt und noble Villen, wo manch wirklich hübscher alter Straßenzug wie die Main Street von East Hampton zum Bummel einlädt, der in einem Fischrestaurant endet. Auch der ruhige Norden der Insel, etwa um Oyster Bay, war und ist bevorzugter Wohnort der Betuchten.

** Niagara Falls

Qf 24

Bundesstaat: New York **Kanadische Provinz:** Ontario

Auch wenn sie schon lange mit Motels, Fastfoodbuden und billigen Attraktionen zugepflastert sind: Die Reise wert sind sie noch immer. Über 12 Millionen Besucher pro Jahr verkraften die auf der Grenze zu Kanada liegenden Niagarafälle ebenso wie den neuesten Trend, der die Ufer beiderseits der Grenze in einen gigantischen Themenpark verwandelt.

Die Niagarafälle liegen 550 km von New York City entfernt im äußersten Nordwesten des Bundesstaates und sind eines der berühmtesten Naturschauspiele Nordamerikas. Über eine durchschnittlich 50 m hohe Geländestufe stürzt hier das Wasser der Großen Seen in die Tiefe und erzeugt dabei eine Gischtwolke, die bei gutem Wetter noch im kanadischen Toronto zu sehen ist. 1678 vom belgischen Missionar **Louis Hennepin** und im frühen 19. Jh. vom Tourismus entdeckt, entwickelten sich die von den Ureinwohnern »donnerndes Wasser« genannten Fälle vor allem zum Ziel verliebter Flitterwöchner: Motels mit herzförmigen Wasserbetten und pinkfarbenen Jacuzzis wurden Markenzeichen der Fälle. Selbst die bissige Bemerkung Oscar Wildes, die Fälle seien die zweitgrößte Enttäuschung im Leben

NIAGARA FALLS ERLEBEN

AUSKUNFT

Niagara Tourism and Convention Corporation
345 Third St., Suite 605
Niagara Falls, NY 14303
Tel. 1-716-282-88 92
www.niagara-usa.com

ESSEN / ÜBERNACHTEN

▶ Fein & teuer / Komfortabel

Red Coach Inn
2 Buffalo Ave., Niagara Falls, NY 14303, Tel. 1-716-282-14 59
www.redcoach.com
19 Z. Altenglische Atmosphäre mit Blick auf die Upper Falls, allerdings nur von den teueren Suiten aus. Im Restaurant wird sehr gute Ostküstenküche serviert.

ÜBERNACHTEN

▶ Komfortabel

Sheraton Fallsview
6755 Fallsview Blvd.
Niagara Falls, Ontario
Canada L2G 3W7
Tel. 1-905-374-10 77
www.fallsview.com
402 Z. Großes Haus, knapp 300 m von den Fällen entfernt. Zumindest von jeder Etage hat man einen Blick auf die Wasserfälle. Kinder unter 6 Jahren werden kostenlos untergebracht und verköstigt.

Jungvermählter, und die fotogene Ermordung Marilyn Monroes im vor Ort spielenden Thriller »Niagara« schadeten der Beliebtheit der Fälle nicht. Der heutige Besucher bekommt es mit einer von den gleichnamigen Schwesterstädten **Niagara Falls** ebenso professionell wie gnadenlos ausgebeuteten Touristenattraktion zu tun: Treppen und Tunnel führen hinter und unter die Fälle, Aussichtsterrassen bieten spektakuläre Ausblicke. Ausflugsdampfer schippern bis unmittelbar vor das tosende Inferno, Hubschrauber kreisen über dem Spektakel und nüchtern »People Mover« genannte Shuttlebusse befördern die Menschenmassen von den Parkplätzen zu den Attraktionen.

Entstehung

Die Entstehung der Niagarafälle reicht bis in die letzte Eiszeit zurück. Damals bahnte sich der Lake Erie und Lake Ontario verbindende Niagara River auf höherem Niveau als heute seinen Weg über das **Niagara Escarpment** genannte Kalksteinplateau und stürzte beim heutigen Lewiston in die Tiefe. Durch die rückschreitende Erosion wanderte der Wasserfall seitdem 11 km flussaufwärts: Allein während der letzten 3000 Jahre haben sich die Fälle von der heutigen Rainbow Bridge bis zu ihrem jetzigen Platz verlagert. Die tosenden Naturgewalten, deren Kraft fünf Millionen Pferdestärken gleichkommt, sind jedoch seit Langem reguliert. Lediglich die Hälfte der durchschnittlichen Wassermenge von 6,8 Mio. l / Sek stürzt in die Tiefe. Die andere Hälfte wird durch die Druckrohre von Turbinenkraftwerken beiderseits der Grenze geleitet: 6 km flussabwärts produzieren sie jeweils mehrere Millionen Kilowatt.

NACHAHMUNG NICHT EMPFEHLENSWERT!

Trotz staatlicher Verbote versuchen immer wieder Todesmutige, sich in aberwitzigster Form mit den tosenden Wassermassen der Niagarafälle zu messen. Viele »Daredevils« haben ihren Mut mit dem Leben bezahlt.

Tödliche Faszination

Seit der ersten Hälfte des 19. Jh.s übt das gewaltige, Furcht einflößende Naturspektakel der Niagarafälle auch eine magische Faszination auf Menschen aus, die in der tödlichen Gefahr einen besonderen Anreiz sehen. Die Liste derjenigen ist lang, die aus Abenteuerlust und Profilierungssucht die Wasserfälle als Bühne für waghalsige Aktionen benutzt haben – und **teils mit dem Leben bezahlten.**

Blondin gegen Farini

Am 30. Juni 1859 spannte der 35-jährige Franzose **Jean-François Gravelet**, besser bekannt als Charles Blondin bzw. »Der große Blondin«, ein 76 mm dickes, 335 m langes Drahtseil über die Niagarafälle. Zwanzig Minuten lang dauerte der Balanceakt des Akrobaten in schwindelnder Höhe über den tosenden Fluten. Als Blondin wohlbehalten das andere Ufer erreichte, tobte die Zuschauermenge vor Begeisterung. In der Folgezeit überquerte der tollkühne Seilartist die Fälle noch viele Male – mit immer gewagteren Kunststücken: mit verbundenen Augen, mit Stelzen, mit einem Fahrrad, mit den Füßen in einem Sack. Einmal schob er einen Schubkarren vor sich her, auf dem ein kleiner Kocher stand. Auf halber Wegstrecke bereitete sich er ein Omelett zu, das er zur Hälfte genüsslich mit einem Glas Wein verspeiste; die andere Hälfte warf er ein paar Leuten in einem Boot zu, die, 50 m unter ihm, das Spektakel beobachteten. Am meisten Aufsehen erregte Blondin, als er im September 1860 seinen vor Angst schlotternden Manager auf dem Rücken über die Fälle trug und

Auch in Europa sorgten die waghalsigen Niagara-Fahrer für Furore.

mehrmals beinahe die Balance verlor. Im Alter von 73 Jahren segnete er das Zeitliche – im Bett.

William Leonard Hunt hatte aufmerksam Blondins Gänge beobachtet und war wild entschlossen, ihn zu übertreffen. Unter dem Künstlernamen »Der große Farini« trat er am 15. August 1860 erstmals an. Dabei ließ er sich in der Mitte der Strecke an einem Seil hinab zur »Maid of the Mist«, trank ein Glas Wein an Bord, kletterte wieder hinauf und spazierte weiter. In seinem Drang, Blondin zu überbieten, vollführte er bald zweimal in der Woche immer waghalsigere Vorstellungen über den Fällen – einmal hängte er sich an den Zehen kopfüber ans Seil, ein andermal wusch er Taschentücher in einer Waschmaschine. Doch die Popularität des eleganten Artisten Blondin erreichte er nie – er war eben nur ein Abenteurer ...

Furchtlose Frauen

1876 trat eine Frau in die Fußstapfen von Blondin und Farini: **Maria Spelterina**, die, wie es heißt, »in weit unter 11 Minuten über das 305 m lange Seil hüpfte und tanzte«. Ein anderes Mal absolvierte sie den Balanceakt sogar mit Pfirsichkörben an den Füßen. Am 24. Oktober 1901 erlebten Zuschauer eine Riesensensation, als **Annie Edson Taylor** als erster Mensch versuchte, sich in einem Holzfass die Horseshoe Falls hinunterzustürzen. Ganz freiwillig tat die 43-jährige Lehrerin aus Michigan es dann doch nicht. In allerletzter Minute wollte sie ihre wagemutige Aktion abblasen, doch ihre Helfer hatten die Halteseile bereits gelöst. Binnen kurzer Zeit trieb das Fass über die Kante des Wasserfalls und verschwand in der weiß schäumenden Gischt. Sekunden später tauchte es 54 m tiefer an der Oberfläche des ruhigeren Wassers wieder auf. Das Holzfass hatte den Aufprall recht heil überstanden, Annie Taylor, im Fass angebunden und gut abgepolstert, hatte nur eine Kopfwunde erlitten, einen Schock und Verstauchungen. Mit ihrer Höllenfahrt gelangte die Lehrerin zwar kurzzeitig zu Ruhm, doch der davon ersehnte Reichtum stellte sich nicht ein. 1921 starb sie völlig mittellos; begraben wurde sie nahe der Fälle.

Sieger und Verlierer

Bobby Leach riskierte 1911 den Höllentrip in einem Stahlfass. Er überlebte den Sturz, den eine Filmgesellschaft auf Celluloid bannte, war jedoch so schwer verletzt, dass er 23 Wochen im Krankenhaus verbringen musste. Danach reiste er in der Welt umher, um von seiner heroischen Tat zu berichten. 1926 rutschte er in Neuseeland auf einer Apfelsinenschale aus, brach sich ein Bein, holte sich eine Infektion und verstarb. Vom englischen Friseur **Charles Stephens**, der sich in einem Fass festgebunden hatte, fand man nur noch den rechten Arm. 1912 wurde das Fassfahren verboten – also besann man sich anders: 1928 schaffte Jean Lussier den Ritt in einem Gummiball. 1930 versuchte es **George Strathakis**, ein 46 Jahre alter griechischer Koch, wieder mit dem guten alten Fass. Er überstand den Sturz, doch sein Gefährt blieb in einem Strudel hinter dem Wasservorhang stecken und drehte sich 14 Stunden auf der Stelle. Als man es öffnete, war der arme Koch elendig erstickt, seine Begleiterin, eine Schildkröte, hatte überlebt.

Geldstrafen

Doch einen echten »Daredevil« konnten solche Schreckensmeldungen nicht beeindrucken, auch nicht **hohe Geldstrafen (110 000 Dollar!)**, die die kanadische Niagara Parks Commission auf die Durchführung einer publicitywirksamen Höllenfahrt legte: 1989 wollte ein US-Amerikaner aus Tennessee die Niagarafälle mit einem Kajak bezwingen (es war seine letzte Paddelfahrt), 1995 versuchte es ein anderer mit Wasserski und Fallschirm (doch leider öffnete sich der Fallschirm nicht). Viele haben das Abenteuer aber auch überlebt: In den 1980er-Jahren sprangen fünf Stuntmen erfolgreich über die Kante; einer von ihnen gab an, er habe Teenagern zeigen wollen, dass auch ohne Drogen Abenteuer zu erleben sind.

Auch an die American Falls kommt man nah ran.

Besichtigung der Wasserfälle

American Falls, Horseshoe Falls

Mit den »Hufeisenfällen« genießt Kanada den Löwenanteil der Niagarafälle. 90 Prozent der Wassermassen des Niagara River stürzen auf kanadischer Seite über die hufeisenförmige, 750 m lange und 52 m hohe Wasserkante. Von dem donnernden Inferno durch die Ziegeninsel (Goat Island) getrennt, präsentieren sich auf amerikanischer Seite die 330 m breiten und 55 m hohen American Falls. Die Wassertiefe zu Füßen der Fälle beträgt 52 m. Flussabwärts fließt der Niagara River durch eine 80 bis 300 m breite Schlucht, wobei er nach wenigen Kilometern in einem tektonisch bedingten Kessel, dem »Whirlpool«, unter gewaltigen Strudeln eine 90-Grad-Kurve beschreibt und durch mächtige Stromschnellen, die **Lower Rapids**, dem Lake Ontario entgegenfließt.

◄ Niagara-Perspektiven

Den besten Blick auf die Fälle hat man auf der kanadischen Seite. Der Grenzübertritt erfolgt über die Rainbowbridge, derzeit ist mit besonders strengen Passkontrollen zu rechnen. Im kanadischen Niagara Falls laden Aussichtsterrassen unmittelbar über der Abbruchkante zum Staunen ein. Auf der **Journey Behind The Falls** (6650 Niagara Parkway, Table Rock House; Jan. – Juni Mo. – Fr. 9.00 – 17.30, Sa., So. bis 21.30; Juli – Sept. Mo. – Fr. bis 20.30, Sa., So. bis 21.30; Okt. tgl. bis 20.00, Nov., Dez. tgl. bis 19.00 Uhr) gelangt man per Fahrstuhl und Tunnel zu nassen Aussichtspunkten hinter den Horseshoe Falls. Den stärksten Eindruck hinterlässt jedoch die Fahrt mit einem Dampfer der Maid-of-the-Mist-Flotte (Clifton Hill) mitten hinein in das Inferno. Abends mag man sie vom Drehrestaurant des 158 m hohen **Skylon Tower** (5200 Robinson St.; ab 16.30 Uhr) aus bewundern – nach Sonnenuntergang werden sie farbig angestrahlt – und darüber spekulieren, was Menschen dazu bringt, sich die Fälle hinabzustürzen (► Baedeker Special S. 472). Die **Daredevil Gallery** im IMAX Theatre widmet sich diesen Verrückten (6170 Fallsview Blvd.; Öffnungszeiten: tgl. 9.00 – 21.00 Uhr) .

NIAGARA FALLS

★★ Ganz ohne Zweifel gehören die Niagarafälle an der Grenze der kanadischen Provinz Ontario und des US-Bundesstaates New York zu den eindrucksvollsten Naturwundern der Erde. Über 13 Millionen Besucher im Jahr bestätigen dies.

Öffnungszeiten:
Die Aussichtspromenade am Table Rock ist rund um die Uhr zugänglich.
Die einzelnen Attraktionen haben variable Öffnungszeiten.

① Canadian Horseshoe Falls
Die hufeisenförmig ausgebildeten kanadischen Hauptwasserfälle haben eine Kantenlänge von 670 Metern und eine Höhe von 57 Metern.

② American Falls
Die »Amerikanischen Fälle« haben eine ziemlich gerade Kante von 260 Metern Länge. Aufgrund der vorhandenen Felsschuttmassen fällt das Wasser »nur« 21 – 34 Meter tief.

③ Goat Island
Diese Insel diente vor der Entstehung der heutigen Stadt Niagara Falls (New York) als Ziegenweide.

④ Bridal Vail Falls, Cave of the Winds
Zwischen der kleinen Luna Island und der »Ziegeninsel« stürzen die »Brautschleierfälle« etwa 15 Meter in die Tiefe. Von hier hat man Zutritt zur »Höhle der Winde«, die von Wasser, Wind und Wetter geschaffen wurde.

Niagara Falls *Geologisches Profil*

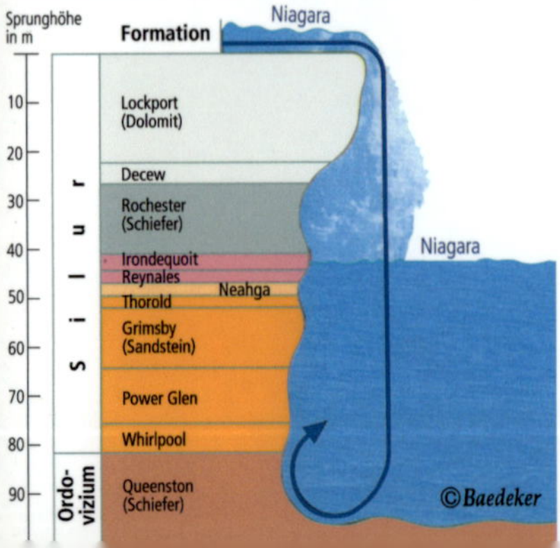

⑤ Observation Tower, »Maid of the Mist«
An der Nordkante der »Amerikanischen Fälle« gibt es einen Aussichtsturm. Per Aufzug kommt man hinunter zur Anlegestelle der US-amerikanischen »Maid of the Mist«.

⑥ Niagara Parkway, »Maid of the Mist«
Unterhalb des Niagara Parkway bzw. der Aussichtspromenade am Table Rock befindet sich die Anlegestelle der kanadischen »Maid of the Mist«.

⑦ Table Rock
Diese besonders widerständige Gesteinsschicht (Dolomit) bildet auch die Abbruchkante der Wasserfälle. Auf kanadischer Seite hat man eine wunderschöne Aussichtspromenade angelegt.

⑧ Visitor Information Center
Hier erfährt man alles über die Fälle. Außerdem befindet sich hier der Zugang zur »Journey behind the Falls«.

⑨ Rainbow Bridge
Diese Brücke überspannt die Talschlucht des Niagara River und verbindet die beiden Schwesterstädte. An beiden Brückenköpfen sind Grenzwachen und Zollstationen Kanadas bzw. der Vereinigten Staaten von Amerika eingerichtet.

⑩ Queen Victoria Park
Die schönste Parkanlage der kanadischen Stadt Niagara Falls

⑪ Skylon Tower
Moderner 160 Meter hoher Aussichtsturm mit Drehrestaurant

⑫ Niagara River
Der von den Wasserfällen nach Norden abfließende Niagara River ist im Kessel der Horseshoe Falls fast 57 Meter tief.

© Baedeker
NIAGARA
(CANADA
11

North Carolina

Qc–Qh 27–29

Abkürzung: NC
Hauptstadt: Raleigh
Fläche: 136 413 km²
Beinamen: Tar Heel State, Old North State
Einwohnerzahl: 9 Mio.

Vielfalt ist das Schlüsselwort. Great Smoky Mountains und knorriges Bergvolk, endlose Strände und braun gebrannte Surfer, kosmopolitische Zentren, charmante Südstaatenstädte und entlegene Appalachendörfer: In North Carolina zeigt sich Amerika von seiner besten Seite.

Umgeben von Virginia, Tennessee, Georgia und South Carolina, wirkt der im Osten vom Atlantik begrenzte Bundesstaat wie ein wohldosierter Cocktail aus Nord und Süd. Die über 2000 m hohen Appalachen sind ein Outdoorparadies und locken Wanderer und Skiläufer. Die Küste bietet mit den Outer Banks Dutzende von Stränden, die zu den besten des Landes zählen.

Ausgewählte Reiseziele in North Carolina

Asheville

Die Musikzeitschrift »Rolling Stone« bescheinigte ihr hervorragende Lebensqualität und ihre lebhafte Kunstszene, in der sich vor allem Maler und Musiker tummeln, ist der sichtbare Beweis: Asheville (73 000 Einw.) in den **Blue Ridge Mountains**, in dem bereits der Milliardär George Vanderbilt hängen blieb, ist hip. Berühmtestes Kind der Stadt ist Thomas C. Wolfe (1900 – 1938). In dem viktorianischen Holzhaus des **Thomas Wolfe Memorials** verbrachte der Autor seine Jugend (52 N. Market St.). Weil er sich in Asheville verliebte, baute **George Vanderbilt** 1895 hier sein »Cottage«. So nannte der Sproß der mächtigen Vanderbilt-Dynastie seine im französischen Château-Stil erbaute 250-Zimmer-Residenz (Biltmore Estate) – und füllte sie mit Werken von Renoir, Dürer und Sargent. Der Besucher staunt auch über die 40 Badezimmer und genießt die weitläufigen Gärten (US-25, Exit 50).

! *Baedeker* TIPP

Shoppen in Asheville

Downtown Asheville ist mit 30 Galerien und über 100 Geschäften ein kleines Einkaufsparadies. Ein besonderes Einkaufserlebnis bietet die historische Grove Arcade (1 Page Ave.), wo auch der Public Market stattfindet.

Das Biltmore Haus in Asheville ist eine nette »Hütte«.

Charlotte

Mitte des 18. Jh.s auf Goldadern gegründet und im 19. Jh. von Glücksrittern unterhöhlt, entwickelte sich Charlotte (586 000 Einw.) im Südwesten North Carolinas zum größten Finanz- und Bankenzentrum der USA nach New York. Der Wohlstand der heute größten Stadt des Bundesstaats floss nicht nur in die futuristische Skyline, sondern auch in eine Reihe sehenswerter Museen. Das **Mint Museum of Craft & Design** beherbergt knapp 30 000 aus Glas, Metall und anderen Materialien gefertigte Skulpturen und Plastiken aus aller Welt (220 N. Tryon St.). »Von Baumwollfeldern zu Wolkenkratzern« lautet das Motto des **Levine Museum of the New South**, dessen ausgezeichnete Ausstellungen sich mit der Geschichte des Südens vom Bürgerkrieg bis in die Gegenwart beschäftigen (200 E. Seventh St.).

Der 15 Autominuten südlich von Upton Charlotte liegende **Carowinds Theme Park** (14523 Carowinds Blvd.) bietet magenumdrehende Achterbahnen und Wasserrutschen.

NORTH CAROLINA

AUSKUNFT

Travel and Tourism Division
301 N. Wilmington St.
Raleigh, NC 27601
Tel. 1-919-733-41 51
www.visitnc.com

Raleigh North Carolinas Hauptstadt Raleigh (375 000 Einw.) lohnt wegen seines ansehnlichen Capitols und seiner fußgängerfreundlichen, trendigen Innenstadt einen Besuch. Umgeben von breiten Boulevards und Alleen, bietet das 1840 eingeweihte, im Greek Revival Style erbaute **State Capitol** mehrmals täglich 45-minütige Besichtigungstouren (Capitol Square).

Die lange, oft dramatische Geschichte des Bundesstaats wird in dem 1902 eröffneten **North Carolina Museum of History** in spannend inszenierten Ausstellungen nacherzählt und erfreulich kritisch interpretiert (5 E. Edenton St.).

Wilmington Die schöne Hafenstadt Wilmington (92 000 Einw.) an der Mündung des Cape Fear River verfügt über ein fotogenes historisches Zentrum. Einige der schönsten Strände der Ostküste liegen wenige Autominuten außerhalb. Größte Attraktion vor Ort ist das zum Museum ausgebaute Schlachtschiff **»USS North Carolina«**, das im Zweiten Weltkrieg im Pazifik eingesetzt wurde und u. a. an der Erstürmung Okinawas beteiligt war.

North Dakota

Pd–Pg 21/22

Abkürzung: ND
Hauptstadt: Bismarck
Einwohnerzahl: 642 000
Beiname: Peace Garden State
Fläche: 183 118 km²

Leere, so weit das Auge reicht: Herausragende Naturschauspiele hat North Dakota nicht. Dafür verzaubert der nördlichste Staat des Mittleren Westens mit unberührter Natur.

Nicht jeder kann mit dem dünn besiedelten Bundesstaat kurz vor Kanada etwas anfangen. Andere jedoch verfallen diesem Land, in dem der Blick bis zum Horizont reicht und der weite Himmel riesige Kumuluswolken auftürmt. Der US-Präsident **Theodore Roosevelt** erkannte hier die Notwendigkeit des Naturschutzes und stieß später die Gründung zahlreicher Nationalparks und des National Forest Service an. Farmen und Ranches bestimmen das Bild auf den Plains. Diese laufen im Westen in den unfruchtbaren Badlands aus. Ebenfalls im Westen fließt der Missouri. Das kontinentale Klima sorgt für extreme Temperaturunterschiede: Backofenhitze im Sommer und im Winter Schneestürme mit langen Frostperioden bis zu -35 °C sind keine Seltenheit.

Ausgewählte Reiseziele in North Dakota

Bismarck

Nüchtern und handfest, reflektiert North Dakotas Hauptstadt Bismarck (58 400 Einw.) die Prioritäten des Alltags in den Plains. 1872 aus einem Armeeposten am Missouri entstanden, wurde Bismarck im Jahr darauf nach dem deutschen Reichskanzler benannt – wohl auch, um deutsches Kapital anzulocken. Als Insel der Zivilisation in der Endlosigkeit hat Bismarck dem Besucher einige interessante Sehenswürdigkeiten zu bieten. Das **North Dakota Heritage Center** beherbergt eine hervorragende Sammlung von Artefakten der Plains-Indianer sowie Ausstellungen zur Natur- und Siedlungsgeschichte (612 E. Blvd. Ave.). Das von den Einheimischen liebevoll »Skyscraper of the Prairie« genannte 73 m hohe **North Dakota State Capitol** wurde 1934 an der Stelle des vier Jahre zuvor abgebrannten ersten Capitols errichtet. Im Inneren des hellen Art-déco-Gebäudes zeigt die Roughrider Gallery Porträts berühmter Landeskinder. Eine Aussichtsplattform im 18. Stock bietet einen schönen Blick über die Stadt (N. Sixth St.).

▶ NORTH DAKOTA

AUSKUNFT

North Dakota Tourism Department
1600 E. Century Ave.
Bismarck, ND 58503
Tel. 1-701-328-25 25
www.ndtourism.com

Fargo

Fargo (91 000 Einw.) im fruchtbaren Red River Valley an der Grenze zu Minnesota wird in den Statistiken wegen seiner niedrigen Arbeitslosigkeit und über 80 Parks als besonders lebenswert eingestuft. Auch sind einige Museen sehenswert: Im **Plains Art Museum** reflektieren 2600 Gemälde, Skulpturen und Bronzen die Bedeutung der Plains als Inspiration für die hiesigen Künstler (704 First Ave. N.). Im **Fargo Air Museum** (1609 19th Ave. N.) können Jagdflugzeuge aus dem Zweiten Weltkrieg betrachtet werden (Hector International Airport). Über 40 historische Gebäude aus der Region, darunter ein Schulhaus, ein Farmhaus und eine Kirche, wurden im nahen West Fargo (15 000 Einw.) zum Museumsdorf **Bonanzaville, USA** zusammengestellt (1351 W. Main Ave.).

★ Theodore Roosevelt National Park

Der Besucher erfreut sich an den nackten »Buttes« (Felsenkuppen) und »Mesas« (Tafelbergen) und Plateaus, die die zum Nationalpark erklärten Badlands im Westen North Dakotas charakterisieren. Sie wurden nach US-Präsident Theodore Roosevelt benannt, der hier seine Jugendjahre verbrachte und nördlich von Medora eine Ranch betrieb. Durch den südlichen Teil führt der 57 km lange Loop Drive. Einen Eindruck vom einsameren Norden des Nationalparks erhält man auf einer 22 km langen Panoramastraße. Der Park ist berühmt für seine Bisonherden und Pronghorn-Antilopen. Für Trips in den Nationalpark ist **Medora** (100 Einw.) der ideale Ausgangspunkt.

Ohio

Qc–Qe 25/26

Abkürzung: OH
Hauptstadt: Columbus
Einwohnerzahl: 11,5 Mio.
Beiname: Buckeye State
Fläche: 107 044 km²

Ohio ist der wohl am häufigsten unterschätzte Bundesstaat der USA. Vielleicht, weil er dank einer gleichmäßig verteilten Bevölkerung und einem selbst die Großstädte durchdringenden, unaufgeregten Kleinstadt-Feeling »schrecklich normal« wirkt?

Ohio (irokes. für »guter Fluss«) steht im amerikanischen Kollektivbewusstsein für »Home«, Heimat und wer das ländlich-kultivierte Tiefland zwischen Lake Erie, Kentucky und Ohio River bereist, wird sich an den vielen gepflegten Kleinstädten erfreuen, die dieses Gefühl reflektieren. Anstatt abzureißen, wird sorgfältig restauriert. Nicht umsonst ist der **Buckeye State** führend in der Zahl historischer Bausubstanz. Überhaupt wird die gute alte Zeit hier besonders hoch gehalten, vor allem in den vielen historischen Hausmuseen und natürlich in den Amischen-Dörfern, in denen die Zeit tatsächlich stehen geblieben ist.

Ausgewählte Reiseziele in Ohio

Berlin Anderthalb Autostunden südlich von Cleveland gehen im idyllischen Holms County rund 40 000 Amischen ihrem Tagwerk nach. Das Städtchen Berlin (3100 Einw.) im Herzen ihres Siedlungsgebietes bietet mit seinen Läden, Ständen und einem kleinen Museum die besten Möglichkeiten, mit den sanften, aber fotoscheuen Fundamentalisten ins Gespräch zu kommen.

Mehr über ihren vom Glauben geprägten Alltag erfährt man im Amish Mennonite Heritage Center (5798 County Rd. 77). Einen – wenngleich touristisch organisierten – Eindruck vom Alltag auf einer Amischen-Farm vermittelt der Besuch von **Schrock's Amish Farm**.

Im Jahr 1812 in der geografischen Mitte des Bundesstaats am Scioto River gegründet und dank seiner verkehrsgünstigen Lage schnell gewachsen, ist Ohios Hauptstadt **Columbus** (734 000 Einw.) heute

► OHIO

AUSKUNFT

Ohio Department of Development
Division of Travel and Tourism
P.O. Box 1001
Columbus, OH 43216-1001
Tel. 1-800-282-53 93
www.discoverohio.com

Amish-Kutsche in Berlin

eine liebenswerte und ebenso zukunftsgewandte wie traditionsbewusste Großstadt. Sehenswert ist das **Ohio Historical Center & Ohio Village**. Das aus zwei Teilen bestehende Zentrum spannt den Bogen von der letzten Eiszeit bis zur Gegenwart und zeigt mit dem Ohio Village die Rekonstruktion eines kompletten Städtchens aus dem 19. Jahrhundert (1982 Velma Ave.). Das 1861 nach zweiundzwanzigjähriger Bauzeit fertiggestellte Ohio Statehouse ist als gelungenes Beispiel des Greek Revival Style ein schönes Fotomotiv. Es gibt ein Café und tägliche Führungen durch die vornehmen Hallen (Broad u. High Sts.).

Jaeger Street, Brust Street, Schiller Park: Columbus wurde auch von deutschen Einwanderern gebaut. Ihr im Süden der Stadt liegendes Viertel befindet sich in verschiedenen Stadien der Restaurierung und bietet schöne Spaziergänge durch herrliche, an Bostons Nobelviertel Beacon Hill erinnernde Straßenzüge. Mehr über German Village gibt es im **German Village Meeting Haus** (588 S. Third St.).

Dank seiner Ohio State University und Colleges lebt Columbus auch nachts. Gute Tipps sind die Musikkneipe »Oldfield's on High« (2590 N. High St., Tel. 1-614-784-04 77), wo hiesige Bands auftreten, und die »Blues Station« (147 W. Vine St., Tel. 1-614-884-25 83), die beste Blues-Kneipe der Stadt.

Ohio's Prehistoric Indian Mounds ★ Die von Columbus auf der US-23 nach Süden führende Rundstrecke berührt einige der interessantesten »Mounds« (Erdaufschüttungen und Trümmer von Lehm- und Steinbauten) früher indianischer Kulturen. Darunter die 23 Hügel (200 v. Chr. – 500 n. Chr.) des **Mt. City Group National Monument** bei Chillicothe und bei Lebanon die große Kultstätte **Fort Ancient State Memorial**, die vor etwa 1500 Jahren von Indianern der Hopewell-Kultur angelegt wurde.

Oklahoma

Pd–Ph 27–29

Abkürzung: OK
Hauptstadt: Oklahoma City
Einwohnerzahl: 3,6 Mio.
Beiname: Sooner State
Fläche: 181 090 km²

Umgesiedelte Indianerstämme, Siedlerströme, verarmte Farmer und mörderische Tornados: Wenn ein Bundesstaat dramatische Geschichten zu erzählen weiß, dann Oklahoma.

Im Westen geht Oklahoma in die baumlose Graslandschaft der Great Plains über, im Südwesten grenzt es an die Wichita Mountains. Den Osten nehmen die Ouachita und Ozark Mountains ein. Oklahoma liegt in der Übergangszone von subtropisch-feuchtem und kontinental-trockenem Klima. Die hier miteinander kollidierenden warmen und kalten Luftmassen erzeugen die stärksten Tornados der Welt.

Geschichte Im Jahr 1834 erklärte die US-Regierung das damals als wertlos angesehene Territorium zu »Indian Country« und siedelte Stämme aus dem Südosten, darunter die Cherokee und Seminolen, hier an. Am 22. April 1889 jedoch gab Washington das Land für weiße Siedler frei. 50 000 Weiße strömten nach Oklahoma, der »Land Rush« ließ Städte über Nacht entstehen. Landwirtschaft, v. a. Rinderzucht, Weizen- und Baumwollanbau, schoben die Entwicklung an, doch erst die Ölfunde nach 1900 machten Oklahoma wohlhabend. Während der Depression erlebte der Staat den von John Steinbeck in dem Klassiker **»Früchte des Zorns«** verewigten Exodus verarmter »Okies«: Staubstürme und lange Trockenzeiten hatten den Staat in eine »Dust Bowl« verwandelt und Zehntausende auf die Route 66 nach Kalifornien geschickt. In den 1980er-Jahren wurde Landflucht ein Problem. 1995 ging Oklahoma City durch die Weltpresse, als beim Bombenanschlag auf ein Regierungsgebäude 168 Menschen getötet wurden.

Rekonstruiertes Indianerleben kann man in Indian City USA bestaunen.

Ausgewählte Reiseziele in Oklahoma

Anadarko

Der Flecken knapp 100 km südwestlich von Oklahoma City ist Indianerland und wird traditionell von den Stämmen der Apache, Kiowa und Wichita bewohnt. Hauptgrund für einen Besuch Anadarkos (6700 Einw.) ist die etwas südlich liegende Indian City USA, wo die Dörfer verschiedener Plains-Indianer-Stämme rekonstruiert wurden.

Bartlesville

Das 75 km nördlich von Tulsa liegende Bartlesville (35 000 Einw.) wurde maßgeblich von der Phillips Petroleum Company und ihrem Gründer Frank Phillips geprägt. Die Verwaltung der heute weltweit als ConocoPhillips arbeitenden Ölgesellschaft ist der größte Arbeitgeber der Stadt. Das mit prachtvollem Origialmobiliar eingerichtete, 1909 im neoklassischen Stil erbaute **Frank Phillips Home** reflektiert den Lebensstil der frühen Oklahoma-Ölbarone (1107 Cherokee Ave.). Der 67 m hohe **Price Tower Arts Center** wurde 1956 von Frank Lloyd Wright entworfen. Der Stararchitekt nannte den Price Tower einen »Baum, der dem überfüllten Wald entflohen ist«. Tatsächlich erinnert er an einen Baum mit Stamm, Ästen und Wurzeln. Das angeschlossene Kunstzentrum zeigt

OKLAHOMA

AUSKUNFT

Oklahoma Tourism & Recreation Department
P.O. Box 52002
Oklahoma City, OK 73152-2002
Tel. 1-405-230-84 00
www.travelok.com

Ausstellungen zu moderner Kunst und Architektur (510 Dewey Ave.). Jede Menge knarrendes Holz, Geweihe sowie Lasso schwingende Cowboys in Öl: Auf der **Woolaroc Ranch** des Ölbarons Frank Phillips beschwören die Gemälde bekannter Westernmaler sowie zahllose indianische Artefakte den Geist des alten Westens. In einem Freigehege leben 700 Tiere.

> **! Baedeker TIPP**
>
> **Reitparadies**
>
> Reiten gehört zu den beliebtesten Outdoor-Aktivitäten in Oklahoma: Nirgendwo in den USA gibt es mehr Pferde pro Einwohner. Reitställe und schöne Trails finden Sie z. B. am Elk City Lake unweit Elk City.

Fast hört man John Waynes Sporen klirren: Elk City (10 500 Einw.), ein Nest kurz vor Texas, atmet Westernatmosphäre. Gegründet wurde der Ort um 1880 als Versorgungsstopp für Viehtreiber. Hauptgrund für einen Besuch ist jedoch die Route 66: Selten präsentiert sie sich so unverfälscht wie hier. Das **National Route 66 Museum** (Elk City Old Town Museum Complex) entführt den Besucher mit alten Schildern und historischen Fotos in jene Zeiten, als verarmte Familien in klapprigen Oldtimern auf ihr in den goldenen Westen rumpelten.

Lawton

Das Agrarzentrum Lawton (93 000 Einw.) im Südwesten von Oklahoma verwandelte sich am 6. August 1901 innerhalb eines Tages von einem Nest in eine Stadt mit nicht weniger als 10 000 Einwohnern. Dazwischen lag einer jener »Land Runs«, die Oklahoma damals bevölkerten. **Fort Sill** wurde 1869 zur Kontrolle der Indianerstämme angelegt und ist heute als Military Reservation and National Historic Landmark zu besichtigen. Auf dem bis heute aktiven Militärposten sind die Gräber des Apachen-Häuptlings Geronimo und anderer Indianerführer zu sehen. Das **Museum of the Great Plains** erinnert an den harten Pionieralltag (601 NW Ferris Ave.).

Wichita Mountains National Wildlife Refuge

Die 40 km nördlich von Lawton liegende, von Prärie umgebene Berglandschaft (700 m) ist ein Refugium von Bisons und Hochwild und mit Dutzenden seltener Vogelarten ein Paradies für Ornithologen. Ein Besucherzentrum informiert über schöne Wanderwege (32 Refuge Headquarters, Indiahoma, Tel. 1-580-429-32 22).

Tulsa

Die zweitgrößte Stadt Oklahomas, Tulsa (383 000 Einw.), liegt am Arkansas River im Nordosten des Bundesstaates. Tulsa wurde 1836 als Siedlung aus Alabama stammender Creek-Indianer gegründet. Den entscheidenden Schub nach vorn erhielt die Stadt 1901 mit den ersten Ölfunden. Das hervorragende **Gilcrease Museum** ist berühmt für seine Sammlungen zur Kunst des amerikanischen Westens. Besonders interessant: die Darstellung des »American Dream« in Bildern und Skulpturen (1400 N. Gilcrease Museum Rd.). Das in einer mediterran anmutenden, von weitläufigen Gärten umgebenen Villa

Museum ►

untergebrachte **Philbrook Museum of Art** besitzt Kunst verschiedenster Stile und Epochen, v. a. italienische Renaissance und englische Malerei (2727 S. Rockford Rf.).

Oklahoma City

Gegründet am 22. April 1889, blühte auch Oklahoma City (538 000 Einw.) über Nacht zu einer Stadt von über 10 000 Einwohnern auf und wurde 1910 Hauptstadt. Ölfunde innerhalb der Stadtgrenzen spülten viel Geld ins Stadtsäckel. Eine moderne Downtown mit eleganten Bürotürmen und einem von Stararchitekt **I. M. Pei** entworfenen urbanen Paradies mit Seen, Plazas und begrünten Hügeln reflektieren den Wohlstand der von ihren Bewohnern liebevoll »OKC« genannten Stadt. Seine Wildwestvergangenheit hat Oklahoma City nicht vergessen: Der Veranstaltungskalender der Stadt führt Rodeos meist ganz oben.

State Capitol

Der 1917 im neoklassischen Stil fertiggestellte Regierungsitz ist wohl der einzige mit einem Ölförderturm vor der Haustür: 1941 wurde in einem Blumenbeet unweit des Hauptportals Öl gefunden (2300 Lincoln Blvd.; Öffnungszeiten: Mo. – Fr. 8.00 – 16.30 Uhr).

»Bricktown« ist ein altes, wieder aufgepäppeltes Industriegebiet in Oklahoma City.

Myriad Botanical Gardens & Crystal Bridge Der 1988 zur Revitalisierung der Downtown eröffnete botanische Garten besteht aus einem in eine romantische Hügellandschaft gebetteten See und einem knapp 70 m langen Glaszylinder mit rund 1000 Vertretern tropischer Flora und Fauna (Reno Ave. u. Robinson St.; Öffnungszeiten: Mo. – Sa. 9.00 – 18.00, So. 12.00 – 18.00 Uhr).

Oklahoma City National Memorial Am 19. April 1995 detonierte ein von Rechtsradikalen mit Sprengstoff gefüllter Truck vor dem Alfred P. Murrah Federal Building und zerstörte das Regierungsgebäude. Bei dem Terroranschlag kamen 168 Menschen ums Leben, darunter 15 Kinder. Der Haupttäter, Timothy McVeigh, wurde am 11. Juni 2001 hingerichtet. An der Stelle des Gebäudes erinnern heute 168 Stühle aus Bronze, Glas und Stein an die Toten. Das **Memorial Museum** daneben (620 N. Harvey Ave.) dokumentiert den schwarzen Tag und die Berichterstattung in den Medien (Öffnungszeiten: Mo. bis Sa. 9.00 – 18.00, So. 13.00 – 18.00 Uhr).

! *Baedeker* TIPP

In den Stiefeln von John Wayne

Besucher mit einem Faible für Westernklamotten werden in Oklahoma City garantiert fündig: Stetsons, Cowboystiefel und Ledergürtel mit dicken Schnallen – hier gibt es nichts, was es im Wilden Westen nicht gegeben hätte. Gute Läden: Cattlemen's Western Wear (224 Exchange Ave.), Shepler's Western Wear (812 S. Meridian Ave.).

★★ Olympic National Park

Oc/Od 21/22

Bundesstaat: Washington
Gründungsjahr: 1938
Fläche: 3678 km²

Umspült vom Pazifik und der Juan-de-Fuca-Straße, beherbergt die Olympic Peninsula den größten und schönsten Regenwald der USA. Hier konnte sich isoliert vom Rest des Kontinents eine einzigartige Flora und Fauna entwickeln.

Der Nationalpark westlich von ► Seattle ist berühmt für seine unwirkliche, oft im graugrünen Dunst des Pazifiks badende Bergwelt und gehört mit ca. 3,5 Mio. Besuchern pro Jahr zu den beliebtesten Nationalparks der USA. Gleichwohl ist er auch einer der unzugänglichsten: Besucher bleiben meist auf den Aussichtsstraßen und unternehmen auf Stichstraßen höchstens Abstecher in das Innere. Wer Zeit hat, kann auf ausgewiesenen Wanderstrecken die Klima- und Vegetationszonen zwischen

OLYMPIC N.P.

AUSKUNFT

Olympic National Park
600 East Park Ave.
Port Angeles
WA 98362-6798
Tel. 1-360-565-31 30
www.nps.gov/olym

Im Hoh Rain Forest

Pazifik und dem 2428 m hohen **Mt. Olympus** erforschen.

Besichtigung des Olympic National Parks

★ **Olympic Peninsula Drive (Rte. 101)**

Diese Aussichtsstraße (447 km) folgt meist der Küste der Olympic Peninsula und führt durch farnbedeckte Regenwälder, zu entlegenen Sandstränden und hinauf zu alpinen Wiesen. Ein Ausgangspunkt ist der Hafen **Port Angeles** (17 000 Einw.) im Norden, ein anderer das Städtchen **Aberdeen** im Süden der Halbinsel. Von dieser Strecke aus führen z.T. geteerte Stichstraßen in das Herz des Parks oder an die zum Park gehörenden Strandabschnitte. Höhepunkte unterwegs sind der fotogene Bergsee **Lake Crescent** (32 km westlich v. Port Angeles) mit den wunderschönen, 27 m hohen Marymere Falls ganz in der Nähe. Zwanzig Autominuten entfernt laden die **Sol Duc Hot Springs**, um die herum ein Resort entstand, zum Bad in heißen Quellen ein. Eine andere, 32 km lange Panoramastraße führt im übrigen von Port Angeles zur 1585 m hoch liegenden **Hurricane Ridge Lodge**, von der aus man einen grandiosen Blick über die vergletscherte Bergwelt der Olympics und über die Juan-de-Fuca-Straße nach dem kanadischen Vancouver Island hat. Vom dortigen Visitor Center führt eine Handvoll schöner Wanderwege zu noch höheren Aussichtspunkten.

★★ **Hoh Rain Forest**

Der schönste Regenwald des Nationalparks bedeckt die Hänge der zum Pazifik auslaufenden Täler der Flüsse Quinault, Queets und Hoh. Vom 144 km nördlich liegenden Port Angeles auf der 101 erreichbar, haben über 5000 mm Niederschlag pro Jahr eine üppige, tiefgrüne Vegetation entstehen lassen, in der bis zu 100 m hohe Douglasien, Sitka-Fichten und Hemlocktannen gedeihen und der von Licht nur wenig beschienene Boden von dicken Moosteppichen und dichtem Farn bedeckt ist.
In diesem Abschnitt beginnen zahlreiche Hikingtrails an der 101, darunter der 22 km lange **Queets River Trail** und der anspruchsvolle, den gesamten Park durchquerende Trail von North Fork nach Whiskey Bend.

Die Küste

Einsame, von Treibholz übersäte Sandstrände prägen die Küste ebenso wie Kliffs, Felsenbögen und steil aus dem Meer ragende Felsen. Der Nordabschnitt ist nur durch Stichstraßen erschlossen. Im Süden reicht der Scenic Drive von Ruby Beach bis nach Queets. Zum Baden ist das kalte Wasser nicht geeignet. Dafür kann man hier Weißkopfseeadler beobachten sowie Robben und vorbeiziehende Grauwale. Ruby Beach bietet Naturfreunden die beste Gelegenheit zur Tierbeobachtung.

Oregon

Oc–Og 22–24

Abkürzung: OR
Hauptstadt: Salem
Einwohnerzahl: 3,7 Mio.
Beiname: Beaver State
Fläche: 255 026 km²

So schön wie Nordkalifornien, nur ohne den Rummel: Das hört man oft von Oregon-Reisenden. Der Bundesstaat im Nordwesten der USA bietet eine zerklüftete, wildromantische Küste, ein fruchtbares breites Tal, vulkanische, schneebedeckte Gebirge und wüstenartige Hochebenen. Die Oregonians sind zu Recht stolz auf ihr naturbelassenes Land. Und setzen sich dafür ein, dass es so bleibt, wie es ist.

Regenwälder und Vulkane, endlose Sandstrände und raue Steilküsten, fruchtbares Agrarland und menschenabweisende Hochwüste: Oregon ist einer der landschaftlich vielfältigsten Staaten der USA. Im Norden bildet der Columbia River die Grenze zu Washington, im Osten markiert der Snake River die zu Idaho. Im Süden berührt Oregon Kalifornien und Nevada. Zwei von Norden nach Süden sich ziehende Gebirgszüge, die steil aus dem Pazifik ragenden Coastal Mountains und die vulkanischen Cascade Mountains, umschließen das dicht besiedelte, landwirtschaftlich intensiv genutzte Willamette Valley.

Reiseziele im Landesinneren von Oregon

★ **Bend** Gipfel mit ewigem Schnee, klare Bergseen und reißende Flüsse: Zentral-Oregon ist ein Paradies für Naturfreunde und Outdoorfans. Mittendrin liegt Bend (77 800 Einw.), das kommerzielle Versorgungszentrum der Region und mit Malls, Hotels und Restaurants eine gute Basis für die Erkundung des Umlands. Sehenswert ist das 10 km südlich von Bend liegende **High Desert Museum** (59800 South Hwy.; Öffnungszeiten: tgl. 9.00 – 17.00 Uhr) zur Besiedlung Oregons. Ein Höhepunkt des 18 km südlich von Bend liegenden Schutzgebiets **Newberry National Volcanic Monument** ist Lava Butte, ein perfekt geformter, 150 m hoher Kegel mit einer Aussichtsplattform am Kraterrand (Lava Lands Visitor Center, 58201 S. US-97; Öffnungszeiten: Mai – Okt. tgl. 9.00 – 17.00 Uhr).

Eugene In den 1960er-Jahren war es ein Zentrum des Protests gegen den Vietnamkrieg, heute findet sich in der freundlichen Stadt (154 000

Einw.) am Südende des Willamette Valley noch immer ein wenig vom Geist der einstigen Gegenkultur. Hier am Willamette River lohnt vor allem das **Jordan Schnitzer Museum of Art at the University of Oregon** mit Sammlungen fernöstlicher Kunst den Besuch (1223 University of Oregon Rd.; Öffnungszeiten: Mi. 11.00 – 20.00, Do. – So. bis 17.00 Uhr).

Hood River

In der amerikanischen Windsurfergemeinde ist Hood River (6600 Einw.) ein Begriff: Vor dem Städtchen im Mündungsbereich von Hood und Columbia River sorgen starke Strömungen und zuverlässige Westwinde für ideale Windsurfbedingungen.
Die schönsten Attraktionen des auf einen steil zum Columbia River abfallenden Abhangs gelegenen Städtchens führen jedoch wieder aus ihm heraus. So ruckelt die alte **Mt. Hood Scenic Railroad** (110 Railroad Ave.) durch schöne Obstplantagen bis zum Fuß des fotogenen Vulkans Mt. Hood (3416 m), des höchsten Gipfels Oregons. Eine nicht minder romantische Autofahrt führt von Hood River aus auf dem Hwy. 281 Richtung Dee zum **Lost Lake**. Der Blick über den See zum schneebedeckten Mt. Hood gehört zu den meistfotografierten Motiven im Nordwesten. Westlich von Hood River liegt der **Bonneville Dam**. Fischleitern helfen den Lachsen den mächtigen Damm zu überwinden.

► OREGON

AUSKUNFT

Oregon Tourism Commission
670 Hawthorne SE, Suite 240
Salem, OR 97301
Tel. 1-503-378-88 50
www.traveloregon.com

Salem

Die 75 km südlich von ► Portland liegende Hauptstadt Oregons wirkt mit ihren vielen Marmorgebäuden auf weitläufigen Grünflächen trotz ihrer Größe (153 000 Einw.) eher wie eine schläfrige Bürokratenstadt. Interessanter ist die Umgebung. So liegen südlich der Stadt Oregons führende **Weingüter**. Die Weinprobe bei Willamette Valley Vineyards (8000 Enchanted Way SE) endet möglicherweise mit dem Kauf eines würzigen Pinot Noir.

Ausgewählte Reiseziele an der Pazifikküste

Die 570 km lange Pazifikküste ist ein Ferienparadies für Individualisten. Kein Ort hat mehr als 10 000 Einwohner, Massentourismus findet, von wenigen Ausnahmen abgesehen, nicht statt. Die Städte und Häfen verbindet die Küstenstraße 101.

Astoria

Das fotogen an der 8 km breiten Mündung des Columbia River liegende Astoria (10 000 Einw.) rühmt sich der meisten viktorianischen Häuser nördlich von San Francisco. Mit diesem hat Astoria zudem

Ein Krabbenkutter in Newport kurz vor dem Auslaufen

die steilen Straßen gemein. Sehenswert ist die **Astoria Column** hoch über der Stadt sowie das **Fort Clatsop National Memorial** (US-101), die Rekonstruktion eines historischen Forts.

★ **Cannon Beach** Oregons Antwort auf Kaliforniens Carmel: Cannon Beach (1600 Einw.) auf dem schmalen Landstreifen zwischen Coast Mountains und Pazifik ist ein nobles Refugium der Reichen und Schönen. Auf Apartmenthäuser und Hotelsilos wurde verzichtet, gebaut wurde meist im intimen Cottage-Stil. Grund für einen Zwischenstopp ist der meilenweite, breite Strand, der mit dem alleinstehenden **Haystack Rock** eines der typischen Oregon-Fotomotive bietet.

Newport Weiße Luxusyachten ankern neben verbeulten Fischkuttern: Newport (11 000 Einw.) in der Yaquina Bay vereint schon lange beide Welten. Von den Molen am Bay Blvd. weht Fischgeruch landeinwärts, in den zünftigen Kantinen gibt es Fish'n Chips und das Bier hiesiger Micro Breweries. Das **Oregon Coast Aquarium** (2820 SE Ferry Slip Rd.) zeigt die Meeresfauna des Pazifik. Whale Watching wird groß geschrieben: Im Frühjahr und Herbst ziehen vor Newport Scharen von Grauwalen durch.

Sea Lion Caves ► Südlich von Newport führt ein Fahrstuhl vom Besucherzentrum neben der US-101 hinunter in eine riesige Grotte, in der sich mehr als 200 Seelöwen niedergelassen haben (US-101, Juli und Aug. tgl. 8.00 bis 19.00, sonst tgl. 9.00 – 18.00 Uhr).

★ **Oregon Dunes Recreation Area** Der Abschnitt zwischen Florence und Coos Bay bietet 80 km Sand und Dünen. Letztere erreichen zwischen Cape Arago und Heceta Head bis zu 150 m Höhe. Schilder an der US-101 weisen auf Trails durch die Dünen hin.

★★ Orlando

Qe 31

Bundesstaat: Florida
Einwohnerzahl: 221 000
(Metropolitan Area: 1,8 Mio.)

Höhe: 34 m ü.d.M.

Anfang der 1960er-Jahre war Orlando noch ein unscheinbares Orangenfarmernest. Dann kam Walt Disney und wenig später eröffnete Walt Disney World, die Mutter aller Mega-Themenresorts. Der Rest ist Geschichte. Heute zählt Orlando mindestens 30 Mio. Besucher jährlich. Und ist – natürlich – die Welthauptstadt des Vergnügens.

Im Jahr 1872 erhielt Orlando die Stadtrechte, doch dann passierte fast hundert Jahre lang nichts Aufregendes mehr. Die Zitrusindustrie blühte, die Depression kam und ging, im Zweiten Weltkrieg wurden hier Bomberpiloten ausgebildet, und bis Anfang der 1960er-Jahre hatten sich Luftfahrt- und Zubringerindustrien des nahen Cape Canaveral in der Stadt angesiedelt. Dann kam **Walt Disney** (►Berühmte Persönlichkeiten). Seine Pläne lösten in Orlando einen ungeahnten Immobilienboom aus. 1971 öffnete Walt Disney World's Magic Kingdom seine Pforten und setzte in der Entertainment-Industrie neue Maßstäbe. Weitere Themenparks kamen hinzu, allen voran Universal Studios und SeaWorld Orlando, Disneys härteste Konkurrenten. Wer sie alle ausprobieren wollte, heißt es, bräuchte mindestens einen Monat! Jenseits der Hoteltürme, Vergnügungsparks und riesigen Werbeflächen, die die mitten hindurchführende Interstate 4 säumen, liegt das andere Orlando. 47 Stadtparks mit knorrigen alten Eichen und schönen Seen verlangsamen das rasante Tempo der Stadt ein wenig: Zu Beginn des dritten Jahrtausends gehört Orlando zu den am schnellsten wachsenden Städten des Landes.

Sehenswertes in Orlando

Downtown

Das von moderner Zweckarchitektur geprägte Zentrum wird von der Hauptgeschäftsstraße **Orange Avenue** geteilt. Einen Blick wert ist die **Church Street Station**, eine Art Mini-Entertainment-Zone mit Pubs, Souvenirshops und viel Remmidemmi. Anspruchsvoller ist das im County Courthouse untergebrachte **Orange County Regional History Center** (65 E Central Bld.) mit Ausstellungen zur Stadtgeschichte. Besonders sehenswert: »The Day we changed«, eine Dokumentation über die Ankunft von Walt Disney in der Region (Öffnungszeiten: Mo. – Sa. 10.00 – 17.00, So. 12.00 – 17.00 Uhr).

Loch Haven Park Museums

Fünf Kilometer nördlich der Downtown beherbergt der **Loch Haven Park**, von Seen umgeben, das **Orlando Museum of Art** (2416 N Mills Ave.; Öffnungszeiten: Mo. – Sa. 10.00 – 17.00, So. ab 11.00 Uhr), das

ORLANDO ERLEBEN

AUSKUNFT

Orlando/Orange County Convention & Visitors Bureau
8723 International Dr.
Suite 101, Orlando
Tel. 1-407-363-58 72
www.orlandoinfo.com

Walt Disney World
Box 10 000
Lake Buena Vista
FL 32830-1000
Tel. 1-407-934-76 39
www.disneyworld.com

ESSEN

► Fein & teuer

① ***Christini's Ristorante Italiano***
7600 Dr. Phillips Blvd.
Tel. 1-407-345-87 70
Hier gibt es feinste italienische Küche. Besonderer Tipp: in Portwein mariniertes Schweinskotelett.

► Erschwinglich

② ***Dexters of Thornton Park***
Thornton Park
808 E. Washington St.
Tel. 1-407-648-27 77
Ahi, Thunfisch, Tacos, exotisch gewürzt, kreativ zubereitet. Hübsches Dekor, oft Live-Musik.

► Preiswert

③ ***Numero Uno***
Downtown
2499 S. Orange Ave.
Tel. 1-407-841-38 40
Das Numero Uno bietet viel kubanische Küche für wenig Geld. Zu empfehlen sind beispielsweise die leckeren »Moros y Christianos« (»Mauren und Christen«, schwarze Bohnen mit Reis).

④ ***The Briarpatch***
Winter Park
252 Park Ave. N.
Tel. 1-407-628-86 51
Seit einem Vierteljahrhundert gibt es hier hausgemachtes Frühstück und Mittagessen. Sehr empfehlenswert sind die Eggs Benedict und die selbst gemachte Eiscreme!

ÜBERNACHTEN

► Komfortabel

① ***Eo Inn***
Thornton Park
227 N. Eola Drive
Tel. 1-407-481-84 85
www.eoinn.com
19 Z. Überaus elegantes Hotel mit einem herrlichem Wellnessbereich. Außerdem kann man einen recht hübschen Blick auf den Lake Eola genießen.

② ***The Veranda Bed & Breakfast Inn***
Thornton Park
115 N. Summerlin Avenue
Tel. 1-407-849-03 21
www.theverandabandb.com
12 Z. »The Veranda« ist ein romantisches B & B am Lake Eola. In der Nähe befinden sich gute Shopping-Gelegenheiten.

► Günstig

③ ***Clarion Universal***
7299 Universal Blvd.
(östlich vom
International Drive)
Tel. 1-407-351-50 09
www.clarionuniversal.com
298 Zimmer und Suiten.
Die preiswerte Unterkunft mit Pool und Restaurant liegt in der Nähe des Wasservergnügungsparks »Wet 'n' Wild«.

Orlando Orientierung

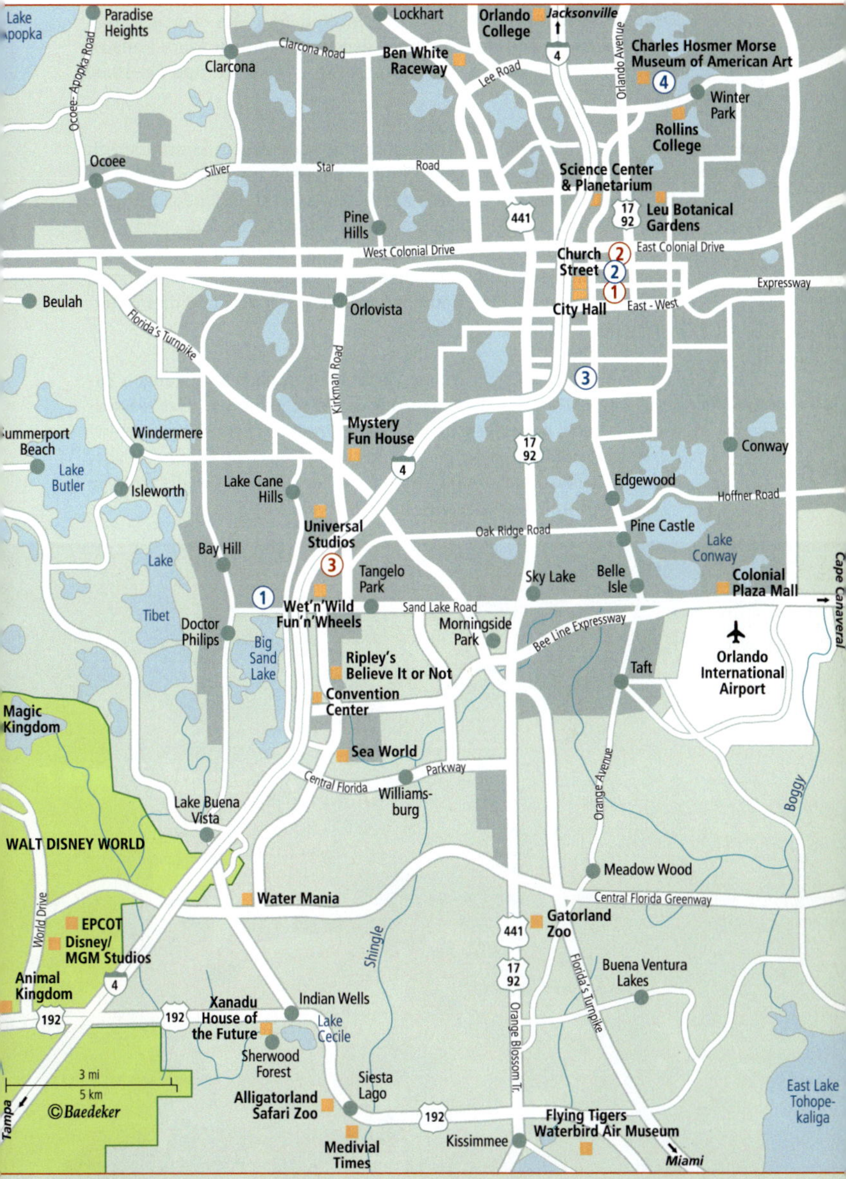

Übernachten

1. Eo Inn
2. The Veranda
3. Clarion Universal

Essen

1. Christini's
2. Dexters of Thornton Park
3. Numero Uno
4. The Briarpatch

sich v. a. auf amerikanisches Kunstschaffen konzentriert, und das **Orlando Science Center** (777 E Princeton St.), das sich u. a. den Landschaftsformen Floridas und den sogenannten Mars-Kanälen widmet (Öffnungszeiten: So. – Do. 10.00 – 18.00, Fr. und Sa. 10.00 bis 21.00 Uhr).

International Drive

Die Anfang der 1980er-Jahre begonnene und seitdem kontinuierlich ausgebaute, knapp 7 km lange Straße südwestlich von Downtown ist die Nabelschnur, an der fast alle Themenparks Orlandos hängen. Über 100 zum Teil spektakuläre Hotels säumen ihre Fuß- und Radwege, hinzu kommen, neben einer Unmenge kleinerer Vergnügungsparks, die drei führenden Themenparks Orlandos, 150 Restaurants, rund 500 Designerläden, Kaufhäuser, Factory Outlets und drei Entertainment-Komplexe.

★ Discovery Cove

Das Discovery Cove beherbergt 30 Delfine in einer weitläufigen Lagune, gegen Aufpreis darf man mit ihnen schwimmen. Das Gästelimit von 1000 Besuchern pro Tag – die großen Themenparks registrieren bis zu 45 000 täglich – garantiert, dass man die Delfine in aller Ruhe genießen kann (6000 Discovery Cove Way, www.discoverycove.com, nur mit Reservierung, Tel. 1-877-434-72 68).

Nachtleben in Downtown Orlando

Titanic – The Exhibition

Von der berühmten Freitreppe, auf der Leonardo DiCaprio alias Jack Dawson im Kinohit **»Titanic«** wandelte, bis zu originalem Deckgestühl und vergilbten Originalfotos: Titanic-Fans kommen hier auf ihre Kosten (8445 International Dr.; Öffnungszeiten: tgl. 10.00 – 20.00 Uhr, www.wetnwild.com).

★ Wet 'n Wild

Der Wasserpark gilt als bester im Osten und bietet mit »Thrills« wie den »Raging Rapids« (Stromschnellen mit Wasserfall) und »The Surge« (einer der längsten Wasserrutschen der USA) reichlich Gelegenheit, nass zu werden (6200 International Dr.; Öffnungszeiten: vom Wetter abhängig, Frühling tgl. 10.00 – 18.00, Sommer tgl. 9.00 bis 21.00, Herbst und Winter tgl. 10.00 – 17.00 Uhr).

★★ Walt Disney World

Öffnungszeiten: tgl. 9.00 – 20.00 (zur Hauptreisezeit, an Wochenenden und Feiertagen auch länger)

Was 1971 mit dem »Magic Kingdom« als erstem Teilbereich begann, ist heute eine Fläche von 100 km², auf der Vergnügen – und Konsum – groß geschrieben wird. Vier Themenparks sind hier angesiedelt, zwei Dutzend Hotels und Resorts mit Zehntausenden Zimmern sowie ein komplettes Dorf mit Einkaufsmöglichkeiten und unterhaltsamem Nachtleben. Die Öffnungszeiten variieren, liegen in der Regel jedoch bei allen Attraktionen zwischen 9.00 und 20.00 Uhr. Während Hauptreisezeiten, an Wochenenden und Feiertagen werden die Öffnungszeiten verlängert. Es ist empfehlenswert, sich früh an den Eingängen einzufinden, da sich rasch lange Schlangen bilden.

Eintritt

One-Day-Tickets kosten für jeden (!) der vier Themenparks 55 Dollar (Erwachsene) bzw. 44 Dollar (Kinder). Hinzu kommen die Parkgebühren, die Shuttlefahrten zwischen den verschiedenen Vergnügungsparks und Ausgaben für Speis' und Trank. Walt Disney World ist ein teurer Spaß, das wissen auch die Verantwortlichen. Deshalb haben sie verschiedene Mehr-Tage-Pakete geschnürt. Darüber hinaus existieren zahllose Sonderangebote und jahreszeitlich bedingte Angebote. Erkundigungen lassen sich in jedem guten Reisebüro einziehen. Deutsche Veranstalter wie TUI, Dertour, Meyer's Weltreisen und FTI Touristik führen Walt Disney World im Angebot.

Magic Kingdom

Rund um das Schloss Neuschwanstein nachempfundene Cinderella's Castle liegen sieben »Länder« bzw. Bereiche mit insgesamt fünf Dutzend Attraktionen sowie zahlreichen Fast-Food-Restaurants und Eisständen. In **Adventureland** kann man durch den zentralafrikanischen Dschungel und auf dem Nil an den Pyramiden vorbeischippern. In **Frontierland** rast die »Big Thunder Mountain Railroad«, eine atemberaubende Achterbahn, durch finstere Tunnels und über Berg und Tal. In **Fantasyland** trifft man Peter Pan, Schneewittchen und Dumbo, den fliegenden Elefanten. In **Tomorrowland** rettet Buzz Lightyear das Universum, abends beendet das Feuerwerk »Wishes«, eine tolle, funkensprühende Show, den Tag.

EPCOT Die »(E)xperimental (P)rototype (C)ommunity (O)f (T)omorrow« besteht aus den Bereichen Future World und World Showcase. Das Wahrzeichen von Future World ist das **»Spaceship Earth«**, eine riesige, silbrig glänzende Erdkugel, die einem Golfball ähnelt. Rund um dem Globus präsentieren internationale US-Unternehmen, darunter AT & T, Kodak und General Motors, die neuesten Errungenschaften aus Forschung und Technik. Highlight ist »Mission Space«, wo man, mit konkreten Aufgaben betraut, in Sechsergruppen einen simulierten Raketenstart mitmacht und auf einem fremden Planten eine mysteriöse Begegnung erlebt. In World Showcase präsentieren sich elf Länder.

Disney – MGM Studios Eine rasante Mischung aus Vergnügungspark und Filmstudio. Achterbahnen und andere »Thrill Rides« sausen durch wohlbekannte Filmkulissen, während nebenan Filme gedreht und Game Shows produziert werden. Den besten Einstieg in die Disney-Filmwelt bietet die 35-minütige **»Disney-MGM Studios Backlot Tour«**. Man sieht hinter die Kulissen einer gerade laufenden Filmproduktion, besucht Garderoben und schaut Makeup-Künstlern bei der Arbeit zu. Andere Highlights sind das halbstündige »Indiana Jones Epic Stunt Spectacular« und der »Rock 'n' Roll Coaster«, der seine Gäste in 2,8 Sekunden von 0 auf 100 beschleunigt und mit 5G-Kurven malträtiert.

Animal Kingdom Das weitläufige Freigehege wurde 1998 eröffnet und besteht aus mehreren Bereichen. In Africa nimmt man an der Kilimanjaro Safari teil, einer Tour im offenen Safari-Truck durch eine afrikanische Savannenlandschaft mit Giraffen, Antilopen, Gnus, Zebras, Nashörnern und Elefanten. Asia präsentiert prachtvolle bengalische Tiger: Auf dem **»Maharajah Trail«** kann man die vom Aussterben bedrohten Raubtiere in dem von ihnen gewohnten nordindischen Lebensraum bewundern. Dinoland USA beherbergt das »Fossil Preparation Lab«, wo das Skelett eines Tyrannosaurus Rex aufgebaut wurde.

Weitere Attraktionen Die beiden Disney-Spaßbäder **Typhoon Lagoon und Blizzard Beach** warten mit Wellenbädern und mitreißenden Wasserrutschen in einer wunderschön angelegten Südseewelt auf.

✶ SeaWorld

Der über den International Drive erreichbare Freizeitpark liegt 16 km südwestlich von Downtown Orlando und bietet Vergnügen über und unter Wasser. Er umfasst u. a. ein großes Meerwasseraquarium und ein Becken für Stachelrochen. Renner sind Vorführungen mit dressierten Delfinen und Killerwalen. In der »Dolphin Nursery« kann man beobachten, wie Delfine großgezogen werden. Im Bereich »Manatees: The Last Generation?« lassen sich Seekühe von Glastanks aus beobachten. Atemberaubend ist das Meerwasseraquarium: Besucher können es in einem Acrylglas-Tunnel durchwandern und Ro-

Delfine sind Meister im Synchronspringen.

chen, Haifische und andere Schönheiten der Tiefe an sich vorbeiziehen lassen. Doch kein Trip ohne den Besuch im **»Shamu-Stadium«**: Der Orca Shamu und seine tonnenschweren Gefährten führen Kunststücke auf, die das Wasser über den Beckenrand schlagen lassen! (I-4, Exit 72; Öffnungszeiten: je nach Saison und Wochentag tgl. 9.00 – 19.00 bzw. 22.00 Uhr, www.seaworld.com.)

★★ Universal Orlando

Alles kracht, explodiert, fliegt in die Luft: Sorgen in Walt Disney World lebensgroße Mickys und Donalds für die Akzente, setzt Universal Orlando, der Themenparkableger der Universal Studios in Hollywood, voll auf Action. Universal eröffnete 1990 mit den **Universal Studios**. 1999 kam **Islands of Adventure** hinzu, eine auf Jugendliche und Erwachsene zielende, von Hollywood-Blockbustern inspirierte Tour de Force haarsträubendster Achterbahnen und verrücktester Effekte. Mit City Walk, einem im gleichen Jahr eröffneten, beide Parks verbindenden Entertainment-Distrikt für Erwachsene, untermauert Universal sein Interesse an »erwachsener« Kundschaft.

Öffnungszeiten: tgl. 9.00 – 18.00, an Wochenenden bis 19.00, zur Hauptreisezeit auch länger

Universal Studios

Hier wurden Szenen von »Ghostbusters« gedreht, dort die Außenaufnahmen von »Blues Brothers« und diverser Mafiafilme. Insgesamt sind hier die Kulissen von über drei Dutzend Filmproduktionen aufgebaut und mehrere davon in Shows bzw. Fahrgeschäften zu erleben. Der »Weiße Hai« klappt sein mörderisches Gebiss auf, die »Men in Black« jagen wiederspenstige Aliens und »Terminator 2« führt eine

Abwärts im Hulk Coaster

gar nicht so angenehem Zukunft in 3 D vor; etwas harmloser, aber kaum weniger verrückt erweist sich ein Besuch mit den Simpsons in Krustyland.. Neueste Digitaltechnik, Hightech-Simulatoren, Geruchsdüsen und im Eselsgalopp auf und ab ruckelnde Sitze produzieren in »Shrek 4-D« ein Event, bei dem man Shrek, Prinzessin Fiona und Donkey auf neuen Abenteuern begleitet. »Revenge of the Mummy – The Ride«, ebenfalls neu, stürzt den Besucher zunächst in tiefste Finsternis, um ihn dann – mit Hilfe allerneuester, teils eigens entwickelter Technologien und jeder Menge sprechender Mumien und krabbelnder Skarabäen – auf die schrecklichste Reise seines Lebens zu schicken (www.universalorlando.com).

Der **Islands of Adventure**-Park erweckt Dinosaurier zum Leben und bietet mit diversen Respekt einflößenden Achterbahnen das Allerneueste aus den Werkstätten der Unterhaltungstechnologie. So rast der **»Incredible Hulk Coaster«** mit bis zu 90 km/h durch Schleifen und Loopings. Nichts für schwache Nerven ist auch »Doctor Doom's Fearfall«: Wie beim Raketenstart wird man in einem Schacht fast 60 m nach oben »geschossen«, um kurz darauf – praktisch im freien Fall – wieder zum Ausgangspunkt zurückzukehren. Ein absoluter Leckerbissen für Achterbahnfans ist **»The Amazing Adventures of Spider-Man«**. Mit 3-D-Brille auf der Nase erlebt der Besucher, wie sein Wagen zunächst durchgeschüttelt wird, um dann mittels computergesteuerter Bewegungseffekte und dreidimensionaler Video-Projektionen fast 100 m tief in eine New Yorker Häuserschlucht zu stürzen.

★ Outer Banks

Qg/Qh 27/28

Bundesstaat: North Carolina

Unberührte Dünenlandschaften und leere Sandstrände. Fotogene Leuchttürme und Fischerhäfen, die das Adjektiv »malerisch« wirklich verdienen. Und eine verlorene Kolonie, blutrünstige Piraten und der erste Flug der Menschheit – die Inselkette der Outer Banks bietet ein attraktives Programm.

Malerische Inselkette

Die vor North Carolina gelegenen Outer Banks erstrecken sich von der Nordküste des Bundesstaats etwa 200 km südwärts. Aus langen, schmalen Sandinseln bestehend, schützen sie das von Buchten und Flussmündungen zerfranste Festland vor den Unbilden des Atlantiks. Leuchttürme erinnern an die Gefahren, der die christliche Seefahrt einst ausgesetzt war: Die Untiefen vor den flachen Inseln wurden zahlreichen Schiffen zum Verhängnis. Vom Tourismus bereits im 19. Jh. entdeckt, wird vor allem die nördliche Hälfte der Outer Banks im Sommer von Besuchern überrannt. Hotels, Motels, Sommerhäuser, Restaurants und Shopping Malls, vor allem rund um **Nags Head**, kanalisieren zu dieser Zeit die Massen, die hier schwimmen, angeln und windsurfen, mehr schlecht als recht. Der Süden hingegen präsentiert sich mit langen, naturbelassenen Abschnitten. Die Anreise erfolgt im Norden über die US-158, im Süden per Fähre von Cedar Island bzw. Swan Quarter nach Ocracoke Island.

Sehenswertes auf den Outer Banks

★ Wright Brothers National Memorial

Am 17. Dezember 1903 gelang den aus Ohio stammenden Brüdern Wilbur und Orville Wright in den Dünen von Kill Devil der erste motorgetriebene Flug der Geschichte. Der von Orville gesteuerte Flugapparat erhob sich für zwölf Sekunden in die Luft – wie »lang« die zurückgelegte Strecke war, kann man heute an den Abständen der Gedenksteine ablesen. Zu besichtigen sind auch die Werkstattschuppen, noch mehr Infos liefert das Besucherzentrum. Auf dem 30 m hohen **Big Kill Devil Hill** erinnert ein Ehrenmal an das historische Ereignis (1401 National Park Dr., Kill Devil Hills; Öffnungszeiten: tgl. 9.00 – 18.00 Uhr).

> **? WUSSTEN SIE SCHON ...?**
>
> - Um den Ruhm des ersten Motorflugs wird seit geraumer Zeit gestritten. Viele schreiben diese Tat mittlerweile dem aus Leutershausen gebürtigen Gustav Weißkopf zu, der sich am 14. August 1901 mit seiner »Nr. 21« in die Lüfte erhob – in Bridgeport / Connecticut, und somit immerhin auch in den USA.

Fort Raleigh National Historic Site

Auf Roanoke Island harrt eines der spannendsten Mysterien der amerikanischen Geschichte noch immer seiner Lösung: das Geheimnis der »Lost Colony«, der verlorenen Kolonie. 1584 wurde die Insel

OUTER BANKS ERLEBEN

AUSKUNFT

Outer Banks Visitors Bureau
1 Visitor Center Circle
Manteo, NC 27954
Tel. 1-252-473-21 38
www.outerbanks.org

AKTIVITÄTEN

Jockey's Ridge State Park
Die über 30 m hohen Dünen des Parks und günstige Windverhältnisse haben das Gelände unweit Nags Head zum Mekka der Drachenflieger gemacht. Flugstunden für Anfänger kann man bei Kitty Hawk Kites unweit des Besucherzentrums nehmen (Carolista Dr., Tel. 1-252-441-24 26).

ESSEN

► Preiswert

Black Pelican
Milepost 4, Kitty Hawk
Tel. 1-877-890-60 49
Prima Seafood in einer alten Telegrafenstation.

Goombays
Milepost 7, Kill Devil Hills
Tel. 1-252-441-60 01
Lebhafte Essstube der Einheimischen. Außer Seafood bietet das Goombays auch noch leckere exotische Spezialitäten.

ÜBERNACHTEN

► Komfortabel

Colony IV by the Sea
405 S. Virginia Dare Trail
Kill Devil Hills
Tel. 1-252-441-55 81
www.thecolonyIVmotel.com
50 Z. Das moderne Strandhotel, liegt nur wenige Schritte vom Wasser entfernt.

The Anchorage Inn
Ocracoke Island
Marina
Tel. 1-252-928-11 01
www.theanchorageinn.com
35 Z. Gemütliche Bleibe am Hafen; mit Swimmingpool

Das Cape Hatteras Lighthouse ist ein beliebtes Fotomotiv.

von Sir Walter Raleigh angelaufen. Ein Jahr später gründete Kapitän John White auf der Insel die erste englische Siedlung in Nordamerika. Am 18. August 1587 wurde hier **Virginia Dare** geboren, das erste Kind englischer Eltern in der neuen Kolonie. Das erwartete Versorgungsschiff blieb jedoch aus. Als White 1590 aus England zurückkehrte, fand er nur eine leere, halb zerstörte Siedlung – und das in einen Baum geschnitzte Wort »Croatan«, den Namen einer nahe gelegenen Insel. Von den Siedlern fehlte jede Spur. Das Besucherzentrum präsentiert die Geschichte im historischen Kontext (US-64, 5 km nördl. von Manteo; Öffnungszeiten: tgl. 9.00 – 17.00 Uhr)

★ Cape Hatteras National Seashore

Das Cape Hatteras National Seashore schützt die Strände, Dünen und Marschen in einem 112 km langen Inselgürtel der südlichen Outer Banks. Surfer schätzen hier die Wellen. Zahlreiche Leuchttürme erinnern an gefährlichere Zeiten. Das 1870 errichtete, 63 m hohe **Cape Hatteras Lighthouse** (1,5 km südl. von Buxton), der höchste Leuchtturm der USA, ist mit seinem schwarz-weißen Ringellook ein beliebtes Fotomotiv und bietet einen herrlichen Rundumblick.

Palm Beach

Qe 32

Bundesstaat: Florida
Einwohnerzahl: 10 500
Höhe: 142 m ü.d.M.

Hier sonnt sich Amerikas Elite und alle, die zu ihr gehören wollen. Nobelhotels und Villen hinter hohen Mauern, Feinschmecker-Restaurants und schöne Menschen beim Power-Shopping in sündhaft teuren Boutiquen sind hier die Regel, nicht die Ausnahme.

Die Stadt, in deren Zeitungen Donald Trump & Co. regelmäßig in den Klatschspalten zu Gast sind, war schon immer reich. Alles fing damit an, dass Eisenbahnkönig Henry M. Flagler auf der 22 km langen und keinen Kilometer breiten Insel das – inzwischen abgebrannte – **Royal Poinciana Hotel** bauen ließ. Erwartungsgemäß lockte die Luxusherberge die Prominenz, die auf der ebenfalls von Flagler verlegten Eisenbahn anreiste. Zahlreiche weitere Nobelhotels und Privatresidenzen folgten, in Betrieb gehalten von Personal aus Fort Worth vom Festland. Den besten Eindruck vom Treiben in Palm Beach vermittelt ein Bummel über die elegante Worth Avenue.

Sehenswertes in Palm Beach

★ The Breakers

Das Hotel »The Breakers« ist bis heute ein Gravitationszentrum des alten und neuen Geldadels der Stadt. Das 1926 direkt am Wasser errichtete Wahrzeichen von Palm Beach verfügt über Golfplätze, Fitnessclubs und Schönheitssalons (1 S. County Road).

PALM BEACH ERLEBEN

AUSKUNFT

Palm Beach County Convention and Visitors Bureau
1555 Palm Beach Lakes Blvd.
Suite 800, Tel. 1-561-233-30 00
www.palmbeachfl.com

AUSGEHEN

Nach Sonnenuntergang bleibt Palm Beach lieber für sich: Nachtleben findet meist im Rahmen privater Partys, Bälle und Wohltätigkeitsveranstaltungen statt. Zum Tanzen fährt man am besten hinüber nach West Palm Beach, wo rund um die Clematis Street Bars, Restaurants und Musikkneipen bis 4.00 Uhr morgens geöffnet haben. Seit 15 Jahren einer der besten Plätze für Live-Musik in Florida ist das Respectable Street Café (518 Clematis St., Tel. 1-561-832-99 99, www.respectablestreet.com).

ESSEN

► Fein & teuer

Café l'Europe
331 S. County Rd.
Tel. 1-561-655-40 20
Seit über 20 Jahren das kulinarische Epizentrum von Palm Beach: eigener Weinkeller, Kaviarbar, kreative amerikanische Cuisine.

► Erschwinglich

Tsunami of Palm Beach
West Palm Beach
651 Okeechobee Blvd.
Tel. 1-561-835-9696
Ying und Yang heißen hier Stil und Substanz: Das elegante Interieur erfreut das Auge und die besten Sushis diesseits vom Pazifik den Gaumen.

ÜBERNACHTEN

► Luxus

The Breakers
1 S. County Rd.
Tel. 1-561-655-66 11
www.thebreakers.com
560 Z.
Die Zimmer sind weitläufig und elegant, zeitgemäß der »Kid's Club« und richtig himmlisch die fünf Restaurants.

► Komfortabel

The Colony
155 Hammon Avenue
Tel. 1-561-655-54 30
www.thecolonypalmbeach.com
90 Z. Unprätentiöse Nobelherberge zwischen Atlantik und Worth Avenue – obgleich das Personal Ralph Lauren trägt.

Flagler Museum An der Westseite der Insel ließ Eisenbahnbaron Henry Morrison Flagler für seine dritte Frau **»Whitehall«** erbauen, einen 55-Zimmer-Palast im Beaux-Arts-Stil, der als Museum zugänglich ist. Whitehall, verschwenderisch dekoriert, steht unter Denkmalschutz und vermittelt dem Besucher ein zutiefst beeindruckendes Bild von seinem rastlosen Erbauer. Im weitläufigen, von der Straße durch einen schönen schmiedeeisernen Zaun getrennten Garten steht »The Rambler«, Flaglers privater Eisenbahnwaggon, mit dem er 1912 auch die erste Fahrt nach Key West unternahm (Whitehall Way u. Cocoanut Row; Öffnungszeiten: Di. – Sa. 10.00 – 17.00, So. ab 12.00 Uhr).

Einige der schönsten, während der 1920er-Jahre gebauten Luxusvillen in Palm Beach stammen von Floridas Lieblingsarchitekten **Addison Mizner** (1872 – 1933). Besonders schöne Beispiele sieht man am South Ocean Boulevard, darunter die Villa der Kosmetikkönigin Estée Lauder (Nr. 126), ein 1919 erbautes Domizil, in dem sich Jahrzehnte später der Ex-Beatle John Lennon entspannen sollte (Nr. 720), und die schlossähnliche Villa »Mar-a-lago« (Nr. 1100), die einst von der Cornflakes-Erbin Marjorie Merriweather Post in Auftrag gegeben wurde und 1985 für die Schnäppchensumme von acht Millionen Dollar an Donald Trump ging. **Luxusvillen**

! *Baedeker* TIPP

Palm Beach billiger

Kaum zu glauben, aber wahr: Es gibt auch Second-Hand-Läden in der Stadt der Milliardäre! Smokingfreunde, die für einen Tuxedo keine vierstellige Beträge ausgeben wollen, sollten es bei Deja Vu (219 Royal Poinciana Way) oder The Church Mouse (374 S County Rd.) versuchen.

Ein Leckerbissen! Gezeigt werden Werke der französischen Impressionisten, u. a. Gauguin, Matisse und Monet. Die amerikanische Sammlung präsentiert ebenfalls große Künstler, allen voran Edward Hopper, Jackson Pollock, Georgia O`Keefe und Andy Warhol (1451 S. Olive Ave., West Palm Beach; Öffnungszeiten: Mo. – Sa. 10.00 bis 17.00, So. 13.00 – 17.00 Uhr). **✶ Norton Museum of Art**

Palm Springs

Og 29

Bundesstaat: California
Einwohnerzahl: 47 000
Höhe: 142 m ü.d.M.

Im Sommer ist es ihnen hier zu heiß: Bei Temperaturen bis zu 45 °C bleiben Kaliforniens Millionäre lieber in kühleren Gefilden. Den Rest des Jahres über genießen sie hier jedoch das trockene Wüstenklima. Am Pool, versteht sich. Oder auf dem Green.

Weiße Wälder eleganter Windkrafträder auf dem Talboden und hoch oben auf den vegetationslosen Little San Bernadino Mountains: Im Coachella Valley setzt man auf umweltfreundliche Energiequellen. Gleich dahinter liegt Palm Springs, Thermalkurort und Millionärsoase, und empfängt den Besucher mit großzügigen Rasenflächen, breiten Palmenalleen und adobefarbenen Villenvierteln. Ein Haus in Palm Springs zu haben gehört unter den Hollywoodstars zum guten Ton und dementsprechend gut sind die Chancen, während der kühleren Monate beim Shopping in Palm Springs oder den anschließenden Wüstenresorts **Rancho Mirage** und **Palm Desert** an der Fleischtheke dem einen oder anderen aus Film und Fernsehen bekannten Gesicht zu begegnen.

PALM SPRINGS ERLEBEN

AUSKUNFT

Palm Springs Bureau of Tourism
777 N. Palm Canyon Dr.
Palm Springs, CA 92262
Tel. 1-760-778-84 18
www.palm-springs.org

AUSGEHEN

Fabulous Palm Springs Follies. Das sollte man sich nicht entgehen lassen: Im Historic Plaza Theatre (128 S. Palm Canyon Dr.) treten Vaudeville-Stars auf, die eigentlich schon im Rentenalter sind – und für mehr Stimmung sorgen als ihre 30 Jahre jüngeren Kollegen.

ESSEN

► Erschwinglich

Crazy Bones Barbeque
262 S. Palm Canyon Dr.
Tel. 1-760-779-89 46
Die besten Ribs weit und breit.

Las Casuelas Terraza
222 S. Palm Canyon Dr.
Tel. 1-760-325-27 94
Seit vielen Jahren der beste Mexikaner in diesem Teil der Wüste.

ÜBERNACHTEN

► Luxus

The Willows Historic Palm Springs Inn
412 W. Tahquiz Canyon Way
Tel. 1-760-320-07 71
www.thewillowspalmsprings.com
8 Z. Albert Einstein schlief hier und viele Hollywoodstars. Das kleine Hotel im mediterranen Stil ist noch immer eine Institution.

► Komfortabel/Günstig

Palm Court Inn
1983 N. Palm Canyon Dr.
Tel. 1-760-416-23 33
www.palmcourt-inn.com; 107 Z.
Weitläufige Anlage mit Pool und Palmen vor der Kulisse des Mt. Jacinto.

Golf ist in Palm Springs ein beliebter Sport. Kein Wunder bei der Aussicht.

Die heißen Quellen von Palm Springs wurden im 18. Jh. von den Spaniern entdeckt, doch zum Modekurort wurde Palm Springs erst in den 1930er-Jahren, als »tout« Hollywood begann, hier Urlaub zu machen. Umfangreiche Bewässerungssysteme halten die Wüste außerhalb der Stadtgrenzen, komplett neu gepflanzte Palmenwälder spenden Schatten. Im Lauf der letzten Jahre hat Palm Spring einige Imagewechsel hinter sich gebracht – die Palette reicht vom Refugium der Steinalten und Steinreichen über Partytown der Studenten von der Küste bis hin zur Schwulen-Destination.

Imagewechsel

Sehenswertes in Palm Springs und Umgebung

Der 23 km lange Palm Canyon beherbergt einen der größten und ältesten Palmenhaine des Kontinents und kann vom Besucherzentrum aus auf von Rangern geführten Touren erkundet werden (Tahquitz Canyon Visitor Center, 500 W. Mesquite Rd.).

Palm Canyon

Von der am Ortseingang liegenden Talstation aus werden die Passagiere in rotierenden Gondeln durch den Chino Canyon in kürzester Zeit zur Mountain Station in 2588 m Höhe transportiert. Neben der spektakulären Aussicht über das Coachella Valley gibt es hier oben ein Restaurant und schöne Trails durch die kühlere, nadelbaumbestandene Vegetation des **Mt. San Jacinto State Park** zu genießen (Tramway Rd.; Mo. – Fr. 10.00 – 20.00 Uhr).

★ Palm Springs Aerial Tramway

Pennsylvania

Qe–Qh 24–26

Abkürzung: PA
Hauptstadt: Harrisburg
Einwohnerzahl: 12,4 Mio.
Beiname: Keystone State
Fläche: 119 283 km²

Lange hat der Staat mit seinem durch den Niedergang der Stahlindustrie geprägten Image als Armenhaus der Nation gekämpft. Doch seit den 1970er-Jahren hat Pennsylvania erfolgreich diversifiziert und setzt im Tourismus vor allem auf seine prall gefüllte Geschichte.

Dazu passt, dass das Highway-System vielerorts noch aus der Postkutschenzeit stammt: Während sie im Rest des Landes an der Peripherie vorbeiführen, führen Überlandstraßen in Pennsylvania oft noch mitten durch die Städte. Staus gehören daher zur Pennsylvania-Tour wie die zahllosen Schilder am Straßenrand, die stolz auf einige nationale Premieren aufmerksam machen. Tatsächlich ist Pennsylvanias Geschichte reich an »Firsts«: Vom ersten Zoo der Nation über die erste Tankstelle bis hin zum ersten Banana Split, von der Unterzeichnung der Unabhängigkeitserklärung in Philadelphia bis zur Inbetriebnahme des ersten Computers im Jahr 1946 daselbst. In Pennsylvania, dem Bundesstaat zwischen New York, Ohio, Delaware, New Jersey, Maryland und West Virginia, fing vieles an.

Ausgewählte Reiseziele in Pennsylvania

Allegheny National Forest

800 km Flüsse, 400 km Hiking Trails und 500 km Motorschlitten-Trails: Outdoorspaß wird im Allegheny National Forest groß geschrieben. Insbesondere der Allegheny River, das Allegheny Reservoir und der **Tionesta Lake** haben bei Forellenanglern einen klangvollen Namen. Auch Kanuwanderern ist der Allegheny River zu empfehlen (Allegheny National Forest, Forest Supervisor, 222 Liberty St., Warren, Tel. 1-814-723-51 50).

Allentown

1762 von William Allen gegründet, stand Allentown (107 000 Einw.) im Südosten Pennsylvanias 1777 kurz im Blickpunkt, als die **Liberty Bell** aus ► Philadelphia vor den anrückenden Engländern hier vorübergehend versteckt wurde. Vor allem deutsche Einwanderer erschlossen in der Folgezeit das Umland. Heute ist Allentown mit seiner industriell geprägten Schwesterstadt Bethlehem fast zusammengewachsen und hat interessante Museen zu bieten: Im Keller der **Zion's Church** versteckten amerikanische Patrioten 1777 die Freiheitsglocke vor den Briten. Die stark patriotisch gefärbte Ausstellung zeigt neben einer Kopie der Liberty Bell – das Original befindet sich wieder an seinem Platz in ► Philadelphia – zahlreiche Artefakte aus dem Unabhängigkeitskrieg (622 W. Hamilton St.). Neben Werken bekannter Künstler aus Europa widmet sich das **Allentown Art Museum** vor allem Kunstschaffenden aus der Region. Fans von Frank Lloyd Wright sollten die im Jahr 1912 von dem Stararchitekten entworfene Bibliothek nicht versäumen (31 N. Fifth St.).

► PENNSYLVANIA

AUSKUNFT

Pennsylvania Tourism Office
Department of Community and Economic Development
400 North St., 4th Floor
Harrisburg, PA 17120-0225
Tel. 1-717-787-54 53
www.visitpa.com

Bethlehem

Die 1741 von Mährischen Brüdern (»Moravians«) gegründete Stadt Bethlehem (73 000 Einw.) verfügt bis heute über eine der größten Ansammlungen deutscher Architektur in den USA. So mag ein Bummel auf der von deutschen Backsteinhäusern gesäumten Church Street durchaus für geografische Amnesie sorgen. Sehenswert ist v. a das im 1741 errichteten Gemeinhaus untergebrachte **Moravian Museum** (66 W. Church St.), das u. a. eine Nürnberger Bibel von 1652 zeigt. Den Alltag vor 250 Jahren dokumentiert das hervorragende **Kemerer Museum of Decorative Arts** (427 N. New St.).

Altoona

Das in den dicht bewaldeten Alleghenies liegende Altoona (48 000 Einw.) wurde 1849 als Eisenbahncamp der Pennsylvania Railroad Company gegründet. Heute ist die historische Eisenbahn Altoonas größtes Kapital. Das **Railroader's Memorial Museum** (1300 9th Ave.) zeigt zahlreiche Züge aus den Kindertagen des Bahnverkehrs. Zehn Kilometer westlich lohnt die zur nationalen Gedenkstätte erhobene, 1854 eröffnete **Horseshoe Curve** (dt. Hufeisenkurve) einen Blick: Um 31 m Höhenunterschied zu überwinden, wurden die Schienen hier in einem 724 m langen Bogen von 220 Grad verlegt.

★ Delaware Water Gap National Recreation Area

Viele Millionen Jahre brauchte der Delaware River für diesen 400 m tiefen Durchbruch durch die **Kittatinny Mountains** auf der Grenze zu New Jersey. Seit 1965 stehen 30 000 Hektar dieses Gebiets unter Schutz und bieten Erholungssuchenden mit rund 20 Seen, fotogenen Wasserfällen und paddelbaren Flüssen zahlreiche Freizeitaktivitäten. Die besten Blicke auf den Durchbruch hat man am Resort Point Overlook, vom Point Gap Overlook und vom Arrow Island Overlook. Über die Freizeitmöglichkeiten im Schutzgebiet informiert das Dingmans Falls Visitor Center in Dingmans Falls.

★ Gettysburg

Den Namen kennt in den USA jedes Kind: In der dreitägigen Schlacht von Gettysburg (7500 Einw.) warfen die Unionstruppen

Schon bald nach der Schlacht von Gettysburg wurde der National Cemetery angelegt.

unter **General Meade** Anfang Juli 1863 die Konföderierten unter **General Lee** zurück und verhinderten damit den Marsch der Rebellen auf Washington. Bei der Schlacht, die den Bürgerkrieg endgültig zugunsten der Nordstaaten wendete, kamen 51 000 Soldaten ums Leben (►Baedeker Special S. 46). Auch innerhalb der Grenzen des hübschen Universitätsstädtchens wird an jene drei Tage im Juli erinnert. Der Besuch des **American Civil War Museums**, das die Schlacht im Kontext des Bürgerkriegs behandelt, ist eine gute inhaltliche Vorbereitung auf die Schlachtfelder vor der Stadt (297 Steinwehr Ave.; Öffnungszeiten: Juni – Sept. tgl. 9.00 – 21.00, sonst tgl. 9.00 – 19.00 Uhr). Der 2400 ha große **Gettysburg National Military Park** erstreckt sich rund um die Stadt und verbindet alle historisch bedeutsamen Stätten durch ein Straßen- und Wegenetz von insgesamt 56 km Länge. Mit mehr als 1300 Denkmälern und Gedenksteinen wird der Toten der Schlacht gedacht. Wo sich besonders dramatische Szenen abspielten, erinnern Tafeln an den Schlachtverlauf, kann man von Beobachtungstürmen aus das Geschehen von oben rekonstruieren. Auch rund hundert historische Gebäude gehören zum Military Park, darunter die Quartiere von General Meade und General Lee. Bevor man sich jedoch auf die Rundfahrt begibt, sollte man das **Visitor Center** besuchen. Hier werden u. a. auf einem 70 m² großen Landschaftsmodell der Schlachtverlauf nachgestellt und Wegbroschüren für die Tour über das Schlachtfeld verteilt (SR-134; Öffnungszeiten: tgl. 8.00 – 17.00 Uhr).

Harrisburg

Mit der unaufgeregten Kleinstadt (49 000 Einw.) im Südosten gab sich Pennsylvania eine recht bescheidene Hauptstadt, die obendrein noch lange nach dem Störfall im Kernkraftwerk Three Mile Island mit Imageproblemen zu kämpfen hatte. Das imposante **State Capitol** (Capitol Hill) macht den enttäuschenden ersten Eindruck jedoch wieder wett: 1906 erbaut und von einer 83 m hohen Kuppel gekrönt, weist sein opulentes Inneres über 600 Räume auf. Das **National Civil War Museum** (1 Lincoln Cir., Reservoir Park) gilt landesweit als das einzige, das den gesamten Bürgerkrieg behandelt.

Ohiopyle State Park

Das Schutzgebiet in den Hügeln der Laurel Ridge zwei Autostunden südöstlich von ►Pittsburgh bietet mit den Klasse-III und -IV-Stromschnellen des Youghiogheny River sowie zahlreichen Wasserfällen und schönen Aussichtspunkten ein Paradies für Paddler, Rafter und Wanderer. Touren zu Wasser und zu Lande werden von Veranstaltern im Ort **Ohiopyle** organisiert. Der zweite Grund für den Abstecher in die entlegene Südwestecke Pennsylvanias ist **Fallingwater** (Rte. 381, zwischen Ohiopyle und Mill Run).

! *Baedeker* TIPP

Aufs Gummifloß und in die Fluten

Rafting ist von Ohiopyle aus ein garantiert feucht-fröhliches Vergnügen (Laurel Highlands River Tours, SR-381, P. O. Box 107, Ohiopyle, PA 15470, Tel. 1-724-329-85 31, www.laurelhighlands.com).

Das von Stararchitekt Frank Lloyd Wright genial einem natürlichen Ensemble von Wald und Wasserfall angepasste Wohnhaus ist ein Wallfahrtsort nicht nur für Architekturstudenten.

York

Das südlich von Harrisburg liegende York (41 000 Einw.) war für neun Monate die Hauptstadt der 13 Kolonien: Im September 1777 floh der Kontinentalkongress vor den Briten hierher und tagte hier bis zum Juni 1778. Im 19. Jh. brachten verarbeitende Industrien den Ort zum Blühen. Heute profitiert York von diesem Kapitel seiner Vergangenheit, indem es als **»Factory Tour Capital of the World«** Touren durch zahlreiche Fabriken anbietet. Dabei reicht die Palette von Touren durch Brezel- und Schokoladefabriken bis zum Sightseeing in einem Werk des legendären Motorradherstellers Harley Davidson.

** Philadelphia

Qh 26

Bundesstaat: Pennsylvania
Höhe: 0 – 147 m ü.d.M.

Einwohnerzahl: 1,55 Mio.
(Metropolitan Area: 5,7 Mio.)

Die amerikanische Ikone Benjamin Franklin und Boxer Rocky Balboa, Philly Cheese Steak Sandwiches, Arbeiterstadt und Mekka der Schönen Künste: die liebevoll »Philly« genannte Stadt am Delaware River ist all dies und noch viel mehr. Vor allem ist sie jedoch eines: die »Wiege der Nation«. Hier erklärten die 13 Kolonien ihre Unabhängigkeit von England.

Fragt man einen Philadelphian nach seinen Lieblingsfilmen, wird mit Sicherheit auch »Rocky« genannt. Die Geschichte des Underdogs Rocky Balboa (Sylvester Stallone) und seinem Weg aus dem Arbeiterviertel South Philly nach oben hat jeder hier ins Herz geschlossen –, auch weil sich jeder hier ein Stück weit in sie hineinversetzen kann.

Highlights Philadelphia

Independence National Historical Park
Folgen Sie den Spuren der amerikanischen Unabhängigkeit.
▸ Seite 515

Society Hill
Das stimmungsvollste koloniale Viertel der Stadt
▸ Seite 517

Independence Mall
Philadelphias Museums-Park
▸ Seite 517

Franklin Institute Science Museum
Wer einem Genie nacheifern möchte …
▸ Seite 519

Philadelphia Museum of Art
Eines der bedeutendsten Museen der USA
▸ Seite 519

PHILADELPHIA ERLEBEN

AUSKUNFT

Independence Visitor Center
1 N. Independence Mall W.
Philadelphia, PA 19106
Tel. 1-215-965-76 76
www.independence visitorcenter.com

SHOPPING

In Downtown Philly liegen die meisten Geschäfte an Walnut, Chestnut und Market Sts. zwischen 8th und 18th Sts. Traditionsreiche Konsumpaläste sind Lord & Taylor und Strawbridge's. The Shops at Liberty Place (Chestnut St. zw.

***Philadelphia** Orientierung*

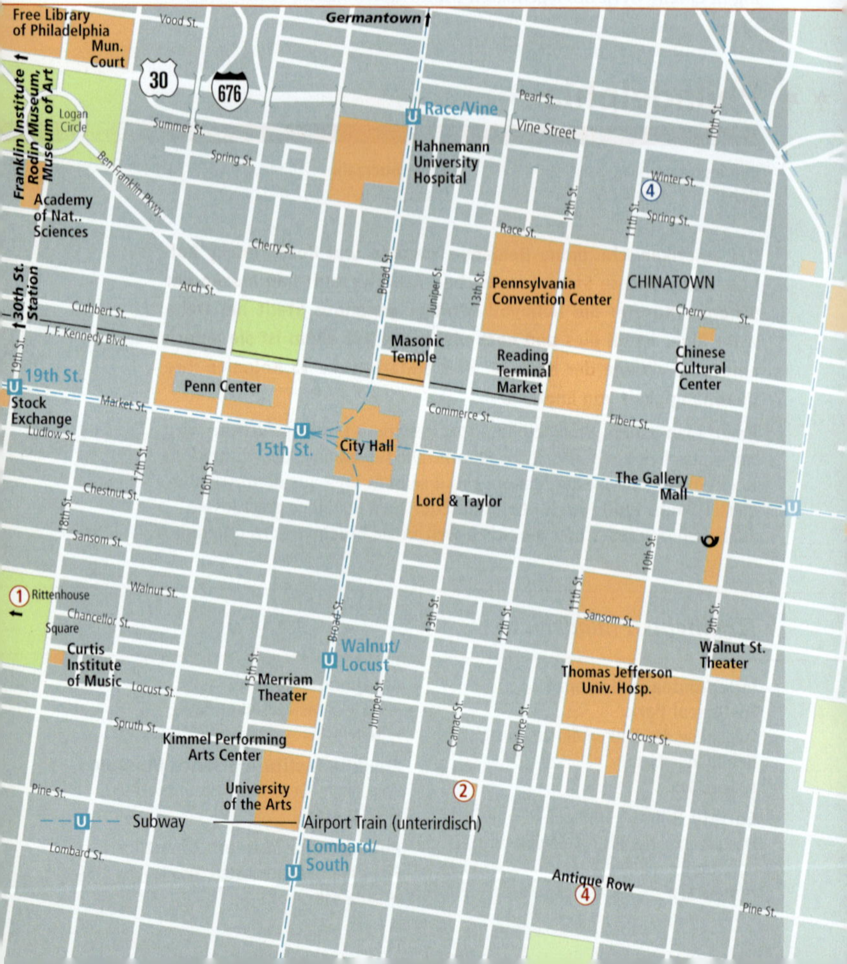

16th u. 17th Sts.) sind die elegantesten Malls der Stadt. Pine Street zwischen 9th und 12th Sts. gilt als »Antique Row«: Die dort angesiedelten Antiquitätenläden gehören zu den besten des Landes.

AUSGEHEN

Phillys Nachtleben kann den Besucher ebenso 200 Dollar für eine Flasche Wodka kosten wie eine Handvoll Dollar für ein Ticket zur Jam-Session in der Kellerbar.
Das beste Pflaster für nächtliche Ausflüge sind die historische Altstadt und die Gegend um den Rittenhouse Square. Nähere Informationen über alles, was in Philly geht, erhält man u.a. auf der Internetseite www.gophila. com

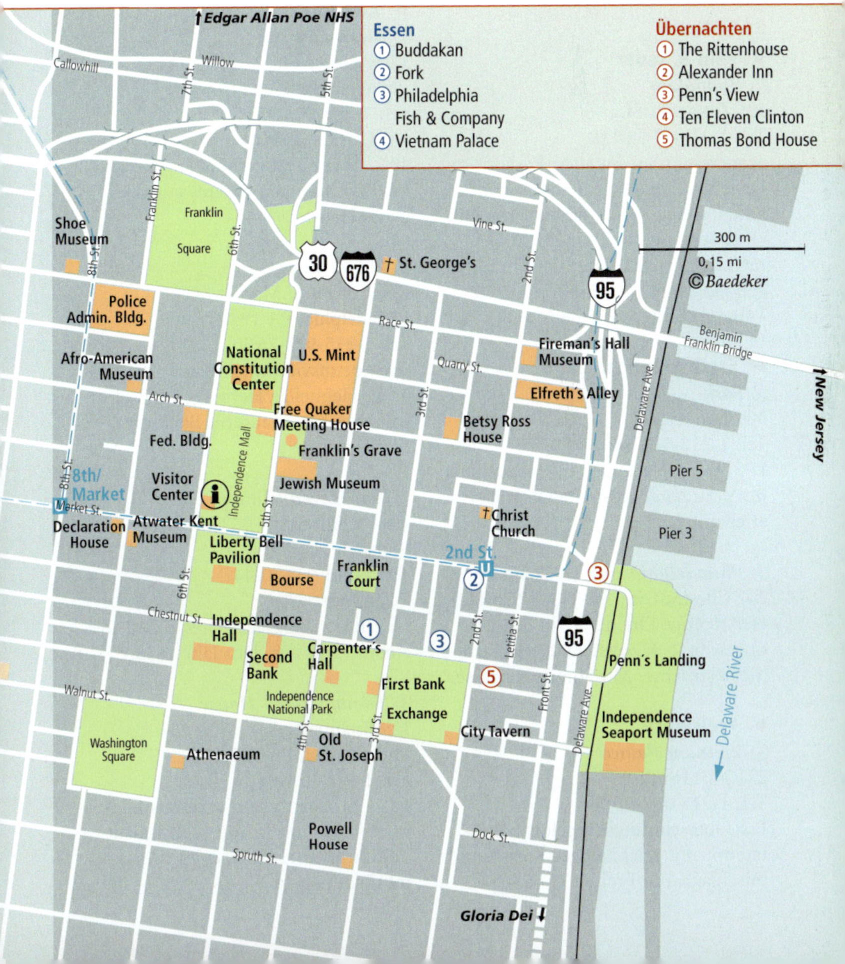

SHUTTLE SERVICE

Der Shuttle PHLASH verbindet 20 strategisch günstige liegende Attraktionen, Stadtviertel und Hotels und kann überall und jederzeit bestiegen oder verlassen werden. Ein Tageticket kostet 4 $ und ist u. a. am Independence Visitor Center erhältlich. Die lilafarbenen Busse fahren täglich von 10.00 bis 18.00 Uhr und sind ca. alle 12 Min. an den entsprechenden Haltestellen. Weitere Informationen unter: www.phillyphlash.com

ESSEN

► Fein & teuer

① ***Buddakan***
325 Chestnut St.
Tel. 1-215-574-94 40
Szenerestaurant im alten Postamt mit Fusionküche, die aber ihren asiatischen Touch nicht verleugnen kann. Gegessen wird u. a. an einem Gemeinschaftstisch unter dem mächtigen Goldenen Buddha. Probieren: »Angry Lobster« aus dem Wok.

► Erschwinglich

② ***Fork***
306 Market St.
Tel. 1-215-625-94 25
Die beste Gelegenheit in Philadelphia, um gute zeitgenössische US-Küche zu erleben.

③ ***Philadelphia Fish & Company***
207 Chestnut St., Tel. 1-215-625-86 05
Der richtige Ort für Freunde auch ungewöhnlich zubereiteter Fische und Meeresfrüchte. Mit Sommerterrasse.

► Preiswert

④ ***Vietnam Palace***
221 N. 11th St.
Tel. 1-215-592-95 96
Fast überschwänglich gelobtes Restaurant mit reichhaltiger Karte – und unschlagbaren Preisen.

ÜBERNACHTEN

► Luxus

① ***The Rittenhouse***
210 W. Rittenhouse Sq.
Philadelphia, PA 19103
Tel. 1-215-546-90 00
www.rittenhousehotel.com
87 Z., 11 Suiten
Eines der elegantesten Hotels von Philadelphia, dazu noch in einer wunderbaren Lage, die schöne Blicke auf die Stadt verspricht.

► Komfortabel/Günstig

② ***Alexander Inn***
12th Spruce St.,
Philadelphia, PA 19107
Tel. 1-215-923-35 35
www.alexanderinn.com
48 Z. Sehr günstiges und angenehmes, für Erkundungen zu Fuß gut gelegenes Haus.

③ ***Penn's View***
River Front & Market Sts.
Philadelphia, PA 19106
Tel: 1-215-922-76 00
www.pennsviewhotel.com
51 Z. Heimelige Herberge in zwei früheren Lagerhäusern. Blick über den Delaware.

④ ***Ten Eleven Clinton***
1011 Clinton St.
Philadelphia, PA 19107
Tel. 1-215-923-81 44
7 Zimmer
Elegantes, ruhig gelegenes B & B in einem Haus aus dem Jahr 1836.

⑤ ***Thomas Bond House***
129 S. 2nd St.
Philadelphia, PA 19107
Tel. 1-215-923-85 23
12 Z. Schlafen wie die Verfassungsväter – das Inn wurde 1769 gebaut und bietet u. a. Zimmer mit Marmorkaminen.

Geschichte

Die Stadt am Zusammenfluss von Delaware und Schuylkill River ist so reich an historischen Sehenswürdigkeiten wie nur wenige in den USA. 1682 von Quäkerführer **William Penn** (1644 – 1718) als »City of brotherly love« gegründet, erlebte sie während der nächsten Jahrzehnte vor allem den Zuzug deutscher Einwanderer und Mennoniten. 1723 ließ sich der Erfinder und Politiker **Benjamin Franklin** hier nieder und gründete Amerikas erste Tageszeitung. 1775 tagte hier der Kontinentalkongress, das Sprachrohr der Kolonisten, am 4. Juli 1776 erklärte dieser die Unabhängigkeit Amerikas von England. 1787 kam der Verfassungskonvent, der die amerikanische Verfassung entwarf, hier zusammen. Von 1790 bis 1800 war Philadelphia sogar Bundeshauptstadt. Nach der Revolution von 1848 in Deutschland kam eine weitere Welle deutscher Einwanderer. Philadelphias klare Ablehnung der Sklaverei führte nach dem Bürgerkrieg zum Zuzug vieler Schwarzer aus dem Süden: Heute ist die Hälfte afroamerikanischer Abstammung. 1930 wurde die Zwei-Millionen-Einwohner-Marke übersprungen, doch mit dem industriellen Niedergang nach dem Zweiten Weltkrieg schrumpfte auch die Bevölkerung. Viele Viertel verfielen. Erst in den 1970er-Jahren konnten großangelegte Sanierungsprogramme das Steuer herumzureißen. Heute präsentiert sich Philadelphia als kulturbewusste Metropole mit angenehm kleinstädtischem Flair.

! *Baedeker* TIPP

Wo Rocky Schweiß vergoss

Sie ist so, wie man sich eine gute alte Boxhalle vorstellt: In der Luft hängt Bier- und Nikotingeruch vom letzten Fight und wer dem Sparring zu nahe kommt, wird von herumfliegenden Schweißtropfen getroffen. Blue Horizon wurde in den 1920er-Jahren eröffnet und brachte viele Champions, darunter Joe Frazier, hervor. Teile von »Rocky V« wurden hier gedreht. Ein kleines Museum erzählt die Geschichte von Siegern und Verlierern. Fight Tickets kosten rund $ 40 (Legendary Blue Horizon, 1314 N. Broad St., Tel. 1-215-763-05 00, www.legendarybluehorizon.com).

★★ Independence National Historical Park

Amerikas »heilige Erde«

Amerikas »heilige Erde« liegt im Rechteck zwischen Walnut u. Arch St. sowie 3rd und 6th St.: Hier wurden die USA aus der Taufe gehoben, hier gab sich die junge Nation die damals modernste Verfassung der Welt. Wo einst die Delegierten der 13 Kolonien debattierten, dinierten und logierten, wird heute geflaggt und ausgeschildert. Rund 20 Gebäude im Stadtzentrum gehören dazu, fast alle im Bereich der **Independence Mall**. Seit dem 11. September 2001 müssen vor der Besichtigung von Liberty Bell, Independence Hall, Congress Hall und Old City Hall Sicherheitskontrollen passiert werden (gegenüber vom Visitor Center). Im **Visitor Center** bereiten Ausstellungen und der 30-minütige Film »Independence« von John Huston auf die gut 5-stündige Besichtigung vor (6th u. Market Sts.; Öffnungszeiten: tgl. 8.30 – 18.00 Uhr).

Liberty Bell Center Die Liberty Bell, 1751 in London gegossen und am 8. Juli 1776 zu Beginn der ersten öffentlichen Verlesung der Unabhängigkeit geläutet, erfährt eine fast irrationale Verehrung. Wegen eines Sprungs wird sie seit 1846 nicht mehr geläutet. Die 1000 kg schwere Glocke ist seit Kurzem in einem neuen Glaspavillon untergebracht, von dem aus auch die Independence Hall zu sehen ist (Chestnut St., zw. 5th u. 6th St.; Öffnungszeiten: tgl. 9.00 – 17.00 Uhr).

In der 1756 im georgianischen Stil fertiggestellten **Independence Hall** residierten nicht nur der Stadtrat Philadelphias und die Regierung Pennsylvanias, hier ist vor allem ein amerikanischer Mythos zu Hause. Hier tagte 1775 der Zweite Kontinentalkongress und beriet über die Loslösung von Großbritannien, die am 4. Juli 1776 mit der Unterzeichnung der Unabhängigkeitserklärung vollzogen wurde. Auch die Annahme der Verfassung 1787 erfolgte in diesen Räumen. Heute gehört die Independence Hall zum Weltkulturerbe der UNESCO. Zu sehen sind u. a. der Sessel von George Washington, der erste Druck der Unabhängigkeitserklärung, der Tisch, auf dem sie unterschrieben wurde und auch das Tintenfass, in das die Väter der Unabhängigkeit ihre Federhalter tauchten (Öffnungszeiten: tgl. 9.00 – 17.00 Uhr).

Independence Square ► Auf dem Platz hinter der Independence Hall wurde am 8. Juli 1776 die Unabhängigkeitserklärung öffentlich verlesen. Hier stehen die **Congress Hall**, wo zwischen 1790 und 1800 der erste Kongress der USA tagte, der George Washington (► Berühmte Persönlichkeiten) zum ersten Präsidenten wählte.

Chestnut Street Sie war die erste »Wall Street« der jungen Nation, lagen doch an dieser Straße die erste Börse Nordamerikas und jene Banken, die dem jungen Staat bei den ersten Gehversuchen halfen. Sehenswert: die **Second Bank of the United States** (Nr. 420), die Porträts berühmter Männer der Unabhängigkeitsbewegung zeigt, und das **New Hall Military Museum** mit Ausstellungen über die Anfänge von Heer und Marine (zw. 3rd u. 4th Sts.; Öffnungszeiten: tgl. 15.00 – 17.00 Uhr).

Franklin Court Versteckt zwischen Chestnut und Market Sts. befand sich einst Benjamin Franklins (► Berühmte Persönlichkeiten) Wohnhaus, dessen Umrisse ein anlässlich der 200-Jahresfeier 1976 errichtetes Stahlgerüst nachempfindet. Ein kleines, unterirdisches Museum erinnert an den schillernden Politiker und genialen Erfinder (Chestnut St. zw. 3rd u. 4th Sts.; Öffnungszeiten: tgl. 9.00 – 17.00 Uhr).

Weitere Sehenswürdigkeiten

Society Hill

Das hügelige, an Bostons Beacon Hill erinnernde Viertel südlich der Walnut Street ist eines der schönsten der Stadt. Einst von Kaufleuten der »Society of Free Traders« bewohnt, genießt der heutige Besucher bei einem Bummel durch die zum Teil kopfsteingepflasterten Straßen schöne alte Bürgerhäuser und Kirchen. Besonders sehenswert ist das **Powel House**, die prunkvolle, 1765 erbaute Residenz des Bürgermeisters Samuel Powel, dessen Bankette für die »Väter der Unabhängigkeit« Legende wurden (244 3rd St.; Öffnungszeiten: Sa. 12.00 – 17.00, So. ab 13.00 Uhr).

! *Baedeker* TIPP

Alles was glänzt – Phillys Jeweler's Row

Im Gebiet zwischen Walnut, Chestnut, 7th und 8th Street gibt es die nach New York höchste Konzentration von Juwelieren in den USA. Rund 300 Diamanten-, Gold- und Uhrenhändler bieten hier ihre edle Ware feil.

★★ Independence Mall

Die weitläufige Parkanlage zwischen 5th und 6th St. schließt nördlich an das Liberty Bell Center an und zählt zahlreiche historisch bedeutende Sehenswürdigkeiten in ihrem Einzugsbereich. Wer sich für die US-Geschichte interessiert, sollte unbedingt das **National Constitution Center** besuchen. In dem modernen Gebäude mit der gläsernen Lobby bieten interaktive Präsentationen Crashkurse zum Thema Verfassung. Bemerkenswert sind die lebensgroßen Statuen der Unterzeichner der Verfassung (525 Arch St.; Öffnungszeiten: Mo. – Fr. 9.30 – 17.00, Sa. bis 18.00, So. 12.00 – 17.00 Uhr).

Näher ansehen sollte man sich auch das **National Museum of American Jewish History**, das sich der Geschichte der sechs Millionen amerikanischer Juden widmet (55 N. 5th St.; Öffnungszeiten: Mo. – Do. 10.00 – 17.00, Fr. bis 15.00, So. 12.00 – 17.00 Uhr).

Wenige Blocks weiter westlich lohnt die kopfsteingepflasterte **Elfreth's Alley** einen Abstecher. Diese nur fünf Meter breite, von Häusern aus dem 18. Jh. gesäumte Straße erinnert daran, wie Philadelphia während der Kolonialzeit ausgesehen hat. An der Mall schildert das **African-American Museum** in bewegenden Ausstellungen die wechselhafte Geschichte der schwarzen Philadelphians (701 Arch St.; Öffnungszeiten: Di. – Sa. 10.00 – 17.00, So. ab 12.00 Uhr).

Am Delaware River

Das **Independence Seaport Museum** dokumentiert in 12 glänzend inszenierten Ausstellungen die maßgebende Rolle des Hafens in der Stadtgeschichte. Unterhalb des modernen Museumsgebäudes liegen historische Kriegsschiffe vor Anker (Penn's Landing at 211 S. Columbus Blvd.; Öffnungszeiten: tgl. 10.00 – 17.00 Uhr).

Center City

Von der Independence Mall führt die Market Street westwärts Richtung Downtown. Vor der monumentalen **City Hall** (Broad u. Market Sts.) teilt sich die sechsspurige Straße. Den 167 m hohen Turm des 1901 im französischen Renaissance-Stil fertiggestellten Rathauses

Ein Tempel der Kunst: das Philadelphia Museum of Art

krönt eine Statue William Penns. Vom »Observation Deck« lohnt sich der Blick auf den Historic District (Öffnungszeiten: tgl. 9.30 bis 16.30 Uhr).

Zwei Blocks nördlich beherbergt die **Philadelphia Academy of Fine Arts**, die älteste Kunstakademie der USA, eine umfangreiche Kollektion amerikanischen Kunstschaffens aus drei Jahrhunderten (128 N. Broad St., Öffnungszeiten: Di. – Sa. 10.00 – 17.00, So. ab 11.00 Uhr).

★★ Benjamin Franklin Parkway

Der von der Kennedy Plaza hinter der City Hall in nordwestlicher Richtung zum **Logan Circle** führende Benjamin Franklin Parkway wird von einigen der besten Museen der Stadt gesäumt. Unbedingt einen Besuch wert sind die **Academy of Natural Sciences** mit ihren Dinosaurier-Ausstellungen (19th St. u. BF Pkwy., Öffnungszeiten: Mo. – Fr. 10.00 – 16.30, Sa. u. So. bis 17.00 Uhr).

Das grandiose **Franklin Institute Science Museum**, das sich mit den physikalischen Grundlagen der Technik beschäftigt, beleuchtet in vier Abteilungen verschiedene Aspekte spannend und leicht verständlich (N 20th St. u. BF Pkwy.; Öffnungszeiten: tgl. 9.30 – 17.00 Uhr).

Jenseits vom Logan Circle kommt schließlich das weithin sichtbare **Philadelphia Museum of Art** in Sicht. Das 1924 als klassischer Tempel mit monumentaler Freitreppe eröffnete Museum beherbergt mit über 400 000 Ausstellungsstücken eine der bedeutendsten Sammlungen der Welt. Zu sehen sind u. a. Werke von van Gogh, Renoir, Toulouse-Lautrec, Manet, Cézanne, Monet und Degas, Picasso, Chagall, Miró und Paul Klee (26th St. u. BF Pkwy.; Öffnungszeiten: Di. – So. 10.00 – 17.00, Fr. bis 20.45 Uhr).

Barnes Foundation

13 km westlich von Downtown befindet sich im Vorort Merion eine Kunstsammlung der Superlative. Albert C. Barnes (1872–1951), Gründer des Pharmaunternehmens Barnes & Hille, hinterließ sein mit unbezahlbaren Meisterwerken vollgestopftes Wohnhaus der Nachwelt mit der Auflage, die scheinbar wild durcheinander präsentierten Tintorettos, Boschs, Chardins und Renoirs dort zu lassen, wo er sie einst selbst platzierte. Ein Besuch der Barnes Foundation muss allerdings im Voraus telefonisch angekündigt werden (300 N. Latch's Lane, Tel. 1-610-667-02 90; Öffnungszeiten: Fr.–So. 9.30 bis 17.00 Uhr, Juli u. Aug. auch Mi. und Do.).

★ Germantown

11 km nordwestlich der City Hall liegt die einst selbstständige Stadt der deutschen Einwanderer. Sie entstand auf einem Stück Land, das William Penn dem Krefelder Quäker Daniel Pastorius 1683 zur Bewirtschaftung überließ. 1688 ging von Germantown der erste Widerstand gegen die Sklaverei aus, 1702 wurde hier die erste deutsche Schule Nordamerikas eröffnet. Mehr über die interessante Geschichte der Deutschen von Philadelphia erfährt man im Museum der **Germantown Historical Society** (5501 Germantown Ave.; Öffnungszeiten: Di. 9.00–13.00, Do. und So. 13.00–17.00 Uhr).

★ Phoenix

Oj / Ok 29

Bundesstaat: Arizona
Höhe: 340 m ü.d.M.

Einwohnerzahl: 1,5 Mio.
(Metropolitan Area: 3,3 Mio.)

Arizonas Hauptstadt boomt. Das trocken-heiße Klima lockt Amerikaner aus dem Osten und Touristen an, das gute Investitionsklima Hightech-Branchen und Luftfahrtindustrie – nicht schlecht für eine Stadt, die keine 130 Jahre alt ist und mitten in der Wüste liegt.

Grüne Oase

Phoenix liegt im Süden Arizonas und ist eine grüne Oase im staubtrockenen Valley of the Sun. Metallglänzende Bürotürme recken sich dem wolkenlosen Wüstenhimmel entgegen. Plazas, Shopping Malls und erdfarbene Bungalowviertel im Haciendastil streben immer weiter weg vom Zentrum. Doch gleich hinter dem letzten Haus beginnt die braun-gelbe, von Saguaro-Kakteen übersäte Leere.
Phoenix hängt am Tropf, wird künstlich bewässert und gehört dennoch zu den am schnellsten wachsenden Städten des Landes. Warum? Phoenix hat 300 Sonnentage auf der Habenseite! Während der Rest des Landes friert und bibbert, genießen die Menschen hier alle Vorzüge eines (fast) ganzjährigen Sommers. Dutzende erstklassiger, von Fantasiewelten aus Seen, Parks und Wasserfällen umgebene Luxusresorts, Hunderte von Golf- und Tennisplätze und ein umfassendes Kultur- und Outdoorangebot haben Phoenix zu klassischen Sonnendestinationen wie ►Hawaii und die Karibik aufschließen lassen.

PHOENIX ERLEBEN

AUSKUNFT

Greater Phoenix Convention and Visitors Bureau
400 E. Van Buren St.
Suite 60
Phoenix, AZ 85004
Tel. 1-602-254-65 00
www.phoenixcvb.com

AKTIVITÄTEN

Touren in einem Heißluftballon über die Sonora Desert gehören zu den absoluten Höhepunkten jedes Arizona-Aufenthalts. Ein verlässlicher Anbieter ist Hot Air Expeditions (Tel. 1-480-502-69 99, www.hotairexpeditions.com).

SHOPPING

Einkaufen ist eine Freude in Phoenix. Dies ist Indianerland und so findet man neben Markenartikeln und Designermode zahlreiche Boutiquen und Kunsthandwerksläden mit Navajoschmuck und traditioneller Kunst der Zuni, Hopi und Pueblovölker. Die edelste der Shopping Malls ist »Biltmore Fashion Park« mit 60 schicken Boutiquen (2502 E Camelback Rd.). Indianerschmuck verlässlicher Qualität gibt es im Museumsshop des »Heard«.

ESSEN

► Fein & teuer

③ *Roaring Fork*
4800 N. Scottsdale Rd.
Tel. 1-480-947-07 95
Seit Llangem eines der besten Restaurants der Stadt: Gute neue amerikanische Küche mit verspielten Westcoast-Anklängen und Tex-Mex-Einschlag. Lebhafte Atmosphäre.

► Erschwinglich

① *Elévé*
3118 E. Camelback Rd.
Tel. 1-602-952-07 33
Das Elévé serviert seinen Gästen moderne, leichte Speisen in angenehmer Atmosphäre.

► Preiswert

② *Carlos O'Brien's*
1133 E. Northern Avenue
Tel. 1-602-274-58 81
Mexikanisches Restaurant, in dem viel Wert auf Service gelegt wird.

ÜBERNACHTEN

► Luxus

③ *Arizona Biltmore*
2400 E. Missouri Ave.
Tel. 1-602-955-66 00
www.arizonabiltmore.com
738 Z. Das erste Haus am Platz liegt inmitten einer wundervollen subtropischen Parkanlage. Edle Hölzer, Marmor und viel Glas verleihen dem Interieur aristokratische Noblesse.

► Komfortabel

① *Wyndham Hotel*
50 E. Adams Street
Tel. 1-602-333-00 00
www.wyndhamphoenixhotels.com
532 geräumige Zimmer und Suiten in zentraler Lage.

► Günstig

② *Best Western Bell Hotel*
17211 N. Black Canyon Hwy.
Tel. 1-602-993-83 00
www.bestwestern.com
103 Z. Verkehrsgünstige Lage. In jedem Zimmer stehen den Gästen u. a. Internet-Zugang und Fernseher zur Verfügung.

Phoenix Orientierung

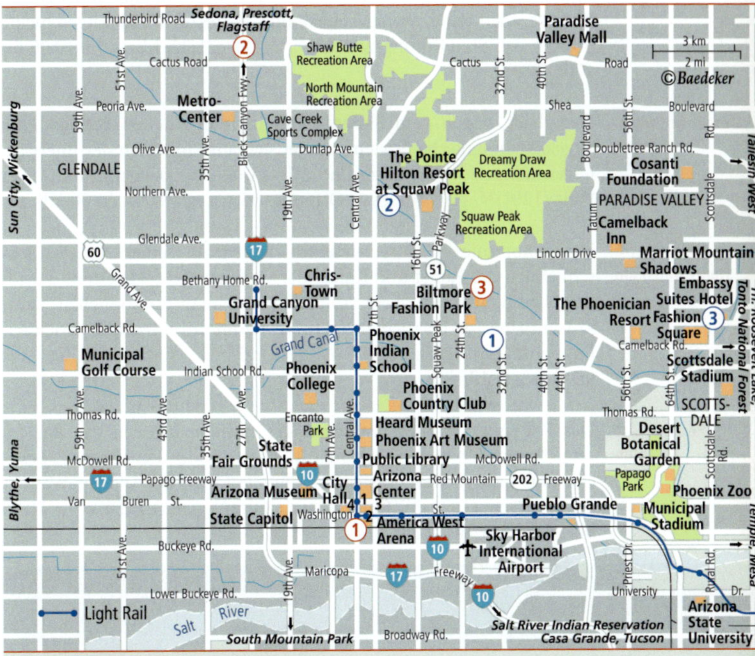

Übernachten
① Wyndham
② Best Western Bell
③ Arizona Biltmore

Essen
① Elévé
② Carlos O'Brian's
③ Roaring Fork

1 Herberger Theater, Symphony Hall
2 Civic Plaza
3 Arizona Science Center
4 Orpheum Theater

Vor wenig mehr als hundert Jahren war an all dies noch nicht zu denken. In den 1870er-Jahren ließen weiße Siedler sich hier auf den Resten prähistorischer Indianersiedlungen nieder. Schon 1889 wurde Phoenix die Hauptstadt Arizonas. Der 1911 fertiggestellte Roosevelt-Staudamm und der Eisenbahnanschluss 1926 stießen eine stürmische, bis heute anhaltende Entwicklung an.

Sehenswertes in Phoenix

Im Herzen der Stadt liegt zwischen 6th und 7th St. der Heritage Square mit mehreren viktorianischen Häusern aus den Kindertagen von Phoenix. Teestuben, Geschäfte und Bars versüßen den Aufenthalt hier.

★ **Historic Heritage Square**

Besonders interessant ist das mit zeitgenössischem Dekor möblierte, verspielt wirkende **Rosson House Museum** (6th St. u. Monroe Ave.; Öffnungszeiten: Mi. – Sa. 10.00 – 16.00, So. ab 12.00 Uhr).

Einen Katzensprung entfernt informiert das **Phoenix Museum of History** auch über weniger bekannte Aspekte der Stadtgeschichte (105 N. 5th St., Öffnungszeiten: Di. 10.00 – 21.00, Mi. – So. 10.00 bis 1700 Uhr).

Desert Botanical Garden

Der gleich neben dem **Phoenix Zoo** im zauberhaften **Papago Park** angelegte botanische Garten widmet sich ausschließlich der unerwartet vielfältigen Wüstenflora und zeigt rund 20 000 Pflanzen aus aller Welt (1201 N. Galvin Pkwy.; Öffnungszeiten: tgl. 8.00 – 20.00 Uhr).

✶ Heard Museum

Das renommierte Museum, eines der besten seiner Art, ist ausschließlich der Kunst und Kultur der Indianer des Südwestens gewidmet. Die Bandbreite reicht vom Alltag in einem traditionellen Navajo-Camp bis zu herrlichen, mehrere Räume umfassenden Kachina-Puppen-Sammlungen (2301 N. Central Ave.; Öffnungszeiten: tgl. 9.30 – 17.00 Uhr).

Phoenix Art Museum

Das Phoenix Art Museum, eines der größten Museen der Region, zeigt Werke fast aller namhaften Meister seit der Renaissance. Besucher aus Europa werden sich v. a. für die Kunst des Wilden Westens interessieren (1625 N. Central Ave.; Öffnungszeiten: Di. – So. 10.00 bis 17.00, Do. bis 21.00 Uhr).

Phoenix boomt und wächst immer mehr in die Breite.

Dass die weißen Siedler nicht die Ersten hier waren, veranschaulichen östlich von Downtown die Ruinen eines tausend Jahre alten Dorfes der Hohokam. Deutlich erkennbar sind noch die Kanäle, mit denen dieses Volk das Valley of the Sun einst in ein grünes Paradies verwandelte (4619 E. Washington St., Öffnungszeiten: Mo. – Sa. 9.00 bis 16.45, So. ab 13.00 Uhr).

★ **Pueblo Grande Museum**

Umgebung von Phoenix

Abstrakte Kunst unter Palmen: Das hochmoderne, zeitgenössischem Kunstschaffen gewidmete Museum nördlich vom Papago Park präsentiert u. a. modernes Design und einen weitläufigen Skulpturengarten (7374 E. 2nd St., Scottsdale; Öffnungszeiten: Mi. u. So. 12.00 bis 17.00, Do. 10.00 – 20.00, Fr. u. Sa. 10.00 – 17.00 Uhr).

Scottsdale Museum of Contemporary Art

Die 1937 von Frank Lloyd Wright am Nordostrand von Scottsdale als Refugium erbaute Siedlung trägt noch heute die Handschrift des Reißbrett-Rebellen und kann im Rahmen von Führungen besichtigt werden (12621 Frank Lloyd Wright Blvd., Info-Tel. 1-480-860-8810).

Taliesin West

Das südöstlich von Phoenix in Tempe gelegene Arizona Museum of Natural History hat einen besonders hohen Unterhaltungswert: Zu sehen sind u. a. computeranimierte Dinosaurier, eine Ausstellung vor Ort gedrehter Hollywoodfilme und die Rekonstruktion einer Goldmine (53 N. MacDonald St.; Öffnungszeiten: Di. – Fr. 10.00 – 17.00, Sa. ab 11.00, So. ab 13.00 Uhr).

Arizona Museum of Natural History

★ Pittsburgh

Qe / Qf 25

Bundesstaat: Pennsylvania
Höhe: 207 – 427 m ü.d.M.

Einwohnerzahl: 313 000
(Metropolitan Area: 2,87 Mio.)

Die angenehme Fahrt durch die Foothills der Appalachen endet in Tunneln und Brücken, dann muss der überrumpelte Besucher plötzlich den Kopf in den Nacken legen, um die imposante Skyline der Stadt in sich aufzunehmen. Pittsburgh, Stadt der Fördertürme, Hochöfen, Raffinerien? Das war einmal!

Futuristische Türme aus Glas und Stahl kratzen heute am Himmel und zu ihren Füßen erinnern viktorianische Giebel an die alten Zeiten, als Stahl, Kohle und Öl aus Pittsburgh eine der reichsten Städte im Osten machten. Die Fabrikschornsteine dominieren den Luftraum jedoch schon lange nicht mehr: Pittsburgh heute, das ist eine angenehme, von zahllosen Brücken über die drei Flüsse Monongahela, Allegheny und Ohio zusammengenähte Metropole, die sich genüsslich zwischen dicken Kissen bewaldeter Hügel rekelt.

»One city, three rivers«

PITTSBURGH ERLEBEN

AUSKUNFT

Greater Pittsburgh Convention and Visitors Bureau
425 6th Ave., 30th Floor
Pittsburgh, PA 15219
Tel. 1-412-281-77 11
www.visitpittsburgh.com

SHOPPING

Die meisten Geschäfte und Warenhäuser, darunter »Saks Fifth Avenue« und »Kaufman's«, liegen im Bereich um Market Square, 5th, 6th und Smithfield Sts.; hübsch zum Bummeln ist der Strip District mit vielen Lebensmittelgeschäften.

ESSEN

► Fein & teuer

① ***Bravo Franco***
613 Penn Ave.
Tel. 1-412-642-66 77
Das Bravo Franco ist ein von den Einheimischen sehr gelobtes und beliebtes Restaurant mit typischen italienischen Speisen.

► Erschwinglich

③ ***Grand Concourse***
Station Square, South Side
Tel. 1-412-261-17 17
Im größten Restaurant der Stadt kommen Eisenbahnfans voll auf ihre Kosten: Fine Dining im früheren Wartesaal des alten Bahnhofs.

Baedeker-Empfehlung

► Preiswert

② ***Primanti Bros.***
2 S. Market St., Tel. 1-412-261-15 99
Seit 1933 berühmt für seine Sandwiches, v. a. den Klassiker »Cheese Steak«. Eine Institution in Pittsburgh mit mittlerweile mehreren Filialen.

ÜBERNACHTEN

► Luxus/Komfortabel

① ***Omni William Penn***
530 William Penn Place, Mellon Sq.
Pittsburgh, PA 15219
Tel. 1-412-281-71 00
www.omniwilliampenn.com
596 Z. Grandhotel in Downtown mit allem zu dieser Klasse gehörenden Komfort.

► Komfortabel

② ***The Priory***
614 Pressley St.
Pittsburgh, PA 15212
Tel. 1-412-231-33 38
www.thepriory.com
25 Z. Viktorianische Eleganz mit vielen Antiquitäten in herrschaftlichem Backsteingebäude auf der North Side. Hübscher Innenhof, sehr gutes Frühstück, Shuttle-Service nach Downtown.

Touristisch interessant sind die **Golden Triangle** genannte, von Allegheny und Monongahela umflossene Downtown sowie die South Side, das akademisch geprägte Oakland und die North Side. Ein vielfältiges Kulturangebot macht die Stadt unter dem Motto »One city, three rivers« lebenswert, was für Besucher bedeutet: großstädtisches Flair, gute Shoppingmöglichkeiten, ein großes Angebot an Restaurants und einige hervorragende Museen.

Pittsburgh Orientierung

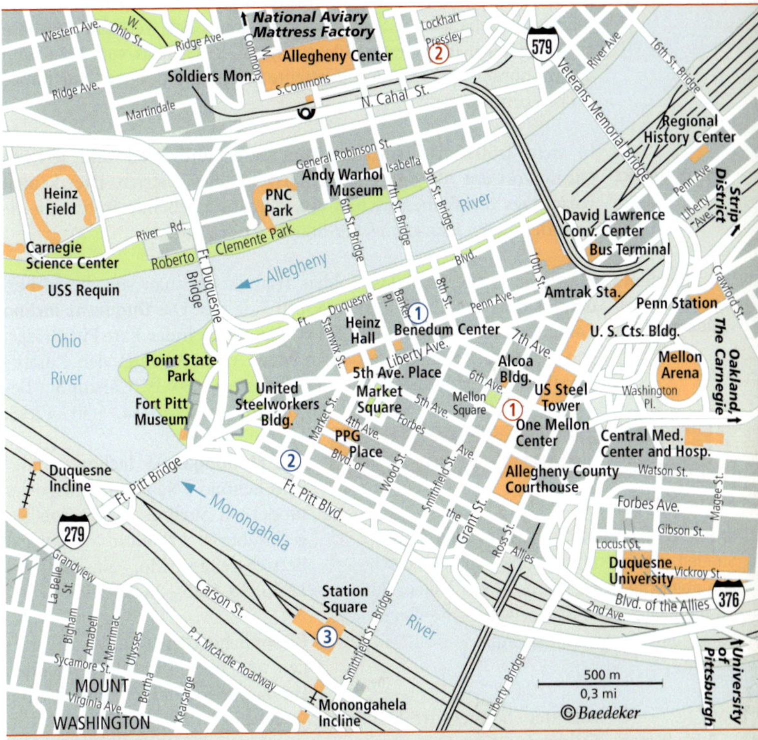

Essen
① Bravo Franco
② Primanti Bros.
③ Grand Concourse

Übernachten
① Omni William Penn
② The Priory

Sehenswertes in Pittsburgh

★ Point State Park

Der Park liegt an der Spitze des Golden Triangle, wo eine große Fontäne die Entstehung des Ohio Rivers aus Monongahela und Allegheny symbolisiert. Das kleine **Fort Pitt Blockhouse** ist das einzige erhaltene Gebäude des einstigen Forts. Im **Fort Pitt Museum** wird das damalige Gerangel um die strategisch wichtige Stelle wieder lebendig (Commonwealth Place; Öffnungszeiten: Mi. – So. 9.00 – 17.00 Uhr).

Senator John Heinz Regional History Center

Am Nordostrand der Downtown wird West-Pennsylvanias Geschichte nachvollzogen, dargeboten mit Multimediashows und in Originalgröße nachgebauten Blockhäusern und Stahlarbeiterheimen (1212 Smallman St.; Öffnungszeiten: tgl. 10.00 – 17.00 Uhr).

Fourth Avenue An der zum Point State Park führenden Straße liegen einige der schönsten Gebäude der Stadt. Einen zweiten Blick wert sind **PPG Place**, ein gotisch inspirierter Büroturm aus Spiegelglas von 1984, und das monumentale, 1888 fertiggestellte **Allegheny County Courthouse** (Ecke Forbes Ave.).

✶ **Strip District** In dem früheren Lagerhaus- und Eisenbahnviertel und jetzigen Großmarkt am Allegheny River herrscht reger Betrieb. Hier kaufen vormittags die Einheimischen ein, der anschließende Imbiss an einem der vielen Feinschmecker-Stände ist Tradition.

Duquesne Incline, Monongahela Incline Herrliche Blicke über das Golden Triangle hat man von diesen beiden historischen Cable Cars in South Side aus. Das **Duquesne Incline Cable Car** startet dreieinhalb Kilometer westlich der Fort Pitt Bridge, endet 136 m höher an der Grandview Ave. und zeigt den Zusammenfluss von Monongahela und Allegheny (1197 W. Carson St.; Betriebszeiten: Mo.–Sa. 5.30–12.45, So. ab 7.00 Uhr).

Die **Monongahela Incline** ermöglicht schöne »Nahaufnahmen« der modernen Skyline (W. Carson St., gegenüber Station Square; Betriebszeiten: Mo.–Sa. 5.30 bis 12.45, So. 8.45–24.00 Uhr).

! *Baedeker* TIPP

Fit in Pittsburgh

In Pittsburghs South Side gibt es rund 300 Straßen, die eigentlich Treppen sind und durch alte polnische und deutsche Viertel führen. Gut für die Beine – und die Seele (nähere Informationen unter www.steptrek.org).

✶ **Andy Warhol Museum** Persönliche Gegenstände, Archivalien und über 500 Bilder zeichnen ein faszinierendes Porträt des berühmten Sohnes der Stadt. Andy Warhol (1928–1987) wuchs in Oakland auf und verarbeitete später in seinem Pop Art genannten Schaffen auch seine Erinnerungen an Pittsburgh (117 Sandusky St.; Öffnungszeiten: Di.–So. 10.00–17.00 Uhr).

Mattress Factory In einer früheren Matratzenfabrik kreieren Kunstschaffende aus der Region begehbare Kunst – und stehen dem meist staunenden, oft auch amüsierten Besucher Rede und Antwort (500 Sampsonian Way; Öffnungszeiten: Di.–Sa. 10.00–17.00, So. ab 13.00 Uhr).

✶ **The Carnegie** Seine fast 250 m lange Beaux-Arts-Front an der Forbes Street allein ist einen Besuch wert: Das 1907 eröffnete, im Stadtteil Oakland gelegene Kunstzentrum ist die (sand-)steingewordene Vision seines Stifters Andrew Carnegie (1835–1919), der sich einen Hort der Kunst, Literatur, Wissenschaft und Musik wünschte.

Sehenswert ist v. a. das **Carnegie Museum of Art**, das sich auf europäische und amerikanische Kunst konzentriert, sowie das **Carnegie Museum of Natural History** (s. o.), das u. a. 13 komplette Dinosaurier-Skelette präsentiert (Forbes Ave.; Öffnungszeiten: Di.–Sa. 10.00 bis 17.00, So. ab 12.00 Uhr).

Portland

Od 23

Bundesstaat: Oregon
Höhe: 207 – 427 m ü.d.M.

Einwohnerzahl: 569 000
(Metropolitan Area: 2,1 Mio.)

Sie demonstrieren gegen Junkfood-Automaten in den Schulen und begrünen ihre Dächer: Die Portlander sind landesweit für ihr Engagement bekannt. Ihre Stadt, freundlich, übersichtlich und vorbildlich saniert, ist ihre Visitenkarte, selbst die Geldautomaten beantworten die Frage nach weiteren Serviceleistungen nicht einfach mit »Ja« oder »Nein«, sondern mit »Sure« oder »No, thank you«.

Aktivismus und Big Buisness

Aktivismus überall! Man geht keine hundert Meter, ohne ein Flugblatt in die Hand gedrückt zu bekommen oder um eine Unterschrift gebeten zu werden. Die Resultate können sich sehen lassen. So haben Portlands Bürger dem Big Business im Herzen der Stadt den Pioneer Courthouse Square abgerungen und die Namen der Streiter von einst in signierten Pflastersteinen verewigt.

PORTLAND ERLEBEN

AUSKUNFT

Travel Portland
1000 SW Broadway
Suite 2300
Portland, OR 97205
Tel. 1-503-275-97 50
www.travelportland.com

SHOPPING

Portlands kompakte Downtown bietet mit »Nordstrom« (701 SW Broadway), »Meier & Frank« (621 SW 5th Ave.) und »Saks Fifth Avenue« (850 SW 5th Ave.) gleich drei große, renommierte Warenhäuser sowie über 600 Geschäfte.

ESSEN

► Preiswert/Erschwinglich

Besaw's Café
2301 NW Savier St.
Tel. 1-503-228-26 19
Gemütlicher Nachbarschaftstreff im Pearl District mit Pubgerichten.

Marco's Café & Espresso Bar
7910 SW 35th Ave.
Tel. 1-503-245-01 99
Meisterhafte Fusion aus asiatischen, europäischen und hauseigenen Rezepten.

ÜBERNACHTEN

► Luxus

Avalon Hotel
0455 SW Hamilton Court
Tel. 1-503-802-58 00
www.avalonhotelandspa.com
99 Z. Luxuriöses Boutiquehotel mit Blick auf den Willamette River.

► Komfortabel

Governor Hotel
614 SW 11th Ave.
Tel. 1-503-224-34 00
www.govhotel.com
100 Z. Sympathisch-plüschiges Stadthotel mit gemütlichen Zimmern.

Portland wächst, trotz der Lage im irgendwie von allem entfernten Nordwesten und trotz 220 Tagen Regenwetters, was den Portlandern übrigens nichts ausmacht – es gibt hier nämlich mehr Buchhandlungen als Coffeeshops, z. B. »Powell's City of Books«, eine zu jeder Tageszeit von vielen Bürgern besuchte »Stadt« in der Stadt mit mehreren Millionen Büchern.

Portland, 1844 gegründet, ist eine Stadt ohne großartig herausragende Sehenswürdigkeiten, dafür aber umso charmanter. Große Hightechfirmen und Sport- und Outdoor-Ausstatter haben hier ihren Sitz, darunter Nike und Columbia.

i Portland Saturday Market

- Jeden Samstag – und auch am Sonntag – findet im Skidmore District, unterhalb der Burnside Bridge, dieser bunte, überaus fotogene Wochenmarkt statt (Marktzeiten: Sa. 10.00 – 17.00, So. 11.00 – 16.30 Uhr).

Sehenswertes in Portland

International Rose Test Garden

Das »Testgelände«, Teil des **Washington Parks**, liegt in den Hügeln über Portland. Hier werden neue Rosenarten aus aller Welt gezeigt, bevor sie auf den Markt kommen. Am schönsten sind die Gärten

Powell's Books gilt als größte unabhängige Buchhandlung der Welt.

während der Blütezeit im Frühsommer (400 SW Kingston Ave.; Öffnungszeiten: tgl. 7.30 – 21.00 Uhr).

Portland Art Museum

Weniger bekannt für seine kleine, aber feine Sammlung europäischer, amerikanischer und asiatischer Kunst, hat sich dieses hervorragende Museum einen Namen als Gastgeber publikumsträchtiger Wanderausstellungen gemacht (1219 SW Park Ave.; Öffnungszeiten: Di., Mi., Sa. 10.00 – 17.00, Do. u. Fr. bis 20.00, So. 12.00 – 17.00 Uhr).

Oregon History Center

In ansprechend inszenierten Ausstellungen wird in dem Museum gegenüber vom Portland Art Museum die spannende Geschichte der Pioniere nacherzählt, die vor 150 Jahren in Planwagen auf dem **Oregon Trail** hierherkamen (1200 SW Park Ave.; Öffnungszeiten: tgl. 9.00 – 21.00 Uhr).

Powell's City of Books

Die einen ganzen Block einnehmende Buchhandlung beherbergt auf drei Etagen mehrere Millionen Bücher und gilt als größte unabhängige Buchhandlung der Welt. Powell's ist vor allem bekannt für seine Second-Hand-Bücher und Raritäten (1005 Burnside; Öffnungszeiten: tgl. 9.00 – 23.00 Uhr).

★★ Redwood Highway

Oc/Od 25/26

Bundesstaat: California

Redwood Highway ist die Bezeichnung für den rund 480 km langen Teil der US 101 zwischen San Francisco und der Grenze zu Oregon, der durch Landschaften führt, in denen mehr als 90 Prozent aller kalifornischen Redwoods wachsen.

Naturschutz versus Holzindustrie

Heftige Auseinandersetzungen zwischen Naturschützern und der Holzindustrie sind auch nach der Einrichtung von Schutzzonen für die oft viele hundert Jahre alten Küstensequoias noch aktuell. Denn noch immer werden, wenn sich die Gelegenheit ergibt, die gigantischen Bäume gefällt und verarbeitet.

★★ Redwood National Park

Der Redwood National Park ganz im Norden von Kalifornien wird mit den früher eingerichteten Del Norte Coast, Jedediah Smith und Prairie Creek State Parks gemeinsam verwaltet. **Wanderwege** führen zu den schönsten und höchsten Bäumen, dazu sind über 70 km Trails für Mountainbikes eingerichtet.

★★ Humboldt Redwoods State Park

Der gut 200 km² große Humboldt Redwoods State Park zwischen Eureka und Garberville weiter im Süden schützt besonders eindrucksvolle Redwoodwälder und Haine. Die **Avenue of the Giants** genannte Nebenstraße der US 101 entlang dem Eel River (South

Redwood Highway Orientierung

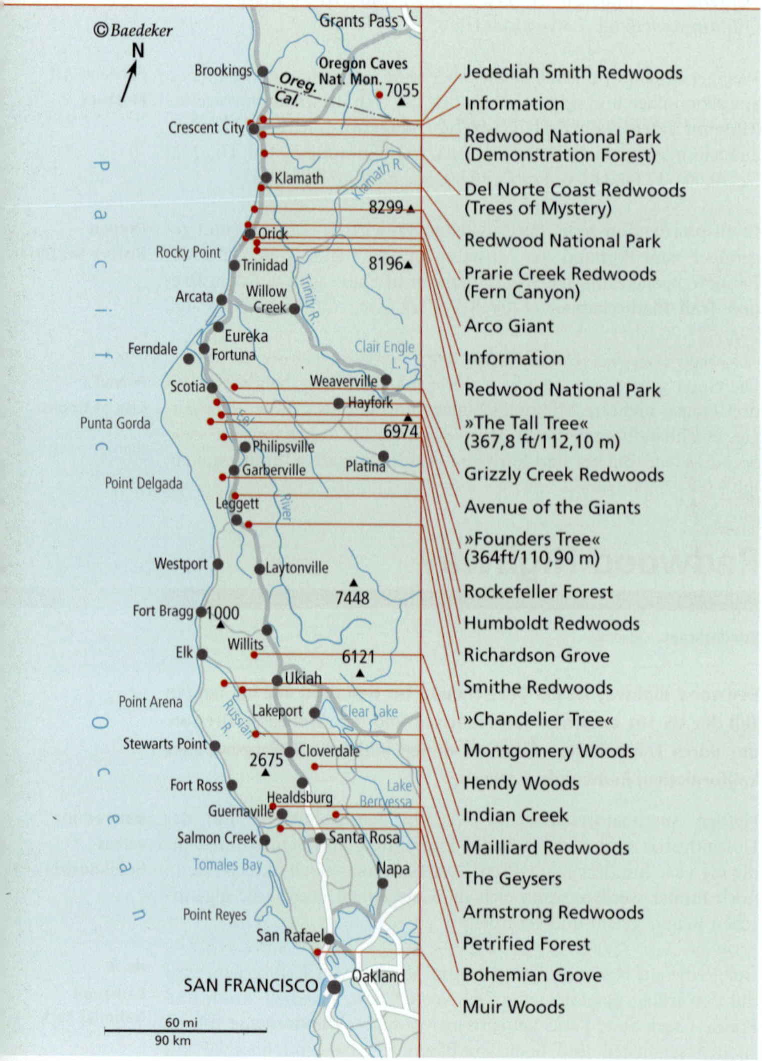

Dark Eel River) verführt immer wieder zum Aussteigen und zur Wanderung zwischen den bis zu 100 m hohen Bäumen (► Baedeker-Special S. 532).

Avenue of Giants – die Straße der Riesen im Redwood Empire →

Rund zwölf Meter beträgt der Durchmesser dieses gefällten Redwood-Riesen.

IM WALD DER GIGANTEN

Redwoods (= »Rotholz«, Sequoia sempervirens) wachsen entlang der Küste von Monterey nordwärts bis nach Oregon hinein, während die Giant Sequoias (= Sequoiadendron giganteum) an den Westhängen der Sierra Nevada und zwar in den Nationalparks Yosemite, Sequoia und Kings Canyon gedeihen.

Der österreichische Botaniker Stephan Ladislaus Endlicher beschrieb 1847 erstmals die Bäume und taufte sie auf den Namen Sequoia zu Ehren des **Cherokee-Indianers Sequoyah** aus Georgia, der im 19. Jh. für sein Volk ein Symbolalphabet entwickelt hatte. Wen beim Wandern in den Riesenwäldern die Befürchtung beschleicht, es könnte gleich ein Dinosaurier erscheinen, der liegt nicht ganz falsch. Verwandte der heutigen Redwoods wuchsen bereits im Jura vor 160 Mio. Jahren in den Wäldern.

Charakterbäume

Die Sierra oder Giant Sequoias (= Riesenmammutbaum) sind langlebiger (**Höchstalter um die 3200 Jahre**) als die Küsten-Sequoias, die zwar weitaus zahlreicher sind, aber nur höchstens 2000 Jahre alt werden. An Jahren werden beide von der weniger imposanten Bristlecone-Kiefer im Hochgebirge der Sierra übertroffen, deren ältestes Exemplar 4600 Jahre alt sein soll. Der höchste je gemessene Baum war mit 122 m eine Küsten-Sequoia. Die bis zu 900 t schweren Giant Sequoias werden etwa 75 bis 90 m hoch, haben einen Durchmesser von ca. 12 m und bilden beeindruckende Wälder. Seine außerordentlich lange Lebenszeit verdankt der Riesenmammutbaum nicht zuletzt seiner **großen Resistenz gegen Feinde aller Art** sowie seiner erstaunlichen Regenerationsfähigkeit. Die bei älteren Exemplaren bis zu 60 cm dicke, zimtrote, stark zerklüftete Rinde **schützt wirksam gegen Feuer**. Waldbrände sind diesen Riesen eher dienlich, denn durch die Vernichtung anderer Baumarten wird Platz geschaffen, die Sonnenstrahlen können auf den mineralreichen Waldboden fallen und Setzlinge gedeihen lassen. Zudem benötigen ihre Zapfen hohe Temperaturen, um aufzugehen und den Samen frei zu geben. Der hohe Gerbsäuregehalt des Holzes hält Insekten und Pilzkrankheiten fern. Als echter Feind tritt allein der Mensch auf; allenfalls können den Bäumen Veränderungen der Bodengegebenheiten schaden, die möglicherweise im Laufe eines tausendjährigen Lebens durch Erosion oder Unterspülung der

Mammutbäume werden bis zu 3000 Jahre alt und um die 80 Meter hoch.

flachwüchsigen, sehr weit verzweigten Wurzeln (etwa 1,5 m tief, jedoch bis zu einem halben Hektar ausgreifend) eintreten. Unwetter, vor allem Blitzeinschläge, und unkontrolliertes Fällen können den Bestand weiter verringern. Die **Vermehrung** der Sequoia-Bäume geht auf etwas andere Weise als bei anderen Nadelhölzern vor sich. Die Zapfen mit jeweils etwa 1000 Samenkörnern (ein gewöhnlicher Baum hat etwa 600) fallen nicht von selbst auf den Boden, sondern werden von Eichhörnchen abgetrennt. Schon seit einiger Zeit ist man dazu übergegangen, **kontrollierte Waldbrände zu legen**; dadurch trocknen die am Waldboden liegenden Zapfen aus und öffnen sich innerhalb weniger Tage. Die Samenkörner fallen auf die gekühlte Asche und im Verlauf einiger Monate sprießen Bäumchen, von denen die meisten wieder absterben.

In Gefahr

Nur wenige Sequoias gedeihen außerhalb von Kalifornien und Oregon. Russische Einwanderer, die sich Anfang des 19. Jahrhunderts in Fort Ross ansiedelten, waren die ersten, die Sequoiasamen in Europa anpflanzten. Für die Holzwirtschaft Nordkaliforniens sind die Redwoods von großer Bedeutung. Durch rücksichtsloses Abholzen sind die uralten Baumbestände hier jedoch zunehmend gefährdet.

Rhode Island

Qk 25

Abkürzung: RI
Hauptstadt: Providence
Einwohnerzahl: 1,1 Mio.
Beinamen: Ocean State, Little Rhody
Fläche: 3144 km²

»Little Rhody« hat rund 40 Städte und eine Stunde reicht, um im kleinsten Bundesstaat von einem Ende zum anderen zu gelangen. Viele Besucher lassen ihn auf dem Weg von Boston nach New York links liegen, zu Unrecht: Das geschichtsträchtige »Ländle« verfügt über 20 Prozent aller nationalen Gedenkstätten – und einige der schönsten Strände Neuenglands.

Die langen Autofahrten, in Rhode Island fallen sie flach: Bei 60 km Breite und 77 km Länge, sind Muße und Erholung garantiert, vor allem an der 45 km tief ins Land reichenden, von Inseln übersäten Narragansett Bay, die dem Staat eine 550 km lange Küstenlinie mit vielen schönen Stränden beschert.

Ausgewählte Reiseziele in Rhode Island

Block Island

Braune Milchkühe, Bauernhäuser, zwei Leuchttürme: Auf Block Island (800 Einw.) in der Narragansett Bay gehen die Uhren langsamer. Ende des 19. Jh.s entdeckten reiche Touristen die knapp 20 km² große Insel, doch dann kamen Martha's Vinyard und Nantucket in Mode. Die meisten Hotels mussten schließen. Doch während der letzten 20 Jahre wurde die Insel wieder herausgeputzt, die Insulaner setzten dabei auf Ökotourismus: Heute durchziehen schöne Rad- und Wanderwege kreuz und quer die Insel. Block Island hat zwei Häfen, Old Harbor und New Harbor. **Old Harbor** ist das einzige Dorf. Hier befinden sich die meisten Hotels und Restaurants sowie die rund 20 Kneipen der Insel.

Die 66 m hohen Klippen der **Mohegan Bluffs** und der nahe gelegene Leuchtturm South East Light bieten besonders am Abend herrliche Fotomotive. **Sandy Point**, der Nordzipfel der Insel, ein Vogel- und Naturschutzgebiet, bietet zudem im Leuchtturm **North Light** ein hübsches kleines Museum zur maritimen Geschichte der Insel. Die schönsten der insgesamt 27 km langen Strände liegen an der Ostseite der Insel; besonders zu empfehlen ist der Mansion Beach. Autofähren nach Block Island verkehren bis zu achtmal tgl. zwischen Galilee (Rhode Island) und Old Harbor (möglichst im Voraus buchen: Block Island Ferry, Tel. 1-401-783-79 96).

Herrlicher Blick auf die Mohegan Bluffs

Narragansett Pier

Eine geruhsame Fahrt mit heruntergelassenem Autofenster auf der Küstenstraße 1A oder ein Bummel am Strand entlang sind die Hauptgründe für den Abstecher hierher. Früher war Narragansett Pier (4000 Einw.) eine elegante Sommerfrische. Heute ist das Städtchen am westlichen Ausgang der Narragansett Bay ein Familienziel und an Wochenenden ein Treffpunkt der hiesigen Surfergemeinde. Südlich von Narragansett Pier liegen – bis Point Judith – zehn Kilometer der schönsten Strände Neuenglands. Der kleine Fischerhafen **Galilee** richtet alljährlich im September das Rhode Island Tuna Tournament aus.

★ Newport

Weiße Segel auf blauem Wasser, die elegante Newport Bridge und eine verwinkelte Altstadt: Newport (28 000 Einw.) präsentiert sich kultiviert und sportlich. Die Heimat des **Newport Music Festival** (Juli) lebt vom Tourismus, seit vor 150 Jahren Amerikas Großindustrielle sich an der Bellevue Ave. niederließen. Dort bauten sie die Paläste nach, die sie auf ihren Reisen durch Europa gesehen hatten, und betätigten sich auch als Trendsetter: 1881 wurden hier die ersten amerikanischen Tennis Open, 1894 die ersten Golf Open abgehalten.

▶ RHODE ISLAND

AUSKUNFT

Rhode Island Tourism Division
315 Iron Horse Way, Suite 101
Providence, RI 02908
Tel. 1-401-539-30 31
www.visitrhodeisland.com

Colonial Newport Rund 200 Gebäude aus der Kolonialzeit – damals war Newport nach Boston die größte Hafenstadt Neuenglands – machen aus der verwinkelten, rund um die Spring Street gruppierten Altstadt ein architektonisches Kleinod. Populäre Gravitationszentren sind **Bowen's Wharf** und **Bannister Wharf** am Wasser. Hier locken auf alten Molen Cafés und Restaurants mit Hafenblick. Symbol des toleranten Erbes ist die 1763 eingeweihte, innen nach sephardischen Traditionen geschmückte **Touro Synagogue** (85 Touro St.). Im Colony House (Washington Square) diskutierten George Washington und der französische General Rochambeau das gemeinsame Vorgehen gegen die Engländer und das **Museum of Newport History** (127 Thames St.; Öffnungszeiten: tgl. 10.30 – 18.30 Uhr) informiert über die oft dramatische Stadtgeschichte.

> ! *Baedeker* TIPP
>
> **Hot Spots für Shopper**
>
> Von teurem Kunsthandwerk über Fashion-Design bis hin zu billigem Trödel reicht das Angebot in den Läden in Bowen's Wharf und Bannister Wharf in Newport. Weitere Hot Spots für Shopper sind Brick Market Place, Spring Street und Thames Street.

Newport Mansions Die Fahrt auf Bellevue Avenue und Ocean Drive führt durch das Amerika vor der Einführung der Einkommenssteuer und Ratifizierung der Anti-Trust-Gesetze: Die Parklandschaft der Halbinsel südlich der Altstadt ist nur so übersät von protzigen Palästen. Die prachtvollsten der von ihren Besitzern einst bescheiden »Summer Cottages« genannten Schlösser – man pflegte lediglich ein paar Wochen des Jahres hier zu verbringen – wurden zur Besichtigung freigegeben: **The Elms** (Bellevue Ave.), die 1901 gebaute Residenz des Kohlemagnaten Edward Julius Berwind; das romantische **Rosecliff** (Bellevue Ave.) wurde dem Grand Trianon in Versailles nachempfunden und war später die Kulisse für den Kinoerfolg »Der große Gatsby«; **Beechwood** (580 Bellevue Ave.), Sitz der Astors, war mediterranen Palazzos nachempfunden und als Schauplatz rauschender Bälle und wilder Partys der inoffizielle Mittelpunkt der Newport-Elite; **The Breakers** (Ochre Pt. u. Ruggles Ave.), das größte und teuerste »Cottage« von allen, gehörte Cornelius Vanderbilt und ist ein innen mit Marmor, Alabaster, Gold und Edelhölzern beschlagener Renaissancepalast. Die Besichtigung dieser und weiterer »Sommerhäuser« kann mit einem Kombiticket der Preservation Society of Newport County erfolgen (Tel. 1-401-847-10 00).

✶ Providence

Die kompakte, auf mehreren Hügeln am Ende der Narragansett Bay liegende Hauptstadt von Rhode Island (177 000 Einw.) ist nach dem umfassenden Facelifting der vergangenen 15 Jahre ein ebenso interessantes wie charmantes Reiseziel. Renommierte Bildungseinrich-

Bowen's Wharf: der angesagte Treffpunkt in Newport

tungen wie die Browns University sorgen für Kultur, die Benefit Street und weitere schöne alte Häuserzeilen auf dem College Hill für Flair.

Groß und Respekt einflößend thront das **Rhode Island State House**, der strahlend weiße Regierungssitz, auf dem Smith Hill hoch über der Stadt. 1901 eingeweiht und gekrönt von der zweitgrößten selbsttragenden Kuppel der Welt, beherbergt es eine Gemäldesammlung mit zahlreichen historischen Werken (82 Smith St.; Öffnungszeiten: Mo. – Fr. 8.30 – 16.30 Uhr).

Benefit Street

Die sich hoch über der Water Street den College Hill hinaufarbeitende Benefit Street wird auch »mile of history« genannt: Hier verewigten sich die im Dreiecks- und Chinahandel reich gewordenen Kaufleute im 18. und frühen 19. Jh. mit herrlichen, dicht an dicht gebauten Bürgerhäusern. Besonders sehenswert ist das **John Brown House** (Benefit St. u. Power St.), 1786 vom größten Wohltäter der Stadt gebaut und Schaukasten seiner schillernden Persönlichkeit, sowie das **Museum of Art & Rhode Island School of Design**, ein Alte Meister, alte amerikanische Möbel, japanische Drucke und afrikanische Kunst beherbergender Gebäudekomplex (224 Benefit St.; Öffnungszeiten: Di. – So. 10.00 – 17.00 Uhr).

Richmond

Qg 27

Bundesstaat: Virginia
Höhe: 45 m ü.d.M.
Einwohnerzahl: 200 000
(Metropolitan Area: 1,1 Mio.)

Die Hauptstadt Virginias blickt stolz zurück. Fast wäre sie die Hauptstadt eines zweiten amerikanischen Staates geworden. Zugleich blickt sie aber auch selbstbewusst nach vorn: Ihre moderne Skyline signalisiert Fortschritt und Zukunftsglauben.

Ihre kurze, aber umso dramatischere Karriere als Hauptstadt der Konföderierten Staaten von Amerika verhalf ihr zu einem Stammplatz in den amerikanischen Geschichtsbüchern. Seit dem frühen 19. Jh. der kulturelle und gesellschaftliche Mittelpunkt der Pflanzeraristokratie des Südens, stand sie von 1861 bis zur bitteren Kapitulation 1865 für den Traum der Unabhängigkeit und ländlich-feudaler Lebensart. Damals wie heute hieß das Zauberwort Tabak – wenngleich heute mit Philip Morris nur eines von vielen weltweit operierenden Unternehmen hier seinen Hauptsitz hat.

RICHMOND ERLEBEN

AUSKUNFT

Richmond Metropolitan Convention & Visitors Bureau
401 N. 3rd St.
Richmond, VA 23219
Tel. 1-804-783-74 50
www.visitrichmond.com

ESSEN

► Erschwinglich
Havana '59
Main u. Franklin Sts.
Tel. 1-804-780-CUBA
Original kubanische Küche.

ÜBERNACHTEN

► Komfortabel/Günstig
Linden Row Inn
100 E Franklin St.
Tel. 1-804-783-70 00
www.lindenrowinn.com
Eleganter Inn aus alten, miteinander verbundenen Stadthäusern.

SHOPPING

Das Trendviertel Shockoe Slip zwischen James River und Cary Street ist mit seinen Antiquitäten- und Schmuckläden eine wahre Fundgrube für Besucher mit Kleingeld.

Sehenswertes in Richmond

✶ Virginia State Capitol Der von Thomas Jefferson entworfene Regierungssitz Virginias – und für vier Jahre auch der Konföderation – wurde 1788 eingeweiht und ist dank seiner in das Gebäude integrierten Rotunde sowie der einzigen je zu Lebzeiten George Washingtons angefertigten Statue des ersten US-Präsidenten sehenswerter Auftakt eines Richmond-Besuchs (Capitol Sq.; Öffnungszeiten: tgl. 9.00 – 17.00 Uhr).

Museum and White House of the Confederacy Auf dem Campus des Medical College of Virginia bewahren diese beiden Häuser das Andenken an die Konföderation. Das Museum zeigt viele den Südstaatlern noch heute teure Memorabilia, darunter den Abschiedsbrief General Lees von der US-Armee. Das viktorianische White House of the Confederacy war vier Jahre lang die Residenz ihres einzigen Präsidenten. Jefferson Davies wohnte hier mit seiner Familie, zu sehen sind die Privaträume (1201 Clay St.; Öffnungszeiten: Mo. – Sa. 10.00 – 17.00, So. ab 12.00 Uhr).

Black History Museum Das rote Backsteingebäude mit dem weißen Portikus im Herzen des Schwarzenviertels Jackson Ward zeigt die Stadtgeschichte aus schwarzer Sicht, wobei v. a. die Jazz- und Soul-Ära Erwähnung findet (3 Clay St., Öffnungszeiten: Di. – Sa. 9.00 – 17.00 Uhr).

Virginia Museum of Fine Arts Antike, vorkoloniales Afrika, europäisches Mittelalter, Renaissance, Impressionismus, Pop-Art und Fabergé-Eier: Der Bummel durch die weitläufigen Hallen gleicht einer Weltreise durch die Kunstgeschichte (200 N. Blvd.; Öffnungszeiten: Mi. – So. 11.00 – 17.00 Uhr).

★★ Rocky Mountain National Park

Pc 25

Bundesstaat: Colorado
Gründungsjahr: 1915
Fläche: 1072 km²

Vielfalt heißt das Zauberwort. Schneebedeckte Viertausender und eiskalte Gebirgsseen, sattgrüne Täler und schäumende Wildwasser: In dieser alpinen Wildnis zweieinhalb Autostunden nördlich von Denver tun die Rocky Mountains alles, um ihrem Klischee zu entsprechen.

So viel Schönheit wirkt zwangsläufig anziehend. Über drei Millionen Besucher kommen alljährlich, um Biber, Kojoten, Elche und Bären in ihrer natürlichen Umgebung zu erleben und auf einsamen Trails die Bergwelt zu erobern. Die Parkverwaltung ist daher rund ums Jahr vor allem damit beschäftigt, die Scharen so umweltschonend wie möglich zu dirigieren und zu kanalisieren.

Mit dem Auto oder zu Fuß

Die meisten Besucher genießen den Nationalpark, der den Hauptkamm des Gebirges mit dem 4345 m hohen **Longs Peak** umfasst, vom Auto aus: Rund 130 km Straße durchziehen den Park, darunter die 80 km lange, den Park in Ost-West-Richtung durchquerende **Trail Ridge Road**. Kurvenreich und voller dramatischer Ausichtspunkte, erreicht sie am High Point (3713 m ü.d.M.) ihren höchsten Punkt. Die Schönheit der wilden Berglandschaft erschließt sich allerdings erst dem Wanderer. Zahlreiche spektakuläre Trails stehen ihm zur Verfügung. Der steile Chasm Lake Trail (7 km) führt an Wasserfällen vorbei zu Aussichtspunkten Richtung Longs Peak. Emerald La-

ROCKY MOUNTAIN NATIONAL PARK ERLEBEN

AUSKUNFT

Rocky Mountain National Park
1000 Hwy. 36
Estes Park
CO 80517-8397
Tel. 1-970-586-12 06
www.nps.gov/romo

ESSEN/ÜBERNACHTEN

Innerhalb des Nationalparks gibt es nur einen Campingplatz. In dem Ort Estes Park, dem Tor zum Rocky Mountain National Park, existiert hingegen ein breites Übernachtungs- und Restaurantangebot.

▸ Luxus/Fein & teuer

Stanley Hotel
Estes Park
333 Wonderview Ave.
Tel. 1-970-586-33 71
www.stanleyhotel.com
Bestsellerautor Stephen King war hier bereits zu Gast, und von seinem Aufenthalt im »Stanley Hotel« ließ er sich zu seinem Horror-Thriller »Shining« inspirieren. Beruhigend, nicht wahr?
Im zugehörigen »Cascades Restaurant« lässt es sich vornehm speisen.

Erst Ende Mai kündigt sich der Frühling in den Rocky Mountains an.

ke Trail (3 km) und Sprague Lake Trail (9 km) führen zu nicht minder fotogenen Vista Points. Besucherzentren gibt es im Parkhauptquartier in Estes Park, am Westeingang bei Grand Lake, an der Bear Lake Road und auf dem Scheitelpunkt der Trail Ridge Road.

Estes Park Der am Nordostrand des Parks in einem Hochtal des Big Thompson River liegende Fremdenverkehrsort Estes Park (2293 m ü.d.M.) ist ein belebtes Vier-Jahreszeiten-Resort. Erfahrene Veranstalter bieten hier Wildwassertouren, Mountainbiking und Angeltrips an.

★ St. Augustine

Qe 31

Bundesstaat: Florida
Höhe: Meereshöhe
Einwohnerzahl: 14 000

Besonders Besucher aus Europa fühlen sich hier auf Anhieb wohl: Das an der Atlantikküste liegende Städtchen ist fast 450 Jahre alt und macht daraus auch keinen Hehl.

Schön herausgeputzt und gepflegt, lädt die älteste Stadt Nordamerikas zu einer Zeitreise ein: Enge, gewundene Straßen, kolonialspanische Häuser mit gusseisernen Toren, durch die man in schattige Atrien tritt, romantische Balkone und weitläufige Plazas im Schatten von Palmen und Palmetten lassen das moderne Florida für eine Wei-

ST. AUGUSTINE ERLEBEN

AUSKUNFT

St. Augustine, Ponte Vedra & The Beaches VCB
88 Riberia St., Suite 400
St. Augustine, FL 32084
Tel. 1-904-829-17 11
www.getaway4florida.com

ESSEN

▶ Erschwinglich

Harry's Seafood Bar & Grill
46 Av. Menendez
Tel. 1-904-824-77 65
Hier werden deftige und gut gewürzte Spezialitäten der Südstaaten-Küche und wundervolle Fischgerichte serviert.

▶ Preiswert

O. C. White's
118 Ave. Menendez
Tel. 1-904-824-08 08
Beliebter Treffpunkt von Einheimischen und Touristen, die sich hier »Coconut Shrimps« ebenso schmecken lassen wie »Caribbean Chicken« oder ein »Porterhouse Steak«.

ÜBERNACHTEN

▶ Luxus/Komfortabel

Casa Monica
95 Cordova Street
Tel. 1-904-827-18 88
www.casamonica.com
138 Z. u. Suiten. Die schlossähnliche Nobelherberge wurde 1888 errichtet und 1999 nach umfangreicher Modernisierung wieder eröffnet. Kolonialspanisch ist das Ambiente, erstklassig der Service.

▶ Komfortabel/Günstig

Best Western Spanish Quarter Inn
6 Castillo Dr.
Tel. 1-904-824-44 57
www.bestwestern.com
40 Z. Angenehme Unterkunft in der Nähe des Castillo de San Marcos.

le vergessen. Angeblich betrat der spanische Seefahrer **Ponce de Léon** 1513 hier erstmals amerikanisches Festland. 1565 gründete Don Pedro Menedez de Aviles an dieser Stelle ein Fort namens San Augustin, um die Franzosen aus der Gegend um Jacksonville zu vertreiben. Bis 1763 wuchs die Siedlung zum Verwaltungssitz der etwa 30 spanischen Stützpunkte in Florida heran. Nach einem kurzen britischen Intermezzo wurde Florida 1821 endgültig amerikanisch und St. Augustine geriet ins Abseits. Erst die Ankunft der Eisenbahn in den 1880er-Jahren hievte die Stadt zurück in die Gegenwart. Touristen entdeckten den Charme der alten Stadt. Bis heute ist der Tourismus die wichtigste Einnahmequelle der Stadt. Und die Erhaltung ihres kolonialspanischen Erbes in der **»Old Town«** genannten Altstadt ihr wichtigstes Anliegen.

Sehenswertes in St. Augustine und Umgebung

Castillo de San Marcos

1672 auf den Grundmauern des ersten Forts errichtet, schützte das wehrhafte Castillo de San Marcos die Stadt und wachte über die zwischen Mexiko und Spanien verkehrende Goldflotte. Ihre bis zu vier Meter dicken Mauern widerstanden den Angriffen von Engländern und Piraten. Ein kleines Museum dokumentiert die spannende Geschichte (1 E. Castillo Dr.).

> ! *Baedeker* TIPP
>
> **Edle Tropfen**
>
> Schon spanische Mönche zogen in dieser Gegend Weinreben. 1996 folgte ihnen die San Sebastian Winery, die seitdem Tafelweine, Sekt und Sherry produziert (157 King St., Tel. 1-904-826-15 94, Öffnungszeiten: Mo. – Sa. 10.00 – 18.00 Uhr).

Die Old Town konzentriert sich rund um die Castillo de San Marcos und Plaza de la Constitucion verbindende **Calle Real** bzw. St. George Street. Sehenswert an der als Fußgängerzone ausgewiesenen Straße sind v. a. das **Spanish Quarter Museum** (Nr. 33) zum Alltag um 1740 und das fotogene, vor 1690 erbaute **Casa Pena-Peck House** (Nr. 143), in dem die jeweiligen Machthaber der Stadt residierten.
Ein Muss ist der Besuch des **Old St. Augustine Village Museum** (Nr. 264). Am Beispiel zehn historischer Häuser wird die oft dramatische Stadtgeschichte nacherzählt.

Plaza de la Constitucion

Der 1598 angelegte, zur Bay hin offene Platz im Schatten alter Bäume wird von repräsentativen Gebäuden flankiert. Die Westseite beherrscht das **Government House**. Der alte Sitz der spanischen Kolonialverwaltung zeigt im Erdgeschoss eine Ausstellung zur Stadtgeschichte.
Die Nordseite dominiert die im Jahr 1797 im spanisch-maurischen Stil erbaute **Cathedral-Basilica of St. Augustine**, Sitz der ältesten katholischen Diözese in Nordamerika.

Anastasia Island

Unweit der Plaza de la Constitucion führt der Highway A1A über die historische Bridge of Lions auf diese schmale, der Stadt vorgelagerte Insel. Anastasia Island verfügt über zauberhafte Sandstrände. Schönster der öffentlich zugänglichen Strände ist der **St. Augustine Beach** in der Anastasia State Recreational Area.

★ St. Louis

Pk 26

Bundesstaat: Missouri
Höhe: 141 m ü.d.M.

Einwohnerzahl: 354 000
(Metropolitan Area: 2,7 Mio.)

Vor 200 Jahren lag die Stadt am Mississippi am Rand der Zivilisation: Nur Indianer und Trapper wussten, was westlich der Stadtgrenze lag. Heute liegt das frühere »Gateway to the West« im Herzen der USA und offeriert eine angenehme Mischung aus östlicher Kultiviertheit, westlichem Pioniergeist und südlicher Lebensart.

ST. LOUIS ERLEBEN

AUSKUNFT

St. Louis Convention and Visitor Bureau
701 Convention Plaza
Suite 300
St. Louis, MO 63101
Tel. 1-314-421-10 23
www.explorestlouis.com

SHOPPING

Fast alles unter einem Dach findet der Besucher in den Spezialitätengeschäften der Union Station. Modische Boutiquen und gut bestückte Antiquitätenläden gibt es im Central West End, vor allem an McPherson und Euclid Street.

AUSGEHEN

Ein lebhafter Anlaufpunkt während der Nacht ist das schön restaurierte Hafenviertel Laclede's Landing am Mississippi. Die beste Adresse für flotte Livemusik ist »Mississippi Nights« (914 S. 1st St.; Tel. 1-314-421-38 53).

ESSEN

► Fein & teuer

① ***Tony's***
410 Market St.
Tel. 1-314-231-70 07
Seit über 50 Jahren ist dieses Lokal einsame Spitze: italienische Küche mit Westcoast-Akzenten.

► Erschwinglich

② ***Harry's Restaurant***
2144 Market St.
Tel. 1-314-421-69 69
In Sichtweite von Union Station und Gateway Arch genießt man hier raffinierte neue amerikanische Küche.

ÜBERNACHTEN

► Luxus

① ***Seven Gables Inn***
26 N. Meramec St.
Tel. 1-314-863-84 00
www.sevengablesinn.com
32 Z.
Noble Unterkunft in einem historischen Tudor-Gebäude mit englischer Landhausatmosphäre.

► Komfortabel/Günstig

② ***Drury Inn Union Station***
201 S. 20th St.
Tel. 1-314-231-39 00
www.druryhotels.com
177 Z.
Nette Herberge gegenüber der Union Station.

Französische und frankokanadische Pelzhändler kamen, sahen und siedelten. Einer von ihnen, der Trapper **Pierre LaClède**, gründete 1764 unweit der Mündung des Missouri in den Mississippi einen Handelsposten und benannte ihn nach dem französischen König Louis XIV. 1803 machte der sogenannte »Louisiana Purchase« (►S. 42) aus der blühenden, von Frankreich und später von Spanien regierten Stadt eine amerikanische Frontierstadt. 1817 machte in St. Louis der erste Raddampfer fest, 1857 löste die Eisenbahn die Dampfschifffahrt ab.

St. Louis *Orientierung*

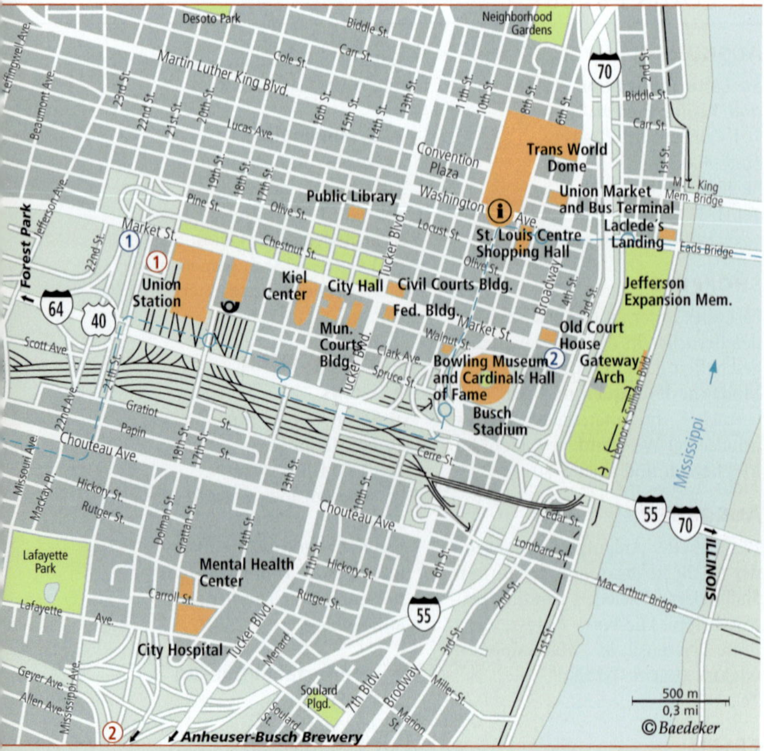

Essen
① Tony's
② Harry's Restaurant

Übernachten
① Seven Gables Inn
② Drury Inn Union Station

– –○– – Metro

Einwanderer aus Europa, die meisten von ihnen aus Deutschland, schoben die industrielle Entwicklung vor allem in der Textilbranche und im Brauereiwesen an.
Während des 20. Jahrhunderts machte auch St. Louis die für amerikanische Industriezentren typische, von Rassenunruhen und Flucht in die Vorstädte begleitete Talfahrt durch, bis massive Revitalisierungsmaßnahmen und Prestigeprojekte wie der Bau von Sportzentren in den 1960er-Jahren dieser Entwicklung Einhalt geboten.
Heute ist die **»Gateway City«** eine vibrierende Großstadt mit einer fantastischen Blues- und Jazzszene, die solche Mega-Stars wie Chuck Berry, Ike & Tina Turner, Clark Terry und Miles Davis hervorgebracht hat.

Sehenswertes in St. Louis

★★ Jefferson National Expansion Memorial

St. Louis' Stadtzentrum, begrenzt von der Biddle St. im Norden und der Choteau Ave. im Süden, erstreckt sich vom Ufer des Mississippi etwa 20 Häuserblocks landeinwärts. Die den Mississippi begleitende Parkanlage Jefferson National Expansion Memorial zwischen Poplar St. und Washington Ave. gedenkt der Vision US-Präsident Thomas Jeffersons von einem Staat zwischen Atlantik und Pazifik und ist die touristische Topattraktion der Stadt. Größter Blickfang ist der **Gateway Arch** (St. Louis Riverfront), ein 192 m hoher, 1965 aus rostfreiem Stahl fertiggestellter Bogen, der das Tor nach Westen symbolisiert. Im Inneren führen zwei Lifts hinauf zur Aussichtsplattform des Bogens. Im Besucherzentrum unter dem Gateway Arch erzählt das **Museum of Westward Expansion** spannende Geschichten aus der Pionierzeit (Öffnungszeiten Gateway Arch und Museum: Juni – Sept. tgl. 8.00 – 22.00, sonst tgl. 9.00 – 18.00 Uhr).

Old Court House

Landeinwärts vom Jefferson National Expansion Memorial gewannen im 1862 fertiggestellten Old Court House die Sklaven Dred und Helen Scott 1850 ihre Freiheit. Höhere Instanzen erklärten die »Dred Scott Decision« jedoch für ungültig und vertieften damit den Graben zwischen Nord und Süd. Ausstellungen beschäftigen sich mit dem Prozess und mit der Zeit unter französischer und spanischer Herrschaft (11 N. Fourth St.; Öffnungszeiten: tgl. 8.00 – 16.30 Uhr).

Union Station

Monumentale Erinnerung an eine Zeit, in der Bahnreisen noch etwas Besonderes waren: Der 1894 als größter der USA eingeweihte, eher an ein französisches Schloss erinnernde Bahnhof beherbergt heute ein Luxushotel, diverse Restaurants, Geschäfte und die noch immer grandiose, von der Market Street her zu betretende **Grand Hall** (Market St. zw. 18th u. 20th Sts.).

Bowling Museum and Cardinals Hall of Fame

Das International Bowling Museum and Cardinals Hall of Fame, der interaktiv und multimedial aufbereitete Schrein zweier der beliebtesten Sportarten der USA – Bowling und Baseball –, liegt gegenüber vom **Busch Stadium** und wird hauptsächlich von Vätern und ihren Söhnen besucht (111 Stadium Plaza Dr.; Öffnungszeiten: April bis Sept. tgl. 9.00 – 17.00, Okt. – März Di. – Sa. 11.00 – 16.00 Uhr).

Scott Joplin House State Historic Site

Nordwestlich der Union Station, umgeben von deutschen Einwandererfamilien, schrieb Scott Joplin (1868 – 1917), der »Vater des Ragtime«, viele seiner berühmtesten Songs (2658A Delmar Blvd.; Öffnungszeiten: Mo. – Sa. 10.00 – 16.00, So. 12.00 – 17.00 Uhr).

Forest Park

Die 1879 eröffnete größte Grünanlage der Stadt liegt westlich von Downtown St. Louis und bietet mehrere kulturelle Leckerbissen. Das nordöstlich anschließende Central West End, ein Viertel mit schönen Restaurants und Cafés, bietet sich für das Dinner danach an.

Hinter dem Old Courthouse spannt sich der 192 m hohe Stahlbogen des Gateway Arch, des Tors nach Westen.

St. Louis Art Museum ▶

Das in einem weitläufigen **Beaux-Arts-Gebäude** von 1904 untergebrachte St. Louis Art Museum zeigt Alte Meister und junge Wilde und ist besonders stolz auf seine Sammlung deutscher Expressionisten und amerikanischer Moderner, darunter Werke von Mark Rothko, Jackson Pollock und Richard Serra (1 Fine Arts Dr.; Öffnungszeiten: Di. – So. 10.00 – 17.00, Fr. 10.00 – 21.00 Uhr).

Missouri History Museum ▶

Das im Jahr 2000 eröffnete Museum bemüht sich in wechselnden Ausstellungen, historische Ereignisse der USA im Kontext darzustellen. Auch die permanente Ausstellung zur Stadtgeschichte von St. Louis folgt diesem Motto (Lindell Blvd./DeBaliviere Ave.; Öffnungszeiten: tgl. 10.00 – 17.00, Di. bis 20.00 Uhr).

Cathedral Basilica of Saint Louis

Wenige Blocks östlich vom Forest Park erhebt sich dieses romanische Gotteshaus, dessen mit über 41 Millionen Glasstückchen ausgelegtes Interieur landesweit Berühmtheit genießt. Die Arbeit an dem Wände, Decken und Kuppel bedeckenden, farbenprächtigen Mosaik dauerte 76 Jahre (Lindell Blvd. u. Newstead Ave.).

Anheuser-Busch Brewery

1852 eröffnete der deutsche Einwanderer Eberhard Anheuser im Süden von St. Louis eine Brauerei. Sein Schwiegersohn Adolphus Busch kreierte 1876 die Marke **Budweiser**. Heute ist Anheuser-Busch eine amerikanische Mega-Brauerei und »Bud« eines der meistgetrunkenen Biere der USA. Tägliche Touren durch das stadtähnliche Hauptquartier des Unternehmens verfolgen den Weg des Gerstensafts vom Hopfen bis zur Flasche (Lynch u. 12th Sts.; tgl. geöffnet).

✶ St. Petersburg

Qd 32

Bundesstaat: Florida
Höhe: Meereshöhe

Einwohnerzahl: 250 000
(Metropolitan Area: 2,7 Mio.)

»Gaze at the marvels!«, fordern die Einheimischen auf dem Pier auf, »Bestaunen Sie die Wunder!« Damit meinen sie das Ensemble aus postmodernen Bürotürmen und tropischem Wildwuchs drüben auf dem Festland. Denn St. Petersburg wirkt – nicht nur vom Wasser aus – wie ein urbanes Paradies.

Nahezu 365 Sonnentage im Jahr und die herrlichen Badestrände am Golf von Mexiko zogen lange nur Amerikas Senioren an. Seit den 1990er-Jahren sind es jedoch verstärkt auch junge Familien, die sich in St. Petersburg ansiedeln, angezogen von Jobs in den hiesigen Hard- und-Software-Firmen. Dem Charme der Stadt hat die Verjüngungskur nicht geschadet: Die zur Tampa Bay hin offene Downtown

ST. PETERSBURG ERLEBEN

AUSKUNFT

St. Petersburg/Clearwater Area Convention & Visitors Bureau
13805 58h St. N., Suite 2-200
Clearwater, FL 33760
Tel. 1-727-464-72 00
www.floridasbeach.com

SHOPPING

Das »Bay Walk Entertainment Center« in der Downtown beherbergt Trendboutiquen, Restaurants und Innenhöfe zum Ausruhen (153 Second Ave. N.).

BOATING

Bootsausflüge werden gleich im Dutzend angeboten. Schöne halbtägige Trips mit Delfinbeobachtung bietet die Dolphin Queen (The Pier, tgl. 11.30, 13.00, 15.00 und 17.00 Uhr).

AUSGEHEN

Neben dem Baywalk Entertainment Center lockt die große Freiluftarena Jannus Landing Courtyard mehrmals wöchentlich mit Livemusik der Spitzenklasse (16 2nd St. N.).

ESSEN

► Fein & teuer/Erschwinglich

Redwood's
247 Central Ave.
Tel. 1-727-896-51 18
Elegante neue amerikanische Küche, interessante Kombinationen, u. a. Hasenrücken mit frischem Seafood.

► Erschwinglich

Pacific Wave
211 Second St. S.
Tel. 1-727-822-52 35
Asiatisches Geschmackskaleidoskop, besonders lecker: Soup 'n Sushi.

ÜBERNACHTEN

► Luxus

Renaissance Vinoy Resort
501 5th Ave. N.E.
Tel. 1-727-894-10 00
St. Petersburgs bestes Stück schwelgt in Pink – direkt am Strand.

Auf dem Tampa Pier, dem Wahrzeichen der Stadt, wird immer etwas geboten.

mit ihren palmengesäumten Straßen verströmt noch immer die parfümierte Aura einer traditionsreichen Resortstadt. An dem Pier und in den Yachthäfen sitzen die Pelikane noch immer Spalier, liegen Segeljachten vor Anker, spielen Delfine in den Fluten.

Sehenswertes in St. Petersburg

★ **The Pier**

Die populärste Attraktion der Stadt ragt 730 m weit in die Tampa Bay und ist Laufsteg der Reichen, Schönen und Normalverbraucher. Blickfang am Ende ist eine umgekehrte, fünfstöckige Pyramide mit Snackrestaurants und Souvenirshops. Von hier bietet sich eine schöne Aussicht auf die moderne Skyline der Stadt.

Museum of Fine Arts

Das in einer neoklassizistischen Villa unweit dem Pier untergebrachte Museum beherbergt eine exquisite Kunstsammlung mit einer Bandbreite von der Antike über präkolumbische Kunst bis hin zu den europäischen Impressionisten und amerikanischen Modernen (255 Beach Dr. N.E.; Öffnungszeiten: Di. – Sa. 10.00 – 17.00, So. ab 13.00 Uhr).

★★ **Salvador Dalí Museum**

Die Galerie südlich von Downtown St. Petersburg widmet sich seit 1982 dem Werk des katalanischen Surrealisten. Gezeigt werden 95 Ölgemälde, über 100 Zeichnungen und Aquarelle sowie Drucke und Plastiken Dalís. Unter den Ausstellungsstücken befinden sich Meisterwerke wie **»Die Beharrlichkeit der Erinnerung«** von 1931 (1000 3rd St. S.; Öffnungszeiten: Mo. – Mi., Sa. 9.30 – 17.30, Do. bis 20.00, So. 12.00 – 17.30 Uhr).

Die St. Petersburg vorgelagerten Barriere-Inseln bieten schneeweiße Endlosstrände. Allein St. Petersburgs Seebad St. Pete Beach verfügt über herrliche, mit Hotels und Resorts gespickte Traumstrände. Nördlich von St. Pete Beach schließt die sechs Kilometer lange Barriere-Insel Treasure Island an, auch sie hat schöne Strände.

✶ **Strände**

✶ Salt Lake City

Ok 25

Bundesstaat: Utah
Höhe: 1288 m ü.d.M.
Einwohnerzahl: 182 000
(Metropolitan Area: 1,1 Mio.)

Spektakulär zwischen den bis zum Frühsommer schneebedeckten Dreitausendern der Wasatch Mountains und dem hitzeflimmernden Great Salt Lake liegend, ist das 1320 m hoch gelegene Salt Lake City nicht nur die Hauptstadt Utahs, sondern auch das kulturelle und spirituelle Zentrum der Mormonen. Die am schnellsten wachsende Religionsgemeinschaft der USA hat ihrer Stadt einen unverkennbaren Stempel aufgedrückt.

Die schneeweißen Türme des Mormon Temple grüßen den Reisenden schon von Weitem. Das berühmteste Gebäude im Staat Utah setzt einen augenfälligen Akzent in die moderne Skyline der Stadt und erinnert daran, dass dies das **Gravitationszentrum der Mormonenwelt** ist. Auch sonst ist Salt Lake City etwas anders als andere amerikanische Großstädte. Restlos sauber, überaus freundlich und gefüllt mit Denkmälern und Missionen, reflektiert es unmissverständlich die Grundsätze des Mormonentums, die die Gemeinschaft und zivile Ordnung an vorderster Stelle sehen. Familie wird großgeschrieben: Selten gibt es in einer amerikanischen Stadt mehr Kinderausstatter und Spielzeugläden.

Geschichte

Tatsächlich mögen nur glaubensstarke Pioniere in der Lage gewesen sein, der lebensfeindlichen Great Salt Desert diese Oase zu entreißen. Im Sommer 1847 gründeten die Mormonen unter der Führung ihres Propheten **Brigham Young** nach anderthalbjähriger Wanderung die Stadt. Mit unerhörtem Fleiß und einem ausgeklügelten Bewässerungssystem gelang es ihnen bald, eine blühende Landwirtschaft auf die Beine zu stellen. Zentrum ihrer Stadt wurde der Temple Square. Seit 1848 US-Territorium, durfte Utah erst 1896 den USA beitreten, nachdem der amtierende Prophet in Salt Lake City offiziell der von den Mormonen praktizierten Polygamie entsagt hatte. Heute stützt sich die Wirtschaft der Stadt am stärksten auf den Dienstleistungssektor. Die Zuwanderung von Latinos und mormonischen Polynesiern brachte ebenso Farbe in die vormals rein weiße Stadt wie die Austragung der Olympischen Winterspiele 2002.

SALT LAKE CITY ERLEBEN

AUSKUNFT

Salt Lake City Visitor Information Center
90 S. West Temple St.
Salt Lake City, UT 84101-1406
Tel. 1-801-521-28 22
www.slctravel.com

SHOPPING

Der Konsumpalast »Crossroads Plaza« ist mit vier Etagen Einkaufsspaß eine der größten überdachten Shoppingmalls der USA (50 South Main u. South Temple Sts.). Neuer ist »The Gateway«, eine riesige Freiluftmall vor der Stadt (90 S. 400 St.).

ESSEN

► Fein & teuer

① *The New Yorker*
60 Market St.
Tel. 1-801-363-01 66
Die derzeit beste Adresse der Stadt wird wegen der strengen Alkoholgesetze im Staate Utah im Stil eines Privatklubs geführt. Man kann jedoch ohne Weiteres vorübergehendes Mitglied werden. Serviert werden amerikanische und internationale Gerichte.

► Fein & teuer/Erschwinglich

② *Market Street Broiler*
260 South 1300 East
Tel. 1-801-583-88 08
Wer im führenden Fischrestaurant der Stadt speisen will, benötigt eine prall gefüllte Geldbörse. Dafür bekommt man aber auch einen frischen und bestens zubereiteten Fisch. Wer nichts für Wassertiere übrig hat, kann sich hier auch ein herzhaftes Steak oder ein Hähnchen grillen lassen.

► Preiswert

③ *Marianne's*
149 W. 200 S. St.
Tel. 1-801-364-05 13
Hier gibt's deutsches Essen und deutsches Bier zu annehmbaren Preisen.

ÜBERNACHTEN

► Luxus

① *The Grand America Hotel*
555 South Main St.
Tel. 1-801-258-60 00
www.grandamerica.com
Das beste und teuerste Hotel in Salt Lake City. Die 780 Zimmer sind mit exklusivem Mobiliar und allem erdenklichen Luxus ausgestattet.

② *Sheraton City Centre Hotel*
150 W. 500 South St.
Tel. 1-801-401-20 00
www.starwoodhotels.com/sheraton
Das Hotel bietet 362 gemütliche Zimmer, darunter 30 Suiten, ein Business-Center, Tagungsräumlichkeiten, einen beheizten Außenpool sowie einen Innen-Whirlpool mit Sauna. Ein kostenloser Zubringerservice zum Salt Lake City International Airport ist täglich verfügbar.

► Komfortabel

③ *Red Lion*
161 West 600 South St.
Tel. 1-801-521-73 73
www.redlion.com
Die 390 Zimmer des zentral gelegenen Hotels sind mit jeglichem Komfort ausgestattet.

► Günstig

④ *Skyline Inn*
2475 E. 1700 S
Tel. 1-801-582-53 50
www.skylineinn.com
Das Hotel liegt erhöht im Osten der Stadt, sodass man von hier aus das Tal überblicken kann.

Salt Lake City (Downtown) *Orientierung*

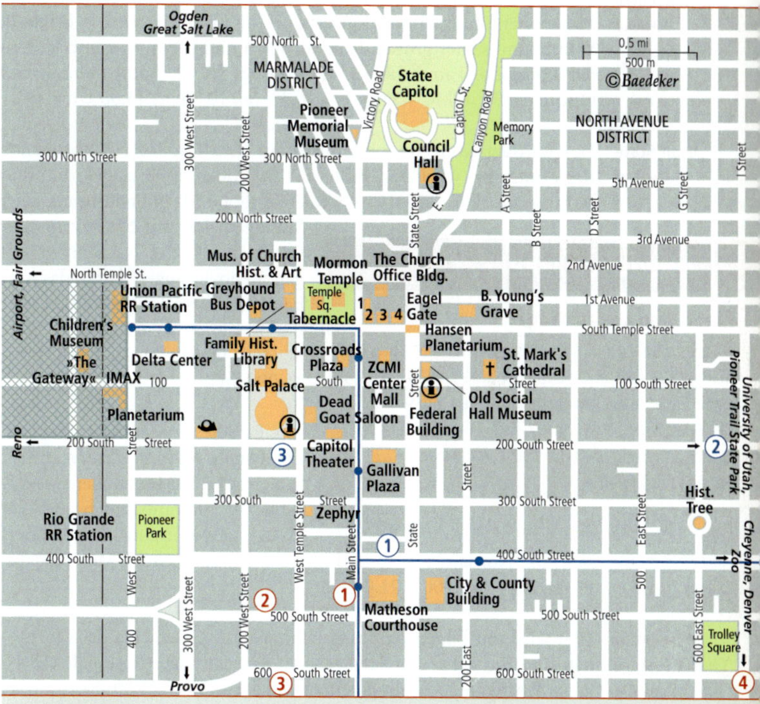

Übernachten
1. The Grand America Hotel
2. Sheraton
3. Red Lion
4. Skyline Inn

Essen
1. The New Yorker
2. Market Street Broiler
3. Marianne's

1 Brigham Young Monument/ Meridian Marker
2 J. Smith Mem. Bldg.
3 The Lion House
4 The Beehive House

●—● TRAX Light Rail

Sehenswertes in Salt Lake City

★ **Temple Square**

Der Temple Square, von dem alle Straßen der Stadt ausgehen, beherbergt die wichtigsten Gebäude des Mormonentums. Der 1893 geweihte **Mormon Temple** steht im Zentrum. Flankiert von jeweils drei Türmen, von denen einer die vergoldete Figur des Engels Moroni trägt, ist der Zugang zu dem schönen Granitbau nur Mormonen vorbehalten. Das ovale **Tabernacle** hingegen ist öffentlich. Bekannt für seine hervorragende Akustik, tritt unter der zu den größten der Welt gehörenden Kuppel der weltberühmte **Mormon Tabernacle Choir** auf. Die Orgel mit ihren fünf Manualen und 10 857 Pfeifen wird regelmäßig gespielt (Mo. – Sa. 12.00, So. 12.00 und 14.00 Uhr). Zwei Besucherzentren auf dem Temple Square informieren über die mormonische Glaubenswelt (Öffnungszeiten: tgl. 9.00 – 20.45 Uhr).

Beehive House Das schöne gelbe Haus mit dem breiten Balkon war das Heim des Mormonenführers und Gouverneurs des Utah Territory, **Brigham Young**, und seiner großen Familie. 30-minütige Führungen erläutern das komplexe Familienleben der Youngs (67 E. South Temple St.; Öffnungszeiten: Mo. – Sa. 9.30 – 16.30, So. 10.00 bis 13.00 Uhr).

Utah State Capitol Der nördlich vom Temple Square auf dem Capitol Hill thronende Regierungssitz wird von einer 87 m hohen Kuppel gekrönt und stammt aus dem Jahr 1915. Die 50 m hohe Marmor-Rotunda zeigt Wandgemälde mit Szenen aus der Geschichte Utahs. Nach aufwendigen Renovierungen kann das Gebäude seit dem Frühjahr 2008 wieder besichtigt werden (300 N. State St.; Führungen: Mo. – Fr. 9.00 bis 16.00 Uhr).

! *Baedeker* TIPP

Kurze und weite Wege

Das Stadtzentrum kann man vom Temple Square aus gut zu Fuß erkunden. Größere Distanzen überwindet man am besten mit den Bussen der Utah Transit Authority. Der »Centennial Discovery Trolley« steuert alle wichtigen Sehenswürdigkeiten an.

Ein Paradies für Familienforscher: Die **Family History Library** enthält u. a. rund 2,4 Mio. Rollen Mikrofilme mit Stammbäumen aus aller Welt. Die Sammlung konzentriert sich auf Nordamerika und Europa (Öffnungszeiten: Mo. 8.00 bis 17.00, Di. – Sa. 8.00 – 21.00 Uhr).

Museum of Church History and Art Hier wird mit Filmen und Ausstellungen die Geschichte der Mormonen und die Lehre der Heiligen der Letzten Tage dargestellt (45 N. West Temple St.; Öffnungszeiten: Mo. – Fr. 9.00 – 21.00, Sa. und So. 10.00 – 19.00 Uhr).

✶ **This is the Place Heritage Park** Das Museumsdorf, mit reichlich Pathos als Schrein der heldenhaften Mormonenpioniere konzipiert, gibt Aufschluss über die entbehrungsreichen Anfänge der Stadt. Zu sehen sind u. a. Denkmäler, Filmpräsentationen und **Old Deseret Village**, ein aus Originalhäusern und Rekonstruktionen bestehendes Pionierdorf aus den 1850er-Jahren (2601 E. Sunnyside Ave., Emigration Canyon; Öffnungszeiten: tgl. 9.00 – 17.00 Uhr).

Umgebung von Salt Lake City

Wintersport Um Salt Lake City scharen sich die Wintersportorte mit Pisten für alle Schwierigkeitsgrade und mit mehreren Liftanlagen in der reizvollen und für ihren »Champagner-Schnee« bekannten Hochgebirgslandschaft der Wasatch Mountains, z. B. Alta oder Snowbird mit dem 3353 m hohen Hidden Peak, auf den man mit der **Snowbird Ski Tram** (Bergbahn) hinauffahren kann, oder die hoch gelegenen Touristenorte Solitude und Brighton, die man durch den wildromantischen Big Cottonwood Canyon erreicht.

Architektur der Pionierzeit im Freilichtmuseum »Old Desert Village«

Von seinen Ausmaßen her ist der Great Salt Lake zwar riesig, ist aber nur bis zu 10 m tief. Aufgrund seines hohen Salzgehaltes kann man im Großen Salzsee ohne heftige Bewegungen schwimmen. Man »schwebt« quasi im Wasser. Nach einem Bad im Salzsee empfiehlt sich eine gründliche Dusche. Gute Badeplätze gibt es im 22 km westlich von Salt Lake City gelegenen **Great Salt Lake State Park**, im Bereich der Erholungsanlage **»Saltair Resort«** sowie im **Antelope Island State Park**.

* **Great Salt Lake**

San Antonio

Pf 31

Bundesstaat: Texas
Höhe: 246 m ü.d.M.
Einwohnerzahl: 1,3 Mio.
(Metropolitan Area: 1,9 Mio.)

Moderne Bürohochhäuser, spanische Kolonialgemäuer, Art déco und viktorianische Giebel, Postmoderne und öder Funktionalismus: In San Antonios kompakter, bequem begehbarer Downtown üben sich Alt und Neu in friedlicher Koexistenz.

San Antonio ist nicht nur der Geburtsort von Texas, die Stadt spiegelt auch – mehr als jeder andere Ort im Bundesstaat – die Spuren ihrer Kulturen wieder. Über die Hälfte der Einwohner spricht heute zu Hause Spanisch. Wo früher spanische Missionare, amerikanische Rancher und deutsche Einwanderer ihren Geschäften nachgingen, schlürfen ihre Nachkommen heute Margarita und nach dem deutschen Reinheitsgebot gebrautes Bier.

SAN ANTONIO ERLEBEN

AUSKUNFT

San Antonio Convention & Visitors Bureau
203 S. St. Mary's St., Suite 200
San Antonio, TX 78205
Tel. 1-210-207-67 00
www.visitsanantonio.com

SHOPPING

In der fußgängerfreundlichen Downtown lädt die weitläufige »River Center Mall« unweit des Alamo mit 135 Geschäften zum Einkaufsbummel ein (848 E. Commerce St.). Outlet-Shopper werden sich für den »New Braunfels Marketplace« in New Braunfels interessieren.

ESSEN

► Erschwinglich
Boudro's
Am Riverwalk
421 E. Commerce St.
Tel. 1-210-224-84 84
Ribs, Enchilladas, Seafood vom Golf von Mexiko.

► Preiswert
Mi Tierra
Market Sq.
Tel. 1-210-225-12 62
Eine Institution: Seit über 60 Jahren genießt hier San Antonios Hispano-Bevölkerung scharf gewürzte mexikanische Küche.

ÜBERNACHTEN

► Komfortabel/Günstig
The Menger Hotel
204 Alamo Plaza
Tel. 1-210-223-43 61
www.mengerhotel.com
318 Z. Historisches Hotel mit Filmerfahrung nahe Alamo und River Center Mall. Herrschaftliche Lobby und gemütliche Zimmer.

Geschichte Im Jahr 1718 gründeten die Spanier am San Antonio River – noch heute liegen hier die meisten Sehenswürdigkeiten – den Militärposten Presidio de Bexar und die Missionsstation San Antonio. Die Siedlung stieg zur Hauptstadt der spanischen Provinz Texas auf und wurde nach Vertreibung der Spanier (1821 – 1836) mexikanisch. Die Unzufriedenheit der zugezogenen Amerikaner kulminierte in der Forderung eines unabhängigen Staates. 1835 sagte sich Texas von Mexiko los, ein Jahr später fand in San Antonio die berühmte **Schlacht um den Alamo** zwischen Mexiko und Texas statt. Im gleichen Jahr erlangte Texas die Unabhängigkeit von Mexiko. Bis zur Eingliederung des Landes in die USA 1845 gehörte San Antonio zur selbstständigen Republik Texas. Der Anschluss öffnete San Antonio für Einwanderer aus Europa, vor allem aus Deutschland.

Sehenswertes in San Antonio

★★ The Alamo Im Osten der Downtown steht unweit des San Antonio River das Symbol des texanischen Freiheitskampfes. »The Alamo« (span. »Pappel«), 1724 von den Spaniern als Mission San Antonio de Valero gegründet und 1836 von den Mexikanern zum Fort ausgebaut, erlebte im Jahr zuvor die Niederlage mexikanischer Truppen gegen eine Armee texanischer Freiwilliger. Im Gegenzug führte im Februar 1836 der mexikanische General **Antonio Lopez de Santa Ana** 4000 Mann gegen San Antonio und belagerte die von 187 Verteidigern gehaltene Mission. 13 Tage später fiel die Festung. Alle 187 Männer im Alamo, unter ihnen die berühmten Trapper Davy Crockett, James Bowie und William Travis, kamen ums Leben. 46 Tage später besiegte General Sam Houston Lopez de Santa Anas Truppen in der Schlacht von San Jacinto – mit dem Schlachtruf **»Remember the Alamo«** stürmten seine texanischen Freiwilligen in die Unabhängigkeit. Heute ist die ehemalige Missionsstation ein von jährlich rund 2,5 Mio. Menschen besuchtes Nationaldenkmal. Ausstellungen zeigen persönliche Gegenstände der Verteidiger und dokumentieren jede Phase der Belagerung (300 Alamo Plaza; Öffnungszeiten: Mo. – Sa. 9.00 – 17.30, So. ab 10.00 Uhr).

La Villita National Historic District

Ende des 18. Jh.s am Ostufer des San Antonio River gegründet, ist »Little Village« heute ein schön restauriertes mexikanisches Viertel mit schattigen Plazas, vielen Kunsthandwerksläden und Restaurants in romantischen Adobehäusern (River Walk u. Alamo Sts.).

The Alamo – Symbol des texanischen Freiheitskampfes

HemisFair Park Schauplatz der Weltausstellung von 1968, wird der HemisFair Park vom 229 m hohen, kürzlich renovierten **Tower of the Americas** überragt. Der Blick von der außen angebrachten Aussichtsplattform über die Stadt scheint die Höhe zu verdoppeln. Ebenfalls auf dem Gelände befinden sich das Institute of Texan Cultures (801 S. Bowie St.), das sich den Kulturen des multiethnischen Bundesstaates widmet, sowie das Instituto de Mexico (600 HemisFair Park) mit Ausstellungen mexikanischer Künstler.

Mit dem Elektroboot auf Sightseeingtour entlang des River Walk

Unweit vom Alamo beginnt der auch Paseo del Rio genannte, vier Kilometer lange **River Walk**, der unterhalb der Straße dem windungsreichen Lauf des San Antonio River folgt. Abschnitte mit dem Trubel von Hotels, Restaurants und Shoppingmalls wechseln ab mit beschaulichen, schattigen Plätzen inmitten reicher subtropischer Vegetation, an denen fast venezianische Atmosphäre aufkommt. Mancherorts werden Bootsfahrten angeboten.

An der **Main Plaza** finden sich die Anfänge San Antonios, als 1732 Einwanderer von den Kanarischen Inseln unweit der Mission die **Plaza de Las Islas** absteckten und erste Häuser bauten. Beherrscht wird der stille Platz von dem im romanischen Stil erbauten Bexar County Courthouse und der San Fernando Cathedral, die von 1738 bis 1758 von kanarischen Siedlern erbaut wurde.

Spanish Governor's Palace Der weiß gekalkte, 1749 mit Baumaterial aus Spanien erbaute Sitz des spanischen Gouverneurs liegt jenseits der Main Plaza und zeigt handgeschnitzte Portale und einen schönen Mosaikboden im Innenhof (105 Military Plaza).

King William Historic District Südlich von Main und Military Plaza beginnt dieses nach Kaiser Wilhelm I. benannte Viertel. Gegründet von deutschen Einwanderern und später bewohnt von Immigranten aus aller Welt, lassen sich an den schmucken, baumbestandenen Straßen die verschiedensten Baustile studieren; auch können zwei Wohnhäuser deutscher Einwanderer, **Guenther House** (205 E. Guenther St.) und **Steves Homestead** (509 King William St.), besichtigt werden.

Market Square Auf dem größten mexikanischen Markt außerhalb Mexikos wird alles verkauft, was nicht niet- und nagelfest ist. Wegen seiner knallbunten Farben ein Paradies für Fotografen, gibt es zudem zahlreiche Spezialitätenrestaurants. Jenseits der Straße bieten auf dem nicht minder quirligen Farmers Market die Bauern der Region ihre Produkte an (Commerce, Sta. Rosa u. Dolorisa Sts.).

Brackenridge Park

Der üppig begrünte und von gewundenen Spazierwegen durchzogene Park bietet u. a. eine niedliche Miniatureisenbahn, einen romantischen japanischen Teegarten und den wegen seiner Schneeleoparden und weißen Nashörner berühmten **San Antonio Zoo** (Öffnungszeiten: Sommer tgl. 9.00 – 18.00, Winter bis 17.00 Uhr).

San Antonio Museum of Art

Das in Gebäuden der LoneStar Brewing Co. untergebrachte Museum konzentriert sich neben europäischem Kunstschaffen vor allem auf die zeitgenössischen indianischen Künstler des Südwestens und Mexikos (200 W. Jones Ave.; Öffnungszeiten: Di. 10.00 – 21.00, Mi. bis Sa. bis 17.00, So. 12.00 – 18.00 Uhr).

McNay Art Museum

Cézanne, Picasso, Hopper, Matisse: In den rund 20 Räumen dieses schönen Kunstmuseums begegnet man großen Namen (6000 N. New Braunfels Ave.; wegen Renovierung bis Sommer 2008 geschl.).

★ Mission Trail

Innerhalb des Stadtgebiets von San Antonio gibt es weitere Missionsstationen aus dem 18. Jahrhundert. Im San Antonio Missions National Historical Park zusammengeschlossen, können sie auf dem ausgeschilderten Mission Trail abgefahren werden. Die schönsten dieser spanischen Missionen sind die Mission **San Juan Capistrano** (1731) und die als »Königin der Missionen« bezeichnete Mission **San José y San Miguel de Aguayo** (1720 – 1731) mit ihrem prächtigen Kirchenportal und skulptierten Sakristeifenstern.

★ San Diego

Og 29

Bundesstaat: California
Höhe: 13 m ü.d.M.
Einwohnerzahl: 1,3 Mio.
(Metropolitan Area: 3 Mio.)

Fragt man amerikanische Teenager, wo sie die Zeit zwischen Schule und College am liebsten verbringen würden, nennen sie San Diego. Jachthäfen, über 100 Kilometer gelbe Sandstrände, eleganter, zugleich relaxter Lifestyle und Tijuana, Kaliforniens Partytown auf der mexikanischen Seite, nur 30 Minuten entfernt: San Diego macht wirklich Spaß – und zwar nicht nur Teenagern.

Die südliche Stadtgrenze ist zugleich die Grenze zu Mexiko. Der Naturhafen machte San Diego zu einer der bedeutendsten Hafenstädte der Westküste, in der seit Pearl Harbor die Pazifikflotte ihr Hauptquartier unterhält. Den mit so viel militärischer Präsenz einhergehenden Ruf einer konservativen Bastion hat die Stadt seit der Ankunft

SAN DIEGO ERLEBEN

AUSKUNFT

San Diego Convention & Visitors Bureau
2215 India St.
San Diego, CA 92101
Tel. 1-619-232-31 01
www.sandiego.org

SHOPPING

Ein Einkaufsparadies in Downtown ist »Westfield Shoppingtown Horton Plaza« zwischen Broadway, G St., 1st und 4th Street. Boutiquen und Kunsthandwerk gibt es im Gaslamp District.

ESSEN

► Fein & teuer

① ***Laurel Restaurant & Bar***
505 Laurel St.
Tel. 1-619-239-22 22
Eines der besten Restaurants in San Diego bietet südfranzösische Küche und ein erlesenes Weinangebot.

► Erschwinglich

② ***Hob Nob Hill***
2271 1st Ave.
Tel. 1-619-239-81 76
Einfallsreiche Fisch- und Fleischgerichte bekommt man in der Nähe des Balboa Park zu annehmbaren Preisen geboten.

③ ***The Boathouse***
2040 Harbour Island Dr.
Tel. 1-619-291-80 11
Direkt am Hafen gelegen, kann man in diesem Restaurant neben vielen verschiedenen Fischgerichten auch die herrliche Aussicht genießen.

► Preiswert

④ ***The Coronado Brewing Company***
170 Orange Ave., Coronado
Tel. 1-619-437-44 52
Das CBC liegt auf der anderen Seite der Coronado Bridge. Zu internationalen Speisen wird hier selbst gebrautes Bier gereicht. Kinder unter 12 Jahren können kostenlos essen.

ÜBERNACHTEN

► Luxus

① ***Wyndham Emerald Plaza***
400 W. Broadway
Tel. 1-619-239-45 00
www.wyndham.com
436 Z. Hochmodernes Hotel mitten in Downtown. Hier verkehren in erster Linie Geschäftsreisende. Aber auch viele Touristen haben die zentrale Lage dieses Hauses schätzen gelernt.

► Komfortabel

② ***Holiday Inn on the Bay***
1355 N. Harbor Dr.
Tel. 1-619-232-38 61
www.ichotelsgroup.com
600 Z. Direkt am Hafen bzw. am Seaport Village liegt dieser Hotelkomplex, dessen Zimmer den üblichen Holiday-Inn-Komfort bieten.

Baedeker-Empfehlung

► Günstig

③ ***Best Western Blue Sea Lodge***
707 Pacific Beach Dr.
Tel. 1-858-488-47 00
www.bestwestern.com
128 Z. Geheimtipp für Urlauber, die das Geld nicht mit vollen Händen ausgeben wollen! Das einfache, aber mit üblichem Komfort ausgestattete Haus liegt direkt am gut besuchten Pazifikstrand. In der Nähe gibt es hübsche Lokale und Shoppingmöglichkeiten. »Sea World« liegt nur wenige Minuten entfernt, ins Zentrum von San Diego dauert es etwa eine halbe Stunde.

San Diego Downtown *Orientierung*

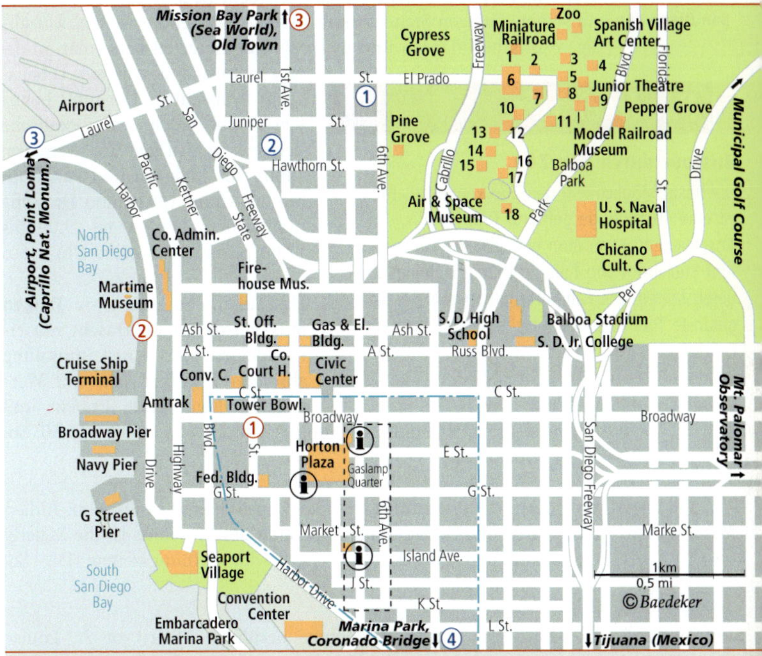

1 Old Globe Theatre
2 Museum of Art
3 Botanical Building
4 Natural History Museum
5 Timken Museum of Art
6 Museum of Man
7 Mingei International Museum/ Museum of The Living Artist
8 Visitors Center
9 Reuben H. Fleet Science Center
10 Hall of Nations/United Nations Building
11 Organ Pavillon
12 House of Pacific Relations
13 Balboa Park Club
14 M. Hitchcock Puppet Theatre
15 Automotive Museum
16 Hall of Champions Sports Mus.
17 Municipal Gym
18 Starlight Bowl

Essen
① Laurel Restaurant & Bar
② Hob Nob Hill
③ The Boathouse
④ Coronado Brewing Company

Übernachten
① Wyndham Emerald Plaza
② Holiday Inn on the Bay
③ Best Western Blue Sea Lodge

boomender Hightech-Branchen jedoch längst abgeschüttelt. Deren meist jugendliche Mitarbeiter verbringen ihre freie Zeit vorzugsweise auf dem Wasser, am Strand oder zumindest in Strandnähe. Dabei geht etwas unter, dass San Diego auch für sein Aufgebot erstklassiger Museen berühmt ist.

★ Balboa Park

Der weitläufige Balboa Park wurde anlässlich der Panama-California-Ausstellung im Jahr 1915/1916 angelegt und bietet als Mekka der schönen Künste auf 565 ha zahlreiche Top-Museen, Theater und Restaurants.

San Diego Zoo ✶ Der San Diego Zoo befindet sich seit dem Beginn der 1920er-Jahre an seinem jetzigen Standort und wird fortwährend erweitert. Unzählige exotische Pflanzen und mehr als 800 Tierarten kann man in ihrem naturnah gestalteten Lebensraum beobachten. Darunter befinden sich auch so exotische Vertreter wie Tiger aus Sumatra, Tapire aus Malaysia und **Pandabären** aus China (2920 Zoo Dr.; Öffnungszeiten: Winter tgl. 9.00 bis 17.00, Sommer bis 20.00 Uhr).

> ! *Baedeker* TIPP
>
> **Bustour durch den Zoo**
>
> Die beste Möglichkeit, den Zoo kennenzulernen, ist eine 40-minütige geführte Tour im Bus. Anschließend kann man mit dem Bus, der an fünf Stellen im Zoo hält, zu seinen Lieblingstieren fahren. Die Fahrkarte gilt sowohl für die geführte Tour als auch für alle anschließenden Fahrten.

Das äußerliche eher triste **Timken Museum of Art** überrascht mit einer kleinen, aber feinen Sammlung absoluter Klassiker, u. a. mit Werken von Rembrandt, Rubens und Veronese (1500 El Prado; Öffnungszeiten: Di. – Sa. 10.00 – 16.30, So. 13.30 – 16.30 Uhr).

San Diego Museum of Art Grandioser Querschnitt durch das Kunstschaffen in Spanien, Indien und Nord- und Südamerika: Spezialität des Museums ist die Malerei des spanischen Barock (1450 El Prado; Öffnungszeiten: Di. – So. 10.00 – 18.00 Uhr).

San Diego Air & Space Museum In San Diego wurde Lindberghs berühmte »Spirit of St. Louis« gebaut: Grund genug, den historischen Fliegern im San Diego Air & Space Museum einen Besuch abzustatten (2001 Pan American Plaza; Öffnungszeiten: tgl. 10.00 – 17.30 Uhr).

✶ Downtown, Old Town und Mission Bay

San Diegos Downtown, ein ansprechendes Ensemble aus historischen Gebäuden und postmoderner Architektur, liegt zwischen Balboa Park und der San Diego Bay. Das **Gaslamp Quarter**, ein historisches Viertel zwischen Broadway und K Street mit zahlreichen viktorianischen Gebäuden aus der Zeit zwischen 1880 und 1910, bietet eine nostalgische Reise zurück in die Zeit der Droschken und ersten Straßenbahnen. Heute ist das Viertel wegen seiner vielen Theater, Bars und Restaurants ein beliebter Treffpunkt für Nachtschwärmer. Den Glanz der guten alten Zeit reflektiert am eindrucksvollsten das herrlich altmodische **Horton Grand Hotel** (311 Island Ave.).

Waterfront Die Top-Attraktion am Wasser ist seit Jahren das **Maritime Museum of San Diego** (1492 N. Harbor Dr.). Hier ankern gegenüber vom San Diego County Administration Building sechs historische Schiffe, darunter die herrliche »Star of India«, das älteste noch seetüchtige Schiff der Welt (Öffnungszeiten: tgl. 9.00 – 20.00 Uhr).

Der Balboa Park mit seiner spanisch-mexikanischen Architektur dient oft als Kulisse für Hochzeitsfotos.

Old Town

Nördlich der heutigen Downtown fing alles an. Der zu Füßen des Presidio Hill liegende Old Town San Diego State Historic Park, die Keimzelle der Stadt, besteht aus restaurierten Adobe-Häusern und traditionellen Werkstätten aus der spanischen Kolonialzeit. Das schöne, von einem weithin sichtbaren Glockenturm gekrönte **Serra Museum** auf dem Hügel erinnert an den Gründer der Stadt und dokumentiert in fünf Galerien die Stadtgeschichte (2727 Presidio Drive; Öffnungszeiten: tgl. 10.00 – 16.30 Uhr).

Mission Bay

In den 1930er-Jahren trockengelegt und in der Folgezeit in einen Open-Air-Spielplatz mit künstlichen Inseln, Radwegen und 70 km Sandstrand verwandelt, ist die nordwestlich von Downtown San Diego liegende Mission Bay ein beliebtes Naherholungsziel für den gesamten Großraum. Auch 40 Jahre nach seiner Eröffnung noch immer größter Publikumsmagnet ist **Sea World** (500 Sea World Dr.). Der von Anheuser-Busch betriebene Wasservergnügungspark zeigt Delfin- und Orcashows sowie Seelöwen, Robben, Otter und viele andere Meeresbewohner.

Cabrillo National Monument

Am Südende der Halbinsel Point Loma wird im Cabrillo National Monument der Entdeckung Kaliforniens durch den Portugiesen Juan Rodriguez Cabrillo im September 1542 gedacht. Das Nationaldenkmal, das bei klarer Sicht einen weiten Rundblick über die Stadt erlaubt, ist von Mitte Dezember bis Mitte Februar ein idealer Standort, um **Grauwale** auf ihrer Wanderung von der Beringsee nach Süden zu den warmen Buchten in Baja California zu beobachten. Spaziergänge führen zum alten Leuchtturm, über den Bayside Trail und die Sylvester Road mit einer bizarren Mischung aus Wüsten- und Küstenvegetation.

POWELL AND MARKET
HYDE AND BEACH FISHERMANS WHARF
15
The Original San Francisco Treat.

★★ San Francisco

Od 27

Bundesstaat: California
Höhe: 0 – 277 m ü.d.M.
Einwohnerzahl: 765 000
(Metropolitan Area: 7,3 Mio.)

San Francisco gehört zu den magischen Reisezielen der USA. Ein Ort, an dem Besucher zu Fuß eine Reise durch die Kulturen der Welt unternehmen können, so dicht liegen die ethnisch geprägten Stadtteile beieinander. Vielleicht ist das beschwingte Lebensgefühl der Bewohner auch wie der Tanz auf einem Vulkan. Schließlich zieht sich der instabile San-Andreas-Graben quer unter San Francisco durch.

Kaum eine Stadt kann sich einer schöneren Lage rühmen als San Francisco: an der Spitze einer Halbinsel mit 40 Hügeln zwischen San Francisco Bay und Pazifik. Hinzu kommt ein unverwechselbares Klima, dessen sommerlicher Nachmittagsnebel die **Golden Gate Bridge** oft genug wie in Watte hüllt und die Touristen einmal mehr zur Kamera greifen lässt. Die San Franciscans danken es mit einer charmanten **»Laidbackness«**, die ansteckend wirkt.
San Francisco macht den Kopf frei. Kein Wunder, dass hier so manche nationale und internationale Bewegung begann. Die Fitness-Bewegung beispielsweise und Aerobic. Das Mountainbike wurde hier erfunden, und Kultmagazine wie »Rolling Stone« und »Wired« fanden hier ihre ersten Leser.
Hier begann – und endete – der Dot.com-Goldrausch der 1990er-Jahre, hier begannen auch die Schwulen- und die Anti-Vietnambewegung. Und – das weiß jedes Kind – hier fand im Jahr 1967 der legendäre **»Summer of Love«** statt mit Flower Power, Hippies und LSD, und Janis Joplin, Bob Dylan und Jefferson Airplane sangen gegen das Establishment an.

Multikulturelle Stadt

Die Menschen hier kommen aus aller Herren Länder. Fast die Hälfte spricht zu Hause eine andere Sprache als Englisch. San Francisco ist entschieden multikulturell und toleriert alle Farben, Sprachen und Religionen. In den 1950er-Jahren soffen und philosophierten die Beatniks in den Kneipen im Stadtteil North Beach. Die Schriftsteller Allen Ginsberg, Jack Kerouac und William Burroughs waren ihre Fackelträger.
In den 1960er-Jahren betraten die Hippies die Szene: lange Haare und Bärte, Wohngemeinschaften, make love not war. 1967 feierten sie mit dem »Summer of Love« die amerikanische Gegenkultur, die sich gegen den Vietnamkrieg wandte.

← *Seit Ende des 19. Jahrhunderts rumpeln die Cable Cars über die Hügel San Franciscos – zur Freude von Bewohnern und Touristen.*

SAN FRANCISCO ERLEBEN

AUSKUNFT

San Francisco Visitor Information Center
900 Market St.
San Francisco, CA 94102
Tel. 1-415-391-20 00
www.sfvisitor.org

SHOPPING

Alles unter einem Dach bieten u. a. das »Westfield San Francisco Shopping Centre« (5th u. Market Sts.) und das »Embarcadero Center« (1 Embarcadero). Rund um den Union Sq. befinden sich Kaufhäuser und zahllose Geschäfte für jeden Bedarf. Haight Ashbury ist bekannt für seine Secondhandläden.

MOBIL MIT DEM FAHRRAD

San Francisco hat zwar Berge, aber man kann beispielsweise mit dem Rad über dieBrücke bis nach Sausalito fahren und mit der Fähre zurück, falls die Beine zu schwer geworden sind. Verleih und Infos (auch auf Deutsch) u. a. bei www.blazingsaddles.com.

ESSEN

► Fein & teuer

① ***Gary Danko***
800 North Point St., Fisherman's Wharf, Tel. 1-415-749-20 60
Vollendete französische Kochkunst, von der hausgemachten Foie gras bis zur Earl-Grey-Schokoladentarte. Nur Drei- bis Fünf-Gänge-Menüs.

► Erschwinglich

② ***Zuni Café***
1658 Market St., Civic Center
Tel. 1-415-552-25 22
Immer voll, immer gut, immer bunt gemischtes Publikum. Mo. geschlossen. Internationale Küche mit Anregungen aus dem Mittelmeerraum.

③ ***Fior d'Italia***
2237 Mason St., Tel. 1-415-986-18 86
Das 1886 gegründete »Fior d'Italia« ist das älteste italienische Restaurant der USA und es serviert klassische norditalienische Küche, zwei gute Gründe, auch hier »zum Italiener« zu gehen.

► Günstig

④ ***Andale Taqueria***
2150 Chestnut St., Marina District
Tel. 1-415-749-05 06
Mexikanische Küche mit tollen Salaten, Mequite-Hähnchen und Riesenburritos.

ÜBERNACHTEN

► Luxus

① ***Mark Hopkins***
1 Nob Hill, Tel. 1-415-392-34 34
www.markhopkins.net
380 Z. Hotelklassiker aus den 1920er-Jahren, immer noch Spitze. In der Top of the Mark kann man zur Barmusik mit seinem Cocktail der untergehenden Sonne zuprosten.

③ ***Hotel Triton***
342 Grant Ave.
(beim Union Square)
Tel 1-415-394-05 00
www.hoteltriton.com
140 Z. Designerhotel mit individuell gestalteten Zimmern und ultraschicker Lobby. Der Morgenkaffee und das abendliche Glas Wein sind bereits inklusive.

► Komfortabel

② ***Edward II. Inn***
3155 Scott St./Lombard St.
Tel. 1-415-922-30 00
www.edwardii.com
Gemütliche Herberge mit 32 Zimmern von günstig bis teuer, einfaches Frühstück inklusive.

Sehenswertes in San Francisco

Downtown

Das Herz der Stadt ist ein kompaktes und leicht zu Fuß begehbares Stück San Francisco – solange man gut zu Fuß ist! Der Stadtplan wurde damals nämlich ohne Rücksicht auf die 40 teils sehr steilen Hügel ausgelegt. So kam es zu jenen Straßen, die Hollywood in vielen rasanten Verfolgungsjagden verewigt hat.

Union Square

Palmengeschmückt und zu jeder Tageszeit von Touristen und Einheimischen gleichermaßen belebt, schlägt hier das Herz der Downtown. Saks Fifth Avenue und Neiman Marcus sowie das ehrwürdige Westin St. Francis Hotel, das erste Spitzenhotel der Stadt, dominieren diesen schönen Platz. Auf der Powell St. klappern die weltberühmten Cable Cars vorbei.

Market Street in südwestlicher Richtung

Einen Block weiter mündet die Powell Street in die Market Street. Die Hauptverkehrsader und -geschäftsstraße führt diagonal durch das Schachbrettmuster der Downtown. In südwestlicher Richtung lohnt die **City Hall** mit ihrer 92 m hohen, dem Petersdom nachempfundenen Kuppel einen näheren Blick (Öffnungszeiten: Mo. – Fr. 8.00 – 20.00 Uhr).

★ South of Market, San Francisco Museum of Modern Art

South of Market, das südlich der Market Street anschließende Viertel, früher ein tristes Industriegebiet, lockt heute mit einigen der besten Museen und Galerien. Ein absolutes Muss ist hier das San Francisco Museum of Modern Art, ein von einem gewaltigen abgeschnittenen Zylinder dominiertes Gebäude, das hochkarätige Sammlungen amerikanischer und europäischer Künstler beherbergt und über einen erstklassigen Museumsshop verfügt (151 Third St., Öffnungszei-

Highlights San Francisco

Chinatown

Eine Stadt in der Stadt, selbst die Telefonzellen gleichen kleinen Pagoden. Und es ist nicht nur Folklore. Dies ist die zweitgrößte Chinatown außerhalb Chinas – nach New York.

► Seite 566

Fisherman's Wharf

Frühmorgens werden hier Fische verkauft. Wenig später kommen die ersten Touristen zum Shoppen, Amüsieren oder Kaffeetrinken mit Blick auf den Trubel oder auf die Bay.

► Seite 569

Golden Gate Bridge

Das Wahrzeichen der Stadt ist eine der längsten und schönsten Hängebrücken, die jemals gebaut wurden. Unter ihr können auch die größten Ozeanriesen in die San Francisco Bay einlaufen.

► Seite 570

Alcatraz

Auch Al Capone war hier. Nicht freiwillig, genauso wenig wie die anderen Insassen des ehemaligen Gefängnisses in der Bay. Besucher dürfen nach einigen Stunden wieder gehen.

► Seite 569

San Francisco Orientierung

ten: Mo., Di., Fr. – So. 11.00 – 17.45, Do. 11.00 – 20.45 Uhr). Gegenüber repräsentiert das **Yerba Buena Center for the Arts** die kunstsinnige Stadtverwaltung, und zwar mit Theater- und Tanzveranstaltungen. Angeschlossen sind die mit zeitgenössischer Kunst dekorierten **Yerba Buena Gardens** (701 Mission St., Öffnungszeiten: Di. Mi., Fr., Sa., So. 12.00 – 17.00 Uhr).

✶✶ Chinatown

Das von chinesischstämmigen Amerikanern bewohnte Viertel ist mit 80 000 Einwohnern eine der größten Chinatowns der USA. Deren Vorfahren kamen im 19. Jh., um in den Goldminen oder bei der Eisenbahn zu arbeiten. Begrenzt von Bush Street und Grant Avenue, konzentriert sie sich rund um den Portsmouth Square. Die Hauptgeschäftsstraße ist die mit chinesischen Läden, Warenhäusern und Restaurants vollgestopfte **Stockton Street**. Die Hausnummer 855 beherbergt den buddhistischen **Kong Chow Temple**.

Nob Hill

Westlich von Union Square und Chinatown stellt sich der 124 m hohe Nob Hill dem Verkehr in den Weg. Bis 1906 war Nob Hill der Wohnbezirk der beim Goldrausch reich gewordenen Glücksritter, doch dann machte das Erdbeben der Pracht ein Ende. Heute präsen-

tiert sich das Viertel mit den steilen Straßen im Zwanziger-Jahre-Look. Sehenswert: die grandiose **Grace Cathedral** (1100 California St.) am Huntington Park, wo auch die Luxushotels »Fairmont«l und »Mary Hopkins« stehen. Die unverwüstlichen **Cable Cars** erleichtern hier das Fortkommen. Bereits 1873 eingeführt, verkehren sie heute noch auf drei Strecken: »1« California Street Line, »2« Powell Mason Line und »3« Powell Hyde Line. Im **Cable Car Museum** kann man außer den ältesten Seilwagen auch die Motoren und Winden, die die Seile antreiben, in Aktion beobachten (1201 Mason St.; Öffnungszeiten: tgl. 10.00 – 17.00, April – Sept. bis 18.00 Uhr).

Telegraph Hill

An der Nordseite der Downtown erhebt sich der 90 m hohe Telegraph Hill, gekrönt vom 64 m hohen **Coit Tower**. Von dem 1934 zu Ehren der Feuerwehr errichteten Turm schweift der Blick über das Häusermeer zur Golden Gate Bridge und nach Alcatraz (1 Telegraph Hill Blvd., Öffnungszeiten: tgl. 10.00 – 17.00 Uhr).

North Beach

Vom Telegraph Hill nach North Beach sind es gerade 20 Minuten zu Fuß. Das nördlich an Chinatown anschließende Viertel ist seit den 1880er-Jahren die Hochburg der Italiener der Stadt. Über 50 000

Ebenso wie die Golden Gate Bridge gehören San Franciscos viktorianische Häuser zu den Wahrzeichen der Stadt.

italienischstämmige San Franciscans leben rund um den Washington Square, das inoffizielle Zentrum des Viertels, und die Columbus Avenue, die Hauptgeschäftsstraße, säumen vor allem italienische Feinschmeckerläden und Restaurants. Der Kreuzungsbereich von Broadway und Columbus Avenue ist mit seinen Bars und schrägen Musikkneipen bis zum frühen Morgen belebt.

Lombard Street

Ein Abschnitt der auf dem Russian Hill westlich von North Beach gelegenen Lombard Street verläuft mit einem starken Gefälle in zehn mit Hortensien bepflanzten S-Kurven und ist zu einer touristischen Attraktion San Franciscos geworden.

✶ Waterfront

Von North Beach sind es nur wenige Häuserblocks zum Wasser. Doch wo früher die Kutter der in North Beach ansässigen italienischen Fischer ankerten, ist heute viel geboten: Beiderseits von Jefferson Street und Embarcadero reihen sich Souvenirläden und Fastfood-Kantinen. Einen Blick wert ist der **Maritime National Historic Park** (Hyde St., www.nps.gov/safr). Dort zeigt das Maritime Museum historische Schwarzweiß-Fotos vom Hafen vor 150 Jahren, während zwei Blocks weiter östlich fünf alte Schiffe am Hyde Street Pier liegen (Öffnungszeiten: tgl. 10.00 – 17.00, Schiffe tgl. 9.30 – 17.30 Uhr).

? WUSSTEN SIE SCHON ...?

- ... dass in der Mission Dolores die dramatischsten Szenen des Spielfilms »Vertigo« (1958) mit James Stewart und Kim Novak gedreht wurden? Hitchcock-Fans werden die Missionskirche sicherlich wiedererkennen.

Zehn Gehminuten weiter östlich ragt **Fisherman's Wharf** in die Bay. San Franciscos beliebteste Touristenattraktion, früher Anlegestelle einer ganzen Fischfangflotte, hat mit T-Shirtläden und billigem Nepp längst auf Massentourismus umgestellt. Wer es bis zum Ende von Pier 39 schafft, wird jedoch mit dem Anblick mehrerer Dutzend Seelöwen belohnt, die die schwimmenden Docks unterhalb dem Pier zu ihrem Domizil auserkoren haben. Von hier aus ist auch die frühere Gefängnisinsel **Alcatraz** gut zu sehen. Alcatraz wurde von 1933 bis 1963 als Bundesgefängnis genutzt. Zahlreiche namhafte Ganoven saßen hier ein, darunter Al Capone (► Berühmte Persönlichkeiten) und Machine Gun Kelly. Heute gehört Alcatraz zur Golden Gate National Recreation Area. Ausflugsboote dorthin starten von Pier 33.

! *Baedeker* TIPP

Publikumsmagnet Alcatraz

War die Zuchthausinsel damals nicht gerade beliebt, erfreut sie sich als Touristenattraktion größter Popularität. Wer darauf vertraut, umgehend ein Ticket für die Überfahrt zu bekommen, wird mit großer Sicherheit enttäuscht werden: Die Alcatraztouren sind meist zwei Wochen im Voraus ausgebucht. Man sollte besser reservieren, und zwar online bei www.alcatrazcruises.com.

✶ Mission District

Südlich von der City Hall schließt der Mission District an, das Wohngebiet der Latinos. Das Herz des Viertels schlägt an der 24th Street zwischen Potrero und Van Ness Avenues, hier frequentieren vor allem junge Leute die vielen preiswerten Restaurants und Kneipen – nachts ist hier jede Menge los. Tagsüber sehenswert sind die vielen »murales« genannten Wandbilder, die meist Themen der Lokalpolitik karikieren. Ein architektonisches Kleinod, zugleich eines der ältesten Gebäude der Stadt, ist die im Jahr 1776 von Junipero Serra gegründete **Mission Dolores**; im Garten steht seine Statue. Die gedrungene, weiß getünchte Missionskirche ist mit einem schönen Barockaltar ausgestattet (3321 16th u. Dolores Sts.; Öffnungszeiten: tgl. 9.00 – 16.00 Uhr).

✶ Castro District

Westlich an Mission grenzt der Bezirk Castro. Zwischen Market und 18th Sts. gelegen, ist dies die Heimat der Homosexuellenszene San Franciscos – was für den Besucher vor allem eine große Auswahl an hervorragenden Restaurants und Cafés sowie ein großartiges kulturelles Angebot bedeutet.

Die meisten Restaurants reihen sich an der **Castro Street** auf. Hier befindet sich auch das im Jahr 1922 gebaute, im spanischen Renaissancestil glänzende **Castro Theatre**, ein Programmkino, dessen plüschiges Innenleben den Filmen, die hier gezeigt werden, fast die Schau stiehlt (429 Castro St., www.castrotheatre.com).

Haight Ashbury

Alt-68er sollten diesen wiederum westlich anschließenden Bezirk nicht auslassen. In den bunten viktorianischen Häusern fanden einst Janis Joplin, Jimi Hendrix, die Grateful Dead und ihr Blumenkinder-

◄ weiter auf S. 572

GOLDEN GATE BRIDGE

★★ **Die Golden Gate Bridge überbrückt das Golden Gate (Goldenes Tor), die Meerenge zwischen der Halbinsel von San Francisco und der Marin Peninsula. Sie ist eine der größten, in dem prachtvollen Landschaftsrahmen wohl die schönste Brücke der Welt und das bekannteste Wahrzeichen San Franciscos. Jährlich pilgern 14 Millionen Touristen zur Golden Gate Bridge und 40 Millionen Autos überqueren sie – das sind etwa 38 000 täglich.**

Brückenzoll:
wird nur in Nord-Süd-Richtung erhoben (zzt. 5 $)

① Maße
Die Gesamtlänge der abends angestrahlten Brücke beträgt 2,7 km, ihre Höhe 67 m über Mittelwasser, die Höhe der Pfeiler 227 m, die Spannweite 1280 m.

② Pfeiler
Während der Bauarbeiten schützte ein 47 m hoher Betonmantel die Basis der Pfeiler vor den Gezeiten. Das Wasser wurde abgepumpt, um einen riesigen wasserfreien Hohlraum zu schaffen. Die Stützpfeiler, die je einen 21 500 Tonnen schweren Turm tragen, müssen einen Gezeitendruck von 96 km/h aushalten.

③ Pfeilerfundamente
Die Pfeilerfundamente sind 20 m dick. Sie wurden knapp 3 km von der Küste entfernt 30 m tief ins Meer eingelassen. Der Beton, der während des Baus in die Stützpfeiler und Verankerungen gegossen wurde, würde für einen 1,5 m breiten und 4000 km langen Weg, z. B. von New York bis San Francisco, reichen.

④ Fahrbahn
Die Fahrbahn liegt 67 m über dem 97 m tiefen Wasser. Die stahlverstärkte Betonfahrbahn wurde gleichzeitig von beiden Pfeilern aus gebaut, damit der Zug auf die Stahlseile gleichmäßig verteilt war.

Wegen der herrlich weiten Aussicht ist trotz des überaus starken Autoverkehrs ein Spaziergang über die Brücke zu empfehlen.

Gefolge die passenden Unterkünfte. So manchen Buch-, Platten-, Second-Hand- und Müsliladen durchweht noch der Hauch des Summer of Love. Der **Buena Vista Park** sah etliche Happenings und »Be-Ins« und jeweils eine Gedenkminute vor dem Haus von Janis Joplin (112 Lyon St.) und dem der Grateful Dead (710 Ashbury St.) ist obligatorisch.

**** Golden Gate Bridge**

Die Golden Gate Bridge ist die wohl meistfotografierte Brücke der Welt – und natürlich das Wahrzeichen San Franciscos. Das »Golden Gate«, die Meerenge zwischen der Halbinsel und der gegenüberliegenden Marin Peninsula verbindend, wurde sie 1933 bis 1937 als damals längste Hängebrücke der Welt erbaut. Mit einer Gesamtlänge von 2800 m, einer Breite von 27,5 m, 227 m hohen Tragepfeilern und einer durchschnittlichen Höhe über Wasser von 67 m hat sie auch heute noch Gardemaß. Ihre Farbe heißt »International Orange« und schützt die Brücke vor Korrosion in der salzhaltigen Luft. Brückenzoll (zur Zeit 5 $ pro Auto) wird nur in Nord-Süd-Richtung verlangt, Fußgänger und Radfahrer dürfen die Brücke kostenlos benutzen. Vom nördlichen Brückenkopf in der Golden Gate National Recreation Area bietet sich ein fantastischer Blick auf Brücke und Stadt.

* Santa Fe

Pc 28

Bundesstaat: New Mexico **Einwohnerzahl:** 72 000
Höhe: 2130 m ü.d.M.

Trifft man in New Mexico einen indianischen Künstler, wird dieser irgendwann erwähnen, demnächst wieder nach Santa Fe zu müssen, um seine Werke zu verkaufen. Die Hauptstadt New Mexicos ist das Epizentrum indianischer Kunst im Südwesten – und eine betörende Entführerin in eine andere Zeit dazu. Denn als zweitälteste Stadt der USA ist Santa Fe noch immer unübersehbar (kolonial-) spanisch.

Mainstream Amerika ist weit. Dass das auch so bleibt, dafür sorgen schon vor Jahrzehnten erlassene Stadtgesetze, die allen Bauherren nahelegen, ihre Häuser in Übereinstimmung mit dem vorherrschenden, kolonialspanischen **Adobestil** zu bauen. Dieser dominiert das Stadtbild, seit die ersten spanischen Siedler es den Indianern, deren aus rötlich-braunem Lehm gefertigten Behausungen im Sommer kühl und im Winter warm blieben, nachmachten. Selbst das State Capitol, in den übrigen Bundesstaaten in neoklassizistischem Pomp prunkend, präsentiert sich im indianischen Pueblo-Look.

SANTA FE ERLEBEN

AUSKUNFT

Santa Fe Convention and Visitors Bureau
201 W. Marcy St.
P. O. Box 909
Santa Fe, NM 87504-0909
Tel. 1-505-955-62 00
www.santafe.org

SHOPPING

Mit weit über 100 Galerien und Geschäften ist die Canyon Road das Herz der hier ansässigen, größtenteils indianischen Künstlerkolonie. Eine riesige Auswahl indianischer, meist hochwertiger Kunstobjekte bieten auch die Stände an der Plaza.

ESSEN

► Erschwinglich
Aqua Santa
451 W. Alameda Ave.
Tel. 1-505-982-62 97
Ein heller Stern am Restauranthimmel der Stadt: kreativ, innovativ und stets gradlinig.

► Preiswert
Tomasita's
500 S. Guadalupe St.
Tel. 1-505-983-57 21
Hier gibt's das beste Chili der Stadt – und die beste Margarita.

ÜBERNACHTEN

► Luxus
La Fonda
100 E. San Francisco St.
Tel. 1-505-982-55 11
www.lafondasantafe.com
167 Z. In Santa Fes Hotellegende wohnt man wie ein mexikanischer Grande.

► Luxus/Komfortabel
Inn on the Alameda
303 E. Alameda
Tel. 1-505-984-21 21
www.inn-alameda.com
71 Z. u. Suiten. Intimes, gemütliches Hotel am Ende der Canyon Road.

► Günstig
Santa Fe Sage Inn
725 Cerrillos Rd.
Tel. 1-505-982-59 52
www.santafesageinn.com
157 Z. Gut ausgestattetes, preiswertes Hotel, nur wenige Minuten von der Canyon Road entfernt.

Geschichte

Das Tal zwischen den bis zu 4000 m hohen Jimenez und Sangre de Cristo Mountains blickt auf eine lange Geschichte zurück. 1609 gründete der spanische Gouverneur **Don Pedro de Peralta** auf den Resten einer indianischen Siedlung die Stadt Santa Fe de San Francisco de Asis als Hauptstadt aller spanischen Besitzungen nördlich des Rio Grande. Die Stadt wuchs schnell als Verkehrsknotenpunkt, woran auch die Übernahme durch Mexiko nichts änderte. Als Endpunkt des von Missouri kommenden Santa Fe Trail und Beginn des Old Spanish Trail nach Kalifornien sah die Stadt Siedler und Abenteurer kommen und gehen. Im Krieg mit Mexiko fiel Santa Fe kampflos an die Amerikaner, die es sogleich zur Hauptstadt des neuen US-Territoriums New Mexico machten. Die Eröffnung der

Rund um die Plaza wird hübsches Kunsthandwerk feilgeboten.

Santa Fe Railroad 1880 beflügelte die Entwicklung der Stadt. Im frühen 20. Jh. entdeckten Künstler, darunter die Maler **Edward Hopper und Marsden Hartley**, das klare Licht der über 2100 m hoch gelegenen Stadt als Quelle der Inspiration. Bis heute ist Santa Fe, das inzwischen ganz von Kunst und Tourismus lebt, ein Mekka für Künstler und Lebenskünstler.

Sehenswertes in Santa Fe

★ Palace of the Governors

Die 1610 angelegte **Santa Fe Plaza** ist bis heute der schöne, mit Bäumen, Bänken und dem Soldiers Monument von 1867 bestückte geschäftige Mittelpunkt der Stadt. Der festungsartige, 1610 als Verwaltungssitz errichtete Adobebau an der Nordseite der Plaza sah jede Menge Geschichte: die spanischen Gouverneure, die Pueblo-Revolte von 1680, die amerikanischen Gouverneure. Heute beherbergt er das erstklassige **Museum of New Mexico**, das die oft dramatische Stadtgeschichte erzählt (Öffnungszeiten: Di. – So. 10.00 – 17.00 Uhr).

Museum of Fine Arts

Das 1917 im Pueblo Revival Style erbaute Gebäude zeigt herrliche Werke dem Südwesten verbundener Künstler, darunter Amado Pena, R. C. Gorman und Ansel Adams (107 W. Palace; Öffnungszeiten: Di. – So. 10.00 – 17.00, Fr. bis 20.00 Uhr).

Georgia O'Keeffe Museum

Mit über 100 Bildern verfügt das Georgia O'Keeffe Museum über die meisten Bilder der berühmten Malerin des Südwestens (217 Johnson St.; Öffnungszeiten: Juli – Okt. tgl. 10.00 – 17.00, Nov. – Juni Do. – Di. 10.00 – 17.00 Uhr).

St. Francis Cathedral

Die 1886 einen Block östlich der Plaza fertiggestellte Kathedrale hebt sich durch ihren neoromanischen Stil ab. Sehenswert ist hier v. a. die in der nördlichen Seitenkapelle bewahrte Marienstatue **»La Conquistadora«** von 1625.

Loretto Chapel

Die 1878 im gotischen Stil erbaute Loretto Chapel südlich der Plaza ist v. a. wegen ihrer Wendeltreppe, die angeblich vom hl. Joseph höchstselbst gebaut wurde, sehenswert (207 Old Santa Fe Trail).

New Mexico State Capitol

Der von einem schönen, über 100 Baum- und Pflanzenarten beherbergenden Garten umgebene Regierungssitz New Mexicos wurde dem Sonnensymbol der Pueblo-Indianer nachempfunden und 1966 errichtet. Drinnen sind Bilder zeitgenossischer Künstler des Bundesstaats ausgestellt (Paseo de Peralta u. Old Santa Fe Trail).

Santuario de Nuestra Señora de Guadalupe

Das westlich der Plaza gelegene Gotteshaus mit schönem Hochaltar und beachtenswerten Gemälden wurde 1796 zu Ehren der Schutzpatronin Mexikos errichtet (100 S. Guadalupe St.).

Östlich der Plaza

1907 gegründet, ist das **Indian Arts Research Center** führend in der Erforschung der indianischen Kulturen des Südwestens und zeigt eine fantastische Sammlung indigener bildender Kunst, darunter Töpferei, Webereiprodukte und Kachina-Puppen (660 Garcia St.). Eine multimedial inszenierte Reise durch mehrere Jahrtausende indigener Geschichte des Südwestens präsentiert das **Museum of Indian Arts and Culture** (710 Camino Lejo; Di. – So. 10.00 – 17.00 Uhr). Das hübsche **Museum of Spanish Colonial Art** gibt den besten Eindruck vom kolonialspanischen Alltag (750 Camio Lejo), während das runde, die heilige Kreisform der Ureinwohner ehrende **Wheelwright Museum of the American Indian** Ausstellungen zur Kultur der Indianer des Südwestens enthält (704 Camino Lejo; Öffnungszeiten: jeweils Di. – So. 10.00 – 17.00 Uhr).

! *Baedeker* TIPP

Kunst vom Feinsten

Wer sich zur richtigen Zeit in Santa Fe aufhält, sollte auf keinen Fall die berühmten Kunstfestivals der Stadt verpassen: das »Spring Festival of the Arts« im Mai, der »Spanish Market« im Juli, der »Indian Market« im August und das »Fall Festival of the Arts« im Oktober.

Umgebung von Santa Fe

Pueblo-Dörfer

Rund um Santa Fe liegen etliche Siedlungen der Pueblo-Indianer. Hier werden noch viele der alten Traditionen gepflegt, darunter heilige Tänze und religiös bestimmtes Kunsthandwerk. Fotografieren ist unbedingt zu unterlassen, ebenso das Aufnehmen ritueller Gesänge – die schlechten Erfahrungen der Indianer mit respektlosen Gästen führen bei Zuwiderhandlung zu rigorosen Gegenmaßnahmen. Unter den Pueblos südlich von Santa Fe lohnt besonders der für seine

Der Taos Pueblo wird seit rund tausend Jahren bewohnt.

Schmuckherstellung bekannte **Cochiti Pueblo** (48 km südwestl.) einen Besuch. Nördlich von Santa Fe lockt der malerische **San Juan Pueblo** (45 km nördl.) mit kunstvoller Keramik und Holzschnitzerei.

★★ **Taos**

Das Städtchen (4500 Einw.), 113 km nordöstlich von Santa Fe, wird **»Soul of the Southwest«** genannt. Indianisch-mexikanisch geprägt, vermarktet es seinen über 100 Jahre alten Ruf als Künstlerkolonie. Vor allem im Sommer bezahlt Taos sein Image mit endlosen Autokolonnen durch den Ort. Im Winter geht es noch lebhafter zu: In der Umgebung liegen die beliebtesten Skigebiete des Südwestens.

Dennoch sollte man Taos beehren – des grandiosen **Taos Pueblo** wegen. Die historische Siedlung, ein UNESCO-Weltkulturerbe, wird seit fast 1000 Jahren ununterbrochen von den Taos-Indianern bewohnt. Um eine zentrale Plaza gruppieren sich erdbraune, mehrstöckige Adobehäuser mit dicken Wänden aus Lehm und Stroh. Die Kivas, runde, in die Erde gebaute Zeremonialräume, dürfen unter keinen Umständen betreten werden. Die hier arbeitenden Künstler hingegen sind sehr freundlich und lassen sich gern bei ihrer Arbeit über die Schulter schauen.

Vor dem Besuch sollte man sich im Taos Visitor Center über die Verhaltensregeln informieren (Taos Pueblo Tourism; Öffnungszeiten: tgl. 8.00 – 16.30 Uhr). Im Februar und März ist das Pueblo wegen ritueller Zeremonien insgesamt 5 Wochen geschlossen.

✶ Savannah

Qe 29

Bundesstaat: Georgia
Höhe: 15 m ü.d.M.
Einwohnerzahl: 131 000

Seit Forrest Gump auf einer Bank im Zentrum von Savannah das Leben mit einer Schachtel Pralinen verglich, ist die Stadt einem breiten Publikum bekannt. Sie ist die klassische Südstaaten-Beauty, eine Erscheinung wie aus »Vom Winde verweht«, mit herrlichen alten Residenzen, die an das prunkvolle Leben einiger Menschen in vergangenen Zeiten erinnern.

Knorrige, moosüberwachsene Eichen, die von vergangenen Zeiten träumen, der schwere Duft von Magnolien, warme Tage und schwüle Nächte: Savannah, die Stadt an der Mündung des Savannah River, ist all das – der **Historic Savannah Foundation** sei Dank und General Sherman. Der 1979 von besorgten Bürgern gegründete Verein verhinderte, dass die Altstadt abrisswütigen Städteplanern zum Opfer fiel. Und 115 Jahre früher verzichtete der siegreiche Nordstaaten-Offizier darauf, die eroberte Stadt niederzubrennen, zu schön schien sie ihm schon da. Das Resultat ist die größte unter Denkmalschutz stehende Altstadt des Landes: Über 1000 Häuser stammen aus der Antebellumzeit, herrliche Stadthäuser mit gusseisernen Balkonen und die liebevoll gepflegten, von subtropischer Vegetation bedeckten Gärten.

Sehenswertes in Savannah

Bull Street

Am besten lässt sich die Atmosphäre von Alt-Savannah bei einem Bummel über die Bull Street und ihre Stichstraßen aufnehmen. Zahlreiche bemerkenswerte Häuser liegen hier, darunter die **City Hall** und, am Johnson Square, die Christ Episcopal Church.

Telfair Mansion and Art Museum

Das in einem schönen Stadthaus von 1818 am Telfair Square untergebrachte Museum zeigt amerikanische und europäische Kunst des 18. und 19. Jahrhunderts (121 Bernard St.; Öffnungszeiten: Mo., Mi., Fr. und Sa. 10.00 – 17.00, Do. bis 20.00, So. 12.00 – 17.00 Uhr).

Owen-Thomas House and Museum

Das prunkvolle, 1816 erbaute Owen-Thomas House ist eines der schönsten Beispiele des eleganten, damals in London modischen **Regency Style** und reflektiert mit seinem im Originaldekor belassenen Interieur glänzend den Alltag der Oberschicht (124 Abercorn St.; Öffnungszeiten: Mo. 12.00 – 17.00, Di. – Sa. 10.00 – 17.00, So. 13.00 bis 17.00 Uhr).

Factors Walk

An diesem Weg, dessen Eisentreppen und -brücken die früheren Baumwolllagerhäuser am Ufer des Savannah River mit dem höheren

SAVANNAH ERLEBEN

AUSKUNFT

Savannah Area Convention & Visitors Bureau
101 East Bay St.
Savannah, GA 31401
Tel. 1-912-644-64 01
www.savannah-visit.com

SIGHTSEEING

»African American History Tours« folgt den Spuren von Sklaven, freien Schwarzen und Bürgerrechtlern (460 Martin Luther King Jr. Blvd.; Tel. 1-912-231-89 00). Zu den Originalschauplätzen von Hollywood-Hits wie »Forrest Gump« führen die genussvoll mit Klatsch und Tratsch gefüllten Touren von »Savannah Movie Tours« (1901 Mitchell St.; Tel. 1-912-234-34 40).

SHOPPING

An der kopfsteingepflasterten River Street liegen schöne Galerien. Broughton und Bull Streets sind für ihre gut bestückten Antiquitätenläden im ganzen Südosten bekannt.

ESSEN

► Erschwinglich

Huey's
115 E. River St.
Tel. 1-912-234-73 85
Nettes Restaurant mit Flussblick; serviert wird kreolische und Cajun-Küche à la Louisiana.

► Preiswert

Lady and Sons
102 W. Congress St.
Tel. 1-912-233-26 00
Überaus beliebtes Lokal: Hier kocht Muttern, und zwar die Spezialitäten des Südens wie Crab Cakes, Shrimps und »grilled chicken«.

ÜBERNACHTEN

► Komfortabel

Forsyth Park Inn
102 W. Hall St.
Tel. 1-912-233-68 00
www.forsythparkinn.com
9 Z. Romantische, von subtropischem Grün eingerahmte Herberge im viktorianischen Stil.

Straßenniveau verbinden, lag vor dem Bürgerkrieg das Zentrum des lukrativen Baumwollhandels. Wichtigstes Gebäude war die Cotton Exchange (100 E. Bay St.). Heute beherbergen die roten Backsteingebäude eine Vielzahl schöner Läden und Restaurants.

Savannah History Museum

Das Savannah History Museum bietet eine gute Einführung in die Stadtgeschichte. Die Belagerung durch die Truppen General Shermans erfährt besondere Beachtung (303 Martin Luther King Jr. Blvd.; Öffnungszeiten: Mo. – Fr. 8.30 – 17.00, Sa. und So. 9.00 – 17.00 Uhr).

Ralph Mark Gilbert Civil Rights Museum

Von den Demonstrationen und Sit-Ins gegen die Rassendiskriminierung der Fünfziger- und frühen Sechzigerjahre des vergangenen Jahrhunderts berichtet das engagierte Ralph Mark Gilbert Civil Rights Museum (460 Martin Luther King Jr. Blvd.; Öffnungszeiten: Mo. bis Sa. 9.00 – 17.00 Uhr).

★ Seattle

Qd 22

Bundesstaat: Washington
Höhe: 0 – 38 m ü.d.M.
Einwohnerzahl: 582 000
(Metropolitan Area: 3,8 Mio.)

Es stimmt: An jeder Ecke gibt es einen Coffeeshop. Die Stadt am Ende des Puget Sound ist Amerikas Kaffee-Hauptstadt. Warum? Weil es, behaupten manche, hier so oft regnet. Warum aber die schöne Stadt am Pazifik in den 1980er- und 1990er-Jahren zum Inbegriff der Hip City wurde, hat andere Gründe. Einer davon ist die herrliche Lage zu Füßen des Mt. Rainier, des höchsten Vulkans im Nordwesten.

Ein anderer mag Microsoft sein. Der Software-Gigant hat hier sein Hauptquartier; Bill Gates und Paul Allen, die beiden Gründer, sind hier zu Hause. Der Hightech-Boom der 1980er-Jahre und später das Internet schwemmten weitere Software-Entwickler und Zubringerindustrien nach Seattle. Das machte aus der vormals konservativen **Emerald City** eine progressive Stadt, die alles Neue mit offenen Armen aufnahm. Im Jahr 2001 beendeten ein schweres Erdbeben und der Umzug des Flugzeughersteller Boeing nach Chicago den Höhenflug Seattles nur vorübergehend. Bei Jugendlichen in aller Welt wurde Seattle Ende der 1980er-Jahre als Heimat der Rockband »Nirvana« und Wiege des Grunge-Musikstils bekannt.

Segeltörn vor der Skyline von Amerikas Kaffee-Hauptstadt Seattle

SEATTLE ERLEBEN

AUSKUNFT

Seattle's Convention and Visitors Bureau
1 Convention Place
701 Pike St.
Seattle, WA 98101
Tel. 1-206-461-58 00
www.visitseattle.com

AKTIVITÄTEN

Die Hafenstadt bietet naturgemäß zahlreiche Möglichkeiten zum Wassersport. Wer nicht an einer der vielen Hafenrundfahrten teilnehmen möchte, kann die Skyline Seattles auch vom Kajak aus genießen (Alki Kayak Tours, 1660 Harbor Ave. SW, Tel. 1-206-953-02 37).

SHOPPING

Der Pike Place Market bietet die beste Gelegenheit, auch ungewöhnliche Artikel wie Zauberer-Zubehör oder marxistische Second-Hand-Bücher zu erwerben. Ansonsten halten Sie sich an die Gegend rund um die Kreuzung von Pine Street und Fifth Avenue. Hier liegen der Konsumtempel »Nordstrom«, diverse Shoppingmalls und zahllose Modegeschäfte.

ESSEN

► Fein & teuer

① ***Canlis***
2576 Aurora Ave. N.
Tel. 1-206-283-33 13
Seit 50 Jahren eine Institution. Spezialität: Seafood in Grand Marnier – und im Keller lagern 15 000 Weinflaschen.

► Erschwinglich

② ***Saito's Japanese Café and Bar***
2122 Second Ave.
Tel. 1-206-728-13 33
Nothing fancy: traditionelle japanische Küche, u. a. gibt's »unaju« (Aal süßsauer).

ÜBERNACHTEN

► Luxus

① ***Inn at the Market***
86 Pine St.
Tel. 1-206-443-36 00
www.innatthemarket.com
40 Z.
Hübsches Boutiquehotel in Fußgängernähe zu allen Sehenswürdigkeiten der Stadt.

► Komfortabel/Günstig

② ***Ace Hotel***
2423 1st Ave.
Tel. 1-206-448-47 21
www.theacehotel.com
28 Z.
Viel Stil für wenig Geld: Schickes Boutiquehotel für die »Jungen Wilden« von Seattle.

Sehenswertes in Seattle

Pioneer Square Historic District Rund um den Pioneer Square gruppiert sich der aus viktorianischen Backsteingebäuden bestehende historische Stadtkern. Hier haben sich 1852 die weißen Siedler niedergelassen. Mit zahlreichen preiswerteren Restaurants und Souvenirläden gibt sich der Historic District allerdings sehr touristisch.

Seattle Orientierung

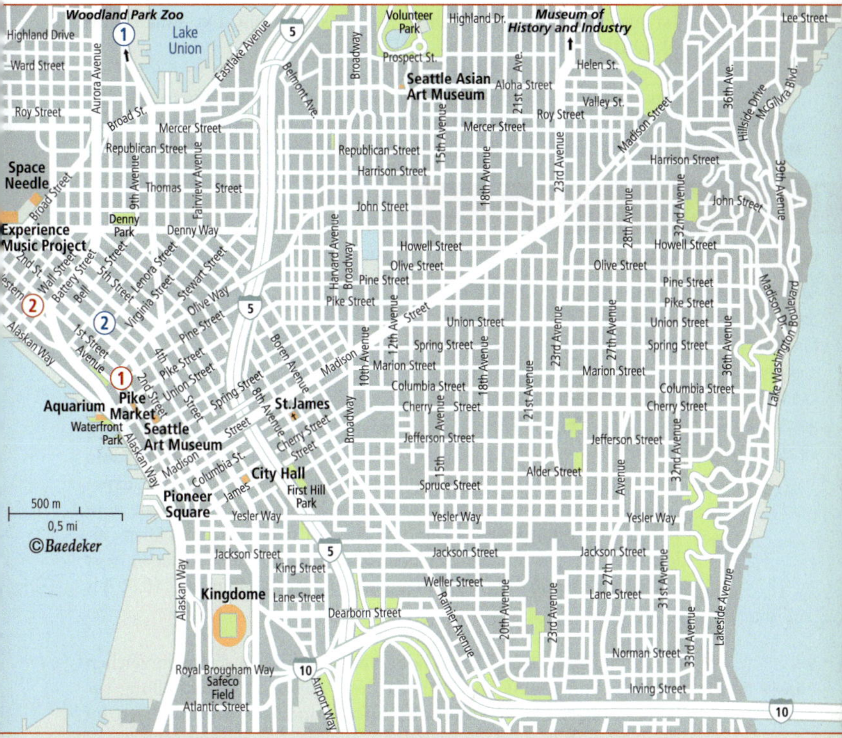

Übernachten
① Inn at the Market ② Ace Hotel

Essen
① Canlis ② Saito's Japanese Café and Bar

Pike Place Market

Über 100 Farmer und Fischhändler verkaufen hier auf zwei Etagen ihre Ware, hinzu kommen rund 150 Künstler und Kunsthandwerker, die an hübschen Ständen ihre Werke auslegen. Imbissbuden mit exotischen Köstlichkeiten und hübsche Restaurants lassen einen hier leicht einen ganzen Vormittag verbummeln (zwischen Pike Street und Pine Street).

Seattle Aquarium

Das kleine, dafür aber umso ansprechender gestaltete Aquarium am Pier 59 konzentriert sich auf die Unterwasserfauna vor der Haustür: Haie, Tintenfische und Lachse tummeln sich hier (1483 Alaskan Way; Öffnungszeiten: tgl. 9.30 – 17.00 Uhr).

★ Seattle Art Museum

Totempfähle, Masken und Langhäuser machen die Ausstellung zu Leben und Kultur der Nordwestküsten-Indianer zu einer der besten des Landes. Gezeigt werden außerdem sehr bedeutende Sammlungen zur Kunst des europäischen Mittelalters und der Renaissance (1300 1st Ave.; Öffnungszeiten: Di. – So. 10.00 – 17.00, Do. und Fr. bis 21.00 Uhr).

★ Experience Music Project

Das wohl ungewöhnlichste »Museum« in Sachen Popmusik der USA! Jimi-Hendrix-Fan Paul Allen wollte zunächst dem berühmten Sohn der Stadt ein Denkmal setzen. Daraus wurde schließlich ein multimediales, mit Tonstudios, Bildschirmen und Fotogalerien die Entwicklung des Nordwestküstenrocks und der amerikanischen Popmusik im Allgemeinen dokumentierender Tempel vom Reißbrett des Stararchitekten Frank Gehry.

Das mit unzähligen Memorabilia amerikanischer Science-Fiction-Fernsehserien vollgestopfte **Science Fiction Museum and Hall of Fame** innerhalb der Mauern des Experience Music Project enthält vom Raumschiff Enterprise bis zum beißenden Ungeheuer aus »Alien« alles, was die Herzen der Science-Fiction-Fans höher schlagen lässt (325 Fifth Avenue N.; Öffnungszeiten beider Museen: tgl. 10.00 bis 17.00 Uhr).

> ! *Baedeker* TIPP
>
> **Recreational Equipment**
>
> Das Flaggschiff des legendären, mit 78 Filialen in den USA vertretenen Ausrüsters ist ein Paradies für Outdoor-Fans. Hier kann man an einer Kletterwand üben und vor der Wandertour im Landesinneren die passende Ausrüstung zusammenstellen (222 Yale Ave. N, Tel. 1-206-470-40 20, www.rei.com).

★ Space Needle

Die skylineprägende, 184 m hohe Space Needle ist das Wahrzeichen Seattles. Vom Aussichtsrestaurant des 1962 zur Weltausstellung gebauten Turmes hat man abends einen grandiosen Blick auf den im Abendrot schimmernden vereisten Gipfel des Mt. Rainier (400 Broad St.; Öffnungszeiten: So. – Do. 9.00 – 23.00, Fr., Sa. 9.00 – 24.00 Uhr).

Seattle Asian Art Museum

Das schöne Art-déco-Gebäude im Volunteer Park beherbergt ausgesuchte Sammlungen japanischer, chinesischer und koreanischer Kunst (1400 E. Prospect St., Öffnungszeiten: Mi., Fr. – So. 10.00 bis 17.00, Do. 10.00 bis 21.00, Di. 10.00 – 17.00 Uhr).

Museum of History and Industry

Das Museum of History and Industry konzentriert sich vor allem auf die Menschen in Seattle und ihre Geschichten. Hochinteressante Ausstellungen widmen sich dem städtischen Alltag während des Klondike-Goldrausches und der Geschichte der Freizeitgestaltung in Seattle (2700 24th Ave. E.; Öffnungszeiten: tgl. 10.00 – 17.00 Uhr).

Woodland Park Zoo

Der herrliche Tiergarten im Norden der Stadt zeigt Primaten aus Afrika und Asien, vor allem aber die Tierwelt Alaskas und bietet dem Besucher mit einem weitläufigen Braunbärgehege und einem Lachsfluss eine gute Vorbereitung für die Weiterreise nach Norden (601 N. 59th St.; Öffnungszeiten: tgl. 9.30 – 18.00 Uhr).

✶ Sequoia & Kings Canyon National Park

Bundesstaat: California
Gründungsjahr: 1890 bzw. 1940
Fläche: 3494 km²

Zwischen den Riesenmammutbäumen des Sequoia & Kings Canyon National Park an der Westflanke der Sierra Nevada fühlt sich der Besucher wie eine Ameise. Kaum weniger dramatisch als der berühmtere Yosemite National Park, bietet auch dieser Park grandiose Aufführungen von Mutter Natur – allerdings vor erheblich kleinerem Publikum.

SEQUOIA & KINGS CANYON N. P. ERLEBEN

AUSKUNFT

Sequoia & Kings Canyon National Park
47050 General's Hwy.
Three Rivers, CA 93271-9651
www.nps.gov/seki
Besucherzentren: Foothills Visitor Center (Nähe Ash Mountains Eingang), Lodgepole Visitor Center (Nähe Giant Forest), Grant Grove Visitor Center

ESSEN

▸ Fein & teuer
Vintage Press
216 N. Willis St., Visalia
Tel. 1-559-733-30 33
Das Interieur ist im Goldrausch-Stil gehalten, die Küche ist top, mit innovativen Gerichten – ein Geschmackserlebnis.

▸ Erschwinglich
Wuksachi Dining Room
Wuksachi Village (Sequoia)
Tel. 1-559-565-40 70
Im Speisesaal der Lodge gibt es Burger und Steaks, abends wird auch Einfallsreicheres aufgetischt.

▸ Preiswert
Lodgepole Deli & Snack Bar
Lodgepole (Sequoia)
Tel. 1-559-253-21 99
Das Deli serviert neben Burgern und Hot Dogs auch knackige Salate und leckere Sandwiches.

ÜBERNACHTEN

▸ Luxus
Plantation B & B
An der CA-198, 25 km westlich vom Parkeingang
Tel. 1-559-597-25 55
www.plantationbnb.com
Traumhaft kitschige Herberge im alten Südstaatenstil, dazu ein üppiges Frühstück und ein Pool.

▸ Komfortabel
Für folgende Unterkünfte im Nationalpark lassen sich Reservierungen von der Sequoia & Kings Canyon Park Services Company (Tel. 1-866-522-69 66, www.sequoia-kingscanyon.com) vornehmen: John Muir Lodge, Cedar Grove Lodge und Grant Grove (jeweils Kings Canyon) und Stony Creek Lodge (Sequoia).

Imposanter Mammutbaum-Tunnel im »Wald der Riesen«

Wald der Giganten

»Empty your cup« nennen die Amerikaner das tiefe Durchatmen in den Ferien. Am besten geht das am Strand. Oder aber auf langen Spaziergängen durch die dunklen, stillen Wälder dieser uralten Giganten. »Sequoia gigantea« nennen Botaniker die bis zu 90 m hohen Riesenbäume, die mit Durchmessern bis zu 12 m auch in der Breite Gardemaß aufweisen und mit bis zu 3500 Jahren zu den ältesten Pflanzen der Welt gehören. Ein Baum produziert mehrere Hunderttausend Samen jährlich, doch statistisch gesehen wächst nur einer von einer Milliarde Samen zu einem **Riesenmammutbaum** heran.
Hat er es jedoch erst einmal geschafft, ist er den meisten Unbilden der Natur durchaus gewachsen. Beispielsweise ist seine Rinde dick genug, um bei Waldbränden als Hitzeschild zu dienen und Schädlinge abzuwehren. Die Wurzeln sind jedoch seine »Achillesferse«. Sie reichen nur wenige Meter tief in den Boden und machen ihn bei Stürmen anfällig. Aber auch der Mensch setzte den Bäumen zu. 1858 gelangten die ersten Weißen in diesen Abschnitt der Sierra Nevada und errichteten Dutzende von Sägewerken: Das Holz eines einzigen Mammutbaumes reichte damals für den Bau von 40 Wohnhäusern! Erst das energische Einschreiten **John Muirs** (1838 – 1914), des Vaters der amerikanischen Umweltschutzbewegung, gebot der Abholzung Einhalt und initiierte 1890 die Gründung des Sequoia National Park. Zwei Generationen später verwaltungsmäßig mit dem angrenzenden Kings Canyon National Park zusammengelegt, schützt das bis zu 2400 m hoch gelegene Wildnisgebiet heute die beeindruckenden Bäume. Innerhalb der Parkgrenzen liegen zudem mit dem **Mt. Whitney** (4418 m ü.d.M.) und weiteren Viertausendern die höchsten Berge der USA außerhalb von Alaska.

Mit dem Auto oder zu Fuß

Die schönsten Stellen der beiden Parks sind bequem im Auto erreichbar. Viele Straßen sind allerdings den Winter über bis in den Frühsommer hinein gesperrt. Über den Straßenzustand sollte man sich zuvor in den Besucherzentren informieren. Über 1000 km Wanderwege unterschiedlichster Längen und Schwierigkeitsgrade durchziehen die beiden Parks. Relativ leicht, aber durch eine der wildesten Gegenden führend, ist z. B. der 12 km lange **Marble Fork Trail**. Detaillierte Informationen erhält man wiederum in den Besucherzentren.

Sehenswertes im Sequoia National Park

★ **Giant Forest**

Der im Westen des Parks liegende **»Wald der Riesen«** ist der am besten erschlossene Parkabschnitt. Absoluter Star der rund 8000 erfassten Riesenmammutbäume ist der **»General Sherman Tree«** mit einer Höhe von 84 m, einem Basisdurchmesser von knapp 10 m und einem Alter von schätzungsweise 2800 Jahren. An seinem Fuß beginnt der 3 km lange Congress Trail, ein besinnlicher Rundweg zu weiteren Giganten wie »The President« und »Chief Sequoia«.

Moro Rock

Südlich vom Giant Forest bietet der 2050 m hohe Granitgipfel Moro Rock – eine steile Treppe mit 400 Stufen führt hinauf – tolle Aussichten über die Bergwelt der Sierra Nevada.

Sehenswertes im Kings Canyon National Park

★ **Grant Grove**

Nordwestlich an den Sequoia National Park anschließend, beherbergt dieser schöne Wald gewaltige »Sequoia giganteae« und mit dem knapp 82 m hohen **»General Grant Tree«** den dritthöchsten Riesenmammutbaum der Welt.

★ **Kings Canyon**

Dieser Canyon ist mit einer Tiefe von bis zu 2400 m einer der tiefsten der Erde. Von zurückweichenden Gletschern und dem Kings River in den grauen Granit gekerbt, bietet das nordöstlich vom Touristenzentrum Cedar Grove liegende Naturschauspiel herrliche Hikingtrails, u. a. zur malerischen Zumwalt Meadow und zu den fotogenen Wasserfällen Roaring River Falls und Meadow Falls.

★ Shenandoah National Park

Qf 26

Bundesstaat: Virginia
Gründungsjahr: 1936
Fläche: 789 km²

Wie fast immer, hatten die Indianer den poetischeren Namen parat: »Tochter der Sterne« nannten sie diesen Abschnitt der Blue Ridge Mountains. Und wer hier das Ende des Tages abwartet, darf auch heute dabei zuschauen, wie sich die aufgehenden Sterne in den Seen und Flüssen dieser schönen Berglandschaft spiegeln.

SHENANDOAH NATIONAL PARK ERLEBEN

AUSKUNFT

Shenandoah National Park
Superintendent
3655 US Highway 211 East
Luray, VA 22835-9036
Tel. 1-540-999-35 00
www.nps.gov/shen

ESSEN/ÜBERNACHTEN

► **Komfortabel**

Skyland Resort
Milepost 41.7
Reservierung über:
Aramark Convention
& Tourism Services
Shenandoah National Park
P. O. Box 727 CW, Luray, VA 22835
Tel. 1-540-743-51 08
www.visitshenandoah.com
Rustikale Unterkunft mit Restaurant, Haupthaus und einigen Blockhütten – und mit einem fantastischen Blick hinunter in das Shenandoah Valley.

»Tochter der Sterne«

Im Jahr 1936 gegründet, schützt der 128 km lange, aber meist nur zehn Kilometer breite Park den schönsten und mit bis zu 1300 m höchsten Abschnitt der Blue Ridge Mountains. Dichte Laubwälder, Wasserfälle und Gebirgsbäche sowie die höchste Schwarzbärendichte in den Appalachen charakterisiert diesen für viele schönsten Park im Osten. Über 100 Baum- und rund 50 Moos- und Farnarten sind im Park beheimatet sowie über 1100 gezählte Wildblumenarten. Der Weißwedelhirsch ist das am leichtesten zu beobachtende Großwild: Meist begegnet man ihm bereits am Straßenrand. Einen Schwarzbären oder gar einen Luchs zu beobachten erfordert hingegen Geduld und viel Glück.

✶ Skyline Drive

Fast ebenso berühmt wie der Park ist der Skyline Drive. Die 168 km lange Straße von Front Royal im Norden bis Waynesboro im Süden durchquert den Park der Länge nach, wobei sie dem Bergrücken folgt und immer wieder schöne Aussichten in das Shenandoah Valley im Westen und die Ebene des Piedmont im Osten ermöglicht. Am Straßenrand informieren sogenannte Mileposts über die zurückgelegte bzw. noch zurückzulegende Entfernung.

Trails

Dem Wanderer stehen mehr als 800 km schöner Wanderwege zur Verfügung – er hat die Wahl zwischen kurzen Spaziergängen vom Auto zu Aussichtspunkten und mehrtägigen Trips über Stock und Stein. Trailkarten gibt es an den Parkeingängen sowie in den drei Besucherzentren Dickey Ridge (Milepost 4.6), Harry F. Byrd (Milepost 51) und Loft Mountain (Milepost 79.5).
Man kann hier auch ein 160 km langes Teilstück des **Appalachian Trail**, des berühmtesten Fernwanderwegs der USA, absolvieren. Kürzere, nicht weniger reizvolle Trails beginnen im Bereich der Skyline Lodge.

South Carolina

Qd–Qf 28/29

Abkürzung: SC
Hauptstadt: Columbia
Einwohnerzahl: 4,3 Mio.
Beiname: Palmetto State
Fläche: 80 582 km²

Schon der Blick auf die Landkarte zeigt: South Carolina führt ein Eigenleben. Vom Rest des Landes durch Georgia und North Carolina vollständig abgeschirmt, konserviert der bis heute ländlich geprägte Bundesstaat am Atlantik vielerorts beharrlich das Lebensgefühl des alten Südens.

Der Palmetto State ist nicht nur als Heimat berühmter Musiker wie Dizzy Gillespie und James Brown und ruppiger Politiker wie Strom Thurmond berühmt. Das lange als wertkonservativ verschriene South Carolina hat zum Beispiel mehr Astronauten hervorgebracht als jeder andere Bundesstaat – was unmissverständlich darauf hinweist, dass der der »guten alten Zeit« zutiefst verbundene Bundesstaat die Zukunft nicht verschlafen hat.

Ausgewählte Reiseziele in South Carolina

Beaufort

Das anderthalb Autostunden südlich von Charleston liegende, »Queen of the Sea Islands« genannte Küstenstädtchen (14 000 Einw.) ist dank seines vom Bürgerkrieg verschont gebliebenen Stadtbilds ein überaus attraktiver Ort zum Ausspannen. Zahlreiche Szenen des Blockbusters »Forrest Gump« wurden hier gedreht. 1710 auf den Resten von Forts des 16. Jh.s gegründet, verzaubert Beaufort mit schattigen Alleen und prächtigen Pflanzerhäusern aus dem 18. und frühen 19. Jahrhundert. Wie die reichen Tabak- und Baumwollpflanzer einst lebten, zeigt das **John Mark Verdier House Museum** (801 Bay St.).

▶ SOUTH CAROLINA

AUSKUNFT

Columbia Convention & Visitors Bureau
1101 Lincoln St.
Columbia, SC 29201
Tel. 1-803-545-00 00
www.columbiacvb.com

St. Helena Island, die größte der Beaufort vorgelagerten, ländlich geprägten Sea Islands, ist ein Zentrum der »afrikanischsten« Afroamerikaner der USA. Nach dem Bürgerkrieg von ihren weißen Besitzern sich selbst überlassen, lebten die von westafrikanischen

Südstaaten-Idylle in dem Küstenstädtchen Beaufort

Sklaven abstammenden Gullah bis weit ins 20. Jh. isoliert vom Festland und konnten so ihre Traditionen und ihre Sprache, ein Gemisch aus elisabethanischem Englisch und afrikanischem Vokabular, bewahren. Mehr über diese interessante Volksgruppe erfährt man im **Penn Center** (16 Penn Center Circle, St. Helena Island).

Columbia 1786 gegründet und im Bürgerkrieg niedergebrannt, wirkt die danach wieder aufgebaute Universitätsstadt und Hauptstadt South Carolinas (123 000 Einw.) mit ihren schnurgeraden, breiten Straßen weniger charmant als andere Südstaatenstädte. Unübersehbar: das **South Carolina State House** (Main u. Gervais Sts.), der repräsentative, von Palmen gerahmte Regierungssitz mit Granitsäulen und kupfergedeckter Kuppel. Kupfersterne markieren die Treffer, die es während der Belagerung durch Nordstaatengeneral Sherman erhielt. Sehenswert ist das in einer früheren Textilfabrik untergebrachte **South Carolina State Museum** (301 Gervais St.). In dem riesigen Backsteinkomplex geht der Besucher auf eine Reise durch die oft dramatische Geschichte des Bundesstaats.

Hilton Head Island Die im äußersten Südosten der Küste vorgelagerte Barriere-Insel (32 000 Einw.) ist ein mondänes Ferienresort mit hervorragenden Golfplätzen, langen Stränden und »Plantations« genannten exklusiven Siedlungen. Die jährlich stattfindenden nationalen und internationalen Golfturniere sind der sportliche und gesellschaftliche Höhepunkt des Insellebens. Normalsterblichen stehen die öffentlichen Strände zur Verfügung, u. a. **Folly Field Beach** und **Bradley Beach**. Ein vierspuriger Highway verbindet Hilton Head mit dem Festland.

Myrtle Beach

120 Golfplätze, riesige Shoppingmalls, Themenparks, Video-Arkaden, Country-Musik-Konzerte und Remmidemmi im Neon-Gewitter: Mit dem alten Süden hat Myrtle Beach (26 000 Einw.) nichts mehr zu tun. Das Seebad, dessen Einwohnerzahl sich im Sommer verzwölffacht, ist das Zentrum des hemmungslos dem Massentourismus frönenden Grand Strand, einem 40 km langen Sandstreifen von North Myrtle Beach nach Pawleys Island. Im Herzen des hyperaktiven Gewimmels aus T-Shirts, Shorts und Badeschlappen locken der **Myrtle Beach Pavilion Park** und der **Family Kingdom Amusement Park** (9th Ave. N. u. Ocean Blvd.) mit Achterbahnen und Wasserrutschen. **Broadway on the Beach** hingegen ist South Carolinas größte Shopping- und Entertainmentzone, mit 20 Restaurants, 11 Nachtklubs, 3 Hotels und über 100 Läden und Boutiquen.

South Dakota

Pd–Pg 23 / 24

Abkürzung: SD
Hauptstadt: Pierre
Einwohnerzahl: 782 000
Beiname: Mt. Rushmore State
Fläche: 199 730 km²

Dieses Land ist rau und hart – und zeitlos schön. Es hat die riesigen, bis zum Horizont reichenden Büffelherden gesehen und das traurige Ende der freien Präriestämme. Wild Bill Hickock wurde hier hinterrücks beim Poker erschossen und Sitting Bull während eines Handgemenges. Der Wind, der durch das hohe Gras streicht, kann viele Geschichten erzählen.

Der Staat liegt im nördlichen Zentrum der USA, am Übergang vom Zentralen Tiefland zu den Great Plains, und wird vom Missouri in zwei Hälften geteilt. Der Osten gehört zur Großlandschaft des Zentralen Tieflands, der goßteils vom Missouri-Plateau gebildete Westen hingegen zu dem von unwirtlichen Badlands durchsetzten Grasland der Großen Ebenen. Im Südwesten ragen die ►Black Hills auf mit dem Harney Peak (2207 m ü.d.M.) als höchstem Gipfel.

Ausgewählte Reiseziele in South Dakota

Mitchell

Die im Tal des James River an der US-90 liegende Stadt Mitchell (15 000 Einw.) ist das Versorgungszentrum des landwirtschaftlich geprägten Südostens. Der ganze Stolz der ansonsten recht nüchternen Gemeinde ist der 1892 im maurischen Stil errichtete **Corn Palace**, eine sympathische Geschmacksverirrung, die alljährlich zum Corn Palace Festival, einer Leistungsschau der hiesigen Farmer, von oben bis unten mit Maiskolben, Früchten und Gräsern verziert wird. Die Zeit der Indianer, Forscher und Siedlerpioniere erwacht im **South Dakota Discovery Center & Aquarium** (805 W. Sioux) zum Leben. Das **Mitchell Prehistoric Indian Village** (3200 Indian Village Rd.) ist die Rekonstruktion eines 1000 Jahre alten Mandan-Dorfes, in dem einst bis zu 800 Menschen gelebt haben.

SOUTH DAKOTA

AUSKUNFT

South Dakota Office of Tourism
Capitol Lake Plaza, 711 E. Wells Ave.
Pierre, SD 57501-5070
Tel. 1-605-773-3301
www.travelsd.com

Auch die im geografischen Zentrum South Dakotas am Missouri liegende Hauptstadt **Pierre** (14 800 Einw.) ist eine eher nüchterne Angelegenheit. Einen Besuch wert ist jedoch das **South Dakota Cultural Heritage Center** (900 Governor's Dr.) mit Ausstellungen u. a. zu indianischem Alltagsgerät.

Pine Ridge

Das Dorf Pine Ridge (3200 Einw.) im Südwesten, an der Grenze zu Nebraska, liegt inmitten der Pine Ridge Reservation, der Heimat der Oglala-Sioux. Das zu den ärmsten der USA gehörende Reservat ist zugleich eines der bekanntesten. Am 29. Dezember 1890 wurden am **Wounded Knee**, 32 km nordöstlich von Pine Ridge, rund 300 Oglala-Sioux von Soldaten der US-Kavallerie massakriert. Als Angehörige der Geistertanzbewegung, die den Indianern die Rückkehr der Büffel und das Verschwinden der Weißen prophezeite, hatten sie die Regierung in Washington einen erneuten Aufstand befürchten lassen. An das bis heute nicht vergessene Massaker erinnert ein kleiner Friedhof auf einem Hügel.

Gedenkstätte für das Massaker von 1890 am Wounded Knee

South Dakotas größte Stadt, **Sioux Falls** (143 000 Einw.), wurde 1856 gegründet und liegt im Süden des Staats. Mitten hindurch fließt der Big Sioux River, dessen Fallstufen von mehreren Aussichtspunkten aus zu beobachten sind. Fast wie bei den Niagara Falls gibt es hier im Sommer allabendlich nach Sonnenuntergang eine Sound and Light Show, die den Fluss ins beste Licht setzt. Sehenswert ist auch das hervorragende **Center for Wes-**

tern Studies (2001 S. Summit Ave.), das sich mit der Geschichte und Kultur der Plains-Indianer beschäftigt. Einen Abstecher in tropische Gefilde vespricht das **Sertoma Butterfly House** (4320 S. Oxbow Ave.), wo 400 Schmetterlingsarten bewundert werden können.

★ Tampa

Qd 31 / 32

Bundesstaat: Florida
Höhe: 0 – 17 m ü.d.M.
Einwohnerzahl: 333 000
(Metropolitan Area: 3,3 Mio.)

Hier schlägt das Herz der Tampa Bay Area, eines Ballungsraumes mit fast dreieinhalb Millionen Einwohnern. Zwar ist die dynamische Hafenstadt den meisten Besuchern eher als Tor zu den fabelhaften Stränden der Pinellas Peninsula bekannt, doch einige Top-Attraktionen innerhalb der Stadtgrenzen lohnen das Näherkommen.

Von den rund um die Stadt verlegten Freeways sieht man sie schon, die futuristische Skyline, die in den 1980er- und 1990er-Jahren hochgezogen wurde und die Stadt an der Mündung des Hillsborough River auf das dritte Jahrtausend vorbereitete. Dabei ist Tampa nur wenig älter als 100 Jahre. 1824 errichteten amerikanische Soldaten an der Mündung in die Tampa Bay das Fort Brooke, um die unruhigen Seminolen in Schach zu halten. Tampa, im Schatten der Palisaden geboren, blieb ein Fischernest, bis 1885 die South Florida Railroad des Eisenbahnmagnaten **Henry B. Plant** den Ort erreichte und die Stelle zum Tiefseehafen ausgebaut wurde. Kurz darauf eröffneten Zigarrenhersteller aus Kuba hier ihre Fabriken.

! *Baedeker* TIPP

Mit Haien tauchen

Publikumsrenner im Florida Aquarium ist »Dive with the Sharks«. Interessierte und vor allem mutige Besucher können in Begleitung erfahrener Taucher zu Haien aus allen Weltmeeren in die Fluten steigen. Allerdings sollte man einen Tauchschein vorweisen können.

Sehenswertes in Tampa und Umgebung

★ **Tampa Museum of Art** ⌚

Kunst der Antike und zeitgenössisches Kunstschaffen, untergebracht in einem modernen, weißen Designerkasten am Hillsborough River in Downtown (600 Ashley Dr. N., wird bis Herbst 2009 umgebaut, Interimsadresse: 2306 N. Howard Ave.; Öffnungszeiten: Di. – Sa. 10.00 – 16.00 Uhr).

Florida Aquarium ⌚

Das von einer markanten Glaskuppel dominierte Aquarium bietet nicht nur Wassertanks, sondern gleich mehrere Ökosysteme dazu (701 Channelside Dr.; Öffnungszeiten: tgl. 9.30 – 17.00 Uhr).

TAMPA ERLEBEN

AUSKUNFT

Tampa Bay & Company
401 E. Jackson St.
Tampa, FL 33602
Tel. 1-813-223-11 11
www.visittampabay.com

SHOPPING

Eine behagliche Einkaufstour verspricht das Old Hyde Park Village im Bereich von Swan und Dakota Streets. Zigarrenfans streben – natürlich – nach Ybor City.

ESSEN

► Erschwinglich
Bern's
1208 S. Howard Ave.
Tel. 1-813-251-24 21
Seit über 40 Jahren Tampas Nr. 1 in Sachen Steaks.

► Erschwinglich/Preiswert
Big City Tavern
1600 E. 8th Ave., Ybor City
Tel. 1-813-247-30 00
Feine amerikanische Küche

ÜBERNACHTEN

► Komfortabel
Don Vincente de Ybor Historic Inn
1915 Avenida Republica de Cuba
Ybor City, Tel. 1-813-241-45 45
www.donvincenteinn.com
16 Z. Wohnen in kolonialspanischem Flair.

► Günstig
La Quinta Inn – Tampa USF
3701 E. Fowler Ave.
Tel. 1-813-910-75 00, www.lq.com
Gut ausgestattete Unterkunft nahe Busch Gardens.

★★ Ybor City Heute noch lateinamerikanisch geprägt, war das 1886 von einem spanischen Zigarrenfabrikanten im Norden der Downtown gegründete Viertel 40 Jahre lang die beste Adresse des Landes für handgedrehte Zigarren. Heute verkaufen die Nachfahren der damals eingewanderten kubanischen Zigarrendreher noch immer Zigarren und betreiben dazu Restaurants, Cafés und Kunsthandwerksläden. Über die traditionelle Zigarrenherstellung informiert das **Ybor City State Museum** (1819 9th Ave.; Öffnungszeiten: tgl. 9.00 – 17.00 Uhr). Und rund um den fotogenen **Ybor Square** gibt es weitere hübsche Läden und Cafés.

★ Busch Gardens Der Themenpark der Mega-Brauerei Anheuser-Busch im Norden Tampas gehört zu den beliebtesten Floridas und präsentiert sich als in dieser Art einmalige Kombination aus **Tier-, Abenteuer- und Vergnügungspark**. Jeder der acht Bereiche bietet ein anderes Stück Afrika mit jeweils typischer Fauna und Flora. Im Vergnügungsbereich ist SheiKra, die steilste Achterbahn der Welt, die neueste Attraktion (Öffnungszeiten: tgl. 10.00 – 18.00, im Sommer bis 20.00 Uhr).

MOSI Das innovative Museum of Science & Industry (MOSI) präsentiert im Norden von Tampa Technik und Naturwissenschaften zum An-

Nervenkitzel in den Busch Gardens

fassen. So kann man sich einem künstlichen Hurrikan aussetzen und in zehn Meter Höhe auf einem Drahtseil Rad fahren (4801 E. Fowler Ave.; Öffnungszeiten: Mo. – Fr. 9.00 – 17.00, Sa. und So. 9.00 bis 18.00 Uhr).

Hillsborough River State Park

Wer nach all den von Landschaftsarchitekten entworfenen Parks und Gärten die ursprüngliche Natur vermisst, sollte sich dieses Schutzgebiet 32 km nordöstlich von Tampa ansehen. Planken- und Wanderwege führen durch eine nahezu unberührte, mäandernde Flusslandschaft, deren subtropische Reize auch per Kanu oder Kajak erkundet werden können.

Tennessee

Pk–Qe 27/28

Abkürzung: TN
Hauptstadt: Nashville
Einwohnerzahl: 6 Mio.
Beiname: Volunteer State
Fläche: 109 152 km²

Memphis, Tennessee! Nashville, Tennessee! Es gibt nur wenige Städte, die so selbstverständlich in einem Atemzug mit ihrem Bundesstaat genannt werden. Mit der Musik dieser beiden Städte sind mehrere Generationen aufgewachsen. Tennessee und die Tennesseans haben deshalb einen festen Platz im Herzen der Amerikaner.

Musik war schon immer Tennessees beste Botschafterin. Countrysongs schwärmen von den Great Smoky Mountains, Blueslieder vom Mississippi und Songs aus der Swing-Ära gar vom Zug durch Chattanooga. Warum das so ist, lässt sich nur erahnen. Vielleicht, weil hier der gute alte, typisch amerikanische Roadtrip noch möglich ist? Auf ruhigen Straßen gemütlich durch eine hübsche Landschaft mit stillen Tälern und verträumten Antebellum-Villen kurven und in windschiefen General Stores Apple Pie essen? Fastfood- und Shoppingmall-Amerika ist in Tennessee mitunter sehr weit weg.

✶ Chattanooga

Aus dem einstigen Vorposten der Cherokee an der Schleife des Tennessee River im Südosten Tennessees wurde im 19. Jahrhundert ein schnell wachsender Verkehrsknotenpunkt und im 20. Jahrhundert der Ort, wo die erste Coca-Cola-Abfüllanlage stand und Minigolf erfunden wurde. Die für die Stadt (156 000 Einw.) lebenswichtige Eisenbahn wurde 1941 im Glenn-Miller-Ohrwurm **»Chattanooga Choo-Choo«** verewigt. So wichtig war die Eisenbahn, dass ihr heute zwei der Top-Attraktionen der Stadt gewidmet sind.

TENNESSEE

AUSKUNFT

Chattanooga Area Convention and Visitors Bureau
2 Broad St.
Chattanooga
TN 37402
Tel. 1-423-756-86 87
www.chattanoogafun.com

Im **Tennessee Valley Railroad Museum** kann man Bahn fahren wie zu Beginn des 20. Jahrhunderts: Ein Schaffner knipst Fahrkarten und selbst die Lokomotivführer tragen die Overalls von einst (4119 Cromwell Rd., Grand Junction Station).

Chattanooga Choo-Choo

Der historische, 1909 eröffnete Southern Railway Terminal ist heute ein stimmungsvolles Entertainment-Zentrum mitsamt Hotel, Läden und guten Restaurants. Ein kleines Museum zeigt u. a. eine Replik der historischen Choo-Choo-Lokomotive von 1880 (14 Market St.).

Chattanooga African-American Museum

Das Chattanooga African-American Museum & Bessie Smith Hall widmet sich der Rolle der schwarzen Bevölkerung in der Stadtgeschichte. Die Ausstellung für die 1894 in Chattanooga geborene **Bessie Smith** ist für Blues-Fans ein musikhistorischer Höhepunkt (200 E. Martin Luther King Blvd.; Öffnungszeiten: Mo. – Fr. 10.00 – 17.30, Sa. 12.00 – 16.00 Uhr).

Chattanoogas »Wahrzeichen« – der Choo-Choo Train

Tennessee Aquarium

Fische sowohl aus dem Tennessee River als auch aus den großen Strömen der Welt schwimmen hier in mächtigen Tanks auf vier Etagen (1 Broad St.; Öffnungszeiten: tgl. 10.00 – 18.00 Uhr).

Ruby Falls-Lookout Mountain Caverns

Das Highlight dieses Höhlensystems etwas südlich von Chattanooga ist ein fast 50 m hoher Wasserfall in 350 m Tiefe (Lookout Mountain Scenic Hwy., tgl. Führungen, 8.00 – 20.00 Uhr).

Texas

Pb–Pj 27–33

Abkürzung: TX
Hauptstadt: Austin
Einwohnerzahl: 23,5 Mio.
Beiname: Lone Star State
Fläche: 696 241 km²

Die Klischees stimmen: Man sieht lederne Gesichter unter riesigen Stetsons, Straßenkreuzer mit Rinderhörnern auf dem Kühler und so viele Steakhäuser wie nirgendwo anders. Dabei ist Texas, für viele die Quintessenz Amerikas, längst mehr als das. Inzwischen leben die meisten Texaner in Großstädten. Cowboys gibt es unter ihnen noch, doch als Webdesigner verdienen sie entschieden mehr.

Stolz darauf, aus Texas zu sein, sind jedoch alle Texaner. Kritik am Lone Star State lässt sie kalt: Allein die schiere Größe ihres Staats stärkt ihnen den Rücken. Über 1000 Kilometer breit und fast 1300 km lang, ist Texas größer als fast jedes Land in Europa. Rund 18 Stunden bräuchte, wer mit dem Auto von Texas' Nordspitze nach Mexiko hinunter wollte. Und mehr als eine Reise, wer den Staat

gründlich kennenlernen will. Regionale Vielfalt kommt da nicht unerwartet. Es gibt Kiefernwälder im Osten, Badestrände im Süden, Prärie im Norden und Wüste im Texas Panhandle. Und ganz im Westen steigen die Ausläufer der Rocky Mountains bis in Höhen von über 2600 Meter. Entsprechend abwechslungsreich ist auch das texanische Klima: subtropisch im Osten, wüstenhaft trocken im Südwesten. Backofenhitze kann im Sommer überall vorkommen, Frosteinbrüche im Winter ebenso.

Ausgewählte Reiseziele in Texas

Amarillo

1887 als Verladerampe für Texas' Rinderherden gegründet, dreht sich in Amarillo (179 000 Einw.) in Nord-Texas noch heute alles um Fleisch: Die jeden Dienstag stattfindende Amarillo Livestock Auction ist eine der größten Viehauktionen des Landes. Alles über das legendäre Pferd des Cowboys erfährt man im **American Quarter Horse Heritage Center & Museum** (Quarter Horse Dr.). Eine andere Sehenswürdigkeit lief der »Cow Culture« eine Weile den Rang ab: die westlich der Stadt neben der I-40 installierte Pop-Art-Skulptur **»Cadillac Ranch«**. Die zehn mit dem Kühler voran in den Boden gerammten Cadillacs zieren bis heute fast jedes Reisemagazin über Texas.

TEXAS

AUSKUNFT

Texas Tourism
211 E. 11th St., 4th floor
Austin, TX 78701
Tel. 1-512-936-01 01
www.traveltex.com

Auch das Städtchen **Canyon** (13 000 Einw.), südwestlich von Amarillo, lebt von der Viehwirtschaft. Geschichte und Geschichten dieser rauen Gegend bewahrt das hervorragende **Panhandle-Plains Historical Museum** (2503 Fourth Ave.) auf dem Campus der West Texas A & M University. Canyon ist zudem Ausgangspunkt für die Erkundung des gewaltigen Palo Duro Canyon State Park.

✶ Palo Duro Canyon State Park ►

Der als »Grand Canyon von Texas« gepriesene Canyon 19 km weiter östlich bleibt nicht hinter den Erwartungen zurück. Der 1934 gegründete Nationalpark schützt den nördlichen Abschnitt der gewaltigen Schlucht. Knapp 200 km lang, bis zu 35 km breit und maximal 240 m tief, ist die Schlucht ein Ergebnis fortschreitender, vom **Red River** betriebener Erosion. Früher bot sie Apachen und Kiowa Zuflucht, dann ließen Rancher auf dem Canyonboden ihr Vieh grasen. Heute ist er ein großartiges Revier für Hiker: Über 60 km schöner Trails führen von der Kante hinunter auf den Talgrund.

Amerikas berühmteste Pop-Art-Skulptur: »Cadillac Ranch« bei Amarillo

Austin

Wo der Colorado River das Edwards Plateau verlässt, wurde 1839 die neue Hauptstadt (710 000 Einw.) des damals noch unabhängigen Texas gegründet und nach Stephen Austin (1793 – 1836), dem »Vater von Texas«, benannt. Trotz häufiger Indianerüberfälle und des amerikanisch-mexikanischen Kriegs wuchs die rund 130 km nordöstlich von ►San Antonio gelegene Stadt in ihre Hauptstadtrolle hinein und ist heute auch ein Zentrum für Lehre und Ausbildung: Renommierte Hochschulen wie die Texas University, Theater und Museen verleihen der Stadt im konservativen Texas eine liberale Atmosphäre, die eine lebendige Gegenkultur hervorgebracht hat.

State Capitol

Das 1894 am Nordende der Congress Ave. im italienischen Renaissance-Stil fertiggestellte Kapitol prangt im pinkfarbenen Texas-Granit. Der nach dem Kapitol in Washington größte Regierungssitz der USA, in den 1990er-Jahren für knapp 200 Mio. Dollar renoviert und erweitert, lohnt allein seiner Größe wegen den Besuch (11th u. Congress Sts.).

Bob Bullock Texas State Museum

Von der unabhängigen Repubik Texas über den Hurrikan von Galveston bis zu den Ölfunden in Texas und »native son« Neil Armstrong bietet dieses gute Museum einen Querschnitt durch die Geschichte des Bundesstaats (1800 N. Congress Ave.).

Governors Mansion Die schöne, 1856 erbaute Südstaaten-Residenz mit der repräsentativen Säulenfassade diente mehr als hundert Jahre als Residenz der Gouverneure von Texas und enthält heute kostbare, oft auch humorvolle Memorabilia aus deren Amtszeiten (1010 Colorado St.).

Barton Springs Pool Täglich von über 100 Mio. Litern 20 Grad Celsius warmen, kristallklaren Wassers gespeist, ist der Barton Springs Pool das ganze Jahr über Treffpunkt für Erfrischung suchende Hauptstädter. Das große, mit Steinen eingefasste Becken liegt im schönen **Zilker Botanical Garden**, dessen Blumen sich von März bis Oktober von ihren schönsten Seiten zeigen (2220 Barton Springs Rd.).

Padre Island National Seashore Dieses herrliche Wildnisgebiet südlich von Austin bei **Corpus Christi** liegt auf Padre Island und schützt einen erheblichen Teil dieser 180 km langen Barriere-Insel. In der Dünenlandschaft gedeihen 600 Pflanzen- und Wildblumenarten, was wiederum rund 350 Vogelarten angezogen hat. Erreichbar ist das Schutzgebiet über Dämme von Corpus Christi und Port Isabel aus. Im **Malaquite Beach Visitor Center** kann man sich über die Endlos-Strände der Insel informieren.

El Paso

Für die Spanier waren diese Furt über den Rio Grande und der auf dem Nordufer anschließende Korridor zwischen zwei Höhenzügen der Schlüssel zum Norden: Für mehrere Jahrhunderte wurde der **Camino Réal** (Königsweg) die bedeutendste Verbindung zwischen Mexiko und seinen Besitzungen im Norden. An der Furt wurde 1682 die Mission Nuestra Señora del Carmen gegründet. In ihrem Schatten entstand die Stadt El Paso de Rio del Norte. Im Jahr 1848 ging der Ort an die USA. 1881 kam die Eisenbahn und mit ihr zahlreiche lichtscheue Gestalten. Im 20. Jahrhundert boomte El Paso (610 000 Einw.) dank seiner blühenden Landwirtschaft, verarbeitenden Industrie und seines Handels mit der mexikanischen Zwillingsstadt Ciudad Juárez.

Siesta im Zentrum von El Paso

Die in einem modernen Gebäude untergebrachten fünf Ausstellungen des **El Paso Museums of Art** widmen sich der multikulturellen Bürgerschaft El Pasos und der Verdienste der jeweiligen Nationalität um die Geschicke der Stadt (1 Arts Festival Plaza). Das **El Paso Centennial Museum** auf dem Campus der University of Texas beschäftigt sich mit der Fauna und Flora des Südwestens und Mexikos und zeigt verschiedene rekonstruierte Wüstenlandschaften (500 W. University Ave.). Das **National Border Patrol Museum** des 1924 gegründeten US-Grenzschutzes zeigt u. a. die bei der Bewachung der langen Grenze zum Einsatz kommenden Flugzeuge und Hubschrauber (4315 Transmountain Drive).

Fort Bliss

In dem etwas außerhalb gelegenen, 1846 als Grenzposten gegründeten Militärstützpunkt befindet sich heute eines der größten Luftverteidigungszentren der Welt. Hier werden Piloten befreundeter Nationen ausgebildet. Auf dem Gelände befinden sich auch drei verschiedenen Aspekten der »Homeland«-Verteidigung gewidmete Museen.

★ Mission Trail

El Pasos Mission Trail führt zu drei alten spanischen Missionen im Osten der Stadt und nimmt – mit dem Auto – einen halben Tag in Anspruch.

★ Tucson

Ok 29

Bundesstaat: Arizona
Höhe: 806 m ü.d.M.
Einwohnerzahl: 519 000

Der Größe nach zwar nur die Nummer zwei nach Phoenix, ist die Stadt vor der Kulisse der rauen Santa Catalina Mountains für viele indes die schönste in Arizona. Mit mehr als 3800 Stunden Sonnenschein im Jahr gesegnet, pflegt die Stadt in der Sonora Desert sorgfältig ihr spanisches Erbe.

Gleich hinter der Stadtgrenze beginnt die Wüste, die **Sonora Desert**, eine karge, braun-gelbe, zugleich bestürzend schöne Ödnis, in der die bis zu 14 m hohen Saguaro-Kakteen die einzigen Lebewesen zu sein scheinen. Der Mensch, der die Wüste nicht mehr bezwingen will, hat sie zum Verbündeten gemacht, indem er die schönsten Abschnitte zu National oder State Parks erklärt und mit Wanderwegen und Mountainbiketrails ausgestattet hat. Outdoorfun wird hier großgeschrieben und trägt Tuscon alljährlich einen vorderen Platz in den Rankings der lebenswertesten amerikanischen Städte ein.

Sehenswertes in Tucson

★ El Presidio Historic District

Das Viertel zwischen Church Ave., Granada Ave., Alameda St. und Washington St. ist der übersichtliche Stadtkern aus der kolonialspanischen Zeit. Seine Adobehäuser wurden in den letzten Jahren liebevoll restauriert. Das historische Geschäftsviertel der Stadt, das **Barrio Historico**, schließt südlich an und weist einige sehr schöne Adobehäuser aus dem 19. Jahrhundert auf.

TUCSON ERLEBEN

AUSKUNFT

Metropolitan Tucson Convention and Visitors Bureau
100 S. Church Ave.
Tel. 1-520-624-18 17
www.visittucson.org

AKTIVITÄTEN

Rund um Tucson laden über 40 von berühmten Designern entworfene Greens zur Golfpartie ein. Ebenso beliebt ist Hiking in den Santa Catalina Mountains.

SHOPPING

Mexikanisches und indianisches Kunsthandwerk werden v. a. im Historic District angeboten. Textilien und Gegenstände des täglichen Bedarfs gibt es im Shopping District an der 4th Ave. (zwischen University und 9th Sts.).

AUSGEHEN

Anders als so viele andere Downtowns in den USA stirbt Tucsons Innenstadt nach Büroschluss nicht aus. Das Nachtleben konzentriert sich rund um das »Convention Center« und den Uni-Campus. Ein Hotspot für Rock- und Jazzkonzerte ist das historische »Rialto Theatre« (318 E. Congress St.).

ESSEN

▸ Erschwinglich

① ***Cuvée World Bistro***
3352 E. Speedway Blvd.
Tel. 1-520-881-75 77
Fusion Cuisine: Die Karte hält, was der Name verspricht.

▸ Preiswert

② ***Café Poca Cosa***
110 E. Pennington St.
Tel. 1-520-622-64 00
Raffiniert verfeinerte mexikanische Küche.

ÜBERNACHTEN

▸ Luxus/Komfortabel

① ***The Lodge on the Desert***
306 N. Alvernon Way
Tel. 1-520-325-33 66
www.lodgeonthedesert.com
35 Z.
Palmengesäumtes Resorthotel im spanischen Haziendastil

▸ Komfortabel

② ***Catalina Park Inn Bed & Breakfast***
309 E. First St.
Tel. 1-520-792-45 41
www.catalinaparkinn.com
6 Z. Pinkfarbene Villa von 1927 inmitten eines üppigen Gartens (im Juli und August geschl.).

Tucson Museum of Art Umgeben vom kolonialspanischen Ambiente des Presidio, zeigt dieses in modernen Gebäuden untergebrachte Museum Zeitgenössisches und Kunst aus der Kolonialzeit (140 N. Main St.).

Sosa-Carillo-Frémont House Das 1858 erbaute Adobehaus auf dem Gelände des Tucson Convention Center war Sitz des Gouverneurs und Forschers **John C. Frémont** und zeigt, mit mexikanisch-amerikanischem Originalmobiliar eingerichtet, den Alltag vor 150 Jahren (151 S. Granada Ave.).

Tucson Orientierung

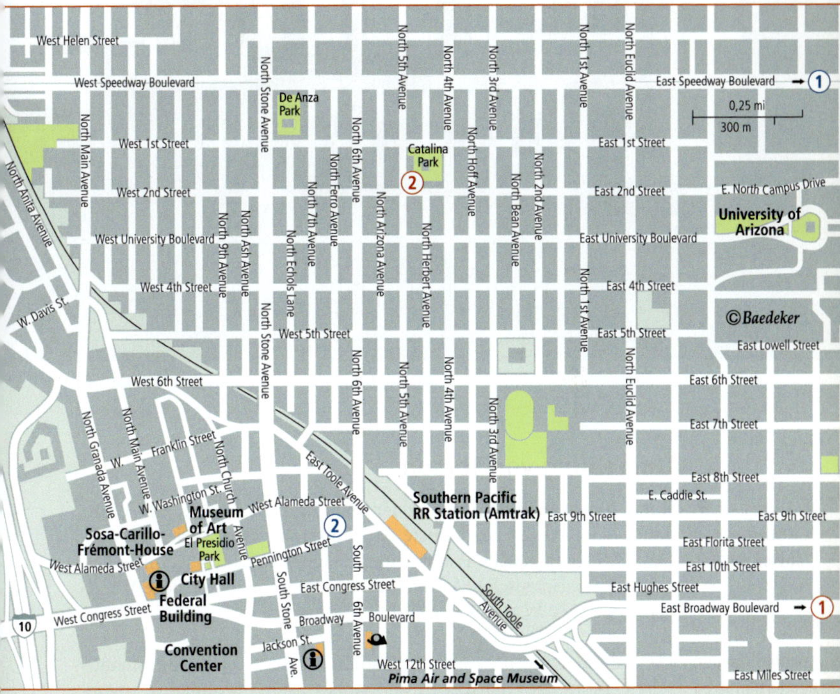

Übernachten
① The Lodge on the Desert ② Catalina Park Inn

Essen
① Cuvée World Bistro ② Café Poca Cosa

University of Arizona

Auf dem Campus der renommierten University of Arizona befinden sich besuchenswerte Museen. Das **Arizona State Museum** (Park Ave. u. University Blvd.) ist das größte und älteste anthropologische Museum im Südwesten und porträtiert die bedeutendsten der hiesigen Stämme. Das **Center for Creative Photography** (1030 N. Olive Rd., Campus) zeigt die Arbeiten der weltbesten Fotografen, darunter zahlreicher Fotografen aus dem Südwesten. Das **University of Arizona Museum of Fine Arts** (Park Ave. u. Speedway Blvd., Campus) zählt mit seinem Aufgebot an Tintorettos, Rembrandts und Picassos zu den besten des Landes.

Pima Air and Space Museum

Das an die Davis Monthan Air Force Base grenzende Museum im Südosten der Stadt zeigt über 250 Flugzeuge aller Typen und Bauarten, darunter Kampfflugzeuge aus dem Zweiten Weltkrieg, Experimental-Flugzeuge und die 1999 ausgemusterte SR-71 »Blackbird«, den schnellsten je gebauten Düsenjet (6000 E. Valencia Rd.).

Westernatmosphäre in der Filmstadt »Old Tucson«

Umgebung von Tucson

★ **Mission San Xavier del Bac**

Rund 20 Autominuten südlich der Stadt liegt die schöne, als »Weiße Taube der Wüste« bezeichnete Missionskirche San Xavier del Bac. Die 1797 fertiggestellte Franziskanermission gilt als das schönste Beispiel kolonialspanischer Architektur und zeigt innen herrliche Wandgemälde (1950 W. San Xavier Rd.).

Sabino Canyon Recreation Area

Der Sabino Canyon 27 km nordöstlich der Stadt, eine wildromantische Oase in der High Desert der Santa Catalina Mountains, ist wegen seiner natürlichen Pools zu Füßen fotogener Wasserfälle ein beliebtes Ausflugsziel. Zu den schönsten Aussichtspunkten im Canyon führt eine »Tram«: Autos sind nicht mehr erlaubt (5900 N. Sabino Canyon Rd.).

★ **Old Tucson Studios**

Rund 20 km westlich der Stadt herrscht auch zu Beginn des Dritten Jahrtausends das Recht des Stärkeren: Schlägereien und Schießereien mit vielen Film-Toten sind blutiger Alltag. Besucher dürfen gerne zuschauen. 1939 als Kulisse für Hollywoodfilme in den Wüstensand gesetzt, wurden hier seitdem über 350 Western gedreht, darunter Klassiker wie »Tombstone« und »Arizona«. Längst zum Wildwest-Themenpark mutiert, werden dem Besucher neben wilden »Gunfights« auch Vaudeville-Revuen, Country-Konzerte und Barbecue-Partys geboten (201 S. Kinney Rd.; Öffnungszeiten: tgl. 10.00 – 18.00 Uhr).

★ **Saguaro National Park**

Im Jahr 1933 zum Schutz der mehrere Meter hohen Saguaro-Kakteen gegründet, zeigt dieser schöne, aus zwei Teilen bestehende Nationalpark das bis zu 150 Jahre alt werdende Wahrzeichen des Südwestens in seinem Lebensraum, der nahezu unberührten Sonora Desert. Beide Hälften des Parks – der **Rincon Mountain District** östlich von Tucson und der **Tucson Mountain District** im Westen – sind mit Rundstrecken und wunderschönen Wanderwegen jeglicher Länge auch auf konditionsschwache Besucher vorbereitet (Rincon Mountain: 3693 S. Old Spanish Trail; Tucson Mountain: 2700 N. Kinney Rd., www.nps.gov/sagu).

Arizona Sonora Desert Museum

Das als »living museum« präsentierte Arizona Sonora Desert Museum liegt etwa 22 km westlich von Tucson ganz in der Nähe der Old Tucson Studios und bietet die einmalige Gelegenheit, Kojoten, Schwarzbären, Berglöwen und viele andere Wüstenbewohner in ihrem angestammten Lebensraum zu beobachten (Gates Pass Rd.; Öffnungszeiten: Okt. bis Febr. tgl. 8.30 – 17.00, März – Sept. tgl. 7.30 bis 17.00 Uhr).

Utah

Oj–Ph 25–27

Abkürzung: UT
Hauptstadt: Salt Lake City
Einwohnerzahl: 2,6 Mio.
Beiname: Beehive State
Fläche: 219 888 km²

Das ist selten: Broschüren, die unter- statt übertreiben! Kein Prospekt, kein Fotoband wird den spektakulären Naturschauspielen dieses Bundesstaats gerecht. Ein Dutzend National Parks und National Monuments schützen die schönsten der Canyons, von denen nicht wenige in Gebieten liegen, die erst in den 1930er-Jahren erforscht wurden.

Die Statistiken sprechen nur scheinbar gegen den Beehive State. Danach war Utah zwischen 1990 und 2000 der am viertschnellsten wachsende Bundesstaat des Landes, mit einer Bevölkerung, die zu 88 Prozent in Städten lebte.
Nichts wäre jedoch falscher, als auf einen das ganze Land bedeckenden urbanen Brei zu schließen. Dafür ist der Staat zu groß und die Bevölkerung, allem Wachstum zum Trotz, noch immer bei Weitem zu gering. So leben rund 80 Prozent aller Utahns in ► Salt Lake City und zu Füßen der Wasatch Range, den Hausbergen der Hauptstadt. Der Rest verliert sich in über das 565 km lange und 435 km breite Land verstreuten Siedlungen mit meist nur wenigen Tausend Einwohnern. Der Gesamteindruck des Besuchers, der auf hervorragenden Straßen durch eine fremdartige Felsenlandschaft von ergreifender Schönheit gleitet, ist der fast poesiehafter Leere.

Uraltes Kulturland

Die markantesten Großlandschaften Utahs sind das 1500 m hoch liegende Große Becken mit dem Großen Salzsee, die von Norden nach Süden verlaufenden, zu den Rockies gehörenden Wasatch Mountains sowie das den Süden dominierende **Colorado-Plateau**, wo sich gleich mehrere der schönsten Nationalparks des Kontinents befinden. So menschenabweisend die Felsenlandschaften auch wirken: Utah ist uraltes Kulturland. Schon vor der Zeitenwende siedelte eine sesshafte, später »Anasazi« genannte Hochkultur auf dem Colorado-Plateau. Im 13. Jh. traten nomadische Stämme, darunter die Utes, auf den Plan. Im frühen 16. Jh. erreichten die ersten Spanier das Canyon-Land, im frühen 19. Jh. folgten amerikanische Fallensteller, die sogenannten Mountain Men. Im Juli 1847 ließen sich die ersten 1700 Mormonen am Rand des **Großen Salzsees** nieder und nahmen die Kultivierung der Wüste in Angriff. Erst 1896, nachdem die Mormonen offiziell auf die Polygamie verzichtet hatten, durfte Utah als 45. Staat der Union beitreten. Im 20. Jh. gesellte sich der Tourismus zu Bewässerungsfeldbau und Viehzucht. In Süd-Utah gedrehte Hollywoodfilme trugen die Schönheit des Staats ebenso in die Welt wie die Olympischen Winterspiele von Salt Lake City 2002.

UTAH

AUSKUNFT

Utah Travel Council
Council Hall
Capitol Hill, 300 N State St.
Salt Lake City, UT 84114
Tel. 1-801-538-10 30
www.utah.com

Ausgewählte Reiseziele in Utah

★ Golden Spike National Historic Site

Ca. 50 km westlich von **Brigham City** (17 500 Einw.) wurde am 10. Mai 1869 amerikanische Geschichte geschrieben, als hier die von Osten und Westen gleichzeitig vorangetriebenen Schienenstränge der Union Pacific und der Central Pacific Railroad zusammentrafen. Mit dem feierlichen Einschlagen des »Golden Spike« genannten letzten Nagels wurde diese erste transkontinentale Eisenbahnlinie der USA in Betrieb genommen. Die Repliken der beiden Lokomotiven und interessante Ausstellungen erinnern an diesen historischen Augenblick (I-15 via I-84, bei Promontory).

Cedar City

Die auf halbem Weg zwischen Salt Lake City und St. George liegende Cedar City (21 000 Einw.) präsentiert sich als Uni-Städtchen, Veranstaltungsort des alljährlichen **Shakespearean Festival** und mit hübschen Cafés und Restaurants als überraschend kultivierte Insel zu Füßen der Wasatch Range. Seine Lage macht es zudem zu einem guten Stützpunkt für Exkursionen in die Berge, v. a. zum Cedar Breaks National Monument und in den ► Zion National Park. Vor Ort sehenswert sind v. a. die **Brathwaite Fine Arts Gallery** (351 W. Center

Erst in den 1930er-Jahren erforscht, wurde die großartige Landschaft am Escalante River 1996 zum National Monument erhoben.

St., Campus) mit Werken von Künstlern aus dem Südwesten und die Aufführungen des von Ende Juni bis Ende Oktober stattfindenden Festivals zu Ehren des englischen Dichterfürsten (Campus, Tickets telefonisch unter 1-435-586-78 78).

✶ Cedar Breaks National Monument

Dieselben Kräfte, die den ►Bryce Canyon schufen, waren auch hier unweit von Cedar City am Werk. Highlight dieses in allen Sandsteinfarben schwelgenden, von sattgrünen Nadelwäldern bedeckten und 3000 m hoch gelegenen Naturschauspiels ist das 600 m tief abfallende **»Amphitheater«**. Die beste Aussicht über diese Wildnis hat man vom Rim Drive aus.

✶ Grand Staircase – Escalante National Monument

Die 1996 von Präsident Bill Clinton zum National Monument erhobene Felsenlandschaft am Escalante River zwischen ►Bryce Canyon und Capitol Reef National Park gehört zu den isoliertesten Regionen der USA. So wurden einige Teile dieser aus Canyons, Plateaus und Mesas bestehenden Wildnis erst in den 1930er-Jahren gründlich erforscht und kartografiert. Die UT-12, einer der schönsten »Scenic Byways« im Südwesten, arbeitet sich in zahllosen Kurven durch diese hin und wieder von grünen Tälern aufgelockerte Mondlandschaft. In den Siedlungen **Escalante, Boulder und Kanab** an den Grenzen des National Monument werden mehrtägige Expeditionen in das Innere angeboten. Hier gibt es auch meist einfache Unterkünfte.

✶ Lake Powell

Schon von Weitem leuchtet das Band des Lake Powell tiefblau im Sandsteinrot des Canyon Country: Lake Powell, 300 km lang und rund 5000 km² groß, ist ein Vier-Jahreszeiten-Spielplatz an der

Zum jährlichen »Buffalo Roundup« treffen sich die Cowboys der Gegend in Ogden.

Grenze zu Arizona und versorgt dank seiner Kraftwerke zugleich Städte und Industrien im ganzen Westen mit Elektrizität. Der zweitgrößte Stausee der USA wurde 1960 bis 1964 geschaffen, indem der durch den **Glen Canyon** fließende Colorado River mithilfe eines 216 m hohen Dammes aufgestaut wurde. Von Umweltschützern von Anfang an heftig kritisiert, sind die ökologischen Folgen dieses Mega-Projekts selbst bis heute nur in Umrissen absehbar. Zumindest verschwand der nach dem Grand Canyon schönste Canyon der USA in den Fluten. Heute sind Wasserski, Camping und Bootsausflüge die beliebtesten Aktivitäten auf dem von tiefen Buchten geprägten See. Von mehreren Marinas aus, u. a. Lee's Ferry und Wahweap Lodge & Marina (AZ) sowie Hall's Crossing (UT), werden Bootsausflüge angeboten. Ein beliebtes Ziel ist die nur übers Wasser erreichbare, als National Monument geschützte **Rainbow Bridge**, mit 90 m Höhe die zweitgrößte natürliche Steinbrücke der Welt. Von Page in Arizona aus werden Ausflüge in den Antelope Canyon angeboten, eine enge, »slot canyon« genannte Schlucht, die wegen ihrer run dgeschliffenen, vielfarbigen Sandsteinformationen zu den wohl meistfotografierten Canyons der Welt gehört.

* Antelope Canyon ▶

Ogden Die drittgrößte Stadt Utahs (78 000 Einw.) liegt 56 km nördlich von Salt Lake City zwischen den Wasatch Mountains und dem Großen Salzsee und ist Versorgungszentrum eines landwirtschaftlich geprägten Umlands. Hauptachse der hübsch begrünten »Old Town« ist die denkmalgeschützte **25th Street**, deren im Frontier-Stil erbaute Häuser noch immer Wildwestatmosphäre vermitteln. Am Westrand der

»Old Town« lohnen die **Ogden Union Station Museums** (2501 Wall Ave.) einen Besuch. So informiert das Utah State Railroad Museum über die Geschichte der amerikanischen Eisenbahn, während das John M. Browning Firearms Museum an den Waffenfabrikanten, einen Sohn der Stadt, erinnert. Das Browning-Kimball Car Museum präsentiert eine Auswahl nostalgischer Autos aus sechs Jahrzehnten.

St. George

Die Stadt St. George (75 600 Einw.) in der wüstenhaften Südwestecke Utahs ist Las Vegas näher als Salt Lake City und wird wegen ihrer warmen Sommer und milden Winter und etwas Baumwollanbau auch Utahs »Dixie« genannt. Im 19. Jh. verbrachte Mormonenführer Brigham Young mit seiner Familie hier die Winter. Sein Haus, das **Brigham Young Winter Home** (67 W 200 North St.), vermittelt einen Eindruck vom Lebensalltag der mehrere Ehefrauen und Dutzende Kinder umfassenden Großfamilie. Für Reisende unterwegs nach Nevada ist St. George eine gute Basis für Abstecher in den ►Zion National Park.

Snow Canyon State Park

Rund 18 km nordwestlich von St. George kann man im Snow Canyon State Park (SR-18) das Farbenspiel schwarzer Lavaformationen mit rot-gelbem Sandstein bewundern.

Vermont

Qj / Qk 23 / 24

Abkürzung: VT
Hauptstadt: Montpelier
Einwohnerzahl: 624 000
Beiname: Green Mountain State
Fläche: 24 887 km²

Einer seiner Gouverneure beschrieb Vermont einmal als einen Staat, wo man genau erkenne, wo eine Stadt beginnt und wo sie aufhört. Tatsächlich: Anders als vielerorts in den USA, wo Städte unter Shoppingmalls und Parkplätzen verschwinden, blieb in Vermont die Kirche im Dorf und das Ortsschild vor der Ortseinfahrt. Das Resultat: Wohl nirgends sonst ist Amerika idyllischer.

Sanftwellige Hügellandschaften, rote Scheunen und weiße Lattenzäune und vor allem spitze, aus der Farbenexplosion des Indian Summer weiß herausragende Kirchtürme: Nirgends sonst in den USA erlebt man das alte Amerika so intensiv wie in Vermont. Der Neuengland-Staat besitzt zudem die meisten »covered bridges« – jene überdachten Brücken, die noch im-

VERMONT

AUSKUNFT

Vermont Department of Tourism and Marketing
National Life Building
6th floor, drawer 20
Montpelier, VT 05620-0501
Tel. 1-802-828-32 37
www.vermontvacation.com

mer gern von Verliebten für Rendezvous benutzt werden. Die von Norden nach Süden verlaufenden, bis über 1000 m hohen **Green Mountains** sind das Rückgrat des Bundesstaates. In ihren Tälern wachsen jene Eichen, Ulmen und Ahornbäume, die dem Staat den Namen gaben. »Ah, les verts monts!« soll **Samuel de Champlain** 1609 beim Anblick der Green Mountains ausgerufen haben. Der Name blieb, doch die Franzosen, nachdem sie sich im 17. Jahrhundert heftige Kämpfe mit den Engländern geliefert hatten, gingen. Während des amerikanischen Unabhängigkeitskrieges gründeten die Vermonter, von jeher auf ihre Freiheit bedacht, ihren eigenen Staat und traten erst 1791 der Union bei. Das 19. Jahrhundert sah die landwirtschaftliche Erschließung und Industrialisierung Vermonts. Zu Beginn des 20. Jh.s entwickelte sich der Tourismus zu einer bedeutenden Industrie. In den 1960er-Jahren übernahm Vermont eine Vorreiterrolle in Sachen Umweltschutz: So sind große Werbetafeln in pastoralen Landschaften verboten, und Industriebetriebe sehen sich mit den strengsten Umweltauflagen der USA konfrontiert.

Ausgewählte Reiseziele in Vermont

Bennington Von den Höhenzügen der Taconic Range und Green Mountains umgeben, hält das historische Städchen Bennington (17 000 Einw.) zahlreiche interessante Sehenswürdigkeiten bereit.

Das schon von Weitem sichtbare **Bennington Battle Monument**, ein 92 m hoher, nicht unbedingt in das Stadtbild passender Obelisk, erinnert an die historische Sternstunde Benningtons: Am 16. August 1777 siegten die Amerikaner hier in einer kleinen, aber vorentscheidenden Schlacht über die Engländer. Die 1891 eingeweihte Gedenkstätte bietet von ihrer Aussichtsplattform aus einen schönen Blick auf die Stadt und das Tal (Monument Ave.).

Die unweit vom Battle Monument liegende **Old First Church**, für viele eine der schönsten Neuenglands, wurde 1805 erbaut und bezaubert v. a. dank ihres formvollendeten dreigeschossigen Glockenturms. Auf dem Kirchfriedhof liegen zahlreiche Rebellen aus dem Unabhängigkeitskrieg sowie der in Neuengland beliebte Dichter Robert Frost (1 Monument Circle).

Zu den Ausstellungen zur Kunst und Geschichte Vermonts gesellt sich im **Bennington Museum** die umfangreiche Gemäldesammlung von Anna Maria Moses, die erst im Alter von 70 Jahren zu malen begann, doch als »Grandma Moses« für ihre naive Malerei weltberühmt wurde (W. Main St.).

Einladende Straßencafés auf dem Church Street Marketplace in Burlington

Burlington

Burlingtons Straßencafés, eine alternative Szene, ein vorbildliches Nahverkehrssystem und eine fantaststische Lage mit Blick auf den Lake Champlain: Burlington, mit 40 000 Einwohnern Vermonts größte Stadt, hat alles, was größere Städte auch haben – nur ohne die negativen Begleiterscheinungen.

Der zehn Gehminuten vom Seeufer entfernte **Church Street Marketplace** verspricht mit Trendmarken wie Banana Republic und Urban Outfitters einen angenehmen Stadtbummel. Hauptgrund für den Abstecher an die **Waterfront** sind die hier angebotenen Bootsausflüge auf dem Lake Champlain. Am Ende der College Street liegt die »Spirit of Ethan Allen« vor Anker, ein mit allen Annehmlichkeiten ausgerüsteter Ausflugsdampfer.

* ◄ Shelburne Museum

Das 11 km südlich von Burlington liegende Shelburne Museum ist eines der besten Freilichtmuseen an der Ostküste. 300 Jahre amerikanischer Geschichte zeigt es u. a. mit historischen Häusern, dem Dampfschiff **»SS Ticonderoga«** und der Rembrandts, Degas' und Monets enthaltende Kunstsammlung der Gönnerin Electra Havemeyer Webb (US-7).

Manchester

Seine Vergangenheit als Sommerfrische der reichen Ostküsten-Elite ist heute Manchesters Kapital: Das Städtchen (3800 Einw.) zu Füßen der oft steil aufragenden Taconic Range ist ein Schmuckkästchen zeitlos schöner viktorianischer Architektur. Prachtstück der Altstadt ist das historische **Equinox Hotel** an der Rte. 7A, ein herrliches, mit

Säulen dekoriertes Resorthotel, in dem bereits vier US-Präsidenten abstiegen. Nicht entgehen lassen sollte man sich auch das **American Museum of Fly Fishing** (4104 Main Street), ein Leckerbissen für jeden passionierten Angler; hier sind die Angelausrüstungen von Ernest Hemingway und Andrew Carnegie zu bewundern. Am südlichen Ortsausgang locken zahlreiche Malls und Factory Outlets.

Middlebury

Middlebury (8000 Einw.) in der Hügellandschaft des westlichen Vermont wurde 1761 am Otter Creek gegründet und bietet mit rund 300 Häusern im angesehenen National Register of Historic Places jede Menge klassischer Neuengland-Atmosphäre. Zugleich verjüngt das renommierte Middlebury College das Stadtbild. Einen Besuch wert ist das **Museum of Art** des Middlebury College Center for the Arts (Rte. 30) mit seiner Sammlung von Kunstwerken aus Europa und Nordamerika.

Fort Ticonderoga

Ca. 27 km westlich von Middlebury liegt am Westufer des Lake Champlain das 1755 von den Franzosen erbaute und von den Engländern ausgebaute Fort Ticonderoga. 1775 erlangte es Berühmtheit, als die von **Ethan Allen** geführten Green Mountain Boys es der englischen Besatzung entrissen. Heute exerzieren kostümierte »Soldaten« in der zum Museum umfunktionierten Festung.

Montpelier

Montpelier (8300 Einw.) ist die wohl unaufgeregteste Hauptstadt der USA. Seit 1805 lenkt sie die Geschicke des Green Mountain State. Das öffentliche Leben konzentriert sich vor allem um den Kreuzungsbereich von State und Main Street. Einen kurzen Blick wert ist das 1857 errichtete **State House**, unter dessen Portikus eine Statue des Vermonter Nationalhelden Ethan Allen auf die Stadt hinabblickt. Nebenan widmet sich das **Vermont Historical Society Museum** (109 State St.) v. a. der Zeit des unabhängigen Vermont.

Stowe

Das von den hier besonders steilen Green Mountains umrahmte Städtchen Stowe (3400 Einw.) im Norden Vermonts ist Neuenglands traditionsreiche Wintersporthauptstadt. An den Flanken des Mt. Mansfield (1318 m ü.d.M.) und des weiter nördlich liegenden Jay Peak liegen hervorragende Pisten aller Schwierigkeitsgrade. Stowe selbst, ein auf Europäer etwas naiv wirkendes Ensemble aus Schwarzwald- und neuenglischer Architektur, bietet etliche gute Hotels und Restaurants. Wer im Sommer hier vorbeikommt, sollte sich auf keinen Fall die **Mount Mansfield Auto Road** entgegen lassen. Durch alle Vegetationszonen Neuenglands führend, endet sie kurz unterhalb des oft windgepeitschten Gipfels und offeriert herrliche Aussichten bis nach Kanada.

? WUSSTEN SIE SCHON ...?

- ... dass in den Restaurants Vermonts alkoholische Getränke nicht von einem Tisch zum anderen transportiert werden dürfen?

Eigentlich braucht man in Woodstock keine Zeitung – die neuesten Nachrichten und Kleinanzeigen gibt es auch am »Town Crier«.

Woodstock

Kultur und Lebensart wurden hier schon immer großgeschrieben. Bald nach seiner Gründung 1761 wurde Woodstock (3300 Einw.) zwischen den Green und den White Mountains Verwaltungssitz des Countys, eine Beförderung, die Geschäftsleute, Ärzte und Rechtsanwälte anzog und sich alsbald in prächtigen Residenzen im Stadtzentrum niederschlug. Bis heute zählt Woodstock zu den schönsten Städten Neuenglands. Herrliche Federal- und Empiremöbel präsentiert die im Charles House untergebrachte **Woodstock Historical Society** (26 Elm St.). Die 1871 im Norden von Woodstock gegründete **Billings Farm** befindet sich im Besitz eines Mitglieds der Rockefeller-Familie und gilt als Musterbetrieb. Ein dazugehöriges Museum thematisiert das Farmleben vor 100 Jahren (SR-12).

Virginia

Qd–Qh 26/27

Abkürzung: VA
Hauptstadt: Richmond
Einwohnerzahl: 7,7 Mio.
Beiname: Old Dominion
Fläche: 102 558 km²

Wo sich heute nur das genießerische, langsamere Tempo des Südens und das unternehmerische Leistungsdenken des Nordens treffen, kollidierten früher zwei Welten: Kein anderer Staat der USA erlebte mehr Bürgerkriegsschlachten als Virginia. Doch neben viel Historie hat Old Dominion auch eine abwechslungsreiche Landschaft zu bieten.

VIRGINIA

AUSKUNFT

Virginia Tourism Cooperation
901 E Byrd St.
Richmond, VA 23219
Tel. 1-800-847-48 22
www.virginia.org

Nordische Nadelwälder und knackige Höhenluft, Zypressensümpfe und subtropische Schwüle: Kaum größer als Portugal, ist Virginia dank dreier topografischer Zonen ungewöhnlich vielfältig. Im Westen sind dies die rauen, hier Blue Ridge Mountains genannten, bis zu 1700 m hohen Appalachen. Im Osten ist es die oft noch sumpfige, Tidewater genannte Küstenebene. Dazwischen erstreckt sich das Piedmont, eine fruchtbare, landwirtschaftlich genutzte Hochebene.

Ausgewählte Reiseziele in Virginia

Appomattox Court House National Historic Site Nach dem Bürgerkrieg wurde es verlassen und erst 1954 als Museumsdorf rekonstruiert. Am 9. April 1865 hatte das Nest Appomattox bei Lynchburg ein Rendezvous mit der Geschichte: Hier unterzeichnete General **Robert E. Lee** im kleinen Courthouse die bedingungslose Kapitulation der Südstaaten. Vorangegangen waren verlustreiche Niederlagen seiner sich zurückziehenden Armee. Das Besucherzentrum gibt einen kommentierten Lageplan heraus, mit dem man sich hier auf die Spuren Lees und seines Gegenspielers General Grant begeben kann.

Der kurvenreiche, 750 km lange **Blue Ridge Parkway** auf dem Rücken der Appalachen verbindet den ►Shenandoah National Park in Virginia mit dem ► Great Smoky Mountains National Park in North Carolina. Der rund 1000 m hohe Abschnitt zwischen **Waynesboro und Roanoke** gilt als schönster dieser herrlichen Aussichtsstraße. Auffahrten befinden sich bei Waynesboro, Bucanan, Natural Bridge und Roanoke. Die zweispurig angelegte Straße darf auch von Bussen und Wohnmobilen befahren werden. Entfernungsangaben, die sogenannten Mileposts am Straßenrand, helfen bei der Einschätzung der zurückgelegten Entfernung (nähere Informationen: www.blueridgeparkway.org).

Charlottesville Die 1762 im sanften Hügelland Zentralvirginias gegründete Stadt Charlottesville (45 000 Einw.) und **Thomas Jefferson** (► Berühmte Persönlichkeiten) werden meist in einem Atemzug genannt. Das Allroundgenie, das auch die Unabhängigkeitserklärung verfasste und später als US-Präsident den Louisiana-Purchase quasi im Alleingang durchpeitschte, hat dem weltläufigen Charlottesville seinen Stempel

Die Residenz von Thomas Jefferson ist einer der schönsten Landsitze Virginias.

aufgedrückt. So gründete Jefferson u. a. die University of Virginia und empfing auf seinem Gut Monticello Geistesgrößen aus Europa zum Disput.

*** Monticello**

Das 5 km südöstlich von Charlottesville liegende Heim Thomas Jeffersons ist einer der schönsten historischen Landsitze Virginias. Der Staatsmann, Philosoph und Erfinder hat das an Bauten Palladios erinnernde Haus selbst entworfen und von 1768 bis 1809 unermüdlich erweitert und verbessert. Auf der Besichtigungstour – lange Warteschlangen – staunt man immer wieder über den rastlosen Erfindergeist des Hausherrn, der selbst sein häusliches Leben mit etlichen Erfindungen erleichterte. Auf dem Familienfriedhof im Garten fand Jefferson die letzte Ruhe (931 Thomas Jefferson Pkwy.; Öffnungszeiten: März – Okt. tgl. 8.00 – 17.00, sonst tgl. 9.00 – 16.30 Uhr).

* * Historic Triangle

Das aus den Orten Jamestown, Williamsburg und Yorktown bestehende »historische Dreieck« auf der Halbinsel zwischen James und York River bietet so viel Geschichte wie sonst kaum ein anderer Ort in den USA. **Jamestown**, 1607 gegründet, war die erste permanente englische Siedlung in der neuen Welt. In **Yorktown** kapitulierten 1781 die von den Amerikanern und verbündeten Franzosen eingeschlossenen Engländer und öffneten damit den USA den Aufstieg zur Weltmacht. **Williamsburg** schließlich war Virginias erste Hauptstadt und bietet heute mit Colonial Williamsburg das größte Museumsdorf des Landes. Alle drei Städte sind durch den schönen Colonial Parkway miteinander verbunden.

✶✶ Colonial Williamsburg

Im Jahr 1632 gegründet, war Williamsburg von 1699 bis 1780 die Hauptstadt der Kolonie Virginia. Im 19. Jh. geriet sie in Vergessenheit, in den 1920er- und 1930er-Jahren erlebte sie ihre Wiedergeburt als Museumsstadt. Heute wird Colonial Williamsburg, von Williamsburg (11 500 Einw.) durch einen Grüngürtel abgeschirmt, von kostümierten Schauspielern bewohnt und bietet eine veritable Zeitreise zurück in die Flegeljahre Amerikas. Höhepunkte sind der Besuch des prunkvollen **Governor's Palace**, der **Raleigh Tavern**, wo so mancher Patriot seinen Ärger über die Engländer im Rum ersäufte, und das **Courthouse**, vor dem täglich eine öffentliche Gerichtsverhandlung stattfindet (Tickets im Colonial Williamsburg Visitor Center; Öffnungszeiten: Juni – Sept. tgl. 9.00 bis 17.00, sonst 9.00 – 16.00 Uhr).

Schaufensterauslage in Williamsburg

Jamestown wurde am 13. Mai 1607 von 104 englischen Siedlern im Auftrag der Londoner Virginia Company gegründet und war bis 1699 Hauptstadt Virginias. Danach verfiel Jamestown und wurde erst im 20. Jh. von Archäologen und Historikern zu neuem Leben erweckt. Heute besteht Jamestown aus dem rekonstruierten **Jamestown Settlement und Jamestown Island**, wo ein Rundgang zu den Ruinen der Originalsiedlung führt. Hier stehen John Smith, dem Führer der Kolonisten, und Pocahontas geweihte Denkmäler. Die Heirat der Häuptlingstochter mit dem Siedler John Rolfe soll Jamestown einst vor dem Exitus gerettet haben (SR-31/Colonial National Historical Pkwy.; Öffnungszeiten: Juni – Aug. tgl. 9.00 – 18.00, sonst tgl. 9.00 – 17.00 Uhr).

Yorktown

Mit dem Sieg der vereinten Amerikaner und Franzosen gegen die britischen Truppen unter General Cornwallis während der Belagerung von Yorktown vom 9. bis 17. Oktober 1781 endete der Unabhängigkeitskrieg. Das **Yorktown Victory Center** (Old Route 238, Nähe Colonial Parkway) und das hinter alten Erdwällen liegende Yorktown Visitors Center (Ostende Colonial Parkway) dokumentieren detailliert jede Phase der einwöchigen Kanonade (Öffnungszeiten: tgl. 9.00 – 17.00 Uhr).

Fredericksburg

Das auf halbem Weg zwischen ►Washington, D. C. und ►Richmond liegende Fredericksburg (20 000 Einw.) am Rappahanock River wechselte während des Bürgerkriegs sieben Mal den »Besitzer«. Der Besucher sollte sich auf den schachbrettartig angelegten, 1728 gegründeten **Historic District** mit seinen schönen Häusern, Antiquitätenläden und Cafés konzentrieren. Vor seinen Toren erlebte Fredericksburg zwischen 1862 und 1864 vier wichtige Schlachten, bei denen über 100 000 Soldaten fielen oder verwundet wurden. Eine Übersicht über alle Schlachten liefert das Fredericksburg Battlefield Visitor Center des **Fredericksburg and Spotsylvania National Military Park** am Südrand des National Historic District. (1013 Lafayette Blvd.; Öffnungszeiten: tgl. 8.30 – 18.00 Uhr).

> **? WUSSTEN SIE SCHON ...?**
>
> - ... dass die klügsten Köpfe der amerikanischen Unabhängigkeitsbewegung – Patrick Henry, George Washington, Thomas Jefferson, George Mason, James Madison – aus Virginia stammten? Auch der legendäre Rebellengeneral Robert E. Lee und Südstaatenpräsident Jefferson Davis waren Virginians.

◄ George Washington Birthplace

Rund 60 km östlich von Fredericksburg wurde 1732 auf dem Anwesen Popes Creek am Potomac River George Washington, der erste Präsident der Vereinigten Staaten, geboren. Zwar steht das Originalhaus nicht mehr, doch fängt das im Stil der Farmhäuser des 18. Jh.s errichtete **»Memorial House«** die damalige Atmosphäre gekonnt ein (SR-3; Öffnungszeiten: tgl. 9.00 – 17.00 Uhr).

Lexington

Der 1778 im Shenandoah Valley gegründete und dank zweier Colleges Boheme und Lifestyle atmende Ort Lexington (7100 Einw.) hat eine große militärische Tradition. Das 1830 gegründete **Virginia Military Institute** bietet mit der freitags um 16.30 Uhr stattfindenden »Full Dress Parade« auf dem Campus der Kadetten ein sehenswertes Spektakel. Darüber hinaus ist es eine angenehme Basis für Tagestouren in die von den Appalachen geprägte Umgebung. Die etwa 30 km südlich von Lexington liegende **Natural Bridge**, eine Naturbrücke mit 71 m Höhe, ist Virginias eindrucksvollstes Naturphänomen.

Hampton

Hampton (147 000 Einw.) wurde 1610 gegründet und ist damit die **älteste ununterbrochen besiedelte Stadt der USA**. Während des Bürgerkriegs erlebte die Stadt vor ihrer Küste die erste Seeschlacht zweier Panzerschiffe. In der jüngeren Zeit macht Hampton als wichtiges NASA-Forschungszentrum auf sich aufmerksam.

Fort Monroe, die größte Festung der USA, erlebte 1862 vor ihren Mauern das historische, letztlich aber bedeutungslose Gefecht zwischen der »USS Monitor« und der »CSS Virginia«, zweier neuartiger Panzerschiffe. Innerhalb der mehrere Meter dicken Mauern erinnert das hervorragende Casemate Museum an die oft dramatische Geschichte der Festung (Rte. 258). Das von der NASA betriebene **Virginia Air & Space Museum** beherbergt Jets und Raumschiffe, u. a. die Apollo-12-Kommandokapsel (600 Settlers Landing Rd.).

Norfolk Die mit 241 000 Einwohnern zweitgrößte Stadt Virginias ist mit einer zum Bummeln einladenden Waterkant ein erholsamer Zwischenstopp. 1682 gegründet, wuchs die Hafenstadt an den Hampton Roads vor allem als Stützpunkt der US-Marine. Die militärische Tradition wird im »Nauticus« genannten **National Maritime Center** gekonnt in Szene gesetzt. Auf vier Etagen wird der Besucher mit Exponaten, Filmen und Virtual Reality zu Schiffbau, Navigation und Welthandel unterhalten. Nebenan liegt die das Museum überragende, fast 300 m lange »USS Wisconsin«, eines der größten Schlachtschiffe der Welt, vor Anker. Die »Wisconsin« nahm an Schlachten des Zweiten Weltkriegs, am Korea-Krieg und an der Operation Desert Storm (Golfkrieg 1991) teil und kann besichtigt werden (1 Waterside Dr.).

Virginia Beach Östlich von Norfolk liegt Virginias größte Stadt (440 000 Einw.), das Seebad Virginia Beach. Es ist sehr beliebt und den Sommer über sehr voll, außerdem besteht es aus endlosen Reihen gesichtsloser Hotelsilos, an denen von Juni bis August Blechlawinen vorbeifließen. Außerhalb der Hochsaison ist der Ort jedoch einen Stopover wert: Am 50 km langen Sandstrand findet sich garantiert ein stilles Plätzchen.

Washington

Oc–Og 21–23

Abkürzung: WA
Hauptstadt: Olympia
Einwohnerzahl: 6,4 Mio.
Beiname: Evergreen State
Fläche: 176 480 km²

Der wildromantische Staat in der oberen linken Ecke der amerikanischen Landkarte wurde lange vom Tourismus übersehen, galt Washington doch als verregnet und nebelverhangen. Einsame Strände und schneebedeckte Vulkane machen aber einen trüben Tag schnell vergessen.

Vielfalt ist Washingtons Schlüsselwort. Und selten sind unterschiedliche Klima- und Vegetationszonen so scharf voneinander getrennt wie im Evergreen State. So trennt die über 4000 m hohe, von Norden nach Süden ziehende Cascade Range den Staat in einen feuchteren, von den Coast Mountains dominierten Westen und einen trockeneren Osten. Zahllose schnee- und eisbedeckte Vulkane, darunter der 4392 m hohe Mt. Rainier, krönen die Cascade Range, an die sich im Nordosten die Rocky Mountains anschließen. Manche der Vulkane sind noch aktiv, darunter der Mt. St. Helens, dessen Ausbruch 1980 als verheerendste Eruption in die Geschichte der USA einging.

Ausritt über die Strände der Long Beach Peninsula

Ausgewählte Reiseziele in Washington

Der 168 m hohe Grand Coulée Dam im Nordosten Washingtons ist der größte Beton-Staudamm der USA. Er staut den Columbia River an einer Stelle, an der während der letzten Eiszeit gewaltige Gletscherblöcke den Flusslauf zu einem Umweg über die Hochebene im Süden zwangen. Vor 18 000 Jahren barst die Sperre und innerhalb weniger Wochen schuf sich der Fluss einen tiefen Canyon, den 80 km langen und drei bis acht Kilometer breiten **Grand Coulée**. Nach dem Bau des Damms Anfang der 1940er-Jahre lag er trocken, erhält nun aber wieder Wasser aus dem Roosevelt Lake. An Sommerabenden verwandelt sich der Damm dank einer Laser-Light-Show in eine gigantische Leinwand (www.grandcouleedam.org).

✶ Grand Coulée Dam

Nördlich der Mündung des Columbia River in den Pazifik trennt eine schmale Halbinsel die Willapa Bay vom offenen Meer. Dank ihrer knapp 40 km langen Sandstrände ist die Halbinsel ein beliebtes Naherholungsziel der Region. Vor allem die Bewohner ► Portlands zieht es im Sommer hierher. Mit Unterkünften und Restaurants für jeden Geldbeutel und jeden Geschmack sowie einem breiten Unterhaltungsangebot befriedigt die Long Beach Peninsula ihren Bedürfnissen.

Long Beach Peninsula

▶ WASHINGTON

AUSKUNFT

Washington State Tourism
P. O. Box 42 500
Tel. 1-360-725-50 52
www.experiencewashington.com

Nach dem Ausbruch des Mount St. Helens am 18. Mai 1980 erhob sich eine riesige Wolke aus Gas und Staub über dem Vulkan. Etwa 400 m des knapp 3000 m hohen Berges wurden durch die Eruption weggesprengt.

KLETTERTOUR AUF EINER ZEITBOMBE

Im Mai 1980 brach der Mount St. Helens aus. Heute rumpelt er wieder, die Besteigung ist deshalb verboten. Baedeker-Autor Ole Helmhausen war – gutes Timing – noch kurz vorher oben.

»Der Berg lässt mich nicht los«, sagt die alte Dame während sie noch einmal ihren Wasservorrat checkt. Sieben Liter schleppt sie mit, fünf für den Auf-, zwei für den Abstieg. Um schon bei Morgengrauen auf dem Trail zu sein, hat sie unweit von dem Nest **Cougar** auf dem Parkplatz Climbers Bivouac am Trailhead kampiert. Denn der Pfad hinauf zum Krater hat es in sich.

Faszination: Vulkan

15 Kilometer hin und zurück, an und für sich kein Problem – wäre die Steigung nicht. »Dieser Berg ist ein einziger **Stairmaster**«, sagt die Dame zwischen zwei Dehnübungen. 50 Mal sei sie schon oben gewesen. Ein paar College-Studenten aus Portland sind gerade aufgebrochen, eine lärmende, 50 Jahre jüngere Truppe in Sandalen, Shorts und T-Shirts. Warum tut sie, die fast Siebzigjährige, sich das immer wieder an? Was hat dieser Berg, dass sie ihn immer wieder unter die Stiefel nehmen muss? Sie kratzt sich am Ohr. »Keine Ahnung. Jedenfalls nicht nur wegen der Fitness.« Sagt's und schultert den Rucksack. Sekunden später verschwindet sie im Wald.

Vielleicht ist es der Nervenkitzel, dass dieser Vulkan seit 1980 immer wieder rumort. Am 18. Mai jenes Jahres, um 20.32 Uhr, explodierte der Berg – nachdem er mehr als 100 Jahre lang ruhig geblieben war.

Es war der schlimmste Vulkanausbruch in der Geschichte der USA. Die oberen 400 Meter des 2950 Meter hohen St. Helens flogen in die Luft. Dann raste die größte je beobachtete Lawine zu Tal: Noch in elf Kilometern Entfernung fegte sie über 400 Meter hohe Hügel. Die Druckwelle bewegte sich knapp unter Schallgeschwindigkeit nach Norden und mähte 600 Quadratkilometer Wald nieder.

Dann schickte der Berg **Schlammlawinen**: 27 Brücken wurden von den talwärts rauschenden Geröllmassen weggerissen, über 300 Kilometer Straße verschwanden.

Eine **Aschewolke** stieg auf, wie sie der Kontinent noch nicht gesehen hatte: Schon 30 Minuten nach dem Ausbruch maß sie 64 mal 48 Kilometer und bewegte sich mit 100 Stundenkilometern nach Osten, wo sie in den Präriestädtchen den Tag zur Nacht machte.

An diesem Tag starben 57 Menschen am Mount St. Helens – trotz der isolierten Lage im dünn besiedelten Südosten Washingtons, trotz aller Warnungen von Experten, die den Berg bereits nach dem ersten Grollen drei Monate zuvor rund um die Uhr beobachtet hatten.

Etwa zehn Kilometer weiter nördlich beobachtete der Geologe **David Johnston** von einer 380 Meter hohen Anhöhe aus das Spektakel. »Vancouver, Vancouver, this is it!« waren die letzten Worte, die er seiner Zentrale funkte – dann riss die Lawine seinen Posten weg. Das Inferno dauerte den ganzen Tag.

Wanderung durch eine Kraterlandschaft

Seit 1986 darf der Berg wieder bestiegen werden. Doch zunächst sieht der Wandersmann den Gipfel gar nicht, der vor 1980 so perfekt geformt war, dass man ihn **»Amerikas Fudschijama«** nannte. Die ersten drei Kilometer ähnelt der Pfad eher einem Spazierweg durch einen botanischen Garten. Der Wald ist so dicht, dass jedes Geräusch darin verschluckt wird. Bächlein plätschern, überall liegen umgekippte Baumriesen herum. Dann ändert sich das Bild abrupt. Der Wald gibt den Blick auf grauschwarze Lavafelder frei, die bergan in den dicht darüberhängenden Wolken verschwinden. Der Berg zeigt sein Gesicht. Bei 1460 Metern ist die Baum- und Wolkengrenze erreicht. Im Süden tauchen zwei weitere kegelförmige Berge aus der weißen Watte auf, **Mt. Adams** und **Mt. Hood**. Vier Kilometer noch zum 1000 Meter höher liegenden Krater. An einer 40 Meter hohen Lavageröllhalde beginnt die **Monitor Ridge**. Zwischen Lavabrocken gerammte Holzlatten markieren den Pfad.

Vom Johnston-Ridge-Observatorium hat man den besten Blick in den acht Kilometer entfernten Krater.

Schon bei 1650 Metern verdient der Weg den Namen nicht mehr. Man hievt sich, die beste Route suchend, von Lavabrocken zu Lavabrocken. Der Grat ist eine Strapaze. Kurz nach dem Ausbruch bepflanzten ihn die Geologen mit Laser-Messgeräten, um instabile Partien am Hang rechtzeitig zu orten. Jetzt trennt er die Spreu vom Weizen. Man überholt andere Kletterer, wird selbst überholt, einmal sogar von rüstigen Senioren. Die ersten Kletterer kommen bereits wieder herunter – auf dem Hosenboden, die **Schneezungen** beiderseits der Monitor Ridge talwärts rutschend. Bei etwa 2100 Metern gehen die scharfkantigen Lavabrocken in Bimssteingeröll über. 400 Höhenmeter noch, da oben, die horizontale Linie, das ist das Ziel. Die letzten Meter sind die härtesten. Kraft und Wille reichen nur zehn Schritt, dann schreit der Körper nach der nächsten Atempause.

»Man fühlt sich wie auf einem leer geblasenen Ei.«

Am Ziel

Doch kurz vor dem Gipfel schiebt sich der Kraterring ins Bild. Ein gigantisches U, dessen größte Ausdehnung 3,2 km misst. Zuletzt steht man mit zitternden Knien auf der nur wenige Schritte breiten **Kraterkante**. Auf der anderen Seite stürzt der Blick 600 Meter tief in eine trostlose Welt aus Asche und Geröll, aus der Dämpfe aufsteigen.

Die gegenüberliegende Nordseite der Caldera existiert nicht mehr: Durch ein gigantisches Loch blickt man hinab auf die Mondlandschaft des oberen **Toutle Valley** und hinüber zum zwölf Kilometer entfernten **Spirit Lake**. Am Horizont: **Mt. Rainier**, 80 Kilometer entfernt. Ihn beobachten die Geologen seit 1980 besonders scharf. Denn auf der anderen Seite liegt Seattle, nur einen Steinwurf entfernt. Die alte Dame vom Parkplatz, sie ist schon längst hier oben, bereitet sich auf den Abstieg vor. Sie hat sich für dieses Mal sattgesehen und strahlt. »Man fühlt sich wie auf einem leer geblasenen Ei, right?«

★★ Mt. St. Helens National Volcanic Monument

Die Bilder vom Ausbruch dieses im Südwesten Washingtons liegenden Vulkans gingen um die Welt: Am 18. Mai 1980 stieg die Aschewolke 21 km hoch, 600 km² Wald wurden zerstört und die größte je dokumentierte Eruption – die Explosion sprengte die oberen 400 m des Mt. St. Helens ab – begrub Häuser und Menschen unter sich. Heute präsentiert sich der Vulkan, der zuvor wegen seiner perfekten Vulkanform auch »Amerikas Fudschijama« genannt wurde, mit einem mehrere Hundert Meter breiten Riss an der Nordseite, durch den man vom **Johnston Ridge Observatory** aus in das Innere des Kraters blickt. In der 1982 zum National Monument erklärten Umgebung des Vulkans kann man heute auf Wandertouren die Zerstörungskraft der damaligen Eruption, aber auch das beharrliche Vordringen der Pflanzenwelt studieren. Lange konnte der Vulkan auch bestiegen werden (► Baedeker Special S. 618). Nach einer aktiven Phase am Jahreswechsel 2005/2006, während der der Berg für Wanderer geschlossen war, wurden seine Hikingtrails wieder eröffnet; Genehmigungen ereilt die Parkverwaltung. Heute führen drei Straßen in das Schutzgebiet. Im Norden führt die von der I-5 abzweigende Rte. 504 (Spirit Lake Hwy.) ostwärts bis zum Johnston Ridge Observatory. Im Süden nähert sich die Rte. 503 dem Berg. Von Osten her bietet die US-12 gute Blicke auf den Vulkan.

★ North Cascades National Park

Die North Cascades, auch »Alpen der USA« genannt, gehören zu den unberührtesten Regionen der USA. Für Wanderer und Angler ist das Gebiet kurz vor der kanadischen Grenze schlicht ein Paradies. Das einzige Stück Asphalt in dieser Wildnis, in der Amerikas letzte Grizzlys hausen, ist die Rte. 20. Wer allerdings Highlights wie den **Ross Lake** aus der Nähe erleben will, muss die Wanderstiefel schnüren (810 SR-20, www.nps.gov/noca/).

Türkis schimmerndes »Kleinod« in den »Alpen der USA«: der Ross Lake in den North Cascades

★★ Washington, D.C.

Qg 26

Bundesstaat: District of Columbia
Höhe: 0 – 125 m ü.d.M.
Einwohnerzahl: 589 000
(Metropolitan Area: 4,8 Mio.)

Die ganze Welt kennt Washington als politisches Zentrum der Weltmacht USA. Den Besucher überrascht die Hauptstadt der USA dennoch: Anstelle der sonst üblichen Wolkenkratzerskylines empfängt sie ihn mit breiten Magistralen, viel Grün und würdevoller Regierungsarchitektur. Doch hinter den Marmorfassaden brummt es: Dort laufen die Fäden aus aller Welt zusammen.

»Heart of the Nation«

Weißes Haus, Pentagon, Watergate, Supreme Court, Kongress, CIA: Jedes Kind in Amerika kennt die Begriffe und verbindet sie mit Washington. Sie alle stehen für Amerikas Macht und Ohnmacht, für ein politisches System und den so oft zitierten »American Way of Life«. Washington, »the Heart of the Nation«, wurde auf Repräsentation ausgelegt und erfüllt diesen Zweck perfekt. Seine rund 20 Mio. Besucher pro Jahr heißt es mit jeder Menge Marmor und weitläufigen Parkanlagen willkommen. Wolkenkratzer fehlen, stattdessen gibt sich Washington formell und traditionsverbunden und zitiert auch 200 Jahre nach der Gründung lieber den Neoklassizismus. Mit der ernsten Würde geht auch – räumliche – Größe einher: Washington wird gern auch **»City of Magnificent Distances«** genannt.

Geschichte

Nach der Trennung von Großbritannien hatte der neue Staat zunächst keine Hauptstadt. Erst 1790 einigten sich die Politiker auf ein einhundert Quadratmeilen großes Gelände am Potomac River. Präsident George Washington beauftragte den französischen Architekten **Pierre Charles L'Enfant** (1754 – 1825) mit der Planung der neuen Hauptstadt. L'Enfants Entwurf, ein unamerikanisches Muster aus Diagonalen, rechtwinklig verlaufenden Straßen und weiten Plätzen, stellte zwei dominierende Bauten gleichsam als Pole heraus: das Kapitol, von dem die breite Mall ausgehen sollte, und das Weiße Haus, den Sitz des Präsidenten. Das Weiße Haus und das Capitol waren gerade fertig, da wurden sie im Krieg von 1812 von britischen Truppen wieder in Schutt und Asche gelegt. Noch viele Jahre später blieb die Hauptstadt mehr Wunsch als Wirklichkeit. Erst nach dem Bürgerkrieg, auch durch den Zuzug Zehntausender früherer Sklaven, erhielt die Weiterentwicklung neuen Schub. 1884 wurde das 1848 begonnene Washington Memorial vollendet. Aus der oft verspotteten, kaum halb fertigen Hauptstadt entstand nun allmählich die ursprünglich geplante repräsentative Kapitale der USA. Wichtigste Meilensteine waren die Einsetzung der **MacMillan-Kommission** zur Stadtentwick-

← *Blick auf das Jefferson Memorial am Südufer des Tidal Basin. Vis-à-vis erhebt sich das 169 m hohe Washington Memorial.*

WASHINGTON, D.C. ERLEBEN

AUSKUNFT

Washington, D.C. Convention and Tourism Corporation (WTC)
901 7th St. N.W.
Washington, D.C. 20001-3719
Tel. 1-202-789-70 00
www.washington.org

SHOPPING

In der Downtown bietet »2000 Penn Retail Merchants« Markennamen wie Gap und Tower Records sowie Bars und Restaurants unter einem Dach (2000 Pennsylvania Ave. N.W.). Adams-Morgan bietet ausgefallene Modegeschäfte und Musikläden, Georgetown elegante Boutiquen.

ESSEN

► Fein & teuer

① ***Capitale Grille***
601 Pennsylvania Ave. N.W.
Tel. 1-202-737-62 00
Hier essen Politiker und Geschäftsleute ihre Steaks und Shrimps.

② ***Citronelle***
3000 M St. N. W.
Georgetown
Tel. 1-202-625-21 50
Gelungene Fusion französischer und amerikanischer Küche.

► Erschwinglich

③ ***Old Glory All American Barbecue***
3139 M St. N.W.

Washington DC Orientierung

Georgetown
Tel. 1-202-337-34 06
Wer auf riesige Steaks steht, ist hier bestens aufgehoben.

▸ **Preiswert**

④ ***Manhattan Deli***
801 Pennsylvania Ave. N.W.
Downtown
Tel. 1-202-737 22 11
Pancakes, Müsli, leichte Mahlzeiten – ein guter Ort für zwischendurch.

ÜBERNACHTEN

▸ **Luxus**

① ***Mandarin Oriental Washington, D.C.***
1330 Maryland Ave. SW
Tel. 1-202-554-85 88
www.mandarinoriental.com
400 Z. Eines der jüngeren Luxushotels der Hauptstadt an der Mall in nächster Nähe zu den Museen des Smithsonian.

▸ **Komfortabel**

② ***Capitol Hill Suites***
200 C St. S.E.
Tel. 1-202-543-60 00
www.capitolhillsuites.com
152 Z. Nur wenige Blocks vom Regierungsviertel entfernt; gute Anbindung an die Sehenswürdigkeiten der Stadt.

▸ **Günstig**

③ ***Center City Travelodge Hotel***
1201 13th St. N.W.
Tel. 1-202-682-53 99
Gesichtslose, aber preiswerte Unterkunft.

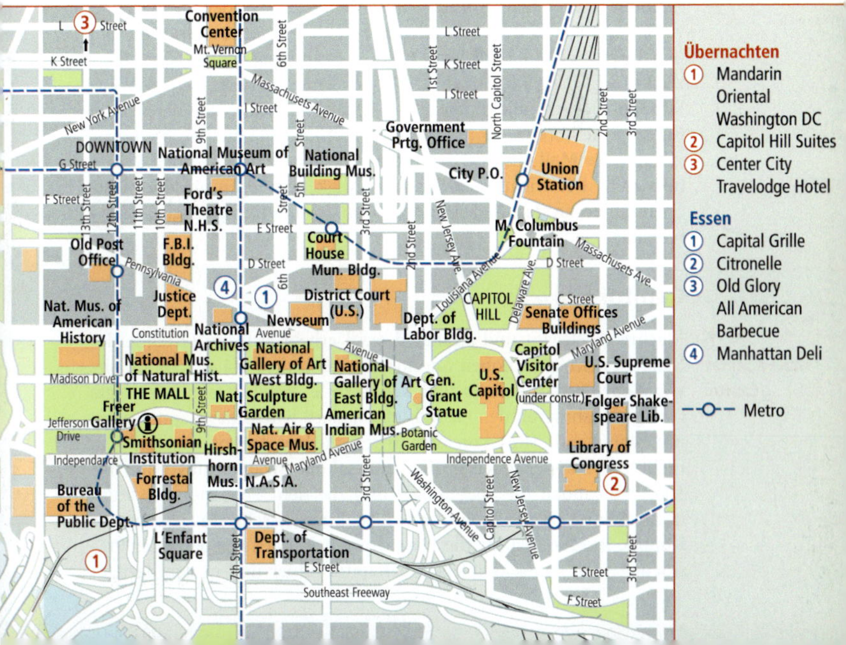

Highlights Washington, D.C.

United States Capitol
Das klassizistische Kongressgebäude thront auf dem 30 m hohen Capitol Hill.
► Seite 626

National Mall
Washingtons Museumsmeile
► Seite 628

White House
Amts- und Wohnsitz des Präsidenten
► Seite 632, 634

Georgetown
Quirliger Stadtteil mit hervorragenden Restaurants, Bars und Boutiquen
► Seite 636

lung 1901, der Public Building Act von 1926, der großartige Regierungsgebäude entstehen ließ, die Wiederherstellung der Pennsylvania Avenue unter Präsident Kennedy und die Eröffnung der Metrorail 1976. In den 1970er- und 1980er-Jahren erlebte Washington als Resultat heftiger Rassenkrawalle und Stadtflucht weißer Familien eine lange Talfahrt. So rasant stieg die Verbrechensrate, dass Präsident Nixon Washington als »Crime Capital« der USA bezeichnete. Erst Ende der 1990er-Jahre gelang es Stadt- und Bundesregierung gemeinsam, das Steuer herumzureißen.

L'Enfants Pläne ►

Der Grundriss Washingtons spiegelt die Ideen L'Enfants wider. Kapitol und Weißes Haus sind eingebettet in ein Netz sich rechtwinklig kreuzender Straßen, die von den nach den 13 Gründungsstaaten benannten diagonalen Avenues durchschnitten werden. Ausgehend vom Kapitol, teilen vier Straßen die Stadt in **vier Quadranten** ein: Northwest (N.W.), Northeast (N.E.), Southwest (S.W.) und Southeast (S.E.). Die Nord-Süd-Straßen sind nummeriert, die Ost-West-Straßen werden mit Buchstaben bezeichnet. Eine Sonderstellung nimmt die breite, vom Capitol Hill zum Lincoln Memorial verlaufende **Mall** ein, die dem Stadtbild eine weite Offenheit verleihen sollte. Die wichtigsten Sehenswürdigkeiten liegen im Nordwest-Quadranten an der Mall und deren Umgebung und sind zu Fuß erreichbar.

Capitol Hill

★★ **United States Capitol**

Machtvoll, elegant und strahlend weiß erhebt sich am Ostende der Mall auf dem 30 m hohen Capitol Hill das United States Capitol, Sitz von **Repräsentantenhaus und Senat** (► S. 30). Im Jahr 1793 legte George Washington den Grundstein, danach wuchs das Kapitol quasi mit dem Land. 1814 von den Briten niedergebrannt, wurde es in mehreren Etappen noch größer und schöner wieder aufgebaut. Bis 1865 entstanden die Seitenflügel und die dem Petersdom zu Rom nachgebildete, 82 m hohe und 4000 Tonnen schwere, gusseiserne Kuppel. Bis 1962 wurde die Hauptfront erweitert, vor der jeder Präsident seinen Amtseid ablegt. Im Kapitol – hier und in den dazugehörenden sechs Legislative Buildings arbeiten ca. 20 000 Menschen – geht es geschäftig zu wie in einem Ameisenhaufen. Sehenswert sind die weitläufige Rotunde unter der Kuppel mit großen, Schlüsselszenen der amerikanischen Geschichte darstellenden Historiengemälden. An der Südseite schließt sich die **National Hall of Statuary** an, wo seit 1864 jeder Bundesstaat Statuen zweier seiner bedeutendsten Bürger aufstellt. An der Nordseite liegt das **Old Senate Chamber**, wo die Senatoren bis 1859 zusammenkamen und wo bis 1935 der Supreme Court verhandelte. Eine Fahne über den beiden Flügeln signalisiert, wenn die Häuser »in session« sind (Eingang an der E. Capitol St. u. 1st St. N.W.; Führungen: Mo. – Sa. 9.00 – 16.30 Uhr).

★ Library of Congress

Mit weit über 100 Mio. Büchern, Manuskripten und Mikrofilmen ist die Library of Congress die größte Bibliothek der Welt. 1800 gegründet und in drei Gebäuden untergebracht, – das Hauptgebäude ist das der Pariser Oper nachempfundene **Jefferson Building** – entdeckt man die heiligen Hallen am besten auf einer Führung. Zu den wertvollsten Schätzen gehört Thomas Jeffersons handschriftlicher Entwurf der Unabhängigkeitserklärung (1st St. SE, Jefferson Bldg.; Öffnungszeiten: Mo. – Sa. 10.00 – 17.00 Uhr).

Supreme Court

Gegenüber vom Kapitol wacht Amerikas oberster Gerichtshof über Recht und Ordnung. Das Anfang der 1930er-Jahre als neoklassizistischer Tempel errichtete Gebäude enthält den großen Sitzungssaal, in

Prachtvolle Eingangshalle der größten Bibliothek der Welt, der Library of Congress

Die prominenteste Promenade des Landes: die National Mall

dem die neun Obersten Richter über die vorgebrachten Fälle entscheiden. Welcher Fall wann verhandelt wird, entnimmt man dem »Supreme Court Calendar« in der Washington Post (One 1st St., N.E.; Öffnungszeiten: Mo.–Fr. 9.00–16.30 Uhr).

Östliche Mall

Museumsmeile

Ein Besuch reicht nicht, um allen Museen Gerechtigkeit widerfahren zu lassen. Die überdies von »Monuments« und »Memorials« gespickte **National Mall** ist Washingtons Museumsmeile – 3,2 km lang und 132 m breit. An dem Kapitol und Lincoln Memorial verbindenden Grünstreifen liegen einige der besten Museen der USA.

★★ United States Holocaust Memorial Museum

Das weiße Gebäude mit dem modernen Portikus enthält die aufwendig dokumentierte Geschichte der europäischen Juden von der Machtergreifung der Nazis bis zur planmäßigen Vernichtung in den Konzentrationslagern. Der bedrückende Rundgang endet vor der Ewigen Flamme in einem hellen Saal, der zur Besinnung gedacht ist. Achtung: Tagestickets sind in der Regel bereits eine halbe Stunde nach Öffnung des Museums ausverkauft (100 Raoul Wallenberg Place S.W.; Öffnungszeiten: tgl. 10.00–17.30 Uhr).

Smithsonian Castle

Das auffällige Gebäude im Stil einer normannischen Ritterburg dient als Besucherzentrum für die an der Mall befindlichen Museen und Galerien des Smithsonian. Die Smithsonian Institution wurde 1846 als Vermächtnis des britischen Mäzens James Smithson (1765 bis 1829) gegründet und unterhält allein an der Mall und im Rest der Stadt 14 erstklassige Museen (1000 Jefferson Dr.; Öffnungszeiten: tgl. 8.30 – 17.30 Uhr).

★ **Freer Gallery of Art**

Wenige Meter westlich vom Castle werden in lichtdurchfluteten Räumen Kunstwerke aller Epochen aus Vorderasien und Fernost sowie amerikanische Kunst aus dem 19. und 20. Jh. gezeigt. Ein unterirdischer Gang verbindet das »Freer« mit der **Arthur Sackler Gallery**, die vor allem chinesische und japanische Kunst präsentiert; hinzu kommen ideenreich inszenierte Wechselausstellungen (1050 Independence Ave.; Öffnungszeiten: tgl. 10.00 – 17.30 Uhr).

National Museum of African Art

Das Kunstschaffen von über 900 afrikanischen Kulturen wird einige Schritte südöstlich vom Smithsonian Castle mit Sachkenntnis, Sensibilität und mit über 7000 Artefakten vorgestellt (950 Independence Ave. S.W.; Öffnungszeiten: tgl. 9.00 – 17.30 Uhr).

★ **Hirshhorn Museum**

Das Museum mit dem seines zylindrischen Designs wegen auch **»Doughnut of the Mall«** genannten Hauptgebäude enthält v. a. Kunstwerke des 20. Jahrhunderts. Auf drei Etagen werden Werke der amerikanischen und internationalen Moderne, u. a. von Edward Hopper und Willem de Kooning, gezeigt (Independence Ave. u. 7th St. SW; Öffnungszeiten: tgl. 10.00 – 17.30 Uhr).

★★ **National Air and Space Museum**

Das in einem wuchtigen Block aus weißem Tennessee-Marmor untergebrachte National Air and Space Museum enthält die größte Sammlung historischer Flugzeuge und Raumschiffe der Welt. Zu sehen sind u. a. klapprige Fluggeräte wie der Flieger der Gebrüder Wright und die **»Spirit of Saint Louis«** von Charles Lindbergh. In der Apollo-11-Kommandokapsel lassen sich die beengten Verhältnisse im Weltraum nachvollziehen (Independence Ave. u. 4th St.; Öffnungszeiten: tgl. 10.00 – 17.30 Uhr).

Das im September 2004 eröffnete **National Museum of the American Indian** östlich vom National Air and Space Museum sticht schon wegen seiner sandbraunen Farbe aus dem Weiß der übrigen Gebäude an der Mall heraus. Das Museum beherbergt es die wohl umfangreichsten Sammlungen indianischer Kultur. Die Palette reicht von den Masken der Nordwestküsten-Indianer bis zum Jadeschmuck der Maya und Olmeken (Independence u. 4th St. S.W.; Öffnungszeiten: tgl. 10.00 – 17.30 Uhr).

! *Baedeker* TIPP

Drinks mit Aussicht

Kühle Drinks und die Hauptstadt der USA zu Füßen: Was will man mehr an einem heißen Sommertag? Die Sky Terrace im obersten Stock des »Hotel Washington« eröffnet einen herrlichen Rundblick auf die aus den Grünanlagen herausragenden Regierungsgebäude und National Monuments (515 15th Street).

★★ National Gallery of Art

Gegenüber vom National Air and Space Museum weist die weiße Kuppel der National Gallery of Art auf eines der bedeutendsten Kunstmuseen der Welt hin. Die nationale Kunstgalerie besteht aus zwei Gebäuden: dem **West Building**, das mit seiner marmornen Fassade das römische Pantheon zitiert, und dem von I. M. Pei entworfenen, entfernt an einen Eisberg erinnernden **East Building**. Die beiden grundverschiedenen Gebäude signalisieren die breite Themenpalette, die von den Alten Meistern – da Vinci, Raffael, Tizian oder Rembrandt – bis zur Pop Art reicht (4th St. u. Constitution Ave. N.W.; Öffnungszeiten: Mo. – Sa. 10.00 – 17.00, So. 11.00 – 18.00 Uhr).

★ Newseum

Ganz in der Nähe der National Gallery of Art liegt Washingtons neueste museale Errungenschaft: das im April 2008 eröffnete »Newseum«, das weltgrößte Medienmuseum. Der siebenstöckige, fast 300 Mio. Euro teure Glaspalast zwischen Capitol und Weißem Haus, entworfen von dem amerikanischen Architekten James Polshek, widmet sich der Geschichte des Nachrichtenwesens. So erleben die Besucher mit etwa 100 Videopräsentationen und in 130 interaktiven Stationen medial aufbereitete bedeutende historische Ereignisse wie die deutsche Wiedervereinigung »hautnah« mit. Im Museumsrestaurant »The Source« kredenzt der österreichische Starkoch Wolfgang Puck seine kulinarischen Spezialitäten (555 Pennsylvania Ave.; Öffnungszeiten: tgl. 9.00 – 17.00 Uhr).

Ein Dickhäuter bewacht das Foyer des Museum of Natural History.

Mit mehreren Millionen Artefakten, darunter Dinosaurier-Skelette, der größte jemals erlegte afrikanische Elefant und der berühmte Hope-Diamant, ist das **National Museum of Natural History** ein spannender Querschnitt durch die Entstehungsgeschichte der Erde. Mit Multimedia, einem IMAX-Theater und einem Discovery Center wurde es für 80 Mio. Dollar unlängst gründlich modernisiert. Auch sehenswert: der Schmetterlingsgarten vor dem Eingang (10th St./Constitution Ave. N.W.; Öffnungszeiten: tgl. 10.00 – 17.30 Uhr).

National Museum of American History

Auch hier reicht ein Besuch nicht aus. Das Museum befasst sich mit der amerikanischen Geschichte auf amerikanische Art und Weise: unterhaltsam, verständlich und spannend. Auf mehreren Etagen reflektieren unterschiedlichste Ausstellungen die »American Experience« (Constitution Ave. N.W. u. 14th St.; wird zzt. renoviert; Wiedereröffnung im Herbst 2008).

Westliche Mall

★★ Washington Monument

Die alles überragende Spitzmarke der Stadt steht am Beginn der als Park angelegten östlichen Mall. Mit 169 m das höchste Bauwerk Washingtons, wurde der Obelisk aus Marylandmarmor zu Ehren George Washingtons in zwei Phasen errichtet und 1888 der Öffentlichkeit übergeben. Zur **Aussichtsplattform** in 153 m Höhe führt ein Fahrstuhl. Die Aussicht über die Mall und die Smithsonian Museums hinweg zum Kapitol lohnt die lange Wartezeit (15th St. u. Constitution Ave. N.W.;Öffnungszeiten: tgl. 9.00 – 17.00 Uhr).

> **? WUSSTEN SIE SCHON ...?**
>
> - ... dass Martin Luther King beim legendären Marsch auf Washington im August 1963 vor dem Lincoln Memorial seine berühmte Rede »I have a dream« hielt?

Vom Washington Monument aus spaziert man in westlicher Richtung am Reflecting Pool entlang zum **Lincoln Memorial** am Ende der Mall. Nach dem Vorbild des Parthenon in Athen gestaltet, beherbergt es eine kolossale, 6 m hohe Sitzfigur Abraham Lincolns (►Berühmte Persönlichkeiten). Sein Schöpfer, der Bildhauer **Chester French**, lässt ihn – etwas grimmig – zum Washington Monument hinüberblicken. Die Wände bedecken Ausschnitte aus Lincolns berühmtesten Reden.

★ Vietnam Veterans Memorial

Eines der dunkelsten Kapitel Amerikas hätte kein treffenderes Mahnmal erhalten können. Die Stufen des Lincoln Memorial hinab und sich nach links wendend, kommt man zu zwei jeweils 81 m langen Wänden aus schwarzem Marmor, die, im offenen Winkel aufgestellt, symbolisch das Washington und Lincoln Monument umarmen. Auf ihnen stehen in chronologischer Reihenfolge die Namen aller 58 209 im Vietnamkrieg gefallenen amerikanischen Soldaten.

Korean War Veterans Memorial

Dieses Mahnmal – das 19 überlebensgroße Soldaten auf Nachtpatrouille zeigt – erinnert an die über 54 000 im Koreakrieg gefallenen US-Soldaten. Es steht vom Lincoln Memorial aus gesehen rechts.

Franklin D. Roosevelt Memorial

Am Westufer des **Tidal Basin** steht das Denkmal für Franklin Delano Roosevelt (►Berühmte Persönlichkeiten). Der Präsident, der als einziger der US-Geschichte vier Amtszeiten absolvierte und die USA durch den Zweiten Weltkrieg führte, ist in einem Stuhl sitzend dargestellt. Umgeben ist »FDR« u. a. von einem stillen Wäldchen mit plätschernden Wasserfällen und Freilichtgalerien.

Jefferson Memorial

Am Südufer des Tidal Basin schließlich steht das an das Pantheon in Rom erinnernde Denkmal für Amerikas wohl genialsten Präsidenten. Es wurde 1943 zum 200. Geburtstag des Philosophen, Staatsmanns und Erfinders erbaut und beherbergt eine über 6 m hohe Statue Jeffersons.

White House Area

★★ Weißes Haus

Nördlich vom Washington Monument liegt an der Pennsylvania Avenue das Weiße Haus, der Amts- und Wohnsitz aller amerikanischen Präsidenten seit John Adams (► S. 634/635). Die aus den Fernsehnachrichten bekannte Ansicht mit dem schönen Portiko zeigt seine Rückfront. Die Eingangsfront liegt am Lafayette Square. Die zweistöckige Residenz wurde von 1792 bis 1800 erbaut, brannte im Krieg von 1812 jedoch aus. Im Zuge des Wiederaufbaus erhielt das Weiße Haus die beiden Portiken. 1961 unterzog First Lady Jacqueline Kennedy die geschichtsträchtigsten Räume einer Veredlungskur. Acht dieser Räume – von insgesamt 132 – sieht man heute während der Besichtigungstour, darunter den **»Gold Room«**, wo die Porträts von sechs First Ladies die Wände schmücken. Dorthin, wo die große Politik gemacht wird, kommt man nicht. Tickets für eine Führung, die nur in der Gruppe möglich ist, erhält man im White House Visitor Center (15th u. E. Sts.; Öffnungszeiten: tgl. 7.30 – 16.00 Uhr). Um sicherzugehen, dass das Weiße Haus nicht kurzfristig für Touristen geschlossen ist, sollte man vorher anrufen: Tel. 1-202-456-70 41.

Lafayette Square ► Der Park vor dem Haupteingang des Weißen Hauses ehrt mit schönen Denkmälern Helden des Unabhängigkeitskrieges, darunter den preußischen General Friedrich Wilhelm von Steuben (1730 – 1794) und den Marquis de Lafayette (1757 – 1843).

Corcoran Gallery of Art

Die permanente Kollektion der in einem schönen Beaux-Arts-Gebäude residierenden Galerie besteht aus rund 16 000 Objekten, v. a. Gemälden, Stichen, Drucken und Fotos. Highlights sind die Bilder der amerikanischen Landschaftsmaler der **Hudson-Schule** des 19. Jahrhunderts (500 17th St. N.W.; Öffnungszeiten: Mo., Mi., Fr. bis So. 10.00 – 17.00, Do. bis 21.00 Uhr).

Federal Triangle · Downtown

Blutige Rassenkrawalle, die Flucht der schwarzen und weißen Mittelschicht und die Verödung ganzer Straßenblocks: Die Gegend in dem von Constitution Ave., L Street, Weißem Haus und Union Station begrenzten Rechteck hat alle Höhen und Tiefen erlebt. Erst während der Hochkonjunktur der 1990er-Jahre meldete sich Washingtons Downtown zurück. Heute präsentiert sie sich als geschäftigen Mix aus Verwaltungsgebäuden, Parks und Plazas, mit den ältesten Nobelhotels der Stadt und einigen sehenswerten Attraktionen.

National Archives

Viele Millionen Regierungsdokumente, dazu Karten, Fotos, Drucke: Hier ruht, fein säuberlich dokumentiert, die Geschichte der Nation. Top-Heiligtümer des Archivs sind die **Unabhängigkeitserklärung** und eine handgeschriebene Kopie der Magna Charta von 1297 (700 Pennsylvania Ave. N.W.; Öffnungszeiten: Mo. u. Mi. 8.45 – 17.00, Di., Do. u. Fr. 8.45 – 21.00, Sa. 8.45 – 16.45 Uhr).

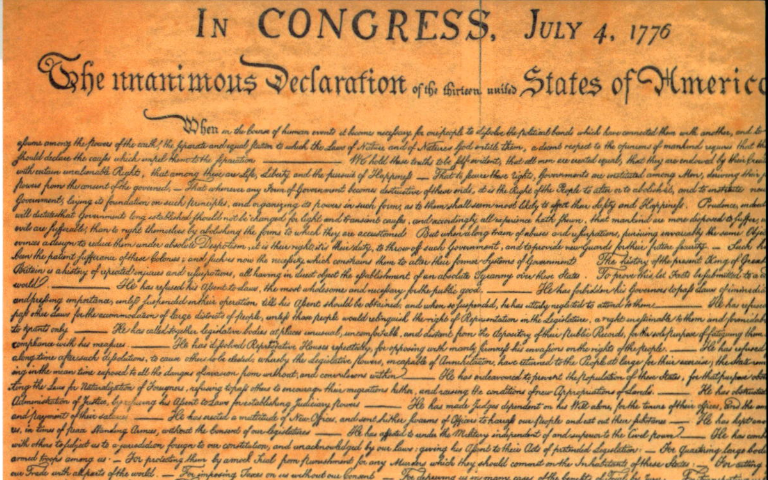

Die Ikone der US-Geschichte, die Unabhängigkeitserklärung von 1776, wird in den National Archivs aufbewahrt.

★ Ford's Theatre

In dem schönen Theater aus rotem Backstein erschoss der arbeitslose Schauspieler und Südstaatler John Wilkes Booth am 14. April 1865 während einer Aufführung Präsident Abraham Lincoln. Das kleine **Lincoln-Museum** in dem Theater, in dem noch immer Aufführungen geboten werden, rekonstruiert das Attentat und den Fluchtweg von Booth, der jedoch zwölf Tage später gestellt wurde (511 10th St.;wegen Renovierungsarbeiten bis 2009 geschlossen).

★ National Museum of Women in the Arts

Nördlich von Ford's Theatre finden Kunstfreunde ein besonderes Museum: Das National Museum of Women in the Arts zeigt ausschließlich Werke von Künstlerinnen vom 16. Jh. bis heute, von indianischer Töpferei bis zur modernen Skulptur (1250 New York Ave. NW;Öffnungszeiten: Mo. – Sa. 10.00 – 17.00, So. 12.00 – 17.00 Uhr).

Sehenswürdigkeiten im übrigen Stadtgebiet

Foggy Bottom

Wo einst eine deutsche Siedlung namens Hamburg lag, stehen heute Regierungsgebäude mit ein paar viktorianisch geprägten Inseln dazwischen. Das Viertel westlich vom Weißen Haus, dessen Name von der ursprünglich sumpfigen Niederung hier herrührt, lohnt dennoch einen Abstecher. Das 1798 bis 1800 erbaute **Octagon** ist das älteste noch stehende Wohnhaus der Stadt. Präsident Madison kam vorübergehend hier unter, nachdem die Briten das Weiße Haus angezündet hatten. Eine interessante Ausstellung widmet sich dem Alltag der Washingtoner Oberschicht um 1800 (18th St. u. New York Ave. N.W.). Das schlicht »Ken-Cen« genannte **John F. Kennedy Center for the Performing Arts** wurde 1971 hoch über dem Potomac eröffnet und beherbergt fünf Theater und Konzerthallen, Restaurants und eine schöne Freiluftterrasse mit Blick auf den Fluss (2700 F St. N.W.).

THE WHITE HOUSE

★★ George Washington persönlich bestimmte den Bauplatz, und die Grundsteinlegung am 13. Oktober 1792 ist auch gleichzeitig Gründungsdatum der Stadt Washington. Doch der erste Präsident der USA bewohnte das Weiße Haus nie. Als Erster zog am 1. November 1800 John Adams, der zweite Präsident der Vereinigten Staaten, ein.

Führungen:
Di.–Sa. 7.00 – 12.30 Uhr

Das Weiße Haus in Zahlen
132 Zimmer, 35 Badezimmer, 412 Türen, 28 Kamine, 8 Treppenhäuser, 3 Aufzüge, Swimmingpool, Bowlingbahn, Tennisplatz, Kino und 5 fest angestellte Köche

① South Lawn
Die Rückansicht des Weißen Hauses kennt fast jeder aus den Nachrichten. Hier werden die Staatsgäste empfangen, und hier startet auch der Helikopter des Präsidenten. Unter dem Rasen werden mehrere geheime Räumlichkeiten wie ein Atomschutzbunker und ein Atomreaktor vermutet.

② North Façade
Die Nordfassade mit dem Haupteingang zum Gebäude liegt am Lafayette Square. Dieser ist seit den Anschlägen vom 11. September 2001 für den Verkehr gesperrt, nur offizielle Fahrzeuge dürfen hier noch entlangfahren. Als Vorbild für die Gestaltung der Fassade diente das Leinster House in Dublin (Irland).

③ West Wing
1902 wurde unter Präsident Theodore Roosevelt der Westflügel eingeweiht. Hier befinden sich neben dem Oval Office auch Tagungsräume und Büros der präsidentialen Mitarbeiter.

④ Oval Office
Das Zentrum der Macht befindet sich im West Wing. 1909 zog das Büro des Präsidenten unter William Howard Taft in das Oval Office. Hier arbeitet der Präsident hinter seinem mächtigen englischen Schreibtisch, der den USA 1880 von Königin Victoria von England geschenkt wurde. Zuerst befand sich der Tisch im Studienzimmer des Präsidenten, bis ihn John F. Kennedy 1961 ins Oval Office stellte.

⑤ Präsidentenresidenz
Die beiden obersten Stockwerke des Gebäudes bewohnt die Präsidentenfamilie.

Auf dem South Lawn finden sich nicht nur »hohe Tiere« ein.

Golfturnier
versucht de
von Präside
»einzuloche

Dupont Circle Das Viertel rund um den Kreisverkehr Dupont Circle nördlich von Foggy Bottom ist wohl das vielfältigste der Hauptstadt. Extravagante Botschaftsgebäude, Yuppiebars, Schwulenkneipen, Blumenläden und Boutiquen. Langeweile kommt hier nicht auf. Die 1921 eröffnete **Phillips Collection** zeigt in plüschigem Ambiente knapp 3000 exquisite, vor allem dem europäischen Impressionismus zuzuordnende Gemälde. Höhepunkte sind Werke von van Gogh, Renoir und Cézanne (1600 21st St. und Q St. N.W.; Öffnungszeiten: Di. – Sa. 10.00 – 17.00, So. 12.00 – 19.00 Uhr).

Adams-Morgan Washingtons multikulturelles Amüsierviertel liegt nördlich von Dupont Circle und bietet sich mit seinen Restaurants und Bars für nächtliche Erkundungen an. Gravitationszentrum ist die mit ethnischen Nationalitätenrestaurants gespickte 18th Street.

✶✶ Georgetown Schöne alte Häuserreihen, gepflasterte Bürgersteige, Straßencafés und ein quirliges Zentrum: Georgetown wirkt wie eine eigene Stadt und das hat historische Gründe. Bis zum Jahr 1871 war es ein Hafenstädtchen am Potomac, dann wurde es eingemeindet und in den 1950er-Jahren zum bevorzugten Wohngebiet betuchter Washingtonians um den Kennedy-Clan. Man sollte Georgetown zweimal besuchen: tagsüber und am Abend. Der Bummel durch das sich um den Kreuzungsbereich von **M Street und Wisconsin Avenue** konzentrierende Stadtzentrum erschließt teure Boutiquen und jede Menge Trendrestaurants.

Auch der kurze Abstecher zum historischen **Chesapeake & Ohio Canal** mit seinen fotogenen Fußgängerbrücken ist ein schöner Spaziergang. Nach Sonnenuntergang bieten vor allem M Street und Wisconsin Avenue eine Fülle hervorragender Restaurants, Bars und Musikkneipen. Die 1801 im Federal Style erbaute, von herrlichen Gärten umgebene Residenz **Dumbarton Oaks** beherbergt u. a. die hervorragende **Bliss Collection**, eine Sammlung byzantinischer und präkolumbischer Kunst (1703 32nd St. N.W.; Öffnungszeiten: Di. – So. 14.00 – 17.00 Uhr).

Umgebung von Washington, D.C.

Arlington Die jenseits des Potomac River liegende Stadt, vom Gefühl her eher ein Teil Washingtons, gehört bereits zu Virginia und ist Teil eines längst über die Grenzen des District of Columbia hinausgewachsenen Siedlungsbreis. Das etwas gesichtslose Arlington ist dennoch in aller Welt ein Begriff: Das fünfgeschossige **Pentagon**, das Verteidigungsministerium der USA, während des Zweiten Weltkriegs gebaut, ist mit 26 000 uniformierten und zivilen Angestellten eines der größten Bürogebäude der Welt. Am 11. September 2001 war es Ziel eines Terrorangriffs, bei dem 190 Menschen starben. Allgemeine Führungen durch das fünfeckige Ministerium sind seither nur für Schulgruppen möglich (Metro: Pentagon).

Vergnügungsfahrt auf dem Chesapeake & Ohio Canal: Wie anno dazumal werden die Kähne von Muligespannen gezogen.

★ ★ ◄ Arlington National Cemetery

Die endlos scheinenden Reihen weißer Grabsteine sind aus zahlreichen Hollywoodfilmen bekannt: Dies ist Washingtons Heldenfriedhof. Über 245 000 Soldaten liegen auf dem 240 ha großen Gelände begraben. Viel besucht sind die Gräber von **John F. Kennedy**, seinem 1968 ebenfalls ermordeten Bruder Robert und von General George C. Marshall, dem Vater des Mashall-Plans. Zeit bei der Besichtigung des weitläufigen Geländes erspart das mehrmals täglich vom Besucherzentrum abfahrende »Tourmobile« (Besichtigungszeiten: April – Sept. tgl. 8.00 – 19.00, sonst tgl. 8.00 – 17.00 Uhr).

Alexandria

Ähnlich wie Arlington empfindet man auch Alexandria eher als Teil Washingtons. Die mit der Metro von der Hauptstadt leicht erreichbare Stadt bietet mit ihrer fein restaurierten Altstadt ein schönes Ausflugsziel. Der Hauptgrund für einen Ausflug hierher liegt am Südrand der Stadt: Mount Vernon, das stattliche, hoch über dem Potomac River liegende Anwesen, war der Familiensitz der Washingtons und ist damit ein amerikanischer Schrein. **George Washington** (► Berühmte Persönlichkeiten), erster Präsident der USA, lebte hier mit seiner Familie mit Unterbrechungen von 1759 bis zu seinem Tod im Jahre 1799. Das 1763 im georgianischen Stil erbaute Haupthaus des Anwesens zeigt in 19 Räumen Originalmöbel, u. a. Washingtons Totenbett. Die Wirtschaftsgebäude und Sklavenunterkünfte sind ebenfalls zu besichtigen (Rte. 235, George Washington Memorial Pkwy.; Öffnungszeiten: April – Aug. tgl. 8.00 – 17.00, März, Sept. und Okt. tgl. ab 9.00, sonst tgl. 9.00 – 16.00 Uhr).

★ ★ ◄ Mount Vernon

★ Waterton-Glacier International Peace Park

Oh / Oj 21

Bundesstaat: Montana
Gründungsjahr: 1895 (Waterton) 1910 (Glacier)
Kanadische Provinz: Alberta
Fläche: 4630 km²

200 klare Seen, 50 Gletscher, 70 Säugetierarten und rund 260 Vogelarten – und über 1100 km Wanderwege, die tief hineinführen in diese zu den letzten unberührten Ökosystemen der USA gehörende Welt aus Bergen, Tälern, Schnee und Eis.

Gemeinsam mit dem Waterton National Park im kanadischen Alberta bildet der im Nordwesten Montanas liegende Glacier National Park seit 1932 den International Peace Park. Die herrliche Hochgebirgslandschaft, deren höchste Erhebung der **Mt. Cleveland** (3190 m ü.d.M.) ist, wird oft auch als »Krone des Kontinents« bezeichnet. Charakteristisch für die beiden, getrennt verwalteten Parks sind die U-förmigen, von der letzten Eiszeit geformten Täler. Die meisten Gletscher sind nur zu Fuß erreichbar. Auch um Tiere zu beobachten,

Dickhornschafe genießen im Waterton-Glacier International Peace Park die wärmende Frühlingssonne.

INTERNATIONAL PEACE PARK ERLEBEN

AUSKUNFT

Glacier National Park
P. O. Box 128
West Glacier
Montana 59936
Tel. 1-406-888-78 00
www.nps.gov/glac

ÜBERNACHTEN

Glacier Park Inc.
P.O. Box 2025
Columbia Falls, MT 59912
Tel. 1-406-892-25 25
www.glacierparkinc.com
Die Palette der Unterbringungsmöglichkeiten im Park – die allesamt von der Glacier Park Inc. verwaltet werden – reicht von einfachen Motels bis zu luxuriösen Hotels. Zimmer müssen v. a. für Juli und August weit im Voraus reserviert werden.

Campingplätze
In dem Nationalpark gibt es 13 Campingplätze, aber nur auf zweien – Fish Creek und St. Mary – können über den National Park Service (NPS) Reservierungen vorgenommen werden:
Tel. 1-406-888-78 00,
http://reservations.nps.gov

muss man die Wanderstiefel schnüren. Zu den größeren Vertretern der Fauna gehören Schwarz- und Grizzlybären, Rotwild, Pumas und Kojoten. Beide Parks sind ganzjährig zugänglich, doch viele Parkstraßen bleiben im Winter gesperrt.

Parkstraßen

Die schönste Parkstraße – und für nicht wenige eine der schönsten Aussichtsstraßen Nordamerikas – ist die **Going-to-the-Sun-Road**. Die 80 km lange Straße durchquert den Glacier National Park von St. Mary am Ostrand über den Logan Pass (2026 m ü.d.M.) nach West Glacier. Eng und kurvenreich, ist sie für Fahrzeuge ab 2,5 m Breite und 9 m Länge gesperrt.
Unterwegs passiert sie die Wasserscheide dreier Entwässerungssysteme und bietet mit dem Blick auf den St. Marys Lake und die umgebenden Berggipfel das wohl meistfotografierte Motiv des Parks. Der Abschnitt zwischen Logan Pass und McDonald Valley, wo sich die Straße in Haarnadelkurven talwärts windet, ist eine technische Meisterleistung.
Die US-89 führt von St. Mary nordwärts. In Babb zweigt sie nach Many Glacier ab, wo man Schneeziegen und Schwarzbären beobachten kann. Am Ufer des **Swiftcurrent Lake** liegt das 1914 erbaute Many Glacier Hotel, von wo aus u. a. Wanderungen zum Grinnell Glacier und zum für sein grün schimmerndes Wasser berühmten **Iceberg Lake** möglich sind.
Zum kanadischen Waterton National Park führt der Chief Mountain International Hwy. (SR-17/Hwy. 6), der auch ein Reservat der Blackfoot-Indianer durchquert.

West Virginia

Qd–Qg 25–27

Abkürzung: WV
Hauptstadt: Charleston
Einwohnerzahl: 1,82 Mio.
Beiname: Mountain State
Fläche: 62 629 km²

»Almost Heaven, West Virginia …« – Country-Barde John Denver machte dem Mountain State einst die schönste Liebeserklärung. West Virginia ist ein herbschönes Stück Amerika – in dem der Mensch idyllische Spuren hinterlassen hat.

Tatsächlich ist Mutter Natur das größte touristische Kapital des Appalachen-Staats. West-Virginia ist – nach Colorado – das beste Raftingrevier des Landes. Wandern und Angeln folgen dicht auf. Zwei Drittel der Staatsfläche gehören zu den Alleghenies, sie gehen nach Westen ins **Allegheny Plateau** über. Viele der Täler sind so entlegen, dass der Volksmund den langsam denkenden Hillbilly und den lichtscheuen Schwarzbrenner hier angesiedelt hat. Allerdings, die Wirklichkeit hat dieses Vorurteil längst hinter sich gelassen. Heute empfängt der bergigste Bundesstaat östlich des Mississippi seine Besucher in Städtchen, die Adjektive wie »idyllisch« und »malerisch« verdienen und mit Bistros und weltoffenen Restaurants verwöhnen.

Ausgewählte Reiseziele in West Virginia

Berkeley Springs Der **älteste Kurort der USA** (670 Einw.) liegt im nordöstlichen Zipfel des Bundesstaats. Schon die Helden der Unabhängigkeit, allen voran George Washington, erholten sich beim Bad in den heißen Quellen vom politischen Alltag an der Ostküste. Heute bieten die alten Badehäuser im Berkeley Springs State Park (2 S. Washington St.) nahe dem Stadtzentrum Entspannung mit Bädern und Massagen.

Charleston Die moderne Hauptstadt Charleston (54 000 Einw.) am Kanawha River wurde 1794 gegründet und ist als kulturelles Zentrum der Region Austragungsort zahlreicher Musik- und Kunstveranstaltungen. Sehenswert ist das 1932 vollendete **West Virginia State Capitol** (Kanawha Blvd. E.), das wegen seiner goldbedeckten Kuppel als eines der schönsten der USA gilt.

★ **Harpers Ferry** Das hochinteressante Freilichtmuseum »Harpers Ferry National Historic Park« liegt am Zusammenfluss von Shenandoah und Potomac River in einem engen Tal zu Füßen der hier steil aufragenden Allegheny Mountains. Mehr als zwei Dutzend der alten Häuser beherbergen Museen oder Ausstellungen zur Geschichte der Region (US-340; Öffnungszeiten: tgl. 8.00 bis 17.00 Uhr).

WEST VIRGINIA

AUSKUNFT

West Virginia Division of Tourism
90 MacCorkle Ave. S.W.
Charleston, WV 25303
Tel. 1-304-558-22 00
www.wvtourism.com

Die wunderbare, einsame Bergwelt der Alleghenies bewahrt der schöne, bis zu 1400 m hohe **Monongahela National Forest**. Aussichtsstraßen wie der 70 km lange Scenic Highway zwischen Richwood und Marlinton oder aber die US-250 führen immer wieder zu sehenswerten Fotomotiven. Hiking, Mountainbiking, Reiten und Klettern sind die beliebtesten Aktivitäten der jährlich über drei Millionen Besucher. Nähere Informationen erhält man bei der Parkverwaltung in Elkins und im Seneca Rocks Discovery Center (Seneca Rocks, I-33). Vom Outdoor-Spaß erholen kann man sich in dem eleganten Kurort **White Sulphur Springs**, der am Südrand des Monongahela National Forest liegt.

★ **New River Gorge National River**

Rafter und Hiker werden von dem bis zu 300 m tief durch die Berge schneidenden New River im Südwesten des Staates begeistert sein. Der über 80 Kilometer lange Abschnitt zwischen Hinton und Fayetteville bietet Stromschnellen aller Kategorien. Vor allem das knapp 50 Kilometer lange Teilstück zwischen McCreery und New Riber Bridge Gorge, das beste Rafterrevier im Osten, zieht Wassersportler aus dem ganzen Land an. Raftingsaison ist von Anfang April bis Mitte Oktober. Zahlreiche Veranstalter operieren vom Nordende des Flusses aus (nähere Informationen erhält man unter: Tel. 1-304-465-05 08, www.nps.gov/neri/home.htm).

★ White Sands National Monument

Pb 29

Bundesstaat: New Mexico
Gründungsjahr: 1933
Fläche: 596 km²

Die größte Gipssanddünenlandschaft der Welt entführt auf einen anderen Stern. In der flirrenden Hitze eine der über 20 m hohen Dünen zu besteigen und von ihrem Kamm aus über ein in der Bewegung erstarrtes Meer aus Dünen zu blicken, ist ein überwältigendes Erlebnis.

Bis zu 20 m hoch werden die gleißend weißen Gipssanddünen.

Weiße Wunderwelt Die gleißend weiße Landschaft ist der nördliche Ausläufer der Chihuahua-Wüste und liegt, umzingelt von kargen Höhenzügen, im Tularosa-Becken. Vor rund 250 Mio. Jahren lag hier ein seichtes Meer, auf dessen Boden sich Gips und Anhydrit ablagerten. Im Laufe von Jahrmillionen hoben sich diese Sedimente empor: Das Tularosa-Becken brach ein, die Gips enthaltenden **San Andres Mountains** wurden herausgehoben. Niederschläge und Schmelzwasser lösten diesen Gips heraus und spülten ihn ins Tularosa-Becken bzw. in den Lake Lucero. Dieser wiederum trocknete immer wieder aus, wodurch der gelöste Gips auskristallisierte. Die nunmehr entstandenen winzigen Gipskristalle und -körnchen wurden – und werden – vom Wind zu den heute zu sehenden hohen Dünen aufgeweht. Dass in dieser weißen Wüste dennoch Leben existiert, scheint unglaublich: Tatsächlich wurden hier Pflanzen gefunden, deren Wurzeln bis zu zehn Meter tief reichen.

Nach Sonnenuntergang heben sich die weißen Dünen dramatisch gegen den schwarzen Nachthimmel ab. Bei guten Bedingungen ist das Sternenlicht stark genug, um lesen zu können.

Wer diese überirdische Lightshow genießen will, sollte sich einer von der Parkverwaltung organisierten Tour anschließen.

WHITE SANDS

AUSKUNFT

White Sands National Monument
P.O. Box 1086
Holloman AFB, NM 88330
Tel. 1-575-679-25 99
www.nps.gov/whsa
26 km südwestlich von Alamogordo an der US 70/82.

Im Auto ist die weiße Wunderwelt auf der Rundstrecke des 26 km langen Dune Drive zu erkunden. Nach etwa fünf Kilometern zweigt der Wanderweg **Big Dune Nature Trail** ab. Auf ihm lernt man alle der hoch spezialisierten Lebensformen der Gipssandwüste kennen. **Dune Drive**

Das White Sands National Monument ist von der White Sands Missile Range, einem Raketentestgelände der US Army, umgeben. Bei bevorstehenden Raketentests wird der Dune Drive aus Sicherheitsgründen für bis zu drei Stunden gesperrt.

Wisconsin

Pj–Qb 22–24

Abkürzung: WI
Hauptstadt: Madison
Fläche: 145 438 km²
Beiname: Badger State, America's dairyland
Einwohnerzahl: 5,6 Mio.

Auch wenn knapp die Hälfte des Staats noch zum seen- und felsenreichen Outdoorparadies des Kanadischen Schilds gehört: Seine Einwohner heißen »Cheeseheads«, was mehr oder weniger charmant auf Wisconsins bekanntestes Standbein, die Milchwirtschaft, hinweist.

Wisconsin liegt im nördlichen Mittleren Westen und grenzt hier an zwei der Großen Seen, Lake Michigan und Lake Superior. Im Süden geht die von Tausenden von Seen, Nadel- und Mischwäldern und nacktem Granit geprägte Landschaft in die Zentrale Ebene über. Lange, schneereiche Winter und warm-schwüle Sommer sind typisch für Wisconsin, das in Amerika oft auch **»America's Dairyland«** genannt wird.

Ausgewählte Reiseziele in Wisconsin

★ **Door County**

Die nördlich von Milwaukee weit in den Lake Michigan ragende Door Peninsula ist das Land der Apfel- und Kirschbäume, der Forellenbäche und der romantischen Seeufer mit Leuchttürmen, Jachthäfen und Tauchschulen. Seines maritim geprägten Erholungswertes wegen oft auch »Cape Cod of the Midwest« genannt, ist es mit einer guten Gastronomie und einer breiten Palette von Unterkunftsmöglichkeiten bestens auf Besucher vorbereitet. Die entspannendste Art, diesen schönen Landstrich kennenzulernen, ist per Fahrrad. **Sturgeon Bay** (9500 Einw.), der Hauptort der Halbinsel und eines der größten Schiffbauzentren der Großen Seen, bietet mit dem **Door County Maritime Museum** (120 N. Madison Ave.), das von indianischen Kanus bis zu modernen Frachtschiffen die ganze Bandbreite seetüchti-

WISCONSIN

AUSKUNFT

Wisconsin Department of Tourism
P.O. Box 8690
Madison, WI 53708-8690
Tel. 1-608-266-21 61
www.travelwisconsin.com

ger Transportmittel zeigt, einen guten Grund für einen Zwischenstopp. **Bailey's Harbor**, ein hübsches Hafenstädtchen, bietet mit dem Cana Island Lighthouse und schönen Wandertrails in der Umgebung Fotografen wie Naturfreunden reichlich Glegenheit, sich auszutoben.

Madison, die Hauptstadt Wisconsins (220 000 Einw.), liegt 130 km westlich von Milwaukee und umgarnt den Besucher trotz ihrer Größe mit angenehmer Kleinstadtatmosphäre. 1836 gegründet, war das erste Gebäude ein Kaufladen und das zweite das Kapitol. Danach ging es nur langsam aufwärts, doch davon ist heute nichts mehr zu sehen. Madison hat gleich vier Seen in seinem Stadtgebiet und über 100 Parks. Das Zentrum liegt eingeklemmt zwischen den Lakes Mendota und Monona und bietet mit dem **State Capitol**, dem Campus der University of Wisconsin und der schattigen, von Läden und Cafés gesäumten State Street Mall viel zu sehen und zu erkunden. Bunt und geschäftig geht's jeden Mittwoch und Samstag auf dem Capitol Square zu, wenn beim »Dane County Farmers' Market« Bauern aus 30 Counties ihre Erzeugnisse – Obst, Gemüse, Gebäck und Berge von Käse – feilbieten.

Gleich ist das kleine Wasserflugzeug am Ufer des Lake Michigan startklar zum Rundflug über Door County.

Das Familienresort (2500 Einw.) 88 km nördlich von Madison ist Wisconsins größte Touristenattraktion. Wo der Wisconsin River auf einer Länge von 24 km eine fast 50 m tiefe, mäandernde Schlucht mit bizarren Felsformationen hinterließ, hat sich im Laufe der Jahrzehnte eine riesige Unterhaltungsindustrie angesiedelt. Themenparks, Flussbefahrungen und Wanderungen locken alljährlich Hunderttausende in die selbst ernannte **»Waterpark Capital of the World«**.

* **Wisconsin Dells**

Wyoming

Ok–Pc 23–25

Abkürzung: WY
Fläche: 253 326 km²
Einwohnerzahl: 515 000

Hauptstadt: Cheyenne
Beinamen: Equality State, Cowboy State

Wer den Menschenmassen entfliehen will, der gehe nach Wyoming. Der Staat im Nordwesten des Landes ist einer der am dünnsten besiedelten der USA: Auf einem Quadratkilometer leben gerade zwei Menschen! Wyoming, das bedeutet: die Rocky Mountains in Hochform, Seen, Gletscher, Nadelwälder und Städte, die zwar modern sind, aber dem Wilden Westen noch immer näher scheinen.

Als John Colter, ein Mitglied der Lewis-und-Clark-Expedition (►S. 42), als Erster daheim von der Yellowstone-Gegend berichtete, hielt man ihn zunächst für einen Lügner. Selbst der Besucher von heute, der Wyoming bequem im Auto bereist, staunt über die verschwenderische Natur: Tiefe, lichtlose Schluchten arbeiten sich durch Gebirge mit ewigem Schnee. Grizzlybären streifen durch dichte Wälder. Wyoming – Balsam für die Seele!

Ausgewählte Reiseziele in Wyoming

* **Bighorn Mountains**

Das Wanderparadies im Norden Wyomings wird dominiert von der tiefen Schlucht des Bighorn River und bietet mit den beiden Viehzüchterstädtchen Buffalo und Sheridan hübsche Ausgangspunkte für ein- oder mehrtägige Abstecher in die Wildnis. Namentlich **Sheridan** blickt auf eine dramatische Vergangenheit zurück. Um 1870 schlugen die hier lebenden Cheyenne, Sioux und Arapaho unter ihren berühmten Häuptlingen Crazy Horse, Red Cloud und Dull Knife so viele Schlachten mit den weißen Siedlern, dass die US-Armee davon abriet, das Gebiet mit weniger als einhundert Planwagen zu durchqueren. Heute erinnern rund um Sheridan etliche Gedenktafeln am

WYOMING

AUSKUNFT

Wyoming Travel and Tourism
I-25 u. College Drive
Cheyenne, WY 82002
Tel. 1-307-777-77 77
www.wyomingtourism.org

Straßenrand an diese Schlachten und Gefechte. Besonders blutig war das Fetterman Massacre. 1866 wurde die 81 Mann starke Truppe von Colonel William Fetterman von Sioux-Kriegern unter Crazy Horse bis auf den letzten Mann getötet. 36 km südlich von Sheridan erinnert eine Tafel an der US-87 an das Ereignis. Auch die berühmte Schlacht am Little Big Horn fand nur wenig nördlich von Sheridan in ►Montana statt. Eine wahre Fundgrube für Ortsgeschichte ist das **Historic Sheridan Inn**. Das 1893 eröffnete Hotel zählte Buffalo Bill, Calamity Jane, Ernest Hemingway und Theodore Roosevelt zu seinen Gästen und erinnert mit vielen Memorabilia an die alten Zeiten (Fifth u. Broadway Sts.). Nach Geschichte – und Leder – riecht es auch im **King's Saddlery Museum**, wo neben alten Cowboysätteln von Indianern benutzte Gewehre und interessante Fotos zu sehen sind (184 N. Main St.).

Casper In Casper (50 000 Einw.) am North Platte River liefen einst Oregon-, Mormon-, California- und fünf weitere Siedlertrails zusammen. Benannt ist die Stadt nach Leutnant Caspar Collins, der 1865 versuchte, einen von Indianern umzingelten Treck auf dem Oregon Trail zu retten. Das genau am historischen Ausgangspunkt der Trecks nach Westen angelegte **National Historic Trails Interpretive Center** dokumentiert die Strapazen, die die Pioniere damals auf sich nahmen. In der Umgebung kann man die noch immer sichtbaren Spuren der alten Wagon Trails sehen (1501 N Poplar St.).

Cheyenne Die nach den Cheyenne-Indianern benannte, 1867 als Eisenbahndepot gegründete Hauptstadt Wyomings (55 300 Einw.) liegt in der Südostecke des Bundesstaates. Damals befand sich hier der größte Außenposten der US-Kavallerie. 1869 wurde Cheyenne Hauptstadt des Wyoming Territory und blieb es – trotz seines schlechten Rufs als bleihaltige Frontierstadt – auch beim Eintritt in die USA 1890. Das **Cheyenne Frontier Days Old West Museum** neben der Rodeo-Arena zeigt alte Kutschen und informiert über das seit Jahrzehnten hier Ende Juli während der Frontier Days ausgetragene Rodeo (4610 N. Carey Ave., Frontier Park).

? WUSSTEN SIE SCHON ...?

- ... dass es in Wyoming verboten ist, in den Monaten Januar bis April Hasen zu fotografieren?

✶ **Cody** Der berühmte Indianerkämpfer, Büffeljäger und Showman William F. Cody, besser bekannt als **Buffalo Bill**, gründete das Städtchen

Frisch gekürte Rodeo Cowgirls bei den Frontier Days in Cheyenne

(8900 Einw.) am Westrand des Wyoming Bighorn Basin im Jahre 1896. Nur eine Autostunde entfernt vom Ost- und Nordosteingang zum ►Yellowstone National Park, ist Cody auch eine gute Basis für die Erkundung der Bighorn Mountains im Osten. Selbst die Anfahrt zum Yellowstone National Park auf dem Buffalo Bill Cody Scenic Byway ist ein Highlight, das kein Geringerer als Präsident Theodore Roosevelt die »most scenic 52 miles in America« nannte.

Das aus fünf Museen bestehende **Buffalo Bill Historic Center** kann leicht einen ganzen Tag beanspruchen. Das Buffalo Bill Museum gedenkt des Stadtgründers. Das Cody Firearms Museum zeigt jene Waffen, mit denen der Westen erobert wurde. Im Draper Museum of Natural History ist die Geschichte der Region dokumentiert. Das Plains Indians Museum widmet sich den Kulturen der Arapaho, Blackfeet, Cheyenne und Sioux. Die Whitney Gallery of Western Art schließlich verherrlicht den Westen mit Gemälden von Albert Bierstadt, George Catlin und Frederic Remington (720 Sheridan Ave.; Öffnungszeiten: Juni – Sept. tgl. 7.00 – 20.00 Uhr).

Fort Laramie National Historic Site

Das geschichtsträchtige Fort, 1834 als Pelzhändlerstützpunkt an der Mündung des Laramie River in den North Platte River gegründet, liegt zwei Autostunden nordöstlich von Cheyenne. 1849 übernahm die US-Armee das Fort, um von hier aus den **Oregon Trail** zu schützen. Die Indianerkriege der nächsten 40 Jahre erlebte Fort Laramie aus der ersten Reihe mit. Erst 1890 konnte die Armee das Fort aufgeben. Einige Gebäude sind noch gut erhalten. Ein kleines Museum erinnert an die dramatische Vergangenheit (Öffnungszeiten: Mai bis Sept. tgl. 8.00 – Sonnenuntergang, sonst tgl. 8.00 – 16.30 Uhr).

✶ **Laramie** Der nach dem frankokanadischen Trapper Jacques La Ramie benannte, 2100 m hoch liegende Ort (27 300 Einw.) liegt eine knappe Autostunde westlich von Cheyenne. Zunächst als »Wildeste Stadt im Wilden Westen« verrufen, war dies jedoch auch die Stadt, die erstmals in den USA Frauen in öffentliche Ämter wählte. Heute ist Laramie dank seiner University of Wyoming der kulturelle Mittelpunkt des Bundesstaates und verwöhnt den Besucher mit Coffeeshops, Bücherläden und guten Restaurants. Sehenswert ist das **American Heritage Center**, dessen über 7000 historische Manuskripte sowie beeindruckende alte Schwarzweißfotos dokumentieren, wie der Wilde Westen wirklich war (22nd St. u. Willett Dr.). Der **Wyoming Territorial Park** enthält eine rekonstruierte Frontier-Stadt mit kostümierten »Cowboys« und anderen Charakteren und zeigt u. a. das Wyoming Territorial Prison, in dem angeblich auch der berühmte Zugräuber Butch Cassidy einsaß (975 Snowy Range Rd.).

> ! *Baedeker* TIPP
>
> **Line Dancing**
>
> Das Nachtleben des Buffalo-Bill-Städtchens Cody ist erwartungsgemäß laut und hemdsärmelig. Line Dancing und andere Westernspäße erlebt man am ehesten im Cassie's Supper Club & Dance Hall (214 Yellowstone Ave., Tel. 1-307-527-55 00).

★★ Yellowstone National Park · Grand Teton National Park

Ok 23/24

Bundesstaaten: Wyoming, Montana, Idaho

Verschiedener können zwei dazu noch dicht beieinander liegende Nationalparks nicht sein. Hier blubbernde Schlammlöcher, heiße Quellen und kochende Geysire, dort wie Teufelshörner himmelwärts zeigende Berggipfel. Zwei Legenden, zwei grundverschiedene, dennoch unvergessliche Erlebnisse.

Erst nachdem Fotos von der geologischen Wunderwelt des Yellowstone Washington erreichten, war der Kongress überzeugt. Bis dahin hatte man die Berichte der Trapper und Entdeckungsreisenden von Geysiren und dampfenden, nach faulen Eiern riechenden Teichen als Jägerlatein abgetan. 1872 wurde das knapp 9000 km² große Gebiet in der Nordwestecke Wyomings zum Nationalpark erklärt – zum ersten der USA. Heute ist der Yellowstone National Park einer der meistbesuchten des Landes. Im Norden und Westen nach Montana und Idaho hineinreichend, liegt er auf einem bis zu 2500 m hohen, aus basaltischen Ergüssen bestehenden Hochplateau. Hier kam es zuletzt vor rund 640 000 Jahren zu Vulkanausbrüchen, die Geologen heute

Yellowstone National Park • Grand Teton National Park

YELLOWSTONE NATIONAL PARK ERLEBEN

AUSKUNFT

Yellowstone National Park
Superintendent
P.O. Box 168
Wyoming 82190
Tel. 1-307-344-73 81
www.nps.gov/yell

AKTIVITÄTEN

Fast 2000 Kilometer herrliche Wanderwege führen in das weniger bekannte Backcountry des Parks (Genehmigungen müssen bei der Parkverwaltung beantragt werden). Beliebt sind auch Ausritte im Park; geführte »Trail Rides« können u.a. in Mammoth Hot Springs und Tower-Roosevelt gebucht werden.

ESSEN/ÜBERNACHTEN

► Luxus/Komfortabel

Old Faithful Inn
Tel. 1-307-344-73 11
www.travelyellowstone.com
Mitte Okt – Mitte Mai geschl.
Im Jahr 1904 eröffnet, ist dieses schöne Hotel in Sichtweite des Geysirs Old Faithful ein Stück Geschichte.

► Günstig

Roosevelt Lodge & Cabins
Tel. 1-304-344-73 11
www.travelyellowstone.com
Anfang Sept. – Anfang Juni geschl.
Einfache Hütten scharen sich um ein rustikales Haupthaus mit Restaurant; bei Tower-Roosevelt.

zu den größten überhaupt rechnen und die in direktem Zusammenhang mit weltweiten Klimaveränderungen gebracht werden können. Nach der letzten Eruption und dem anschließenden Zusammenbruch des Kraters bildete sich eine riesige, 350 km² große Caldera. Die tief darunter liegende Magmakammer erzeugt nach wie vor Hitze; zahllose postvulkanische Erscheinungen, die die Landschaft mit Dampfschwaden und ständigem Brodeln und Zischen überziehen, bestätigen dies.

Dass man sich auf unruhigem Boden bewegt, beweisen auch die häufigen Erdbeben. Manche Geologen – und selbst ernannte Armageddon-Propheten – warnen vor einem schlummernden Supervulkan, dessen Ausbruch Amerika vernichten könnte.

Flora und Fauna

Die Tier- und Pflanzenwelt sind die zweite Attraktion des Nationalparks. Die Palette der Pflanzenarten reicht von wüstenhafter Vegetation am Nordeingang bis zu subalpinen Matten und Wäldern. Außer Bisons, Hirsch- und Rehwild, Dickhornschafen, Bibern und Murmeltieren kann man hier Elche, Gabelantilopen, Schwarz- und Grizzlybären sowie Kojoten beobachten.

Die Wiederansiedlung von Wölfen scheint erfolgreich zu verlaufen. Am Himmel kreisen viele Greifvogelarten, auf den Seen sind Pelikane, Trompeterschwäne und zahlreiche Entenarten zu Hause.

Als Publikumsmagnet ist der Park (zwangsläufig) bestens erschlossen. »Hauptverkehrsader« durch die Wildnis ist die 229 km lange Grand Loop Road. Sie passiert in Form einer großen Acht die bekanntesten Sehenswürdigkeiten.

Grand Loop Road

Alle Straßen im Park sind von Mai bis Oktober für den Autoverkehr geöffnet. Nur die knapp 100 km lange Strecke von Gardiner nach Cook City (Montana) ist ganzjährig befahrbar. Das Hauptquartier des Parks befindet sich in **Mammoth Hots Springs** in der Nähe des Nordeingangs. Vor dem Besuch einzelner Geysirfelder sollte man sich unbedingt in einem der Besucherzentren nach den Ausbruchszeiten erkundigen und sich auch über die Begehbarkeit der Fußwege informieren.

Sehenswertes im Yellowstone National Park

**** Mammoth Hot Springs**

An der Ostflanke des **Terrace Mountain** (2442 m ü.d.M.) haben die hier entspringenden Mammoth Hot Springs prächtige Terrassen aus bis zu 60 m hohen, stufenweise übereinander aufgelagerten Sinterbecken geschaffen. Die Temperatur der etwa 60 Quellen schwankt zwischen 18 °C und 74 °C. Ein wundervoller Anblick bietet sich gegen Abend und am frühen Morgen, wenn die verschiedenen Gesteinsarten und die im Wasser lebenden Bakterien die Terrassen in allen Farben leuchten lassen.

Gemütlich trottet eine kleine Bisonherde über eine der Parkstraßen.

Ganz nah dran am Great-Fountain-Geysir beim Lower Geyser Basin

★ **Norris Geyser Basin**

Das südlich gelegene Norris Geyser Basin ist das erste Geysirfeld am Loop. Der heißeste Platz in diesem Gebiet ist das **Porcelain Basin**, zu dem ein Plankenpfad führt. Ungefähr jede Stunde sprüht der Echinus Geyser, während der Steamboat Geyser, der größte der Erde, oft Jahre verstreichen lässt, bis er seine Fontänen bis zu 130 m hoch in den Himmel schießt. Im Norris Museum wird die Funktionsweise der Geysire erklärt.

★ **Lower Geyser Basin**

Weiter im Südwesten erreicht man das Lower Geyser Basin mit dem Fountain Paint Pot, in dem heißer, rötlicher Schlamm brodelt. Unweit südlich bietet der **Great Fountain Geyser** am Firehole Lake Drive ungefähr alle 11 Stunden ein großartiges Schauspiel. Auf dem satten Grün des Fountain Flat sieht man vor allem am frühen Morgen und am Abend Bisons, Hirsche und Rehe.

Midway Geyser Basin

Im Midway Geyser Basin beeindruckt der gewaltige Krater des **Excelsior Geyser**, aus dem 250 l heißes Wasser in der Sekunde quellen. Nahebei kommt man zur 110 m durchmessenden Grand Prismatic Spring, einer der schönsten und prächtigsten Thermalquellen des Yellowstone.

★ **Upper Geyser Basin**

Im nur 1,5 km langen Upper Geyser Basin sprudeln die meisten Geysire, weshalb hier auch der meiste Betrieb herrscht. Während einer zweistündigen Wanderung auf gesicherten Plankenwegen kann man Ausbrüche des Old Faithful, des Giantess Geyser, des Beehive Geyser, des Castle Geyser sowie des Grand Geyser erleben und kommt an Quelltöpfen vorbei, die in allen Farben schimmern. Den schönsten von ihnen, den nach einer Blume benannten **Morning Glory Pool**, sieht man am Nordrand des Geysir-Areals.

Eine der Hauptattraktionen des Yellowstone ist der Geysir Old Faithful, obwohl er nicht der höchste und auch nicht der größte ist – aber jahrzehntelang der pünktlichste war, der im exakten Stundentakt seine Fontänen 35 bis 50 m hoch emporschießen ließ. Doch seit dem letzten Erdbeben sind die Intervalle zwischen den Ausbrüchen unregelmäßig geworden; Old Faithful stellt einen mitunter bis zu 120 Minuten auf die Geduldsprobe.

✶✶ Old Faithful

In der Südhälfte des Nationalparks dehnt sich in einer Höhe von 2357 m ü.d.M. der 355 km² große Yellowstone Lake aus. Der fischreiche, bis zu 98 m tiefe See gilt als wahres Anglerparadies. Zudem kann man hier zahlreiche, z. T. seltene Wasservögel beobachten.

✶ Yellowstone Lake

Bei Fishing Bridge fließt der Yellowstone River aus dem See, der zunächst ein beschauliches Hochtal geschaffen hat – in dem sich Bisons sichtlich wohlfühlen –, um dann nördlich des Hayden Valley über zwei spektakuläre Wasserfälle in einen wildromantischen Canyon zu stürzen. Wandert man am Fluss entlang, entdeckt man erkaltete Laveströme und wenig bekannte Zonen geothermischer Aktivität. Zu ihnen zählen wenige Kilometer unterhalb von Fishing Bridge die eindrucksvollen Schlammvulkane des **Mud-Volcano-Areals** und der Schwefel spuckende **Sulphur Caldron**. An den leicht zugänglichen **Upper Falls** stürzt der Yellowstone River über eine 33 m hohe Schwelle in die Tiefe. Wenige Hundert Meter weiter donnert er an den **Lower Falls** unter ohrenbetäubendem Getöse 94 m tief in eine Schlucht. Die Wände des Canyons schimmern in rötlichen bis gelben Farbtönen, hervorgerufen duch chemische Reaktionen des Rhyolitgesteins. Sehr schöne Blicke auf die Wasserfälle bieten sich von den Aussichtspunkten Artist Point, Lookout Point und Grandview Point an der nördlichen Talkante beim Urlaubsort Canyon Village.

✶ Yellowstone River

Am Nordrand des Nationalparks liegt auf 1911 m Höhe der kleine Fremdenverkehrsort Tower-Roosevelt. Beachtenswert sind der 40 m hohe **Tower Fall** und der **Petrified Tree**, ein versteinerter Baum. Südöstlich erstreckt sich die Specimen Ridge mit Resten etlicher übereinander abgelagerter fossiler Wälder.

Tower-Roosevelt

✶ Grand Teton National Park

Unmittelbar südlich an den Yellowstone National Park schließt dieses herrliche Naturschutzgebiet an. Herzstück des Grand-Teton-Nationalparks ist die 64 km lange und bis zu 23 km breite **Teton Range**, die sich wie eine fast 2000 m hohe Wand über das Tal Jackson Hole erhebt und mit ihren gezackten Gipfeln zu den beliebtesten Fotomotiven im Westen zählt.
Der Name des Nationalparks stammt übrigens von französischen Fallenstellern, die sich beim Anblick der steil himmelwärts ragenden Gipfel an »grands tétons« (»große Brüste«) erinnert fühlten.

GRAND TETON NATIONAL PARK ERLEBEN

AUSKUNFT

Grand Teton National Park
P. O. Drawer 170
Moose, WY 83012
Tel. 1-307-739-33 00
www.nps.gov/grte

AKTIVITÄTEN

In Jackson Hole bieten zahlreiche Veranstalter ihre Dienste an: Rafting auf dem Snake und dem Salmon wird u. a. von Barker-Ewing River Trips organisiert (945 W. Broadway, Tel. 1-800-448-42 02). Mountainbiking ist ebenfalls beliebt; ein profilierter Anbieter ist Teton Mountain Bike Tours (Tel. 1-307-733-07 12).

ESSEN

► Erschwinglich

Blue Lion
Jackson Hole
160 N. Millward St.
Tel. 1-307-733-39 12
In kunstsinnigem Ambiente werden hervorragende Lammgerichte serviert.

The Gun Barrel Steak & Game House
Jackson Hole
862 W. Broadway
Tel. 1-307-733-32 87
Auf der Karte stehen Steaks und Ribs und an den Wänden hängen alte Flinten und Jagdtrophäen.

ÜBERNACHTEN

► Luxus

Rusty Parrot Lodge and Spa
Jackson Hole, 175 N. Jackson St.
Tel. 1-307-733-20 00
www.rustyparrot.com
32 Z. Modernes Westernhotel mit schönem Blick auf die Grand Tetons.

► Komfortabel

Painted Buffalo Inn
Jackson Hole
400 W. Broadway
Tel. 1-307-733-43 40
www.paintedbuffaloinn.com
140 Z. Nur drei Blocks vom Town Square entferntes modernes Motel mit geräumigen Zimmern.

Fauna und Flora Höchster Berg ist der 4198 m aufragende Grand Teton. Zwölf weitere Gipfel sind höher als 3600 m. Der Park schützt eine Landschaft von außerordentlicher Schönheit: Zu Füßen der Teton Range liegen blaue Seen. Im Backcountry warten über 100 weitere alpine Seen und Teiche. Wandern, Angeln und Kanufahren auf dem durch Jackson Hole fließenden **Snake River** gehören zu den bevorzugten Aktivitäten der Besucher. Der Grand Teton National Park ist für seine Fauna berühmt. Im Tal Jackson Hole leben Elche, Wapiti- und Maultierhirsche. Unweit vom Buffalo Entrance pflegt eine Bisonherde zu weiden. Im Süden grenzt der Park an das **National Elk Refuge**, wo die größte Wapitiherde der USA überwintert.

Besichtigung Der Park ist ganzjährig geöffnet und verfügt über vier Besucherzentren. Beste Besuchszeit ist von Juni bis September. Im Winter haben außer dem **Moose Visitor Center**, wo sich auch die Parkverwaltung befindet, alle Einrichtungen geschlossen. Hotels stehen in Colter Bay zur Verfügung, zelten kann man auf verschiedenen im Park verstreuten Campingplätzen. Verkehrstechnisch vorbildlich erschlossen, bietet der Park herrliche Aussichtsstraßen. Sowohl vom dem Ostufer des Jackson Lake folgenden **Rockefeller Parkway** als auch der südlich davon die Teton Range begleitenden Teton Park Road genießt man immer wieder spektakuläre Panoramen. Doch erst zu Fuß erschließt sich einem dieser Park wirklich. Mehr als 320 km Wanderwege aller Längen und Schwierigkeitsgrade führen zu grandiosen Aussichten und beschaulichen Idyllen. Zu den leichteren Trails gehört der Pfad vom Ostufer des Jenny Lake zum Inspiration Point (4 km).

Wildwestromantik in Jackson Hole

Das Wildweststädtchen **Jackson Hole** (8700 Einw.) am Südeingang des Parks ist das Versorgungszentrum der Region: Rancher wie Touristen kaufen in den Läden rund um den belebten **Towns Square** ein, zudem ist es mit seinen vielen Hotels und Restaurants die ideale Basis für Tagestouren im Park. Sehenswert ist hier das **Jackson Hole Museum**, das die Erforschung der Grand Teton Range dokumentiert (N. Glenwood u. Deloney Sts.).
Kunstliebhaber sollten dem **National Museum of Wildlife Art** einen Besuch abstatten: Hier hängen neben rund 2500 Gemälden mit Motiven der hiesigen Fauna und Flora auch Meisterwerke von George Catlin und Albert Bierstadt (Rungius Rd.).

★★ Yosemite National Park

Of 26/27

Bundesstaat: California **Fläche:** 3082 km²
Gründungsjahr: 1890

Der Nationalpark in der Sierra Nevada ist so etwas wie das Mekka der Amerikaner: Mindestens einmal im Leben sollte jeder US-Bürger hier gewesen sein. Wer dem Strom der Pilger folgt, ahnt schnell, warum. Der Park schützt den spektakulärsten Abschnitt der Sierra, mit drei der zehn höchsten Wasserfälle und dem größten Granitfelsen der Welt.

YOSEMITE NATIONAL PARK ERLEBEN

AUSKUNFT

Yosemite National Park
P. O. Box 577, CA 95389
Tel. 1-209-372-02 00
www.nps.gov/yose

ESSEN

▸ Erschwinglich

Charles Street Dinner House
Mariposa, 5043 Charles St.
(südwestlich des Nationalparks)
Tel. 1-209-966-23 66
Das beste Restaurant in Mariposa ist berühmt für seine Lammgerichte.

▸ Preiswert

Iron Door Saloon
Groveland, 18761 Main St.
(ca. 40 km westlich des Nationalparks)
Tel. 1-209-962-62 44
Hier gibt's v. a. kalorienreiche Pubgerichte wie Hamburger und Steaks.

ÜBERNACHTEN

▸ Luxus/Komfortabel

Groveland Hotel
Groveland, 18767 Main Street
Tel. 1-209-962-40 00
www.groveland.com
Noble Unterkunft mit exquisitem Restaurant westlich des Parks.

▸ Komfortabel/Günstig

Comfort Inn Mariposa
Mariposa, 4994 Bullion St.
Tel. 1-209-966-46 55
www.yosemite-motels.com
Südwestlich vom Park gelegene, gut ausgestattete Herberge mit Pool.

Yosemite Lodge At The Falls
Im Park
Tel. 1-559-252-48 48
www.yosemitepark.com
245 Z. Die Lodge liegt direkt an den Yosemite Falls; unter anderem findet man hier auch Restaurants, einen Pool und einen Fahrradverleih.

CAMPING

Im gesamten Parkgebiet gibt es 13 Campingplätze, die zu unterschiedlichen Zeiten geöffnet sind (einige erst ab Juli). Reservierungen sind unbedingt erforderlich. Informationen dazu erhält man auf der Website des Nationalparks.

Zu Beginn des dritten Jahrtausends mischen sich jedoch auch Warnungen in die Lobeshymnen. Mit zwischen drei bis vier Millionen Besuchern jährlich, so heißt es, sei der Park hoffnungslos überlaufen und leide an Smog und Verkehrsstaus wie eine amerikanische Großstadt. Seit ein paar Jahren jedoch setzt die Parkverwaltung ihre Aktionspläne in die Tat um: Campingplätze werden verlegt, um die Flüsse zu schonen, der Verkehr wird schrittweise abgebaut und die Gäste verstärkt gebeten, auf Shuttles umzusteigen. All dies soll nun keineswegs von einem Besuch dieses wunderschönen Nationalparks abhalten. Statistisch betrachtet bleiben 95 Prozent der Besucher im **Yosemite Valley**. Der nicht minder sehenswerte Rest des Parks, vor allem die High Sierra, wirkt selbst in den Ferienmonaten Juli und August nicht überlaufen.

Yosemite National Park und Yosemite Valley Orientierung

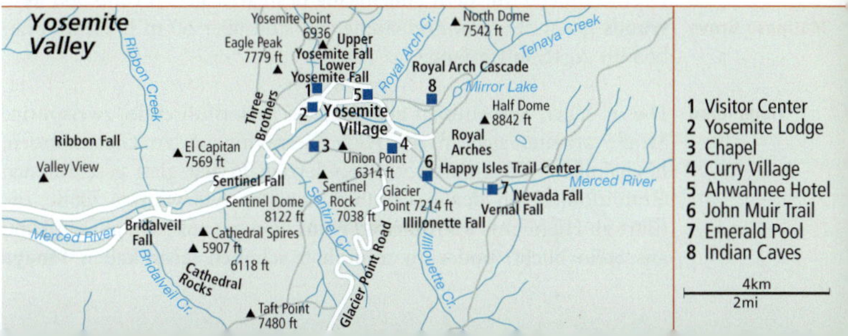

Flora und Fauna Der Park hat eine artenreiche Fauna und Flora zu bieten. Mammutbäume, Weihrauchzedern, Lebenseichen, Lorbeerbäume und Azaleen gehören zu den sichtbarsten Vetretern der Flora. Maultierhirsche, Waschbären und Schwarzbären sind die am leichtesten zu sehenden Tiere.

Wandern und Klettern Der Yosemite National Park ist fantastisches Wander- und Kletterrevier. Die 1077 m hohe Steilwand des über den Talboden ragenden Granitfelsens **El Capitan** ist ein Traum aller ernsthaften Climber. Das Hinterland der High Sierra mit seinen alpinen Wildblumenwiesen ist ein Hikerparadies.

Sehenswertes im Yosemite National Park

✶✶ Yosemite Valley Das vom Merced River durchflossene, 13 km lange und bis zu 3 km breite Tal, eine schöne, grüne Oase, wird von bis zu 1000 m aufragenden Felsen umgeben und ist das Herzstück des Parks. Westlicher Eckpfeiler der Tallandschaft ist **El Capitan** (2307 m ü.d.M.). Gegenüber beeindrucken die **Three Brothers** sowie der 2600 m hohe **Eagle Peak**. Im Osten schließt der **Half Dome** (2695 m ü.d.M.), ein Monolith in Form einer vertikal halbierten Kugel und der beeindruckendste Fels von allen, das Tal ab. In der Talmitte liegt Yosemite Village mit Hotels, Restaurants, Parkplätzen und Besucherzentrum. Von hier werden Buspendeldienste in den Westen des Tales angeboten.

✶ Yosemite Falls Die viel fotografierten Wasserfälle stürzen über drei Stufen 739 m in die Tiefe. Mit Wasserflaschen und Kopfbedeckung ausgerüstete Wanderer können die 11,5 km lange, mitunter extrem steile Strecke zu den **Upper Falls** an einem anstrengenden Tag absolvieren. Ebenso schön sind die **Bridal Veil Falls**, deren Gischt im Talkessel einen glitzernden Schleier produziert.

✶ Glacier Point Der den Südwestteil des Parks erschließende Hwy. 41 führt über den Tunnel View – von hier aus genießt man den in aller Welt bekannten Postkartenblick über das Tal – zum Glacier Point, dem wohl schönsten Aussichtspunkt über das Tal und die dahinterliegende Gipfelschar der Sierra Nevada.

✶ Mariposa Grove Drei Kilometer vor dem Südeingang des Parks stehen rund 500 **Redwoods** genannte Mammutbäume. Sie sind über 60 m hoch und haben bis zu 15 m Umfang.

Tioga Road Die in engen Serpentinen aus dem Tal herausführende, zweispurige Straße arbeitet sich in die High Sierra hinauf, zu Gletscherseen, hochalpinen Wiesen und von der letzten Eiszeit glatt geschliffenen Granitdomen, an denen Climber aussehen wie winzige Flöhe. Sie führt zu Highlights wie **Olmsted Point**, von wo aus man auf ein Land aus Stein blickt, und zum traumhaft schönen, eisig kalten **Tenaya**

Die Felsnase des Glacier Point eröffnet einen herrlich weiten Blick auf die Gipfel der Sierra Nevada.

Lake (von November bis Mitte Juni geschlossen, vorher informieren!). Der höchste Punkt der Strecke ist am Tioga Pass erreicht: Bei 3023 m verlässt man den Park und fährt in engen Serpentinen hinab nach Nevada.

Zu Füßen der Ostflanke der Sierra Nevada erreicht man auf der Tioga Road den Mono Lake. Der abflusslose, alkalische See ist für seine am Südufer Spalier stehenden Kalksintertürmchen berühmt und seit vielen Jahren ein Sorgenkind der Umweltschützer: Durch den enormen Wasserverbrauch des Großraums Los Angeles sinkt sein Wasserspiegel, während sein Salzgehalt ansteigt.

* **Mono Lake**

** Zion National Park

Oj 27

Bundesstaat: Utah
Gründungsjahr: 1919
Fläche: 594 km²

Was Ehrfurcht ist, lernt man hier: Kolossale, von rot bis orange schimmernde Monolithe, die bis zu 900 m senkrecht auf den Talboden abfallen, und enge Canyons voller Wildblumen machen diesen Nationalpark zu einem Höhepunkt der Reise durch den Südwesten.

ZION NATIONAL PARK ERLEBEN

AUSKUNFT

Zion Canyon National Park
Springdale, UT 84767-1099
Tel. 1-435-772-32 56
www.nps.gov/zion

ESSEN

► Preiswert

Red Rock Grill
Im Restaurant der »Zion Lodge« gibt's saftige Steaks und leckere Ente.

Zion Pizza Noodle
Springdale, 868 Zion Park Blvd.
Tel. 1-435-772-38 15
Treffpunkt junger Hiker. Serviert werden Riesenpizzas und -salate.

ÜBERNACHTEN

► Luxus/Komfortabel

Zion Lodge
Zion Canyon
Tel. 1-435-772-77 00
www.zionlodge.com
121 Z. Historische Lodge mit einfachen Zimmern im Haupthaus und in Hütten (März bis Nov.).

► Komfortabel

Desert Pearl Inn
Springdale, 707 Zion Park Blvd.
Tel. 1-435-772-88 88
www.desertpearl.com
61 Z. Gemütliche Herberge mit modernen Zimmern.

Das Colorado-Plateau entstand vor Millionen Jahren: Der Virgin River, ein Nebenfluss des Colorado, grub sich in das mächtige, aus mehreren horizontalen Schiefer-, Kalk- und Sandsteinlagen aufgeschichtete Plateau und schuf so eine prachtvolle Szenerie aus schroffwandigen, 900 m tiefen Talschluchten, steilen Mesas (Felsentischen) und Felsendomen mit merkwürdig geformten Zinnen, die von Weiß über Orange bis Rot in allen Sandsteinfarben schimmern. Mehrere Indianerkulturen haben im Zion Canyon ihre Spuren hinterlassen.

Zion und Kolob Canyon

Der Park besteht aus zwei Sektoren, dem populären Zion Canyon und dem wenig besuchten Kolob Canyon in der Nordwestecke des Parks. Zion Canyon ist ganzjährig geöffnet. Im Sommer steigen die Temperaturen gern weit über 30 °C. Kurze Nachmittagsgewitter mit heftigen Regengüssen gibt es meist im Juli und August, Frühjahr und Herbst sind daher die besten Zeiten für einen Besuch. Die Übernachtungsmöglichkeiten beschränken sich im Zion Canyon auf die Zion Lodge und diverse Campingplätze. Das Gros der Besucher übernachtet in dem Städtchen **Springdale** am Südeingang des Parks.

Flora und Fauna

Die vom Virgin River gespeiste Flora trotzt der Steinwüste ein saftiges Grün ab. Eschen, Pappeln, Douglasien, Fichten, Goldakeleien und Frauenhaar sind nur einige Vertreter der überraschend vielfältigen Pflanzenwelt. Maultierhirsche sind häufig zu beobachten, hin und wieder sieht man auch die scheuen Dickhornschafe. Im entlegenen Kolob-Sektor hausen Berglöwen.

Sehenswertes im Zion National Park

★ **Zion Canyon Scenic Drive**

Der Zion Canyon ist für den Autoverkehr geschlossen, aber man kann das Areal per Shuttlebus erkunden: Die umweltfreundlichen Busse verkehren mehrmals stündlich zwischen einem Dutzend Haltepunkten, an denen man beliebig ein- und aussteigen kann.
Vom **Südeingang** bei Springdale führt die Parkstraße an den Bergformationen Watchman (1995 m ü.d.M., rechts) und West Temple (2380 m ü.d.M., links) vorbei durch das tief eingeschnittene Tal des Virgin River flussaufwärts. Kurz nach dem Südeingang folgen rechts die Campingplätze und links das Visitor Center.
Nach der Abzweigung des Zion-Mount Carmel Highway beginnt der 12 km lange **Zion Canyon Scenic Drive**. Auf dieser Strecke erheben sich links die Bergformationen Sentinel (2181 m ü.d.M.) und Three Patriarchs (2100 m ü.d.M.) und rechts der Mountain of the Sun (2049 m ü.d.M.).
Nach der **Zion Lodge** geht es weiter canyonaufwärts an den rechter hand gelegenen Formationen Red Arch Mountain (1807 m ü.d.M.) und Great White Throne (2056 m ü.d.M.) und den links aufragenden Angels Landing (1765 m ü.d.M.) und Organ (1554 m ü.d.M.) vorbei bis zum Endpunkt am Temple of Sinawava (1833 m ü.d.M.).
Bei der Mündung des Pine Creek in den Virgin River zweigt rechts der 18 km lange Zion Mount Carmel Highway zum **Osteingang** ab. Diese Bergstraße windet sich zunächst in Serpentinen an der Talwand des Pine Creek Canyon empor und zieht sich durch den 1,6 km langen, unbeleuchteten Zion Tunnel. Kurz vor dem Osteingang erhebt sich rechts der Checkerboard Mesa, dessen Erosionsformen an ein Schachbrettmuster erinnern.

Trails im Zion Canyon

Am Endpunkt des Watchman Trail (3 km) eröffnet sich ein schöner Blick über den unteren Teil des Zion Canyon und in den Oak Creek Canyon. Der Emerald Pools Trail (3 km) führt zu den von Wasserfällen gespeisten »Smaragdteichen«. Der kurze Canyon Overlook Trail (knapp 2 km) bietet einen herrlichen Überblick in den Pine Creek Canyon und auf die **Towers of the Virgin** am Westrand des Zion Canyon. Der teilweise in den Felsen eingehauene **Angels Landing Trail** (ca. 8 km) ist recht anstrengend. Wer das letzte Teilstück, den Aufstieg zum Angels Landing, überwinden möchte, muss schwindelfrei sein, doch auch ohne hinaufzuklettern, lohnt sich diese Wanderung.

Die Towers of the Virgin sind das Wahrzeichen des Nationalparks.

REGISTER

a

Aberdeen (WA) **489**
Abilene (KS) **322**
Abraham Lincoln Birthplace National Historic Site (KY) **330**
Acadia National Park (ME) **365**
Acoma **196**
Adams, John **222**
Adirondacks (NY) **446**
Ärzte **117**
Ärztliche Hilfe **117**
Alabama **180**
Alamogordo (NM) **194**
Alaska **186**
Alaska Highway (AK) **188**
Albany (NY) **446**
Albuquerque (NM) **194**
Alcatraz **569**
Alexandria (VA) **637**
Alkohol **109, 122**
Allegheny National Forest (PA) **508**
Allen, Woody **77**
Allentown (PA) **508**
Allman Brothers **292**
Alta (UT) **552**
Altoona (PA) **509**
Amana Colonies (IA) **317**
Amarillo (TX) **596**
Ambulanz **127**
Amish County (IN) **314**
Anadarko (OK) **485**
Anaheim (CA) **361**
Anastasia Island (FL) **542**
Anchorage (AK) **188**
Angeln **146**
Ann Arbor (MI) **389**
Annapolis (MD) **368**
Anreise **96**
Antelope Canyon (UT) **606**
Antietam National Battlefield (MD) **369**
Apalachicola (FL) **285**
Apotheken **117**
Appalachen **17**
Appomattox (VA) **612**
Arches National Park (UT) **197**
Arcola (IL) **311**
Arizona **199**
Arkansas **203**
Arlington (VA) **636**
Armstrong, Louis **77**
Armstrong, Neil **77**
Asheville (NC) **478**
Aspen (CO) **261**
Assateague Island National Seashore (MD) **369**
Astoria (OR) **491**
Athens (GA) **290**
Atlanta (GA) **205**
Atlantic City (NJ) **428**
Aufenthaltsdauer **97**
Augusta (GA) **290**
Auskunft **100**
Ausreisebestimmungen **97**
Austin (TX) **597**
Avenue of the Giants **529**
Aztec Ruins National Monument (NM) **430**

b

Badeurlaub **102**
Badlands National Park (SD) **209**
Bahia Honda (FL) **285**
Bahia Honda Key (FL) **286**
Bahia Honda SP (FL) **286**
Bahn **150**
Bailey's Harbor (WI) **644**
Baltimore (MD) **210**
Banken **116**
Bar Harbor (ME) **366**
Bardstown (KY) **330**
Barnes, Albert C. **519**
Bartlesville (OK) **485**
Baseball **145**
Basketball **145**
Bates, Katharine Lee **261**
Baton Rouge (LA) **363**
Beaufort (SC) **587**
Beacon (NY) **447**
Bed & Breakfast **142**
Beecher-Stowe, Harriet **44, 73**
Behindertenhilfe **103**
Bell, Alexander Graham **49**
Bellingrath Gardens (AL) **185**
Bend (OR) **490**
Bennington (VT) **608**
Bering, Vitus **187**
Berkeley Springs (WV) **640**
Berkshires (MA) **371**
Berlin (OH) **482**
Bethlehem (PA) **508**
Bevölkerung **25**
Big Bend National Park (TX) **213**
Big Cottonwood Canyon (UT) **552**
Big Sur (CA) **228**
Bighorn Mountains (WY) **645**
Billings (MT) **404**
Billy the Kid **78**
Biloxi (MS) **400**
Birmingham (AL) **180**
Biscayne National Park (FL) **386**
Bismarck (ND) **481**
Black Canyon of the Gunnison National Park (CO) **263**
Black Hills (SD, WY) **214**
Block Island (RI) **534**
Blue Ridge Parkway (VA) **612**
Boise (ID) **308**
Bonneville Dam (OR) **491**
Boone, Daniel **42**
Boston (MA) **217**
Boston Tea Party **40**
Botschaften **100**
Boulder Beach (NV) **348**
Bourbon Country **330**
Bozeman (MT) **405**
Branson (MO) **403**
Braun, Wernher von **181**
Briefmarken **127**
Brigham City (UT) **604**
Brighton (UT) **552**
Brown, Charles Brockden **72**
Bryce Canyon National Park (UT) **226**
Bürgerkrieg **44**
Buffalo (WY) **645**
Buffalo Bill **79**
Burlington (VT) **609**
Bush, George **58**
Bush, George W. **60**
Busreisen **150**
Butte (MT) **405**

c

Caboto, Giovanni **37**
Cahokia Mounds State Historic Site (IL) **311**
Cajun Country (LA) **363**
California **227**
Calistoga (CA) **411**
Cambridge (MA) **225**
Camping **144**

Canaveral National Seashore (FL) **237**
Cannon Beach (OR) **492**
Canyon (TX) **596**
Canyonlands National Park (UT) **232**
Cape Ann (MA) **374**
Cape Canaveral (FL) **169, 233**
Cape Cod (MA) **237**
Cape Hatteras National Seashore (NC) **503**
Cape May (NJ) **428**
Capitol Reef National Park **232**
Capone, Al **78, 247, 569**
Capote, Truman **75**
Carlsbad Caverns National Park (NM) **240**
Carmel (CA) **228**
Carnaval **113**
Carnegie, Andrew **526**
Carson City (NV) **422**
Carter, Jimmy **57, 208**
Casper (WY) **646**
Cedar Breaks National Monument (UT) **605**
Cedar City (UT) **604**
Cedar Pass (SD) **210**
Chaco Culture National Historical Park (NM) **241**
Champlain, Samuel de **608**
Channel Islands National Park (CA) **172**
Charles, Ray **290, 292**
Charleston (SC) **242**
Charleston (WV) **640**
Charlotte (NC) **479**
Charlottesville (VA) **612**
Chattanooga (TN) **594**
Chesapeake Bay (MD) **368**
Cheyenne (WY) **646**
Chicago (IL) **247, 311**
Chickamauga & Chattanooga National Military Park (GA) **291**
Chinese New Year **112**
Chippewa National Forest (MN) **398**
Chisholm, Jesse **324**
Churchill, Winston **52**
Cincinnati (OH) **256**
Clark, William **42**
Clarksdale (MS) **400**
Clermont (KY) **330**
Cleveland (OH) **258**
Clinton, Bill **59, 203**
Cody (WY) **646**
Cody, William Frederick **79**
Coeur d'Alene (ID) **309**
Cole, Nat King **181**
Cole, Thomas **63**
Collinsville (IL) **311**
Colonial Williamsburg (VA) **614**
Colorado **261**
Colorado Desert (CA) **230**
Colorado National Monument (CO) **263**
Colorado Springs (CO) **261**
Columbia (SC) **588**
Columbus (OH) **482**
Concord (MA) **374**
Concord (NH) **425**
Connecticut **264**
Cook, James **302**
Cooper, Gary **238**
Cooper, James Fenimore **72**
Cooperstown (NY) **446**
Copley, John Singleton **63**
Coppitt Key (FL) **286**
Corkscrew Swamp Sanctuary (FL) **287**
Corpus Christi (TX) **598**
Costner, Kevin **209**
Cottonwood Falls (KS) **324**
Crater Lake National Park (OR) **266**
Craters of the Moon National Monument (ID) **309**
Credit card **116**
Cumberland Gap National Historic Park (KY) **327**
Custer (SD) **215**
Custer, George Armstrong **49, 215**

d

Dahlonega (GA) **291**
Dallas (TX) **267**
Daniel Boone National Forest (KY) **327**
Davis, Jefferson **44, 186**
Deadwood (SD) **216**
Death Valley **20**
Death Valley National Park (CA) **271**
Delaware **273**
Delaware Water Gap National Recreation Area **509**
Denali National Park (AK) **190**
Dennis (MA) **238**
Denver (CO) **276**
Des Moines (IA) **317**
Detroit (MI) **278**
Deutsche Kirchengemeinde (NYC) **461**
Devil's Tower National Monument **216**
Devisenbestimmungen **116**
Dickinson, Emily **73**
Disney, Walt **79**
Disneyland (CA) **361**
Disneyworld (FL) **169, 497**
Dodge City (KS) **322**
Dodge, John **278**
Door County (WI) **643**
Dover (DE) **274**
Dreiser, Theodore **73**
Dreyfus, Richard **216**
Dubuque (IA) **318**
Duck, Donald **79**
Duck Key (FL) **285**
Duluth (MN) **397**
Durango (CO) **262**
Dylan, Bob **395**

e

Earp, Wyatt **322**
Edison, Thomas A. **49, 80, 287**
Edward W. Ball Wakulla Springs State Park (FL) **289**
Einkaufen **131**
Einreise **97**
Einreisebstimmungen **97**
Eisenhower, Dwight D. **322**
Eishockey **146**
Eiteljorg, Harrison **316**
El Morro National Monument (NM) **430**
El Paso (TX) **598**
Elektrizität **104**
Elk City (OK) **486**
Ely (MN) **399**
Ely (NV) **423**
Emerson, Ralph Waldo **72**
Essen und Trinken **104**
Estes Park (CO) **540**
Eugene (OR) **490**
Eureka Springs (AR) **203**
Everglades National Park (FL) **170, 280**

f

Fairbanks (AK) **190**
Fallingwater (PA) **511**
Fargo (ND) **481**
Faulkner, William **74**
Fauna **24**
Feiertage **111**
Fernsehen **125**
Fernwanderwege **149**
Feste **111**
Feuerwehr **127**
Finger Lakes (NY) **447**
Fitzgerald, Ella **326**
Flagler, Henry **286**
Flagstaff (AZ) **199**
Flora **23**
Florida **284**
Florida Keys (FL) **170, 285**
Football **144**
Ford, Gerald R. **390**
Ford, Harrison **336**
Ford, Henry **80, 278, 287**
Ford, John **319**
Fort Bliss (TX) **599**
Fort Caroline (FL) **321**
Fort Collins (CO) **262**
Fort Knox (KY) **330**
Fort Laramie National Historic Site (WY) **647**
Fort Lauderdale (FL) **168, 287**
Fort Myers (FL) **170, 287**
Fort Myers Beach **170**
Fort Raleigh National Historic Site (NC) **502**
Fort Ticonderoga (VT) **610**
Fort Wayne (IN) **313**
Fort Worth (TX) **271**
Frankfort (KY) **327**
Franklin, Benjamin **72, 80, 219**
Frederick (MD) **369**
Fredericksburg (VA) **615**
Freeport (ME) **367**
Frost, Robert **608**
Führerschein **98**

g

Gable, Clark **81, 208**
Galena (IL) **311**
Gallup (NM) **430**
Gehry, Frank **67**
Geld **115**
Geldwechsel **116**
Georgetown (CO) **278**
Georgia **290**
Gershwin, George **82**
Gesundheit **117**
Gettysburg (PA) **509**
Gewichte **124**
Ginsberg, Alan **74**
Glacier Bay National Park and Preserve (AK) **190**
Glacier National Park (MT) **638**
Glen Canyon (UT) **605**
Glen Ellen (CA) **412**
Gloucester (MD) **374**
Golden (CO) **278**
Golden Gate Bridge **570, 572**
Golden Isles (GA) **292**
Golden Spike National Historic Site (UT) **604**
Goldrausch **42**
Golf **146**
Gorbatschow, Michail **58**
Grand Canyon **19**
Grand Canyon National Park (AZ) **292**
Grand Coulée Dam (WA) **617**
Grand Haven (MI) **391**
Grand Junction (CO) **262**
Grand Portage (MN) **398**
Grand Rapids (MI) **390**
Grand Staircase – Escalante National Monument (UT) **605**
Grand Teton National Park (WY) **653**
Grant, Cary **214**
Grant, Ulysses S. **45**
Great Basin National Park (NV) **423**
Great Plains **20**
Great Salt Lake (UT) **553**
Great Sand Dunes National Park and Preserve (CO) **263**
Great Smoky Mountains National Park (NC, TN) **300**
Greyhound-Busse **150**
Große Seen **21**
Gropius, Walter **66**
Groton (CT) **266**
Gulf Islands National Seashore (MS) **400**

h

Haftpflichtversicherung **100**
Haley, Alex **75**
Hamilton, Alexander **72**
Hampton (VA) **615**
Hampton, Lionel **181**
Hancock Shaker Village (MA) **374**
Handy **129**
Hannibal (MO) **403**
Harpers Ferry National Historic Park (WV) **640**
Harrisburg (PA) **510**
Hartford (CT) **264**
Harvard University **225**
Harvard, John **225**
Haustiere **98**
Hawaii **301**
Hawthorne, Nathaniel **72**
Hearst Castle (CA) **229**
Heinrich VIII. **39**
Helena (MT) **406**
Hemingway, Ernest **82, 333**
Hickock, »Wild Bill« **322**
Hillsborough River State Park (FL) **593**
Hilton Head Island (SC) **588**
Historic Triangle (VA) **613**
Hitchcock, Alfred **214**
Hoh Rain Forest (WA) **489**
Holiday, Billie **210**
Hollywood (CA) **355**
Hopi Reservation **419**
Homer (AK) **189**
Homer, Winslow **251**
Honolulu (HI) **304**
Hood River (OR) **491**
Hoover Dam (NV) **348**
Hopper, Edward **251**
Hot Springs (AR) **204**
Hot Springs (SD) **215**
Hot Springs National Park (AZ) **204**
Hotels **141**
Houma (LA) **364**
Houston (TX) **305**
Hudson River Valley (NY) **447**
Humboldt Redwoods State Park (CA) **529**
Huntsville (AL) **181**
Huston, John **515**

i

Idaho **308**

Idaho Springs (CO) **278**
Illinois **310**
Impfbestimmungen **98**
Independence (MO) **326**
Indiana **312**
Indiana Dunes National Lakeshore (IN) **313**
Indianapolis (IN) **314**
Intercourse (PA) **337**
Internet **101**
Iowa **317**
Islamorada (FL) **285**
Island Beach State Park (NJ) **428**
Isle Royale National Park (MI) **390**

j

Jack London State Park (CA) **412**
Jackson, Andrew **43**
Jackson, Michael **83**
Jackson (MS) **400**
Jackson Hole (WY) **655**
Jacksonville (FL) **319**
Jahn, Helmut **67**
Jamestown (VA) **614**
Jefferson, Thomas **42, 72, 84, 612**
Jekyll Island (GA) **292**
Jerome (AZ) **201**
John Pennekamp CoralReef State Park (FL) **285**
Johnson Space Center **307**
Johnson, Lyndon B. **55**
Johnson, Philip **66**
Joplin, Scott **545**
Joshua Tree National Park (CA) **230**
Jugendherbergen **144**
Julia Pfeiffer Burn State Park (CA) **228**
Juneau (AK) **190**

k

Kajak **146**
Kansas **322**
Kansas City (MO, KS) **324**
Kanu **146**
Kapoor, Anish **252**
Kenai (AK) **189**
Kenai Fjords National Park (AK) **189**
Kenai Peninsula (AK) **189**
Kennedy Space Center (FL) **169, 233**
Kennedy, Edward **85**
Kennedy, John F. **55, 84**
Kennedy, Robert **55, 85**
Kentucky **326**
Kerouac, Jack **74**
Key Biscayne (FL) **386**
Key Largo (FL) **285**
Key West (FL) **170, 285, 330**
Key, Francis Scott **211**
Keystone (SD) **215**
Kinder **118**
King, Martin Luther **54, 85, 182**
Kingston (NY) **447**
Klima **21, 130**
Knigge **122**
Knight, Gladys **292**
Kodiak Island (AK) **191**
Kolob Canyon (UT) **660**
Kolumbus, Christoph **37**
Kordilleren **17**
Krankenhaus **117**
Krankenversicherung **99**
Kreditkarte **116**
Kriminalität **133**

l

Lafayette (LA) **364**
Lake Mead (NV) **348**
Lake Michigan (MI) **391**
Lake Powell (UT) **605**
Lake Tahoe (CA) **231**
Lancaster (PA) **337**
Lancaster County (PA) **336**
Laramie (WY) **648**
Larned (KS) **323**
Las Vegas (NV) **340**
Lawrence (KS) **323**
Lawton (OK) **486**
Lee, Robert E. **45**
Lewes (DE) **274**
Lewis, Meriwether **42**
Lewis, Sinclair **73**
Lewiston (ID) **310**
Lexington (KY) **328**
Lexington (MA) **374**
Lexington (VA) **615**
Lichtenstein, Roy **65**
Lincoln (NE) **420**
Lincoln State Monument (NM) **431**
Lincoln, Abraham **44, 86, 312**
Lindbergh, Charles **86**
Literaturempfehlungen **123**
Little Big Horn **49**
Little Bighorn Battlefield National Monument (MT) **404**
Little Rock (AR) **204**
Long Beach (CA) **361**
Long Beach Peninsula (WA) **617**
Long Island (NY) **470**
Longfellow, Henry W. **256**
Los Alamos (NM) **194**
Los Angeles (CA) **349**
Lost Lake (OR) **491**
Louis, Joe **86**
Louisiana **362**
Louisiana Purchase **42**
Louisville (KY) **329**
Lower 48 **33**
Lucas, George **86**
Lynchburg (VA) **612**

m

Mackinac Island (MI) **391**
Macon (GA) **291**
Madison (WI) **644**
Maine **365**
Mammoth Cave National Park (KY) **330**
Manchester (VT) **609**
Maße **124**
Marathon (FL) **285**
Mardi Gras **432**
Martha's Vineyard (MA) **239**
Maryland **367**
Massachusetts **370**
Maui (HI) **304**
Mayflower **36, 372**
McCarthy, Joseph R. **54**
McCullers, Carson **74**
Medien **125**
Medora (ND) **481**
Meier, Richard **67**
Melville, Herman **72**
Memphis (TN) **376**
Mencken, Henry Louis **210**
Mendocino (CA) **231**
Merritt Island National Wildlife Refuge (FL) **237**

Mesa Verde National Park (CO) **380**
Miami (FL) **168, 382**
Miami Beach (FL) **168, 387**
Michigan **388**
Middleboro (KY) **327**
Middlebury (VT) **610**
Mies van der Rohe, Ludwig **66, 306**
Mietwagen **154**
Mille Lacs (MN) **398**
Miller, Glen **86**
Millers Falls (MA) **374**
Milwaukee (WI) **392**
Minneapolis (MN) **394**
Minnesota **397**
Minuteman National Historic Park (MA) **374**
Mission San Xavier del Bac (AZ) **602**
Mississippi **399**
Missouri **402**
Mitchell (SD) **589**
Mitchell, Margaret **205, 208**
Moab (UT) **198**
Mobile (AL) **185**
Mobiltelefon **129**
Mojave Desert (CA) **230**
Monongahela National Forest (WV) **641**
Monroe, Marilyn **86**
Montana **404**
Monterey (CA) **172, 229**
Montgomery (AL) **185**
Monticello (VA) **613**
Montpelier (VT) **610**
Monument Valley (AZ, UT) **406**
Morristown National Historic Park (NJ) **428**
Mount Rainier National Park (WA) **408**
Mt. Rushmore National Memorial **214**
Mount St. Helens National Volcanic Monument (WA) **621**
Mount Washington (NH) **426**
Muir, John **292**
Myrtle Beach (SC) **589**
Mystic (CT) **265**

n

Nabokov, Vladimir **74**
Nantucket (MA) **240**
Napa (CA) **411**
Napa Valley (CA) **410**
Naples (FL) **170, 287**
Narragansett Pier (RI) **535**
Nashville (TN) **412**
Natchez (MS) **401**
Natchez Trace Parkway (MS) **401**
National Bison Range (MT) **406**
Nationalparks **126**
Naturraum **17**
Naturschutz **25**
Naturschutzgebiete **126**
Nauvoo (IL) **311**
Navajo Indian Reservation (AZ, NM, UT) **415**
Navajo Tribal Park (AZ, UT) **406**
Nebraska **420**
Neutra, Richard Joseph **66**
Nevada **422**
New Castle (DE) **275**
New Hampshire **424**
New Harmony (IN) **313**
New Haven (CT) **265**
New Iberia (LA) **365**
New Jersey **427**
New Mexico **429**
New Orleans (LA) **432**
New River Gorge National River (WV) **641**
New York **445**
New York City (NY) **449**
Newport (OR) **492**
Newport (RI) **535**
Niagara Falls (NY) **470**
Nixon, Richard M. **56**
Norfolk (VA) **616**
Norris, Frank **73**
North Carolina **478**
North Cascades National Park (WA) **621**
North Dakota **480**
Notrufe **127**

o

Oahu (HI) **304**
Ocean City (MD) **369**
Ogden (UT) **606**
Ohio **482**
Ohiopyle (PA) **510**
Ohiopyle State Park (PA) **510**
Ohio's Prehistoric Indian Mounds **484**
Oklahoma **484**
Oklahoma City (OK) **59, 487**
Old Faithful (WY) **653**
Oldenburg, Claes **65**
Olympic National Park (WA) **488**
Omaha (NE) **421**
Oregon **490**
Oregon Dunes Recreation Area (OR) **492**
Orlando (FL) **169, 493**
Outer Banks (NC) **501**
Overton Beach (NV) **348**

p

Padre Island National Seashore (TX) **598**
Page (AZ) **606**
Palm Beach (FL) **168, 503**
Palm Springs (CA) **505**
Palo Duro Canyon State Park (TX) **596**
Pannendienst **152**
Parker (TX) **271**
Parker, Charlie **324**
Parks, Rosa **54, 185**
Pastorius, Daniel **519**
Pearl Harbor (HI) **52, 304**
Pei, Ieoh Ming **67**
Penn, William **518**
Pennsylvania **507**
Pennsylvania Dutch Country (PA) **336**
Peoria (IL) **311**
Petrified Forest National Park (AZ) **200**
Pflanzen **23**
Philadelphia (PA) **511**
Phoenix (AZ) **519**
Pictured Rocks National Lakeshore (MI) **391**
Pierre (SD) **590**
Pigeon Key (FL) **286**
Pilgerväter **39**
Pine Ridge (SD) **590**
Pipestone National Monument (MN) **399**
Pittsburgh (PA) **523**

Plantation Country (LA) **363**
Plymouth (MA) **375**
Poe, Edgar Allen **70, 88, 210**
Point Lobos State Reserve (CA) **228**
Point Lookout State Park (MD) **370**
Point Reyes National Seashore (CA) **231**
Point Sur State Historic Park (CA) **228**
Politik **28**
Polizei **127**
Pollock, Jackson **65**
Port Angeles (WA) **489**
Port Charlotte (FL) **170**
Portland (ME) **366**
Portland (OR) **527**
Portsmouth (NH) **425**
Post **127**
Powel, Samuel **517**
Powell, John Wesley **298**
Preise **129**
Prescott (AZ) **201**
Presley, Elvis **89**
Princeton (NJ) **428**
Providence **536**
Provincetown (MA) **239**

r

Radio **125**
Rafting **147**
Raleigh (NC) **480**
Rapid City (SO) **214**
Rauchen **122**
Reagan, Ronald **57**
Red Rock County (AZ) **201**
Red Rock State Park (NM) **430**
Redwood Highway (CA) **529**
Redwood National Park (CA) **529**
Reisedokumente **97**
Reisepass **97**
Reiseschecks **116**
Reiseversicherungen **99**
Reisezeit **130**
Reiten **148**
Religion **28**
Reno (NV) **423**
Restaurants **110**
Reynolds, Burt **291**
Rhode Island **534**
Richmond (VA) **537**
Ringling, John **170, 288**
Rockefeller, John D. **49, 89, 259**
Rockefeller, John D. IV **89**
Rockefeller, John D. jr. **89**
Rockefeller, Nelson A. **89**
Rocky Mountain National Park (CO) **539**
Roosevelt, Franklin D. **51, 52, 90**
Roosevelt, Theodore **329**
Roswell (NM) **431**
Rothko, Mark **307**
Rudolph, Paul **67**
Ruth, George Hermann »Babe« **90**

s

Sabino Canyon (AZ) **602**
Sacramento (CA) **230**
Saguaro National Park (AZ) **602**
St. Augustine (FL) **540**
St. George (UT) **607**
St. George Island State Park (FL) **285**
St. Helena (CA) **411**
St. Helena Island (SC) **587**
St. Joseph (MO) **403**
St. Louis (MO) **311, 542**
St. Mary's City (MD) **370**
St. Paul (MN) **396**
St. Petersburg (FL) **170, 547**
St. Simon Village (GA) **292**
Salem (MA) **374**
Salem (OR) **491**
Salt Lake City (UT) **549, 606**
San Antonio (TX) **553**
San Diego (CA) **557**
San Francisco (CA) **563**
San Jacinto Battleground State Historic Park **307**
San Luis Obispo (CA) **229**
San Simeon (CA) **229**
Sandwich (MA) **237**
Santa Fe (NM) **572**
Sarasota (FL) **170, 288**
Sault Ste. Marie (MI) **392**
Savannah (GA) **577**
Scotts Bluff National Monument (NE) **422**
SeaWorld **498**
Sea Island (GA) **292**
Seattle (WA) **579**
Sedona (AZ) **201**
Segeln **148**
September, 11, 2001 **60**
Sequoia & Kings Canyon National Park (CA) **583**
Seward (AK) **189**
Shenandoah National Park (VA) **585**
Shepard, Sam **75**
Sheridan (WY) **645**
Shopping **131**
Sicherheit **133**
Sinatra, Frank **90**
Sioux Falls (SD) **590**
Sitka (AK) **192**
Sitting Bull **49, 91**
Skagway (AK) **193**
Sklaverei **42, 43**
Ski alpin **149**
Skilanglauf **150**
Smith, Joseph **311**
Snow Canyon State Park (UT) **607**
Snowbird (UT) **552**
Solitude (UT) **552**
Sonoma (CA) **412**
Sonoma Valley (CA) **410**
South Bend (IN) **313**
South Carolina **587**
South Dakota **589**
South Lake Tahoe (CA) **231**
Southwest Harbor (ME) **366**
Spielberg, Steven **216**
Sprache **134**
Sprachführer **134**
Spring Mountain Range (NV) **348**
Springdale (UT) **660**
Springfield (IL) **312**
Stalin, Josef **52**
Steamboat Springs (CO) **263**
Steinbeck, John **229**
Steuern **129**
Stockbridge (MA) **374**
Stokes, Carl B. **259**
Stone Mountain Park (GA) **209**
Stowe (VT) **610**
Straßenverkehr **151**
Stuart, Gilbert Charles **63**
Studentenwohnheime **144**
Sturgeon Bay (WI) **643**
Sullivan, Louis Henry **66**

Sun Valley (ID) **310**
Sunset Crater Volcano National Monument (AZ) **200**
Sunshine Skyway **170**

t

Tallahassee (FL) **289**
Tallgrass Prairie National Preserve (KS) **323**
Tampa (FL) **170, 591**
Taos (NM) **576**
Tauchen **149**
Tavernier (FL) **285**
Telefonieren **127**
Tennessee **593**
Texas **595**
Theodore Roosevelt National Park (ND) **481**
Thoreau, Henry David **72**
Tiere **24**
Toll Roads **154**
Tombstone (AZ) **202**
Topeka (KS) **323**
Touren **158**
Tower-Roosevelt (WY) **653**
Trenton (NJ) **429**
Trinkgeld **130**
Truman, Harry S. **52, 326**
Tuba City (AZ) **417**
Tucson (AZ) **599**
Tulsa (OK) **486**
Tupelo (MS) **401**
Turner, Ted **205**
Twain, Mark **73, 91, 264**

u

Übernachten **141**
Umgangsregeln **122**
Unabhängigkeitskrieg **41**
Universal Orlando **499**
Utah **603**

v

Vaca Key (FL) **285**
Vail (CO) **264**
Valley of Fire State Park (NV) **348**
Vanderbilt, Cornelius **49**
Venturi, Robert **67**
Veranstaltungen **111**
Vergnügungsparks **119**
Verkehr **150**
Vermont **607**
Vespucci, Amerigo **37**
Vicksburg (MS) **402**
Vietnamkrieg **55**
Virginia **611**
Virginia Beach (VA) **616**
Virginia City (NV) **423**
Visa Waiver Program **97**
Visum **97**
Vorwahlen **129**
Voyageurs National Park (MN) **399**

w

Währung **115**
Waldseemüller, Martin **37**
Walker, Madame C. J. **92**
Walnut Canyon National Monument (AZ) **200**
Walt Disney World (FL) **497**
Wandern **149**
Warhol, Andy **65, 92**
Washington **616**
Washington, D.C. **623**
Washington, George **41, 92, 516**
Watergate-Skandal **56**
Waters, John **210**
Waterton National Park (MT) **638**
Waterton-Glacier International Peace Park (MT) **638**
Wayne, John **93**
Wechselkurse **115**
West Point (NY) **447**
West Virginia **640**
Whistler, James McNeill **64**
White Mountains National Forest (NH) **426**
White Sands National Monument (NM) **641**
White Sulphur Springs (WV) **641**
Whitman, Walt **73**
Wichita (KS) **324**
Wichita Mountains National Wildlife Refuge **486**
Williamsburg (VA) **614**
Williamstown (MA) **374**
Wilmington (DE) **275**
Wilmington (NC) **480**
Window Rock (AZ) **419**
Winterset (IA) **319**
Wintersport **149**
Wirtschaft **29**
Wisconsin **643**
Wisconsin Dells (WI) **644, 645**
Wolfe, Tom **75**
Woodstock (NY) **446**
Woodstock (VT) **611**
Woodstock Music and Arts Fair **68**
Wounded Knee (SD) **590**
Wounded Knee Creek (SD) **49**
Wrangell-St. Elias National Park (AK) **193**
Wright Brothers National Memorial (NC) **502**
Wright, Frank Lloyd **65, 253, 523**
Wright, Orville **50**
Wright, Wilbur **50**
Wyoming **645**

y

Yarmouth Port (MA) **238**
Yearwood, Trisha **292**
Yellowstone National Park (ID, MT, WY) **25, 648**
YMCA **144**
York (PA) **511**
Yorktown (VA) **614**
Yosemite National Park (CA) **655**
Young, Brigham **607**
Youth Hostels **144**

z

Zeit **155**
Zeitungen und Zeitschriften **125**
Zeitzonen **155**
Zion National Park (UT) **659**
Zollbestimmungen **99**

VERZEICHNIS DER KARTEN & GRAFISCHEN DARSTELLUNGEN

Top-Reiseziele **3**
Bundesstaaten der USA **18**
Klimastationen **22**
United States Capitol (3D) **31**
Territoriale Entfaltung der USA **42**
Temperaturen (Umrechnungsskala) **124**
Geschwindigkeiten (Umrechnungsskala) **152**
Zeitzonen der USA **155**
Tourenübersicht **158/159**
Tour 1 **162**
Tour 2 **165**
Tour 3 **167**
Tour 4 **169**
Tour 5 **171**
Tour 6 **173**
Tour 7 **176**
Alabama (Lage) **180**
Alaska (Lage) **186**
Arizona (Lage) **199**
Arkansas (Lage) **203**
Atlanta (Cityplan) **207**
Boston (Cityplan) **220/221**
California (Lage) **228**
Start eines Spaceshuttles (3D) **235**
Charleston (Cityplan) **245**
Chicago (Cityplan) **250**
Colorado (Lage) **261**
Connecticut (Lage) **264**
Dallas (Cityplan) **269**
Delaware (Lage) **274**
Florida (Lage) **285**
Georgia (Lage) **290**
Grand Canyon (Übersicht) **294/295**
Grand Canyon (Profil) **296**
Grand Canyon (3D) **297**
Hawaii **304**
Idaho (Lage) **308**
Illinois (Lage) **311**
Indiana (Lage) **313**
Indianapolis (Cityplan) **316**
Iowa (Lage) **317**
Kansas (Lage) **322**
Kentucky (Lage) **326**
Key West (Cityplan) **333**
Las Vegas (Cityplan) **343**
Los Angeles (Cityplan) **353**
Louisiana (Lage) **362**
Maine (Lage) **365**
Maryland (Lage) **368**
Massachusetts (Lage) **371**
Mayflower (3D) **373**
Memphis (Cityplan) **377**
Miami (Cityplan) **384**
Michigan (Lage) **389**
Minnesoata (Lage) **397**
Mississippi (Lage) **400**
Missouri (Lage) **403**
Montana (Lage) **404**
Nashville (Cityplan) **413**
Nebraska (Lage) **420**
Nevada (Lage) **422**
New Hampshire (Lage) **425**
New Jersey (Lage) **427**
New Mexico (Lage) **429**
New Orleans (Cityplan) **434/435**
New York State (Lage) **446**
New York City (Cityplan: Lower Manhattan) **456**
Brooklyn Bridge (3D) **459**
New York City (Cityplan: Midtown Manhattan) **462/463**
Niagarafälle (geologisches Profil) **476**
Niagarafälle (3D) **477**
North Carolina (Lage) **478**
North Dakota (Lage) **480**
Ohio (Lage) **482**
Oklahoma (Lage) **484**
Oregon (Lage) **490**
Orlando (Cityplan) **495**
Pennsylvania (Lage) **507**
Philadelphia (Cityplan) **512/513**
Phoenix (Cityplan) **521**
Pittsburgh (Cityplan) **525**
Redwood Highway **530**
Rhode Island (Lage) **534**
St. Louis (Cityplan) **544**
Salt Lake City (Cityplan) **551**
San Diego (Cityplan) **559**
San Francisco (Cityplan) **566 / 567**
Golden Gate Bridge (3D) **570**
Seattle (Cityplan) **581**
South Carolina (Lage) **587**
South Dakota (Lage) **589**

Tennessee (Lage) **594**
Texas (Lage) **596**
Tucson (Cityplan) **601**
Utah (Lage) **603**
Vermont (Lage) **607**
Virginia (Lage) **612**
Washington (Lage) **616**
Washington, D.C. (Cityplan) **624 / 625**
The White House (3D) **635**
West Virginia (Lage) **640**
Wisconsin (Lage) **643**
Wyoming (Lage) **645**
Yellowstone/Grand Teton National Park (Übersicht) **649**
Yosemite National Park (Übersicht) **657**
Überblick USA **Umschlagklappe hinten**

BILDNACHWEIS

AKG S. 45, 373 (links, 2. Abb. v. rechts und Folderklappe)
akg-images S. 47, 53, 84, 473
AP S. 68, 78, 92
AP/Dovarganes S. 360
Bacher S. 651, hintere Umschlagklappe
Baedeker-Archiv S. 14 (unten), 19, 24, 29, 64, 71, 73, 139, 173 (links)
Bareth S. 380, 418
Bilderberg/Blickle S. 125
Bilderberg/Grames S. 349
Bilderberg/Kunze S. 571 (links)
Bilderberg/Schultheiß S. 161, 229
Braunger S. 4 (links), 10/11, 16, 31 (Folderklappe), 62, 148, 156/157, 162 (rechts), 165, 173 (rechts), 181, 205, 211, 215, 243, 246, 252, 260, 301, 309, 366, 370, 375, 379, 391, 398, 402, 409, 415, 421, 433, 440, 443, 444, 479, 483, 489, 492, 502, 516, 528, 537, 556, 588, 595, 613, 614, 637, 647, 652, 655
Burger S. 241
dpa Bilderdienst S. 33, 57, 82, 141, 183, 234, 235 (links unten, rechts oben, rechts unten und Folderklappe)
Drechsler-Marx S. 531
f1online/Dieterich S. 171 (links unten), 355
Florida State Archives S. 38
Gerth S. 231, 532, 659
getty images/Adams S. 223
getty images/Asher S. 396
getty images/Chalasani S. 438
getty images/Clineff S. 239, 611
getty images/Cody S. 509
getty images/De Witt S. 8, 328
getty images/Dunwell S. 265
getty images/Gridley S. 447
getty images/Heinsohn S. 81
getty images/Johns S. 634
getty images/Kennerly S. 635 (links oben)
getty images/Wells S. 49, 533
getty images/Wexler S. 339
Hackenberg S. 28, 196, 202, 540, 574
HB Verlag S. 1, 179
HB Verlag/Argus S. 66
HB Verlag/Bernhart S. 485, 487
HB Verlag/Frischmuth S. 4 (rechts), 14 (Mitte), 27, 103, 169 (rechts oben und links unten), 176 (links und rechts), 235 (links oben), 255, 266, 281, 286, 335, 496, 579, 617, 621
HB Verlag/Hackenberg S. 6, 9, 13 (unten), 167 (rechts und links), 198, 201, 293, 296, 297 (links, 2. Abb. v. links, rechts und 2. Abb. v. rechts), 299, 407, 417, 431, 522, 553, 606, 642
HB Verlag/Heimbach S. 188, 189, 191, 192
HB Verlag/Kiedrowski S. 31 (links oben), 627, 628, 630
HB Verlag/Leue S. 7, 270, 555, 598
HB Verlag/Modrow S. 224, 373 (rechts), 426, 609
HB Verlag/Sasse S. vordere Umschlaginnenseite (U 2), 105, 118, 178/179, 448, 452, 458, 461, 468
HB Verlag/Widmann S. 477 (rechts unten)
Helmhausen S. 364
Hicker S. 477 (Folderklappe)
Huber/Bertsch S. 622
Huber/Giovanni S. 273
Huber/Leimer S. 506
Huber/Simeone S. 15, 96
IFA Bilderteam S. 159, 401, 424, 477 (rechts oben, links unten)
Interfoto S. 88, 459 (links unten, rechts unten)
Interfoto/Großkopf S. 14 (oben)
laif/Artz S. 500
laif/aurora S. 34
laif/Boening/Zenit S. 351
laif/Caputo S. 387
laif/Heeb S. 158 (oben), 410, 518, 533, 571 (rechts)
laif/McLachlan S. 109
laif/Modrow S. 112, 135, 357, 571 (Folderklappe)
laif/Neumann S. 169 (rechts unten), 382
laif/Perkovic S. 358
laif/Piepenburg S. 12, 13 (Mitte), 162 (links), 171 (rechts), 561, 584
laif/Sasse S. 120
laif/Wieland S. 571 (Mitte)
Linde S. 5 (rechts), 13 (oben), 95, 157, 158 (unten), 169 (links oben), 297 (Folderklappe), 499
look/Dressler S. 568
look/Frei S. 128
look/Martini S. 562
look/Richter S. 20, 171 (links oben), 570
LVCVA c/o The Mangum Group, Destination Sites GmbH S. 344
Mauritius S. 94/95, 337

Mauritius/Nägele S. 263
mauritius images/Oxford Scientific S. 327
Mittmann S. 226, 661
Niagara Falls (Canada) CVB S. 477 (links oben)
PhotoPress/Hackenberg S. 108
PhotoPress/Wolf S. 282
picture alliance S. 372, 633
picture alliance/akg-images S. 91
picture alliance/ASA S. 314
picture alliance/Bildagentur Huber S. 30, 258, 546, 597, 638
picture alliance/dpa S. 36, 59, 60, 74, 76, 85, 86, 114, 439, 451, 459 (rechts oben), 590, 602,619, 635 (links unten und rechts unten), 644
picture alliance/dpa/dpaweb S. 31 (links unten), 576, 635 (Folderklappe)
picture alliance/dpa/epa S. 93
picture alliance/dpa/UPI S. 56
picture-alliance/KPA S. 318
picture-alliance/Photoshot S. 106
Pinellas Suncoast Chamber S. 548
Roy Tee/Hollandse Hoogte/laif S. 83
Sasse S. 459 (Folderklappe), 465
SCErhardt S. 208
Scherm S. 321
Schliebitz S. 11
Strobel S. 605
Szerelmy S. 373 (2. Abb. v. links)
Tampa CVB S. 593
Transglobe S. 535
United States Information Service S. 41
Wassermann S. 5 (links), 31 (rechts unten und rechts oben), 133, 142, 145, 151, 345, 347, 459 (links oben), 475, 635 (rechts oben)
Wrba S. 288
Zakrzewski S. 620

Titelbild: Vario images / Tetra Images

i atmosfair

Reisen bereichert und verbindet Menschen und Kulturen. Jedoch wer reist, erzeugt auch CO_2. Dabei trägt der Flugverkehr mit bis zu 10% zur globalen Erwärmung bei. Wer das Klima schützen will, sollte sich somit nach Möglichkeit für die schonendere Reiseform entscheiden (wie z. B. die Bahn). Wenn keine Alternative zum Fliegen besteht, kann man mit atmosfair handeln und klimafördernde Projekte unterstützen.
atmosfair ist eine gemeinnützige Klimaschutzorganisation unter der Schirmherrschaft von Klaus Töpfer. Die Idee: Flugpassagiere spenden einen kilometerabhängigen Beitrag für die von ihnen verursachten

nachdenken • klimabewusst reisen
atmosfair

Emissionen und finanzieren damit Projekte in Entwicklungsländern, die dort den Ausstoß von Klimagasen verringern helfen. Dazu berechnet man mit dem Emissionsrechner auf **www.atmosfair.de** wieviel CO_2 der Flug produziert und was es kostet, eine vergleichbare Menge Klimagase einzusparen (z.B. Berlin – London – Berlin 13 Euro). atmosfair garantiert die sorgfältige Verwendung Ihres Beitrags. Auch der Karl Baedeker Verlag fliegt mit *atmosfair*. Unterstützen auch Sie unser Klima. Alle Informationen dazu auf www.atmosfair.de.

IMPRESSUM

Ausstattung:
314 Abbildungen, 106 Karten und grafische Darstellungen, eine große Reisekarte
Text:
Ole Helmhausen; mit Beiträgen von Rainer Eisenschmid, Helmut Linde, Axel Pinck, Lydia Strömer, Werner Voran, Jens Wassermann und Reinhard Zakrzewski
Überarbeitung:
Ole Helmhausen
Bearbeitung:
Baedeker Redaktion
(Isolde Bacher)
Kartografie:
Christoph Gallus, Hohberg;
Franz Huber, München;
MAIRDUMONT, Ostfildern (Reisekarte)
3D-Illustrationen:
jangled nerves, Stuttgart
Gestalterisches Konzept:
independent Medien-Design, München
(Kathrin Schemel)

Sprachführer in Zusammenarbeit mit Ernst Klett Sprachen GmbH, Stuttgart, Redaktion PONS Wörterbücher

Chefredaktion:
Rainer Eisenschmid,
Baedeker Ostfildern

7. Auflage 2010

Urheberschaft:
Karl Baedeker Verlag, Ostfildern

Nutzungsrecht:
MAIRDUMONT GmbH & Co KG; Ostfildern

Printed in China
Gedruckt auf 100% chlorfrei gebleichtem Papier

BAEDEKER VERLAGSPROGRAMM

- Niederlande
- Norwegen
- Oberbayern
- Oberital. Seen • Lombardei • Mailand
- Österreich
- Paris
- Peking
- Piemont
- Polen
- Polnische Ostseeküste • Danzig • Masuren
- Portugal
- Prag
- Provence • Côte d'Azur
- Rhodos
- Rom
- Rügen • Hiddensee
- Ruhrgebiet
- Rumänien
- Russland (Europäischer Teil)
- Sachsen
- Salzburger Land
- St. Petersburg
- Sardinien
- Schottland
- Schwäbische Alb
- Schwarzwald
- Schweden
- Schweiz
- Sizilien
- Skandinavien
- Slowenien
- Spanien
- Spanien • Norden • Jakobsweg
- Sri Lanka
- Stuttgart
- Südafrika
- Südengland
- Südtirol
- Sylt
- Teneriffa
- Tessin
- Thailand
- Thüringen
- Toskana
- Tschechien
- Tunesien
- Türkei
- Türkische Mittelmeerküste
- Umbrien
- Ungarn
- USA
- USA • Nordosten
- USA • Nordwesten
- USA • Südwesten
- Usedom
- Venedig
- Vietnam
- Weimar
- Wien
- Zypern

BAEDEKER ENGLISH

- Andalusia
- Austria
- Bali
- Barcelona
- Berlin
- Brazil
- Budapest
- Cape Town • Garden Route
- China
- Cologne
- Dresden
- Dubai
- Egypt
- Florence
- Florida
- France
- Gran Canaria
- Greece
- Iceland
- India
- Ireland
- Italy
- Japan
- London
- Mexico
- Morocco
- New York
- Norway
- Paris
- Portugal
- Prague
- Rome
- South Africa
- Spain
- Thailand
- Tuscany
- Venice
- Vienna
- Vietnam

LIEBE LESERINNEN, LIEBE LESER,

ein herzliches Dankeschön, dass Sie sich für einen Baedeker Allianz Reiseführer entschieden haben. Er wird Sie zuverlässig auf Ihrer Reise begleiten und Sie nicht im Stich lassen.
Natürlich beschreibt er die wichtigen Sehenswürdigkeiten, aber er empfiehlt auch die nettesten Kneipen und Bars, dazu Hotels für den großen und kleinen Geldbeutel, gibt Tipps für Restaurants, Shopping und für vieles mehr, was eine Reise zum Erlebnis macht. Dafür hat unser Autor Ole Helmhausen Sorge getragen. Er ist für Sie regelmäßig in die USA gereist und hat all seine Erfahrungen und Kenntnisse in diesen Reiseführer gepackt.

Trotzdem: Die Erfahrung zeigt, dass Fehler und Änderungen nach Drucklegung, für die der Verlag keine Haftung übernehmen kann, nicht ausgeschlossen werden können. Für Kritik, Berichtigungen und Verbesserungsvorschläge sind wir Ihnen außerordentlich dankbar. Schreiben Sie uns, mailen Sie uns oder rufen Sie an:

► **Verlag Karl Baedeker GmbH**
Redaktion
Postfach 3162
D-73751 Ostfildern
Tel. (0711) 4502-262, Fax -343
E-Mail: info@baedeker.com

Besuchen Sie uns auch im Internet unter www. baedeker.com. Hier finden Sie jeden Monat den aktuellen Reisetipp der Redaktion und das gesamte Verlagsprogramm. Hier können Sie auch lesen, wer Karl Baedeker war und wie er seinen ersten Reiseführer geschrieben hat. Mit seinen über 180 Jahren ist der Karl Baedeker Verlag der älteste Reiseführer-Verlag der Welt.

www.baedeker.com

ZU GEWINNEN: STADTREISE NACH LONDON

Unter allen Einsendungen verlost der Verlag am Jahresende – unter Ausschluss des Rechtswegs – eine Städtekurzreise für zwei Personen nach London.
Freuen Sie sich auf ein spannendes Wochenende in London. Natürlich ist ein Baedeker Allianz Reiseführer London auch dabei!